KB252196

맥클라렌 강해설교

에베소서Ⅱ~디모데전서

알렉산더 맥클라렌 **강해**설교전집 **14**

맥클라렌 강해설교
에베소서 II ~ 디모데전서

〈 엡·빌·골·살전·살후·딤전

역자 〈 정충하

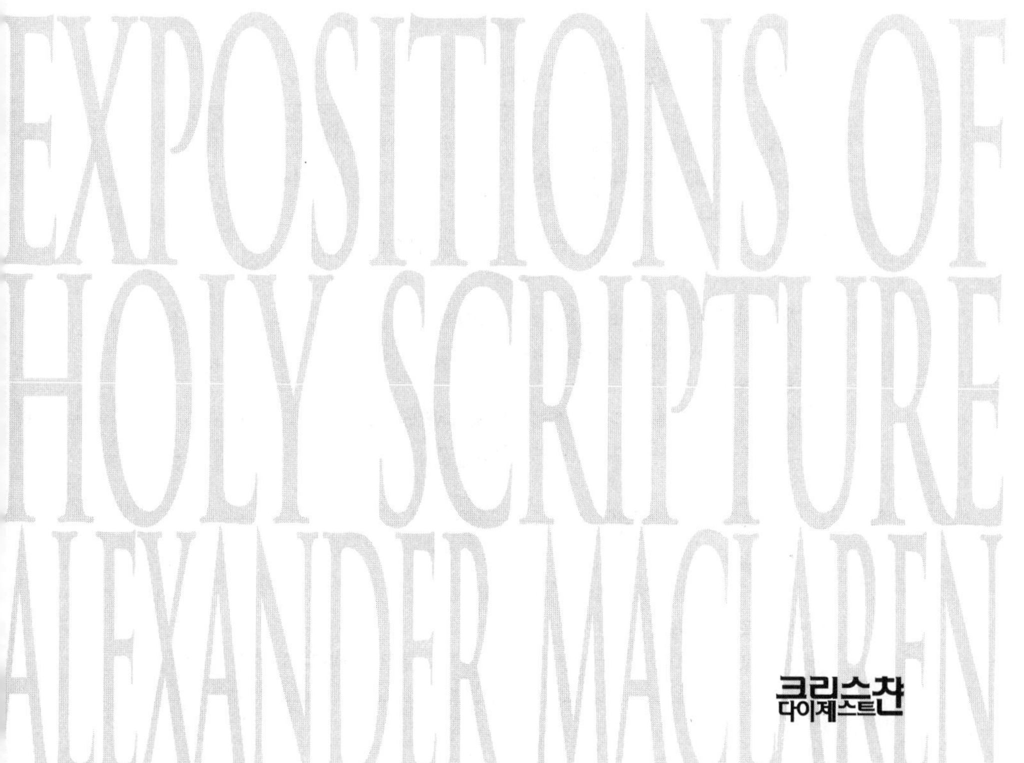

크리스찬 다이제스트

국립중앙도서관 출판시도서목록(CIP)

맥클라렌 강해설교 : 에베소서 Ⅱ ~ 디모데전서 / [저자]: 알렉산더 맥클라렌 ; 역자: 정충하. -- 고양 : 크리스챤다이제스트, 2010
p. ; cm. -- (알렉산더 맥클라렌 강해설교전집 ; 14)

원표제: Expositions of Holy Scripture
원저자명: Alexander Maclaren
영어 원작을 한국어로 번역
ISBN 978-89-447-2114-4 94230 : ₩25000
ISBN 978-89-447-2100-7(세트)

디모데 전서[--前書]
에베소서[--書]

233.7-KDC5
227-DDC21 CIP202003411

차례

에베소서 II

빌립보서

골로새서

데살로니가전서

데살로니가후서

디모데전서

에베소서 II

22
부르심과 하늘나라

"그러므로 주 안에서 갇힌 내가 너희를 권하노니
너희가 부르심을 받은 일에 합당하게 행하라"
엡 4:1
"그들은 흰 옷을 입고 나와 함께 다니리니 그들은 합당한 자인 연고라"
계 3:4

로마 백부장에 대한 유다 장로들의 평가는 "이 일을 하시는 것이 이 사람에게는 합당하니이다"라는 것이었지만, 그러나 스스로에 대한 그 자신의 평가는 "주께서 내 집에 들어오심을 나는 감당하지 못하겠나이다"라는 것이었습니다(눅 7:4, 6). 이러한 두 언급으로부터 우리는 기독교적 구원에 있어 공로는 아무런 위치도 차지하지 못하며, 모든 것은 오직 자격 없는 자에게 베풀어지는 은혜로 말미암은 것이라는 개념을 추론할 수 있습니다. 그러나 이러한 원리는 완전한 진리이며 매우 중요한 것임에도 불구하고, 그러나 종종 지나치게 과장됨으로써 결과적으로 진리에서 어그러지면서 동시에 많은 잘못된 일들의 원인이 될 수도 있습니다. 따라서 여기에서 나는 우리의 관심을 진리의 다른 측면으로 돌려 기독교적 삶에 있어 훌륭함이 갖는 올바른 위치와 함께 그것이 이 세상과 다음 세상에 미치는 결과를 강조하고 싶습니다. 성품이 축복과 아무 관련 없다고 말하는 것은 사실이 아닙니다. 양심에 비추어 보아도 그렇고, 계시에 비추어 보아도 그렇습니다. 아무리 우리가 모든 것을 은혜에 돌린다 하더라도, 우리는 또한 우리가 받기에 합당한 것을 받는다는 사실을 기억해야 합니다.

위의 두 본문은 서로 관련되는 두 측면을 제시합니다. 첫 번째 본문은 그리스도인의 현재적 삶과 관련하여 그들로 부르심을 받은 일에 합당하게 행할 것을 명령하면서 그것을 모든 그리스도인의 합당한 의무로 제시합니다. 그리고 두 번째 본문은 우리를 미래로 데려가면서 바로 그러한 자들이 하늘나라를 얻기에 "합당한" 자임을 보여줍니다. 따라서 우리는 여기에서 다음과 같은 두 가지 요점을 발견할 수 있습니다 — 첫째로 기독교적 부르심과 그에 합당한 삶과, 둘째로 기독교적 하늘나라와 그에 합당한 삶.

1. 첫째로, 기독교적 부르심과 그에 합당한 삶.

"그러므로 내가 너희를 권하노니 너희가 부르심을 받은 일에 합당하게 행하라." 이러한 개념은 바울의 다른 서신들에서도 반복됩니다. 그 표현은 다소 다르다 하더라도 말입니다. 예를 들어, 그는 어떤 곳에서 "이는 너희를 부르사 자기 나라와 영광에 이르게 하시는 하나님께 합당히 행하게 하려 함이라"라고 말하며(살전 2:12), 또 어떤 곳에서는 그리스도인의 의무와 관련하여 그것을 "주께 합당하게 행하여 범사에 기쁘시게 하는" 것으로 표현합니다(골 1:10). 모든 그리스도인에게는 자신의 삶으로써 부응해야 할 분명한 부르심이 있습니다. 그들의 삶은 그들 앞에 제시된 이상(理想)에 일정 부분 합당해야 합니다. 우리의 "부르심"을 생각해 보십시오. 바울이 그 단어를 사용할 때, 우리는 그 안에 우리의 삶이 맞추어져야 할 표준이 담겨 있음을 발견할 수 있습니다.

하나님의 부르심이 무엇입니까? 우리는 그것을 어떻게 듣습니까? 베드로는 "자신의 영광과 덕으로 우리를 부르신" 하나님에 대해 말합니다(벧후 1:3). 다시 말해서, 하나님이 어떤 모양이나 혹은 어떤 방법으로 스스로를 계시하실 때, 만일 우리가 그 안에서 "이리로 올라오라"는 위대한 음성을 듣지 못한다면 우리는 그러한 계시의 가장 깊은 의미를 이해하지 못한 것입니다. 왜냐하면 하나님의 모든 자기 계시는 — 우리 주위의 피조물들을 통한 계시든지, 우리 영혼 속에 은밀한 음성을 통한 계시든지, 우리 자신의 개인적인 삶 속에서의 신비를 통한 계시든지, 세상 역사를 통해 그의 목적을 점진적으로 펼쳐나가는 것을 통해서든지 간에 — 그 안에 우리에 대한 부르심을 담고 있기 때문입니다. 그것을 듣거나 보는 자들을 자신에게로 이끌며, 그들을 자신의 형상으로 빚기 위해서 말입니다. 마치 태양이 빛을 방사(放射)함으로써 행성들을 자기 주위로 이끌듯이, 하나님은 스스로를 불모(不毛)의 영혼 속으로 방사함으로써 그들을 고상함과 선함과 하나님을 기뻐함과 하나님의 형상으로 이끕니다.

그런가 하면 또 우리는 바울이 다른 곳에서 "그리스도 예수 안에서 하나님이 위에서 부르신 부름"이라고 말하는 것을 듣게 됩니다(빌 3:14). 그렇습니다. 하나님의 모든 부르심은 예수 그리스도 안으로 모아지며 그에게 초점이 맞추어집니다. 왜냐하면 우리는 예수 그리스도 안에서 인간성의 모든 가능성들이 실현되는 것과 우리가 마땅히 되어야 하는 모범을 보며 또 그와 같이 되도록 부르심을 받기 때문입니다. 또 우리는 그리스도 안에서 우리를 부르시는 위대한 동기(動機)를 보게 됩니다. 하나님의 부르심은 예수 그리스도의 입술을 통과하면서 부드럽게 변화됩니다. 그 부르심은 더 이상 권위로 가득 찬 입법자(立法者)의 엄한 목소리가 아니라 "나에게 오라 그러면 너희 영혼이 쉼을 얻으리라"는 부드러운 초청입니다. 우리가 그 부르심을 예수 그리스도의 은혜로운 입술로부터 들을 때, 그것은 달콤한 꿀로 발라지며 무한히 강력해집니다. 기독교적 이상(理想)이 나타날 때 그 안에 그것을 실현하는 힘이 담겨 있는 것은 기독교적 이상의 축복된 특성입니다. 봄의 따뜻한 햇볕이 들꽃의 싹을 부르는 것처럼, 그리고 아네모네가 그 부름을 듣고 언 땅을 뚫고 올라오는 것처럼, 그리스도의 부르심은 그것을 듣는 자들로 하여금 그것에 순종하며 그 부르심대로 나아가도록 만듭니다. 이와 같이 우리는 "그리스도 예수 안에서 하나님이 위에서 부르신 부름"을 갖습니다.

만일 우리의 부르심이 그리스도의 삶을 따르는 것이라면, 또 우리가 그러한 부르심에 순종해야 할 마음이 생기게 하는 것이 그리스도의 죽음이라면, 또 우리가 그렇게 할 수 있는 것이 그리스도의 성령으로 말미암는다면, 그에 합당한 삶은 어떤 종류의 삶이겠습니까? 본문의 문맥이 이러한 질문에 대해 부분적으로 답해 줍니다. "그러므로 주 안에서 갇힌 내가 너희를 권하노니 너희가 부르심을 받은 일에 합당하게 행하여 모든 겸손과 온유로 하고 오래 참음으로 사랑 가운데서 서로 용납하고"(1-2절). 바로 이것이 우리의 부르심의 한 측면이며, 그에 합당한 삶은 교만과 오만과 자기중심적인 태도로부터 해방되어 겸손과 온유와 사랑으로 변화된 삶입니다.

다른 곳에서 우리는 부르심에 합당한 삶에 대한 또 다른 표현을 보게 됩니다. "주께 합당하게 행하여 범사에 기쁘시게 하고"(골 1:10). "부르심에 합당한" 삶의 첫 번째 특징은 범사에 하나님을 기쁘시게 하는 것이며, 이것은 포괄적인 요구입니다. 이어서 세부적인 항목들이 따릅니다. "모든 선한 일에 열매를 맺게 하시며" — 이것은 삶의 모든 영역에서 열매를 맺으며 선을 베푸는 행동을 말하는 것입니다. "하나님을 아는 것에 자라게 하시고" — 이것은 하나님과 계속해서 친숙해지며 친밀해지는 것을 말하는 것입니다. "기쁨으로 모든 견딤과 오래 참음에 이르게 하시고." 이어 마지막 절정이 나옵니다. "아버지께 감사하게 하시기를 원하노라." 여러분의 부르심을 보십시오(고전 1:26). "부르심을 입은 부름에 합당한" 삶은 하나님의 뜻에 일치되는 삶인데, 그것은 "모든 선한 일에 열매를 맺는" 삶이며, "하나님을 아는 것에 자라가는" 삶이며, "기쁨으로 모든 견딤과 오래 참음에 이르게 하는" 삶이며, "범사에 하나님께 감사하는" 삶입니다. 바로 이것이 우리가 부름받은 바입니다. 만일 우리가 이러한 부르심에 일정 부분 순종하지 않는다면, 그래서 우리의 삶 속에서 이러한 삶의 열매를 맺지 않는다면, 아무 공로 없이 베풀어지는 긍휼과 값없이 주시는 은혜와 아무 자격 없는 자들에게 베풀어지는 사랑에도 불구하고 또 구원이 공로가 아니라 믿음으로 말미암는 사실에도 불구하고 우리는 하나님의 긍휼을 요구할 권리를 갖지 못합니다.

이와 같은 부르심에 합당한 삶의 필요성은 모든 것이 아무 자격 없는 자들에게 베풀어지는 하나님의 긍휼에 기인하는 것이라는 위대한 진리와 완전하게 조화됩니다. 우리를 부르신 목적에 더 가까이 다가갈수록, 우리의 삶은 더욱더 부르심에 합당한 삶이 될 것이며 우리가 합당치 못한 자라는 우리의 자각(自覺)은 더욱 깊어질 것입니다. 이상(理想)에 더 가까이 다가갈수록, 우리는 우리가 그것과 얼마나 멀리 떨어져 있는지를 더 깊이 느끼게 될 것입니다. 기독교적 진보(進步)의 법칙은 합당함이 증가하는 것에 비례하여 합당치 못함의 의식(意識)이 증가하는 것입니다. 바울은 디모데에게 "내가 죄인 중에 괴수니라"라고 말합니다(딤전 1:15). 그렇게 말한 그가 같은 사람에게 보내는 두 번째 서신에서 "내가 선한 싸움을 싸우고 나의 달려갈 길을 마치고 믿음을 지켰으니 이제 후로는 나를 위하여 의의 면류관이 예비되었다"고 말합니다(딤후 4:7, 8). 둘은 상충되지 않고 도리어 상호보완적입니다. 한쪽 측면에서 "합당함"은 그리스도의 사랑이 우리에게 흘러넘치는데 아무 역할도 하지 못합니다. 그러나 다른 쪽 측면에서 우리는 부르심에 합당하게 행해야 합니다.

2. 기독교적 하늘나라와 그에 합당한 삶.

여러분 가운데 어떤 사람들은 틀림없이 이것을 매우 의아하게 생각할 것입니다. 그러면 이것이 무엇을 의미하는지 좀 더 자세히 살펴보도록 합시다. 우리의 두 번째 본문 즉 요한계시록 3장 4절은 "그들은 흰 옷을 입고 나와 함께 다니리니 그들은 합당한 자인 연고라"라고 말씀합니다. 계시록에서 그렇게 말씀하셨던 바로 그분이 세상에 계셨을 때 이렇게 말씀하셨습니다. "저 세상과 및 죽은 자 가운데서 부활함을 얻기에 **합당히** 여김을 받은 자들은 장가가고 시집가는 일이 없으며"(눅 20:35). 요한계시록 본문은 이 땅에서의 삶과 하늘에서의 삶 사이에 연속성과 일치성이 있음을 분명하게 보여줍니다. "흰 옷을 입고 다니기에 합당한" 자들은 누구입니까? 그들은 "사데에 그 옷을 더럽히지 아니한 몇 명"입니다(계 3:4). 여러분은 여기에서 이 땅에서 깨끗한 옷을 입는 것과 하늘에서 빛나는 옷을 입는 것이 서로 연결되는 것을 봅니다. 양자는 함께 갑니다. 여러분은 둘을 분리시킬 수 없습니다. 구원이 우리가 행한 의의 행동으로 말미암지 않고 오직 하나님의 은혜로 말미암는다는 위대한 진리는 오직 합당한 자들이 하나님의 나라를 얻는다는 또 다른 진리와 결코 상충되지 않습니다.

"그들은 흰 옷을 입고 나와 함께 다니리라"는 위대한 약속 속에 함축되어 있는 것이 무엇입니까? 그것은 하늘나라의 상급이 본질적으로 이러한 합당함을 요구한다는 사실입니다. "그들은 (외적 세계에서) 다니리라." 이것은 새로운 사실에 대한 거대한 문을 엽니다. 그러나 나는 여기에서 그에 관해서는 다루지 않고 다만 우리의 주제에만 한정하고자 합니다. "그들은 흰 옷을 입고(정결함으로 빛나는 성품으로) 나와 함께(예수 그리스도와 연합하여) 다니리라(진보하리라)."

여기에서 다음과 같은 네 가지 개념을 주목하십시오 — 첫째로 외적 세계에서 활동하는 것, 둘째로 정결함으로 빛나는 성품, 셋째로 예수 그리스도와의 연합, 넷째로 진보. 그러면 여러분은 미래에 대한 거의 대부분을 아는 것입니다. 나머지는 대부분 상징적인 언어나 혹은 부정어(否定語)로 표현됩니다. 따라서 대부분 불확실하며 부차적인 위치만을 차지할 뿐입니다. 내세(來世)에 대한 물리적인 이론들에 괘념치 마십시오. 내세 삶과 관련한 모든 의문들에 괘념치 마십시오. 우리가 "그들은 흰 옷을 입고 나와 함께 다니리라"는 위대한 약속을 더 굳게 붙잡을수록, 내세의 삶에 대한 우리의 개념은 더 풍성하고 온전해질 것입니다.

이와 같이 오직 "합당한" 자들만이 하늘나라를 소유할 수 있습니다. 선물의 본질을 감안할 때, 선물과 그것을 받는 자 사이에는 도덕적 종교적 일치성이 있어야만 합니다. 다시 말해서, 만일 여러분의 본질이 하늘나라를 구성하는 이러한 위대한 선물들을 받기에 합당치 못하다면, 여러분은 하늘나라를 얻을 수 없습니다. 어떤 사람들은 내세의 상태를 "보응(혹은 보답, retribution)의 상태"로 이야기합니다. 그러나 이것은 그다지 만족스러운 표현이 아닙니다. 왜냐하면 보응의 개념 속에는 지상의 상급과 징벌에 나타난 것과 같은, 선행과 상급 혹은 죄와 징벌 사이에 필연적인 상응관계가 존재하지 않을 수 있기 때문입니다. 십자가의 형상으로 주조된

한 조각의 청동은 "용맹에 대한" 보답(retribution)일 수 있으며, 감옥은 어떤 범죄에 대해 법이 지정한 보응(retribution)일 수 있습니다. 그러나 이것은 내세의 삶에 있어서의 상급과 징벌에 대해 하나님이 다루시는 방법이 아닙니다. 하나님이 상급과 징벌을 다루시는 방법은 단순히 위와 같은 의미의 임의적인 보응이 아닙니다. 그것은 심음과 거둠의 법칙처럼 확실하고 필연적인 것입니다. 우리는 이 땅에서 심고 하늘에서 거둡니다. 우리는 우리의 곡식단을 가지고 내세의 삶으로 나아갑니다. 우리는 곡식을 빻고, 떡을 만들어, 우리 손으로 행한 일을 먹어야 합니다. 또 우리는 우리가 만든 것을 마십니다. 우리가 행한 일들이 우리를 따릅니다. 하늘이 땅에 대해 갖는 관계는 임의적인 보응이 아니라 심음과 거둠의 필연적인 결과입니다.

이것은 우리의 본질과도 온전히 부합됩니다. 우리는 어디로 가든지 우리 자신을 데리고 갑니다. 우리의 성품의 지속성, 인격적 존재의 연속성, 기억의 연속성, 우리의 행동이 우리 자신에게 가져다주는 지속적인 결과들 — 이 모든 것들은 지금 생과 다음 생 사이의 거대한 간격처럼 보이는 것이 실제는 아주 작은 틈새에 불과하며, 우리가 여기에서 만든 자아(自我)를 다음 세상에서 계속 이어나간다는 사실을 분명하게 보여줍니다. 죽음이 무엇이든지 간에 그것은 아무것도 바꾸지 않습니다. 죽음에도 불구하고 우리의 성품은 그대로 유지됩니다. "그 옷을 더럽히지 아니한 자들은 흰 옷을 입고 나와 함께 다니리니 그들은 합당한 자인 연고라"(계 3:4).

사랑하는 성도 여러분, 생명은 얼마나 장엄합니까? 쏜살 같이 지나가는 순간들은 그 안에 영원을 담고 있습니다. 순간들은 지나가며, 일들도 지나갑니다. 그러나 사람의 어떤 것도 결코 소멸되지 않습니다. 우리는 지나간 어제(yesterday)들의 모든 결과들을 영원한 오늘(today)에 담습니다. 여러분은 마치 먹지 위에 종이를 놓고 그 위에 글을 쓰는 것과 같습니다. 먹지 아래에는 또 다른 종이가 있습니다. 여러분이 종이 위에 기록하는 모든 것은 검은 먹지를 통과하여 아래에 있는 종이 위에 똑같이 기록됩니다. 그리고 어느 날 여러분은 그것을 읽으면서 이렇게 말하게 될 것입니다. "여기에 내가 기록한 모든 것이 있도다."

물론 우리는 공로 없는 사랑으로부터 시작합니다. 또 예수 그리스도의 죽음과 부활과 승천에 의해 천국 문이 신자들에게 열리는 유일한 근거는 바로 그 공로 없는 사랑입니다. 그럼에도 불구하고 우리는 믿음과 함께 그 믿음의 열매인 행함을 요구받습니다. "불 가운데서 구원받는 것처럼" 그렇게 구원받는 자들도 있을 것이며(고전 3:15), "그리스도의 영원한 나라에 넉넉히 들어가는" 자들도 있을 것입니다(벧후 1:11). 그 선택은 우리에게 달려 있습니다. 또 하나님의 아들을 배척하고 언약의 피를 부정한 것으로 여기는 자들도 있을 것이며, 그리스도로부터 "그는 흰 옷을 입고 나와 함께 다니리니 그는 합당한 자인 연고라"는 칭찬을 듣는 자들도 있을 것입니다. 그 선택 역시 우리에게 달려 있습니다.

23
주도 믿음도 세례도 하나

"주도 한 분이시요 믿음도 하나요 세례도 하나요"

엡 4:5

에베소서에서 교회의 하나됨의 개념은 매우 특별한 위치를 차지합니다. 오늘날 우리들에게 있어 당시 모든 나라의 다양한 종류의 사람들을 하나로 묶는 띠를 발견한 것이 얼마나 놀랍고 특이한 일이었는지 이해하는 것은 매우 어려운 일입니다. 바리새인과 철학자, 높은 신분의 여자들과 노예들, 로마의 귀족들과 검투사들, 아시아인들과 헬라인들과 수리아인들과 유대인들 — 이들은 서로간의 불화를 잊고 그리스도 안에서 하나가 되었습니다. 본 서신에서 바울이 이러한 특이한 사실을 반복해서 강조하는 것은 조금도 놀랄 일이 아닙니다. 그는 여기에서 교회의 하나됨에 상응하는 것으로서 일곱 가지 하나됨을 열거합니다 — 한 몸, 한 성령, 한 소망, 한 주, 한 믿음, 한 세례, 그리고 한 분이신 만유의 하나님 아버지. 가시적(可視的)인 명백한 실재로서 외적인 교회가 첫 번째로 나오고, 만유의 하나님 아버지가 마지막으로 나옵니다. 그리고 그 사이에 한 성령과 한 주(主)가 나옵니다. "몸"은 교회입니다. "성령과 주와 하나님"은 삼위일체의 각 위(位)입니다. 소망과 믿음은 사람이 하나님과 연결되는 인간의 행위이며, 세례는 사람과 하나님이 한 몸으로 연합된 것에 대한 가시적(可視的)인 상징입니다. 본문은 주와 믿음과 세례의 하나됨을 언급하는데, 이것은 실제적으로 모든 목록들을 포괄하는 것으로 간주될 수 있습니다. 이제 본문에 나타난 순서대로 살펴보도록 합시다.

1. 주도 한 분이시요.

기독교적 하나됨의 심원(深遠)한 기초는 그리스도의 신성(神性)입니다. 여기에서 "주"란 호칭은 통치자의 권세를 가진 그리스도와 신성을 가진 성육신하신 하나님을 가리킵니다. 설령 우리가 여기의 "주"란 호칭 속에서 구약의 여호와의 이름이 언급되는 것을 본다고 할지라도, 그것은 결코 지나친 것이 아닙니다. 왜냐하면 여호와란 이름은 헬라어 역본에서 통상적으로 여기와 동일한 호칭으로 번역되었기 때문입니다(바울은 헬라어 역본에 매우 친숙해 있었습니다). 또 우리는 여기의 기독교적 하나됨의 목록 속에 "주"가 삼위 가운데 중간에 위치하는 사실을 간과해서는 안 됩니다. 그럼으로써 "주"는 성령의 근원이면서 동시에 아버지의 나타남으로 간주됩니다. "주"가 아버지 앞에 위치하는 것은 살아 계신 인격적인 그리스도가 사람들을 하나로 연합시키는 본질적인 존재임을 암시합니다. 한 몸은 한 주와의 관련 속에서 자신의 하나됨을 실현합니다. 그것이 하나인 것은 교리(教理)가 같기 때문이거나 혹은 다른 어떤 특별한 유대의 끈이 있기 때문이 아닙니다. 그것은 오직 그들이 한 떡에 참여하기 때문입니다. "떡이 하나요 많은 우리가 한 몸이니 이는 우리가 다 한 떡에 참여함이라"(고전 10:17). 자석은 모든 입자들을 끌어당김으로써 그 모든 것을 신비한 한 덩어리로 만듭니다.

2. 믿음도 하나요.

본문의 첫째 구절은 교회의 하나됨의 모든 객관적인 요소들을 "주"라고 하는 하나의 위대한 이름 안에서 제시합니다. 반면 여기의 둘째 구절은 그리스도인을 만드는 주관적인 요소를 제시합니다. 한 분이신 주는 그의 충만한 본질과 완전한 사역 가운데 믿음의 전포괄적인(all-inclusive) 대상입니다. 그는 믿음의 덩굴손이 타고 올라가는 강력한 버팀목입니다. 그는 우리에게 어떤 속성들을 소유하고 또 어떤 일들을 행한 자로서 알려집니다. 그것들이 언어로 정리될 때 교리가 되는 그런 것들 말입니다. 이런 것이 없는 그리스도는 결코 믿음의 대상이 되지 못할 것입니다. 그러므로 그리스도의 인격과 기독교 교리 사이에 종종 있어 왔던 상충은 결코 합당치 못한 것입니다.

그리스도를 붙잡는 주관적인 행위는 믿음입니다. 이것은 구원받는 믿음을 의미하는 것으로서, 기독교 교리를 구성하는 전체적인 신앙체계와는 다른 것입니다. 우리를 예수 그리스도와 연합시키는 것은 어떤 신조나 교리를 받아들이는 것보다 훨씬 더 심오한 것입니다. 사람은 구주와 실제적인 생명의 연합을 가짐이 없이도 여러 신조(信條)들을 믿을 수 있습니다. 구원에 이르는 믿음은 우리의 전 자아(whole self)가 그리스도께로 나아가는 것입니다. 그 안에서 우리의 이해력과 감정과 의지가 함께 행동합니다. 신약의 **믿음**(faith)은 구약의 **신뢰**(trust)와 절대적으로 동일합니다. 이스라엘 백성들에게 "너희는 여호와를 영원히 신뢰하라 주 여호와는 영원한 반석이심이로다"라고 훈계한 선지자는 "주 예수 그리스도를 믿으라 그리하면 네가 구원을 받으리라"라고 말한 사도와 똑같은 메시지를 선포한 것입니다(사 26:4; 행 16:31).

"구원받는 믿음"은 모든 그리스도인들에게 있어 동일합니다. 각자의 조건과 성격과 외모와 생각의 차이에도 불구하고 말입니다. 어떤 부분에서 다를 수 있습니다. 그러나 그것은 단지 피상적인 것에 불과합니다. 때로 어떤 부분에서 서로 다르다는 이유로 그리스도인들이 서로 불화합니다. 그것은 마치 깊은 협곡을 사이에 두고 서로 떨어져 있는 것 같습니다. 그러나 그 아래로는 그들은 서로 연결되어 있습니다. 그들이 서 있는 반석은 깨어지지 않았습니다. "믿음의 통일성"은 현존하는 교회체계들과 여러 가지로 모순을 일으킵니다. 그럴 때 우리는 그것을 새 예루살렘의 날까지 미루고자 하는 시험을 받게 됩니다. 그러나 본문은 다음과 같은 소망을 격려하면서 동시에 그 소망이 이루어지도록 노력할 것을 격려합니다. 한 믿음으로 한 주와 연합된 모든 자들이 그리스도 안에서 한 몸임이 세상 속에 온전히 나타나는 소망 말입니다.

3. 세례도 하나요.

바울의 마음속에서 분명 여기의 세례는 성령의 세례를 의미하는 것이 아니라 신자들이 그리스도 안에서 교회의 친교 속으로 들어가는 의식(儀式)으로서의 세례를 의미합니다. 당시 세례는 한 믿음으로 한 주와 연합되었음을 고백하는 모든 자들에게 베풀어진 영원한 의식이었습니다. 본문의 세 구절은 완벽한 연결관계를 가지고 있습니다. 세례는 바로 앞에 나오는 믿음의 표현이며 결과입니다. 여기에 세례가 개인적인 믿음을 공표하는 것이라는 사실이 매우 분명하게 함축됩니다. 나는 여기의 순서가 세례에 관한 다른 관념들, 예컨대 그것이 은혜를 전달하는 것이라든지 혹은 부모의 열망과 감정을 표현하는 것이라는 등의 다른 관념들을 부정한다고 생각합니다. 여기에서의 바울의 순서는 예수 그리스도 자신이 말한 순서와 동일합니다. 왜냐하면 예수 그리스도 역시도 "믿고 세례를 받는 사람은 구원을 얻을 것이요"라고 말씀하셨기 때문입니다(막 16:16). 이와 같이 본문이 세례가 보편적으로 베풀어진 매우 중요한 의식이었음을 보여줌에도 불구하고 신약의 서신들에 그에 대한 언급이 매우 적은 것은 참으로 주목할 만한 사실입니다. 그 이유는 무엇일까요? 그것은 세례가 중요하지 않은 것으로 여겨져 무시되었기 때문이 아니라, 그것이 하나의 의식(儀式)으로서 다른 근본적인 진리들만큼 중요할 수는 없었기 때문입니다.

또 여기에 주의 만찬이 언급되지 않은 것 역시 주목할 만합니다. 특별히 고린도인들에게 보내는 편지들에서 주의 만찬이 기독교적 통일성의 한 가지 증표로 강조되고 있음을 감안할 때 말입니다. 여기에 주의 만찬에 대한 언급이 빠진 이유는 초창기 교회에서 주의 만찬은 별도의 의식이 아니라 일상적인 식사와 결합되어 있었기 때문이든지 아니면 세례가 베풀어질 때 주의 만찬은 베풀어지지 않았기 — 왜냐하면 세례는 한 믿음을 소유한 자가 한 몸으로 결합되는 최초의 가입의식이었으므로 — 때문일는지 모릅니다.

24
은혜의 분량

"우리 각 사람에게 그리스도의 선물의 분량대로 은혜를 주셨나니"
엡 4:7

바울은 여기에서 교회의 통일성의 개념으로부터 각 사람에게 주어진 선물(혹은 은사, gift)의 다양성의 개념으로 나아갑니다. "각"(each)은 "모두"(all)와 대조됩니다. 자신과 연합된 모든 사람들과 은혜와 축복의 관계를 맺고 계시는 하나님은 동시에 그 안에 있는 각각의 사람들과도 동일한 은혜와 축복의 관계를 맺고 계십니다. 그것은 각각의 사람들이 하나님이 그 안에서 역사하시는 그의 개별적인 선물을 받기 때문입니다. 기독교 공동체는 개별주의(individualism)와 집합주의(collectivism)의 완성입니다. 그리고 은혜의 선물에 대한 이러한 풍성한 다양성은 여기에서 한 몸의 통일성을 더욱 공고히 하는 근거로서 제시됩니다.

1. 첫째로, 각 그리스도인은 그리스도를 통해 은혜를 받습니다.

좀 더 정확하게 번역한 개정역(Revised Version)은 **"그 은혜"**(the grace)라고 읽습니다. 여기에서 정관사 **"the"**는 그 은혜가 에베소의 신자들 사이에서 익숙한 사실이었음을 가리킵니다. 나아가 헬라어 어법은 그 은혜가 과거의 어떤 특정한 시점에 주어진 것이었음을 함축합니다. 그것은 아마도 각 신자들이 믿음으로 예수 그리스도를 붙잡은 순간을 가리키는 것이었을 것으로 여겨집니다. 또 우리는 선물의 내용이 은혜(grace) 그 자체이지 그리스도인의 삶 속에서 나타나는 그것의 결과물인 은혜들(graces)이 아님을 주목해야 합니다. 그러면 그 은혜는 무엇일까요? 그것은 각자의 개별적인 믿음의 행동을 통해 주어지는 것으로서, 각자의 삶 속에 흘러넘치며 또 그것을 변화시키는 새로운 생명력입니다. 이러한 말할 수 없는 선물로부터, 기독교적 성품을 더욱 심화(深化)시키며 고양(高揚)시키는 각종 은혜들이 따릅니다.

이러한 사실은 우리 모두로 하여금 우리 마음속을 살피면서 거기에 비슷한 경험의 어떤 흔적들이 있는지 보도록 이끕니다. 우리 모두에게 그 은혜가 주어진 것이 정말로 사실입니까? 그렇다면 우리 가운데 너무도 많은 사람들이 그 은혜를 소유하고 있음을 드러내지 못하는 것은 도대체 무슨 연유입니까? 어떤 경우 선물이 사람에게 알지 못하게 주어지는 때도 있을 것입니다. 그러나 분명 이것은 그런 경우가 아닙니다. 만일 우리가 그 은혜를 가지고 있음을 알지 못한다면, 우리가 정말로 그 은혜를 가지고 있는지 여부는 매우 의심스러운 상태로 남을 수밖에 없습니다. 그렇지 않으면 그것을 매우 부족하며 뒤틀린 상태로 가지고 있는 것이든지 말입니다.

그 은혜의 보편성은 당시의 엄격한 신분사회에서 매우 특이하며 놀랄 만한 것이었습니다. 특별히 유대교의 특권의식에 비추어 볼 때 더욱 그렇습니다. 바리새인들은 거드름 피우는 어투로 "율법을 알지 못하는 백성은 저주받은 자로다"라고 말하지 않았습니까? 또 랍비들과 일반 백성들 사이에 얼마나 큰 간격이 있었습니까? 이러한 차별의식이 편만하던 시대에 가장 크고 위대한 선물이 모든 사람에게 똑같이 주어졌다는 선언은 엄청난 소용돌이를 일으킬 수밖에 없었습니다. 베드로 역시도, 오순절 날 다음과 같은 요엘의 예언이 이 날에 이루어졌다고 말할 때, 이러한 보편성의 의미를 충분히 깨닫고 있었습니다. "내가 내 영을 모든 육체에 부어 주리니 … 그 때에 내가 내 영을 내 남종과 여종들에게 부어 주리니"(행 2:17, 18). 그날의 급하고 강한 바람은 곧 그쳤습니다. 제자들의 머리 위에 있던 불의 혀처럼 갈라지는 것들도 이내 사라졌으며, 그들의 입으로부터 쏟아져 나온 많은 음성들도 곧 조용해졌습니다. 그러나 그 선물은 영원했습니다. 그것은 그때와 마찬가지로 지금도 똑같이 부어집니다. 모든 신자들이 성령을 받는 것은 그때처럼 지금도 똑같이 사실입니다. 다만 성령을 **충만히 받는** 것 여부는 다를 수 있다 하더라도 말입니다.

그 선물을 주시는 자는 그리스도입니다. 예수 그리스도께서 "누구든지 목마른 자는 내게로 와서 마시라"고 말씀하셨을 때 요한은 "이는 그를 믿는 자들이 받을 성령을 가리켜 말씀하신 것이라"라는 설명을 덧붙였는데, 여기에서처럼 그는 성결의 영을 주시는 권세를 가지고 계십니다(요 7:37, 39). 우리는 본문의 문맥 속에 언급된 삼위(三位)의 상호관계를 완전하게 이해할 수 없습니다. 그렇지만 그리스도가 하나님의 오른팔로서 하나님의 본성을 계시하는 자, 혹은 다른 비유로 표현해서, 하나님의 바다가 피조물의 세계 속으로 흘러들어오는 통로라는 사실은 충분히 이해할 수 있습니다. 그 통로를 통해 "하나님과 어린 양의 보좌"로부터 발원한 생명수의 강이 신자들의 마음속으로 흘러들어옵니다. 모든 신자들에게 주어지는 이러한 성결의 영의 선물은 그리스도께서 그의 교회에게 주시는 모든 선물들 가운데 가장 핵심적이고 중요한 것입니다. 세상 죄를 위한 그의 과거의 희생사역은 끝났습니다. 골고다 십자가 위에서 "다 이루었다"는 최후의 외침과 함께 말입니다. 그러나 그 희생의 힘은 결코 끝나지 않습니다. 세상 죄를 속하는 것은 그리스도의 사역의 시작 단계에 불과합니다. 계속해서 모든 세대들을 통해 그 이후의 단계들이 이어질 것입니다. 그는 이제도 일하십니다. 그리고 그의 현재적 사역은 외적 상황들과 관련하여 신적 에너지를 공급하는 것뿐만 아니라 그들에게 하나님의 성령을 나누어주는 것까지 포함됩니다.

오늘날의 그리스도인들은 그리스도께서 자신을 위해 죽으신 것에만 지나치게 집중하는 경향이 있습니다. 그러면서 그의 말할 수 없는 희생의 광채에 너무도 눈이 부신 나머지 그가 자신들을 위해 지금 행하시고 계시는 일은 미처 보지 못합니다. 이제 우리는 기독교 진리의 균형을 다시 회복시켜야 합니다. 우리는 그를 십자가 위에서 죽으신 그리스도로서 생각하는 분량만큼 동시에 부활하시고 하나님 우편에 앉으셔서 우리를 위해 중보하시는 그리스도로서 생각해야 합니다.

2. 둘째로, 이러한 은혜의 선물은 그 자체로 무한합니다.

본문은 그리스도의 선물의 분량대로 은혜를 주셨다고 말합니다. 여기에서 그리스도의 선물이라는 구절은 그리스도께서 받으신 선물을 의미하는 것이든지 아니면 그리스도께서 주시는 선물을 의미하는 것일 것입니다. 여기에서 바울 사도가 의미한 것은 아마도 후자일 것으로 여겨집니다. 뒤이은 "그가 위로 올라가실 때에 사로잡혔던 자들을 사로잡으시고 사람들에게 선물을 주셨다"라는 구절을 볼 때 그렇습니다(8절). 그렇지만 그리스도가 주시는 것은 곧 그가 소유한 것입니다. 또 바울은 계속해서 그리스도께서 교회에게 선물을 주시는 궁극적인 결과는 교회가 그리스도의 장성한 분량이 충만한 데까지 이르는 것임을 지적합니다(13절).

우리는 에베소서에서 선물의 분량과 관련하여 다양한 표현들이 나타나는 것을 주목할 필요가 있습니다. 어떤 곳에서 바울은 신자들에게 주어지는 선물을 "아버지의 영광의 부요함에 따른" 것으로 말합니다. 그렇다면 신적 충만에 참여하는 데에는 아무런 한계도 없을 것입니다. 왜냐하면 하나님의 영광은 그 자신의 무한한 성품의 완전한 광채이기 때문입니다. 바울 사도는 그러한 빛의 영광을 부요함이라는 다른 은유와 결합시킴으로써 그 빛이 더욱 빛나게 하고자 애씁니다. 둘은 함께 하나님의 무한한 부요와 다함이 없는 광채의 개념을 제시합니다. 겸손한 자녀는 열망과 신뢰의 눈을 들고 자신이 예수 그리스도를 믿는 믿음으로 하늘에 계신 아버지께서 온전하신 것처럼 온전하게 될 때까지 부요함과 빛남에 있어 계속해서 증가하게 될 선물을 받았음을 믿을 수 있습니다. 옛 시인은 우리보다 훨씬 저급한 계시의 빛에 기초해서도 죽음에 대해 승리의 찬가를 부르며 "나는 깰 때에 주의 형상으로 만족하리이다"라고 노래했습니다(시 17:15). 그렇다면 훨씬 더 풍성한 빛을 가진 우리는 그보다 더 확신에 찬 믿음을 가져야 마땅하지 않겠습니까?

우리가 받은 선물 속에는 그리스도의 형상에 참여하는데 어떤 제한도 없습니다. 본 서신의 다른 곳에서 기독교적 소망의 보증인 그 힘의 분량은 "그리스도 안에서 역사하시는 그의 힘의 위력으로 역사하심을 따른" 것으로 표현됩니다(1:19, 20). 그 힘이 역사하는 범위는 예수 그리스도의 부활 안에서 그리고 그를 모든 통치와 권세와 능력 위에 높이 올리심 안에서 우리에게 나타나며 펼쳐집니다. 바울이 계속해서 가르치는 것은 예수 그리스도의 부활이 단지 그 개인으로서가 아니라 우리의 머리와 대표로서 이루어졌다는 것입니다. 그를 통해 우리가 다시 살아나는 것은 단지 '죄로 인한 도덕적인 죽음'과 '하나님과의 분리'로부터만이 아닙니다. 우리는 또한 육체의 죽음으로부터 다시 살아날 것이며, 그 안에서 생명의 구주와 연합된 겸손한 신자는 그의 통치에 참여하며 그 자신이 친히 약속한 것처럼 그와 함께 그의 보좌 위에 앉게 될 것입니다. 마치 그가 아버지의 보좌에 앉으신 것처럼 말입니다.

그 선물 속에는 또한 그 자체의 에너지에 있어 아무런 제한이 없습니다. 에베소서의 또 다른 곳에서 바울은 그 선물의 분량을 "하나님의 모든 충만"으로 표현합니다. 그러는 가운데 하나님을 "우리가 구하거나 생각하는 모든 것에 더 넘치도록 능히 하실 이"라고 부르며 감격의 탄성을 터뜨립니다(3:20). 다시 말해서, 하나님의 선물의 분량은 우리의 기대와 간구를 더 크고 더 넓게 확장시킬 수 있다는 것입니다. 그러므로 우리는 현재의 궁핍한 소유 가운데서가 아니라 우리 안에서 역사하는 능력의 지극히 풍성함 가운데 하나님의 선물의 분량을 찾습니다. 하나님의 에너지는 무한한 풍성함 가운데 우리 각자의 분량대로 주어집니다. 본문에서 바울은 스스로를 모든 신자들과 연합시킵니다. 그는 그들 안에 역사하는 능력을 바라보면서 그것이 하나님의 무한하신 능력임을 인식합니다. 하나님은 모든 일을 완성하실 때까지, 그리고 그 일이 완성된 것을 보고 심히 좋다고 선언할 때까지 쉬지 않으십니다.

3. 셋째로, 이러한 무한한 은혜는 각 신자의 믿음의 분량에 의해 제한됩니다.

뉴포리스트(New Forest) 근처에 살았을 때, 나는 사람들이 "고무줄 울타리"(rolling fences)라고 부르는 것에 대해 많이 들었습니다. 사람들은 왕실 소유지의 일부를 불하받고 그 위에 집을 짓고 울타리를 쳤습니다. 그러면서 그들은 해마다 조금씩 그 울타리를 밖으로 확장시키면서 큰 땅을 차지했습니다. 우리 그리스도인들은 말하자면 무한한 대초원 위에 각자의 작은 땅을 소유하고 있습니다. 그 땅의 크기는 우리 각자의 분량에 따른 것이며, 우리는 그것을 확장시킬 수 있습니다. 앞에서 우리는 바울이 제시한 하나님의 선물의 무한성의 다양한 표현들을 살펴보았습니다.

우리는 여기에서 그리스도 자신의 입술로부터 나온 또 하나의 "따라"(according to)를 살펴보아야 합니다. 그는 말합니다. "네 믿음에 따라 그것이 네게 그대로 될 것이라"(According to your faith be it unto you, "네 믿음대로 될지어다"). 이 말씀은 무한한 선물에 대한 우리의 현재적인 소유의 실제적인 한계를 제시합니다. 우리는 우리가 열망하는 만큼 소유합니다. 우리는 우리가 취하는 만큼 소유합니다. 우리는 우리가 사용하는 만큼 소유합니다. 우리는 우리가 움켜쥘 수 있는 만큼 소유합니다. 우리는 마치 온갖 보화가 가득한 곳간으로 들어가는 어떤 사람과 같습니다. 거기에는 금괴들과 금화 은화들이 가득합니다. 그러나 우리는 그 보화를 우리가 가질 수 있는 만큼만 가질 수 있을 뿐입니다. 만일 우리가 스스로를 빈털터리 거지처럼 생각한다면, 그 이유는 하나님이 우리에게 값없이 주신 것을 스스로 취하려고 하지 않기 때문입니다. 하나님이 우리에게 말씀하시는 것은 이것입니다. "너희는 내 안에서 궁핍하지 않으나 스스로 궁핍하도다."

우리는 하나님의 선물 그 자체는 무한하지만 그러나 그것이 우리 안에서 역사할 때는 실제적인 한계를 갖는다는 사실을 인식할 필요가 있습니다. 그러므로 우리는 한편으로 하나님으로부터 위대한 일들을 기대할 수 있다는 사실로 인해 큰 격려를 받아야 합니다. 그러면서 다른 한편으로 우리에게 주어진 가능성과 현재의 실제성 사이의 심각한 대조로 인해 겸손해야 합니다. 하나님의 보좌로부터 흘러나오는 강은 무한한 수량(水量)을 가지고 있지만, 그러나 수많은 잡동사니로 쌓인 비좁은 수로를 지날 때는 아주 적은 물만 보낼 수 있을 뿐입니다. 엄청난 빛과 열기를 쏟아내는 태양을 생각해 보십시오.그러나 만일 우리의 마음이 우리 자신의 여러 허물로 어두워져 있다면 아주 적은 분량의 빛밖에는 우리 마음속으로 들어오지 못할 것입니다. 이와 같은 "하나님의 선물의 무한성"과 "그것을 소유하며 경험함에 있어서의 우리의 제한성" 사이의 대조로부터 우리가 배워야 할 가장 중요한 교훈은 우리의 믿음 속에 숨어 있는 불신앙을 인식하고 고백해야 한다는 사실입니다. "주여 내가 믿나이다 나의 믿음 없는 것을 도와주소서"라는 기도는 모든 그리스도인의 기도가 되어야 합니다(막 9:24).

이와 같이 각각의 신자들에 의해 소유되는 하나님의 은혜의 분량은 각자의 믿음의 분량에 의해 결정되는데, 이러한 사실은 우리로 하여금 하나님의 선물(혹은 은사, gifts)의 다양성을 기꺼이 받아들이도록 이끕니다. 우리 각자는 하나님으로부터 각자 자신에게 합당한 그리고 각자 소유할 수 있는 만큼의 선물을 받았습니다. 그러므로 우리는 다른 형제가 받은 선물에 대해 투덜거릴 아무런 이유가 없습니다. 우리는 모든 종류의 다양한 사람들이 세상을 이루는 것처럼 모든 종류의 다양한 그리스도인들이 교회를 이룬다는 사실을 기억해야 합니다. 세상에 그리스도를 나타내는 것은 개별적인 지체들이 아니라 몸입니다. 만일 우리가 '그 보편적인 선물'(the universal gift)을 받았다면, 우리는 마땅히 다른 사람들의 다양한 선물들(gifts)을 기꺼이 인정하고 받아들여야 합니다. 흰색의 아름다운 빛은 빨간색과 초록색과 파란색이 합쳐질 때 나옵니다. "각각 하나님께 받은 자기의 은사가 있으니 이 사람은 이러하고 저 사람은 저러하니라"(고전 7:7). 우리는 우리 안에 비추는 빛에 순종하면서 동시에 다른 사람들에게 주어진 빛을 기꺼이 인정하며 받아들여야 합니다. 그리고 그렇게 하는 분량만큼 우리는 하나님의 선물의 **무한성**과 그것을 소유하며 경험함에 있어서의 우리의 **제한성**을 잘 결합시키는 것이 될 것입니다.

만일 우리가 하나님의 영광의 소망과 자유 가운데 살고자 하면, 이와 같은 둘 사이의 대조가 생생하게 유지되어야 합니다. 왜냐하면 그러한 대조 속에 계속적인 성장의 보증이 있기 때문입니다. 그리고 모든 참된 그리스도인의 영혼 속에서 그러한 성장의 과정이 시작되는데, 그 마지막은 그리스도 안에서 하나님을 충분하게 소유하는 것입니다. 물론 유한한 피조물은 하나님을 충분하게 소유하는 데에 이를 수 없습니다. 그러나 그것은 이상(理想)이 마치 무지개 너머 있는 금 항아리처럼 우리를 조롱하며 우리 앞에서 사라지는 것을 의미하지 않습니다. 도리어 그것은 우리 삶의 실재 속에서 이상이 지속적으로 실현되는 것을 의미합니다. 이 땅의 삶 속에서 우리는 하나님의 충만을 소유함에 있어 자랄 수 있습니다. 우리의 믿음이 자람과 함께 말입니다. 우리가 이 땅에서 하나님의 충만을 소유하는 것은 매 순간 더 커질 것입니다. 그리스도인의 삶 속에서 오늘은 어제보다 더 풍성할 것이며, 내일은 오늘보다 더 풍성할 것입니다. 그리고 우리 앞에는 계속해서 더 풍성한 영광이 기다리고 있으며, 우리는 그 영광에 더 가까이 다가갈 것입니다. 우리의 "용량의 분량에 따라" 말입니다. 그리고 우리의 영은 하나님의 무한한 충만으로 더욱더 풍성하게 채워질 것입니다.

25
마지막 목적지

"우리가 다 하나님의 아들을 믿는 것과 아는 일에 하나가 되어 온전한 사람을 이루어 그리스도의 장성한 분량이 충만한 데까지 이르리니"
엡 4:13

에베소서를 기록하는 가운데 바울의 마음을 크게 사로잡고 있었던 것은 교회의 하나됨(unity)의 개념이었습니다. 그것은 몸의 은유, 성전의 은유, 남편과 아내의 관계, 가족의 관계 등으로 다양하게 제시됩니다. 또 그것은 유대인과 이방인이 하나로 연합되었다는 선언 속에 잘 나타납니다. 앞 문맥에서 그것은 이미 이루어진 것이면서 동시에 미래에 멀찍이 떨어져 있는 것으로서 제시되었습니다. 본장(엡 4장)은 이러한 하나됨을 굳게 지키라는 진지한 권면과 함께, 그리고 몸과 성령과 소망과 주와 믿음과 세례가 하나라는 선언과 함께 시작됩니다. 그러나 바울은 곧바로 그와 상응하는 다양성의 개념으로 신속하게 이행합니다. 성령은 한 분이지만 그가 주시는 선물들(은사들, gifts)은 다양합니다. 각각의 사람들이 하나의 전체로부터 각자의 몫을 받음에도 불구하고 거기에는 매우 큰 다양성이 있습니다. 이러한 다양성과 차이들은 하나됨을 결코 깨뜨리지 않습니다. 실제로 많은 경우 그렇게 하곤 했음에도 불구하고 말입니다. 또 그와 같은 다양성과 차이들은 분열과 분리의 원인이 될 수 없습니다. 실제로 그것들이 많은 경우 분열과 분리의 원인이 되곤 했음에도 불구하고 말입니다. 도리어 다양성과 차이들이 존재한다는 사실은 서로 도와야 할 필요성을 제시합니다. 지혜가 많은 사람은 다른 사람들을 가르쳐야 합니다. 다른 사람들보다 뛰어난 사람은 다른 사람들을 이끌어야 합니다. 더 많은 은사를 받은 사람은 더 적은 은사를 받은 사람들을 격려하고 고무해야 합니다. 이와 같은 외적인 도움들과 형제들끼리 은사를 나누는 것은 한편으로 몸 전체에게 주신 한 은사의 결과이면서, 동시에 다른 한편으로 각자가 그리스도의 충만으로부터 받은 것이 불완전함을 보여주는 표지입니다. 또 가르치는 것이나 인도하는 것과 같은 외적인 도움들은 우리 모두가 그리스도의 충만에 이를 때 그칠 것입니다. 이처럼 바울에게 있어 교회의 하나됨이 분명하게 나타나는 것은 교회가 이 땅에서 나아가는 모든 행로의 마지막 목적지였습니다. 이 땅에서 그것은 비록 불완전하지만 그러나 실제적인 것이었습니다. 본문의 강조점은 이러한 하나됨이 언제 분명하게 나타나게 될 것인가에 놓여 있다기보다 그것이 무엇으로 이루어지는지에 놓여 있습니다. 우리는 여기에서 참된 하나됨의 세 가지 표현을 보게 되는데, 그것은 첫째로 그리스도에 대한 관계에 있어서의 하나됨과, 둘째로 온전한 사람을 이루는 것과, 셋째로 그리스도 안에 있는 모든 것을 완전하게 소유하는 것입니다.

1. 첫째로, 참된 하나됨은 그리스도에 대한 관계에 있어서의 하나됨입니다.

개정역(Revised Version)은 “우리가 다 하나님의 아들을 믿는 것과 아는 일에 하나가 되는 데 **도달할**(attain unto) 때까지”라고 번역하는데, 이것은 흠정역이 놓친 개념을 잘 나타냅니다. 이렇게 볼 때 본문은 그리스도께서 교회에 각종 은사들을 주시는 것이 멈추는 때를 가리키는데, 그때는 교회를 구성하는 각 개인들이 그리스도를 믿는 것과 아는 일에 하나가 되며 온전한 사람이 되는 때입니다.

우리는 여기에서 하나됨이 실현되는 두 영역을 발견합니다. “하나님의 아들을 믿는 것과 아는 일에 하나가 되어.” 이러한 말씀은 자칫 믿는 것과 아는 것 즉 믿음과 지식 사이의 하나됨을 의미하는 것처럼 오해될 수 있습니다. 그러나 이것이 의미하는 것은 믿음과 관련한, 그리고 지식과 관련한 모든 신자들의 하나됨입니다. 우리는 바울이 앞에서 "믿음도 하나"라고 말한 것을 주목할 필요가 있습니다(5절). 따라서 그는 지금 그것이 온전히 실현되는 것이 모든 연단과 자람의 최종적인 목적지라고 말하고 있는 것입니다. 우리는 여기에서 그리스도인들 사이에 존재하는 다양한 차이들을 그들의 믿음의 깊이와 관련지어 생각할 필요가 있습니다. 믿음이라기보다 차라리 비전(vision)이라고 불러야 할 정도로 강하고 열렬한 믿음을 가진 사람들이 있습니다. 그들은 깊고 굳세며 흔들리지 않는 믿음을 가지고 있습니다. 그들에게 있어 현재는 단지 깜빡거리는 그림자에 불과하며 보이지 않는 것이 영원하며 유일한 실재입니다. 그러나 안타깝게도 미약하고 나약한 믿음밖에는 갖고 있지 못한 사람들도 있습니다. 이러한 차이들은 서로 다른 사람들 사이에서의 차이인 것만은 아닙니다. 동일한 사람의 믿음이 시간과 장소에 따라 변하기도 합니다. 어떤 때는 우리의 믿음이 우리의 자아 전체를 지배하기도 하는가 하면, 또 어떤 때는 그것이 세상의 무게 아래 약해지기도 하고 짓눌려지기도 합니다. 어떤 날은 우리의 믿음이 불처럼 뜨거운가 하면, 또 어떤 날은 얼음처럼 차갑습니다. 어떤 때는 우리의 믿음이 산조차도 옮길 정도로 강하게 느껴지지만 불과 한 시간도 지나지 않아 경험을 통해 우리의 믿음이 겨자씨 한 알보다도 훨씬 작다는 사실을 발견하기도 합니다. "작용과 반작용은 서로 상반되는 힘으로서 항상 동일한 값을 갖는" 법칙을 생각해 보십시오. 이러한 법칙은 물리적인 차원에서 사실인 것처럼 우리의 영적 삶에 있어서도 똑같이 사실입니다. 여전히 다양성과 정도의 차이가 있을 수 있습니다. 그렇지만 각각은 항상 자신의 충만한 분량을 갖습니다. "그대의 태양은 더 이상 내려가지 않을 것이라." 밀물의 반짝이는 물과 썰물 때 드러나는 황량한 갯벌 사이의 대조는 더 이상 없을 것입니다. 우리는 각각 다른 자리에 설 것이지만 그러나 모든 얼굴이 빛이신 그분에게로 향할 것이며, 그리하여 모든 얼굴이 그의 얼굴의 형상으로 빛날 것입니다. 우리가 그의 계신 그대로 볼 때 말입니다.

본문은 또 하나의 하나됨을 언급하는데, 그것은 하나님의 아들을 아는 것(knowledge)과 관련된 하나됨입니다.

여기의 아는 것은 단순한 지적 이해가 아니라 믿음에 기초한 깊고 생명력 넘치는 친숙함이며, 경험으로 실현되는 앎입니다. 그것은 바울로 하여금 "모든 것을 해로 여기도록" 만들었던 앎입니다(빌 3:8). 이러한 심오한 앎의 하나됨은 그리스도인들을 분열시킨 논점들에 대한 의견일치와는 아무 상관없습니다. 다시 말해서, 이것은 사람들이 모여 외적으로 의견을 일치시키는 것과 전혀 무관합니다. 만일 이것을 성급하게 외적인 구조나 조직을 일치시키는 것으로 이해한다면, 그것은 바울 사도의 위대한 개념을 크게 오해하는 것입니다. 사람들은 종종 획일성(uniformity)을 통일성(unity)으로 오해하곤 합니다. 그러나 획일적인 것과 통일성 즉 하나됨은 다릅니다. 그것은 나뭇가지를 똑같은 길이로 잘라 한 묶음으로 묶어놓은 것이 하나의 전체로서의 살아있는 나무와 다른 것과 마찬가지입니다. 하나님의 아들을 믿는 것과 아는 일에 하나가 되는 바울의 위대한 비전으로부터 사람들은 매우 강고한 조직체계를 만들곤 했습니다. 그러나 이와 같이 거대한 조직체계를 만들고 그것으로부터 분리되는 것을 성령의 하나됨을 깨뜨리는 것으로 낙인찍는 것은 여기의 바울의 개념과는 너무도 다른 것입니다.

여기에서 바울은 신자들의 몸이 하나님의 아들을 믿는 것과 아는 일에 있어 하나됨에 이르는 때에 대해 분명하게 언급하지 않습니다. 그렇지만 이어지는 문맥을 볼 때 그는 최종적인 목적지를 우리 주님이 모든 지체들을 완전함으로 이끄시는 '그 미래'(the Future)로 생각하고 있었던 것으로 보입니다. 동시에 우리에게는 이러한 위대한 이상(理想)이 이루어지도록 매일 같이 힘쓰라는 의무가 부여됩니다. 그와 같은 위대한 이상은 오직 매일 같이 각자를 그들의 형제들에게 그리고 모두를 하나님께 더 가까이 이끎으로써, 아니 그보다도 각자를 하나님께 그리하여 모두를 그들의 형제들에게 더 가까이 이끎으로써 도달될 것입니다. 거대한 원(圓)에서 스무 개의 점을 취해 각각의 점들을 중심 쪽으로 일정한 거리씩 이동해 보십시오. 그러면 각각의 점들은 서로 얼마나 더 가까워졌습니까? 그리스도는 교리도 아니며 조직체도 아니며 의식(儀式)도 아니며, 오직 우리의 하나됨(unity)입니다. 우리의 하나됨은 생명의 하나됨입니다. 우리는 우리의 중심에 하늘까지 닿는 탑을 필요로 하지 않습니다. 우리에게는 우리와 함께 계시는 살아 계신 주님이 있습니다. 우리는 많으나 그 안에서 하나입니다.

2. 둘째로, 믿는 것과 아는 일에 하나가 되는 것의 결과는 "온전한 사람"이 되는 것입니다.

본문의 "온전한 사람"은 다음 절의 "어린 아이"란 표현과 반대되는 개념으로 사용된 것입니다. 그러므로 그것은 도덕적인 온전함을 의미하는 것이라기보다는 성숙 혹은 충만한 성장을 의미하는 것입니다. 하나됨의 상태에 미달하는 한 우리는 미성숙의 상태에 있는 것입니다. 믿는 것과 아는 일에 하나가 될 때 우리는 충만한 인성(full-grown manhood)에 도달한 것입니다. 차이들이 존재하는 것은 어린 아이의 상태에 속하는 것이며, 장성한 자가 될 때 우리는 어린 아이의 일들을 버리게 됩니다. 여기에 나타난 바울의 비전과 그리스도인들 사이의 일반적인 경향 사이에 얼마나 큰 간격이 있습니까? 그리스도인들은 자신들 사이의 차이들을 얼마나 과장하며, 그것에 과도하게 집착하는 것을 마치 믿음을 지키는 것인 양 여기곤 합니까? 만일 우리가 서로 간의 차이들이 우리가 아직 도달하지 못하고 또 아직 온전하게 되지 못한 표지임을 충분히 이해한다면, 한 몸에서 분화된 다양한 공동체들 사이의 관계는 얼마나 달라지겠습니까? 그러한 차이들을 다툼과 분열의 이유로 여기는 대신 부끄럽게 여기기 시작할 때, 우리의 기독교적 생명은 더욱 풍성한 성숙으로 자라기 시작할 것입니다.

여기에서 바울이 복수형으로 "온전한 사람들"이라고 말하지 않고 단수형으로 "온전한 사람"이라고 말하는 것을 주목하십시오. 그것은 그가 유대인과 이방인이 하나로 연합된 것을 "둘로 한 새 사람"을 지었다고 앞에서 언급한 것과 연장선상에 있습니다(2:15). 이러한 놀라운 표현은 한 몸의 모든 지체들을 하나의 생명으로 연결하는 생명의 연합을 매우 강력한 어조로 제시합니다. 많은 지체들이 있지만, 몸은 하나입니다. 그들의 역할은 다르지만, 그들 안에 있는 생명은 같습니다. 눈은 손에게 "너는 필요 없다"라고 말할 수 없으며, 머리는 발에게 "너는 필요 없다"라고 말할 수 없습니다. 전체의 온전함을 위해 각각의 지체가 모두 필요하며, 모두가 합하여 그리스도의 한 몸을 이룹니다. 모든 지체 안에서 나타나는 것은 그리스도의 생명입니다. 그 생명이 눈에 밝은 빛을 주며, 손에 힘과 재주를 줍니다. 그는 세상에서 그의 일을 행하기 위해 그리고 세상에 그의 생명의 충만을 나타내기 위해 우리 모두를 필요로 합니다. 탁자 위에 제각각 다른 음을 내는 여러 종들이 있습니다. 모든 종들이 각각의 자리에서 자신의 음을 낼 때 모두 합하여 아름다운 음악이 만들어집니다. 모든 그리스도인들은 주인의 손으로부터 각자의 자리에서 각자의 음을 내기 위해 필요합니다. 하등생물에서는 모든 생체 기능이 오직 하나의 세포를 통해 수행됩니다. 그러나 고등생물에서는 그 기관이 더 많이 분화될수록 더 정교하고 균형 잡힌 생명체가 됩니다. 그러면 최고로 고등한 형태는 어떤 것일까요? 그것은 다음의 말씀 속에서 찾을 수 있을 것입니다. "몸은 하나인데 많은 지체가 있고 몸의 지체가 많으나 한 몸임과 같이 그리스도도 그러하니라" (고전 12:12).

3. 셋째로, 이러한 온전한 사람은 그리스도 안에 있는 모든 것을 소유합니다.

그리스도의 충만은 그에게 속한 충만이든지 아니면 그가 충만한 것의 충만입니다. 그의 모든 성품과 그가 가진 모든 것이 그의 종들에게 부어집니다. 그리고 이 모든 것이 그들에게 전달되는 때가 바로 최종적인 목적지에 도달하는 때입니다. 우리는 마침내 충분히 장성한 사람들이 될 것이며, 더욱 놀라운 것은 우리 모두가 한 온전한 사람을 이룰 것이라는 사실입니다. 그리고 각자의 온전함은 그리스도의 충만의 장성한 분량에 상응하는 한 몸 속으로 혼입(混入)될 것입니다.

이것이 인성(人性, humanity)의 최종적인 목적지입니다. 바로 여기에서 인간의 완전성을 생각했던 모든 사상가들의 꿈이 사실이 되며, 모든 사람 안에 깊이 뿌리박혀 있는 완전에 대한 열망이 실현될 것입니다. 믿음을 통한 예수 그리스도와의 개인적인 연합을 통해 우리 각자의 완전함이 실현되며, 그 안에서 개인뿐만 아니라 인간(the race)이 구속을 받고 마침내 영화롭게 될 것입니다. 많은 사상가들이 생각했던 유토피아들은 그리스도의 나라의 부분적이며 왜곡된 모사물(模寫物)들입니다. 그리스도께서 가져다주시고 또 나누어주시는 실재는 그 모든 것들보다 더 큽니다. 새 예루살렘이 하늘로부터 내려와 땅 위에 심길 때, 그것은 인간의 모든 조직체와 비교하여 그 광채와 영속성에 있어 모든 것을 능가합니다. 지혜의 도시인 아테네와 힘의 도시인 로마와 상업의 도시인 런던과 쾌락의 도시인 파리는 새 예루살렘의 찬란한 광채 앞에 그 빛을 잃을 것입니다.

이와 같은 완전함에 이르는 과정의 시작은 단순히 예수 그리스도를 믿는 것입니다. "주와 합한 자는 한 영이니라"(고전 6:17). 그를 믿고 사랑하며 순종하는 자는 그와 합하여집니다. 그러면 그는 온전함에 이르는 과정을 시작하게 되는데, 그 과정은 그가 "머리이신 그리스도에게까지 자랄 때까지" 결코 멈추지 않을 것입니다. 그 믿음을 버리지 않는 한 말입니다. 기독교적 생명의 경험은 마치 햇빛이 반짝이는 대양(大洋)을 향해 출항하는 사람들의 경험과 같습니다. 그들은 광대무변의 푸른 대양을 향해 계속해서 앞으로 나아갑니다. 고요한 하늘과 반짝이는 별들 아래에서 말입니다. 행복한 항해자들은 매 순간 그들이 필요로 하는 모든 것을, 그리고 그들이 담을 수 있는 그리스도의 충만의 모든 것을 충분하게 소유합니다. 그러나 그들의 충분한 소유는 항상 같은 수준에 머물러 있는 것이 아니라 계속해서 증가됩니다. 그들이 더 충분한 분량을 담을 수 있게 될 때마다 말입니다. 이와 같이 우리의 분량이 커질 때마다 우리는 "만유 안에서 만유를 충만케 하는 자의 충만"에 더 충분하게 참여하게 됩니다.

26
우리가 받은 가르침이면서 동시에 우리를 가르친 선생이신 그리스도

"오직 너희는 그리스도를 그같이 배우지 아니하였느니라
진리가 예수 안에 있는 것 같이 너희가 참으로 그에게서 듣고
또한 그 안에서 가르침을 받았을진대"
엡 4:20, 21

바울은 이교 사회의 불경건과 타락을 매우 격렬한 어투로 묘사했습니다. 그는 에베소가 하나님으로부터 단절되고 양심의 소리에 무감각해졌으며 모든 부정한 것들로 더러워진 것으로 묘사했는데, 이것은 에베소의 그리스도인들도 잘 아는 사실이었습니다. 그러한 묘사는 이교도들의 실생활을 매우 잘 아는 사람만이 할 수 있는 것이었습니다. 그것은 결코 과장이 아니었습니다. 이교도들의 실제 생활을 그 내부로부터 아는 자들은 그것이 모두 사실임을 잘 알았습니다. 에베소의 거대한 신전의 기둥들은 온갖 부정한 것들로 고약한 냄새를 풍기고 있었습니다.

이들 에베소의 그리스도인들은 이러한 도덕적 악취의 쓰레기더미로부터 끌어내어졌습니다. 그렇지만 그것의 영향력은 여전히 그들 가운데 남아 있었으며, 그것의 악취는 계속해서 그들 주변에 머물러 있었습니다. 따

라서 그들이 가장 필요로 했던 것은 그러한 것들로부터 보호를 받는 것이었습니다. 이어지는 문맥에서 바울은 그들에게 일련의 가장 기본적인 도덕적 훈계들을 줍니다. 그러한 훈계들의 단순성은 그것들에게 강력한 힘을 부여해 줍니다. 도둑질을 하지 말고 거짓말을 하지 말라는 등의 초보적인 훈계를 받아야만 했던 그들은 도대체 예전에 어떤 종류의 사람들이었겠습니까?

그렇지만 구체적인 의무들을 언급하기에 앞서 바울은 이 모든 훈계들을 아우르는 일반적인 원리를 제시합니다. 그것은 모든 고상한 윤리적 행동의 기초로서 옛 자아를 십자가에 못 박고 새 자아를 입는 것을 필요로 한다는 사실입니다. 바울은 본문에서 이것은 예수 그리스도 자신이 제자들에게 가르친 분명한 가르침이었다고 이야기합니다.

본문은 한 문맥의 일부입니다. 그러나 여기에서는 그 일부분만 분리해서 다루려고 합니다. 본문은 매우 주목할 만한 말씀으로서 모든 기독교적 행동의 기초를 제시합니다. 그리고 만일 예수 그리스도를 아는 지식이 이어지는 구절들이 묘사하는 여러 덕행들로 열매 맺지 못한다면, 예수 그리스도에 대한 실제적인 앎은 없다고 우리에게 가르칩니다.

1. 첫째로, 우리가 받은 가르침이면서 동시에 우리를 가르친 선생인 그리스도.

본문이 다음과 같이 매우 특이한 표현으로 시작되는 것을 주목하십시오. "오직 너희는 **그리스도**를 그같이 배우지 아니하였느니라." 통상적으로 우리는 언어, 과학, 미술 등 어떤 특정한 학문이나 기술 따위를 배운다고 말하지 어떤 사람을 배운다고 말하지는 않습니다. 그러나 바울은 우리가 그리스도의 제자라고 말하면서, 우리가 선생으로서 **그로부터** 배운다는 의미에서 뿐만 아니라 우리가 배움의 주제로서 **그를** 배운다는 의미에서도 그렇다고 말합니다.

다시 말해서, 예수 그리스도의 인격과 그가 가르치는 모든 교훈 사이의 관계는 세상의 다른 모든 선생들과 그들이 가르치는 교훈 사이의 관계와 전적으로 다르다는 사실입니다. 여러분은 어떤 진리는 받아들이면서 그것을 가르친 사람은 잊어버릴 수 있습니다. 그러나 여러분은 기독교를 받아들이고 그리스도를 잊어버릴 수는 없습니다. 둘은 불가분리적으로 연결되어 있습니다. 왜냐하면 모든 영적 도덕적 진리와 관련하여 예수 그리스도께서 가르친 것은 곧 예수 그리스도 그 자신이기 때문입니다.

그러나 그것이 전부가 아닙니다. 본문은 계속해서 이렇게 말합니다. "너희는 참으로 **그에게서 듣고** 또한 그 안에서 가르침을 받았을진대" (KJV: If so be that ye have **heard him**, and have been taught by him). 여기의 "If so be"를 주목하십시오.그것은 불확실한 가정을 의미하는 "If"와는 전혀 다른 것입니다. 그것은 "내가 아는 대로" 혹은 "너희가 들은 것처럼"과 같은 의미입니다. 에베소인들은 그리스도를 육체로 보지 못했으며, 그의 입술로부터 단 한 마디의 말씀도 들은 적이 없습니다. 그러나 그들은 마치 그리스도로부터 듣는 것처럼, 다시 말해서 그리스도께서 말씀하시는 것을 듣는 것처럼, 그렇게 바울 사도로부터 말씀을 들었습니다. 그들은 그리스도로부터 들었고 그로부터 가르침을 받았습니다. 그러므로 그리스도는 그들이 받은 가르침이면서 동시에 그들을 가르친 선생이었습니다. 이러한 사실은 그들에게 사실이었던 것처럼 또한 오늘날의 우리에게도 똑같이 사실입니다. 이러한 두 가지 개념에 대해 좀 더 상세히 살펴보도록 합시다.

나는 앞에서 예수 그리스도와 그의 가르침 사이의 관계는 다른 선생들과 그들이 전파한 가르침 사이의 관계와 전적으로 다르다는 사실을 이야기했습니다. 물론 좀 더 넓은 영역의 기독교적 진리와 관련하여, 하나님 아버지의 마음에 대한 예수 그리스도의 계시를 만드는 것은 그리스도가 말한 것뿐만 아니라 그의 인격과 행함까지 포함된다는 사실을 우리는 잘 압니다. 그의 입술로부터 나온 말씀도 중요하지만 — 왜냐하면 영이요 생명이기 때문에 — 그러나 그의 삶 자체는 그의 모든 가르침보다 훨씬 더 중요합니다. 우리가 아버지를 알게 되는 것은 그로부터 배울 때가 아니라 그를 배울 때입니다. 이러한 측면에서 본문이 함축하는 것은 모든 의무의 총합과 모든 도덕적 온전함의 절정과 참된 인성(人性)의 완전한 실현이 그리스도 안에 있으며 개인이나 사회가 행해야 하는 것을 아는 참된 방법이 그를 배우는 것이라는 사실입니다.

복음서라 불리는 네 권의 작은 소책자들 안에서 세상이 절대적인 완전함을 보게 되는 것은 — 추상적인 모호함으로가 아니라 살아 있는 참된 인격으로 — 얼마나 놀라운 일입니까? 우리는 역사 전체를 통틀어 이와 비슷한 경우를 어디에서도 발견하지 못합니다. 우리가 지금 다루고 있는 주제와 직접적으로 관련되지는 않지만 그러나 한 마디만 하고 지나가고자 합니다. 즉 복음서에 그려진 예수 그리스도의 모습이 그 무엇과도 비견할 수 없을 정도로 생생하고 생명력에 가득 차 있다는 사실은 전기(傳記)로서 이러한 책들의 신빙성을 입증하는 가장 강력한 증거들 가운데 하나라는 사실입니다.

이러한 사실과는 별개로, 우리가 기본적인 도덕적 법칙들을 얻기 위해 보통 사람들은 쉽게 접근할 수 없는 깊고 심오한 연구 속으로 들어갈 필요가 없는 것은 얼마나 복된 일입니까? "이것을 행하라 그렇지 않으면 죽으리라"는 엄격한 율법이 그의 삶으로 인해 "나를 보고 나를 배우며 나와 같이 되어라"로 바뀐 것은 얼마나 복된 일입니까? 바로 이것이 새로운 도덕성의 독특한 특성입니다. 하나님의 법은 싸늘하고 생기 없는 하얀 대리석 조상(彫像) 같은 것으로부터 "너희가 나를 사랑하면 나의 계명을 지키라 그리고 나와 같이 되어라"라고 말씀하시는, 그리고 사랑과 자비의 심장으로 고동치는 살아 있는 한 인격으로 바뀌었습니다.

사랑하는 성도 여러분, 예수 그리스도를 배우십시오. 이것이 올바른 행실에 대한 모든 참된 지식의 알파와 오메가입니다. 그를 배우십시오. 그의 자기 부인과 그의 자기 통제와 그의 요동치 않는 평온과 그의 동요됨이 없는 인내와 그의 계속적인 온유와 아버지의 뜻에 대한 그의 변함없는 순종을 배우십시오. 그를 본받는 것이 복이며, 그를 닮는 것이 온전케 되는 것입니다. 만일 여러분이 그리스도인이라면, 여러분은 그리스도를 배워야 합니다. 여러분은 이미 최소한 첫 걸음을 떼었습니다. 그러나 그것이 전부가 아닙니다. 그 안에 "모든 보화가 감추어져" 있습니다. 지혜와 지식의 보화뿐 아니라 "무엇에든지 사랑받을 만하며 무엇에든지 칭찬받을 만한" 모든 보화 말입니다(빌 4:8). 만일 무슨 덕이 있든지 혹은 무슨 칭찬할 만한 것이 있다면, 우리는 그것을 우리의 완전한 가르침이신 그리스도 안에서 발견할 것입니다.

그러나 이것이 전부가 아닙니다. 가르침은 매우 좋은 것이지만, 그러나 세상은 가르침 이상의 어떤 것을 필요로 합니다. 세상은 온갖 가르침들로 가득합니다. 문제는 우리가 가르침을 받지 못했다는 것이 아니라 우리 앞에 '놓여진 가르침'이 없다는 사실입니다. 이와 관련하여 본문은 우리에게 또 다른 것을 제시합니다.

"너희가 참으로 그에게서 듣고." 앞에서 이야기한 것처럼 갈릴리와 골고다 십자가로부터 시간적 공간적으로 멀리 떨어져 있었던 이들 에베소의 그리스도인들은 그러나 바울 사도에 의해 예수 그리스도에게서 들은 것으로 간주됩니다. 예수 그리스도 당시로부터 시공간적으로 매우 멀리 떨어져 있는 우리 역시도 예수 그리스도의 음성을 들을 수 있습니다. 비유로서가 아니라 실제적인 사실로서 말입니다. 이들 에베소의 그리스도인들이 그리스도에게 들은 것은 그들이 그에 대하여 들었기 때문도 아니고 그가 그의 종들을 통해 말씀하시는 것을 들었기 때문도 아닙니다. 그것은 주께서 지금도 당신 자신의 다음과 같은 약속에 따라 계속해서 말씀하고 계시기 때문입니다. "내가 아버지의 이름을 그들에게 알게 하였고 또 알게 하리니"(요 17:26). 예수 그리스도는 하늘로 올라가시기 전에 이미 행하시고 말씀하시기 시작하셨습니다. 그리고 그는 승천 이후에도 계속해서 행하시고 말씀하시고 가르치십니다. 그러므로 우리는 우리 마음속 깊은 곳에서 말씀하시는 그의 음성을 들을 수 있습니다. 그는 새로워진 양심을 통해 말씀하십니다. 그는 우리를 모든 진리로 인도하시는 성령을 통해 말씀하십니다. 그는 모든 세대를 통해 그의 음성을 듣고자 하는 모든 사람들에게 말씀하십니다.

어떤 이들은 예수 그리스도의 신성(神性)과 구속 사역은 부인하고 오직 선생으로서의 그리스도 개념만을 붙잡습니다. 그러나 내가 볼 때 그들의 선생으로서의 그리스도 개념은 전적으로 불충분합니다. 그가 지금도 지혜와 지식과 경고와 권면의 말씀을 전달하는 권세를 가지고 계시며 또 행사하고 계신다는 믿음으로 그것이 보충되지 않는다면 말입니다. 우리 영혼 속에 "이것이 길이니 이 길로 행하라" 혹은 "그냥 지나치지 말고 그곳으로 들어가라"고 말씀하시는 음성을 들을 때, 만일 우리가 그를 기다리며 그의 모범과 성품을 배우며 그를 찾는다면 우리는 그렇게 말씀하시는 자가 다름 아닌 그리스도 자신임을 확신할 수 있습니다. 내적 음성에 귀를 기울이십시오. 여러분의 마음속에서 그가 여러분을 부르실 때, 이렇게 대답하십시오. "주여 말씀하옵소서 주의 종이 듣겠나이다." "너희가 참으로 그에게서 듣고."

2. 둘째로, 그리스도에게 듣고 배우는 조건을 주목하십시오.

흠정역은 "**in** him" 대신 "**by** him"이라고 번역함으로써 본문의 의미를 크게 약화시켰습니다(KJV 21절: If so be that ye have heard him, and have been taught **by him**, as the truth is in Jesus). 그러나 본문을 올바르게 번역할 때, 우리는 본문이 우리가 그 가르침을 배우며 또 우리의 선생으로부터 듣는 조건을 제시하는 것을 발견하게 될 것입니다. "그 **안에서**"(**in** him)는 결코 불필요한 어구가 아닙니다. 그것은 흠정역의 경우처럼 "**by** him"(그에 **의해**)으로 약화되어서는 안 됩니다. 도리어 그것은 만일 우리가 예수 그리스도와의 연합을 유지하지 않는다면 우리는 그의 음성을 듣지 못할 것이며 그의 가르침을 배우지 못할 것이라는 사실을 우리에게 분명하게 가르쳐줍니다.

사랑하는 성도 여러분, 신약은 우리와 그리스도의 연합 즉 우리가 그리스도 안에 거하며 또 그리스도가 우리 안에 거하는 것을 얼마나 강조합니까? 나는 이 시대의 평균적인 그리스도인들이 만족시키지 못하는 가장 큰 조건이 바로 이것이라고 믿습니다. 우리와 그리스도 사이의 심오한 연합을 이야기하는 주님의 말씀을 되새겨 보십시오. "내 안에 거하라 나도 너희 안에 거하리라"(요 15:4). 나는 여러분들이 집에 돌아가 에베소서를 한 번 정독해 보기를 바랍니다. 그리고 거기에 "그리스도 예수 안에서"란 구절이 나올 때마다 그 밑에 줄을 쳐 보기를 권합니다. 그렇게 하면 여러분은 무엇인가를 깨닫게 될 것입니다.

그러나 내가 여기에서 말해야만 하는 모든 것은, 우리가 믿음과 사랑과 묵상과 열망과 순종으로 예수 그리스도 안에 스스로를 지킬 때, 다시 말해서 그 안에 우리 자신을 싸 넣을 때, 그럴 때 그리고 오직 그럴 때에만 우리는 그의 가르침을 배우고, 그럴 때 그리고 오직 그럴 때에만 우리는 그가 말하는 것을 듣게 될 것이라는 사실입니다. 정말로 그렇습니다. 만일 여러분이 예수 그리스도에 대해 아무 생각도 하지 않는다면, 어떻게 여러분은 그를 배울 수 있겠습니까? 만일 여러분이 아주 가끔씩만 그것도 아주 무딘 마음으로 성경책을 취하여 복음서를 읽는다면, 그것이 여러분에게 얼마나 큰 유익이 되겠습니까? 만일 여러분이 그리스도와 가까이 동행하는 대신 온갖 상념과 세상일로 분주하다면, 어떻게 여러분은 그와의 풍성한 교통(交通)을 기대할 수 있겠습니까? 만일 우리가 주님과의 접촉을 유지한다면, 만일 우리가 우리의 모든 행동을 그에게 가져간다면, 만일 우리가 범사에 그의 모범을 따른다면, 그럴 때 우리는 그의 가르침을 배우게 될 것입니다. 학생들이 미술을 배울 때 어떻게 합니까? 학생들은 끊임없이 자신의 그림을 원본과 비교하며 그려나갈 것입니다. 붓의 터치와 음영과 선 하나하나에 이르기까지 그렇게 하면서 자신의 잘못된 부분을 고쳐나갈 것입니다. 여러분의 삶을 그와 같이 하십시오. 끊임없이 그리스도의 삶의 원본과 비교하며 고쳐나가십시오. 이 부분은 예수 그리스도의 모범과 같은가? 저 부분은 그의 모범과 다르지 않은가? 이와 같이 "그 안에" 있음으로써, 그리고 이와 같이 그와 계속해서 교통함으로써, 그리고 그의 완전한 모범에 따라 우리의 잘못된 부분들을 계속해서 고쳐나감으로써, 우리는 그의 가르침을 배우며 그 선생에게서 듣게 될 것입니다.

여러분의 욕망을 잠잠케 하십시오. 여러분의 육신적인 기질에 재갈을 물리십시오. 여러분의 의지에 고삐를 채우십시오. 왕이 연설을 할 때 군중들이 조용해지는 것처럼 여러분의 마음 안에서 침묵하십시오. 그러면 여러분은 "그를 듣고" "그 안에서" 가르침을 받게 될 것입니다.

3. 셋째로, 그의 가르침을 배우고 선생에게서 듣는 것의 결과는 우리를 둘러싸고 있는 온갖 타락들로부터 구별되는 것입니다.

"오직 너희는 그리스도를 그같이 배우지 아니하였느니라"(20절). 에베소의 도덕적 타락은 매우 크고 광범위했으며, 오늘날 우리가 살고 있는 맨체스터 또한 크게 다르지 않습니다. 물론 열아홉 세기에 이르는 기독교 역사는 사회 곳곳에 광범위한 변화를 가져왔으며 심지어 그리스도인이 아닌 사람들에게까지도 엄청난 영향을 끼쳤습니다. 그러나 **세상**(world)은 여전히 남아 있으며, 세상적인 삶과 경건한 삶 사이의 메워지지 않은 간격은 아직도 남아 있습니다. 그러므로 나는 그리스도인들이 세상과 다름을 나타내는 것은 과거와 마찬가지로 지금도 똑같이 필요하다고 믿습니다. "세상과 같지 않음"은 우리의 표어가 되어야 하며, 우리는 과거의 성도들처럼 "내가 주를 경외하므로 그와 같이 행치 아니하였나이다"라고 말해야 합니다.

나는 여러분이 스스로를 고립시키는 것도 바라지 않으며, 어떤 특정한 악행들을 행치 않음을 과시하는 화려한 배지(badge)를 착용하는 것도 바라지 않습니다. 그리스도인에게 있어 '세상과 다름'은 세상이 행하는 것을 행하지 않는 것이라기보다 세상이 행하지 않는 것을 행하는 것이며, 세상이 어떤 모습일 때 그렇지 않은 것이라기보다 세상이 어떤 모습이 아닐 때 그와 같은 모습을 가지는 것입니다. 전통적으로 행해져 온 어떤 인습들을 행하지 않는 것은 쉽습니다. 그러나 기독교적인 덕행들을 행하는 것은 매우 어렵습니다.

믿는 사람이든 믿지 않는 사람이든 똑같이 행하는 일이 세상에는 많이 있습니다. 그렇지만 똑같은 일을 행함에도 불구하고 거기에는 두 가지 방식이 있습니다. 두 여자가 똑같이 맷돌을 갑니다. 한 여자는 그리스도인이며 다른 한 여자는 불신자입니다. 한 여자는 그리스도를 위해 맷돌을 돌리며, 다른 한 여자는 그리스도와 아무 상관 없이 그렇게 합니다. 두 여자는 똑같은 일을 행하지만 그러나 그들은 다른 방식으로 그 일을 합니다.

사랑하는 성도 여러분, 만일 여러분과 내가 불신자들이 아무 망설임 없이 따르는 온갖 세상적인 목표와 정욕과 욕심과 열망들에 대해 별다른 저항감을 갖지 않는다면, 우리는 스스로에 대해 이렇게 물어야 합니다. "어떤 의미에서 나는 그리스도인이란 말인가?" 혹은 "어떤 의미에서 나는 그리스도를 들었단 말인가?" 세상의 호감을 얻기 위해 세상의 악들에 대해 눈을 감아버리고 만다면 그것은 얼마나 불쌍한 일입니까? 오늘날의 기독교는 많은 경우 불경한 세상으로부터 미움을 받을 만큼 충분한 생명력을 갖고 있지 못합니다. 오늘날의 기독교는 세상으로부터 미움을 받는 대신 도리어 조소를 당합니다. 예수 그리스도를 가까이 하십시오. 그 얼굴의 빛 가운데 거하십시오. 그의 모범으로부터 교훈과 영감을 받으십시오. 그러면 여러분은 세상과 달라질 것입니다. 계속해서 그를 따르며 그 안에 거하십시오. 그러면 여러분은 세상과 달라질 것입니다. '세상과 다름'은 그를 사랑하며 계속해서 그를 닮아가는 자들에게 임할 것입니다. "제자가 그 선생 같고 종이 그 상전 같으면 족하도다"(마 10:25).

27
어두운 그림과 밝은 소망

"너희는 유혹의 욕심을 따라 썩어져 가는 구습을 따르는 옛 사람을 벗어 버리고"
엡 4:22

만일 의사가 어떤 병을 고칠 수 있다면, 그는 그 병의 모든 증상들을 있는 그대로 이야기할 수 있을 것입니다. 그러나 그 병을 고칠 수 없다면, 그는 그것에 대해 있는 그대로 설명하지 않고 별로 대수롭지 않은 것이니 크게 걱정할 필요 없다고 말할 것입니다.

인간의 도덕적 상태와 관련한 성경의 모든 교훈은 언뜻 보기에 서로 상반되는 것 같지만 그러나 실제로는 서로 조화를 이루며 밀접하게 관련되는 두 가지로 특징지어집니다. 인간의 실제적 상태에 대해 성경보다 더 어두운 그림을 보여주는 곳은 어디에도 없습니다. 동시에 인간이 될 수 있는 상태에 대해 성경보다 더 밝고 확신에 찬 그림을 보여주는 곳 역시 어디에도 없습니다. 반면 일반적인 사람들은 죄의 실재를 최소화하면서 인간의 도덕적 상태를 그다지 심각하지 않게 생각합니다. 오직 예수 그리스도 한 분만이 인간의 실제적 상태에 대해 있는 그대로 이야기할 수 있습니다. 왜냐하면 오직 그분 한 분만이 인간의 전체적인 본성과 전체적인 존재를 근본적으로 변화시킬 수 있기 때문입니다. 증상이 겉으로 드러나지 않는 병도 있습니다. 깊은 곳에 자리를 잡은 병은 대체로 증상이 잘 드러나지 않습니다. 문제는 인간의 실제적 상태에 대한 기독교적 관점이 어두운가 아닌가 여부가 아닙니다. 문제는 그것이 사실인가 아닌가 여부입니다. 어떤 사람들은 인간의 본성에 대한 성경의 관점이 지나치게 어둡다고 불평을 하는데, 내가 보기에 실제로 그들이 훨씬 더 어두운 관점을 취하는 것으로 보입니다. 우리는 타락을 믿고 또 실질적으로 회복될 수 있음을 믿습니다. 반면 자신 안에 악이 뿌리박혀 있음을 믿지 않는 사람이라면, 그는 결코 그 악이 언젠가 뽑혀질 것이라고 믿을 수 없을 것입니다.

지금 여러분 앞에 두 개의 그림이 있다고 생각해 보십시오. 하나는 삶의 실재를 있는 그대로 어둡게 그립니다. 그리고 그 어둠 위로 소망의 찬란한 빛이 영광스럽게 비칩니다. 또 하나의 그림은 인간의 본성을 과거와 현재와 미래 전체를 통틀어 회색의 단일한 색조로 그립니다. 거기에는 특별한 병도 없고 치유에 대한 소망도 없습니다. 여러분은 두 그림 중에서 어느 그림이 더 어둡고 우울하게 느껴집니까? 본문은 이어지는 구절 "하나님을 따라 의와 진리의 거룩함으로 지으심을 받은 새 사람을 입으라"(24절)는 말씀과 함께 우리가 실제로 어떠하며, 또 어떠해야 하며, 또 어떻게 될 수 없으며, 또 하나님의 도우심으로 어떻게 될 수 있는지에 대한 위대한 관점을 보여줍니다. 바울은 옛 사람이 "속이는 욕심들"(deceiving lusts, 한글 개역개정판에는 "유혹의 욕심"이라고 되어 있음)을 따라 부패했다고 말합니다. 여기에서 우리는 인간의 보편적 죄성(罪性)의 특징이 무엇인지를 보게 됩니다. 만일 우리가 여기에서 멈춘다면, "벗어 버리라"는 명령은 참으로 무익하고 의미 없는 명령이 되고 말 것입니다. 그러나 "그리스도 안에 있는 진리"가 바로 그 옛 사람을 벗어 버리는 것임을 배울 때, 우리는 그 명령을 이룰 수 있는 축복된 소망을 발견하게 될 것입니다. 이제 이와 관련하여 좀 더 상세하게 살펴보도록 합시다.

1. 첫째로, 바울이 여기에서 제시하는 인간의 보편적인 죄성을 주목하십시오.

여기에서 "옛 사람"이라는 표현을 주목해 보십시오. "옛 사람"은 예수 그리스도를 믿는 믿음을 통해 이루어지는 위대한 변화와는 별개로 우리의 생명과 성품에 있어 우리 모두가 본래적으로 가지고 있는 상태를 의미하는 바울 특유의 표현입니다. 그것은 죄로 얼룩져 있으며, 보편적입니다. 본문과 이어지는 구절은 매우 주목할 만한 대조를 이루는데, 왜냐하면 옛 사람에 이어 새 사람이 제시되기 때문입니다. 옛 사람은 썩어져 가며, 새 사람은 지으심을 받습니다. 옛 사람은 속이는 욕심들의 영향 아래 썩어가지만, 새 사람은 하나님을 따라 지으심을 받습니다. 옛 사람은 속이는 욕심과 욕망의 지배 아래 있지만, 의와 거룩으로 지으심을 받은 새 사람은 진리 위에 뿌리를 박습니다.

이와 같이 죄로 물든 옛 자아와 관련하여 우리가 배울 수 있는 첫 번째 사실은 그리스도 없는 인생은 실제로 온갖 욕심들(desires)의 영향 아래 빚어진 인생이라는 사실입니다. 여러분은 내가 본문의 한 단어를 의도적으로 바꾼 것을 알 것입니다(KJV의 "lusts"를 저자는 여기에서 "desires"로 바꾸었음). "Lust"란 단어는 현대 영어에서 원어(原語)가 의미하는 것보다 훨씬 좁은 의미를 갖습니다. 본래 여기에 사용된 원어는 모든 종류의 강한 바람(desire)을 의미하는 것이었는데, 그것은 점차로 동물적이며 육체적이며 감각적인 바람으로 제한되었습니다. 이러한 사실은 특별히 젊은이들에게 좋은 교훈을 줍니다. 젊은이들이여, 여러분의 본성 안에 동물적인 특성이 있다는 사실을 기억하십시오. 여러분은 동물적인 힘의 지배는 강하게 받는 반면 육체를 타락으로부터 구원할 힘의 지배는 아주 조금밖에 받지 못합니다. 많은 젊은이들이 어머니의 기도와 아버지의 교훈의 분위기를 갖고 맨체스터에 옵니다. 그들의 마음과 영혼은 거룩한 생각과 선한 결심으로 가득 차 있습니다. 그러나 그들은 거리를 가득 채운 각종 상점들의 화려한 유혹에 노출되고, 점차로 무절제하며 육체를 심는 생활 속으로 빠져들어 갑니다. 그러다가 그들은 결국 "육체로부터 썩어질 것을" 거둡니다(갈 6:8). 글자 그대로 그들의 눈은 아래로 처지고, 손을 부들부들 떨며, 쿨룩쿨룩 기침을 하며, 그들 앞에 무덤이 열립니다. 사랑하는 젊은이들이여, 세상의 모든 유혹으로부터 돌이켜 아버지의 집으로 돌아가십시오. "그들은 스스로를 타락의 노예로 만드는도다."

나아가 본문은 하나님 없는 모든 삶의 특징은 인간이 가진 무수한 기호

(嗜好)와 입맛과 욕심들이 그 삶을 지배하는 힘이 된다고 가르칩니다. 물론 바울은 그러한 욕심과 욕망의 폭정과 지배가 때로 양심의 저항이나 신중한 고려나 특별한 상황에 의해 좌절된다는 것을 부인하지 않습니다. 또 그는 그와 같은 삶 속에서 종종 더 나은 것에 대한 희미한 열망이 있을 것이라는 것을 부인하지 않습니다. 타락과 무질서한 삶의 어두운 대양 위에 아름다운 별들이 반짝이는 고요한 하늘이 있는 것처럼 말입니다. 또 그는 사람이 욕망덩어리일 뿐만 아니라 스스로에게 율법이 된다는 사실도 부인하지 않습니다. 다만 그가 우리에게 말하는 것은 이것입니다. 즉, 우리의 삶을 지배하는 것은 양심이 아니라는 것입니다. 우리에게 있어 가장 강한 것은 의무감이 아니며, 우리의 내적 기질이 주로 굴복하는 힘은 우리가 좋아하는 것, 우리 본성이 열렬히 바라는 것, 육적이며 불경건한 마음이라는 것입니다.

그러면 어떤 사람들은 이렇게 말할 것입니다. "정말 그렇다면 그것이 무슨 해가 된단 말인가? 하나님이 나를 그와 같은 욕망을 가진 존재로 지으시지 않았는가? 나는 그러한 욕망들을 만족시키도록 의도되지 않았는가?" 그렇지 않습니다. 그것은 분명한 해가 됩니다. 그것의 해는 무엇보다도 순서가 뒤바뀌었다는 것입니다. 내가 지금 말하고 있는 욕망들이 무엇이든지 간에 — 그것이 돈에 대한 욕망이든, 명예에 대한 욕망이든, 세상적인 쾌락에 대한 욕망이든, 혹은 먹고 마시는 것에 대한 욕망이든 — 그것들은 인생의 길을 이끄는 힘으로 의도되지 않았다는 사실입니다. 그것들은 단지 욕구일 뿐입니다. 그것들은 동기를 부여하는 힘은 가지고 있지만, 그러나 우리의 삶을 이끄는 힘은 가지고 있지 못합니다. 여러분은 기관사 없이 기관차를 출발시킵니까? 그렇게 하는 것은 "나는 내가 바라는 대로 내 욕망이 움직이는 대로 행동할거야"라고 말하는 사람들의 인생 방식만큼이나 불합리합니다. 욕망은 이성(理性)과 양심(良心)의 지도 아래 있도록 의도된 것입니다. 그럼에도 불구하고 그들은 그러한 욕망을 최고의 자리에 놓고 그것을 무분별하게 좇습니다. 각종 욕망들은 추진력(impelling power)으로 의도된 것입니다. 그러나 만일 우리가 그것을 지도하는 힘(directing power)으로 만든다면, 그것은 너무도 어리석고 불합리한 일입니다. 그러한 욕망들은 바람(風)이지 항해사가 아닙니다. 그것들은 증기이지 기관사가 아닙니다. 우리는 모든 것들을 올바른 위치에 놓아야 합니다. 인간 본성의 구성이 다음과 같다는 사실을 기억하십시오. 아래에 강한 욕구들이 있으며, 그 위에 분별력이 있으며, 그 위에 양심이 있으며, 그 위에 하나님의 얼굴이 모든 것을 내려다보고 있습니다. 하나님의 얼굴은 동물적인 본성을 억압하며, 각종 욕구들을 억제하며, 분별력을 밝게 하며, 양심을 활성화시키며, 의지를 부드럽게 하며, 마음을 기쁨과 평온으로 가득하게 하며, 인생을 창조주의 형상으로 이끕니다.

나는 이러한 논점을 더 이상 길게 설명할 수 없습니다. 이에 관해 이미 충분히 설명했다고 생각합니다. 나는 여러분이 그리스도 없는 삶은 마치 폭군과도 같은 각종 욕망들의 지배 아래 있는 삶이라는 사실을 다시 한 번 분명히 깨닫기를 바랍니다.

나아가 본문은 이러한 그림에 또 하나의 색채를 더합니다. 본문은 다양한 욕망들이 "옛 사람"을 실제적으로 이끄는 것일 뿐만 아니라 본질상 속임과 거짓의 도구라는 사실을 제시합니다.

내가 볼 때 흠정역(KJV)의 번역은 본래의 의미를 상당 부분 약화시킨 것으로 보입니다. 앞에서 이야기한 것처럼 만일 "lusts" 대신 "desires"를 사용했다면, 옛 사람과 "의와 진리의 거룩함으로 지으심을 받은" 새 사람 간의 대조가 좀 더 분명하게 드러나게 되었을 뿐만 아니라 이러한 "욕심들"의 특성이 좀 더 분명해졌을 것입니다. 이러한 욕심들은 "속이는" 것들입니다(한글개역개정판에서 "유혹의 욕심"이라고 되어 있는 것이 KJV에는 "deceitful lusts" 즉 "속이는 욕심들"이라고 되어 있음). 각종 속이는 욕심들은 우리의 영혼을 망치며 썩게 만듭니다. 그것들은 매우 강력합니다. 그것들의 본성은 나중의 결과는 전혀 상관하지 않고 오로지 자신의 바라는 것을 만족시키고자 추구하는 것입니다. 그것들은 마치 눈 먼 삼손과 같습니다. 그것들은 마침내 집의 기둥을 잡아당겨 스스로 위에 그 집이 무너지도록 만듭니다. 그것들의 힘은 거짓되고 헛된 일에 충동됩니다. 요컨대 그것들은 "속이는 욕심들"입니다.

그것은 결국 그러한 삶이 헛되고 무익한 것이라는 사실을 보여줄 뿐입니다. 그것들에 탐닉함으로써 참된 만족을 얻을 자는 아무도 없다는 사실보다 더 확실한 것은 아무것도 없습니다. 여러분이 항상 스스로 좋아하는 것을 행할 때, 여러분이 참으로 필요로 하며 바라는 것을 결코 얻지 못할 것이라는 사실은 너무도 분명한 사실입니다.

그것은 자명합니다. 왜냐하면 하나의 바라는 대상은 오직 한때만을 만족시켜주기 때문입니다. 어제의 음식은 어제의 배고픔을 만족시켜 주었을 뿐입니다. 우리는 오늘 또다시 배고픈 상태로 깨어납니다. 전적으로 동물적이지만은 않은 바람들(desires)도 똑같은 특성을 갖습니다. 그것들 역시도 한때만을 만족시켜줄 뿐입니다. "이 물을 마시는 자마다 다시 목마르려니와"(요 4:13). 바라는 것은 계속해서 증가하지만, 그 대상은 증가하지 않습니다. 우리의 맹렬한 열망은 증가하지만, 우리가 그것을 만족시키고자 추구하는 대상의 힘은 같은 비율로 감소합니다. 우리의 식욕은 무한히 확장될 수 있지만, 그것을 만족시킬 수 있는 대상의 양은 고정되어 있습니다. 바라는 음식을 더 오랫동안 먹어왔을수록 나는 음식을 더 많이 열망하게 됩니다. 그리고 내가 음식을 더 많이 열망할수록, 그것을 얻었을 때 그 맛은 그만큼 덜합니다. 시들해진 입맛을 돋우기 위해서는 더 강력한 향신료를 필요로 합니다. 그리고 이러한 과정은 곧 한계에 이르게 됩니다. 어떤 사람이 처음에는 브랜디를 조금씩 홀짝거립니다. 그러나 곧 그것으로는 만족하지 못하고 점점 더 큰 잔으로 마시다가 마침내 알코올중독에 빠지고 맙니다. 요컨대 이러한 바람들(desires)은 우리의 전체 본성의 파편들입니다. 따라서 어느 하나가 만족되면 다른 것이 자기도 만족시켜 달라고 고개를 쳐듭니다. 그것은 마치 옛 신화(神話)에 나오는 머리가 셋 달린 무시무시한 짐승과 같습니다. 각각의 머리는 서로 케이크를 먹으려고 게걸스럽게 입을 벌리고 있습니다. 설령 세 개의 머리가 모두 만족스럽게 먹었다 할지라도, 인간 본성 속에 있는 또 다른 열망이 머리를 듭니다. 그것을 위해서는 애굽의 부추와 양파조차도 충분치 못합니다. 이러한 것들이 채워지지 않는 한, 여러분은 양식이 아닌 것을 위해 돈을 쓰며 배부르게 하지 못하는 것을 위해 수고하는 꼴이 됩니다. "너희가 어찌하여 양식이 아닌 것을 위하여 은을 달아 주며 배부르게 하지 못할 것을 위하여 수고하느냐"(사 55:2). 그러므로 자기가 좋아하는 대로 행동하는 자는 그것을 오랫동안 좋아하게 되지 못할 것이라는 말은 보편적인 진리입니다.

여러분은 우리의 가장 위대한 현대 작가들 가운데 한 사람이 자신의 책을 "아! 헛되고 헛되도다!"라는 애절한 탄식의 말로 끝낸 것을 기억합니까? 우리 가운데 누가 이 세상에서 행복합니까? 우리 가운데 누가 자신의 바라는 것을 가지고 있습니까? 우리 가운데 누가 바라는 것을 가지고 있으면서 만족합니까? 우리 인생의 마지막 장은 마치 이렇게 말하는 것과 같습니다. "자, 아이들아! 이제 상자를 닫고 꼭두각시 인형들을 정리하자꾸나. 연극이 다 끝났다." 그렇습니다. 만일 인생에 "속이는 욕심들"을 따르는 것 외에 아무것도 없다면, 인간의 삶은 얼마나 허무한 것이 되겠습니까? 그리고 안달하며 수고하는 모든 인생들은 고작 연극배우 외에 아무것도 아닐 것입니다.

"옛 사람"의 초상화에 또 하나 주목할 것이 있는데, 그것은 이러한 "속이는 욕심들"이 썩어져 가는 것이라는 사실입니다. 우리는 본문을 "썩은 옛 사람"(the old man which is corrupt)으로 이해하기보다 "썩어져 가는 옛 사람"(the old man which is growing corrupt)으로 이해해야 합니다(한글개역개정판은 그렇게 되어 있음. 참고로 KJV은 다음과 같음: That ye put off, concerning the former conversation, the old man, which is corrupt according to the deceitful lusts). 다시 말해서, 본문은 이러한 욕심들에 종속된 삶의 필연적인 숙명인 썩음과 퇴화의 점진적인 진행을 표현하고 있는 것입니다. 영혼을 허물어뜨리며 파괴시키는 이러한 점진적인 썩음은 이어지는 구절의 "의와 진리의 거룩함으로 지으심을 받은 새 사람"과 확연하게 대조됩니다. 전자에서는 사망이 역사하고, 후자에서는 생명이 역사합니다. 전자는 죄의 문둥병에 의해 점진적으로 그리고 확실하게 썩어가며, 후자는 하나님의 사랑의 손과 생명의 숨에 의해 만들어지며 형성됩니다. 전자에게 있어 그 마지막은 둘째 사망이며, 후자에게 있어 그 마지막은 영원한 생명입니다.

이러한 놀라운 표현의 기저에 있는 진리는 우리 본성의 필연적인 법칙에 의해 우리의 모든 도덕적 자질들은 — 그것이 선한 것이든 악한 것이든 — 계속해서 성장해 나간다는 사실입니다. 우리가 어느 쪽 방향으로 움직이든 그 성장의 정도는 계속해서 가속되는 경향이 있습니다. 특별히 아래쪽 방향으로 내려갈 때는 더욱 그렇습니다. 악인은 살아갈수록 더 악인이 됩니다. 사랑하는 성도 여러분, 여러분은 내리막길 위에 서 있습니다. 스스로 알아차릴 수 없게, 그러나 결코 느리지 않은 속도로, 그러면서 매우 실제적으로 아래로 내려갑니다. 믿음은 점점 작아지며, 선을 행하고자 하는 욕구는 점점 미약해지며, 양심의 소리를 외면하는 것은 점점 굳어지며, 탐욕이나 교만이나 정욕과 같은 특별한 형태의 죄들은 점점 더 여러분의 영혼을 깊이 파먹으며 그것을 더 굳게 붙잡습니다. 우리가 움직일수록 혹은 우리가 살아갈수록 우리의 용량은 더 커집니다. 삶의 모든 영역에서 그렇습니다. 고대 그리스의 격언처럼, 처음에 송아지를 메는 것으로 시작한 레슬링 선수는 마침내 황소를 메게 됩니다.

개개인의 성품 속에서 죄가 이렇게 계속해서 커져간다는 개념은 참으로 두려운 개념입니다. 이처럼 계속해서 커져간다는 사실을 감안할 때, 그 어떤 것도 결코 작다고 할 수 없습니다. 작은 것을 조심하십시오. 왜냐하면 그것이 암세포처럼 계속해서 자라며 몸을 먹어 들어가기 때문입니다. 직선으로부터 아주 사소하게라도 이탈되는 것을 조심하십시오. 두 개의 선이 있다고 가정해 보십시오. 하나는 직선이고, 다른 하나는 직선으로 가다가 약간 꺾입니다. 처음에는 사소한 차이처럼 보이지만 나중에는 어떻게 되겠습니까? 두 선 사이의 거리는 천국과 지옥 사이의 거리만큼 벌어질 것입니다. 여러분의 영혼 속에 작은 죄가 들어오는 것을 조심하십시오. 우리는 평생에 걸쳐 조금씩 그리고 점증적(漸增的)으로 우리 영혼을 망가뜨릴 것들을 쌓아 올립니다. 모래는 얼마나 작고 가볍습니까? 그러나 그것이 어떤 사람 위에 쌓일 때, 그것은 그 사람의 뼈를 부러뜨립니다. 그것은 바람에 날릴 정도가 작고 가볍지만 그러나 피라미드와 스핑크스와 신전(神殿)들을 덮어 버립니다. 나병은 사람의 살과 뼈와 관절과 사지를 갉아먹습니다. 나병환자는 살아 있지만 죽은 것입니다. 이와 같이 "속이는 욕심들"의 지배 아래 있는 모든 영혼이 그와 같습니다. 그것은 계속해서 조금씩 썩어져 갑니다. "너희는 속이는 욕심들을 따라 썩어져 가는 옛 사람을 벗어 버리라."

2. 둘째로, 옛 사람을 벗어 버리라는 바랄 수 없는 명령을 주목하십시오.

"옛 사람을 벗어 버리라"는 명령은 언뜻 보기에 상식적이며 평범한 명령인 것처럼 보이지만 그러나 그것은 사실상 너무도 바랄 수 없는 명령입니다. 나는 아마도 거의 대부분의 사람들이 때때로 의지와 양심과 삶을 폭압적으로 지배하는 옛 사람을 벗어 버리고자 결심하고 또 그렇게 노력했을 것이라고 생각합니다. 대부분의 사람들이 옛 사람의 멍에를 벗어 버리고자 시도했을 것입니다. 우리 모두가 때때로 그와 같이 하지 않습니까? 그러나 우리의 인생은 좌절된 결심들과 실패로 끝난 시도들과 성공하지 못한 노력들로 가득 차 있습니다. 그러는 가운데 우리의 인생은 마치 올무에 걸린 짐승이 요동치는 것 같습니다. 우리를 옭아매는 그물 속에 갇혀서 말입니다. 여러분은 얼마나 자주 이렇게 말하곤 했습니까? "이제 다시는 그와 같이 행동하지 않을 거야. 나는 좋은 기회를 스스로 발로 차 버리고 말았어. 나는 바보같이 굴었고 너무나 큰 잘못을 범했어. 다시는 결코 그렇게 하지 않을 거야." 그렇습니다. 여러분은 그렇게 결심하곤 했습니다. 그러나 욕심과 유혹이 새롭게 발동하면, 여러분은 또다시 예전과 같이 행동하곤 하지 않았습니까? 개인적으로도 그렇고 세상 역사를 통해서도 이것은 어느 시대에나 같았습니다. 처음의 거창한 출발은 비참한 종말로 끝났으며, 역사의 지평선에 떠오른 새로운 약속의 별은 사람들을 재앙으로 이끌어 갔으며 피바람을 부르곤 했습니다. 이러한 사실은 우리 힘으로 우리 본성 안에 뿌리박은 악을 극복하며 쫓아내고자 하는 시도가 얼마나 쓸데없는 일인지를 잘 보여줍니다.

도덕주의자들은 이렇게 설교할 것입니다. "만일 인간이 자신 위에 스스로를 세울 수 없다면, 인간이란 존재는 도대체 무엇이란 말인가?" 그러나 세상의 모든 설교는 아무 쓸모 없습니다. 자기 힘으로 옛 사람을 벗어 버리는 것은 불가능한 일입니다. 강물은 하류에서 상류로 거꾸로 흐를 수 없습니다. 만일 샘에서 쓴 물이 흘러나온다면, 그 물이 흐른다고 저절로 깨끗해지지 않습니다. "누가 깨끗한 것을 더러운 것 가운데에서 낼 수 있으리이까 하나도 없나이다"(욥 14:4). 인간 본성 속에 이러한 옛 자아를 벗어 버릴 수 있는 힘은 존재하지 않습니다. 어떤 시인이 환상 가운데 본 것처럼, 뱀이 인간 속에서 자라고 있습니다. 우리의 의지는 선을 행하기에 너무도 미약하며, 우리의 양심은 마치 왕관을 빼앗긴 왕처럼 무력하게 앉아 있습니다. 그 왕은 공허한 명령을 발하며, 그의 모든 왕국은 그의 명령을 쓰레기처럼 대합니다. 어떻게 사람이 자신을 다시 만들 수 있습니까? 어떻게 사람이 자신의 본성을 벗어 버릴 수 있습니까? 그렇게 하기 위해서는 그들의 자아가 깨끗해져야 합니다. 왜냐하면 그들의 자아가 더럽혀져 있기 때문입니다. 옛 이야기에서처럼, 누가 문지기를 지킬 것이며 누가 병든 의사를 고칠 것입니까? 여러분은 병든 동물이 자기 혓바닥으로 상처를 핥는 것을 보았을 것입니다. 우리의 힘과 노력으로 죄가 만든 상처를 치유하는 것은 이것보다 훨씬 더 바랄 수 없는 일입니다. "옛 사람을 벗어 버리라." 좋습니다. 만일 그것이 우리의 사지(四肢)에 들러붙어 있는 것일 뿐이라면, 그것은 가능할 것입니다. 그러나 그것은 단지 옷을 벗어 버리는 것과는 전혀 다른 문제입니다. 그것은 마치 우리의 피부를 벗어 버리거나 살을 벗어 버리는 것처럼 바랄 수 없는 일입니다. 그렇지만 만일 이것이 단지 불가능한 명령에 불과할 뿐이라면, 우리는 모든 희망을 버리고 죽을 때까지 썩어져 가는 악을 입고 있어야 할 것입니다.

그러나 그것이 전부가 아닙니다. "율법이 육신으로 말미암아 연약하여 할 수 없는 그것을 하나님은 하시나니"(롬 8:3). 하나님은 자기 아들을 보내심으로 육신에 있는 죄를 정죄하셨습니다. 그래서 우리는 다음 단계로 넘어갈 수 있게 되었습니다.

3. 셋째로, "옛 사람을 벗어 버리라"는 명령을 성취할 수 있는 가능성을 주목하십시오.

문맥은 우리에게 어떻게 이것이 가능한지를 이야기해 줍니다. '죄로 물든 옛 자아에 대한 완전한 승리'를 위한 능력은 진리이신 예수 안에서 발견됩니다. 예수 그리스도와의 연합은 우리로 하여금 그로부터 말미암은 새로운 생명의 원리를 갖도록 만듭니다. 그와 같이 그리스도로부터 말미암은 불멸의 완전한 생명은 "속이는 욕심들"에 순복하는 사망과 싸울 것이며, 마침내 승리하게 될 것입니다. 우리의 약함은 그가 불어넣은 능력으로 강하게 될 것입니다. 세상과 죄로 이끌리는 우리의 옛 성향은 새로운 생명의 열망에 의해 극복될 것입니다. 모든 것을 이끄는 동기(動機)는 우리를 위해 자신을 주신 그분 안에서 새롭게 발견될 것입니다. 우리가 어떻게 될 수 있는지에 대한 새로운 소망이 솟아날 것이며, 우리가 예수를 볼 때 우리는 그 안에서 참 사람(the true Man)을 보게 될 것입니다. 믿음으로 그 안에 안식할 때 우리는 그와 함께 죄에 대하여 죽을 것이며, 우리는 그의 죽음과 하나가 됨으로써 새로워진 생명으로 행하게 될 것입니다. 예수 그리스도를 믿는 믿음은 우리로 하여금 그가 모든 것을 새롭게 만드는 강한 능력에 동참하도록 만들 것입니다. 그러한 갱신(更新)은 과거를 지울 것이며, 미래의 방향을 바꿀 것입니다. 우리 마음의 샘은 치유될 수 없는 쓴 물을 냅니다. 그러나 주님은 자신이 한 나무임을 보여주셨는데, 그것은 그가 우리를 위해 달리신 십자가의 나무입니다. 그가 물에 던져졌을 때, 그 물은 달아졌습니다.

이와 관련하여 나는 마르틴 루터가 "사람의 마음은 마치 더러운 돼지우리와 같다"라고 말한 유명한 비유를 기억합니다. 삽과 수레는 겉으로 드러난 오물을 치우거나 짚을 깔아주는 일 외에는 거의 쓸모가 없습니다. 그와 함께 또 무슨 일이 필요할까요? 그는 "엘베 강을 우리 속으로 끌어오라"고 말합니다. 그렇게 끌어온 물줄기가 모든 더러운 것들을 깨끗하게 할 것입니다. 우리 자신의 노력만으로는 충분하지 않습니다. 그리스도 안에 있는 '용서하시며 정결케 하시는 은혜'가 흘러 들어와야 합니다. 그럴 때 그것이 오랜 세월 쌓이고 쌓인, 그래서 우리 존재의 모든 부분을 얼룩지게 한 악을 씻어버릴 것입니다. 우리는 스스로를 깨끗하게 할 수 없습니다. 우리는 우리 존재 속으로 깊이 뿌리를 내린 이러한 옛 본성을 "벗어 버릴" 수 없습니다. 그러나 만일 우리가 믿음으로 예수 그리스도에게 돌이켜 "주여 나를 용서하시고 정결케 하시고 오직 돼지에게나 적합한 더러운 누더기 옷을 벗겨주옵소서"라고 기도한다면, 그는 우리를 받으시고 우리의 모든 바람에 응답하시며, 우리에게 그의 깨끗한 의의 옷을 입혀 주실 것입니다. "이는 그리스도 예수 안에 있는 생명의 성령의 법이 죄와 사망의 법에서 너를 해방하였음이라"(롬 8:2).

28
새 사람

"하나님을 따라 의와 진리의 거룩함으로 지으심을 받은 새 사람을 입으라"

엡 4:24

21절의 "예수 안에 있는 진리"는 22절로 24절에서 좀 더 구체적으로 상술됩니다. 다시 말해서, 바울은 전체적인 도덕적 본성의 근본적인 변화를 그리스도 안에서 하나님의 계시의 목적으로 간주하는 것입니다. 이러한 목적으로 그들은 그리스도에게서 들었으며, 그 안에서 가르침을 받았습니다(21절). 그리고 그들은 그와 연합함으로써 모든 다양한 훈련과 연단을 받았습니다. 이것이 모든 그리스도인들이 학생으로 있으며 그리스도께서 선생이 되시는 위대한 학교의 모든 가르침의 내적 의미입니다. 그 학교에 입학하는 조건은 그리스도와 연합되는 것이며, 그의 은혜와 섭리의 각종 역사들이 모든 훈련의 도구이며, 모든 수업이 끝날 때 그들은 하늘의 집으로 가게 될 것입니다. 우리는 그리스도 예수 안에서 새 사람이 되었습니다.

이러한 위대한 논제가 여기에서 세 가지 측면으로 제시되는데, 한 가지는 소극적인 측면이며, 두 가지는 적극적인 측면입니다. 소극적인 한 측면은 "옛 사람을 벗어 버리라"는 것입니다. 그리고 적극적인 두 측면은 첫째로 우리 존재의 중심에서 성령으로 "심령이 새롭게 되는" 것이며, 둘째로 그러한 내적 갱신에 이어 "새 사람을 입는" 것 즉 삶과 성품이 근본적으로 변화되는 것입니다. 본 설교에서는 앞의 두 가지는 다루지 않고 마지막 것 즉 새 사람을 입는 것에 대해서만 다루고자 합니다.

여기에 담긴 개념들을 간단히 요약하면 다음과 같습니다. 첫째로, 복음의 위대한 목적은 우리의 도덕적 갱신입니다. 둘째로, 그러한 도덕적 갱신은 하나님의 형상을 따라 새롭게 창조되는 것입니다. 셋째로, 그러한 새 창조는 우리에 의해 입혀져야 혹은 전유(專有)되어야 합니다. 넷째로, 그러한 전유의 방법은 하나님의 진리와 접촉하는 것입니다. 이러한 개념들을 차례대로 살펴보도록 합시다.

1. 첫째로, 복음의 위대한 목적은 우리의 도덕적 갱신 즉 "의와 진리의 거룩함으로 지으심을 받은 새 사람"입니다.

물론 복음의 목적에 대해서는 다른 방식으로도 이야기할 수 있습니다. 이것이 복음의 목적과 관련한 배타적인 진술인 것은 결코 아닙니다. 우리는 예수 그리스도가 사람들로 하여금 하나님을 알도록 하기 위해 오셨다고 말할 수 있습니다. 우리는 그리스도가 하나님의 사랑을 나타내기 위해 오셨다고 말할 수 있습니다. 우리는 복음의 목적이 죄책의 무거운 짐으로부터 사람들을 구원하는 것이라고 말할 수 있습니다. 요컨대 우리가 복음의 목적을 하나님의 영광이라고 말하든 인간의 축복이라고 말하든 혹은 여기에서처럼 개인의 도덕적 완성이라고 말하든, 그것은 모두 하나의 완전한 진리의 다양한 측면일 뿐입니다. 복음은 하나님의 사랑의 결과이며 나타남입니다. 하나님은 당신의 사랑이 사람들에 의해 알려지고 또 소유되기를 기뻐하십니다. 그리고 사람들이 하나님의 사랑을 소유할 때 그들은 그와 같은 모양으로 변화됩니다. 그것을 아는 것이 복된 것이며, 그것을 닮는 것이 순전하게 되는 것입니다.

우리는 본문의 기저(基底)에 인간의 죄성(罪性)이라는 심오한 개념이 놓여 있는 것을 보게 됩니다. 만일 모든 인간이 죄를 범하지 않았으며 또 인간에게 속한 본성이 보편적으로 부패하고 악해지지 않았다면, 본문의 언어는 전적으로 무의미한 것이 되고 말 것입니다. 그러나 인간이 실제로 그와 같이 되었다고 하는 것이 바로 성경의 일관적인 관점입니다. 인간이 선해지고 깨끗해지기 위해 필요한 것이 무엇인가에 대한 성경의 관점은 세속적인 도덕주의자들과 박애주의자들의 피상적인 관점과는 완전히 다릅니다. 우리는 "교양"에 대해 많이 듣습니다. 그들은 사람을 선하고 깨끗하게 만들기 위해 필요한 것은 사람의 본성을 훈련시키고 강화시킴으로써 그들의 교양을 증진시키는 것이라고 말합니다. 또 우리는 교양주의자들보다는 좀 더 깊게 바라보는 자들로부터 "개혁"에 대해 많이 듣습니다. 그러나 "개혁"(reformation)이라는 단어 자체가 그것이 치료제로서 불충분하다는 사실을 그대로 보여줍니다. "Reformation"은 내용(substance)이 아니라 형식(form)을 바꾸는 것입니다. 그것은 예전의 내용물은 그대로 놔두고 모양만 새롭게 바꾸는 것입니다. 정확히 그렇습니다. 실제적인 내용물은 여전히 예전의 내용물입니다. 겉모양만 바꾸는 것은 별 의미가 없습니다. 세상이 필요로 하는 것은 "개혁"(reformation) 즉 형식(form)을 바꾸는 것이 아니라 "새롭게 되는 것"(renovaion) 혹은 "다시 태어나는 것"(regeneration)입니다. 세상이 필요로 하는 것은 새로운 형식(new form)이 아니라 새로운 생명(new life)입니다. 세상이 필요로 하는 것은 교양을 증진시키는 것이 아니라, 더러운 것에 오염되지 않고 악에 접촉되지 않은 새롭고 깨끗한 것을 주입(注入)함으로써 옛 것을 소멸시키는 것입니다. "진실로 진실로 네게 이르노니 사람이 거듭나지 아니하면 하나님의 나라에 들어갈 수 없느니라"(요 3:5).

인간의 참된 필요에 대한 피상적인 관점들과, 인간의 참된 병에 대한 피상적인 진단들은 문제의 본질은 제쳐두고 단지 증상만 다소 완화시키는 방법만을 찾게 만듭니다. 독이 든 꽃잎은 떼어버릴 수 있을지 모르지만 그러나 그 뿌리는 그대로 남아 있습니다. 대양의 거대한 물이 들어오지 못하도록 하기 위해 방파제를 쌓는 것은 아무 소용없는 일입니다. 그것은 곧 허물어질 것입니다. 대양의 거대한 물이 들어오지 못하게 하는 유일한 방법은 창조주의 손이 육지의 지면을 들어 올려 그것을 바다의 해면보다 높게 만드는 것입니다. 정말로 필요한 것은 존재의 가장 깊은 뿌리까지 내려가 근본적으로 변화시키는 것입니다. 본문의 언어도 바로 이것을 함축하고 있습니다. "의와 진리의 거룩함으로 지으심을 받은 새 사람을 입으라."

여기에서 바울이 이러한 새로운 본성의 요소 혹은 특성으로 열거하는 것들을 주목하십시오 — 의와 거룩함.

그리스도 예수 안에 있는 새로운 본성에 대한 언급은 얼마나 놀랍고 위대한 것입니까? 그럼에도 불구하고 그것은 종종 나쁜 의미의 신비주의적인 가르침과 연결되는 가운데 실제적인 부도덕을 가리는 차단막이 되곤 했습니다. 그러나 우리는 여기에서 그것이 명확하게 규정되는 것을 보게 됩니다. 여기에 인격성과 관련한 애매모호한 신비 따위는 존재하지 않습니다. 새 사람을 입은 사람들은 그 이전의 사람들과 동일한 바로 그 사람들입니다. 새로운 것은 도덕적이며 영적인 측면에서입니다. 그것은 모두 의와 거룩함이라는 두 단어로 요약됩니다. 이와 관련하여 골로새서의 한 구절을 주목해 보십시오. "새 사람을 입었으니 이는 자기를 창조하신 이의 형상을 따라 지식에까지 새롭게 하심을 입은 자니라"(골 3:10). 여기에서 우리는 "지식"을 하나님에 대한 개인적인 지식과 친숙함을 의미하는 것으로 이해해야 합니다. 이러한 지식은 그를 사랑하는 조건 위에서 얻어지는 것이며, 그것은 본문이 말하는 정결한 도덕적 자질들의 기초가 됩니다.

의와 거룩함은 어떻게 구별됩니까? 내가 보기에 "의"는 여기에서 옳은 것을 지킨다고 하는 좀 더 좁은 의미로 이해되어야 합니다. 거룩한 율법에 따라 행실을 바르게 하는 것 말입니다. 실질적으로 그것은 일반적으로 말하는 "도덕성"과 거의 동의어로서, 법이나 기준에 합당한 행동이나 성품을 말합니다. 그렇다면 "거룩함"은 무엇입니까? 그 역시 위와 같은 행동과 성품을 말하지만, 그러나 전혀 다른 측면에서 바라본 것입니다. 그것은 하나님과 관련된 삶과 자아를 포괄합니다. 그것은 하나님께 대하여 성별되어 그분을 섬기는 것과 관련된 것입니다. 그것은 단순히 "정결"(purity)과 동의어가 아닙니다. 그것보다 훨씬 더 높은 의미를 담고 있습니다. 참된 순종은 율법에 대한 것이 아니라 하나님께 대한 것입니다. 참된 완전은 이상적인 표준과 일치하는 것이 아니라 하나님의 모양과 일치하는 것입니다. 여기에서 내가 행해야만 하는 것은 하늘에 계신 아버지께서 뜻하신 것입니다. 만일 앞에서 말한 "의"가 일반적으로 말하는 "도덕성"과 같은 의미를 갖는 것이라면, 여기의 "거룩함"은 통상적으로 말하는 "경건"(religion)과 같은 의미를 갖는 것입니다.

이러한 것들 즉 의와 거룩함은 인간 본성 속에 실제적으로 실현된 것으로서 "새로운"(new) 것들입니다. 바울은 우리가 새롭게 변화되는 것 외에는 그것들을 소유할 수 없다고 생각합니다. 그러나 그것들은 기독교적 도덕성의 내용이 사람의 마음속에 기록된 양심의 법의 내용과 다르다는 의미에서 "새로운" 것이 아닙니다. 복음은 별스러운 윤리를 만들거나 선포하지 않습니다. 복음이 제시하는 윤리는 어느 특정한 지역에서만 통용되는 윤리가 아니라 모든 지역에서 공통적으로 통용되는 윤리입니다. 기독교적 의가 통상적인 "선"(善)과 다를 것으로 상상하지 마십시오. 물론 전자가 후자보다 더 넓고 깊고 철저하며 더 강력한 힘을 갖기는 하지만 말입니다.

이와 같이 양자(兩者)는 서로 일치하기는 하지만 그럼에도 불구하고 그것들이 망라하는 범위는 같지 않습니다. 통상적인 선은 마치 오랜 세월 비바람에 노출된 고대 왕의 비문(碑文)처럼 마모되고 흐릿해져서 때때로 잘못 읽히기도 하는가 하면 종종 그대로 방치되기도 합니다. 반면 기독교적 의는 그리스도의 완전한 성품 속에 선명하게 새겨집니다. 그것은 통상적인 선이 보여주고자 하는 모든 것을 포괄하며, 그것을 훨씬 뛰어넘습니다. 그것은 이교도들의 도덕관을 바꾸며, 그들에 의해 간과되었던 것들을 새롭게 조명합니다. 그것은 덕(德)에 대한 통상적인 개념들에다가 더 깊은 의미와 더 큰 아름다움을 부여합니다. 기독교는 세상의 도덕성과의 모든 관계를 단절하고 스스로의 "의"만을 세우는 대신 "너희 의가 서기관과 바리새인보다 더 낫지 못하면 결코 천국에 들어가지 못하리라"라고 말합니다(마 5:20). 여기에서 의와 거룩함을 새로운 것으로 묘사하고 있는 바로 그 바울이 다른 곳에서 "덕"과 관련한 이방의 개념들을 그가 전파하는 기독교적 은혜들을 표현하기에 적합한 개념으로 받아들이고 있는 사실은 매우 중요한 의미를 갖습니다. 그는 헬라의 도덕주의자들로부터 참된(true), 정직한(honest), 정당한(just), 순수한(pure) 등의 개념을 차용하면서, 자신의 "의"의 범주에 이 모든 개념들이 포괄되는 것으로 받아들입니다. 만일 우리가 세상이 통상적으로 "덕"이나 "선"으로 칭송하는 것들을 실천하며 살고 있지 않다면, 우리는 아직도 새로운 본성으로 옷 입지 못했다는 사실을 기억해야 합니다.

여기에서 나는 이러한 사실을 다시 한 번 강조하고 싶습니다. 여러분은 스스로를 그리스도인으로 부릅니다. 그런데 여러분의 기독교의 목적은 사랑하는 아버지를 의지하며 그분께 헌신하며 그 안에서 순전하게 되는 일에 계속해서 자라가며 온전하게 되는 것입니다. 만일 우리의 신앙이 이러한 곳으로 우리를 인도하지 않는다면, 그것은 아무것도 아닙니다. 그렇지 않다면 그것은 마치 씨앗은 맺지 못한 채 시들시들한 꽃잎 몇 장만 겨우 맺은 초라한 풀과 같을 것입니다. 우리 가운데 너무도 많은 사람들에게 "너희가 달음질을 잘 하더니 무엇이 너희를 막았더냐"라는 옛 경책의 말씀이 너무도 강력한 경고로 다가옵니다(갈 5:7).

여러분은 예수 그리스도를 하나님의 긍휼을 계시하는 자로 그리고 그것을 가져다주는 자로 이해했으며, 여러분의 구원을 위해 그를 의지하도록 가르침을 받아왔을 것입니다. 그렇지만 그를 여러분의 삶의 모범으로는 얼마나 이해했습니까? 그의 사랑의 열기에 의해 여러분의 삶은 얼마나 부드러워졌습니까? 여러분은 예수 그리스도를 여러분의 피난처로 이해했습니다. 그렇지만 그를 여러분의 내적 거룩함(inward sanctity)으로는 얼마나 이해했습니까? 여러분은 죄로부터 건져주시는 구원의 원천으로서 그에게 다가갔습니다. 그렇지만 죄의 온갖 더러운 것들로부터 건져내는 방편으로서 그를 의식적으로 소유하는 일에 매일 같이 자라는 일에는 얼마만큼 그에게 다가갔습니까? 그는 우리를 선하게 만들기 위해 오셨습니다. 그러면 여러분은 그를 통해 어떤 사람이 되었습니까? 20년 전과 비교하여 여러분은 얼마만큼 달라졌습니까? 만일 아무것도 달라진 것이 없고 나아진 것이 없다면, 복음은 여러분에게 실패한 것이며, 여러분은 복음에 대해 진실되지 못한 것입니다. 그리스도의 모든 사역 즉 그의 생애와 고난과 십자가와 부활과 승천과, 성령과 말씀을 통한 지속적인 역사의 위대한 목적은 의와 거룩함과 공의와 경건의 새 사람을 만드는 것입니다.

2. 둘째로, 이러한 도덕적 갱신은 하나님의 형상으로 새롭게 창조되는 것입니다.

새 사람은 "하나님의 형상을 따라 그리고 하나님의 모양으로 지으심을 받은" 새로운 피조물입니다. 이것은 창세기의 인간 창조 이야기와 분명한 연결관계를 갖는데, 여기의 새 사람은 인간 본래의 모습의 회복이며 완성입니다. 그러나 우리는 인간 본성 속에 여전히 하나님의 형상이 남아 있다는 사실을 기억해야 합니다. 그것은 죄로 인해 흐려질지언정 그러나 소멸될 수는 없습니다. 이와 같이 사람에게 있는 하나님의 자연적인 형상은 그의 인격과 의지와 자의식 등으로 나타나는데, 그것은 죄에도 불구하고 그대로 남아 있습니다. 만일 그렇지 않다면 사람은 여타의 동물과 크게 다르지 않을 것입니다.

그러면 사람과 하나님 사이를 근본적으로 분리시키는 것은 무엇일까요? 어떤 측면에서 사람은 하나님을 닮지 않았습니까? 도덕적 적대심입니다. 참된 모양(닮음)은 무엇입니까? 도덕적 조화입니다. 무엇이 사람을 하늘에 계신 아버지와 분리시킵니까? 하나님의 연대(年代)는 모든 세대를 관통하는 반면 우리의 날은 한 뼘밖에 되지 않기 때문입니까? 하나님의 능력은 무한한 반면 우리의 능력은 종종 좌절을 겪고 때로 약함과 소멸로 떨어지기 때문입니까? 하나님의 지혜는 해처럼 쇠하지도 않고 소멸되지도 않으며 그 빛 앞에 아무것도 감춰어지지 않는 반면 우리의 지혜는 달처럼 단지 반사광만을 비추는 가운데 계속해서 쇠하고 이지러지며 변하기 때문입니까? 결코 그렇지 않습니다. 하나님의 주권적 속성들이라고 불리는 그러한 모든 구별들 — 창조주와 피조물의 구별, 무한한 자와 유한한 자의 구별, 전능자와 미약한 자의 구별, 영원한 자와 일시적인 자의 구별 — 은 하나님과 사람 사이를 진정으로 구별하지 않습니다. 하늘이 땅보다 높음

같이 하나님의 길이 우리의 길보다 높다고 말할 때, 그러한 차이가 하나님과 우리 사이를 분리시키는 것은 아닙니다. 왜냐하면 비록 땅이 낮고 평평하다 할지라도, 하늘은 땅 주위를 돌며 계속해서 햇빛과 비와 이슬과 축복을 보내기 때문입니다. 하나님과 우리가 분리되는 것은 하나님의 길과 우리의 길이 **다르기** 때문입니다. 양자(兩者) 사이에 실제적인 적대관계(antagonism)가 있으며, 또 그 방향이 서로 다르기 때문에, 거기에 다름(unlikeness)이 있는 것입니다. 하나님의 형상은 인격성뿐만 아니라(이것은 "거짓의 아비"조차도 소유하고 있는 속성입니다) "의와 거룩함"에 놓여 있습니다.

그러나 이러한 창세기의 인간 창조와의 연관성 외에도, 새로운 본성을 하나님의 창조의 능력의 역사로서 표현하는 데에는 또 다른 이유가 있습니다. 다시 말해서, 그것은 우리의 의가 우리 스스로에 의해 만들어진 것이 아니라 하나님으로부터 받은 것이라는 진리를 분명하게 제시하기 위함입니다. 새 사람은 우리의 작품이 아니라 하나님의 창조입니다. 최초의 인간 생명이 자연적인 원인과 결과의 법칙에 의해 발생되지 않고 새롭고 초자연적으로 발생된 것으로 표현되는 것처럼, 모든 그리스도인들에게 있어 하나님으로부터 말미암은 생명은 그 코에 불어넣어진 하나님 자신의 생기로부터 옵니다. 그것 역시도 자연적인 원인과 결과의 법칙 밖에 있습니다. 그것 역시도 하나님으로부터 오는 직접적인 선물(혹은 은사, gift)입니다. 그것 역시도 참으로 초자연적인 것으로서, 실제적이며 새로운 창조입니다.

한 걸음 더 나아가 볼까요? "새 사람"은 여기에서 우리가 그것을 입기 전에 이미 존재하고 있었던 것으로 언급됩니다. 설령 내가 여러분에게 하나님의 참된 모양인 새 사람이 우리가 그것을 취하기 전에 이미 실제적으로 존재하는 것으로서 말한다고 하더라도, 나는 그것이 본문이 의미하는 것으로부터 그다지 크게 이탈하는 것은 아니라고 생각합니다. 물론 우리 안에 새로운 본성을 만드는 의와 거룩함은 그것들이 우리의 것이 될 때까지는 아무런 존재도 갖지 못합니다. 그러나 우리는 의와 거룩함이 그것을 우리에게 주시는 외부의 존재로부터 온다는 사실을 믿습니다. "새 사람"은 단순한 이상(理想)이 아닙니다. 그것은 역사적이며 현재적인 존재를 갖습니다. 그 이상(理想)은 지금도 살아 계신 예수 그리스도입니다. 그는 아버지의 바로 그 형상이며, 새 창조의 시작이며, 우리에게 지혜와 의가 되신 분입니다. 죄의 모든 결과들로부터 분리되고 하나님과 같은 온전한 아름다움으로 새로워진 완전한 인성(人性)의 비전은 허깨비 같은 몽상이 아니라 명확한 실재입니다. 그는 항상 살아 계십니다. 그는 우리에게 "내가 너를 권하노니 내게서 흰 옷을 사라"고 말씀하십니다(계 3:18). 본문의 "하나님을 따라 의와 거룩함으로 지으심을 받은 새 사람을 입으라"는 말씀과 완전한 병행을 이루는 구절을 우리는 바울의 다음과 같은 또 다른 말씀 속에서 찾을 수 있습니다. "어둠의 일을 벗고 빛의 갑옷을 입자 오직 주 예수 그리스도로 옷 입고"(롬 13:12-14).

3. 셋째로, 이러한 새 창조는 우리에 의해 옷 입혀지고 전유(專有)되어야 합니다.

새로운 창조의 이미지에 의해 전달되는 것과 동일한 개념이 마치 옷처럼 새로운 본성을 입는 이러한 은유 속에서 또다시 반복됩니다. 우리가 할 일은 그것을 만드는 것이 아니라 단지 만들어진 것을 입는 것입니다. 그것은 이미 만들어졌고 준비되어 있습니다.

입는 과정은 이중적으로 이루어집니다. 우리는 이중적인 방식으로, 아니 그보다는 이중적인 의미로 그리스도로 옷 입습니다. 첫째로, 우리가 그리스도 안에서 발견되는 것은 우리 자신의 의 때문이 아니라 그의 의를 옷 입음으로 말미암습니다. 둘째로, 우리는 우리의 정결과 거룩함을 위해 그의 의로 옷 입습니다.

이 두 가지 모두 우리가 하나님과 같아지는 조건입니다. 그리고 두 가지 모두 하나님의 선물입니다. 그러나 전자는 한순간의 행동이며, 후자는 계속적인 과정입니다. 두 가지 모두 우리가 받는 것입니다. 전자는 단순한 믿음의 조건 위에서 받는 것이며, 후자는 우리의 신실한 노력을 매개로 받는 것입니다. 두 가지 모두 넓은 의미의 구원의 개념에 포함됩니다. 그러나 전자를 위한 법칙은 "그가 우리를 구원하시는 것은 우리가 행한 의의 공로로 말미암음이 아니라 그의 긍휼로 말미암음이라"는 것인 반면, 후자를 위한 법칙은 "두려움과 떨림으로 너희 구원을 이루라"는 것입니다. 두 가지 모두 그리스도로부터 오지만, 그러나 전자는 "내게 흰 옷을 사서 입으라"는 말씀과 관련되는 반면, 후자는 "주 예수 그리스도로 옷 입고 육신의 일을 도모하지 말라"는 말씀과 관련됩니다. 사람을 그리스도인으로 만드는 '그리스도의 의의 옷 입음'이 있는데, 그 조건은 단순한 믿음입니다. 또 사람을 거룩하게 하며 변화시키는 '그리스도의 의의 옷 입음'이 있는데, 이것은 매일의 계속적인 노력에 의해 실현됩니다.

이러한 둘 사이의 좀 더 상세한 관계는 여기에서 다룰 주제가 아니지만, 그러나 한 가지 꼭 강조하고 싶은 것은 끊임없이 옛 사람을 십자가에 못 박고 소멸시키는 과정이 없다면 거룩함에 있어서의 성장 역시도 없다는 사실입니다. 만일 여러분이 그리스도를 더 많이 닮고 또 더 정결해지기를 원한다면, 여러분은 스스로를 죽여야만 합니다. 여러분은 옛 자아 위에 "의의 옷"을 덧입을 수 없습니다. 그것은 마치 거지가 자신의 더러운 누더기 옷 위에 왕의 예복을 덧입는 것과 마찬가지입니다. 새 옷을 입기 위해서는 옛 옷을 벗어야 합니다. 스스로 옛 자아를 벗으십시오. 그러면 여러분은 "벗은 자로 발견되지 않을" 것입니다. 도리어 여러분은 마치 신부가 신랑의 사랑의 증표인 혼인예복을 입는 것처럼 구원의 옷을 입게 될 것입니다.

여기에서 바울이 "새 사람을 **입으라**"고 명령하는 것을 주목하십시오. 그는 그 일이 마치 우리 자신이 노력해야 할 일인 것처럼 말합니다. 성경의 다른 많은 곳에서 그것이 하나님의 선물로 묘사되고 있음을 감안할 때, 그의 이러한 명령은 우리를 놀라게 합니다. 그러나 그러한 명령은 모든 것이 하나님으로부터 온다는 믿음과 조금도 상충되지 않습니다. 우리 주님에 대한 충성된 믿음과, 그를 더 많이 닮고자 하는 성실한 노력은 우리가 소유하게 될 그의 모양의 크기를 결정합니다. 새로운 본성은 하나님의 선물이며, 그것은 "하나님 자신의 충만에 따라" 우리에게 주어집니다. 그러나 동시에 그것은 "우리의 믿음의 분량에 따라" 우리에게 주어집니다. 우리의 할 일은 단지 하나님의 선물을 받는 것 외에 아무것도 없다는 사실로 인해 그분께 영광을 돌립시다. 그가 입혀 주시는 옷은 세상의 베틀로 짠 것이 아닙니다. 아담과 하와에게 하나님이 가죽옷을 입혀 주셨던 것처럼, 그들의 모든 후손들 역시도 스스로를 위해 옷을 만들 수 없습니다. 그러나 우리는 그 옷을 받을 뿐만 아니라 또한 일평생 매일같이 수고와 애씀을 통해 그 넓은 깃 속에 우리 자신을 더 완전하고 풍성하게 싸야 합니다. 우리는 노력과 열망과 자기부인과 소망과 기도와 애씀과 교제와 섬김으로 예수 그리스도 안에 있는 하나님의 모양을 더 많이 소유해야 합니다. 그리고 그렇게 할수록 하나님의 모양은 우리 마음속에 더 깊이 그리고 더 생생하게 새겨질 것입니다. 우리의 믿음과 감사를 강화시키기 위해 우리는 "누구든지 그리스도 안에 있으면 새로운 피조물이라"는 말씀이 사실임을 분명히 기억해야 합니다(고후 5:17). 동시에 신실한 노력과 에너지를 생생하며 충만하게 하기 위해 우리는 "너희는 성령 안에서 마음을 새롭게 하고 새 사람을 입으라"는 명령에 주의하며 그것을 스스로 이루어나가도록 힘써야 합니다.

4. 넷째로, 이러한 새 사람을 옷 입는 혹은 전유하는 방법은 진리와 접촉하는 것입니다.

만일 여러분이 흠정역 본문의 난외주(欄外註)를 살펴본다면, 여러분은 흠정역의 번역자들이 본문에보다도 난외주에 더 좋은 번역어를 배치해 놓은 사실을 발견하게 될 것입니다(KJV의 본문에는 "true holiness"로 되어 있는 반면 난외주에는 "holiness of truth"로 되어 있음). 원문은 문자적으로 "참된 거룩함"(true holiness)이 아니라 "진리의 거룩함"(holiness of truth)입니다. 바울이 여기에서 이러한 표현을 사용한 목적은 어떤 거룩함인지 "거룩함"의 성격을 설명하려고 하는 것이 아니라 그 "거룩함"의 근원을 말하려고 하는 것입니다. 그것은 "진리의"(of truth) 거룩함입니다. 다시 말해서, 진리로부터 흘러나오는 거룩함인데, 그 진리는 바로 앞에서 이야기한 대로 "예수 안에" 있는 진리입니다(21절).

그러므로 이제 우리는 다음과 같은 결론에 도달합니다. 즉 새롭게 만드는 것은 성령이며, 새롭게 되는 조건은 우리가 그리스도를 붙잡는 것이며, 새롭게 되는 매개체 혹은 변화시키는 은혜가 사용하는 무기는 "복음의 진리의 말씀"이라는 것입니다. 여기에서 우리는 법칙과 동기와 추진력과 격려와 소망을 얻습니다. 또 여기에 그리고 "하나님께서 그리스도 안에 계시사 세상을 자기와 화목하게 하시며 그들의 죄를 그들에게 돌리지 아니하시고"라는 위대한 메시지 안에 모든 도덕적 진보의 씨앗이 놓여 있습니다(고후 5:19). 그리고 우리가 그것을 믿는 믿음의 분량에 비례하여, 우리는 "지식과 의와 우리를 창조하신 자의 형상으로" 자라게 될 것입니다. 복음은 이러한 변화의 위대한 매개체입니다. 왜냐하면 그 매개체를 통하여 그 변화를 일으키는 자가 우리의 마음속으로, 그리고 우리의 이해력 안으로 가까이 다가오기 때문입니다.

그러므로 만일 의와 거룩함과 도덕성과 경건이 이러한 근원으로부터 흘러나오지 않는다면, 그것은 전적으로 불가능한 것이라는 사실을 깨달으십시오. 거룩하게 하는 것은 진리입니다. 거룩하게 하는 진리를 사용하시는 분은 성령입니다. 거룩하게 하시는 성령을 보내시는 자는 그리스도입니다. 그러나 사랑하는 성도 여러분, 이러한 빛 밖에는 어둠이 있을 뿐이라는 사실을 잊지 마십시오. 그리스도의 피 흘린 손에 의해 씻기지 않은 본성은 여전히 더러움 가운데 남아 있으며, 그리스도의 의의 옷이 아닌 다른 옷을 입은 자들은 그 옷이 자신들을 덮기에 턱없이 부족하다는 사실을 발견하게 될 것입니다. 동시에 다른 한편으로, 이러한 의와 거룩함을 산출하지 못하는 믿음은 불완전하며 괴이한 믿음이라는 사실을 깨달으십시오.

사람의 마음을 판단하고 그의 믿음이 참된 믿음인지 여부를 분별하는 것은 우리에게 속한 일이 아니라 하나님께 속한 일일 것입니다. 그럼에도 불구하고 우리를 매일같이 더 낫게 만들지 못하며, 더 온유하게 만들지 못하며, 더 단순하고 순전하게 만들지 못하며, 더 진실하게 만들지 못하며, 더 부드럽게 만들지 못하며, 더 용감하게 만들지 못하며, 더 자기를 부인하게 만들지 못하며, 더 사랑하게 만들지 못하며, 더 강하게 만들지 못하며, 더 많이 그리스도를 닮게 만들지 못하는 믿음은 그 실체에 있어서든지 혹은 그 능력에 있어 결함 있는 믿음이라고 말하는 것은 결코 과장이나 주제넘은 태도가 아닙니다.

사랑하는 성도 여러분, "진리"가 여러분을 그리스도의 모양으로 빚어가고 있습니까? 만일 그렇지 않다면, 여러분이 붙잡고 있는 진리가 한편으로 여러분의 손에 붙잡혀 있으면서, 동시에 다른 한편으로 끊임없이 세상의 유혹에 의해 미끄러져 나가고 있지는 않은지 주의해 보십시오.

우리 모두는 본문의 "진리"가 정말로 우리 마음속에 있는지 살필 필요가 있습니다. 우리의 내적 본성은 새롭게 되는 것을 필요로 합니다. 그리고 우리의 생명이신 그리스도의 능력 외에 그 어떤 것도 우리의 영혼을 새롭게 할 수 없습니다. 우리는 벗었으며 더러움 가운데 있습니다. 그렇지만 그리스도 외에 그 누구도 우리를 깨끗하게 하고 옷을 입혀 줄 수 없습니다. 그를 계시하는 복된 진리는 우리에게 각각의 개별적인 믿음을 요구합니다. 만일 우리가 그를 믿는다면, 그는 우리의 영 안으로 들어오실 것이며 우리의 감정을 지배하시고 우리의 의지를 빚으실 것입니다. 그러면 우리는 그의 완전한 모양으로 변화될 것입니다. 그는 돌아온 탕자에게 누더기 옷을 벗기고 가장 좋은 예복을 입힘으로써 시작합니다. 그리고 자신을 따르는 자들이 깨끗하고 아름다운 흰 세마포 옷을 입고 하늘의 천군천사들 가운데 설 때까지 끝마치지 않습니다.

29
성령을 근심하게 하지 말라

"하나님의 성령을 근심하게 하지 말라
그 안에서 너희가 구원의 날까지 인치심을 받았느니라"
엡 4:30

기독교의 가장 큰 기적은 성육신입니다. 그것은 사슬의 한 고리에 불과한 것이 아니라, 새로운 시작이며 신적 권능의 우주적 질서 속으로 들어가는 입구입니다. 베들레헴과 골고다와 감람산의 귀결은 다락방과 오순절입니다. 거기에 그리스도의 모든 사역의 결말이 있는데, 그것은 사람의 마음속에 새로운 신적 생명을 심는 것입니다. 모든 기독교 세계가 오순절의 사실을 기념한다고 고백하고 있지만, 그러나 너무도 많은 사람들이 그것은 단지 영원한 실재의 일시적인 표적일 뿐임을 알지 못합니다. 강하고 급한 바람은 곧 잔잔해졌으며, 제자들의 머리 위에 임했던 불의 혀처럼 갈라지는 것들은 이내 사라졌습니다. 그러나 그 기적은 영원하며 모든 신자들의 경험 속에서 반복되는데, 그것은 하나님의 숨결이 그들의 삶 속으로 들어와 그들에게 불세례를 베풂으로써 그들의 모든 냉기(冷氣)를 녹이고 찌끼들을 태워버리는 것입니다. 본문은 우리 앞에 '신자들에 대한 성령의 영원한 역사'와 관련한 매우 주목할 만한 개념을 제시합니다. 그와 관련하여 우리는 여기에서 다음과 같은 네 가지를 발견할 수 있습니다. 첫째로, 놀라운 계시. 둘째로, 성령의 역사의 궁극적인 목적과 관련한 분명한 교훈. 셋째로, 성령의 역사를 훼방하는 것에 대한 엄중한 경고. 넷째로, 선한 행동을 고무하는 부드러운 동기. "하나님의 성령을 근심하게 하지 말라 그 안에서 너희가 구원의 날까지 인치심을 받았느니라."

이제 이러한 네 가지 개념을 차례대로 살펴보도록 합시다.

1. 첫째로, 놀라운 계시.

본문은 우리 모두를 놀라게 만듭니다. 만일 여러분이 무엇인가가 "근심"한다고 말한다면, 그것은 반드시 인격(人格)이어야만 합니다. 어떤 힘이나 능력은 근심하거나 슬퍼할 수 없습니다. 본문의 어법은 단순한 비유나 과장이 아닙니다. 그것은 성령과 관련한 신약의 전반적인 가르침의 범주 안에 굳게 자리를 지키고 있습니다. 왜냐하면 신약은 성령이 기쁨이나 슬픔 등의 인격적인 감정을 소유하는 것으로 분명하게 가르치기 때문입니다.

나는 여기에서 이러한 개념을 상술할 필요는 느끼지 않지만 그러나 그것을 힘주어 강조하고 싶습니다. 특별히 오늘날 많은 그리스도인들이 이 문제에 대해 너무도 흐릿하다는 사실을 감안할 때 더욱 그렇습니다. 또 여기에서 강조하고 싶은 것은 본문의 "근심"할 수 있는 인격적인 성령의 개념이 신약의 전반적인 가르침과 완전하게 조화된다는 사실입니다.

예수 그리스도께서 성령에 대해 "너희를 모든 진리 가운데로 인도하며 스스로 말하지 않고 오직 들은 것을 말하는 자"(요 16:13)로 언급할 때, 그것은 무엇을 의미하는 것이겠습니까? 또 사도행전에 보면 성령이 안디옥 교회의 신자들에게 "내가 불러 시키는 일을 위하여 바나바와 사울을 따로 세우라"(행 13:2)고 명령하는 것을 볼 수 있는데, 그것은 무엇을 의미하는 것이겠습니까? 또 바울은 사도행전에서 "오직 성령이 각 성에서 내게 증언하여 결박과 환난이 나를 기다린다 하시나"(20:23)라고 말하는데, 그것은 무엇을 의미하는 것이겠습니까? 또 목회자들이 세례의식을 거행하면서 "내가 성부와 성자와 성령의 이름으로 세례를 주노라"라고 말할 때, 그것은 무엇을 의미하는 것이겠습니까? 이와 같이 아버지와 아들과 성령이 하나로 묶인 이유는 무엇입니까? 매 예배 끝마다 "주 예수 그리스도의 은혜와 하나님의 사랑과 성령의 교통하심이 너희 무리와 함께 있을지어다"(고후 13:13)라고 축도하는 것은 무엇을 의미하는 것이겠습니까? 이것이 단지 신적 존재(Divine Person)와 사람(Man)과 힘(Influence)을 의미하는 것입니까? 신약의 가르침을 받아들이든 받아들이지 않든, 여러분은 그것을 폐할 수 없습니다. 여러분은 신약의 가르침으로부터 우리 구원의 작인(作因)이 세 분이면서 동시에 한 분이신 아버지와 아들과 성령이라는 사실을 지워버릴 수 없습니다.

사랑하는 성도 여러분, 만일 내가 오늘날의 평균적인 그리스도인들이 신적 본성과 관련하여 삼위일체(Trinity)가 아니라 이위일체(Duality)를 믿고 있다고 말한다면, 그것은 지나친 과장일까요? 지나치게 학술적인 논제로 흐르기를 바라지는 않지만, 그러나 나는 여기에서 기독교 사상이 대략적으로 어떻게 흘러왔는지에 대해 간략하게나마 이야기하고 싶습니다. 처음에 초대교회에서 신적 본성의 문제는 주로 영원한 말씀이 영원하신 아버지와 어떻게 관계되느냐, 또 성육신이 양자(영원한 말씀과 영원하신 아버지)와 어떻게 관계되느냐 하는 문제와 관련하여 제기되었습니다. 이 문제가 어느 정도 결말지어지자, 다음에는 그리스도의 본성 및 사역과 관련한 문제를 완전하고도 명확한 교리로 만들고자 하는 노력이 부각되었습니다. 그리고 그 다음에는 기독교회의 최고의 관심이 성령의 본성과 사역이라는 마지막 문제에 집중되게 되었습니다.

내가 보기에 지금 우리는 과거 어느 때보다도 하나님의 영과 관련한 문제에 관심이 집중되어 있는 것 같습니다. 여기에서 나는 여러분에게 한 가지 사실을 분명하게 일깨워주고 싶습니다. 그것은 설령 여러분의 믿음이 우리의 구원을 위해 십자가에서 죽으신 예수 그리스도의 사역에 분명하게 초점이 맞추어져 있다 할지라도, 만일 여러분이 성령에 대하여 그것이 힘과 바람과 불과 기름과 비둘기와 이슬일 뿐만 아니라 신적 인격(Divine Person)이라는 사실을 깨닫지 못한다면, 여러분의 믿음에는 분명한 결함이 있다는 사실입니다. 우리는 사도신경의 옛 신앙고백으로 돌아가야 합니다. "전능하사 천지를 만드신 하나님 아버지를 내가 믿사오며 … 그 외아들 우리 주 예수 그리스도를 믿사오니 … 성령을 믿사오며."

한 걸음 더 나아가 이러한 계시는 그와 함께 또 다른 사실을 가르쳐 줍니다. "하나님의 성령을 근심하게 하지 말라." 우리는 여기에서 성령이 근심할 수 있다는 사실을 보게 됩니다. 나는 이것이 수사학적인 과장법이라고 믿지 않습니다. 물론 우리는 하나님을 '영원히 복되신 하나님'으로 생각해야 합니다. 그러나 하나님과 관련하여 또 다른 측면이 있는데, 그것은 만일 사람이 하나님의 형상이라면 사람 안에 신적인 요소가 있다는 사실과 함께 하나님 안에도 인성(人性)의 요소가 있어야만 한다는 사실입니다. 우리의 경험으로 검증할 수 없는 문제를 지나치게 단언하는 것은 매우 위험하다는 사실을 나는 잘 압니다. 그럼에도 불구하고 하나님이 인간의 모든 약함을 초월한다는 교리가 하나님 안에 인성의 약한 부분이 있을 수 있다는 개념과 결코 상충되지 않는다고 나는 감히 생각합니다. 나는 이것을 감히 단언하지는 않습니다. 단지 그렇게 생각하며 그렇게 제안할 뿐입니다. "나를 본 자는 아버지도 보았느니라"라고 말한 분은 골짜기 너머 아침 햇살에 반짝이는 도성을 바라보며 눈물을 흘리시기도 하셨습니다. 여기에서 우리가 신적 마음(divine heart)의 장막이 걷히는 것을 볼 수 있다고 말한다면, 그것은 지나친 비약일까요? 사랑은 기쁨뿐만 아니라 슬픔에 있어서도 무한한 용량을 가집니다. 그러나 이 문제는 더 이상 나가지 않고 그대로 남겨두고자 합니다. 왜냐하면 너무도 지고(至高)한 부분이라서 함부로 건드리기가 조심스럽기 때문입니다.

2. 둘째로, 성령께서 사람의 마음속에 내주하시는 위대한 목적과 관련한 분명한 교훈.

우리는 그러한 교훈을 본문의 "성령"이라는 단어와 "너희가 그 안에서 구원의 날까지 인치심을 받았느니라"는 어구 안에서 발견할 수 있습니다. 이를 통해 우리는 성령이 이 땅에서 수행하는 위대한 사역은 사람들을 자신처럼 만드는 것이라는 사실을 배울 수 있습니다. 이러한 사실은 본문의

"인치심"의 상징에 의해 분명하게 확인됩니다. 왜냐하면 인(印)은 어떤 대상에 찍힘으로써 거기에 자신과 똑같은 모양을 남기기 때문입니다. 성령에 의해 인침을 받는다고 하는 위대한 개념 속에 함축되어 있는 것이 무엇이든지 간에, 그것은 하나님의 영이 우리 영에 실제적으로 접촉된다고 하는 사실과 필연적으로 연결됩니다. 하나님의 영이 우리의 영과 실제적으로 접촉되는 것은 예컨대 성령의 세례를 받는 것이나 혹은 기름부음을 받는 등의 다른 은유로도 표현됩니다.

이것이 영감(靈感, inspiration)과 관련하여 세상이 이제까지 알아왔던 다른 모든 관념들과 얼마나 다른지, 또 기독교회에 영향을 끼쳐온 많은 위대한 개념들과 얼마나 다른지 생각해 보시기 바랍니다. 사람들은 오늘날에는 어떤 기적도 없기 때문에 오늘날의 우리는 과거 기적이 있었던 때보다 훨씬 못한 때를 살고 있다고 말합니다. 오늘날 성령은 신유의 은사나 통변의 은사나 기타 오순절에 있었던 특이하며 일시적인 은사들을 주시기 위해 오시지 않습니다. 이러한 은사들이 주어졌을 때 그것은 목적에 대한 수단에 불과했으며, 비록 수단은 사라질지라도 목적은 계속 존속됩니다. 온갖 형태의 이적의 권능으로 충만한 것보다 목적이 이루어지는 것이 더 낫습니다. "귀신들이 너희에게 항복하는 것으로 기뻐하지 말고 너희 이름이 하늘에 기록된 것으로 기뻐하라"(눅 10:20). 목적 외에 나머지 모든 것들은 일시적인 것입니다. 그것들이 사라지면 그냥 사라지게 내버려 두십시오. 그것이 없다고 하여 우리가 더 궁핍해지는 것은 아무것도 없습니다. 방언도 사라지고 신유의 은사도 사라지고 이적을 행하는 특이한 능력도 사라지지만 그러나 사람들을 그 자신의 모양으로 빚어나가는 신적 능력의 역사는 영원히 계속됩니다.

기독교는 매우 윤리적입니다. 그것의 궁극적인 결과는 사람을 하나님의 모양으로 변화시키는 것입니다. 그리스도께서도 거룩(holiness)을 위하여 죽으셨으며, 성령께서도 거룩을 위하여 역사하십니다. 만일 우리 그리스도인들이 성령의 은사를 올바로 인식하지 못한 채 이러한 일시적인 은사들에 대해 과도한 의미를 부여한다면, 우리는 기독교의 중심적인 선물(혹은 은사, gift)과 복이 우리를 거룩하게 만드는 것(좀 더 쉬운 표현으로 바꾸면, 우리를 하나님처럼 선한 자로 만드는 것)이라는 사실을 이해하지 못할 것입니다. 그러나 바로 이것 즉 우리를 거룩하게 만드는 것이 성령의 가장 강력한 역사입니다.

3. 셋째로, 이러한 성령의 역사를 훼방하는 것에 대한 엄중한 경고.

이것은 불가항력적인 은혜(irresistible grace)의 개념과 대칭되는 개념입니다. 또 이것은 사람은 마치 토기장이의 손에 붙잡힌 진흙덩어리처럼 단지 수동적인 위치에 있을 뿐이며 그를 빗어나가는 다른 힘이 있다는 교리와도 대칭되는 개념입니다. 여러분은 성령이 없이는 거룩해지지 못할 것입니다. 동시에 성령과의 협동이 없을 때에도 마찬가지로 여러분은 거룩해지지 못할 것입니다. 여기에는 협동의 가능성도 있으며 저항의 가능성도 있습니다. 인간은 자유의지를 가지고 있습니다. 하나님은 어떤 사람의 머리채를 붙잡고 그의 의지와 상관없이 강제로 의의 길로 잡아끌지 않습니다. 그러나 이와 같이 협동의 필요성이 있음에도 불구하고(협동의 필요성이 있다는 것은 저항의 가능성도 있다는 사실을 포함합니다), 새 생명은 그 자체로 하나님의 선물이라는 사실을 우리는 또한 기억해야 합니다. 우리는 단지 우리의 다림줄의 추가 닿을 수 없는 거대한 대양의 한 모서리를 건드릴 뿐이라고 말하는 것은 결코 과장이 아닙니다. 신적인 것과 인간적인 것의 협동과 관련한 실마리를 우리는 우리의 기독교적 경험에서 뿐만 아니라 자연 세계에서도 발견합니다. 여러분은 일해야만 합니다. 그러나 여러분의 일은 대부분 여러분 스스로를 여러분에 대한 하나님의 일에 순복시키는 것으로 이루어집니다. "두렵고 떨림으로 너희 구원을 이루라 너희 안에서 행하시는 이는 하나님이시니 자기의 기쁘신 뜻을 위하여 너희에게 소원을 두고 행하게 하시나니"(빌 2:12, 13).

사랑하는 성도 여러분, 하나님은 그리스도인인 우리에게 달란트를 주셨습니다. 그것을 수건으로 싸서 땅 속에 묻어둘 것인지, 아니면 열심히 사용하여 많이 남길 것인지, 여부는 우리 자신에게 달려 있습니다. 만일 여러분이 그것을 수건으로 싸서 땅 속에 묻어둔다면, 여러분이 그것을 다시 찾아 "보소서 당신의 것을 가지셨나이다"(마 25:25)라고 말하고자 할 때 여러분은 그것이 그대로 있는 것이 아니라 일종의 휘발성 물질처럼 크게 작아져 있는 것을 발견하게 될 것입니다. 수건은 그대로 있지만, 달란트는 작아지고 사라졌습니다. 우리는 하나님과 협동해야 합니다. 그러나 동시에 우리는 저항할 수도 있습니다. 여기의 "성령을 근심하게" 하는 것보다 더 슬픈 단어가 같은 사도에 의해 다른 곳에서 사용되는데, 그것은 "성령을 소멸시키는" 것입니다.

그러면 무엇이 성령을 소멸시킵니까? 본문의 훈계에 이어지는 죄의 목록을 보십시오. 그것들은 모두 사소한 죄들입니다 — 악독, 노함, 분냄, 소란, 비방하는 것, 악의, 도둑질하는 것, 거짓말하는 것 등. 이것들은 이를테면 매우 "대수롭지 않은" 죄들입니다. 그렇지만 만일 여러분이 이것들을 여러분 마음속에 있는 성령의 불꽃 위에 쌓는다면, 그 불꽃은 곧 꺼지고 말 것입니다. 죄는 우리로 하여금 성령의 세미한 음성에 귀를 기울이게 하는 대신 성령의 권능으로부터 우리를 떼어놓습니다. 그리고 우리로 하여금 말씀과 섭리를 통한 성령의 교훈에 대해 눈멀게 만듭니다. 이러한 것들이 "하나님의 성령을 근심하게" 하는 것들입니다.

4. 넷째로, 우리로 하여금 죄를 멀리하고 의를 가까이 하도록 고무하는 부드러운 동기.

많은 사람들은 집에서 자신을 기다리고 있는 아내의 슬픈 얼굴을 떠올림으로써 죄를 피하곤 합니다. 많은 소년들은 고향에 있는 늙은 어머니의 얼굴을 떠올림으로써 온갖 유혹으로 가득 찬 맨체스터의 거리에서 자기 영혼을 대적하여 싸우는 청년의 죄를 피하곤 합니다. 우리는 그리스도인으로서 어떻게 행동해야 할지에 대하여 같은 동기(動機)를 끌어올 수 있습니다. "하나님의 성령을 근심하게 하지 말라." 아버지가 자녀에게 값비싼 선물을 주었을 때 만일 자녀가 그것을 소중하게 여기지 않고 아무 데나 내팽개쳐 둔다면, 그것을 보는 아버지는 마음의 아픔을 느낄 것입니다. 급류가 가까이 있는 줄도 모르고 태평하게 뱃놀이를 하고 있는 어떤 사람들을 생각해 보십시오. 개울가에서 그것을 바라보고 있던 친구가 위험을 경고하며 빨리 나오라고 소리를 칩니다. 그러나 그러한 자신의 애절한 음성이 무시될 때, 그는 큰 고통과 슬픔을 느낄 것입니다. 그와 같이 우리가 우리 자신의 길만을 고집하며 성령께서 위험을 경고하는 말씀을 무시하며, 우리에게 주어진 값진 선물들을 대수롭지 않게 여기며 내팽개쳐 둘 때, 성령은 자신의 권위가 손상되었기 때문이 아니라 자신의 사랑이 외면을 당하고 도움의 열망이 좌절된 것 때문에 고통과 슬픔을 느낍니다.

사랑하는 성도 여러분, 이와 같은 실질적인 동기는 의무나 양심이나 권리 따위의 모든 추상적인 것들보다 훨씬 더 강력합니다. 성경은 "이러이러하게 행하라 그리하면 너희는 너희를 부르신 자를 기쁘시게 할 것이라" 혹은 "이러이러한 일을 행하지 말라 그러면 나의 마음이 기쁠 것이라"라고 말합니다. 여러분과 나는 자신의 영을 우리에게 주신 그리스도를 근심하게 할 수 있습니다. 또 여러분과 나는 "우리 주님의 기쁨"에 무엇인가를 더할 수 있습니다.

30
하나님을 본받는 자

"그러므로 사랑을 받는 자녀 같이 너희는 하나님을 본받는 자가 되고"

엡 5:1

흠정역(KJV)은 본문을 "그러므로 사랑을 받는 자녀 같이 너희는 하나님을 **따르는 자**(followers of God)"가 되라고 번역합니다. 반면 개정역(Revised Version)은 "하나님을 **본받는 자**(imitators of God)가 되라"고 번역하는데, 이것이 흠정역보다 더 문자적일 뿐만 아니라 더 생생한 번역입니다(한글개역개정판은 '개정역'처럼 되어 있음). 성경에서 그리스도인이 하나님을 본받는 것과 관련한 표현이 등장하는 곳은 여기가 유일합니다. 이러한 표현이 오직 여기에만 특이하게 나타남에도 불구하고, 그러나 이러한 개념은 그리스도인의 성품 및 행실과 관련한 신약의 전체적인 가르침과 분명하게 연결됩니다. 하나님을 닮으며 그분과 같아지는 것은 우리의 의무의 총체입니다. 그리고 하나님을 닮고 그분과 같아지는 분량만큼 우리는 완전(perfection)에 가까워지게 될 것입니다. 이제 우리는 본문과 관련하여 두 가지 논점을 다루고자 하는데, 하나는 본문의 장엄한 명령이며("너희는 하나님을 본받는 자가 되라"), 또 하나는 마땅히 그렇게 해야 하는 동기입니다(왜냐하면 너희는 "사랑을 받는 하나님의 자녀"이기 때문에). 만일 우리가 하나님의 자녀라면, 우리는 마땅히 우리 아버지와 같아져야 합니다.

1. 첫째로, "하나님을 본받는 자가 되라"는 장엄한 명령.

이러한 명령이 매우 광범위하며 포괄적임에도 불구하고 그에 대한 바울의 개념은 매우 명확하고 분명합니다. 사람이 하나님과 같아질 수 있는 것은 오로지 하나의 특징에서 뿐입니다. 우리의 제한된 지식은 하나님의 완전한 지식과 같을 수 없습니다. 우리의 거룩함은 하나님의 거룩하심과 같을 수 없습니다. 왜냐하면 우리의 본성과 성품 속에는 신적 본성과 상응되지 않는 요소들이 많이 있기 때문입니다. 그러면 무엇이 남습니까? 사랑이 남습니다. 우리의 다른 은혜들은 그것이 발원한 하나님의 속성들과 같지 않습니다. 우리의 믿음(faith)은 하나님의 신실하심(faithfulness)과 같지 않습니다. 우리의 순종은 하나님의 권위와 같지 않습니다. 우리의 순복은 하나님의 주권과 같지 않습니다. 우리의 비움(emptiness)은 하나님의 충만(fulness)과 같지 않습니다. 우리의 열망들은 하나님이 그것을 기뻐하시는 것과 같지 않습니다. 그것들은 그것이 발원한 하나님의 속성들과 대응되지만 그러나 같지는 않습니다. 도리어 그것은 '같음'이 아니라 '다름'을 전제합니다. 요(凹)와 철(凸)이 대응하는 것은 서로 다르기 때문입니다. 만일 요(凹)가 철(凸)처럼 가운데가 볼록하다면 그것들은 서로 잘 맞지 않을 것입니다. 이와 마찬가지로 인간의 '다름'은 우리가 하나님과 대응하는 것이 가능하도록 만들어주는 특징입니다. 이와 같이 하나님과 우리 사이에는 무한한 간격이 있으며 따라서 우리 모두는 "주여 주와 같은 자 누구니이까?"라고 말해야만 합니다.

그럼에도 불구하고 우리는 한 가지와 관련하여 "너희는 하나님을 본받는 자가 되라"는 명령에 순종할 수 있습니다. 우리는 오직 사랑과 관련하여 하나님과 같아질 수 있습니다. 우리의 사랑은 하나님의 사랑과 대응할 뿐만 아니라 동일한 속성과 본질을 가지고 있습니다. 물론 그 범위와 정도와 열기에 있어서는 무한히 다르다 하더라도 말입니다. 풀잎에 매달린 작은 이슬방울은 태양과 똑같은 완전한 구체(球體)를 가집니다. 그리고 하늘이 끝에서 저 끝까지 걸친 거대한 무지개와 똑같은 색깔과 똑같은 아름다움을 가진 작은 무지개를 그 안에 담습니다. 풀잎에 매달린 이슬방울이 태양을 닮을 수 있는 것처럼, 우리는 하나님을 본받는 자가 될 수 있습니다. 가장 깊은 의미에서 우리를 하나님과 같게 만드는 것이 한 가지 있는데, 그것은 하나님의 생명이며 인간의 완전함인 사랑입니다.

문맥에서 바울이 우리가 본받아야 할 신적 사랑의 특성으로 제시하는 것이 어떤 것인지 주목하십시오. 하나님 같은 사랑(Godlike love)은 하나님이 그러셨던 것처럼 후히 주는 사랑일 것입니다. 모든 사랑의 본질적인 핵심이 무엇입니까? 그것은 그 대상과 같아지려는 열망일 것입니다. 가장 순수하고 심오한 사랑은 스스로를 나누어 주기를 열망하는 사랑인데, 이것이 바로 하나님의 사랑입니다. 성경은 하나님의 사랑 속에는 주는 속성뿐만 아니라 버리는 속성도 있다는 사실을 우리에게 가르쳐 줍니다. 왜냐하면 우리는 성경에서 "하나님이 자기 아들을 아끼지 아니하시고"라는 말씀을 보기 때문입니다. 이것은 하나님이 자기 아들에게 어떤 위해가 가해지는 것을 피하지 않으셨다는 의미가 아니라 자신을 위해 아들을 그냥 자기 옆에 붙잡아두지 않으셨다는 뜻입니다. "자기 아들을 아끼지 아니하시고 우리 모든 사람을 위하여 내주신 이가"(롬 8:32). 이와 같이 우리는 하나님 아버지의 입장에서의 내어줌에 대해 말할 수 있을 뿐만 아니라 동시에 아들이신 예수 그리스도가 스스로를 아끼지 아니하시고 우리를 위해 자신을 내어주셨다고 말할 수도 있습니다.

바로 이것이 우리를 위한 모범입니다. 이러한 개념은 현란한 수사학으로 화려하게 장식되기 위한 주제도 아니며, 감상적으로는 근사하지만 실제로는 실행 불가능한 주제로 다루어져서도 안 됩니다. 그것은 모든 그리스도인의 의무입니다. 만일 그들이 자신들을 사람들과 연결시키는 띠가 그들을 하나님과 연결시키는 띠와 본질적으로 동일한 띠임을 배우지 못한다면, 그들은 자신들의 의무를 이행하지 못할 것입니다. 또 만일 그들이 형제들의 유익을 위해 스스로를 순복시키는 가운데 "하나님을 본받는 자"가 되는 것을 배우지 못했다면, 그들은 올바른 삶을 살지 못한 것이 될 것입니다.

사랑하는 성도 여러분, 우리는 다음과 같은 사실을 결코 잊어서는 안 됩니다. 즉 만일 기독교적 사랑에 대한 우리의 감상적인 대화 속에 좀 더 많은 진정성이 들어 있다면, 그리고 그러한 사랑이 우리 그리스도인들의 삶 속에서 좀 더 자주 실천된다면, 세상은 교회가 형제 사랑에 대해 말할 때보다 덜 입술을 비쭉이게 될 것이라는 사실 말입니다.

여러분은 자신이 그리스도인 즉 하나님의 자녀라고 말합니다. 정말로 그렇다면, 여러분은 여러분 안에 하나님을 닮은 것이 있음을 나타냄으로써 그러한 사실을 증명해야 합니다.

이러한 사실은 우리를 또 하나의 논점으로 이끌어갑니다. 여기에서 바울은 하나님 같은 사랑은 곧 용서하는 사랑일 것이라는 새로운 개념을 강조합니다. 어째서 우리는 어떤 사람에 대해 우리가 어떻게 대해야 할 것인지를 결정함에 있어 항상 그를 기다려야만 합니까? 어째서 우리는 우리가 어떻게 행동해야 할지에 대한 결정권을 그에게 맡겨야 합니까? 산상수훈에 나타난 것처럼, 하나님은 악한 자들과 감사할 줄 모르는 자들에 대한 사랑도 가지고 계십니다. 그러므로 만일 우리가 모든 사람들에 대해 똑같은 마음으로 대하지 않는다면, 우리는 하나님을 본받는 자가 되지 못할 것입니다.

여러분은 편안하게 앉아 내 말을 들으며 맞는 말이라고 고개를 끄떡일 것입니다. 그렇다면 여러분은 그대로 행할 준비가 되어 있습니까? 어떤 사람이 여러분을 좋아하지 않거나 혹 여러분을 해하고자 할 때, 여러분은 어떻게 할 것입니까? 여러분은 어떻게 그를 대할 것입니까? "이같이 한즉 하늘에 계신 너희 아버지의 아들이 되리니 이는 하나님이 그 해를 악인과 선인에게 비추시며 비를 의로운 자와 불의한 자에게 내려주심이라"(마 5:45). "그러므로 사랑을 받는 자녀 같이 너희는 하나님을 본받는 자가 되라."

2. 둘째로, 그러한 명령을 위한 동기(動機)

오직 사랑을 받은 자만이 사랑을 베풀 것입니다. 스스로를 중심으로 삼는 우리의 자연적인 성향을 깨뜨리는 유일한 힘은 바로 그 중심에 스스로를 희생하는 완전한 사랑을 놓는 것입니다. 사람의 마음속에 사랑의 불을 붙이는 유일한 불꽃은 자신이 위로부터 임하는 충만한 빛 가운데 서 있음을, 다시 말해서 하나님이 자신을 사랑하셨음을 인식하는 것입니다. 우리의 마음은 마치 반사로(反射爐)와 같습니다. 우리 마음속에 신적 사랑의 불이 붙을 때, 온화한 열기가 사면으로부터 반사되어 다시 중앙의 불을 더 강렬하게 타오르게 만듭니다. 사랑은 사랑을 낳습니다. 만일 어떤 사람이 하나님을 사랑하면, 그 사랑의 불은 그것이 땅으로 향하든지 혹은 하늘로 향하든지 붉은 빛으로 작열하며 타오를 것입니다.

성경은 사랑을 둘로 나누지 않습니다. 한 쪽 덩어리는 하나님에 대한 사랑이고, 다른 한 쪽 덩어리는 사람에 대한 사랑이라는 식으로 말입니다. 도리어 둘을 하나의 동일한 사랑으로 간주합니다. 둘은 같은 감정과 같은 성질을 갖고 있으며, 그 마음과 생각의 태도 역시 같습니다. 단지 전자는 하늘을 향해 수직적으로 올라가는 반면, 후자는 수평적으로 펼쳐지는 것만 다를 뿐입니다. 둘은 서로 불가분리적으로 연결되어 있습니다.

자신이 하나님의 사랑을 받고 있다는 사실을 알 때, 그는 "하나님을 본받는 자"가 되도록 동기부여될 것입니다. 다시 말해서, 하나님을 실제적으로 본받는 것 기저에 자신이 하나님의 자녀라고 하는 인식이 있는 것입니다. 자녀가 아버지를 본받는 것은 자연스러운 일입니다. 아들이 자기 아버지를 본받지 않는 가정은 참으로 불행한 가정입니다. 그런 경우 십중팔구는 아버지의 잘못 때문입니다. 자신이 사랑을 받는 자녀임을 느끼는 아이들은 필연적으로 자신이 사랑하는 아버지를 자신의 본보기로 삼을 것입니다. 왜냐하면 그는 아버지가 자신을 사랑하는 것을 알기 때문입니다.

기독교는 다음과 같이 말하지 않습니다. "자! 스스로 애쓰고 수고하라. 스스로 훌륭한 성품을 만들기 위해 노력하라. 그리고 나서 하나님께 나오라. 그리고 여러분을 받으시도록 하나님께 기도하라." 이것은 말 앞에 마차를 매다는 꼴이며, 우리는 그 순서를 바꾸어야 합니다. 우리는 개인적으로 구원과 하나님의 사랑을 받는 것으로부터 시작해야 합니다. 그리고 나서 일하는 것으로 나아가야 합니다. 먼저 사랑받는 하나님의 자녀가 되십시오. 그러고 나서 그에 따라 일하며 살아가십시오. 만일 우리가 우리의 모든 삶의 영역에서 항상 우리의 의무를 행하고자 하면, 우리는 하나님이 우리를 사랑하신 그 사랑을 깨닫는 것으로부터 시작해야만 합니다. 우리는 먼저 스스로를 하나님의 사랑을 받는 자녀로서 확신해야 합니다. 오직 그럴 때 비로소 우리는 스스로를 사람들에게 사랑받는 자로 만들게 될 것입니다.

나일 강은 이집트의 평원을 범람하면서 그곳을 기름지게 만듭니다. 왜냐하면 수천 킬로미터 떨어진 적도 인근으로부터 녹은 눈이 흘러 평원을 채우기 때문입니다. 이와 같이 만일 우리가 삶의 현장에서 우리를 구속한 사랑을 전하는 삶을 살고자 한다면, 우리는 하나님이 우리를 사랑하셨다는 사실과 그리스도께서 우리를 위하여 죽으셨다는 사실을 굳게 붙잡아야 합니다.

그리스도 안에서 하나님의 사랑을 소유하고 있음을 스스로 확신하고 있는 어떤 사람을 생각해 보십시오. 그러나 만일 그 확신이 그로 하여금 하나님을 본받는 자가 되도록 이끌지 못한다면, 그의 믿음에는 뭔가 중요한 결함이 있는 것입니다. 사랑과 자비를 실천함에 있어 그리스도인들이 그리스도 없는 사람들보다 훨씬 더 뛰어나지 못하는 것은 참으로 부끄러운 일입니다. 나아가 만일 우리가 우리를 구속한 사랑을 홀로 부둥켜안고 있는 가운데 그것을 이웃과의 관계 속에 되살리려고 하지 않는다면, 그것은 더 부끄러운 일입니다. 이와 같은 그리스도인이 있다면, 그의 믿음은 심각하게 잘못된 믿음입니다. "보는 바 그 형제를 사랑하지 아니하는 자는 보지 못하는 바 하나님을 사랑할 수 없느니라"(요일 4:20).

이러한 원리를 여러분의 삶과 성품 속에 적용시키십시오. 그러면 여러분의 삶과 성품은 혁명적으로 변하게 될 것입니다.

31
빛의 자녀들은 어떻게 해야 하나?

"빛의 자녀들처럼 행하라"

엡 5:8

우리 주님은 제자들에게 빛의 자녀라는 위대한 이름을 지어주셨습니다. 아마도 지금 바울은 그러한 사실을 회상하면서 여기에서 똑같은 이름을 사용하고 있었을 것입니다. 그렇다면 이것은 우리가 지금 현존하는 복음서들에서 발견하는 것과 동일한 가르침들이 그것들이 기록되기 훨씬 이전에 이미 존재하고 있었음을 보여주는 중요한 암시가 될 것입니다. 예수 그리스도는 "빛을 믿으라 그리하면 너희가 빛의 아들이 되리라"라고 말씀하셨습니다(요 12:36). 바울이 본문 바로 앞에서 "너희가 전에는 어둠이더니 이제는 주 안에서 빛이라"라고 말할 때, 그는 예수 그리스도와 본질적으로 동일한 진리를 이야기한 것입니다.

마치 한 조각의 탄소막대가 전기와 접촉하는 동안 빛을 발하다가 그것과 떨어지는 순간 빛이 꺼지는 것처럼, 우리는 예수 그리스도와 연합됨으로써 빛을 발하게 됩니다. 우리는 그리스도를 믿음으로써 그리스도 안에 있게 되며, 그리스도 안에 있음으로써 빛의 자녀가 됩니다.

여기에서 바울이 빛의 자녀라는 위대한 이름을 사용하는 것은 그 이름에 담긴 존귀와 특권의 의미를 고양(高揚)시키기 위해서가 아니라 그것으로부터 분명하고도 엄중한 도덕적 의무와 거룩한 삶의 책임을 유추하기 위해서인데, 이러한 사실로부터 우리는 그의 강렬한 도덕적 열정을 보게 됩니다.

"빛의 자녀들처럼 행하라." — 너희의 가장 참되며 심오한 자아에 진실하라. 너희가 누구인지 분명히 하라. 너희의 내적 교제의 거룩한 비밀을 일상의 사소한 모든 삶 속에서 나타내라. 너희의 모든 생각이 실제적인 행동으로 승화되도록 하라. 그리고 그러한 모든 행동이 빛의 자녀라는 아름다운 이름에 담긴 위대한 진리와 접촉됨으로써 생명력을 얻도록 하라.

문맥에서 바울은 본문의 훈계를 몇 가지 방향으로 확장시킵니다. 이제 그것을 좀 더 자세히 살펴보도록 합시다.

1. 첫째로, 빛의 다양한 열매들을 주목하십시오.

본문을 원문대로 읽으면 이렇게 됩니다. "빛의 자녀들처럼 행하라 왜냐하면 빛의 열매는 모든 착함과 의로움과 진실함에 있기 때문이라." 흠정역에는 "빛의 열매" 대신 "성령의 열매"로 되어 있는데, 이것은 적절치 못한 번역입니다(walk as children of light: the fruit of the **Spirit** is in all goodness and righteousness and truth. 한글개역개정판에는 "빛의 열매"로 되어 있음). 여기의 문맥은 "성령의 열매"와는 아무 상관 없으며, "빛의 열매"로 읽을 때 앞뒤가 자연스럽게 연결되게 됩니다. 그러므로 "성령의 열매" 대신 "빛의 열매"로 읽는 것이 합당합니다.

빛 속에는 모든 종류의 "착함"(혹은 선함, goodness)을 꽃피게 하는 자연적인 힘이 있습니다. "열매"는 자연적이며, 조용하며, 특별한 노력이 들어가지 않는 성장을 전제합니다. 비록 이것이 악인(惡人)이 선인(善人)이 되는 과정에 대한 충분한 설명은 되지 못한다 할지라도, 그것은 모든 참된 도덕적 갱신의 필수불가결한 요소입니다. 그렇지 않으면 그것은 단순한 위선적인 꾸밈이나 혹은 피상적으로 외양(外樣)을 화려하게 장식하는 것에 불과합니다. 만일 우리가 선(good)을 행하고자 하면, 우리는 먼저 선해져야 합니다. 만일 우리로부터 의로움과 진실함 그리고 여타의 다른 선한 성품들이 나오고자 하면, 무엇보다도 먼저 우리에게 어둠으로부터 분리되어 빛 가운데 계신 예수 그리스도와 연합되는 근본적인 변화가 있어야만 합니다. 도덕적 갱신에 대한 바울의 이론은 여러분의 영 안에 모든 도덕적 선의 근원인 예수 그리스도가 심겨야 한다는 것입니다. 그러고 나서야 비로소 우리 존재 안에 생명의 힘이 내재하게 될 것이며, 그것으로부터 모든 형태의 순전하고 아름다운 것들이 자연스럽게 맺히게 될 것입니다. 물론 노력이 필요합니다. 그러나 노력에 앞서 예수 그리스도와의 연합이 선행되어야 합니다.

바울은 "빛의 자녀들처럼 행하라"는 본문의 명령이 매우 분명하고 명확한 의미를 갖는 것으로 간주합니다. 왜냐하면 만일 우리 안에 빛이 있다면, 그 빛은 자연스럽게 모든 형태의 아름다운 것들로 꽃피게 될 것이기 때문입니다. 열매를 맺는 조건은 빛입니다. 빛이 있는 곳에서 생명의 싹이 발아됩니다. 햇빛이 없으면 꽃도 없습니다. 어둠 속에서는 기껏해야 누렇게 뜬 가냘픈 싹만 나올 뿐입니다. 그러나 그곳에 빛을 비추어 보십시오. 그러면 누렇게 뜬 가냘픈 싹은 곧 생명력 넘치는 푸른 싹으로 변하면서 발아될 것입니다. 하물며 열매를 맺는 일에 있어서야 얼마나 더 그렇겠습니까? 모든 열매를 자라게 하는 것은 다름 아닌 바로 그 빛입니다.

나아가 우리를 하나님의 자녀와 그의 은혜에 참여하는 자로 만든 빛의 권능과 영광을 잘 나타내기 위해서는 '전반적인 온전함'(all-round completeness)이 있어야 한다는 사실을 주목하십시오. 빛의 열매는 "**모든** 착함과 의로움과 진실함에" 있습니다. 착함과 의로움과 진실함이라는 이러한 세 가지 측면은 학문적인 엄격한 구분은 아닐는지 모르지만 그러나 그것들은 명확하게 구분됩니다. 그 주된 개념이 친절한 선행과 미덕인 "착함"과, 좀 더 엄격한 공의의 은혜들을 지칭하는 "의로움"과, 자신의 참된 사실들과 일치되게 행동하는 것을 의미하는 "진실함"은 인간의 모든 영역의 탁월함을 망라합니다. 뿐만 아니라 바울은 **"모든"**이라는 짤막한 단어로 그것들을 한층 더 확장시킵니다.

우리 모두는 우리의 자연적인 성향과 일치되는 덕(德)을 계발하는 경향이 있습니다. 우리로부터 우리의 자연적인 성향과 일치하지 않는 형태의 착함이나 탁월함을 끌어내고자 할 때, 우리는 한층 더 넓은 마음을 가질 필요가 있습니다. 거의 대부분 남동풍이 부는 지역을 생각해 보십시오. 그 지역의 수풀이나 나무들은 모두 그 반대쪽 방향으로 기울어진 모습으로 자라게 될 것입니다. 이와 같이 우리 모두는 우리가 가장 쉽게 행할 수 있는 선행을 행하는 것으로, 혹은 우리의 기질과 성향에 적합한 선행을 행하는 것으로 만족하는 경향이 있습니다. 그러나 예수 그리스도는 우리가 '모든 면을 두루 갖춘 사람'(all-around man)이 되기를 원하십니다. 다시 말해서, 그분은 우리가 우리의 자연적인 성향과 비교적 멀리 떨어져 있는 종류의 탁월함도 소유하기를 바라십니다. 여러분은 강한 자입니까? 여러분은 자신의 강함을 자랑합니까? 온유함을 계발하십시오. 여러분은 부드러우며 다정함을 자랑합니까? 여러분의 성품 속에 무쇠의 성분을 더하십시오. 여러분의 자연적인 성향과 반대쪽에 있는 탁월함을 계발하십시오. 그리하여 "**모든** 착함과 의로움과 진실함"의 전반적인 면을 두루 갖춘 사람이 되기를 추구하십시오.

그러나 이러한 '전반적인 온전함'(all-round completeness)은 노력 없이는 결코 얻어지지 않는다는 사실을 기억하십시오. 이러한 것들이 빛의 열매인 것은 분명한 사실입니다. 그러나 그것들이 치열한 싸움과 투쟁의 전리품인 것 역시 똑같이 사실입니다. 어떤 사람도 전반적인 도덕적 탁월함에 도달하지 못할 것이며, 어떤 그리스도인도 전반적인 선인(善人)이 되지 못할 것입니다. 만일 그것을 자신의 일로 삼고 매일같이 자신에게 부족한 것들을 더 많이 소유하고자 의식적으로 부단히 노력하지 않는다면 말입니다. 저절로 얻는 것은 아무것도 없을 것입니다. 혹 있더라도 아주 작은 분량에 불과할 것입니다. 설령 여러분에게 빛이 비췬다 할지라도 그러나 만일 여러분이 적절한 노력을 기울이지 않는다면 여러분은 그 빛을 계속해서 붙잡고 있거나 유지하지 못할 것입니다. 그리스도께서 우리 마음속으로 들어오시지만 그러나 우리는 그분을 그곳으로 모셔들여야 합니다. 그리스도께서 우리 마음속에 거하시지만 그러나 우리는 그가 주시는 선물들을 우리의 본성 속에 실제적으로 구체화시켜야 합니다. 그러한 선물들은 우리의 결연한 노력의 행동이 없이는 아주 조금밖에는 자라지 못할 것입니다. "빛의 자녀들처럼 행하라." 여기에 여러분의 의무가 있습니다. 왜냐하면 "빛의 열매는 모든 의로움이기" 때문입니다. 어떤 이들은 본문의 명령을 마치 우리가 수동적인 태도를 취해야만 한다는 의미의 훈계로 이해할는지 모릅니다. 열매를 맺게 하는 능동적인 주체를 빛으로 생각하면서 말입니다. 그러나 바울은 항상 두 가지, 즉 신적 사역(divine working)과 그것을 받아들이고 보유하며 적용하는 인간의 노력을 결합시킵니다. "두렵고 떨림으로 너희 구원을 이루라 너희 안에서 행하시는 이는 하나님이시니"(빌 2:12, 13).

2. 둘째로, 본문의 일반적인 훈계는 계속해서 과연 그것이 주를 기쁘시게 하는 것인지 시험해 보라는 말씀으로 확장됩니다.

"주를 기쁘시게 할 것이 무엇인가 시험하여 보라"(10절). 헬라어의 자연적인 구문(構文)에 따를 때 "빛의 자녀들처럼 행하라"는 일반적인 명령이 구체적으로 적용되는 주된 방식이 바로 이것입니다. 만일 매일의 삶 속에서 순간순간 "이것이 그리스도를 기쁘시게 하는 것인가?"라는 기준을 적용한다면, 여러분은 계속해서 빛 가운데 행하게 될 것입니다. 그리고 이러한 기준이 올바르게 적용될 때, 여러분은 빛의 자녀들처럼 행하게 될 것입니다.

바로 이것이 기준입니다. 사람들이 인정하는 것이나 우리의 양심이 인정하는 것이나 혹은 우리를 둘러싼 세상의 일반적인 풍조가 인정하는 것이 문제가 아니라 오직 그리스도께서 인정하시는 여부가 문제입니다. 딱딱하고 메마른 율법이 우리를 사랑하시는 주님을 기쁘시게 하는 것으로 바뀔 때, 그것에 대한 우리의 태도는 얼마나 달라지겠습니까? 딱딱하고 메마른 의무가 예수 그리스도를 기쁘시게 하는 것으로 바뀌는 것은 얼마나 큰 축복입니까? 그럴 때 우리의 마음은 더욱 큰 기쁨으로 활력을 얻게 될 것입니다. 그리스도인들에게 있어 의무의 무거운 짐이 가볍게 되는 데에는 여러 가지 방법이 있습니다. 그러나 무거운 율법이 그리스도의 뜻으로 변화되어 그것을 행하는 것이 그를 기쁘시게 하는 것이 되기 때문에 우리가 그것을 행하고자 추구하는 것보다 더 강력한 것이 무엇이겠습니까?

만일 우리가 빛 가운데 행하고 있다면, 우리에게 있어 개별적인 행동들을 올바로 평가하는 것은 매우 쉬울 것입니다. 또 예수 그리스도와의 연합은 우리로 하여금 그의 뜻을 속히 분별하도록 만들어 줄 것입니다. 우리는 양심을 가지고 있습니다. 그러나 그것은 교육과 계몽과 고침과 바르게 함을 필요로 합니다. 우리는 하나님의 말씀을 가지고 있습니다. 그러나 그것은 설명과 우리의 마음에 의해 받아들여짐을 필요로 합니다. 만일 그리스도가 우리 안에 내주하고 계신다면, 그와 교제하는 분량만큼 우리는 그릇된 것으로부터 올바른 것을 분별하는 밝은 눈을 갖게 될 것입니다. 그리고 그럴 때 우리는 악에 대한 본능적인 꺼림과 선에 대한 본능적인 애정을 갖게 될 것입니다. 만일 우리가 주 안에 있다면, 우리는 무엇이 주 앞에 받으심직한 것이며 그를 기쁘시게 하는 것인지 어렵지 않게 알게 될 것입니다.

만일 우리가 크고 작은 모든 일을 그분께 맡기며 그 안에서 그를 기쁘시게 하는 것이 무엇인지 찾지 않는다면, 우리는 결코 빛의 자녀들처럼 행하지 못할 것입니다. 가장 작은 일도 가장 큰 원리 위에 세워질 수 있으며, 또 그렇게 되어야 합니다. 중력은 태양이나 행성들에 영향을 끼치는 것과 똑같이 가장 작은 모래알갱이에도 영향을 끼칩니다. 주를 기쁘시게 하는지 혹은 불쾌하게 하는지 시험할 수 없을 정도로 작고 보잘것없는 일은 존재하지 않습니다. 그리스도인들이 종종 행하는 잘못된 행동들은 대부분의 경우 그것이 너무도 사소한 일이기 때문에 이러한 기준을 적용하기에 적합하지 않다고 여기는 부주의함에 기인합니다. 부주의한 세관 직원은 종종 작은 부피라는 이유 때문에 밀수품을 놓치곤 합니다. 건초를 가득 실은 마차를 생각해 보십시오. 겉으로 볼 때 거기에는 아무런 문제도 없습니다. 그러나 그 속에 숨은 무장한 병사들에 의해 거대한 성이 함락된 이야기를 우리는 모두 알고 있습니다. 여러분은 성문 앞에 엄격한 검사관을 배치해 놓았습니까? 그리고 무엇이 성 안으로 들어오려고 할 때, 과연 그것이 주를 기쁘시게 하는 것인지 분명하게 시험하고 들어오도록 허용합니까?

3. 셋째로, 본문의 일반적인 명령은 어둠의 일에 참여하지 말라는 또 다른 훈계로 확장됩니다.

"너희는 열매 없는 어둠의 일에 참여하지 말고 도리어 책망하라"(11절). 우리는 여기의 말씀이 제시하는 것들을 충분히 고찰할 만한 시간은 갖고 있지 못합니다. 그러므로 간단하게만 설명하고자 합니다.

"열매 없는 어둠의 일들"이라고요? 그렇습니다. 어둠은 자신의 "일들"(works)을 가지고 있습니다. 그러나 그것들은 비록 "일"이기는 하지만 "열매"로 불릴 가치는 없습니다. 다시 말해서, 예수 그리스도와의 연합으로부터 흘러나오는 행동 외에는 그 어느 것도 인간의 본성에 상응하는 참된 열매가 되지 못하는 것입니다. 다른 행동들도 "일들"이 될 수 있습니다. 그러나 바울은 그러한 잡동사니들에다가 "열매"라는 이름을 붙임으로써 그 아름다운 단어의 가치를 훼손시키지 않습니다. 도리어 그는 그러한 것들에다가 "열매 없는 어둠의 일들"이라는 딱지를 붙입니다.

바울은 그러한 것들에 참여하지 말라고 말합니다. 그가 여기에서 말하고 있는 것은 '그리스도인들과 다른 사람들 사이의 관계'에 대한 것이 아니라 '그리스도인들과 어둠의 일들 사이의 관계'에 대한 것입니다. 오직 어둠의 일들과 접촉하는 것을 피하기 위해서만 여러분은 그것을 행하는 자들로부터 여러분 자신을 합당하게 단절시킬 수 있을 것입니다. 우리는 어쩔 수 없이 그런 사람들과 접촉할 수밖에 없는 환경에 처하기도 하며, 또 어떤 경우에는 그렇게 하는 것이 그리스도인의 마땅한 의무이기도 합니다. 그러나 오늘날의 세속화된 교회에 있어 본문의 "열매 없는 어둠의 일들에 참여하지 말라"는 훈계보다 더 절실한 훈계는 아무것도 없다고 나는 감히 생각합니다. "빛과 어둠이 어찌 사귀며"(고후 6:14). 우리는 오늘날의 소위 교회라 일컬어지는 곳에서 빛과 어둠이 사귀는 것을 너무나 많이 봅니다. "그리스도와 벨리알이 어찌 조화되며 믿는 자와 믿지 않는 자가 어찌 상관하리요 … 그러므로 너희는 그들 중에서 나와서 따로 있으라"(고후 6:15-17).

사랑하는 성도 여러분, "분리되어 따로 있는" 것이야말로 여러분의 빛이 어둠을 계속해서 책망하는 것이 된다는 사실을 기억하십시오. 본문은 "도리어 책망하라"고 말합니다. 이것은 모든 그리스도인들에게 부과된 일입니다. 의심의 여지 없이 이 일은 조용히 선을 행함으로써 악을 조용히 책망하는 것으로 행해져야 합니다. 어떤 설교자가 말한 것처럼, "한 사람의 성도의 존재는 자유로운 마귀의 궤계를 방해"합니다. 또 옛 신화에 보면 불타는 활을 들고 있는 아폴로가 뱀들과 용들에게 빛의 화살을 쏩니다. 빛의 자녀들도 같은 임무를 가지고 있습니다. 그들의 삶의 빛을 통해 어둠으로 하여금 스스로의 어둠을 깨닫고, 그것을 부끄럽게 여기면서, 빛으로 바뀌도록 하는 임무 말입니다.

그러나 조용한 책망이 우리의 의무의 전부가 아닙니다. 안타깝게도 기독교회는 자신의 의무를 다하지 못했습니다. 각 세대의 사회적 죄악들과 연결되었다는 측면에서 뿐만 아니라 그러한 것들에 대해 비겁하게 침묵을 지켰다는 측면에서 말입니다. 전쟁과 관련해서 교회는 어떻게 말했습니까? 부도덕한 것들에 대해 교회는 어떻게 말했습니까? 술 취하는 것에 대해 교회는 어떻게 말했습니까? 공동체를 위태롭게 하는 사회적 악행들에 대해 교회는 어떻게 말했습니까? 여러분은 빛의 자녀들입니까? 그렇다면 빛의 자녀들처럼 행하며 "열매 없는 어둠의 일들"에 참여하지 마십시오. 그러면서 동시에 여러분의 입술에 나팔을 대고, "백성에게 그들의 허물을 선포하며 이스라엘 집에 그들의 죄를 선포"하십시오.

32
빛의 열매

"빛의 열매는 모든 착함과 의로움과 진실함에 있느니라"

엡 5:9

앞에서 언급한 것처럼 본문의 번역과 관련해서는 개정역(Revised Version)이 흠정역(Authorized Version)보다 훨씬 더 낫습니다(개정역은 "빛의 열매"로 되어 있는 반면 흠정역은 "성령의 열매"로 되어 있음). 흠정역이 취한 고대 사본은 "빛"이 "열매"를 맺는다는 개념이 다소 어색하다고 느낀 어떤 사람에 의해 수정이 가해진 것으로 보입니다. 그렇게 하면서 아마도 그는 본문을 갈라디아서의 "성령의 열매"를 열거하는 구절과 대응시키고자 했던 것 같습니다(5:22, 23). 그러나 "빛의 열매"란 번역이 사본학적으로도 우월할 뿐만 아니라 전후 문맥과도 잘 조화됩니다.

바울은 본문 바로 앞에서 에베소의 형제들에게 "빛의 자녀들처럼 행하라"고 명령하고, 이어 그러한 명령을 좀 더 구체적으로 부연 설명하기에 앞서 본문을 마치 삽입구처럼 갑자기 끼워 넣습니다. 이를테면 그는 이렇게 말하고 있는 것입니다. "너희 안에 있는 빛을 따라 행하는 것이 너희 의무의 총체이며 너희 온전함의 조건이니라. 왜냐하면 빛의 열매는 모든 착함과 의로움과 진실함에 있기 때문이니라." 만일 우리가 여기의 "빛의 열매"를 "성령의 열매"로 대체시킨다면, 이와 같은 전후 연결관계는 완전히 깨어지게 될 것입니다. 왜냐하면 본문 앞뒤를 막론하고 전체 문맥은 삶 속에서 역사하는 빛에 대한 언급으로 가득 차 있기 때문입니다. 또 우리는 11절에서 "열매 없는 어둠의 일"이라는 표현을 보게 되는데, 이 역시 명백하게 본문을 되돌아보는 표현입니다.

그러므로 본 설교의 본문으로서 우리는 흠정역 대신 개정역의 "빛의 열매는 모든 착함과 의로움과 진실함에 있느니라"는 말씀을 취하고자 합니다(한글개역개정판은 개정역처럼 되어 있음).

1. 첫째로, 본문의 빛 앞에 정관사 "the"가 붙어 있는 사실을 주목하십시오.

지금까지 바울은 정관사 없이 그냥 "빛"(light)에 대해 이야기했습니다. 그러다가 지금은 정관사를 붙이면서 "그 빛"(the light)이라고 말합니다. 내가 보건대 이것은 단순한 우연이 아닙니다. 정관사 없이 그냥 "빛의 자녀들처럼 행하라"(walk as children of light)라고 했다면, 그것은 명확하게 규정되지 않은 훨씬 더 일반적인 표현이 되었을 것입니다. 반면 정관사를 포함한 "그 빛의 열매"(the fruit of the light)란 표현은 모든 빛이 흘러나오는 어떤 특정한 근원을 가리킵니다. 뿐만 아니라 본문 바로 앞의 "너희가 전에는 어둠이더니 이제는 주 안에서 빛이라"는 말씀을 주목하십시오. 이것은 분명 본문이 말하는 빛이 자연적인 빛이 아니라 그들의 어둠 속에 새로운 요소가 들어온 결과임을 함축합니다.

바울이 여기에서 예수 그리스도를 일컬어 "사람들의 빛", 특별히 그리스도인들의 빛이라고 말한 사도 요한의 심오한 가르침을 생각하고 있었다고 보는 것은 다소 무리가 있어 보입니다. 다만 내가 보기에 그는 사람을 복되게 하고 거룩하게 하는 그 빛은 방사(放射)되는 빛이 아니라, 하나의 중심점으로 모아지고 집중되는 그리고 그곳으로부터 사람들의 마음속으로 흘러나가는 빛이라고 단언하고 있는 것 같습니다. 다시 말해서, 바울은 여기에서 어떤 사람이 어둠이 되기를 그칠 수 있는 유일한 방법은 믿음으로 자신의 마음을 엶으로써 그 속으로 빛이 들어오도록 만드는 것이라고 분명하게 단언하고 있는 것입니다. 그 빛은 그리스도이며, 그가 없이는 어둠입니다.

물론 나는 예수 그리스도를 믿는 믿음과는 별도로 사람들의 마음속에 지식과 순수의 빛이 비췰 수 있음을 잘 알고 있습니다. 그러나 만일 우리가 성경의 가르침을 믿는다면, 이것 역시도 그리스도의 우주적인 사역으로부터 말미암는 것입니다. 그는 "세상에 와서 각 사람에게 비추는 빛"입니다(요 1:9). 양심이 있는 곳에, 판단력과 이성이 있는 곳에, 탁월함과 고귀함에 대한 열망이 있는 곳에 — 그곳에 나는 그리스도 자신으로부터 온 빛의 깜빡임이 있다고 굳게 믿습니다. 그러나 그 빛은 각 개인에게 넓게 방사(放射)되는 것과 마찬가지로 또한 어둠 속으로 스며들어가 그것과 더불어 싸웁니다. 물리적인 세계에서 빛과 어둠은 상호 배타적입니다. 둘은 결코 공존하지 못합니다. 그러나 영적 세계에서는 공존하는 것이 가능합니다. 계시와는 별도로 그리고 우리의 겸손한 믿음으로 예수 그리스도의 인격과 사역을 영접하는 것과는 별도로, 빛은 어둠과 싸우며 어둠은 빛이 들어오지 못하도록 완강하게 저항합니다. 그러나 그 빛이 마음속에 비췰 때 그 빛에 대해 마음 문을 닫는 것은 헛된 노력을 경주하는 것이며, 심판을 위한 재료를 쌓는 것입니다. 열매 맺는 빛은 우리 안에 계신 그리스도입니다. 만일 우리가 마음과 생각과 의지를 엶으로써 그 빛을 알고 소유하지 않는다면, 본문 앞에 나오는 엄중한 말씀이 그대로 우리에게 해당될 것입니다. "너희가 전에는 어둠이더니." 성도 여러분, 이어지는 말씀이 여러분에게 해당된다는 사실을 압니까? "이제는 주 안에서 빛이라." 오직 그리스도 안에 있을 때, 여러분은 참된 빛입니다.

2. 둘째로, 이러한 빛의 열매를 주목하십시오.

빛이 마치 나무처럼 자라고 꽃을 피우며 열매를 맺는다는 은유는 매우 강력한 힘을 갖는 은유입니다. 또 그러한 은유가 가지고 있는 부적합성은 — 왜냐하면 빛이 실제로 자라고 꽃을 피우며 열매를 맺는 것은 아니기 때문에 — 그것의 힘을 더욱 강력하게 만들어 줍니다. 열매는 성경에서 일반적으로 좋은 의미로 사용됩니다. 그것은 '생명의 힘의 자연적인 결과물'이란 개념을 내포합니다. 그러므로 우리가 열매를 맺는 빛에 대해 말할 때, 우리는 다음과 같은 위대한 기독교 개념을 제시하고 있는 것입니다. 즉 만일 우리가 선한 행동을 하기를 원한다면, 우리는 새로워진 성품을 가져야만 한다는 개념 말입니다. 바로 이것이 본문의 원리입니다. 빛은 그 안에 열매를 맺는 힘을 가지고 있습니다. 우리의 삶을 모든 아름답고 선한 것들로 꾸미는 참된 방법은 마음을 열고 예수 그리스도를 들어오게 하는 것입니다.

하나님의 방법은 먼저 새 생명을 받고, 그 다음에 더 나은 행동을 하는 것입니다. 사람의 방법은 "도덕성을 계발하고 정결함을 추구하며 선해지도록 노력하라"라는 것입니다. 그러나 우리의 양심과 경험은 그것이 무익한 노력임을 분명하게 가르쳐줍니다. 두 번째 자리에 와야 할 것으로 시작하는 것은 선후관계가 잘못된 것이며, 그것은 필경 실패로 끝날 것입니다. 집을 지음에 있어 먼저 지붕을 세우고 계속해서 아래쪽으로 지어나가는 사람은 지혜로운 사람이 아닙니다. 먼저 예수 그리스도의 생명을 주입(注入)하는 근본적인 변화가 없이 인간의 행동을 선하게 만들고자 시도하는 것은 지붕으로부터 집을 지어나가기 시작하는 것과 같습니다. 비슷한 방식으로 우리 중 많은 사람들은 말 앞에 마차를 매답니다. 우리 중 많은 사람들은 계속해서 그렇게 시도해왔으며, 그러한 시도는 항상 실패했고, 앞으로도 실패할 것입니다. 물론 여러분은 여러분의 성품을 고치는 일을 많이 할 수 있습니다. 또 여러분의 삶 속에 자연적으로는 그리고 노력 없이는 자라지 않는 많은 덕들을 이룰 수도 있습니다. 나는 사람들의 투쟁하며 노력하는 의지를 꺾어버리기를 원하지 않습니다. 또 사람들의 열망의 빛을 꺼뜨리는 것도 원하지 않습니다. 다만 내가 말하고자 하는 것은 자신의 나쁜 성품을 고치고자 시도하는 사람은 고작해야 피상적이며 단편적인 선 외에 아무것도 얻지 못하게 될 것이라는 것입니다. 왜냐하면 출발점이 잘못되었기 때문입니다.

그렇게 하는 대신 먼저 "나무를 좋게" 하십시오. 그러면 거기로부터 좋은 열매가 따를 것입니다. 그리스도를 여러분의 마음속에 모셔 들이십시오. 그러면 그로부터 모든 아름다운 것들이 자랄 것입니다. 그 빛이 예수 그리스도 자신이란 사실을 깨닫지 못하는 한 우리는 열매 맺는 빛의 올바른 기초에 도달하지 못할 것입니다. 그는 우리 안에서 그리고 우리에게 "지혜와 의와 구원과 구속"이 되십니다. 거울로부터 반사된 빛은 그 거울에 비친 바로 그 빛입니다. 마찬가지로 삶 속에서 그리스도인이 맺는 모든 아름다운 것들은 그들 안에 들어온 예수 그리스도의 생명의 능력의 결과물입니다. "그런즉 이제는 내가 사는 것이 아니요 오직 내 안에 그리스도께서 사시는 것이라" — 이것은 바울이 투쟁 속에서 선언한 것입니다. 그리고 보좌 앞에 온전하게 된 성도들은 자신들의 면류관을 그분 앞에 던지며 이렇게 말합니다. "우리의 이름이 아니라 오직 주의 이름이 영광을 받으소서." 달란트는 주의 것이지만 그러나 그것을 쓰는 것은 종의 몫입니다. 그러므로 하나님이 정하신 올바른 순서는, 먼저 빛이 들어오고, 그 다음에 그것으로부터 선한 행동이 흘러나오는 것입니다.

또한 이러한 원리가 그리스도인의 삶에 있어 노력이 갖는 올바른 위치를 어떻게 분명하게 설정해 주는지 주목하십시오. 주된 노력은 빛으로 하여금 우리 안으로 들어오도록 하는 것이어야 합니다. "내 안에 거하라 나도 너희 안에 거하리라"(요 15:4). 오직 이럴 때에만 열매가 맺힐 것입니다.

나아가 이런 노력은 우리 존재의 모든 영역으로 확장되어야 합니다. 그럼으로써 이리저리 흔들리는 생각들을 굳게 하고, 요란한 바람들(wishes)을 잠잠케 하며, 세상적인 사랑들로 가득 찬 마음을 비우게 하며, 덧없는 생각들로 채워진 마음을 깨끗하게 해야 합니다. 그럼으로써 우리의 생각이 예수 그리스도를 향해 굳게 세워지며, 마음은 사랑의 띠로 그에게 결박되며, 의지는 "주여 말씀하옵소서 주의 종이 듣겠나이다"라고 말하면서 견고해지며, 본성은 그 위에 그리고 그 안에 굳게 뿌리를 박도록 하기 위해 말입니다. 사랑하는 성도 여러분, 만일 우리가 이 모든 것이 "내 안에 거하라"는 명령을 향해 나아가는 것임을 이해한다면, 우리는 그리스도인의 노력이 필요한 부분을 이해하게 될 것입니다.

그러나 이것이 전부가 아닙니다. 왜냐하면 그 빛의 열매를 맺는 능력을 소유하고 더 나아가 그것이 실제적인 행동으로 승화되도록 하기 위한 노력이 있어야만 하기 때문입니다. 여러분의 믿음에 부지런함을 더하십시오. "그런즉 사랑하는 자들아 이 약속을 가진 우리는 하나님을 두려워하는 가운데서 거룩함을 온전히 이루어 육과 영의 온갖 더러운 것에서 자신을 깨끗하게 하자"(고후 7:1). 우리는 "죄 사함"과 "열납됨"을 위해 그리스도를 의지해야 하는 것처럼 "거룩함"과 "온전함"을 위해서도 그를 의지해야 한다는 말을 종종 듣습니다. 이 말은 사실이지만 그러나 사실이 아닙니다. 우리는 "거룩함"과 "온전함"을 위해 그리스도를 의지해야 합니다. 그러나 그러한 것들을 위해 그를 의지하는 믿음은 노력을 대체하는 것이 아니라 노력의 기초입니다. 우리가 모든 악으로부터 우리를 깨끗하게 하는 그의 능력을 더 많이 의지할수록, 우리는 모든 악으로부터 우리 스스로를 깨끗하게 하기 위해 더 많은 노력을 하게 될 것입니다. 그의 능력 안에서 그리고 그를 의지하는 가운데 말입니다. 그리고 그럴 때 우리는 그의 내주하심의 자연적인 결과인 "빛의 열매"를 맺게 될 것입니다.

3. 셋째로, 여기에서 바울이 열거하는 구체적인 열매들을 주목하십시오.

바울은 빛의 열매가 "모든 착함과 의로움과 진실함에 있다"고 말합니다. 여기의 착함(혹은 선함 goodness)은 좁은 의미로 사용된 것으로 보입니다. 그가 로마서의 다음 구절에서와 같이 "의"와 비교할 때 사용했던 것처럼 말입니다. "의인(righteous man)을 위하여 죽는 자가 쉽지 않고 선인(good man)을 위하여 용감히 죽는 자가 혹 있거니와"(롬 5:7). 이와 같이 본문의 "착함"은 모든 형태의 덕스러운 행동을 포괄하는 일반적인 표현이 아니라 로마서에서처럼 친절함이나 온화함 등과 같은 특정한 덕을 의미합니다. 또 여기의 "의로움"(righteousness)은 의무를 엄격하게 지키며 모든 사람에게 "그들에게 속한 것"을 기꺼이 주기를 바라는 것입니다. 한편 "진실함"(truth)은 오류의 반대 개념인 지적인 진리(intellectual truth)라기보다는 외식과 반대되는 성실함입니다.

착함과 의로움과 진실함이라는 이러한 세 가지 형태의 덕들은 서로 분리되기 쉽습니다. 예를 들어 친절함, 온화함, 온유함 등을 함축하는 첫 번째 덕은 너무나 부드러운 나머지 의(義)의 개념을 잃어버리기 쉽습니다. 따라서 그것은 다른 덕들로 보충될 필요가 있습니다. 마치 물을 고형(固形)으로 만들기 위해 석회를 보충하는 것처럼 말입니다. 한편 의로움은 지나치게 딱딱하고 강고(強固)하게 되기 쉽습니다. 따라서 그것은 착함을 보충함으로써 좀 더 인간적이며 매력적인 것이 될 필요가 있습니다. 바위는 그 자체의 모습으로는 너무도 딱딱하며 강고합니다. 좀 더 아름답고 포근한 것이 되고자 하면 그것은 자신을 덮을 푸른 초목을 필요로 합니다. 이와 같이 진실함은 착함과 의로움을 필요로 하며, 착함과 의로움은 진실함을 필요로 합니다. "큰 소리로 말하는 것"을 자랑하는 어떤 사람을 상상해 보십시오. 그는 다른 사람들에게 무례하며 진실하지 못한 사람이라는 느낌을 주기 쉽습니다. 또 진실한 사람은 딱딱한 사람이라는 인상을 줄 수 있으며, 의로운 사람은 위선적이며 진실하지 못한 사람이라는 인상을 줄 수 있습니다. 따라서 바울은 "이러한 빛으로 하여금 너희 성품의 프리즘 안에서 착함과 의로움과 진실함의 삼중의 광선으로 펼쳐지게 하라"고 말합니다.

나아가 바울은 우리가 "모든 착함과 의로움과 진실함"의 전반적인 온전함(all-round perfection)을 계발하도록 노력하기를 열망합니다. 우리 모두는 각자 자신의 자연적인 성향과 일치하는 덕을 계발하는 경향이 있습니다. 우리 모두는 마치 토르소와 같습니다(torso: 머리와 손발은 없이 몸통만 있는 조각상). 단편적이며 일면적입니다. 마치 담벼락에 붙어서 자라는 나무처럼 혹은 한쪽으로만 부는 바람에 노출된 나무처럼 말입니다. 우리는 우리 자신의 자연적인 성향과 일치되는 쪽의 덕뿐 아니라 그것과 일치되지 않는 쪽의 덕들도 계발하도록 노력해야 합니다. 만일 여러분이 착함의 성향으로 기울어져 있다면, 의로움의 성품을 계발하도록 노력하십시오. 또 의로움의 성향으로 기울어져 있다면, 다른 쪽의 성품을 계발하도록 노력하십시오. 하나의 빛은 모든 색깔들로 뚫고 들어갑니다. 초록색의 풀밭 속으로, 가지각색의 꽃들 속으로, 화염처럼 붉게 타오르는 아침 하늘

속으로, 푸른색의 바다 속으로 말입니다. 그와 마찬가지로 우리 안에 있는 빛도 "사랑 받을 만하며 칭찬 받을 만한 모든 것들" 속으로 펼쳐져야 하며 또 그러한 것들로 나타나야 합니다(빌 4:8).

그러므로 사랑하는 성도 여러분, 우리 모두를 시험하는 것이 바로 여기에 있습니다. 경건한 감정, 정통적인 교리, 선행과 봉사를 위한 실제적인 노력 — 이것들은 모두 너무도 좋은 것들입니다. 그러나 예수 그리스도는 우리를 그 자신처럼 만들기 위해 그리고 우리의 어둠을 빛으로 바꾸기 위해 오셨습니다. 만일 우리에게 어느 정도 그리스도의 모양을 닮은 것이 없다면, 우리는 스스로를 그리스도의 제자라고 부를 권리를 갖지 못합니다.

또 여기에 우리 모두를 위한 소망의 메시지가 있습니다. 우리는 오랜 세월 우리의 연약한 성품을 정결하게 하고 또 고치기 위해 계속해서 노력해 왔습니다. 오랜 세월의 수고에 비해 그 결과는 얼마나 보잘것없는 것이었습니까? 백만 개의 초로도 밤을 낮으로 만들 수 없습니다. 그러나 아침의 찬란한 태양이 지평선 위에 떠오르면, 짐승들은 자기 굴로 돌아가고 새들은 노래하기 시작하며 꽃잎들은 다시금 활짝 열리기 시작하며 모든 생명은 새롭게 자라기 시작합니다. 우리는 고작 부분적으로 혹은 피상적으로밖에는 우리 자신을 고칠 수 없습니다. 그러나 우리는 그분이 들어오시도록 믿음으로 우리의 의지와 마음과 생각을 열 수 있습니다. 그러면 그가 들어오실 것이며, 그는 그곳에 살고 있는 그리고 어둠을 사랑하는 악한 짐승들을 죽이실 것입니다. 그러면 모든 은혜로운 것들이 아름답게 꽃필 것입니다. 만일 우리가 그리스도 안에 있으면, 우리는 빛일 것입니다. 그리고 만일 빛이신 주께서 우리 안에 계시면, 우리 역시도 "모든 착함과 의로움과 진실함"의 열매를 맺을 것입니다.

33
그리스도를 기쁘시게 하는 것

"주를 기쁘시게 할 것이 무엇인가 시험하여 보라"

엡 5:10

Proving what is acceptable unto the Lord

(KJV: 주께 받으심 직한 것이 무엇인가 시험하여 보라).

본문은 8절의 "빛의 자녀들처럼 행하라"는 말씀과 직접적으로 연결됨과 동시에 그것이 이루어지는 방식을 설명해줍니다. 빛의 자녀로서 자신들의 의무에 착념하는 자들은 자신들의 행동을 자신들이 속한 빛에 일치시키고자 노력하게 됩니다. 또한 그들은 그렇게 함에 있어 "주께서 기쁘시게 받으시는" 것이 무엇인지 찾습니다. 바로 이것이 모든 기독교적 의무의 총체이며, 기독교적 행동과 삶의 전체적인 개요입니다.

우리는 먼저 본문에서 다음과 같은 두 가지를 주목할 필요가 있습니다. 하나는 흠정역의 "받으심 직한"(acceptable)이란 번역보다 개정역(Revised Version)의 "기쁘시게 하는"(well-pleasing)이란 번역이 훨씬 더 정확할 뿐만 아니라 더 강력한 의미를 전달한다는 사실입니다(한글개역개정판은 개정역처럼 되어 있음). 또 하나는 여기의 "주"가 신약의 대부분의 경우와 마찬가지로 예수 그리스도를 의미한다는 사실입니다. 신약에서 "주"로 표현된 것은, 문맥이 엄격하게 금하는 경우를 제외하고는 항상 예수 그리스도를 의미하는데, 여기의 경우도 마찬가지입니다. 왜냐하면 본문 바로 앞에서 바울은 "전에는 어둠이었다가 이제는 주 안에서 빛"이 된 자들에 대해 말하고 있는데(8절), 여기에서의 "주" 역시 분명 예수 그리스도를 의미하는 것이기 때문입니다.

그러므로 여기에서 우리는 그리스도를 기쁘시게 하는 것이 그리스도인의 최고의 의무라는 사실과, 빛 가운데 행하기 위해 따라야 할 유일한 명령이 그리스도를 기쁘시게 하는 것을 행하는 것이라는 사실을 발견하게 됩니다.

1. 첫째로, 본문의 짧막한 명령 속에서 우리는 그리스도인에 부응하는 합당한 태도를 보게 됩니다.

바울이 여기에서, 우리의 행동이 예수 그리스도를 기쁘시게 할 수도 있고 불쾌하게 만들 수도 있다고 말하는 것은 얼마나 놀라운 사실입니까? 우리는 종종 우리가 사랑했던 죽은 자들이 우리가 행하는 일들을 인지(認知)하는지에 대해, 그리고 우리의 기쁨이나 불쾌함 같은 감정들이 그들에게 전달될 수 있는지에 대해 궁금해합니다. 그러나 이러한 의문은 많은 부분 흐릿함 속에 남겨질 수밖에 없습니다. 비록 우리의 마음이 그 답을 알고자 갈급한다 하더라도 말입니다. 그러나 다음과 같은 사실만큼은 우리가 분명히 압니다. 즉 우리가 사랑하는 주님은 그의 전능하신 신성(神性)에 의해서 뿐만 아니라 그의 완전한 인성(人性)의 영원한 지식과 사랑에 의해 이 땅에서 그를 따르는 자들의 행동을 인지하기도 할 뿐만 아니라 또한 그것에 의해 영향을 받으시기도 한다는 사실 말입니다. 예수 그리스도는 지금 죽은 자들이 있는 어떤 모호한 영역에 계신 것이 아니라 우리 모두의 곁에 가까이 계십니다. 그렇기 때문에 그는 우리의 모든 행동과 생각을 인지하는 가운데 그것들로 인해 기쁨을 가질 수도 있고 불쾌함을 가질 수도 있습니다. 그러므로 이 땅에서 우리와 주님 사이의 관계에 부합하는 유일한 태도는 우리의 최고의 목표가 "그런즉 우리는 몸으로 있든지 떠나든지 주를 기쁘시게 하는 자가 되기를 힘쓰노라"가 되는 것입니다(고후 5:9). 본문의 "주를 기쁘시게 할 것이 무엇인지 시험하여 보라"는 요구는 주님께 대한 우리의 현재적 관계에만 근거하는 것이 아니라 우리의 현재적 관계가 근거하는 과거의 사실들에까지 거슬러 올라갑니다. 그가 우리를 위해 행하신 일을 생각해 보십시오. 그에 대한 우리의 합당한 반응은 우리의 마음속에서, 그리고 우리 삶의 가장 넓은 영역 속에서 우리가 그를 절대적인 주님으로 높이며 그를 기쁘시게 하는 것을 우리의 최고의 율법으로 삼는 것입니다. 예수 그리스도는 왕이십니다. 왜냐하면 그는 구속자이기 때문입니다. 그가 우리를 위해 행하신 일에 대한 우리의 합당한 반응은 우리가 스스로를 그에게 절대적으로 순복시키며 "주여 진실로 나는 주의 종이로소이다 주께서 종의 멍에를 풀어주셨나이다"라고 말하는 것입니다. 그의 십자가와 수난에 대해 우리가 보답할 수 있는 유일한 것은 그의 뜻을 우리의 뜻 위에 두며, 그를 우리의 본성 전체를 통치하는 절대적인 군주로 모셔 들이는 것입니다. 우리의 생각과 감정과 계획과 노력과 기타 모든 것들이 그분을 왕으로 모셔 들여야 합니다. 왜냐하면 그가 우리를 위해 죽으셨기 때문입니다. 또 우리의 재판장이요 구속자이신 예수 그리스도에 대한 우리의 관계에 부응하는 합당한 행동은 그의 뜻과 그를 기쁘시게 하는 것을 우리의 유일한 율법으로 삼는 것입니다.

그리스도인이 된다는 의미는 그리스도 전체를 주신 것에 대한 보답으로 나의 자아 전체를 그분께 드리는 것입니다. "너희는 나를 불러 주여 주여 하면서도 어찌하여 내가 말하는 것을 행하지 아니하느냐"(눅 6:46). 그가 정말로 우리의 구주와 주님이십니까? 정말로 그렇다면, 우리는 쇠 멍에보다 더 강한 사랑의 멍에에 결박될 것입니다. 그것은 자아를 부인하고, 그만을 최고로 그리고 영원히 섬기는 멍에이며, 그를 기쁘시게 하는 것을 우리의 최고의 율법으로 삼는 멍에입니다.

2. 둘째로, 본문에 실제적인 삶을 위한 완전한 지침이 나타나는 것을 주목하십시오.

"예수 그리스도를 기쁘시게 하기 위해 모든 것을 행하라"는 명령은 매우 신비적이며 모호하게 들립니다. 그것은 매우 포괄적이며, 어떤 행동을 규정함에 있어 단순한 표피 이상의 깊은 중심까지 뚫고 들어간다는 의미에서 신비적입니다. 그러나 그것은 모호하지 않습니다. 그것은 모든 사람의 삶의 모든 부분과 모든 행동 속에서 즉각적으로 적용될 수 있습니다.

예수 그리스도를 기쁘시게 하는 것은 무엇일까요? 그것은 그 자신의 모양입니다. 모든 잡티가 제거된 끓는 쇳물 속에 자신의 얼굴이 비칠 때, 대장장이가 기뻐하는 것처럼 말입니다. 예수 그리스도는 우리가 자신과 온전히 같아지는 것을 가장 바라십니다. 그의 형상을 지니는 것이나 그와 같아지는 것이나 공히 그리스도인의 의무의 총체를 표현하는 것입니다. 둘은 동일한 것을 의미합니다.

그러면 우리의 최고의 의무이며 최고의 지혜인 '예수 그리스도와 같아지는 것' 은 무엇입니까? 우리는 그것을 다음과 같은 두 가지로 제시할 수 있습니다. 첫째로 자기를 억제하는 것과, 둘째로 하나님의 뜻에 계속해서 의식적으로 순종하는 것. 우리는 성경에 짤막하게 기록된 예수 그리스도의 생애 속에 인간의 삶의 이상(理想)과 그것을 위한 올바른 지침이 들어있음을 발견할 수 있습니다. 그것은 그가 이 땅의 모든 다양한 경험들을 다 통과했기 때문이 아닙니다. 실제로 그는 그렇게 하지 않으셨습니다. 1,900년 전의 한 유대인의 삶은 오늘날 맨체스터의 상인이나 대학교수나 변호사나 가정주부의 삶과 완전히 달랐습니다. 그의 삶의 범위는 당시의 시간과 공간에 제한됩니다. 그러나 그의 제한된 범위의 삶 속에 인간의 모든 완전함의 기초가 다음과 같이 두 가지로 제시됩니다. 첫째로 자기를 높이는 것을 절대적으로 부인하는 것과, 둘째로 부단히 하나님의 뜻을 좇는 것. 모든 그리스도인들은 그리스도의 십자가의 능력으로 이러한 두 가지를 자신들의 구체적인 상황 속에 적용시켜야 할 의무를 가집니다. 학생은 학교에서, 선원은 배에서, 광부는 탄광에서, 상인은 상점에서, 일꾼은 일터에서 예수 그리스도를 기쁘시게 하는 일을 행해야 합니다. 그렇게 하기 위해 그들은 자신을 십자가에 못 박고 하나님과 교제해야 합니다.

이것은 쉽지 않습니다. 또 매우 모호하다는 반론에 부딪힙니다. 그렇지만 계속해서 시도해 보십시오. 그러면 여러분은 그것이 결코 모호한 것이 아니라는 사실을 발견하게 될 것입니다. 그것은 우리의 모든 다양한 삶의 상황 속으로 깊이 뚫고 들어갈 것입니다. 만일 그것 즉 "그리스도를 기쁘시게 하는 일을 행하기 위해 자신을 십자가에 못 박고 하나님과 교제하는 것"이 어떤 결함을 가지고 있는 것처럼 보인다면(실제로 그것은 어떤 결함도 가지고 있지 않습니다), 그것은 그것이 단지 인간 본성 자체에만 지나치게 엄격하게 부과되었기 때문입니다. 그러나 만일 우리가 우리를 도우시는 그분을 의지한다면, 그것의 엄격함은 그렇게 지나친 것이 되지 않을 것입니다. 그럴 때 불가능한 이상(理想)은 언젠가 스스로 성취될 것에 대한 확실한 예언이 될 것입니다.

그러므로 성도 여러분, 우리는 본문의 명령 속에서 우리의 삶을 인도할 완전한 지침을 발견합니다. 그렇지만 그것은 본문의 명령이 모든 종류의 세세한 행동들을 규제하는 수많은 지침들로 우리를 괴롭게 만든다는 의미에서가 아닙니다. 그렇게 하는 것은 옛 랍비들의 무익한 궤변으로 되돌아가는 것입니다. 다만 우리가 여기에서 우리 삶을 위한 완전한 지침을 발견하는 것은 본문의 명령이 모든 형태의 아름다운 열매를 맺게 만들어주는 넓은 원리들을 제공해주기 때문입니다. 그 마음속에 다음과 같은 생각을 가지고 있는 사람은 자신의 삶을 세상이 덕(德)이라고 부르는 아름다운 것들로 채우기 위해 다른 지침을 필요로 하지 않습니다. 즉 덕(德)이란 다름 아닌 예수 그리스도를 기쁘시게 하는 것이며, 선(善)의 구체적인 형태는 그를 닮는 것이며, 그를 닮는 두 가지 요소는 첫째로 자신을 부인하고, 둘째로 하나님의 뜻을 따르는 것이라고 생각하는 사람 말입니다.

또 본문의 명령이 우리에게 충분한 지침이 되는 것은 그것의 광범위한 포괄성 때문만이 아니라 각각의 순간에 예수 그리스도를 기쁘시게 하는 것이 무엇인지 분별하는 것이 결코 어렵지 않다는 사실 때문이기도 합니다. 물론 본문의 명령은 그 안에 모든 실제적인 지침이나 해결책들을 포함하고 있지 않습니다. 그러나 이런 것들과는 별개로 우리의 행동이 옳은 것인지 그른 것인지와 관련하여 만일 어떤 사람이 예수 그리스도의 뜻을 알기를 원한다면, 그리고 그것을 앎에 있어 그분이 정한 방식을 취한다면,

그는 결코 어둠 가운데 있지 아니하고 생명의 빛을 얻게 될 것이라고 나는 굳게 믿습니다.

우리 모두가 아는 것처럼 사랑은 이상한 힘을 가지고 있습니다. 만일 우리가 예수 그리스도와 일치된 마음을 품는다면, 우리는 그가 바라보는 대로 바라볼 것이며 그가 기뻐하는 것이 무엇인지 알지 못하도록 방치되지 않을 것입니다. 만일 우리가 예수 그리스도를 가까이 하면, 우리는 옛 시편 기자의 노래처럼 그의 눈빛만으로도 그가 무엇을 기뻐하는지 알 수 있을 것입니다. "내가 너를 내 눈으로 인도하리로다"(시 32:8, I will guide thee with mine eye. 한글개역개정판에는 "내가 너를 주목하여 훈계하리로다"라고 되어 있음). 채찍으로 때리거나 고삐를 잡아끄는 방식으로 밖에는 주인의 뜻을 이해하지 못하는 것은 오직 짐승의 본성일 뿐입니다. 서로 사랑하며 이해한다면 눈빛만으로도 충분합니다. 같은 음으로 조율된 두 악기를 생각해 보십시오. 두 악기는 서로 동조(同調)하며 조화로운 음을 낼 것입니다. 그와 마찬가지로 이 땅에서 예수 그리스도를 사랑하며 그와 일치된 마음을 가진 자들은 그의 뜻을 알게 될 것이며 그로부터 오는 음악에 함께 동조(同調)할 것입니다.

만일 우리의 최고의 바람이 예수 그리스도를 기쁘시게 하는 것이 무엇인지 아는 것이라면, 그 바람은 결코 헛되지 않을 것입니다. "사람이 하나님의 뜻을 행하려 하면 이 교훈이 하나님께로부터 왔는지 내가 스스로 말함인지 알리라"(요 7:17). 우리가 이것을 행하는 것이 옳은지 혹은 그른지 알지 못하여 혼란에 빠지는 경우를 생각해 보십시오. 아마도 그러한 경우의 십중팔구는 우리 안에 그의 뜻을 행하고자 하는 바람이 없는 사실에 기인할 것입니다. 만일 우리에게 그러한 바람이 있다면, 우리는 그와 같은 혼란에 빠지지 않을 것입니다.

설령 우리가 때로 그리스도가 기뻐하는 것에 대해 실수를 범한다 할지라도, 만일 그러한 실수 가운데 우리가 최고로 바라는 것이 그를 기쁘시게 하는 것을 행하는 것이라면, 우리는 그가 우리의 그러한 행동을 기쁘게 받으실 것을 확신할 수 있습니다. 설령 그러한 행동의 겉모양은 그의 뜻과 맞지 않는다 할지라도 그것의 속 내용은 그의 뜻과 합치될 것입니다. 또 우리가 어떤 그릇된 일을 행했다고 생각해 보십시오. 그 일 자체는 그리스도를 기쁘게 하는 것이 되지 못할 것입니다. 그러나 만일 우리가 그를 기쁘시게 하기 위해 그 일을 행했다면, 그렇지 않으면 그를 기쁘시게 하지 못했을 바로 그 일을 통해 우리는 그를 기쁘시게 할 것입니다. 예를 들어, 서로 반대 입장에서 논쟁을 벌이고 있는 두 명의 그리스도인을 생각해 보십시오. 만일 그들이 그리스도를 위해 논쟁을 벌이고 있는 것이라면, 그들 모두 그를 기쁘시게 하는 것이 될 수 있습니다. 마찬가지로 심문을 하는 자와 심문을 받는 자가 공히 그리스도를 섬기는 것이 될 수 있습니다. 어쨌든 우리가 그를 기쁘시게 하기를 바랄 때마다, 그는 우리를 도와 그렇게 행하도록 할 것이란 사실을 잊지 마십시오. 그리고 그렇게 함에 있어 그는 대체로 자신이 기뻐하는 길을 알게 하심을 통해 그렇게 합니다.

3. 셋째로, 여기에 기독교적 삶을 위한 가장 강력한 동기가 나타나는 것을 주목하십시오.

다른 모든 삶의 지침들에 결여되어 있는 한 가지는 실천으로 이끄는 강력한 동기(動機)의 힘입니다. 그러나 우리 모두는 "그것을 행하라 왜냐하면 그것은 나를 기쁘게 하는 것이기 때문이니라"는 훈계 속에 담긴 동기보다 더 강력한 동기는 어디에도 없다는 사실을 압니다. 이것은 예수 그리스도께서 실제로 말씀하신 바로 그대로입니다. 단순히 강단의 화려한 수사에 불과한 것이 결코 아닙니다. 그것은 기독교적 도덕성의 최고의 개념이며, 신약의 도덕성에다가 다른 모든 것들을 능가하는 최고의 가치를 부여하는 독특한 특성입니다. 여기 안에는 다른 모든 것들보다 훨씬 더 위대하며 고상한 교훈들이 있습니다. 여기 안에 있는 덕(德)에 대한 관점은 세상의 다른 관점들과 완전히 다릅니다. 그리고 여기 안에는 그것에 순종하도록 이끄는 강력한 동기가 있으며, 이것이 그리스도의 윤리학의 독특성입니다.

바로 여기에 기독교의 탁월성이 있습니다. 사람에게 "그것을 행하라 왜냐하면 그것이 옳기 때문이니라"라고 말하는 것은 참으로 냉랭하며 초라한 명령입니다. 또 사람에게 "그것을 행하라 왜냐하면 그렇게 하는 것이 유리하기 때문이니라"라고 말하는 것은 더 힘이 약한 말입니다. 또 어떤 사람은 이렇게 말합니다. "그것을 행하라 왜냐하면 그렇게 하는 것이 결과적으로 행복으로 인도하는 것이기 때문이니라." 이 모든 말들은 "스스로를 아끼지 아니하시고 너희를 위해 자신을 주신 예수 그리스도를 기쁘시게 하기 위해 그것을 행하라"고 말하는 것과 완전히 다릅니다. 이것은 쇠를 녹이는 불입니다. 이것은 딱딱한 물질을 유연하게 변화시키는 열입니다. 이것은 의무를 기쁨으로 만드는 동기입니다. 이것은 "험한 곳을 평탄하게 하며 굽은 것을 곧게 펴는" 동기입니다. 이것은 자연적인 기호(嗜好)를 폐하지 않습니다. 이것은 자연적인 꺼림을 억압하지 않습니다. 그렇게 하는 대신 내키지 않는 마음을 부드럽게 순화시키며, 냉랭한 의무감을 따뜻한 햇볕으로 덮습니다. 마치 아침햇살이 눈 덮인 산정(山頂)을 포근하게 덮는 것처럼 말입니다. 사람을 진정으로 움직이는 유일한 동기는 예수 그리스도를 기쁘시게 하는 것입니다.

그러므로 우리는 여기에서 축복의 비밀을 발견합니다. 왜냐하면 자기 순복과 자기 억제 자체가 축복이기 때문입니다. 우리의 불행은 우리 자신의 감각체계로부터 오는 것보다 훨씬 더 많이 우리 자신의 멍에 메지 않은 의지로부터 옵니다. 그것은 우리가 우리에게 괴로움을 가져다주는 섭리들을 받아들이지 않기 때문입니다. 그것은 우리가 우리를 무겁게 만드는 명령들을 받아들이지 않기 때문입니다. 하나님의 의지에 의해 활성화되는 의지 외에는 어떤 의지도 갖지 않는 사람들은 축복의 비밀을 발견한 것이며, 참된 안식에 들어온 것입니다. 우리가 이러한 상태에 가까이 다가가는 분량만큼, 우리의 의지는 강화되며 우리의 마음은 평안을 얻을 것입니다.

또 참된 축복은 주인의 인정(認定)으로부터 오는데, 바로 이것이 종이 추구하는 목표입니다. 그리고 이러한 인정은 장차 하늘에서 온전한 인정이 나타날 때를 가리킵니다.

나는 얼마 전 동방 지역에서 일어났던 어떤 종교 지도자에 대한 이야기를 읽었습니다. 그는 사회에 큰 반향을 일으켰으며, 많은 추종자들이 그를 따랐습니다. 그러나 얼마 뒤 그와 그의 수제자는 체포되어 교수형에 처해지게 되었습니다. 그들은 교수대에 매달렸으며, 그 앞에 총을 든 병사들이 도열해 있었습니다. 그들이 거기 매달렸을 때, 수제자는 스승에게 몸을 돌려 물었습니다. "선생님, 선생님은 저와 함께 만족하십니까?" 스승의 대답은 조용한 웃음이었습니다. 그리고 다음 순간 총알이 그의 심장을 관통했습니다.

사랑하는 성도 여러분, 우리 주 예수 그리스도께 몸을 돌려 같은 질문을 던져 보십시오. "주여, 주님은 저와 함께 만족하십니까?" 그러면 여러분은 그가 여러분을 향해 조용히 웃는 것을 보게 될 것입니다. 그리고 훗날 이렇게 말씀하실 것입니다. "잘 하였도다 착하고 충성된 종아."

34
열매 없는 어둠의 일

"너희는 열매 없는 어둠의 일에 참여하지 말고 도리어 책망하라"

엡 5:11

우리는 앞 설교에서 "빛의 열매"가 모든 종류의 착함과 의로움과 진실함으로 이루어지는 전반적인 온전함(comprehensive perfection)임을 살펴보았습니다. 그러므로 "빛의 자녀들처럼 행하라"는 명령은 모든 기독교적 도덕성을 요약하는 총괄적인 명령입니다. 여기에 어떤 명령을 더할 필요가 있습니까? 그렇습니다. 왜냐하면 그리스도인들은 진공의 세계에서 살고 있지 않기 때문입니다. 만일 그들 주위에 어떤 악도 없다면, 또 그들 안에 어떤 악의 성향도 없다면, 단순히 "너희가 가지고 있는 빛에 진실하라"라고 말하는 것으로 충분할 것입니다. 그러나 앞의 두 가지가 모두 사실이기 때문에 거기에 더하여 본문의 명령이 필요한 것입니다. 우리는 **진공 속에서** 행하지 않습니다. 따라서 우리는 주변의 상황과의 마찰을 고려해야만 합니다. 그러므로 "빛의 자녀들처럼 행하는" 것의 본질적인 부분은 "어둠의 일"과 마주칠 때 어떻게 행동해야 할지를 아는 것입니다.

이들 에베소의 그리스도인들은 온갖 부도덕한 것들로 얼룩진 사회 속에서 살고 있었습니다. 그 중앙에 아데미 신전이 있었는데, 그것은 그들 도시의 자랑이면서 동시에 수치였습니다. 세상 밖으로 나가지 않는 한, 그들이 악한 것들과 아무런 관계도 맺지 않는 것은 불가능한 일이었습니다. 그러나 순종하는 것이 어렵다고 하여 순종의 의무가 없어지는 것도 아니며 그것의 엄격함이 완화되는 것도 아닙니다. 이러한 사실은 그들과 마찬가지로 오늘날 우리들에게도 똑같이 사실입니다. 믿음을 고백하는 그리스도인들이 본문의 명령을 기꺼이 순종할 때, 무기력한 교회들에 새 생명의 바람이 불 것입니다.

1. 첫째로, 어둠의 일들이 열매 없는 것임을 주목하십시오.

나는 앞 설교에서 바울이 "일"(works)과 "열매"(fruit)를 명확하게 구분한 것을 지적한 바 있는데, 그러한 구분은 본문에서도 매우 두드러지게 나타납니다. 모든 일이 다 열매를 맺는 것은 아닙니다. 열매를 맺지 못하는 일도 있습니다. 하나님이 보시기에 아무런 결과도 없는 행동들이 얼마든지 있을 수 있다는 사실은 정말로 두려운 일입니다. 여러 페이지에 걸쳐 오랜 시간 수고하며 계산을 했는데 모든 것을 합쳐보니 영(zero)이 되었다면, 그것은 얼마나 허무한 일입니까? 바닷모래로부터 실을 잣는 일에 열중하다가 책망을 받은 옛 요정들의 이야기를 생각해 보십시오. 그들은 매우 바쁘게 수고했지만, 모든 것을 결산했을 때 그들의 결과는 영(zero)이었습니다.

지금 우리에게 이러한 개념을 자세히 살펴볼 시간은 없지만 그러나 간략하게라도 살피고 지나가고자 합니다.

하나님 없는 모든 삶은 열매 없는 삶입니다. 왜냐하면 그 안에 영원한 결과가 없기 때문입니다. 물론 사람이 행하는 모든 일에는 영원한 결과가 따릅니다. 왜냐하면 우리가 행하는 모든 행동들이 우리의 성품을 만들기 때문입니다. 그리고 그러한 모든 행동들은 지금 세상과 다음 세상에서의 우리의 운명을 결정함에 있어 나름대로 크고 작은 분깃을 갖습니다. 우리의 가장 사소한 행동들조차도 우리 위에 영원한 흔적을 남깁니다. 이와 같이 우리의 모든 행동들은 영원한 열매를 맺을 수도 있고 아무 결과를 맺지 못하는 덧없는 것이 될 수도 있습니다. 그 차이는 그것이 어떤 정신(spirit) 위에서 행해지느냐 하는데 달려 있습니다. 그 뿌리가 단지 흙 표면에만 내려져 있을 뿐인 어떤 식물을 생각해 보십시오. 흙이 조금만 소실돼도 그 식물은 곧 죽을 것입니다. 영원으로 뻗어나가는 생명은 그 뿌리가 흙의 표면을 뚫고 깊은 데까지 내려가야 합니다. 그 뿌리가 하나님을 둘러싸며 뒤엉킬 때, 그 식물로부터 영원히 시들지 않는 꽃이 필 것입니다.

빈손으로 하나님 앞에 나아가 다음과 같이 말하는 사람들을 생각해 보십시오. “주여, 나는 맨체스터에 살면서 큰돈을 벌었나이다. 그러나 그것을 모두 버려 두고 이렇게 빈손으로 왔나이다” 혹은 “나는 과학을 연구했나이다. 그런데 영원의 빛의 한 섬광이 그것을 모두 쓸모없는 것으로 만들어버렸나이다” 혹은 “나는 상을 많이 받았으며 나의 목표를 이루었나이다. 그런데 그것들이 모두 내 손으로부터 떨어져 나갔으며 나는 지금 빈손으로 여기 섰나이다.” 그런가 하면 또 한 사람이 있습니다. 그는 주 안에서 죽었으며, 그가 행한 모든 일들이 그를 따릅니다. 긴 항해 길을 통해 외국으로 수출되는 포도주를 생각해 보십시오. 모든 포도주가 긴 항해시간을 견디는 것은 아닙니다. 어떤 포도주는 대양을 건너는 동안 맛있게 익는가 하면 어떤 포도주는 시큼하게 변질됩니다. 어둠의 일들이 열매 없는 것인 것은 그것이 영원한 것이 아니기 때문입니다.

또 그것이 열매 없는 것인 까닭은 그것이 아무런 실제적인 만족도 주지 못하기 때문입니다. 바울은 다른 곳에서 이렇게 말합니다. “너희가 그 때에 무슨 열매를 얻었느냐 이제는 너희가 그 일을 부끄러워하나니”(롬 6:21). “너희가 그 때에 무슨 열매를 얻었느냐”란 질문에 대한 대답은 “아무 열매도 얻지 못했나이다”입니다. 물론 사람들이 선보다 악을 더 사랑하기 때문에 악을 행하는 것은 사실입니다. 또 인류의 불행이 그들이 참된 만족에 대한 열망을 갖지 않기 때문이라는 것도 사실입니다. 반면 자신의 마음과 생각을 하나님으로 채우지 않는 자들은 그들이 행하거나 소유하는 것 안에서 안식을 얻지 못하는 것 역시 사실입니다. 이따금씩 느끼는 양심의 괴로움, 자신들이 허망한 겉치레 속에 행하고 있다는 어렴풋한 인식, 막연한 불안, 자신들의 실제적인 상태와 직면하는 것에 대한 두려움 — 이 모든 것들이 하나님 없이 살아가는 사람들의 상태입니다. 이들의 메마른 입술을 적셔줄 실제적인 열매는 없습니다. 가장 작은 사람이라도 유한한 것으로 만족하기에는 너무 큽니다. 인간의 마음은 마치 산중턱에 있는 좁은 구멍 같습니다. 너무나 좁아서 물 한 컵으로도 충분히 채울 수 있을 것처럼 보입니다. 그러나 그 구멍은 계속해서 아래로 내려가 심연까지 다다르며, 아무리 많은 물로도 채워지지 않습니다. 오직 하나님만이 목마른 심령에 참된 열매를 가져다주실 수 있습니다.

하나님 없는 삶이 열매 없는 삶임을 보여주는 또 하나의 예화가 있습니다. 술에 취해 비틀거리며 빈민가를 어슬렁거리는 가장 육신적이며 저급한 파렴치한을 생각해 보십시오. 그러한 사람일지라도 종교적 묵상의 희열과 거룩한 것에 대한 열정을 가질 수 있습니다. 물론 이것은 매우 극단적인 경우이기는 하지만 그러나 그 원리는 결코 극단적이지 않습니다. 그러나 어쨌든 사람이 하나님과 단절되어 행하는 이러한 일들이 — 설령 그것이 세상이 보기에 아무리 화려하고 고상하며 빛나는 것처럼 보이며 또 사람들의 입으로부터 칭송을 받는 것이라 할지라도 — 정말로 합당한 열매로 불릴 가치가 있는 것들일까요? "내가 내 포도원을 위하여 행한 것 외에 무엇을 더할 것이 있으랴 내가 좋은 포도 맺기를 기다렸거늘 들포도를 맺음은 어찌 됨인고"(사 5:4).

2. 둘째로, 그리스도인들이 어둠의 일에 참여하지 말아야 함을 주목하십시오.

"너희는 열매 없는 어둠의 일들과 **교제**하지 말고"(Have no **fellowship** with the unfruitful works of darkness. 한글개역개정판에는 "너희는 열매 없는 어둠의 일에 **참여**하지 말고"로 되어 있음). 본문은 어둠의 일들을 마치 선한 자들이 피해야 할 부류의 사람들로 의인화하는 것처럼 보입니다. 그렇게 본다면 본문의 훈계는 "너희의 개인적인 삶 속에서 사람이 행할 수 있는 악한 일들과 아무런 관계도 맺지 말라"는 의미가 될 것입니다. 그러나 나는 바울이 그것과는 다소 다른 의도를 가지고 있었으며, 만일 "have no fellowship with"가 다른 표현으로 대체되었다면 아마도 본문은 훨씬 더 정확한 번역이 되었을 것이라고 생각합니다. 본래의 표현은

"다른 사람들과 어둠의 일에 협동하지 말라"는 의미를 가진 것이었을 것입니다. 다시 말해서, 바울은 여기의 그리스도인들을 사회의 구성원으로 간주하면서 그들에게 주변에 횡행하는 악들과 관련된 행동에 동참하지 말 것을 훈계하고 있었던 것입니다(한글개역개정판 역시 이와 같이 번역되었음). 이와 같이 본문의 훈계는 세상의 관점으로 볼 때는 특별히 문제될 것이 없지만 그러나 빛과는 상반되는 일들을 가까이하지 말라는 것입니다.

그리스도인들이 어둠의 일들을 가까이하지 말아야 하는 것은 두말할 필요 없는 분명한 사실입니다. 마귀가 악한 행습을 오랫동안 붙잡고 있는 것을 생각해 보십시오. 그렇게 됨에 있어 그리스도인들과 기독교회가 이 문제에 대해 확고하지 못했던 것보다 더 큰 역할을 한 것은 아무것도 없을 것입니다. 오랜 세월 동안 노예제도가 계속해서 유지되어 온 것은 무엇 때문입니까? 많은 그리스도인들이 그것이 하나님이 정한 제도라고 엄숙하게 선언한 것에 크게 기인하지 않습니까? 오랜 세월 계속해서 전쟁이 있어 온 것은 무엇 때문입니까? 많은 성직자들이 전쟁의 깃발을 하나님의 이름으로 축복했던 것에 크게 기인하지 않습니까? 아이들에게 과거 뛰어난 전사(戰士)의 이름으로 세례명을 지어주고, 대포와 군함을 축복하면서 적군을 산산이 부수어달라고 기원했기 때문이 아닙니까? 온갖 부도덕과 술 취함과 불공정 거래 등 우리 사회를 물들이고 있는 각종 악들이 계속해서 존속하는 것은 무엇 때문입니까? 우리 그리스도인들이 그것들과 뒤엉켜 있는 것에 크게 기인하지 않습니까? 그리스도인들만이라도 이러한 것들에 연루되는 것으로부터 손을 떨어버린다면, 그러한 것들은 결코 존속될 수 없을 것입니다. 우리 그리스도인들은 집합적인 행동에 대한 개별적인 책임을 결코 간과해서는 안 됩니다.

이와 같이 사회의 악에 동참하는 것이 복음과 교회 자체에 얼마나 치명적인 영향을 끼치는지 주목하십시오. 심지어 행악자의 무리조차도 자신들과 함께 하는 그리스도인들을 경멸합니다. 형제처럼 함께 어울리는 동안에도 말입니다. 교회가 로마제국의 박해와 이교도들의 미신과 세상의 철학에 대해 승리를 거둔 것은 무엇 때문이었습니까? 기독교의 승리에 대해 역사학자들은 나름대로 몇 가지 이유를 제시합니다. 그러나 나는 그 가운데서도 교회가 선포한 사랑과 평안의 복음만큼 강력했던 것이 교회가 세상에 제시한 엄격한 도덕적 표준이었다고 굳게 믿습니다. 그리스도인들이 "나는 주를 경외하므르 그렇게 행하지 않겠노라"라고 말할 때, 나는 교회가 실제적인 힘을 얻고 또 존경을 받게 될 것이라고 확신합니다. 낮은 수준의 도덕성은 결코 영광스러운 기독교를 낳지 못할 것입니다. 그러므로 성도 여러분, 청교도라는 옛 이름을 부끄러워하지 마십시오. 무지한 사람들은 그 단어를 냉소적으로 사용하지만, 실제로 그 단어야말로 가장 영광스러운 단어입니다. "너희는 열매 없는 어둠의 일에 참여하지 말고."

여기에서 세상의 일들에 참여하는 것을 삼가는 것과 관련하여 한 가지 조심할 것이 있습니다. 사회의 악으로부터 멀찌감치 떨어져 있다고 느낄 때, 자칫 우리는 "주여 우리가 불을 명하여 하늘로부터 내려 저들을 멸하라 하기를 원하시나이까"라고 말하는 보아너게의 정신에 빠질 우려가 있습니다(눅 9:54). 그러나 온유함을 잃어버린 채 단순한 혈기와 기분에 따라 그리고 자기 의를 과시하며 그렇게 말할 때, 우리의 메시지는 약화될 것이며, 세상은 우리에 대해 "우리가 예수도 알고 바울도 알거니와 너희는 누구냐"라고 말할 권리를 갖게 될 것입니다(행 19:15). "거역하는 자를 온유함으로 훈계할지니 혹 하나님이 그들에게 회개함을 주사 진리를 알게 하실까 하며"(딤후 2:25).

3. 셋째로, 한 걸음 더 나아가 그리스도인들이 어둠의 일에 대해 단호하게 항거해야 함을 주목하십시오.

어둠의 일에 참여하지 않는 것에서 한 걸음 더 나아간 것이 그에 대해 단호하게 항거하는 것인데, 이러한 개념은 흠정역 역본에 분명하게 나타나지 않습니다. 본문에 "책망하라"라고 번역된 단어는 우리 주님께서 보혜사가 오셔서 "죄에 대하여 세상을 책망하시리라"라고 말씀하셨을 때 사용하셨던 단어와 동일한 단어입니다(요 16:8). 그러므로 그것은 단순한 책망을 의미하는 것이 아니라 '각성을 일으키는 책망'을 의미하는 것입니다.

이와 같이 모든 그리스도인들은 어둠의 일에 대해 단호하게 항거해야 합니다. 단순히 가까이하지 않는 것만으로는 충분하지 않습니다. 의심의 여지 없이 어둠을 책망하는 최고의 방법은 빛을 비추는 것입니다. 우리의 거룩함은 죄의 추악함을 책망할 것이며, 우리의 빛은 어둠의 가려진 것들을 드러낼 것입니다. 그리스도인들이 세상의 악과 싸움에 있어 가장 강력한 무기는 기독교적 삶을 나타내는 것입니다. 그러나 그것이 전부는 아닙니다. 만일 그리스도인들이 세상에 만연한 악들과 관련하여 단순히 그런 것들로부터 스스로를 삼가며 더 나은 모범을 나타내는 것으로 자신들의 모든 의무를 다했다고 생각한다면, 그들은 자신들의 의무 가운데 매우 중요한 한 부분을 아직도 알지 못하고 있는 것입니다. 벙어리 교회는 죽어가는 교회입니다. 예수 그리스도가 우리를 세상에 보낸 것은 우리로 하여금 세상에 기독교적 원리들을 제시하도록 하기 위함입니다. 그러므로 양심에 의해 이러저러하게 말하도록 부름받을 때, 우리는 그렇게 말하기를 두려워해서는 안 됩니다.

여기에서 두세 가지의 매우 중요한 원리를 살펴보도록 합시다. 한 가지는 이것입니다. 즉 말해야만 하는 한 가지 이유는, 악은 악하다는 바로 그 이유 때문에 사람들이 그에 대해 말하기를 부끄러워 한다는 사실입니다. 문맥을 좀 더 세밀하게 살펴보십시오. 본문 다음 구절에서 바울은 어둠의 일을 책망하라고 명령하는 이유를 이렇게 제시합니다. "그들이 은밀히 행하는 것들은 말하기도 부끄러운 것들이라"(12절). 부도덕한 일이 행해졌을 때 엄중하게 책망하는 대신 부드럽게 말함으로써 듣는 자들이 전혀 충격을 받지 않는 경우가 얼마나 많습니까? 오늘날 너무도 많은 사람들이 그런 것을 직접적으로 말하는 것을 상스럽고 부적절한 것으로 생각합니다. 나는 오늘날 설교자들이 그와 같은 부도덕한 것들에 대해 얼마나 많이 말하며 책망하는지 잘 모르겠습니다. 나는 지금 교양을 무시하자고 주장하고 있는 것이 아닙니다. 나는 일반적인 교양과 예절들이 잘 지켜지기를 바랍니다. 나는 부도덕한 일들에 대해 무차별적인 비난이 퍼부어지는 것을 원하지 않습니다. 그러나 그러한 것들이 사회 전체에 마치 오징어처럼 시커먼 먹물을 쏟아낸다는 사실을 생각할 때, 그러한 것들에 엄중한 책망이 가해지지 않는 것은 분명 문제가 있는 것입니다. 바울의 훈계를 기억하고 그러한 것들을 책망합시다. 왜냐하면 그러한 것들은 말하기도 부끄러운 것들이기 때문입니다.

또 하나의 원리는, 어둠이 책망을 받는 것은 그 위에 빛이 비췸으로 말미암는다는 개념입니다. 모든 것들은 책망을 받을 때 빛에 의해 드러나게 됩니다. 그것은 달리 말하면 이것입니다 — "강건하라 그리고 용감하게 항거하라. 책망을 위해 필요한 것은 단지 모든 것이 있는 그대로 드러나는 것일 뿐이기 때문이니라."

앗수르 사람들은 악마가 우연한 기회에 거울 속에 비친 자신의 모습을 볼 때 그는 자신의 추한 모습에 놀라 후닥닥 도망친다는 믿음을 가지고 있었습니다. 만일 그리스도인들이 우리 사회에 만연한 악들에게 기독교적 원리의 거울을 들이대기만 한다면, 그러한 악들은 마치 해가 뜰 때 도망치는 악귀들처럼 재빨리 사라질 것입니다. 그것들은 빛에 직면할 수 없습니다. 그러므로 그것들에게 빛을 비춥시다.

또 여기에 흠정역(KJV) 역본이 충분히 나타내지 못하는 또 하나의 원리가 있습니다. 13절은 "드러나는 것마다 빛이니라"라고 말합니다(whatsoever doth make manifest is light). 그렇습니다. 물질적인 세계에서 어떤 물체에 빛이 떨어질 때 여러분은 그것을 봅니다. 왜냐하면 그 위에 빛이 있기 때문입니다. 도덕적인 세계에서 이 모든 책망의 목적은 어둠으로 드러나는 것이 더 이상 어둠이기를 멈추고 빛으로 변화되는 것입니다. 이러한 변화가 항상 일어나는 것은 아닙니다. 악한 것들 가운데 빛이 비췸에도 불구하고 아무런 변화도 일어나지 않는 것들도 있습니다. 그러나 모든 경우에 책망의 목적은 그로 인해 어둠이 빛으로 변화되는 것이어야 합니다.

그러므로 사랑하는 형제들이여, 본문의 훈계를 여러분의 마음과 양심 위에 새기십시오. 우리 모두가 어둠의 일들을 **책망하도록** 부름받은 것은 아닐 수 있습니다. 그러나 우리 모두는 어둠의 일들에 대한 **책망이 되도록** 부름받았습니다. 여러분은 빛을 비출 수 있으며, 그렇게 비춤으로써 어둠이 얼마나 어두운지 나타낼 수 있습니다. 이러한 책임은 우리 모두에게 부과된 것입니다. "내 백성에게 그들의 허물을 선포하며 야곱의 집에 그들의 죄를 선포하라"는 옛 선지자의 명령은 오늘날의 모든 그리스도인들에게도 그대로 적용됩니다. 어떤 설교자는 "한 사람의 성도의 존재가 마귀의 한 가지 계교를 막는다"고 말합니다. 우리 모두는 우리의 의로 죄를 책망할 수 있으며, 빛을 비춤으로 어둠을 드러낼 수 있습니다. 만일 우리가 어둠의 일들에 대해 입을 닫고 그냥 묵인하고 만다면, 그리고 어떤 방법으로든지 그것을 책망하지 않는다면, 우리는 빛의 자녀들처럼 행하지 않는 것입니다. "그러므로 너희는 그들 중에서 나와서 따로 있고 부정한 것을 만지지 말라 전능하신 주의 말씀이니라"(고후 6:17, 18).

35
어둠의 일에 참여하지 말아야 하는 이유

"[11]너희는 열매 없는 어둠의 일에 참여하지 말고 도리어 책망하라 [12]그들이 은밀
히 행하는 것들은 말하기도 부끄러운 것들이라 [13]그러나 책망을 받는 모든 것은
빛으로 말미암아 드러나나니 드러나는 것마다 빛이니라 [14]그러므로 이르시기를
잠자는 자여 깨어서 죽은 자들 가운데서 일어나라 그리스도께서 너에게 비추이
시리라 하셨느니라 [15]그런즉 너희가 어떻게 행할지를 자세히 주의하여 지혜 없는
자 같이 하지 말고 오직 지혜 있는 자 같이 하여 [16]세월을 아끼라 때가 악하니라
[17]그러므로 어리석은 자가 되지 말고 오직 주의 뜻이 무엇인가 이해하라 [18]술 취
하지 말라 이는 방탕한 것이니 오직 성령으로 충만함을 받으라 [19]시와 찬송과 신
령한 노래들로 서로 화답하며 너희의 마음으로 주께 노래하며 찬송하며 [20]범사
에 우리 주 예수 그리스도의 이름으로 항상 아버지 하나님께 감사하며 [21]그리스
도를 경외함으로 피차 복종하라"

엡 5:11–21

본문에는 세 그룹의 실제적인 훈계들이 있습니다. 첫째는 그리스도인을 어둠을 책망하는 빛으로 다루며(11–14절), 둘째는 그리스도인의 삶을 어둠 가운데 있는 지혜로 다루며(15–17절), 셋째는 기독교적 충만함을 술 취함과 대조되는 참된 즐거움으로 다룹니다(18–21절). 아마도 이러한

술 취함의 행태는 아데미 숭배와 관련하여 에베소에 만연되어 있었을 것입니다. 왜냐하면 바울이 어떤 악에 대해 경계할 때 대체로 그것은 그 메시지를 듣는 청중들과 직접적으로 연결된 것이었기 때문입니다. 우리는 바울의 말 저류(低流)에 당시 아데미 숭배에 수반되는 술 취함의 광란이 은연 중 흐르는 것을 느낄 수 있습니다.

이제 본문의 훈계들을 간략하게 살펴보도록 합시다. 바울은 앞에서 에베소의 그리스도인들이 "전에는 어둠이더니 이제는 주 안에서 빛이라"고 말하면서, 이로부터 "빛의 자녀들처럼 행하는" 삶의 법칙을 끌어냅니다(8절). 이어서 그는 빛의 자녀들처럼 행하는 것의 매우 중요한 부분이 "열매 없는 어둠의 일에 참여하지 않는" 것이라고 역설합니다(11절). "열매 없는 어둠의 일"은 그 근원에 있어서도 악할 뿐 아니라 그 결과에 있어서도 악한 일을 표현하는 매우 의미심장한 표현입니다. 어둠의 일들은 비극적인 결말로 귀결될 뿐만 아니라 인간의 의무와 재능에 부응하는 아무런 결과도 맺지 못합니다. 그것의 결과는 열매가 아니라 질병의 산물인 이를테면 종양 같은 것입니다. 어둠 속에서 자라는 열매는 없습니다. 그리스도께서 우리의 빛이 되지 않으신다면, 우리에게서 참으로 가치 있는 열매는 결코 맺히지 않습니다. 만일 그가 빛이시고 그러므로 우리가 "그 안에서 빛"이라면, 우리는 그리스도 없는 삶을 "책망"하거나 혹은 "정죄"할 수 있습니다. 그리스도 없는 삶은 죄로 얼룩진 삶인데, 그것의 그러한 성격은 빛과 대조됨으로써 온전히 드러날 것입니다.

우리의 삶은 악한 일들로 하여금 스스로 그 추악한 얼굴을 드러내도록 만드는 것이어야 합니다. 이를테면 그리스도인들은 '사회의 성육신한 양심' (incarnate conscience of community)이어야 합니다. 바울은 말보다도 행동에 더 큰 강조점을 두고 있습니다. 책망하는 것은 "빛"인데, 그것은 여기에서 예수 그리스도에 의해 변화된 성품을 지칭하는 것입니다. 또 "책망" 혹은 "정죄"의 과정은 단순히 악의 참 모습을 드러내는 것인데, 그것은 그러한 것들을 빛 가운데 노출시킴으로 옵니다. 죄를 책망하는 것은 그것을 있는 그대로 드러내는 것입니다. 왜냐하면 "드러나는 것마다 빛"이기 때문입니다(13절). 바울이 여기에서 "그 빛"(the light)이라고 하지 않고 그냥 "빛"(light)이라고 말하는 것을 주목하십시오. 다시 말해서, 그는 지금 자신이 빛으로 비유하여 말하는 기독교적 성품을 말하고 있는 것이 아니라, 그냥 물리적인 빛을 말하고 있는 것입니다. 좀 더 부연해서 설명하자면, 지금 그는 전자(즉 기독교적 성품으로서의 빛)의 책망하는 효과와 관련한 자신의 비유적인 언급을 후자(즉 물리적인 빛)와 관련한 명백한 사실 즉 어떤 물체에 빛이 비췰 때 그것이 드러난다는, 다시 말해서 그것이 빛이 된다는 명백한 사실로서 뒷받침하고 있는 것입니다. 그는 자신의 훈계를 "그리스도를 모든 잠자는 영혼에 빛을 비추는 위대한 조명자(照明者)"로 묘사하는 초대교회의 찬송시를 인용하는 것으로 결말짓고 있는 것처럼 보입니다.

본문의 두 번째 그룹의 훈계들은 첫 번째 그룹의 훈계들과 15절의 "그런즉"으로 연결됩니다. 따라서 여기의 "그런즉"은 앞의 훈계 전체를 받습니다. 그리스도인들은 어둠의 일에 참여하지 말아야 하기 때문에, 그리고 자신들의 삶이 어둠의 일을 책망하는 것이 되어야 하기 때문에, 그들은 항상 자신들의 행동에 주의를 기울여야 합니다(15절, "너희가 어떻게 행할지를 자세히 주의하여"). 빙하에 올라가는 사람은 항상 자신의 발에 주의를 기울여야 합니다. 그렇지 않으면 자칫 미끄러져 크레바스 속으로 떨어지게 될 것입니다. 이와 같이 세상에서 주의를 기울이지 않는 것은 어리석은 일입니다. 젊은 시절에는 "자기 좋은 대로" 행하고자 하는 유혹이 매우 강하며 "법대로 행하는 사람들"을 조롱하기 쉽습니다. 그러나 결국 그들이 지혜로운 사람들입니다. 또 그와 같이 주의를 기울임에 있어서의 중요한 요소는 특별한 의무와 순간의 기회에 대한 빠른 통찰력입니다. 왜냐하면 인생은 단순한 시간들로 이루어지는 것이 아니기 때문입니다. 각각의 시간은 우리에게 있어 그 자체의 특별한 목적을 가지고 있으며, 그 안에 소홀히 하면 영원히 잃어버릴 수 있는 어떤 가능성을 가지고 있습니다.

시간의 신비로운 장엄성은 그것이 "때"(seasons)로 이루어졌다는 사실 때문입니다. 우리는 순간의 의미에 깨어 있는 분량만큼, 그리고 기회를 놓치지 않는 분량만큼, 혹은 바울의 표현처럼 "세월을 아끼는" 분량만큼 주의를 기울여 행할 것입니다. 그러나 만일 우리가 우리의 인생을 규제할 확실한 표준을 갖지 못한다면, 주의를 기울여 행하는 것만으로는 충분하지 못합니다. 자신의 시계를 늘 주의해서 살펴보는 어떤 사람을 생각해 보십시오. 그러나 만일 그가 그 시계를 그리니치 천문대의 시계와 비교하며 계속해서 그것에 맞추지 않는다면, 그는 진짜 시간으로부터 멀리 떨어져 있을 수도 있습니다. 이와 같이 바울은 우리의 삶을 올바르게 유지하기 위한 한 가지 실제적인 지혜를 덧붙입니다 — "오직 주의 뜻이 무엇인가 이해하라"(17절). 매 순간 "주여 내가 무엇을 하기를 원하나이까?"라고 묻는 사람은 올바른 길로부터 멀리 떨어지지 않을 것입니다. 그러나 매사에 그렇게 묻지 않는다면, 어떻게 올바른 길로 행할 수 있겠습니까?

이어 바울은, 술 취하지 말라고 훈계합니다(18절). 이것은 앞의 훈계로부터 자연스럽게 이어지는 훈계입니다. 왜냐하면 술에 취한 자는 어떻게 행할지에 대해, 그리고 똑바로 걷는 일을 대해 충분한 주의를 기울일 수 없기 때문입니다. 그는 똑바로 걷기는 고사하고 비틀거리며 갈지자(之字)로 걸을 것입니다. 그는 순간의 의미에 대해 완전히 소경입니다. 그는 자신을 부르는 소리를 듣지 못합니다. "나팔소리"가 아주 크게 울려 퍼지는데도 말입니다. 또 "주의 뜻이 무엇인지 이해"하는 것조차도 그로부터 너무도 멀리 떨어져 있습니다. 이와 같이 술에 취하는 것은 앞의 훈계들에 순종하는 것을 불가능하게 만듭니다. 이러한 주된 악의 보자기 안에 다른 모든 악들이 싸여 있습니다.

바울은 술 취하는 것에 대한 기독교적 대체품으로서 "성령으로 충만함을 받으라"고 말합니다(18절). 둘은 얼마나 부적절한 대조입니까? 그러나 이러한 부적절한 대조는 매우 심오한 진리를 제시합니다. 술을 찾는 자들은 기분을 상쾌하게 하며, 근심의 멍에를 느슨하게 하며, 일상의 단조로움을 새로운 활력으로 고양(高揚)시키기를 추구합니다. 그러나 그러한 것들은 모두 진정한 의미에서 우리의 것입니다. 만일 우리가 우리의 빈 영을 신적 생명으로 가득 채운다면 말입니다. 그럴 때 우리의 상쾌함은 컵 바닥에 쓴 찌꺼기를 남기면서 거품으로 돌아가지 않을 것이며, 근심의 멍에를 느슨하게 하는 것이나 일상의 단조로움을 새로운 활력으로 고양시키는 것은 헛되이 끝나지 않을 것입니다. 술 취하며 떠드는 것은 시끄러운 소음에 불과하며 그것은 마침내 우울함으로 이어집니다. 그러나 성령으로 충만한 영의 고요한 기쁨은 계속해서 지속되며, 자라며, 매일 같이 더 고요해지며 더 즐거워집니다.

이어 술친구들의 시끌벅적한 노래는 "시와 찬송과 신령한 노래"와 대조됩니다(19절). 친구들과의 사교는 술의 유혹을 부르며, 거기에 빠지지 않는 것이 노래입니다. 그러나 그러한 사교는 한순간 끝나며, 그것은 '성령으로 충만한 모든 자들을 하나로 묶는 띠'에 대한 서투른 모조품에 불과합니다. 술에 의해 맺어진 우정은 모든 사람이 아는 것처럼 다툼으로 끝납니다. 그러나 자기 안에 성령을 가진 자들, 그리고 "성령 안에서 살아갈" 뿐만 아니라 "성령 안에서 행하는" 자들은 자신보다 상대방을 더 낫게 여깁니다. 결론적으로, 성령으로 충만한 것이야말로 사람들이 술 취함을 통해 얻고자 하는 모든 것을 참으로 소유할 수 있는 완전한 방법입니다. 다만 술 취함을 통해 얻는 것은 일시적이며 유치하며 비현실적인 반면, 성령의 충만함을 통해 얻는 것은 영원하며 고상하며 실제적입니다.

36
낮에 잠자는 자들

"그러므로 이르시기를 잠자는 자여 깨어서 죽은 자들 가운데서 일어나라 그리스도께서 너에게 비추이시리라 하셨느니라"

엡 5:14

본문은 "빛"과 관련한 말씀이 진행되는 가운데 돌연히 삽입된 구절로서 초두의 "그러므로"는 빛의 주제와 관련한 문맥 전체를 받고 있는 것으로 보입니다. 바울은 마치 다음과 같이 말하고 있는 것처럼 보입니다. "나는 지금까지 빛과 그것의 축복된 결과에 대해 말하였노라. 이제는 너희가 그것을 어떻게 너희의 것으로 삼을 수 있는지에 대해 말하노라. 사람들이 빛을 받는 조건은 깨어서 죽은 자들 가운데 일어나는 것이니라."

본문은 **"그가 이르시기를"**(He saith)이라는 말씀으로 시작됩니다(한글 개역개정판에는 그냥 "이르시기를"이라고 되어 있음). 그러면 "그"는 누구입니까? 여기에 누구의 말이 인용되고 있는 것인지 분명하게 나타나지 않지만, 그러나 우리는 이것이 구약성경을 인용하는 일반적인 방식이라는 사실을 압니다. 그렇다면 여기의 "그"는 "창조주" 혹은 "하나님"일 것입니다. 그러나 우리는 구약에서 본문과 정확하게 대응되는 말씀을 찾을 수 없습니다. 가장 근접한 것이 이사야 선지자의 "일어나라 빛을 발하라 이는 네 빛이 이르렀고 여호와의 영광이 네 위에 임하였음이니라"라는 말씀입니다(사 60:1). 아마도 바울은 여기에서 지금 자신의 생각과 잘 합치되는 것처럼 보이는 잘 알려진 구약 말씀을 그 본래의 의미를 크게 고려하지 않고 인용하고 있는 것 같습니다. 대부분의 글 쓰는 이들과 마찬가지로, 그는 다른 이의 글을 인용하면서 때로 "내가 본래의 의미와 어느 정도 다르게 사용하고 있지 않은가" 하는 문제를 크게 고려하지 않고 인용하기도 합니다. 어쨌든 에베소서의 본문은 이사야 선지자의 외침의 의미를 매우 적절하게 나타냅니다. 특별히 이제 빛이 비취고 있으니 깨어 일어나라고 촉구하는 점에서 말입니다.

본문과 이사야 60장 1절의 메시지가 정확하게 일치되지 않는다는 사실로부터 어떤 사람들은 본문이 초창기 기독교 찬송시의 한 부분일 것이라고 추정하기도 합니다. 이것은 상당히 흥미로운 추정이지만, 그러나 본문의 인용방식은 우리로 하여금 본문의 출처로서 성경을 바라보게 만듭니다. 그렇지만 이 문제는 그대로 남겨두고 본문 자체로 들어가도록 합시다. 본문은 하나님의 간절한 부르심입니다. 본문은 첫째로, 이 말씀을 받는 그들이 어떤 상태에 있는지를 묘사하면서, 둘째로, 그들에 대한 하나님의 부르심을 선포하면서, 셋째로, 그에 따른 약속을 제시합니다. 이제 본문이 말하는 바에 귀를 기울여 보도록 합시다.

1. 첫째로, 이 말씀을 받는 자들의 상태를 주목하십시오.

그들에게 "잠자는 자"와 "죽은 자"라는 두 개의 슬픈 은유가 적용됩니다. 따라서 이러한 상징들은 그 해석에 있어 잠자는 자와 죽은 자가 공통적으로 가지는 부분으로 한정되어야 합니다.

우리 모두는 "잠과 죽음이 서로 닮았다"는 사실을 잘 압니다. 어떤 점에서 그럴까요? 그것은 잠자는 자와 죽은 자가 똑같이 외부 세계에 대해 의식을 하지 못하며, 그것으로부터 어떤 인상이나 느낌을 받는다든지 혹은 그것에 대해 어떤 행동을 취하지 못한다는 점에서 그렇습니다.

잠자는 자와 죽은 자는 똑같이 자신들이 전혀 인식하지 못하는 질서 가운데 있습니다. 여러분과 나는 두 세계에서 살고 있습니다. 하나는 여기의 낮고 덧없는 물질적인 세계이며, 다른 하나는 마치 알프스의 산봉우리들이 롬바르드 평원을 둘러싸고 있는 것처럼 여기의 세계를 둘러싸고 있는 보이지 않는 세계입니다. 사람들은 자신들의 시야(視野)를 넘어서는 세계에 대해서는 전혀 의식하지 못합니다. 그러나 산봉우리들로 둘러싸인 평원의 은유는 두 세계가 밀접하게 연결되어 있는 것을 충분히 표현하지 못합니다. 보이지 않는 세계는 마치 공기처럼 우리를 둘러싸고 있음에도 불구하고 대부분의 사람들이 무시하며 잊고 삽니다. 그리고 잠자는 자가 주위의 모든 것을 의식하지 못하는 것처럼, 대부분의 사람들은 자신의 모든 삶이 보이는 것들에 매몰되어 그 뒤에 있는 장엄한 실재들을 보지 못한 채 어둠 가운데 살아갑니다.

그렇습니다. 꿈에서 수동적인 상태로 온갖 환상을 경험하는 것처럼, 우리는 마치 몽유병자처럼 세상을 살아갑니다. 한창 바쁜 시간에 맨체스터 증권거래소에 가보십시오. 바쁘게 일하고 있는 사람들이 꿈을 꾸고 있는 것과 도대체 무엇이 다릅니까? 그들이 눈을 뜨면 사라질 꿈속에서 일하는 것이 아니라면 무엇이겠습니까? 세상일에 분주한 현실주의자들은 모든 종류의 이상주의자들에 대해 입술을 비쭉이며 그들을 몽상가라고 부릅니다. 그러나 그것은 거꾸로 된 것입니다. 도리어 이상주의자들이 깨어 있는 자들입니다. 반면 진짜 몽상가는 오늘을 위해 살아가는 자들, 그리고 오늘은 단지 영원의 작은 파편에 불과하다는 사실을 배우지 못한 자들입니다. 우리를 둘러싼 모든 것은 환영(幻影)이요,

“마치 잠깐 반짝이다가 터져 없어지는
물거품과 같습니다.”

그것들은 모두 사라질 것입니다. 오직 하나의 실재(實在)만이 있을 뿐인데, 그것은 하나님입니다. 오직 그분을 붙잡는 자만이 실재를 붙잡는 것입니다. 나머지 모든 것은 그림자일 뿐입니다.

본문의 두 은유인 “잠자는 자”와 “죽은 자”는 또 다른 것을 암시한다는 점에서 일치하는데, 그것은 평균적인 삶에서 사람 안에 있는 것과 그로부

터 나오는 것 사이의 대조입니다. 우리는 "잠자는 힘"에 대해 말합니다. 진실한 사람이 세상일에 마음을 빼앗긴 채 잠자는 것은 얼마나 비극적인 일입니까! 만일 여러분의 힘이 행사될 장소가 오직 이 세상뿐이라면, 그래서 오로지 잠시 있다 사라질 것에만 그 모든 힘이 행사되어야만 한다면, 하나님은 여러분을 만듦에 있어 큰 실수를 하신 것이 될 것입니다. 과거 화려한 문명이 꽃피었다가 지금은 쇠락한 어떤 지역을 생각해 보십시오. 여러분은 그곳에서 신전의 부조(浮彫)된 돌들이 돼지우리의 담벼락으로 사용되고 있는 것을 보게 될 것입니다. 이것은 하나님이 사람들에게 각종 재능을 주신 것과 관련해서도 마찬가지입니다. 왜 그렇습니까? 성도 여러분, 만일 여러분이 그리스도인이 아니며 기독교적인 삶을 살고 있지 않다면, 여러분 가운데 최고의 부분은 잠자고 있는 것입니다. 그리고 지금 깨어 있는 것은 여러분 가운데 저급한 부분일 뿐입니다. 잠자는 자들도 때로 몸을 움직입니다. 과거 사람들은 거인이 잠을 자면서 몸을 이리저리 뒤척임으로 인해 지진이 발생한다고 생각하곤 했습니다. 마찬가지로 잠자는 자아가 반쯤 깨어남으로 인해 여러분의 마음과 영혼에 지진이 일어납니다. 여러분 가운데 어떤 사람은 세상의 정욕으로, 또 어떤 사람은 먹고 마시는 등의 육신의 향락에 지나치게 탐닉함으로, 또 어떤 사람은 세상의 사업이나 일에만 지나치게 몰입함으로써 여러분의 최고의 자아를 잠자게 만듭니다.

사랑하는 성도 여러분, 본문의 훈계가 믿음을 고백하는 그리스도인들에게 전달된 것이라는 사실을 잊지 마십시오. 부디 이것이 불신자들에게 전달된 것으로 오해하지 말기 바랍니다. 본문의 훈계는 신앙을 가진 사람들에게 다양하게 적용됩니다. 여러분은 스스로를 그리스도인으로 부를 것이며, 또 그럴 것입니다. 또 여러분은 잠자는 상태에서 깨어 일어나 무감각한 상태를 어느 정도 떨쳐 버렸는지도 모릅니다. 그럼에도 불구하고 본문의 훈계는 여전히 여러분에게 해당된다는 사실을 기억하십시오. 주께서 "신랑이 더디 오매 그들이 다 졸며 잤다"고 말씀하신 것은 다름 아닌 그리스도인들에게였다는 사실을 잊지 마십시오(마 25:5). 또 하늘로부터 "네가 살았다 하는 이름은 가졌으나 죽은 자로다"라는 음성이 내려온 곳은 이방 세계가 아니라 기독교회였다는 사실을 기억하십시오(계 3:1). 그러므로 간곡히 당부드립니다만, 내가 여러분을 향해 잠자는 데에서 깨어 일어나라고 말한다고 하여 내가 쓸데없는 잔소리나 늘어놓는다고 생각하지 말기 바랍니다.

2. 둘째로, 깨어 일어나라는 부르심을 주목하십시오.

그러한 부르심은 마치 군대의 기상나팔처럼 울려 퍼집니다. "잠자는 자여 깨어서 죽은 자들 가운데서 일어나라." 나는 여기에서 이러한 깨어 일어남에 있어 하나님의 역할과 사람의 역할 사이의 진부한 논쟁을 재연함으로써 여러분의 시간을 허비하게 하고 싶지 않습니다. 다만 한 가지, 여기의 명령은 우리에게 — 우리가 그리스도인이든 그리스도인이 아니든 — 순종할 수 있는 능력이 있음을 전제한다는 명백한 사실만큼은 분명하게 지적하고 싶습니다. 하나님은 사람이 할 수 없는 일을 명하심으로써 사람들을 조롱하지 않으십니다. 어떤 명령을 지킴에 있어 우리가 하나님의 도우심을 확신할 수 있게 되는 유일한 태도는 우리가 그러한 명령에 순종하고자 노력할 때라는 사실은 너무도 분명한 사실입니다.

손 마른 병으로 인해 자신의 손을 내밀 수 없는 사람에게 그리스도는 "네 손을 내밀라"고 말씀하셨습니다. 중풍병으로 움직일 수 없는 사람에게 그는 "일어나 걸으라"고 말씀하셨습니다. 이미 죽어 아무 소리도 들을 수 없는 사람에게 그리스도는 "나사로야 나오라"고 말씀하셨습니다. 그러나 나사로는 그 말씀을 듣고 비록 수의로 싸여 있었음에도 불구하고 무덤 밖으로 비틀거리며 걸어 나왔습니다. 그것은 그렇게 할 수 있는 능력이 그렇게 하라는 명령 안에 내포되어 있었기 때문입니다. 만일 앞의 두 사람이 예수를 돌아보며 "내 손을 내밀라고 말하심이 혹은 나더러 일어나 걸으라고 말하심이 내게 무슨 소용이 있나이까?"라고 말했다면, 그들은 죽을 때까지 사지가 마비된 채 그 자리에 누워 있었을 것입니다. 그러나 그리스도의 명령을 들었을 때, 그들은 자신들의 마비된 사지에 새로운 감각이 생기는 것을 느꼈습니다. 손 마른 사람은 자신의 손을 내밀었고, 그 손은 즉시 회복되었습니다(막 3:5). 여기에서 회복의 과정이 어떻게 시작되는지 주목하십시오. 회복의 과정은 그가 말씀에 순종하여 자신의 손을 내밀고자 의지했을 때 시작되었습니다. 따라서 그리스도의 말씀은 명령이면서 동시에 약속이었습니다. 그러므로 우리는 어떻게 죽은 사람이 일어날 수 있는가 혹은 어떻게 잠자는 사람이 스스로 깰 수 있는가 라는 질문으로 스스로를 괴롭힐 필요가 없습니다.

어쨌든 다음과 같은 사실은 분명합니다. 즉 만일 보이지 않는 세계에 대한 무지(無知)와 우리 안에 잠자고 있는 능력과 관련하여 지금까지 제가 말한 것이 사실이라면, 그에 대한 치료책 역시 우리 손에 있다는 사실 말입니다. 사람이 스스로를 위해 자신의 생각과 관심과 애정과 목표의 대상을 결정함에 있어서는 거의 제한이 없습니다. 여러분은 현재로부터 기대와 열망을 포기하고, 보이지 않는 것들에 대해 더 많은 생각과 관심과 애정과 노력을 기울일 수 있습니다. 여러분은 여러분의 시선을 하늘로 돌릴 수 있습니다. 여러분은 자신의 감정을 직접적이며 즉각적으로 통제할 수는 없지만 그러나 감정을 이끄는 생각들을 결정할 수는 있습니다. 또한 여러분은 스스로를 위해 자신에게 최상의 것이 될 것을 결정할 수 있습니다.

그러므로 본문의 명령은 다름 아닌 이것입니다. "환각으로부터 깨어라. 깨어 일어나 보이지 않는 영원한 것들을 바라보라. 그리고 항상 주를 바라보라." 그러면 여러분은 "깨어 죽은 자들 가운데서 일어나게" 될 것입니다.

3. 셋째로, 깨어 일어난 자를 기쁘게 할 아침의 찬란한 빛의 약속을 주목하십시오.

만일 본문 말씀이 앞에서 언급한 대로 이사야 선지자의 예언을 인용한 것이라면, 바울은 여기에서 여호와에게 돌려지는 것을 아무 주저 없이 예수 그리스도에게 돌리고 있는 셈이 됩니다. 이사야 선지자는 말합니다. "일어나라 빛을 발하라 이는 네 빛이 이르렀고 여호와의 영광이 네 위에 임하였음이니라"(사 60:1). 바울은 말합니다. "잠자는 자여 깨어나라 그리스도께서 너에게 비추이시리라." 항상 그렇듯이 바울은 자신의 구주를 신적 속성을 충만히 소유하신 자로서 간주합니다. 또한 그는 예수 그리스도께서 친히 말씀하신 것을 잘 알고 있었습니다. "아버지께서 행하시는 그것을 아들도 그와 같이 행하느니라"(요 5:19). 그러나 이러한 주제는 그대로 남겨 두고 본문의 주된 논점으로 돌아가도록 합시다. 지금 바울은 여기에서, 만일 사람이 눈을 뜨면 그는 충만한 빛을 얻게 될 것이라는 사실을 확증하고 있는 것입니다. 햇빛은 온 세상을 가득 채우고 있습니다. 그것은 잠자는 자들의 감긴 눈꺼풀 위에도 비칩니다. 그러므로 누구든지 눈을 뜨면, 그 빛이 들어올 것입니다. 사람이 충만한 빛을 얻기 위해 가장 필요한 것이 무엇일까요? 그것은 잠을 떨쳐 버리고 우리를 둘러싸고 있는 보이지 않는 영광 앞으로 나아가는 것입니다. 여러분이 빛을, 인생길을 이끌어 가는 지식을 의미하는 것으로 받아들이든, 혹은 마음으로부터 악의 어둠을 사라지게 할 정결함을 의미하는 것으로 받아들이든, 혹은 아침의 찬란한 햇빛처럼 다가오는 기쁨을 의미하는 것으로 받아들이든 간에 말입니다. "깨어라 그러면 그리스도께서 너에게 비추이시리라."

오늘날 우리 가운데 많은 사람들에게 있어 고센 땅의 기적은 도리어 거꾸로 되었습니다. 출애굽 당시 고센 땅은 빛으로 가득했지만 오늘날 우리의 집은 한밤중입니다. 그것은 주위에 빛이 없기 때문이 아니라 가리는 것이 막고 있기 때문입니다. 사랑하는 성도 여러분, 빛보다 어둠을 선택하는 것은 얼마나 불행한 일입니까? 여러분은 그렇게 하지 않습니까? 무관심으로든, 게으름으로든, 여러분의 생각과 열망과 목표를 세상의 헛된 것들로 주로 쏟는 것으로든 간에 말입니다. 여러분이 이런 것들을 선택할 때, 사실상 이런 것들이 여러분을 선택하는 것입니다.

사랑하는 성도 여러분, 간절히 바라건대 그리스도 자신의 나팔소리가 여러분의 귀에 떨어지지 않게 하십시오. 아침에 잠에 곯아떨어진 사람에게 달갑지 않게 들리는 기상나팔소리처럼 말입니다. 만일 깨어 일어날 것을 부름받았음에도 불구하고 조금 더 누워 자려고 마음먹는다면, 그는 필경 지금까지보다 더 깊은 잠에 곯아떨어질 것입니다. 그러므로 만일 여러분이 “잠자는 자여 깨어 일어나라”는 그리스도의 음성을 듣는다면, 부디 그 음성을 무시하지 마십시오. 복된 자는 그 음성을 듣고 즉시 깨어 일어나는 자입니다. 여러분이 그렇게 할 때, 그리스도께서 여러분에게 비추실 것입니다. 빛은 이미 여러분 주변에 있습니다. 여러분은 단지 눈을 뜨기만 하면 됩니다. 그러면 빛이 여러분 안으로 들어올 것입니다. 그러나 깨어 일어나라는 그리스도의 음성을 듣고도 만일 여러분이 그렇게 하지 않는다면, 여러분은 계속해서 어둠 가운데 있게 될 것이며, 장차 가장 두려운 어둠의 공포가 여러분을 사로잡을 것입니다.

37
세월을 아끼라 (Redeeming the time)

"그런즉 너희가 어떻게 행할지를 자세히 주의하여 지혜 없는 자 같이 하지 말고 오직 지혜 있는 자 같이 하여 세월을 아끼라 때가 악하니라 "

엡 5:15, 16

우리 가운데 어떤 사람들은 아마도 인생의 남은 날이 그리 많지 않을 것이며, 또 어떤 사람들은 아마도 아직 많은 날을 남겨 놓고 있을 것입니다. 이러한 두 부류의 사람 모두에게 본문은 남은 시간을 위한 최고의 표어를 제공해 줍니다.

아울러 본문은 우리에게 시간에 대한 참된 기독교적 관점을 제공해 줍니다. 본문은 우리에게 우리가 시간과 관련하여 어떻게 해야 할지를 이야기하면서, 우리의 행동을 이끄는 동기(動機)들이 어떤 것인지를 은연중 제시합니다.

1. 첫째로, 우리가 "시간"에 대해 어떻게 생각해야 하는지 주목하십시오.

신약에서 "시간"으로 번역되는 단어가 두 개 있습니다. 그러나 둘의 의미는 완전히 다릅니다. 하나는 좀 더 일반적인 의미의 시간으로서 순간의 연속이나 기간을 함축하며, 다른 하나는 여기에서 사용된 대로 어떤 일이나 사건이 속하는 어떤 특정한 때를 함축합니다. 후자의 시간은 어떤 경우

"때"(season) 혹은 "기회"(opportunity)로 번역되기도 합니다. 이러한 두 번역어는 갈라디아서에서 서로 인접하여 나타나는데, 거기에서 바울은 이렇게 말합니다. "우리가 선을 행하되 낙심하지 말지니 포기하지 아니하면 **때**(season)가 이르매 거두리라 그러므로 우리는 **기회**(opportunity) 있는 대로 모든 이에게 착한 일을 하되 더욱 믿음의 가정들에게 할지니라"(갈 6:9, 10). 또 우리는 사도행전에서 앞에서 언급한 두 가지 의미의 시간이 나란히 나타나는 것을 볼 수 있습니다. "이르시되 **때**(times)와 **시기**(seasons)는 아버지께서 자기의 권한에 두셨으니 너희가 알 바 아니요"(행 1:7). 여기에서 전자는 단순히 순간의 연속으로서의 시간을 가리키는 반면, 후자는 어떤 특별한 일이나 사건이 속한 위기의 때를 가리킵니다.

이와 같이 본문의 "시간을 사라"(redeeming the time. 한글개역개정판에는 "세월을 아끼라"로 되어 있음)는 말씀은 단순히 "순간들의 최대량"(the most of moments)을 만들라는 뜻이 아니라 '전체로서의 삶'과 '어떤 특별한 의무를 위한 때로서 연속되는 각 순간'의 특별한 의미를 붙잡고 이해하라는 뜻입니다. 그것은 단순히 "시간"(time)이 아니라 "그 시간"(the time)입니다. 그것은 단순히 시계추의 연속적인 진자운동으로서의 시간이 아니라, 고양(高揚)된 그리고 특별한 의미를 가진 시간입니다. 왜냐하면 각 시간이 특별한 사명을 가진 것으로 그리고 특별한 일을 위한 기회를 주는 것으로 인식되기 때문입니다.

바울이 여기에서 복수로 "그 시간들"(the times)이라고 하지 않고 단수를 사용하여 "그 시간"(the time)이라고 말하는 것을 주목하십시오. 마치 삶 전체가 한 가지 분명한 목적을 위한 기회 혹은 때인 것처럼 말입니다.

그러면 그 목적은 무엇일까요? 만일 우리가 이것을 올바르게 알기만 한다면, 우리는 우리가 겪는 시험의 9할은 정복하게 될 것이며, 또한 우리 앞에 이처럼 분명하게 빛나는 목적을 향해 힘차게 나아갈 수 있을 것입니다. 만일 제가 지금 저의 설교를 듣고 있는 사람들 가운데 단 몇 사람만이라도 일상의 분주한 일들을 잠시 젖혀 두고 자신들이 무엇을 위해 이 땅에 존재하며 자신들에게 인생의 날들이 주어진 이유가 무엇인지 진지하게 생각하도록 만든다면, 나는 헛되이 설교하지 않은 것이 될 것입니다. 이 문제에 대해 현실주의자들은 이런 방식으로 대답할 것이며, 분주한 맨체스터 시민은 저런 방식으로 대답할 것이며, 가사 일에 허덕이는 주부는 또 다른 방식으로 대답할 것이며, 학자는 또 다른 방식으로 대답할 것이며, 도덕주의자는 또 다른 방식으로 대답할 것입니다. 그러나 각각의 대답들 가운데 선한 모든 것들은 인생의 목적, 즉 "때"(the season)가 우리에게 주어진 목적이 "우리가 하나님을 영화롭게 하며 그를 영원토록 즐거워하는" 것이라는 완전한 대답 속에 포괄됩니다.

여러분이 우리가 사는 목적이 우리 영혼을 구원하는 것이라고 말하든지, 혹은 다른 표현으로 그리스도를 닮은 그리고 하나님을 기쁘시게 하는 성품을 계발하는 것이라고 말하든지, 혹은 또 다른 표현으로 시간을 초월한 것을 위해 준비하는 것이, 영원의 종복(從僕)이며 하나님 나라의 문을 여는 시종(侍從)인 시간의 목적이라고 말하든지 다 좋습니다. 그 모든 다양한 대답들은 그 뿌리에서 하나입니다. 예수 그리스도를 믿는 믿음으로 우리가 분투하며 살아간다는 의미에서, 인생은 우리의 것입니다. 그리고 다툼과 고난을 포함하여 우리에게 닥치는 모든 일들을 통해, 우리는 그리스도를 더 많이 닮아가며 하늘의 고요한 기쁨을 위해 더 많이 준비될 것입니다. 우리가 이 땅에서 살아가는 것은 하늘의 삶을 준비하기 위함입니다. 그리고 인생의 모든 순간이 우리에게 주어진 것이 하나의 목적, 즉 우리 주님을 더 많이 닮아가며 그의 성령을 더 많이 마시며 우리의 성품이 그의 형상과 더 많이 일치되도록 하기 위한 것임을 우리가 이 땅에서 이해할 때, 우리는 하늘의 삶을 위해 준비하는 것입니다. 바로 이것이 우리에게 생명이 주어진 이유입니다. 만일 우리가 여기에서 성공한다면, 우리는 모든 것에서 성공한 것이 될 것입니다. 반대로 만일 우리가 여기에서 실패한다면, 설령 다른 것에서 성공한다 할지라도 우리는 모든 것에서 실패한 것이 될 것입니다.

이러한 개념에서 우리는 또 하나의 중요한 사실을 발견하게 되는데, 그것은 이와 같이 모든 것을 포괄하는 궁극적인 목적은 다수의 부분적인 순간들을 통해 도달된다는 사실입니다. 전체로서의 인생이 하나님을 알며 소유하기를 배우기 위한 때라고 볼 때, 인생은 좀 더 작은 부분들과 기간들로 나누어지며, 각각의 부분들은 그에 합당한 특별한 목적을 갖습니다.

인생이 그 같은 최고의 목적을 위해 주어졌다는 것에 전적으로 동의하는 사람들 가운데 많은 사람들은 이 부분에서 다른 길을 가며 각 순간들의 의미를 이해하는데 실패합니다. 대다수의 사람들에게 오늘은 항상 평범한 날입니다. 그들에게 아름다운 날은 어제이며, 가능성으로 가득 찬 날은 내일입니다. 오늘은 다만 일상적이며 진부한 날일 뿐입니다. 앞뒤로 멀찍이 햇빛으로 찬란하게 빛나는 산들이 있습니다. 하늘은 그 산들을 굽어보며 그 산봉우리들을 보듬고 있는 듯이 보입니다. 그러나 우리가 서 있는 바로 이 자리는 낮고 초라하며 하늘로부터 멀리 떨어져 있는 것처럼 보입니다. 우리는 전체로서의 인생의 의미는 받아들입니다. 그러나 그것을 작은 파편들로 나누는 것은 매우 어렵습니다. 현재의 쏜살같이 지나가는 순간들의 가치를 느끼는 것은 매우 어려우며, 그러한 순간들은 별 의미를 갖지 못하는 것처럼 보입니다. 그리하여 우리는 인생이 '현재의 작은 순간들의 집합체' 라는 사실을 잊어버립니다. 일 분은 각각의 의미 있는 초(秒)들이 60개 모여 이루어지며, 한 시간은 각각의 중요한 분(分)들이 60개 모여 이루어지며, 하루는 각각의 짤막한 시간(時)들이 24개 모여 이루어지며, 일 년은 일상적인 날 365개가 모여 이루어지며, 인생은 그러한 일 년이 70개 혹은 80개 모여 이루어지는 것인데도 말입니다.

성도 여러분, 인생의 최고의 목적에 대한 여러분의 이론적인 인식을 매일과 매 순간의 일상적인 삶 속에 적용시키십시오. 그러면 여러분은 시간처럼 탄력적인 것이 없다는 사실을 발견하게 될 것입니다. 희생과 봉사와 거룩한 기쁨과 예수 그리스도를 닮음에 있어, 단 하루의 분량으로도 무의미한 천 년의 분량 못지않을 수 있습니다. 각각의 모든 순간들이 엄청난 의미를 가진다는 사실을 배운 사람은 또한 시간을 초월한, 다시 말해서 "하루가 천 날 같고 천 날이 하루 같은" 하나님의 특권에 참여하게 될 것입니다. 시간을 측량하는 것은 시계추의 진자운동이나 시계바늘의 움직임이 아닙니다. 그것은 우리가 그 속에 어떤 행동과 감정과 생각들을 채워 넣는가 하는 것입니다. 지금의 잠깐 지나가는 인생은 그것의 모든 의미를 그것이 야기하는 영원한 결과로부터 끌어옵니다. 도로를 덮은 포장석(包裝石)들을 생각해 보십시오. 그 위에 얇게 도료(塗料)를 발랐습니다. 오늘 그것은 얇게 바른 도료에 불과하지만, 그러나 내일 그것은 찬란한 햇빛을 반사하며 파란 하늘을 비출 것입니다. 이와 같이 우리는 우리 인생의 작은 순간들을 하나님의 형상과 불멸의 확실한 것들로 빛나게 만들 수 있습니다.

2. 둘째로, 어떻게 때를 최대화시킬 수 있는지 주목하십시오.

바울은 "시간을 사라"(혹은 "시간을 구속하라" redeeming the time)고 말합니다. 이러한 표현은 매우 단순하고 자연스럽습니다. 그렇지만 이러한 은유는 사람들이 본래 그것이 의미하는 것 이상으로 몰고 가려고 애씀으로써 상당히 난해하고 모호한 표현으로 느껴지곤 했습니다. 그러면 파는 사람은 누구이며 그 값은 얼마인가 하는 등의 문제들은 지금 바울의 마음속에 전혀 자리 잡고 있지 않습니다. 은유는 본래 의미하고자 했던 것 이상으로 몰고 가서는 안 됩니다. 우리는 기회를 실제로 우리 자신의 것으로 만들 필요가 있으며, 그것은 오직 그것과 교환하여 어떤 것을 주는 것을 통해서만 될 수 있다는 단순한 개념에 한정해야 합니다. 바로 이것이 "redeem" 즉 "사다" 혹은 "구속(救贖)하다"의 개념입니다. 그렇지 않습니까? 그것은 다른 어떤 것을 주면서 얻는 것입니다. 이와 같이 바울은 시간이 우리에게 허락하는 기회를 사야만 한다고 말합니다.

이것은 인생이 우리에게 주는 것은 단지 기회에 불과할 뿐 그 이상은 아니라는 사실을 함축합니다. 인생 안에서 그리고 인생을 통해 우리는 지혜로워질 수도, 선해질 수도, 정결해질 수도, 행복해질 수도, 고상해질 수도, 그리스도를 닮아갈 수도 있고 혹은 그렇지 않을 수도 있습니다. 인생 안에서 기회가 이를테면 진자운동을 하고 있습니다. 바울은 그것을 붙잡아 기회 이상의 것, 즉 좀 더 실제적인 사실(事實)로 바꾸라고 말합니다.

그러면 그것은 어떻게 이루어집니까? 만일 우리가 기회를 우리 자신의 것으로 삼고자 하면, 우리는 무엇인가를 주어야만 합니다. 그러면 우리는 무엇을 주어야 합니까? 그것은 좀 더 저급한 목적들입니다. 그러한 것들은 포기되어야 하며, 최고의 목적에 엄격하게 종속되어야 합니다. 우리가 하나님을 더 잘 알도록 하기 위해, 우리가 하나님을 더 많이 사랑하도록 하기 위해, 우리가 하나님을 더 즐겁게 섬기도록 하기 위해 — 오늘이 우리에게 주어집니다. 우리의 매일의 의무들 역시도 같은 목적을 위해 우리에게 주어집니다. 그러나 만일 우리가 하나님에 대해 그리고 인생의 최고의 목적에 대해 생각함이 없이 하루를 보낸다면, 우리는 필경 최고의 목적을 잃을 것이며 기회는 우리 곁을 그냥 지나가 버리고 말 것입니다. 그러나 만일 우리가 일상의 삶을 살아가는 동안에도 그 위에 있는 모든 기독교적인 고상한 가치와 목적을 바라본다면, 우리는 더 높은 목적들을 얻기 위해 더 낮은 목적들을 내어주는 것이 될 것입니다.

어떤 사람은 사업을 확장시키고자 하며, 또 어떤 사람은 회사의 사장이 되고자 하며, 또 어떤 사람은 지혜와 지식을 얻고자 하며, 또 어떤 사람은 동료들 가운데 입지를 굳게 세우고자 하며, 또 어떤 사람은 자신의 성품을 하나님과 상관없는 지혜와 정결함으로 계발시키고자 하며, 또 어떤 사람은 가족들과 함께 행복하게 살고자 하며, 또 어떤 사람은 이웃들에게 저급하지만 그러나 실제적인 유익을 끼치고자 합니다. 이러한 다양한 목적들은 나름대로 가치를 가지고 있습니다. 그리고 인생의 다양한 의무들을 이행하며 계발하기 위해 필요한 것들입니다. 그러나 만일 그것들이 부차적인 위치를 지키지 않는다면, 그 인생은 헛되이 허비한 인생이 될 것입니다. 만일 인생이 헛된 것이 되지 않고자 하면, 그러한 것들이 더 높은 목적들과 교환되어야 합니다. 그리스도와 그의 사랑을 위해 이 모든 것들을 내어준다면, 그것은 매우 지혜로운 거래(去來)가 될 것입니다. "그러나 무엇이든지 내게 유익하던 것을 내가 그리스도를 위하여 다 해로 여길 뿐더러 또한 모든 것을 해로 여김은 내 주 그리스도 예수를 아는 지식이 가장 고상하기 때문이라 내가 그를 위하여 모든 것을 잃어버리고 배설물로 여김은 그리스도를 얻고 그 안에서 발견되려 함이니"(빌 3:7-9). 만일 여러분이 더 높은 목적들을 얻고자 하면, 여러분은 더 낮은 것들을 주고 그것과 바꾸어야 합니다.

"시간을 사는" 것과 관련하여 본문은 우리에게 또 한 가지를 제시합니다. 바울은 "그런즉 너희가 **신중하게** 행하도록 주의하라"고 말합니다(KJV: See then that ye walk **circumspectly**. 한글개역개정판에는 "그런즉 너희가 어떻게 행할지를 자세히 주의하여"라고 되어 있음). 여기에서 "신중하게"(circumspectly)로 번역된 단어는 "엄격하게" "정확하게" "세밀하게" 등으로 번역되었더라면 훨씬 더 좋았을 것입니다. 왜냐하면 그 단어는 "주의하라"가 아니라 "행하도록"과 연결되기 때문입니다.

그러므로 여기에 제시되는 것은 "너희의 발을 응시하며 엄격하고 정확하게 행하라"는 실제적인 지침입니다. 눈 덮인 암벽 산을 생각해 보십시오. 길은 몹시 가파르며 곳곳에 거대한 눈 뭉치가 있습니다. 등산가는 어떻게 그곳에 올라갈까요? 그는 발을 내딛기 전에 먼저 자신의 지팡이로 그 자리를 찔러볼 것입니다. 그리고 체중을 싣기 전에 먼저 발로 그곳이 안전한지 살필 것입니다. 왜냐하면 한 발이라도 잘못 디뎠다가는 즉시 추락할 것이기 때문입니다.

"그런즉 너희가 신중하게 — 그리고 엄격하고 정확하고 세밀하게 — 행하도록 주의하라." 여러분은 법칙과 원칙을 따라 행해야 합니다. 왜냐하면 기분에 따라 즉흥적으로 행하는 것은 곧 멸망에 이르는 길이기 때문입니다. 안전하게 행하는 유일한 방법은 여러분의 발을 응시하며, 길을 바라보며, 스스로를 삼가며, 그럼으로써 "시간을 사는" 것입니다.

우리가 바라보아야 할 또 다른 것이 있습니다. 우리는 발을 바라보아야 합니다. 그렇습니다. 우리는 길을 바라보아야 합니다. 그렇습니다. 그러나 그것이 전부가 아닙니다. 여러분은 또한 여러분의 인도자를 바라보아야만 합니다. 그리스도의 발자취를 따라 걸으십시오. 어린 양이 어디로 가든지 그를 따르십시오. 그를 모범과 본보기로 삼으십시오. 그러면 여러분은 안전하게 행하게 될 것이며, 길은 여러분을 "충만한 기쁨이 있는 그의 임재 앞으로" 데려다줄 것입니다. 엄격하게 자기를 통제하며 자기를 부인하며 자기를 십자가에 못 박지 않는다면, 거기에 진정으로 복되며 의로우며 고상하며 위대한 삶은 없을 것입니다. 그런 길에는 기쁨도 없을 것이며 자발성도 없을 것이라고 예단(豫斷)하지 마십시오. "내가 주의 법도들을 구하였사오니 자유롭게 걸어갈 것이오며"(시 119:45). 설령 여러 가지 장벽들이 있을지라도 그런 것들조차도 축복이 될 것입니다. 생명으로 인도하는 길은 좁은 길입니다. 왜냐하면 그것은 스스로를 제한하며 삼가는 길이기 때문입니다. 하늘의 도성으로 인도하는 가장 좁은 길을 걸어가는 것이 자기 마음대로 아무 곳이나 활개치고 돌아다니는 것보다 훨씬 더 낫습니다. 그들은 결국 목적지에 도달하지 못한 채 미로(迷路)에서 길을 잃고 말 것입니다. 자유는 '마음으로부터의 순종'과 '사랑으로 스스로를 제한하는 것'을 포함합니다.

3. 셋째로, 이러한 행로(行路)의 동기를 주목하십시오.

바울은 "그런즉 너희가 어떻게 행할지를 자세히 주의하여 지혜 없는 자 같이 하지 말고 오직 지혜 있는 자 같이 하라"고 말합니다. 다시 말해서, 그와 같이 스스로를 제한하는 가운데 최고의 목적을 위해 기회를 사서 그것을 사용하는 것이 유일한 참 지혜라는 것입니다. 만일 여러분이 잠깐이면 사라져버리고 말 저급한 목적들을 좇는다면, 어떻게 여러분이 어리석은 자라는 책망을 피할 수 있겠습니까? 주께서 오실 때 준비되지 않은 처녀들은 결국 어리석은 자로 드러나게 될 것입니다. 어느 날 여러분과 나는 "너희는 내가 준 생명을 가지고 무엇을 했느냐?"라는 질문을 받게 될 것입니다. 이런 질문 앞에 우리가 할 수 있는 대답이 "주여 나는 맨체스터에서 큰 사업을 벌였으며 많은 돈을 벌었나이다, 나는 그럴듯한 책을 저술하여 베스트셀러 작가가 되었나이다, 나는 가족을 부양했나이다" 등과 같을 뿐이라면, 우리가 듣게 될 말은 "어리석은 자여"라는 말뿐일 것입니다. 유일한 참 지혜는 우리의 인생에 부여된 목적과 합치되는 지혜입니다.

우리는 본문에서 또 하나의 동기를 발견합니다. "시간을 사라 때가 악하니라(Redeeming the time **because** the days are evil).” 본문의 “때”(혹은 “날들” the days)가 악하다는 특이한 표현을 주목하십시오. 그것은 달리 표현하면 이것입니다 — “우리는 우리 인생의 모든 날들에 부여된 목적들을 굳게 붙잡고 그것을 유효하게 하기 위해 부단한 노력을 기울여야 하느니라. 왜냐하면 그러한 날들이 그 자체 안에 우리를 참된 길로부터 이탈되게 만들며, 또 우리로 하여금 그것의 의미에 대해 눈멀게 만드는 성향을 가지고 있기 때문이니라.”

세상은 선과 악의 가능성들로 가득 차 있습니다. 한편으로 하나님을 섬기기 위한 “때”인 바로 그 날이 다른 한편으로 우리를 그분으로부터 멀어지게 만드는 “악한” 날이 될 수 있습니다. 만일 우리가 치열하게 노력하지 않는다면, 필경 그렇게 될 것입니다. 대양(大洋)을 항해하는 선원(船員)을 생각해 보십시오. 바다는 그를 항구까지 데려다 줄 것입니다. 그러나 출렁이는 물결 위로 사이렌의 노랫소리가 지친 선원을 멸망으로 유혹합니다(siren: 아름다운 노랫소리로 근처를 지나는 뱃사람을 유혹하여 파선시킨다는 그리스 신화에 나오는 바다의 요정). 이와 같이 “날들”(the days)은 우리를 하나님께 더 가깝게 데려다 줄 수 있지만, 그러나 만일 우리가 그러한 “날들”을 그 본래의 목적에 합치되도록 노력하지 않는다면, 그것은 도리어 우리를 멸망으로 이끄는 “악한” 날들이 될 것입니다.

여기에서 나는 마지막으로 또 하나의 동기를 제시하고 싶습니다. 그것은 본문에 직접적으로 언급되지는 않지만 그러나 **기회** 혹은 **때**의 개념 속에 내포되어 있는 동기인데, 즉 고상하며 높은 목적들의 때는 엄격하게 제한되어 있으며 한 번 지나간 것은 결코 돌이킬 수 없다는 사실입니다. 기회는 앞에만 머리카락이 있고 뒤는 대머리인 어떤 사람과 같습니다. 그러므로 기회는 반드시 앞에서 붙잡아야 합니다. 순간은 그 안에 놀라운 가능성을 내포하고 있습니다. 만일 우리가 그러한 가능성을 재빨리 움켜잡지 않는다면, 그것은 영원히 지나가버리고 말 것입니다.

엄청난 굉음을 내며 떨어지는 나이아가라 폭포를 생각해 보십시오. 그 떨어진 물을 다시 돌이킬 수 없는 것처럼 여러분은 지나간 기회 역시도 다시 돌이킬 수 없습니다. 지나간 기회들은 우리 인생행로에 마치 우리의 어리석음을 보여주는 기념비처럼 서 있습니다. 그러한 기회들 가운데 그 어떤 것도 다시 돌아올 수 없습니다. 인생은 "너무 늦었어!"로 가득합니다. 그러한 슬픈 탄식의 소리는 마치 폐허가 된 신전(神殿)을 지나가는 바람소리처럼 을씨년스럽게 울려 퍼집니다. "너무 늦었어! 너무 늦었어!" "게으른 자는 가을에 밭 갈지 아니하나니 그러므로 거둘 때에는 구걸할지라도 얻지 못하리라"(잠 20:4). 여러분의 삶을 새롭게 살기 시작하십시오. 하나님에 대하여 사는 것만이 참으로 사는 것입니다. 인생이 우리에게 주어진 것은, 우리로 하여금 예수 그리스도를 알고, 그를 믿으며, 그를 사랑하며, 그를 섬기며, 그를 닮아가도록 하기 위함입니다. 바로 이것이 영원히 사라지지 않을 진주입니다. 오늘이 과거의 수많은 헛된 날들의 하나가 되지 않도록 주의를 기울이십시오. 오늘이 우리를 하나님께 가까이 나아가도록 만드는 기회가 되게 하십시오. "보라 지금은 은혜 받을 만한 때요 보라 지금은 구원의 날이로다"(고후 6:2).

38
하나님의 전신갑주

"그러므로 하나님의 전신 갑주를 취하라 이는 악한 날에 너희가 능히 대적하고 모든 일을 행한 후에 서기 위함이라"
엡 6:13

본문으로부터 시작되는 군대의 은유는 바울의 마음속에 오래 전부터 깊이 각인되어 있었습니다. 그것은 그의 최초의 서신인 데살로니가전서에 상대적으로 불완전한 형태로 나타나는데, 거기에서 바울은 낮에 속한 자녀들에게 "믿음과 사랑의 호심경을 붙이고 구원의 소망의 투구를 쓰라"고 훈계합니다(살전 5:8). 그러다가 그것은 약간 변형된 형태로 로마서에 다시 나타나는데, 거기에서 바울은 "밤이 깊고 낮이 가까웠으니 그러므로 우리가 어둠의 일을 벗고 빛의 갑옷을 입자"고 말합니다(롬 13:12). 그러다가 이러한 은유는 본 옥중서신(즉 에베소서)에서 거의 완전하게 발전됩니다. 지금 바울은 감옥에 갇혀 있습니다. 아마도 그 앞에 로마 병사가 감시하고 있었을 것이며, 그의 모습은 여기의 바울의 묘사에 상당한 도움이 되었을 것입니다. 여기에서 바울은 "빛의 갑옷"인 기독교적 성품의 은혜들을 병사가 차고 있는 각종 군장(軍裝)으로 묘사합니다. 바울은 가장 통속적이며 폭력적인 도구들에다가 새로운 성격을 부여하는데, 본문으로부터 "하나님의 전신갑주"라는 위대한 그림이 시작됩니다.

1. 첫째로, 우리는 악으로부터의 특별한 공격의 때를 대비해야 합니다.

우리 대부분은 본문의 은유 기저에 있는 분명한 사실, 즉 모든 기독교적 삶은 곧 전쟁이며, 그러한 전쟁 속에 특별한 위기와 위험의 때가 있다고 하는 사실에 대해 그다지 심각하게 느끼지 못합니다. 본문의 "악한 날"을 전반적인 인생의 때로 해석하는 것은 본문의 전체적인 강조점을 놓치게 만듭니다. 모든 날들이 전쟁의 날들임에도 불구하고 비교적 조용한 기간이 있을 것입니다. 그러다가 모든 대포가 일시에 불을 뿜고 성벽 사면에 사다리들이 세워지는 날이 옵니다. 기나긴 겨울 동안에도 고요하고 따뜻한 날이 있을 것이지만, 그러나 혹독한 추위와 함께 눈보라가 휘날리는 날이 옵니다. 우리의 기독교적 성품에 있어서도 그와 같은 특별한 위험의 때가 찾아오게 됩니다. 기쁨과 형통도 시련과 역경만큼이나 그러한 날들을 오게 할 수 있습니다. 왜냐하면 바울에게 있어 "악한 날"은 특별히 도덕적이며 영적인 성품을 위협하는 날이기 때문입니다. 그리고 그것은 역경의 눈보라에 의해서 만큼이나 형통의 밝은 빛에 의해서도 손상을 받을 수 있습니다. 마치 한여름의 뜨거운 햇빛이 엄동설한의 눈보라만큼이나 치명적일 수 있는 것처럼 말입니다. 그런가 하면 그와 같은 "악한 날"은 또한 아무런 상황의 변화 없이도 올 수 있습니다.

어쨌든 이러한 "악한 날"은 대부분의 경우 갑자기 우리에게 다가옵니다. 어떤 사전고지나 예고도 없이 말입니다. 우리는 마치 갑자기 포격이 쏟아질 때까지 모닥불 주위에 편안히 둘러앉아 있는 병사들과 같습니다. 호랑이의 포효는 그것이 곧 달려들 것을 나타내는 첫 번째 표징입니다. 우리가 세상에 있다는 사실, 미래에 대한 우리의 무지, 불꽃이 당겨지기만을 기다리고 있는 가연성(可燃性) 물질들 — 이 모든 것들은 우리를 예기치 못한 공격 앞에 노출시키며 유혹은 마치 "밤의 도둑"처럼 갑자기 찾아옵니다. 어쨌든 "악한 날"이 반드시 올 것이기 때문에, 또 그날이 언제든 올 수 있기 때문에, 또 그날이 예기치 못하게 올 것이기 때문에, 우리는 그날을 위해 준비하라는 명령을 받습니다. 만일 도둑이 몇 시에 올 것인지 안다면, 집 주인은 깨어 있을 것입니다. 그렇지만 그는 도둑이 몇 시에 올는지 알지 못하기 때문에 계속해서 깨어 있어야 합니다.

2. 둘째로, 악한 날에 능히 대적하기 위해 우리는 그날이 오기 전에 무장(武裝)해야 합니다.

본문의 훈계의 주된 요점은 사전에 미리 준비하라는 것입니다. 적이 갑자기 공격해 올 때 허겁지겁 군장(軍裝)을 갖추려고 하는 것은 너무 늦습니다. 전쟁을 위한 기술과 지식을 배우기 위한 장소는 전쟁터가 아니라 훈련소입니다. 바사 군대가 바벨론으로 행군해 오고 있었던 바로 그 시간, 벨사살 왕은 잔치를 벌이며 술에 취해 있었습니다. 그리고 바로 그 날 밤 그는 죽임을 당했습니다. 한 나라의 역사에 큰 위기가 닥칠 때, 그때를 위해 미리 준비한 사람들은 곧바로 전선(戰線)으로 달려가 위기에 대처합니다. 만일 선원(船員)이 사전에 배 조종하는 방법을 충분히 숙지하지 않는다면, 폭풍이 몰아치고 암초가 나타날 때 그의 배는 결국 파선하고 말 것입니다. "불확실한 악"에 대해서까지 과도하게 예민할 필요는 없을 것입니다. 그러나 "확실한 악"은 아무리 주의 깊게 예상하고 준비한다 하더라도 결코 지나치지 않습니다.

이와 같이 미리 준비하는 방법이 본문에 상세하게 기술됩니다. 싸움이 시작되기 전에 전신갑주를 입어야 합니다. 전신갑주와 관련한 이어지는 세세한 묘사는 잠시 접어두고, 그와 같이 미리 준비하는 것은 다음과 같은 두 가지를 함축합니다. 첫째로 사전에 하나님의 진리에 정통하는 것과, 둘째로 기독교적 덕(德)들을 미리 훈련하며 연습하는 것. 전자와 관련하여 이어지는 문맥은 하나님의 말씀인 "성령의 검"을 들고 객관적인 진리인 "진리의 허리띠"를 띠라고 말합니다. 그리고 후자와 관련하여 바울이 가지고 있었던 주된 생각은 갑작스런 유혹에 가장 효과적으로 대적할 수 있는 방법이 다름 아닌 평소에 선을 행하는데 익숙해 있는 것이라는 것입니다. 이사야 선지자는 악을 행하는데 익숙한 자들이 선을 행하기를 배우는 것은 전적으로 불가능한 것으로 간주합니다. 마찬가지로 선을 행하는데 익숙한 자들이 악을 행하기를 배우는 것 역시 그에 못지않게 불가능합니다. 항상 하나님의 산의 맑은 공기 속에서 행하는 영혼은 쉽사리 유혹에 빠져 말라리아가 창궐한 죽음의 골짜기에 떨어지지 않을 것입니다. 기독교적 덕(德)들을 적극적으로 훈련하며 연습할 때, 유혹의 힘은 약해질 것입니다. 그러한 덕들로 가득 찬 영혼은 유혹이 틈타고 들어올 소지가 아주 적을 것입니다. 우리는 악의 달콤한 맛을 구역질나는 맛으로 느끼게 만드는 하늘의 입맛을 배워야 합니다. 이스라엘 백성들이 부추와 마늘의 거칠고 강렬한 맛에 굶주려 있었을 때, 그들은 만나의 연한 맛을 싫어했습니다. 마찬가지로 만나의 연한 맛에 익숙해질 때, 그들은 부추와 마늘의 강렬한 맛을 별로 찾지 않게 될 것입니다. 기독교적 덕들을 항상 실천하며 연습하는 자들의 영혼은 악에 대해 난공불락이 될 것입니다. 세상의 온갖 잡다한 일에 마음을 빼앗긴 자들은 마귀에 의해 쉽게 유혹을 받을 것입니다. 만일 우리의 삶이 악과 내적으로 그리고 은밀하게 뒤엉켜 있다면, 단지 손가락 하나 까딱하는 것만으로도 우리의 삶은 무너져 버릴 것입니다. 우리에게 있어 선을 행하는 고요한 기쁨에 익숙하게 되는 것은 충분히 가능한 일입니다. 그리고 그런 사람을 죄의 굴레에 떨어뜨리는 것은 거의 기적에 가까운 일이 될 것입니다.

3. 셋째로, 전신갑주로 무장하기 위해서는 우리는 먼저 그것을 하나님으로부터 받아야 합니다.

우리의 마음이 대부분 각종 습성들과 성향들로 이루어져 있다 할지라도, 그럼에도 불구하고 우리는 또한 그것들을 위로부터 받아야만 합니다. 그것은 "하나님의 전신갑주"입니다. 그러므로 우리는 그것을 입되, 우리 자신의 노력에 의해서가 아니라 하나님께 의존하여 그렇게 해야 합니다. 옛날에 사람들은 기사의 작위(爵位)를 받기 전에 예배당에서 밤샘을 하면서 어두운 시간 내내 자신의 갑옷을 바라보며 자신의 영혼을 하나님께 올려드려야 했습니다. 마찬가지로 만일 우리가 침묵 속에서 하나님께 나아가지 않는다면, 우리는 결코 빛의 갑옷을 입을 수 없을 것입니다. 오직 예수 그리스도와의 교제를 통해 우리는 우리 영혼의 병들을 격퇴시킬 수 있는 생명을 받습니다. 이와 같이 예수 그리스도께서 자신을 바라는 자들에게 나누어주시는 것은 그들의 약함을 도우시며 그들의 무방비의 벗은 몸을 갑옷으로 입혀주시는 성령입니다. 만일 우리가 악과 함께 그리고 우리 스스로 얻을 수 있는 무기로만 무장한 채 전쟁에 나간다면, 우리는 반드시 싸움에서 패배할 것입니다. 반대로 만일 우리가 지극히 높은 자의 은밀한 장소로부터 나간다면, 우리를 대적하는 어떤 무기도 우리를 넘어뜨리지 못할 것이며 우리는 우리를 사랑하신 자로 인해 넉넉히 이길 것입니다.

그러나 하나님으로부터 각종 무기들을 받기 위해 그분 앞에 나아가는 것은 전신갑주로 무장하기 위해 필요한 것의 일부에 불과합니다. 진리의 허리띠를 띠고, 의의 호심경을 붙이고, 복음의 신을 신고, 믿음의 방패를 들고, 구원의 투구를 쓰고, 성령의 검을 가져야 하는 것은 다름 아닌 우리 자신입니다. 옛날에 전신갑주는 오직 끈이나 죔쇠 등의 도움을 통해서만 입을 수 있었습니다. 그러나 우리는 우리 자신의 노력으로 하나님의 큰 은사를 옷 입어야 합니다. 만일 우리가 그렇게 하지 않는다면, 그 은사는 우리에게 아무 소용도 없는 것이며 진정한 의미에서 우리의 것이 아닙니다. 우리가 하나님을 의존하는 가운데 그분이 주시는 것을 기꺼이 받으려는 태도를 계속해서 유지하는 것은 작지 않은 노력을 요합니다. 그리고 이것이 없이는 어떤 은사도 우리에게 오지 않으며, 기독교적 덕들을 계속해서 실천하는 것은 더더욱 그렇습니다. 갑옷과 무기를 내팽개쳐 두고 싸움터로 달려가는 병사는 곧 죽음을 맞이하게 될 것입니다. 이와 같이 하나님이 주신 것에 대해 우리가 그것을 실제적으로 받아 사용하지 않는다면, 그것은 우리를 보호하는데 아무런 도움도 되지 못할 것입니다. 하나님이 우리에게 값없이 주시는 것을 받아서 우리 자신의 것으로 만드는 것은 얼마나 중요한 일입니까? 우리가 경험하는 많은 패배는 상당 부분 이에 기인합니다. 여러분의 지난날을 돌아보십시오. 그동안 여러분은 수많은 패배를 경험했을 것입니다. 그러한 패배는 대부분 다음과 같은 두 가지 이유 가운데 어느 하나 때문에 왔을 것입니다. 그 두 이유는 서로 밀접하게 연결되어 있는데, 하나는 우리 자신의 힘으로 싸우는 것이고, 다른 하나는 하나님이 주신 능력을 사용하지 않는 것입니다.

4. 넷째로, 악한 날에 능히 대적한다면, 우리는 모든 일을 행한 후 더욱 굳게 서게 될 것입니다.

만일 우리가 "악한 날에 능히 대적"할 수 있다면, 우리는 그 날이 지난 후에 더욱 굳게 "서게" 될 것입니다. 만일 우리가 싸움의 소용돌이에서 똑바로 선다면, 우리는 격렬한 순간이 지났을 때 더욱 확고하게 서게 될 것입니다. 굳세게 대적한 것에 대한 상급은 굳셈을 더하는 것입니다. 인디언들은 자신들이 쳐부순 적의 힘이 자신들에게 전가된다고 믿었습니다. 그와 같이 우리는 싸움을 통해 더 큰 힘을 갖게 될 것입니다. 다윗은 사울의 갑옷을 입지 않았습니다. 그의 말대로, 그것이 "익숙"하지 않았기 때문입니다. 그러므로 싸움에 나서는 그리스도인들은 미리 전신갑주에 익숙해져야 합니다. 하나님의 말씀은 오랜 세월 많은 사람들에 의해 시험되었으며, 그 모든 시험에 능히 섰습니다. 그러므로 우리는 우리에게 주어진 무기들이 정말로 훌륭하게 그 기능을 수행할 수 있는지에 대해 의심을 가질 필요가 없습니다.

본문은 일생 내내 우리가 갑작스런 공격의 위험 가운데 있게 될 것을 암시합니다. 그리고 악한 날에 능히 대적한다면 우리는 다음번의 공격에 더 잘 준비하게 될 것이라고 가르칩니다. 이 땅에서의 우리의 삶은 계속적인 전쟁 가운데 있으며, 또 마땅히 그래야 합니다. 어떤 싸움에서 이겼다고 하여 평화가 오는 것은 아닙니다. 이러한 싸움은 끝나지 않습니다. 페르시아의 구름떼 같이 많은 적들을 대적했던 일만 명의 그리스 병사들처럼, 우리는 산꼭대기에 올라가 "저기 바다가 있다!"라고 외칠 수 있게 될 때까지 결코 안전할 수 없습니다. 그러나 우리의 인생길이 이와 같이 계속해서 적들과 마주치는 길이라 할지라도, 우리에게는 그 모든 적들을 이기신 예수 그리스도가 계십니다. 그러므로 우리의 마음은 결코 낙망되지 않을 것입니다. 우리를 격려하시는 그의 음성을 듣기만 한다면 말입니다. "세상에서는 너희가 환난을 당하나 담대하라 내가 세상을 이기었노라"(요 16:33).

39
진리의 허리띠

"그런즉 서서 진리로 너희 허리띠를 띠고"

엡 6:14

본문은 그리스도인 병사가 평소에 취해야 할 통상적인 태도를 제시합니다. 아무리 많은 싸움에 참여했다 할지라도, 그는 항상 새로운 공격에 대비해야 합니다. 그는 내일은 또 내일의 몫을 가지고 있으며, 악한 날은 세상이 계속되는 한 언제든지 올 수 있다는 사실을 항상 기억해야 합니다. "하나님의 전신갑주를 취하라"는 일반적인 훈계에 뒤이어 나오는 구체적인 항목들은 본질적으로 병사가 자신의 자리에 나가기 전에 먼저 행해야 할 일을 언급하는 것입니다. 그는 먼저 충분한 군장(軍裝)을 갖추고 난 후 그 다음에 자신의 자리로 나가야 합니다. 전신갑주에 대한 모든 목록 가운데 우리는 공격무기는 오직 성령의 검 하나밖에 없다는 사실을 주목할 수 있습니다. 나머지는 모두 수비를 위한 것들입니다. 처음 언급된 허리띠는 전혀 무기가 아니지만 그러나 그것이 첫 번째로 언급된 것은 허리띠가 다른 모든 장비들을 제 위치에 있게 하고 그럼으로써 병사로 하여금 모든 장비를 자유롭게 사용할 수 있도록 만들어주기 때문입니다.

1. 첫째로, 만일 우리가 싸우고자 한다면, 우리는 먼저 허리띠를 단단히 졸라매야 합니다.

무엇인가를 위해 힘을 쓸 때 절대적으로 필요한 것은 힘의 긴장과 집중입니다. 이것은 큰 일에서나 작은 일에서나 동일합니다. 만일 운동경기에서 달음질하는 자가 잠깐 있다가 시들어 버릴 하잘것없는 월계관을 얻기 위해서도 자신의 모든 힘을 극한까지 집중시켜야만 한다면, 하물며 하늘의 영원한 면류관을 얻고자 하는 그리스도인이야 얼마나 더 그래야 하겠습니까? 펄럭거리는 옷은 길가의 각종 장애물들에 걸릴 것입니다. 이와 같이 띠로 묶이지 않은 영혼은 필경 그 행로에 많은 방해와 훼방에 부딪히게 될 것입니다. 무슨 일이든 성공의 비결은 그 한 가지에 집중하는 것입니다. 그와 같이 만일 우리가 악에 물들지 않고자 하면, "허리에 띠를 띠고 등불을 켜고 서 있으라"는 예수 그리스도의 명령에 순종하는 것이 필수불가결합니다(눅 12:35). 이것이 없이는 이어지는 다른 명령들은 무의미합니다. 자신의 생각과 마음을 한 곳에 집중시키지 못하고 사방으로 분산시키는 사람들은 인생의 싸움에서 결코 승리하지 못할 것입니다. 강물이 폭이 넓은 지역을 흐를 때를 생각해 보십시오. 물은 사방으로 분산됨으로써 아무런 힘도 갖지 못합니다. 그러나 좁은 협곡을 흐를 때는 그 모든 물의 흐름이 한 곳에 집중됨으로써 강력한 힘을 발휘하게 됩니다. 이와 같이 전신갑주와 관련한 이어지는 여러 훈계들이 효과를 발휘하고자 하면, 먼저 우리 자신을 허리띠로 단단하게 졸라매는 것이 필요합니다.

어쩌면 지금 바울의 생각 속에 앞에서 인용한 "허리에 띠를 띠고 등불을 켜고 서 있으라"는 우리 주님의 말씀이 자리 잡고 있었는지도 모릅니다. 어쨌든 바울은 이 부분에 있어 다음과 같이 말하는 그의 형제 베드로와 완전히 일치합니다. "그러므로 너희 마음의 허리를 동이고 근신하여 예수 그리스도께서 나타나실 때에 너희에게 가져다 주실 은혜를 온전히 바랄지어다"(벧전 1:13). 물론 베드로는 여기에서 병사의 허리띠를 생각하고 있지 않았습니다. 그러나 틀림없이 그는 고기잡이배에서 노를 젓는다든지 혹은 그물을 던지는 등의 수고를 할 때에는 반드시 허리띠를 단단히 졸라매야 한다는 사실을 생각하면서, 만일 그리스도인이 근신하여 예수 그리스도의 은혜를 온전히 바라고자 하면 반드시 이와 같은 '마음의 허리띠를 졸라맴으로 인한 힘의 집중' 이 필요하다고 느꼈을 것입니다.

2. 둘째로, 허리띠는 진리(truth)를 의미합니다.

여기에서 진리가 복음의 객관적인 진리를 의미하는 것인지 혹은 주관적인 진실함을 의미하는 것인지 하는 질문이 즉각적으로 제기될 것입니다. 이 가운데 첫 번째 것은 "하나님의 말씀"을 의미하는 성령의 검에 해당되는 것으로 간주하는 것이 나을 것으로 생각됩니다. 그렇게 본다면 본문의 "진리"는 고린도전서 5장 8절의 "이러므로 우리가 명절을 지키되 오직 순전함과 **진실함**의 떡으로 하자"나 고린도전서 13장 6절의 "불의를 기뻐하지 아니하며 **진리와 함께** 기뻐하고"나 요한삼서 1장 1절의 "장로인 나는 사랑하는 가이오 곧 내가 **참으로** 사랑하는 자에게 편지하노라"와 같은 구절에서 사용된 것처럼 이해하는 것이 가장 좋을 것으로 여겨집니다. 절대적인 순전함과 투명한 진실함은 다른 모든 기독교적 덕과 은혜들을 묶는 띠입니다.

우리는 기독교적 생명력을 손상시키는 것을 찾고자 온 세상을 뒤지고 다닐 필요가 없습니다. 심지어 가장 경건한 예배에서조차 겉치레로 꾸민다든지 혹은 사실 이상으로 과장되게 말하는 것을 찾기 위해서는 우리 자신의 경험을 살피는 것으로 충분합니다. 그러면 우리는 모든 기독교 공동체에 외식(外飾)적인 기도의 요소가 있으며, 신앙적 감정을 표현하는 데에도 사실 이상의 많은 과장이 있음을 인정할 수밖에 없게 될 것입니다. 정말로 인정하기 두려운 일이지만, 어쨌든 오늘날의 평균적인 기독교에 이와 같은 절대적인 순전함과 투명한 진실함이 부족한 것은 분명한 사실입니다. 특별히 감정을 많이 자극하는 교파는 이러한 위험에 더 크게 노출됩니다. 그러나 그렇지 않은 교파라 하여 이러한 위험으로부터 면제되는 것은 아닙니다. 오늘날 우리 모두는 "하나님은 외적인 부분에서 진실함을 바라신다"는 사실을 크게 명심해야 합니다. 영국의 한 도덕주의자는 지혜를 얻는 첫째 조건이 "외식(外飾)의 마음을 씻어버리는 것"이라고 말했는데, 그의 생각은 본문에 나타난 바울의 관점과 크게 다르지 않습니다.

이러한 절대적인 순전함은 얻는 것도 어렵지만 그러나 유지하는 것은 더 어렵습니다. 기독교에서 외식(外飾)은 얼마나 가증한 것으로 받아들여집니까? 그러나 그것은 우리 모두에게 너무도 쉽게 찾아올 수 있습니다. 그리고 그것이 일단 우리에게 들어오면, 그것은 속히 퍼지면서 모든 것을 망쳐 놓습니다. 로마 병사의 전신갑주를 생각해 보십시오. 각각의 장비는 허리띠에 의해 제 위치에 고정되게 됩니다. 만일 허리띠가 풀어지거나 혹은 아무렇게나 매여지면, 가슴을 보호하는 호심경(護心鏡)은 제 위치에 있지 못하게 될 것입니다. 이와 같이 먼저 진실함의 덕이 든든하게 세워질 때 비로소 이어지는 다른 모든 은혜들이 제 역할을 감당할 수 있게 될 것입니다. 진실함이 손상될 때 의와 믿음 역시 약화될 것입니다. 반대로 의식적으로 계속해서 진실함을 유지할 때 전인(全人, whole man)은 강해질 것입니다. 진실함의 허리띠로 단단히 동여맬 때, 우리의 힘은 증가될 것입니다. "온전하게 매는 띠"는 물론 "사랑"입니다(골 3:14). 그러나 만일 우리가 진실함으로 허리를 단단히 묶지 않는다면, 우리는 그와 같은 "온전하게 매는 사랑의 띠"를 결코 매지 못할 것입니다.

어쩌면 여기의 바울의 생각 속에 이사야 선지자가 말한 "이새의 줄기에서 나오는 가지"의 위대한 환상이 자리 잡고 있었는지도 모릅니다(사 11:1). 그런데 이사야는 그 위에 여호와의 영이 임하며(2절), 그가 "**성실**로 자기 몸의 띠를 삼을" 것이라고 말합니다(5절). 여기에서 "**성실**"(faithfulness)로 번역된 단어는 에베소서 본문에 "**진리로**"(with truth)로 번역된 단어와 같은 단어입니다. 어쨌든 이사야 선지자가 장차 도래할 메시야 속에서 보았던 것을 바울은 그 왕의 모든 백성들에게 반드시 있어야 할 것으로 보고 있습니다.

3. 셋째로, 우리의 진실함은 하나님의 진리의 역사(役事)입니다.

나는 앞에서 본문의 "진리"가 주관적인 진실함을 의미하는 것인지 혹은 객관적인 진리를 의미하는 것인지 하는 질문이 제기될 수 있음을 지적했지만, 그러나 사실 이러한 두 해석은 하나로 종합될 수 있습니다. 왜냐하면 전자 즉 "진실함"을 만들어내는 주된 요소가 후자 즉 "진리"를 올바르게 사용하는 것이기 때문입니다. 옛 시편 기자는 자신을 죄로부터 지켜주는 것이 다름 아닌 "주의 말씀을 자기 마음에 두는 것"이라고 고백합니다. "내가 범죄하지 아니하려 하여 주의 말씀을 내 마음에 두었나이다"(시 119:11). 그러한 말씀은 인생을 뒤흔드는 강력한 동기들을 만들어냅니다. 말씀은 최고의 목적을 제시하는데, 그것은 하나님의 자녀들이 하나님을 본받는 것입니다. 말씀은 분명한 방향을 보여주며, 순례자의 길을 밝힙니다. 말씀은 최고의 약속들을 제시하며 동시에 그러한 약속들이 성취되는 것을 보여줍니다. 만일 우리가 하나님의 진리를 우리의 것으로 삼는다면, 그리고 그것을 일상의 세세한 삶 속에 진지하게 적용시키며 우리의 전체 자아를 그 앞에 순복시킨다면, 우리는 진실하게 될 것이며 또한 모든 악으로부터 본능적으로 움츠리게 될 것입니다. 만일 우리가 예수 안에 있는 진리를 알고 그 안에서 행한다면, 그 진리는 우리를 자유롭게 할 것입니다. 만일 우리가 "참되신 자 곧 그의 아들 예수 그리스도" 안에 있다면, 우리 안에 계시며 또 우리와 함께 계신 그 진리가 영원히 우리를 진실하게 만들 것입니다.

말씀으로 채워지고 말씀에 의해 지배되는 마음속에는 외식(外飾)이 들어올 여지가 없을 것입니다. 그러한 영혼은 외식의 냄새를 풍기는 모든 것에 대해 본능적인 혐오감을 가질 것이며, 말씀이 가진 최고의 보화는 겉으로 꾸미는 것이 아니라고 느낄 것입니다. 우리 마음속에 있는 하나님의 의는 감추어져서는 안 됩니다. 그것을 드러내는 것이 우리의 의무입니다. 그러나 우리 안에 있는 그의 말씀은 감추어져야 합니다. 우리는 하나님을 아는 지식의 향기를 모든 장소에 나타내도록 노력해야 합니다. 그러나 동시에 우리는 우리 마음속에 은밀한 장소가 있다는 사실과 함께 그곳의 장막을 함부로 걷음으로써 세상으로 하여금 무심코 들여다보도록 해서는 안 된다는 사실도 기억해야 합니다. 어느 누구도 우리 영혼이 우리 안에 내주하시는 그리스도와 은밀한 교제를 나누는 것을 엿보아서는 안 됩니다. 비록 그러한 교제의 축복된 결과를 모든 사람에게 나타내는 것이 우리의 의무라 하더라도 말입니다.

우리 안에 '완전한 진실함'이라는 최고의 덕이 심겨지고자 한다면, 우리는 하나님의 진리를 받고 그 진리의 권능 앞에 순복해야 합니다. 우리의 마음과 생각은 많은 시간의 묵상과 반성에 의해 하나님의 진리로 젖어져야 합니다. 우리가 하나님의 진리를 묵상할 때, 그것은 마치 향유처럼 그 아름다운 향기를 우리의 모든 성품 위에 뿌릴 것입니다. 또 우리는 우리의 모든 기분과 열망과 상황들을 하나님의 진리의 정확무오한 표준 앞에 가져가 과연 그것들이 합당한지 그렇지 않은지 시험해야 합니다. 그리고 우리 삶의 모든 순간에 하나님의 진리의 인도를 기꺼이 받아들여야 합니다. 실제적으로 진리를 붙잡고 있으면서도 그러나 우리를 진실하게 만드는 그것의 능력에 대해서는 아무것도 알지 못하는 혹은 거의 알지 못하는 사람들이 너무나 많습니다.

만일 하나님의 진리가 우리에게 정말로 유효한 것이 되고자 하면, 우리는 그것을 지금 우리의 것으로 삼고 있는 것보다 훨씬 더 깊은 의미로 우리의 것으로 삼아야 합니다. 우리 중 너무도 많은 사람들에게 진리의 허리띠는 대충 매여 있든지 아니면 상당 부분 풀어져 있습니다. 우리가 진리 안에 거하지 않기 때문에, "진리가 우리 안에 없는" 일이 생깁니다. 우리는 여기에서 "진실함"이라고 하는 모든 기독교적 진보가 의존하는 한 가지 조건을 보게 됩니다. 만일 우리가 부주의하게 진리의 허리띠를 느슨하게 하면서 우리의 삶 속에 외적인 꾸밈의 유혹이 들어오도록 내버려 둔다면, 우리는 즉시로 외식(外飾)과 사소한 불성실 사이의 분기점에 서게 될 것입니다. 복음 안에 있는 하나님의 진리는 속사람을 깨끗하게 하지만, 그러나 그것은 우리 자신의 노력과 함께 이루어집니다. 그렇기 때문에 우리에게 "하나님을 두려워하는 가운데서 거룩함을 온전히 이루어 육과 영의 온갖 더러운 것에서 자신을 깨끗하게 하자"는 말씀이 주어집니다(고후 7:1).

40
의의 호심경

"의의 호심경을 붙이고"
엡 6:14

여기의 문맥 전체에서 바울 사도가 이사야 59장의 위대한 말씀을 생각하고 있었다는 것은 의심의 여지가 없습니다. 거기에서 이사야는 주를 압제받는 신실한 백성들을 구원하기 위해 스스로 무장하고 구속자로서 시온에 오시는 분으로서 묘사합니다. 그렇게 하기 위해 주는 호심경인 의를 입습니다(사 59:17, "의를 호심경으로 삼으시며" — 한글개역개정판에는 "공의를 갑옷으로 삼으시며"로 되어 있음). 다시 말해서, 하나님은 자기 백성을 구원하러 오시면서 번쩍거리는 의의 갑옷을 입은 것처럼 스스로를 나타내십니다. 바울은 같은 은유를 "하나님을 본받는 사랑하는 자녀들"에게 적용시키기를 조금도 주저하지 않습니다. 그는 그들 역시도 각각 겸손과 겸비의 분량에 따라 빛나는 의의 갑옷을 입게 될 것이라고 말합니다. 이러한 의는 우리의 성품과 행동 속에 나타나는데, 그것은 마치 호심경(護心鏡: 갑옷의 가슴에 붙이는 호신용 구리 조각)처럼 심장과 같은 우리 몸의 중요한 장기들을 적의 치명적인 공격으로부터 보호해 줍니다.

우리는 바울이 여기에서 기독교적인 성품과 행동 전체를 한 단어로 요약하는 것을 주목해야 합니다. 그 모든 것은 "의"라는 하나의 단어로 표현될 수 있으며, 그것은 성급한 일반화도 아니며 조급한 종합도 아닙니다.

모든 죄가 그 뿌리에서 하나인 것처럼, 모든 선 역시도 그 뿌리에서 하나입니다. 죄의 뿌리는 자신에 대하여 사는 것(living to oneself)이며, 선의 뿌리는 하나님에 대하여 사는 것(living to God)입니다. 이러한 양 극단이 서로 발전되는 정도도 무한하며 그 나타나는 형태도 셀 수 없을 정도로 많지만, 그러나 그 각각의 뿌리는 같습니다.

바울은 "의"를 그리스도인 병사가 그것을 입기 전에 이미 현존해 있는 것으로 생각합니다. 이와 관련하여 우리는 본문의 은유를 무턱대고 받아들일 것이 아니라 그것을 신약 전체의 가르침과 조화되도록 받아들여야 합니다. 신약은, 자신에 대하여 살았던, 즉 죄에 대하여 살았던 영혼이 하나님에 대하여 사는 것, 즉 의를 얻을 수 있는 유일한 길을 분명하게 제시합니다. 만일 우리가 하나님으로부터 말미암는 그리고 예수 그리스도를 통해 우리의 것이 되는 "의"를 소유하고자 하면, 우리는 그것을 받아야 합니다. 의는 죄 가운데 있는 사람들에게 아름답지만 그러나 결코 도달할 수 없는 이상(異像, vision)처럼 빛납니다. 그것은 실제적으로 현존합니다. 그러나 그것은 스스로의 수고로 얻어지는 것이 아니라 받는 것입니다.

우리는 그러한 현존하는 의를 입어야 합니다. 성경의 다른 곳에서 그것은 의의 예복으로 표현됩니다. 여기에서는 호심경으로 표현되는데, 예복이든 호심경이든 입는다는 혹은 착용한다는 개념에서는 동일합니다. 이와 같이 현존하는 의를 입는 것은 예수 그리스도를 믿는 단순한 믿음으로 이루어집니다. 믿음을 가진 자는 그로 인해 의를 갖게 됩니다. 믿음 속에는 하나님을 의지하는 새로운 원리가 담겨 있는데, 바로 이것이 그의 성품과 행동을 "사랑할 만하며 칭찬할 만한" 것으로 변화시킵니다. 믿음으로 말미암는 그러한 의는 단순히 불의한 자를 의로운 자로 법정적으로 선언하는 것에 멈추지 않습니다. 과거의 모든 죄가 용서되고 잊혀짐과 함께, 그의 행동을 실제로 의롭게 만듭니다. 설령 많은 시간이 걸린다 하더라도 말입니다. 믿음은 우리 자신의 의의 공로를 버리고 예수 그리스도의 공로를 의지하는 것입니다. 우리가 믿음으로 마음 문을 열 때, 그곳에 예수 그리스도 안에 있는 생명의 모든 힘들이 심겨집니다. 만일 그리스도가 우리 안에 있다면, 우리의 영은 의로 인해 삽니다. 설령 몸은 여전히 "죄로 인해 죽어" 있을 수 있다 할지라도 말입니다.

그러나 호심경을 붙이는 것은 우리의 믿음을 요구하는 것과 마찬가지로 또한 우리의 노력을 요구합니다. 그리고 우리의 믿음이 강렬할수록 우리의 노력 또한 강렬해질 것입니다. 다시 말해서, 믿음의 분량과 노력의 분량은 비례할 것입니다. 그러나 노력은 믿음에 선행하거나 혹은 그것을 밀어내지 않고 도리어 그것을 뒤따릅니다. "의의 호심경을 붙이라"는 본문의 훈계가 단지 그것만 홀로 제시될 뿐이라면 이것보다 더 맥 빠지는 훈계도 없을 것입니다. 어떤 사람에게 "호심경을 붙이라"고 충고하면서, 그러나 그것을 어디에서 찾을 수 있는지 알려주지 않는다면, 그러한 충고가 도대체 무슨 유익이 있겠습니까? 사람들에게 "선한 자가 되라"고 외치는 것보다 더 무익한 수고가 어디에 있겠습니까? 복음의 선포 없이 단지 도덕만을 가르치는 것은 헛된 수고 외에 아무것도 아닙니다.

모든 그리스도인 병사들은 항상 본문의 훈계를 명심해야 합니다. 그들은 적의 나라를 행진하고 있는 중이며, 따라서 갑옷을 벗어서는 안 됩니다. 승리한 후 뿐만 아니라 패한 후에도 우리는 여전히 새로운 싸움을 위해 스스로를 무장해야 합니다. 그리고 우리는 바울이 말하는 의가 세상의 일반적인 도덕과 다르다는 사실을 기억해야 합니다. 전자는 후자를 포함하면서 동시에 초월합니다. 그럼에도 불구하고 기독교적 의가 많은 그리스도인들에 의해 일상적인 삶과 유리된 비현실적인 것처럼 제시되어 왔던 것은 분명한 사실입니다. 예수 그리스도 자신이 우리에게 "너희 의가 서기관과 바리새인보다 낫지 아니하면 너희가 결단코 천국에 들어가지 못하리라"라고 경고한 사실을 잊지 마십시오. 큰 동심원 속에는 작은 동심원이 포함되는 것입니다.

의의 호심경은 우리를 악으로부터 보호해 줍니다. 유혹에 대항하는 가장 좋은 방법은 적극적으로 선을 계발하는 것입니다. 우리가 의의 행동을 계속해서 실천할 때, 그 자체가 유혹으로부터 우리를 보호해 줄 것입니다. 갈지 않은 밭에는 잡초가 많이 자라는 법입니다. 매일같이 사용하는 쟁기는 녹이 슬지 않으며, 흐르는 물에는 이끼가 끼지 않습니다. 의의 예복은 갑옷처럼 우리의 심장을 효과적으로 보호해 줄 것입니다. 적극적으로 선을 실천하는 것은 유혹을 약화시키며 우리를 악에 대해 무장시켜 줍니다. 그렇지만 이 땅에 있는 한 우리는 항상 의의 호심경을 붙이고 있어야 합니다. 우리는 적과 마주칠 때를 대비하여 항상 무장하고 있어야 합니다. 왜냐하면 적들이 항상 우리 주변을 배회하면서 우리를 공격할 기회를 엿보고 있기 때문입니다. 그러나 마침내 우리가 호심경을 벗고 최고의 의의 형태인 "희고 깨끗한 세마포 옷"을 입을 때가 올 것입니다.

41
병사의 신

"평안의 복음이 준비한 것으로 신을 신고"

엡 6:15

우리는 바울의 이와 같은 기독교적 전신갑주의 상징의 원형을 그의 첫 번째 서신인 데살로니가전서에서 발견할 수 있습니다. 그리고 그것은 여기에서 완성됩니다. 바울은 지금 감옥에 갇혀 있는데, 아마도 그 앞에 그를 감시하는 로마 병사가 서 있었을 것입니다. 우리는 바울이 에베소서를 기록하고 있는 동안 앞에 서 있는 로마 병사의 모습이 전신갑주의 상징을 구성하는데 상당한 영향을 끼쳤을 것이라고 쉽게 짐작할 수 있습니다. 어쨌든 여기에서 우리는 공격용 무기는 오직 "성령의 검" 하나만 언급된 것에 주목할 필요가 있습니다. 나머지 모든 것들은 수비를 위한 것들입니다 — 투구, 호심경, 방패, 허리 띠, 신. 다시 말해서 여기의 문맥은 우리의 싸움의 주된 부분이 우리가 가진 것을 지키며, 수비하며, 대적하는 것임을 가르쳐줍니다. "네가 가진 것을 굳게 잡아 아무도 네 면류관을 빼앗지 못하게 하라"(계 3:11).

본문의 어법(語法)은 본문의 의미를 정확하게 파악하는 것을 매우 어렵게 만듭니다. 여기에서 어떤 것을 준비하는 과정을 의미하는 "준비"(preparation)로서보다 준비된 자의 마음상태를 의미하는 "준비됨"(preparedness)으로 읽을 때, 본문은 훨씬 더 이해하기 쉬운 것이 될 것입니다(KJV 본문은 다음과 같음: And your feet shod with the **preparation** of the gospel of peace). 이와 관련하여 우리는 전치사 "of"가 여기에서 사용된 두 경우에 각각 서로 다른 관계를 표현하는 역할을 한다는 사실을 주목해야 합니다. 첫째 경우인 "복음의 준비됨"(preparedness **of** Gospel)은 그 준비됨의 기원을 언급합니다. 그와 같은 준비됨의 상태는 그리스도의 복음으로부터 옵니다. 둘째 경우인 "평안의 복음"(the Gospel **of** peace)은 그 "복음"의 결과를 언급합니다. 그리스도의 복음은 평안을 줍니다. 그러므로 우리는 병사들이 신고 있는 신이 다름 아닌 영의 준비됨, 즉 사람에게 마음의 평안과 하나님과의 평안을 가져다주는 복음을 소유하는 것으로부터 오는 당당함을 의미하는 것이라는 사실을 알 수 있습니다. 이러한 신을 신으므로 병사들은 자기 앞에 무엇이 다가오든 견고하게 서 있을 수 있었습니다.

1. 첫째로, 복음은 평안(peace)을 가져다줍니다.

어쩌면 지금 이 글을 기록하는 바울의 생각 속에 이사야 선지자의 다음과 같은 말씀이 메아리치고 있었는지도 모릅니다. "좋은 소식을 전하며 평화를 공포하며 복된 좋은 소식을 가져오며 구원을 공포하는 자의 산을 넘는 발이 어찌 그리 아름다운가"(사 52:7). 그러나 지금 바울의 생각 속에는 이와 같은 옛 선지자의 말씀을 무의식적으로 인용하는 것 이상의 훨씬 더 큰 어떤 것이 있었습니다. 왜냐하면 바울에게 있어 사람을 우주와 조화롭게 하며 자신과 더불어 화평케 하는 하나의 힘은 하나님이 그와 화평케 되었다고 선포하는 힘이기 때문입니다. 예수 그리스도가 우리의 화평(peace)인 것은 그가 인간의 마음을 요동케 하는 모든 쓴 뿌리를 제거하셨기 때문입니다. 복음은 가장 깊은 의미의 평안인 하나님과의 평안을 가져다줍니다. 그리고 그러한 평안으로부터 다른 모든 종류의 평안과 평온과 안식이 옵니다.

그러나 여기에서 우리의 주의를 가장 크게 잡아끄는 것은 복음이 평안을 가져다준다는 축복된 개념이 전쟁의 표상 한가운데 나타나고 있다는 사실입니다. 그렇습니다. 복음은 두 가지를 함께 가져다줍니다. 복음은 먼저 우리에게 평안을 가져다줍니다. 그러고 난 후 우리에게 이렇게 말합니다. "너희 마음속에 평안이 임했으니 이제 그것을 지키기 위해 나가서 싸워라." 만일 우리가 마귀와 평화를 이루고 있다면, 우리는 하나님과 싸우고 있는 것입니다. 그러므로 평화와 전쟁의 두 상태는 함께 갑니다. 평화 속에는 싸움이 있는 법입니다. 그것을 지키기 위한 싸움이 없다면 진정한 평화도 없습니다. 복음이 "평화의 복음"인 것은 그것이 우리를 그리스도의 군대로 편입시켜 우리로 하여금 그리스도의 싸움을 싸우도록 보내기 때문입니다.

그러므로 사랑하는 성도 여러분, "지식에 넘치는 하나님의 평안"을 실현하며 유지하는 유일한 방법은 우리가 그리스도의 병사들로서 그리스도의 싸움에 남자답게 참여하는 것입니다. 평화와 전쟁이라는 두 상태는 서로 상반되는 것처럼 보이지만 그러나 하나로 통합됩니다. 바로 이것이 그리스도인의 삶의 역설입니다. 그것은 그리스도인의 삶의 모든 영역에서 도무지 양립할 수 없으며 모순되는 것들을 양립시키며 하나로 종합합니다. "우리는 속이는 자 같으나 참되고 무명한 자 같으나 유명한 자요 죽은 자 같으나 보라 우리가 살아 있고 징계를 받는 자 같으나 죽임을 당하지 아니하고 근심하는 자 같으나 항상 기뻐하고 가난한 자 같으나 많은 사람을 부요하게 하고 아무 것도 없는 자 같으나 모든 것을 가진 자로다"(고후 6:8-10). 이와 같이 우리는 격렬한 싸움 속에서도 완전한 평화를 누립니다. 왜냐하면 우리의 영혼이 하나님 안에 머물러 있기 때문입니다. 하나님과 친구가 됨으로 말미암아 오는 평화, 마음에 참된 만족과 평온을 가져다주는 평화, 양심에 어떤 거리낌이나 쏘는 것도 남기지 않는 평화 — 바로 이러한 평화가 복음이 가져다주는 평화이며, 그것은 전쟁 안에서 실현되며, 전쟁과 함께 양립됩니다. 세상의 모든 군대는 비록 요새 주위에 진을 칠지라도 격렬한 싸움의 소리로 진동하며 요동할 것입니다. 그러나 복음의 요새 안에 진을 진 그리스도의 병사들에게는 비록 싸움의 한가운데서도 마치 예배당의 은은한 종소리와 같은 참된 평온이 있습니다. 이와 같이 복음은 우리에게 평화와 전쟁을 동시에 가져다줍니다. 평화가 유지되기 위해 전쟁이 따라야 하며, 전쟁의 한가운데서도 참된 평화가 있습니다.

2. 둘째로, 이러한 평안의 복음은 우리를 행군을 위해 준비시킵니다.

지혜로운 장군은 병사들의 신을 살핍니다. 만일 신이 다 떨어져버렸다면, 나머지 모든 것들은 아무 소용없습니다. 길은 멀고 험합니다. 그러므로 강력하고 튼튼한 신이 필요합니다. 신의 뒤꿈치나 앞부분에 조그만 쇳조각이라도 튀어나와 있다고 생각해 보십시오. 이것보다 더 나쁜 것이 무엇이겠습니까? "네 신은 철과 놋이 될 것이라." 이런 신을 신고 어떻게 병사로서의 역할을 감당할 수 있겠습니까? 이것은 우리에게 "하나님 안에서 누리는 평온한 마음이 우리의 모든 행로(行路) 앞에 준비되어야 하며, 그럴 때 비로소 우리는 앞으로 전진할 수 있다"는 사실을 가르쳐줍니다.

평온한 마음은 발을 가볍게 만들어 줍니다. 하나님과 평화하며, 모든 요동하는 것들로부터 벗어나 평온 가운데 거하는 자는 자신의 의무가 무엇인지 알 수 있게 될 것입니다. 그는 자신의 나아갈 길과 관련하여 바로 앞에 있는 길뿐만 아니라 먼 길까지도 알게 될 것입니다. 우리의 눈이 요동함 가운데 혼돈되어 있다면 이것은 불가능할 것입니다. 왜냐하면 그때 우리 마음은 요란하게 쿵쾅거리며 우리 자신의 바람과 뜻이 하나님의 뜻을 가릴 것이기 때문입니다. 그러나 만일 우리가 스스로를 포기하면, 모든 것은 명백하게 드러날 것입니다. 마치 맑게 갠 가을하늘처럼 말입니다. 그러면 우리는 멀리까지 보게 되고, 우리가 어디로 가야 하는지 알게 될 것입니다.

고요한 마음을 가질 때 우리는 모든 힘을 기울여 우리의 일을 수행할 수 있게 됩니다. 요동하는 마음은 결코 그렇게 할 수 없습니다. 왜냐하면 요동하는 마음의 에너지는 수백 가지 일로 분산되기 때문입니다. 그러나 우리가 예수 그리스도와 고요한 교제 가운데 있을 때, 우리는 우리의 에너지 전체를 우리의 통제 아래 놓을 수 있으며 그 모든 에너지를 그를 위한 일에 투입할 수 있게 됩니다. 증기기관은 매우 불완전한 기계장치로 일컬어집니다. 왜냐하면 전체 에너지 가운데 절반 이상의 에너지를 그냥 허비하기 때문입니다. 이것은 많은 그리스도인들에게 있어서도 같습니다. 그들은 능력을 가지고 있습니다. 그러나 그들은 본문이 말하는 깊은 의미의 하나님의 평온으로부터 너무나 멀리 떨어져 있음으로써 자신들이 가진 능력 가운데 너무도 많은 부분을 허비해 버립니다. 그러므로 만일 우리가 "항상 준비되어" 있고자 한다면, 그렇게 하는 유일한 길은 "평안의 복음이 준비한 것으로 신을 신는" 것입니다. 성도 여러분, 마지못해 이행하는 의무는 진정한 의미에서 의무를 이행하는 것이 아닙니다. 우리는 그 일에 우리 자신을 즐거이 던져야 하며, 주의 온전한 뜻을 위해 항상 준비되어 있어야 합니다.

몇 해 전에 죽은 한 영국 장군이 있었습니다. 어느 날 그는 사령부로부터 부름을 받고 다음과 같은 질문을 받았습니다. "전선(戰線)으로 갈 준비를 갖추는데 얼마나 걸리겠소?" 이러한 질문에 그는 "30분이면 충분합니다"라고 대답했습니다. 그리고 45분 후에 그는 전선으로 출발하는 열차에 올라타 있었습니다. 바로 이것이 우리가 항상 취하고 있어야 할 모습입니다. 그러나 만일 우리가 항상 하나님과 더불어 평온한 교제 가운데 있지 않는다면, 또한 하나님의 아들의 보혈을 통하여 하나님과 화평하였다는 깊은 믿음 가운데 있지 않는다면, 우리는 결코 그렇게 하지 못할 것입니다. 고요한 마음은 우리로 하여금 의무를 위해 준비되도록 만듭니다.

3. 셋째로, 평안의 복음은 우리를 싸움을 위해 준비시킵니다.

고대 전쟁에서 싸움의 승패는 상당 부분 거기에 투입된 병사들의 무게의 총량에 의해 결정되곤 했습니다. 따라서 병사들이 크고 몸무게가 많이 나갈수록, 그리고 그들이 더 무거운 신을 신고 있을수록 이길 확률이 높았습니다. 오늘날의 과학적인 싸움 방식에서는 그렇지 않지만, 그러나 고대 전쟁에서는 적이 한 덩어리로 뭉쳐 힘으로 밀 때 병사들이 굳게 서서 그것에 저항하는 것이 매우 중요했습니다. 만일 우리의 발이 굳게 서지 못한다면, 우리는 적의 예기치 않은 공격으로 인해 흔들리며 요동할 것입니다.

발이 굳게 서기 위해서는 두 가지가 필요합니다. 첫째는, 질퍽거리거나 빠지지 않는 단단한 땅이며, 둘째는 좋은 신입니다. 그리스도는 우리의 발을 반석 위에 놓으셨으므로 첫 번째 요소는 만족되었습니다. 그러므로 남은 것은 두 번째 요소입니다. 만일 우리가 우리 마음속에 평안을 가져다주는 복음을 굳게 붙잡는다면, 복음이 가져다주는 평안이 우리로 굳게 서서 적의 밀어붙이는 힘에 대해 요동치 않게 만들어줄 것입니다. 성도 여러분, 어떤 상황에서도 요동하지 않으며 흔들리지 않기를 바랍니까? 오직 "평안의 복음이 준비한 것으로 신을 신을 때만" 여러분은 그렇게 할 수 있습니다.

여러분을 예수 그리스도로부터 끊어내려고 하는 대부분의 유혹들과, 여러분의 발을 요동치며 흔들리게 만드는 대부분의 일들은 예기치 못하게 갑자기 다가올 것입니다. 이 세상에서 예기치 않게 일어나는 일은 항상 있습니다. 또 우리에게 가장 큰 해악을 끼치는 일들은 거의 대부분 우리가 미리 예기치 못한 갑작스런 공격들입니다. 자신의 성품 가운데 어떤 특별한 약점을 인지(認知)하고 있는 어떤 사람을 생각해 보십시오. 그는 그 부분이 약하다는 사실을 인식하면서 그 부분을 강화(强化)하고자 애를 씁니다. 그런데 갑자기 반대쪽에서 유혹이 튀어 오릅니다. 적이 그곳에 숨어 있었던 것입니다. 그가 허겁지겁 그쪽을 향해 싸우려고 몸을 돌이킬 때, 뒤쪽에서 또 다른 적이 튀어 오릅니다. 흔들리지 않고 견고하게 서는 방법은 오직 하나입니다. 그것은 우리의 약한 부분들을 조심스럽게 강화시키는 것이 아니라, 복음 안에서 우리에게 나타나신 예수 그리스도를 굳게 붙잡는 것입니다. 그러면 그와의 연합으로부터 말미암는 평안이 우리를 보호해 줄 것입니다.

우리는 바울이 다른 곳에서도 이와 같은 평화와 전쟁의 두 개념을 하나로 연합시키는 것을 발견할 수 있습니다. "그리하면 모든 지각에 뛰어난 하나님의 평강이 그리스도 예수 안에서 너희 마음과 생각을 **지키시리라**" (빌 4:7). 여기에서 "너희 마음과 생각을 지키시리라"로 번역된 표현은 "너희 마음과 생각에 수비대(守備隊)를 주둔시키리라"는 의미입니다(The peace of God shall garrison your hearts and minds). 이와 같이 여러분의 마음속에서 적의 모든 공격을 격퇴하고 여러분으로 하여금 계속해서 그리스도 안에 거하도록 만들어주는 것은 다름 아닌 여러분의 마음속에 있는 무장한 부대일 것입니다. 이와 같이 우리가 적의 예기치 못한 갑작스런 공격에 쉽게 허물어질 수 있기 때문에, 그리고 갑작스럽게 죄 속으로 빠져 들어갈 수 있기 때문에, 우리는 평안을 가져다주는 복음을 굳게 붙잡아야 합니다. 그럴 때 우리는 적의 어떤 예기치 못한 공격에 대해서도 굳게 서게 될 것입니다. 바로 이것이 우리가 어떤 손상(損傷)도 받지 않고 세상을 지나갈 수 있는 유일한 방법입니다.

사랑하는 성도 여러분, 본문이 명령문으로 되어 있는 것을 주목하십시오. 우리는 신을 신어야 합니다. 그러면 그것은 어떻게 이루어집니까? 매우 간단한 방법입니다. 그러나 불행하게도 너무나 많은 그리스도인들이 계속해서 그렇게 하지 않습니다. 평안을 가져다주는 것은 복음입니다. 만일 평안이 “준비됨”(preparedness)을 가져다준다면, 그러한 준비됨을 얻는 방법은 우리의 마음과 생각을 예수 그리스도의 복음에 젖게 하는 것입니다.

여러분은 오늘날 영적 생활을 심화시키는 것에 대해 많이 듣습니다. 그리고 그러한 취지의 세미나들이 곳곳에서 개최됩니다. 좋습니다. 나는 그에 대해 반대할 마음이 조금도 없습니다. 그러나 세미나를 개최하든 개최하지 않든 영적 생활을 심화시키는 것은 오직 하나뿐인데, 그것은 계속해서 예수 그리스도를 가까이 하는 것입니다. 왜냐하면 바로 그분으로부터 영적 생활의 모든 충만이 흘러나오기 때문입니다. 만일 우리가 복음을 굳게 붙잡는다면, 그리고 복음이 가져다주는 평안이 우리 마음속에 있다면, 우리는 어떤 유혹 앞에서도 요동하지 않고 굳게 서며, 도리어 그것을 비웃을 수 있을 것입니다. 우리의 마음이 예수 그리스도로 가득 찰 때, 우리의 마음속에 어떤 유혹도 들어오지 못할 것입니다. 또 예수 그리스도의 은혜의 최고의 달콤함이 우리 영혼을 채울 때, 우리는 그 어떤 유혹에도 결코 패하지 않을 것입니다. 독즙은 오직 빈 잔에 부어질 수 있을 뿐입니다. 만일 잔이 가득 채워져 있다면, 거기에는 독즙이 부어질 공간이 없을 것입니다. 여러분의 마음과 생각을 하늘나라의 포도주로 채우십시오. 그러면 마귀의 유혹의 독즙은 들어올 자리가 없게 될 것입니다. 유혹을 대적하는 것은 좋은 일입니다. 그러나 유혹을 초월하는 것은 더 좋은 일입니다. 그러면 어떤 유혹도 다가오지 못할 것입니다. 그러면 그렇게 하는 방법은 무엇입니까? 유혹을 초월하는 유일한 방법은, 예수 그리스도를 가까이 하며, 그의 은혜의 복음으로 우리의 마음과 생각을 가득 채우는 것입니다. 그러면 "여호와께서 너로 실족지 않게 하시리로다"는 약속이 우리에게 온전히 실현될 것입니다(시 121:3).

42
믿음의 방패

"모든 것 위에 믿음의 방패를 가지고
이로써 능히 악한 자의 모든 불화살을 소멸하고"
엡 6:16

고대 전쟁에서는 두 종류의 방패가 사용되었습니다. 하나는 좀 더 작은 것으로서 병사가 자기 팔에 끼고 적의 공격을 막는데 사용하는 것이었고, 또 하나는 좀 더 큰 것으로서 병사 앞에다가 세우는 것으로서 몸 전체를 가리기 위해 사용하는 것이었습니다. 본문이 가리키는 것은 후자의 방패입니다. 여기의 단어는 "문"(門)을 의미하는 헬라어 단어와 관련되는데, 이것은 우리에게 방패의 모양을 대략적으로 보여줍니다. 다시 말해서, 그것은 직사각형 모양의 문 형태의 방패로서, 병사들은 그 뒤에 자신의 몸을 가릴 수 있었습니다. 바울은 우리가 가져야 할 것이 바로 이와 같은 종류의 방패라고 말합니다. 그것은 적의 공격으로부터 몸의 작은 부분을 방어하는 작은 방패가 아니라, 그 뒤에 웅크리고 있으면 몸 전체가 안전한 문(門)과 같은 큰 방패입니다.

여기의 "모든 것 위에"는 "가장 특별하게" 혹은 "첫째로" 등을 의미하지 않습니다. 그것이 의미하는 것은 단순히 "이 모든 것들에 더하여"입니다. 몸을 보호하는 호심경을 차고 큰 방패 뒤에 웅크리고 있는 병사를 생각해 보십시오. 어쩌면 이것은 우리에게 이중적인 보호의 개념을 전달하고 있는 것인지도 모릅니다.

1. 첫째로, 악한 자의 불화살을 주목하십시오.

고고학자들은 고대 전쟁에서 그 끝에 가연성(可燃性) 물질을 장착한 화살들이 사용되었음을 우리에게 가르쳐줍니다. 거기에 불을 붙여 쏨으로써 그러한 화살들은 사람을 살상할 뿐만 아니라 적진에 불이 나게 만드는 역할을 했습니다. 그런가 하면 뾰족한 촉은 없이 앞머리를 그냥 둥그렇게 하여 거기에 불을 붙여 적진에 쏘는 화살들도 있었습니다. 바울이 여기에서 화살의 특징을 자세하게 설명하는 이유는 단순히 그것이 그가 들은 것 가운데 가장 무서운 공격무기였기 때문으로 생각됩니다. 만일 그가 우리 시대에 살았다면, 아마도 그는 불화살 대신 총알이나 포탄을 언급했을 것입니다. 불화살의 은유로서 바울은 가장 강력한 공격보다도 믿음이 더 강하다는 사실을 말하고자 했을 뿐, 여기에다가 그 이상의 의미는 담지 않았을 것으로 여겨집니다. 그럼에도 불구하고 나는 이러한 상징이 특별히 교훈하는 두 가지 세부적인 것들을 주목하고 싶습니다. 첫째는, 영혼에 불을 던지는 유혹의 행동이며, 둘째는, 그러한 유혹의 갑작성입니다.

"불화살." 나는 이러한 은유를 인간 본성의 어느 특정한 부분에다가만 한정하고 싶지 않습니다. 왜냐하면 우리의 전 존재(whole being)에 불이 붙을 수 있기 때문입니다. "혀는 우리 지체 중에서 온 몸을 더럽히고 삶의 수레바퀴를 불사르나니 그 사르는 것이 지옥 불에서 나느니라"(약 3:6). 그러나 우리 모두 안에 불화살이 특별하게 겨누어지는 장소들이 있습니다 — 욕구나 욕망이나 혈기나 정욕과 같은 것들. 이런 것들이 시커먼 연기를 뿜어내며 불붙는 데에는 단지 불씨 하나로 충분합니다. 마치 휘발유 통에 불씨가 떨어질 때처럼 말입니다. 우리의 동물적 본성을 겨누며 거기에 불을 붙이려고 노리는 불화살들이 있다는 사실을 잊지 마십시오.

나아가 우리 안에는 무수한 종류의 열망들(disires)이 있습니다. 그런가 하면 온갖 종류의 약한 것들과 두려워하는 것들과 바라는 것들도 있습니다. 이러한 것들에 마귀의 불화살이 닿으면, 그것들은 격렬하게 불타오르를 것입니다. 우리 모두가 아는 대로 말입니다.

나아가 유혹의 갑작성을 주목하십시오. 불화살은 아무런 경고 없이 갑자기 날아옵니다. 그러한 화살은 사람의 가슴에 꽂히기 전까지는 보이지 않습니다. 역병(疫病)은 어둠 속에서 활보합니다. 그러나 역병에 걸린 사람은 그 증상이 나타날 때까지는 아무것도 알지 못합니다. 그렇습니다. 우리에게 다가오는 유혹들 가운데 가장 위험한 것은 예고 없이 갑자기 다가오는 것입니다. 일상의 삶을 살아가는 가운데 여러 가지 다른 생각들에 사로잡혀 있다가 어느 날 마치 지옥문이 열리는 것처럼 우리 앞에 어떤 악이 갑자기 나타납니다. 그에 대해 즉각적으로 방어하지 않는다면, 그러한 악은 우리가 미처 알기도 전에 우리를 집어삼킬 것입니다. 악이 우리를 유혹하기 위해 다가올 때, 대부분의 경우 "내가 가니 조심하라"고 북을 치며 나팔을 불면서 오지 않습니다. 접근하는 적들에게 가장 큰 타격을 입힐 수 있는 부대는 "발사!"라는 명령이 떨어질 때까지 위장한 채 숨어 있는 대포부대입니다. 그러면 모든 포신(砲身)에서 포탄이 발사되면서 적들은 그 갑작성에 의해 큰 타격을 받게 됩니다. 갑자기 날아와 사람의 마음속에 있는 지옥의 아궁이에 불을 붙이는 불화살이야말로 우리가 가장 두려워해야 할 무기입니다.

2. 둘째로, 이것을 막는 "믿음의 방패"를 주목하십시오.

우리는 구약에서 "아브람아 두려워하지 말라 나는 네 방패니라"라는 말씀을 보게 됩니다(창 15:1). 또 시편 기자는 큰 기쁨의 환희 속에서 "여호와는 나의 요새시요 나의 방패시요 나의 구원의 뿔이시요 나의 산성이시로다"라고 노래합니다(시 18:2). 또 어떤 시편은 "여호와는 그를 의지하는 자의 방패"시라고 말하며(시 115:9), 또 다른 시편은 "여호와 하나님은 해요 방패이시라"라고 말합니다(시 84:11).

그러다가 마침내 바울에게서 "믿음의 방패"라는 표현이 나오는 데까지 이르게 됩니다. 물론 우리의 진정한 방패는 하나님입니다. 그럼에도 불구하고 우리의 믿음이 방패로 불리는 것은 그것이 우리를 전능자의 보호막 아래로 데려가기 때문입니다. 어떤 적도 그 방패를 뚫고 우리를 공격할 수 없습니다. 하나님은 우리를 지키시는 자시며, 우리의 의뢰하는 자이십니다. 믿음은 하나님의 능력이 우리에게 흘러들어오며 또 우리 안에서 역사하는 유일한 조건입니다. 그러므로 우리는 불화살을 두려워하지 않고 도리어 조롱할 수 있습니다. 왜냐하면 "우리와 함께 하시는 자가 그들과 함께 하는 자보다 크기" 때문입니다.

그러므로 신약이 믿음의 행동에 대해 돌리는 모든 칭송은 그 행동 자체에 속하는 것이 아니라 그 행동이 연결된 대상에 속하는 것입니다. 사도 요한은 자신의 복음서에서 예수 그리스도가 "담대하라 내가 세상을 이기었노라"라고 말씀하신 것으로 기록합니다(요 16:33). 그런데 그는 그 말씀을 자신의 첫 번째 서신에서 "무릇 하나님께로부터 난 자마다 세상을 이기느니라 세상을 이기는 승리는 이것이니 우리의 믿음이니라"라고 바꾸어 말합니다(요일 5:4). 믿음이 이기는 것은 그것이 우리를, '이긴 자'와 하나의 생명으로 연합시키기 때문입니다. 그리고 그럴 때, 그의 모든 이기는 능력이 우리 안으로 들어옵니다.

바로 이것이 바울이 "하나님이 방패"라는 구약의 은유를 자신의 서신에서 "믿음이 방패"라는 표현으로 바꾼 것에 대한 설명입니다. 하등 믿을 가치가 없는 것을 믿는 어떤 사람을 상상해 보십시오. 그러한 믿음이 그를 지켜줄 수 있겠습니까? 여러분이 큰 금전적 손실을 입었다고 상상해 보십시오. 그런데 여러분은 스스로에게 이렇게 말합니다. "뭐, 걱정할 것 없어! 아무개가 나의 모든 손실을 충당해 줄 거야, 나는 그를 믿어." 그런데 여러분은 파산하고 말았습니다. 그러면 여러분의 믿음은 도대체 무슨 유익이 있는 것입니까? 그 믿음은 여러분에게 단 한 푼의 돈도 되돌려주지 않았습니다. 다 썩어 아무것도 지탱할 수 없는 기둥에 기대어 있는 어떤 사람을 상상해 보십시오. 그의 체중이 더 많이 실릴수록 그 기둥은 더 빨리 무너질 것입니다. 이와 같이 믿음 그 자체 안에 어떤 지키는 힘이 있는 것은 아닙니다. 믿음의 대상으로부터 지키는 힘이 그 믿음 속으로 흘러 들어와야 합니다. 이와 같이 우리의 믿음이 우리를 지키는 방패가 되는 것은 오직 그 믿음이 참된 방패이신 하나님을 붙잡기 때문입니다.

그러나 이러한 개념에는 또 다른 측면이 있습니다. 우리의 믿음이 불화살 같은 격정의 갑작스런 충동을 소멸(燒滅)할 수 있는 것은 그 믿음이 우리를 하나님의 임재 앞으로 데려가기 때문입니다. 자기 앞에 하나님의 눈이 지켜보고 있음을 느끼는 자가 어떻게 죄를 범할 수 있겠습니까? 컴컴한 어둠 속에서 사악한 음모를 꾸미는 음모자들을 상상해 보십시오. 그런데 갑자기 날이 밝으며 모든 세상이 환해집니다. 그러면 그들은 뿔뿔이 흩어지고 모든 음모는 수포로 돌아가고 말 것입니다. 믿음은 우리로부터 보이지 않는 세계의 장막을 걷어 올립니다. 그리고 우리를 하늘로부터 내려오는 빛 가운데 그대로 노출시킵니다. 그리고 우리가 구름 같은 허다한 증인들에 의해 둘러싸여 있으며, 그 한가운데 우리 구원의 주님이 계심을 보여줍니다. 그러면 불화살은 "치익" 소리를 내며 소멸될 것이며 그 뾰족한 촉은 꺾일 것입니다. 우리가 하나님을 바라볼 때, 어떤 유혹도 계속해서 타오를 수 없습니다.

공장에는 "자동소화장치"라는 기계가 있습니다. 그곳에 불길이 닿으면 덮개가 녹으면서 자동으로 가스가 분출되어 불을 끄게 됩니다. 만일 우리가 항상 하나님을 생각한다면, 그것이 모든 불을 소멸시킬 것입니다. 옛 여인들은 "태양이 벽난로의 불을 소멸시킨다"고 말하곤 했습니다. 하나님의 태양으로 여러분의 마음속을 비취게 하십시오. 그러면 여러분은 지옥불이 꺼지는 것을 발견하게 될 것입니다. "악한 자의 불화살"을 막고 그 불을 소멸하는 것은 믿음의 방패입니다.

이것은 다른 쪽으로도 마찬가지입니다. 히브리서에 따르면, 믿음은 바라는 것들의 실상이며 보이지 않는 것들의 증거입니다(11:1). 만일 어떤 사람이 하늘의 위대한 약속과 지옥의 경고의 빛 가운데 행한다면, 그는 심지어 "악한 자의 불화살"에 의해서조차도 큰 부상을 당하지 않을 것입니다. 자기 마음속으로 하나님의 강한 힘을 받는 자, 믿음으로 하나님의 임재를 의식하며 그와 교제하는 자, 믿음으로 영원한 상급의 빛 가운데 행하는 자 — 그는 자신을 향해 날아오는 모든 불화살을 능히 이길 것입니다. 그것이 아무리 갑작스럽고 또 날카롭다 하더라도 말입니다.

3. 셋째로, 그 방패를 붙잡아야 한다는 사실을 주목하십시오.

방패로부터 온전한 보호를 받기 위해서는 또 다른 것, 즉 "방패를 붙잡는 것"이 필요합니다. 오늘날 우리는 그리스도인들이 의롭다 하심을 받고 하나님의 자녀가 되기 위해 믿음을 행사하는 것처럼 또한 거룩하게 됨을 위해서도 믿음을 행사해야 한다는 말을 많이 듣습니다. 그런데 많은 사람들은 거룩하게 됨을 위해 믿음을 행사함에 있어 노력이 필요하다는 사실을 잊어버립니다. 우리가 계속해서 하나님을 의지하는 태도를 견지하기 위해서는 거기에 힘을 쏟는 것이 필요합니다. 이와 같이 본문은 우리에게 방패가 가져다주는 효과를 실현시키기 위한 노력, 즉 방패를 붙잡는 노력이 꼭 필요함을 제시합니다.

왜냐하면 믿음은 머리보다도 훨씬 더 마음과 의지의 행동이기 때문입니다. 또 믿음이 행사되는데 수많은 방해와 훼방이 있을 것이기 때문입니다. 마찬가지로 우리의 힘과 지혜와 재주를 의지하지 않고, 우리에게 힘과 지혜와 재주를 주시는 그리스도를 전적으로 의지하며 방패 뒤에 숨는 것 역시 우리의 노력을 요구합니다. 우리의 마음과 생각을 믿음으로 채우는 것은 결코 쉬운 일이 아닙니다.

그러므로 성도 여러분, 힘써 여러분의 마음과 의지를 믿음으로 향하도록 만드십시오. 여러분의 마음이 우리 믿음의 대상이신 분과 계속해서 접촉을 유지하도록 노력하십시오. 여러분 스스로를 방패 뒤에 완전하게 숨기도록 노력하십시오. 그리고 스스로를 방패 밖으로 노출시키지 마십시오. 그렇게 하면 우리 몸을 보호하는 것은 우리 자신의 팔 외에는 아무것도 없게 될 것입니다.

그러나 그렇게 하지 말고 전적으로 그분에게 매달리십시오. 바로 이것이 믿음의 방패를 "붙잡는" 것입니다. 우리가 우리를 향해 날아오는 불화살들로부터 많은 부상을 당하는 것은 방패에 구멍이 뚫려서라든지 거기에 취약한 부분이 있어서가 아니라 바로 이것 때문입니다. 방패 자체는 견고하며 튼튼합니다. 다만 우리가 그것을 굳게 붙잡지 않기 때문에 그것으로부터 충분한 보호를 받지 못하는 것뿐입니다. "세상을 — 그리고 마귀와 그의 불화살들을 — 이기는 승리는 이것이니 우리의 믿음이니라"(요일 5:4).

43
구원의 투구

"구원의 투구를 가지라"

엡 6:17

우리는 여기의 문맥에 나타나는 기독교적 전신갑주의 세부적인 항목들에서 어떤 진행과정을 추적할 수 있습니다. 대략적으로 말해서 전신갑주는 셋으로 구분됩니다. 첫 번째는 진리의 허리띠와 의의 호심경과 평안의 복음의 준비한 것으로 신을 신는 것입니다. 이것들은 모두 비록 하나님에 의해 주어지는 것으로 언급되기는 하지만 그러나 우리 자신의 힘을 행사하는 것입니다. 두 번째는 믿음의 방패인데, 이것은 각종 유혹들뿐만 아니라 모든 형태의 악을 막을 수 있는 것입니다. 이러한 믿음은 앞에 언급한 세 가지 은혜들의 뿌리이면서 동시에 뒤이어 나오는 두 가지를 이끌어 냅니다. 왜냐하면 믿음은 하나님의 선물을 붙잡는 손이기 때문입니다. 전신갑주 가운데 마지막 두 가지인 구원의 투구와, 하나님의 말씀인 성령의 검은 전적으로 하나님의 선물입니다. 그러므로 여기에 나타나는 진행과정은 주변으로부터 중심으로, 그리고 사람으로부터 하나님으로 나아가는 것입니다. 한가운데 믿음이 있습니다. 그 중심의 믿음으로부터, 한편으로 그것이 우리 안에서 산출하는 것들이 있으며, 다른 한편으로 그것이 하나님으로부터 붙잡는 것들이 있습니다. 이제 우리의 본문은 전적으로 하나님의 선물인 이러한 마지막 두 가지 갑주에 대하여 특별히 "가지라" 혹은

"받으라"고 명령합니다.

1. 구원

우리는 구약에서도 갑옷과 관련한 그림을 볼 수 있습니다. 이사야는 심판을 행하기 위해 — 그리고 동시에 구원을 이루기 위해 — 일어서시는 하나님의 환상을 보았는데, 거기에 갑옷을 입고 오시는 하나님의 그림이 나타납니다. 거기에서 하나님은 가슴에 자신의 의를 나타내는 호심경을 붙이시고, 머리에 구원의 투구를 쓰고 계십니다. 또 하나님은 반짝이는 쇠로 만든 심판의 옷을 두르시고 그 위에 "열심"의 망토를 두르는데, 이것은 신적 본성과 행동의 무한한 에너지와 강렬함을 표현하는 것입니다. 이와 같이 하나님은 갑옷으로 무장한 채 심판과 구원을 위해 오십니다. 하나님의 구속사역은 신적 본성의 이 모든 특징들이 나타난 결과입니다. 하나님의 구속사역은 하나님의 뜨거운 열정으로 불탑니다. 그리고 그것은 보응의 공의를 명백하게 드러냅니다. 그러나 그것의 가장 핵심적인 특성은 의이며, 그것의 주된 목적은 구원입니다. 여기에서 하나님의 투구는 구원을 상징하는데, 그것은 사람을 구원하는 그의 위대한 목적이 반드시 이루어질 것임을 나타냅니다.

바울 사도는 이러한 옛 그림을 매우 자유롭게 사용합니다. 그는 구약의 표현을 그대로 끌어오지만 그러나 매우 다르게 사용합니다. 하나님의 구원의 투구는 하나님 자신의 목적인 반면, 사람의 구원의 투구는 하나님의 선물입니다. 하나님은 구원하시기에 강하십니다. 왜냐하면 구원하고자 뜻하시기 때문입니다. 반면 우리는 하나님이 주시는 구원을 받을 때, 강하며 안전합니다.

우리는 데살로니가전서에서 여기와 비슷한 그림이 그러나 상당한 차이와 함께 나타나는 것을 주목할 수 있습니다. 여기에서 투구는 구원 자체로 제시되지만, 거기에서는 "구원의 소망"으로 나타납니다. 그러나 이러한 두 표현은 충분히 일치됩니다. 왜냐하면 우리는 구원을 소유하기도 하고 또 소망하기도 하기 때문입니다. 그리고 구원에 대한 우리의 소유는 그것에 대한 우리의 소망의 분량을 결정합니다. 다시 말해서, 구원을 더 많이 소유할수록 그것에 대한 소망은 더욱 커지며, 구원을 적게 소유할수록 그에 대한 소망 역시 적어집니다. 우리가 어떤 종류의 악으로부터 구원받았다고 말할 때, 그 악을 좀 더 낮은 의미로 적용하면 어떤 위험이나 질병으로부터 건짐 받은 것을 함축합니다. 반면 좀 더 높은 의미의 악은 대부분의 경우 구체적으로 언급되지 않고 그냥 넘어가지만 때로는 살짝 나타나기도 합니다. 예를 들어, "우리가 그의 진노로부터 구원받았다" 혹은 "우리가 죄로부터 구원받았다" 등과 같은 말씀이 나타날 때 같은 경우 말입니다. 예수 그리스도는 우리를 무엇으로부터 구원하셨습니까? 첫째로 그리고 근본적으로, 죄로부터입니다. 죄와 죄책과 죄의 권능과 죄의 형벌로부터 말입니다. 그러나 예수 그리스도의 구원은 단순히 악으로부터 구원받는 것 훨씬 이상으로 확장됩니다. 지금까지 말한 것이 구원의 소극적인 의미라면, 그것의 적극적인 의미는 우리의 약함과 공허함의 빈자리에 인간에게 가능한 모든 축복과 은혜들을 전달하는 것입니다. 구원은 내적이며 영적입니다. 동시에 그것은 외적인 것이기도 합니다. "말세에 나타내기로 예비하신 구원"으로 옷 입을 때까지 우리는 구원을 충분히 소유한 것이 아닙니다(벧전 1:5).

따라서 성경에서 우리의 구원은 과거와 현재와 미래로 나타납니다. 과거로서 구원은 그리스도를 믿는 믿음으로 영단번에(永單番, once for all) 받는 것입니다. 이런 관점에서 바울은 불완전한 그리스도인들에 대해 "너희가 구원을 받았느니라"라고 말하기를 조금도 주저하지 않습니다. 만일 구원이 참된 의미에서 과거라면, 그것은 동시에 현재일 수밖에 없습니다. 악으로부터 건짐 받는 것이나 우리가 받은 구원을 전유(專有)하며 나타내는 것은 매일 같이 계속해서 자랄 것입니다. 이와 관련하여 바울은 그리스도인들이 "구원 받는 과정 중에"(being saved) 있다고 적어도 한 번 이상 말합니다. 과거에 시작된 과정은 현재를 통해 계속됩니다. 그리스도인이 구원의 실재를 더 많이 의식할수록 — 심지어 흠과 실수와 실패 속에서도 — 미래의 완전한 구원에 대한 그의 소망은 더 확실해질 것입니다. 만일 그러한 구원의 소망이 금방이라도 꺼질듯이 깜빡거린다면, 그 주된 이유는 그 불꽃이 현재의 경험들의 기름으로 계속 공급되지 않았기 때문입니다.

2. 구원의 투구

현재적 형태로서의 구원은 계속해서 우리의 머리를 전쟁의 날에 있도록 만듭니다. 구원의 본질적인 의미는 그것이 우리를 악으로부터 건져 낸다는 것입니다. 그리고 전신갑주를 이루는 모든 은혜들은 우리의 구원이 가져다주는 적극적인 축복들입니다. 하나님의 구원을 소유하고 있음을 더 많이 확신할수록, 우리는 우리의 저급한 자아를 휘저으려고 시도하는 모든 유혹들로부터 더 잘 보호를 받게 될 것입니다. 우리를 죄로 이끄는 각종 유혹은 그 힘이 약해질 것이며, 우리의 육체적 욕정과 혈기에 호소하는 각종 악들은 그 힘을 잃을 것입니다. 그것은 우리가 그리스도 안에서 구원받았음을 아는 정도와 정확하게 비례합니다.

우리가 구원받았다는 의식은 우리 안에 있는 각종 가연성(可燃性) 물질로 채워진 화약고에 물을 뿌립니다. 그러므로 거기에 불꽃이 떨어진다 하더라도 마치 젖은 화약에 불을 붙이는 것처럼 아무 일도 일어나지 않을 것입니다. 만일 우리의 생각이 우리가 소유하는 축복들로 가득 채워져 있다면, 어떤 악의 공격도 그것을 해하지 못할 것입니다. 무엇인가로 가득 채워진 잔에는 독즙을 위한 공간이 없습니다. 저 멀리 떨어진 하얀 산정(山頂)을 응시하는 눈은 주변에 있는 더럽고 혐오스러운 것들을 보지 않습니다. 만일 우리가 하나님이 우리에게 주시는 것을 향유하며 살고 있다면, 우리는 어떤 유혹에도 별다른 손상을 받지 않을 것입니다. 만일 우리가 진정으로 미래를 열망하지 않는다면, 우리의 현재는 계속해서 우리를 저항할 수 없는 힘으로 유혹할 것입니다. 그러나 우리가 진정으로 미래를 열망할 때, 그러한 미래는 우리의 현재를 새롭게 만들 것입니다.

3. 구원의 투구를 취하라.

"구원의 투구를 **취하라**(take)"로보다 "구원의 투구를 **받으라**(receive)"로 읽을 때, 우리는 본문을 좀 더 정확하게 읽는 것이 될 것입니다. 왜냐하면 구원은 우리의 어떤 노력으로 얻어지는 것이 아니기 때문입니다. 만일 우리가 구원을 소유한다면, 그것은 우리가 그것을 하나님의 선물로 받은 결과입니다. 기독교 복음이 제시하는 첫 번째 말은 "이것 혹은 저것을 행하라"가 아니라 "그것을 십자가에 못 박힌 자의 손으로부터 받으라"는 것입니다. 예수 그리스도께서 가져다주시는 구원을 믿음으로 겸손하게 받는 것이 모든 참된 생명과 모든 평안과 모든 자기통제와 모든 소망의 시작입니다.

그러나 여기에서 바울이 말하는 대상은 이미 스스로를 그리스도와 연합시키는 믿음을 가진 자들, 그래서 그리스도의 구원을 자신의 것으로 삼은 자들입니다. 이들에게 본문은 이렇게 말합니다. "너희의 믿음이 구원의 근거가 되는 사실들을 — 하나님의 변함없는 사랑, 그리스도의 모든 것을 충족시키는 희생, 그 안에 거하는 자들에게 나누어주시는 참된 생명 등의 사실들을 — 올바로 붙잡고 있는지 살피라. 처음의 믿음의 행동을 계속해서 반복함으로써 너희가 받은 구원을 굳게 붙잡고 계속 유지되게 하라."

임종의 자리에서 올리버 크롬웰은 옆에 서 있는 청교도 목회자에게 한 번 언약에 참여한 자가 그 언약을 잃어버릴 수 있는지 여부에 대해 물었다고 합니다. 그리고 "그럴 수 없다"는 대답을 듣고 난 후 그는 "나는 한때 언약 가운데 있었음을 압니다"라고 대답했다고 합니다. 그러나 이와 같이 과거의 경험 위에 집을 짓는 것은 모래 위에 집을 짓는 것과 같습니다. 오직 계속적인 믿음만이 계속적인 구원을 보증할 것입니다.

오늘날 소위 그리스도인이라 불리는 사람들 가운데 너무도 많은 사람들에게 세월은 거꾸로 흐르는 것 같습니다. 그들은 지금보다 과거에 훨씬 더 나은 사람이었으며, 그리스도를 소유함에 있어서도 과거가 훨씬 더 깊고 풍성했습니다. 그들에게 있어 하나님의 구원의 선물이 그들의 손으로부터 미끄러져 떨어졌다고 할지라도 — 굳게 붙잡지 않음으로 인해 — 그들은 결코 놀랄 필요가 없습니다. 거센 탁류에 떠내려가던 사람이 바위를 붙잡은 것을 생각해 보십시오. 그는 계속해서 바위를 굳게 붙잡고 있어야 합니다. 그렇지 않으면 그는 또다시 탁류에 휩쓸려 내려갈 것입니다. 현재의 구원과 특별히 미래의 구원의 소망은 처음에 우리가 구원받은 믿음의 행동을 계속해서 반복하는 것 외에는 다른 어떤 방법으로도 우리의 것이 되지 못합니다. 나아가 우리의 받은 구원은 계속해서 우리의 삶 속에서 전유(專有)되며 더 풍성해져야 합니다. 이것은 믿음을 지속적으로 새롭게 하는 것을 통해 올 것입니다. 그러나 우리의 삶 속에 예수 그리스도 안에서 우리에게 주어진 생명의 능력을 계속해서 작동시키고자 노력하지 않는다면, 이것은 결코 오지 않을 것입니다. 만일 우리의 현재의 경험 속에 우리 구주의 형상을 닮아가는 표적이 전혀 나타나지 않는다면, 우리는 우리가 실제로 과거의 구원을 경험했는지, 혹은 우리가 정말로 미래의 완전한 구원을 기대할 권리를 가지고 있는지 의심해 봐야 합니다.

이제 마지막으로 하고 싶은 말은, 완전한 미래에 대한 지속적인 기대 가운데 살라는 것입니다. 만일 이러한 기대가 과거의 기억과 현재의 경험 위에 세워진다면, 그것은 아무리 크고 강할지라도 결코 지나치지 않을 것입니다. 그러한 소망은 결코 부끄러움을 당하지 않을 것입니다. 기독교적 경험의 영역에서는 가장 미약한 자라 할지라도 그러한 미래를 기대할 권리를 갖습니다. 그리고 우리는 그러한 위대한 내일이 동틀 때, 그 날은 “오늘과 같을 것이며 또한 훨씬 더 풍성할” 것입니다. 현재를 빛나게 하는, 이와 같이 불완전한 형태의 구원과 함께, 그리고 상상할 수 없는 영광으로 가득 찬 미래의 완전한 구원에 대한 소망과 함께, 우리는 온갖 싸움과 다툼으로 가득한 세상 속으로 들어가면서도 하나님이 우리 머리를 구원의 투구로 씌워 주신 사실을 생각하며 안전을 확신할 수 있습니다. 만일 구원의 투구로 보호받지 못한다면, 우리는 마치 맨몸으로 스페인 정복자들 앞에 나갔던 남미의 인디언들처럼 전쟁터에 나가게 될 것이며, 그들처럼 패배를 당하게 될 것입니다. 적들의 공격으로 인해 투구는 찌그러질 수 있지만 그러나 그 안에 있는 머리는 해를 당하지 않을 것입니다. 그리고 싸움이 끝날 때, 우리는 투구를 벗으면서 이렇게 말할 수 있게 될 것입니다.

"나는 선한 싸움을 싸우고 나의 달려갈 길을 마치고 믿음을 지켰으니 이제 후로는 나를 위하여 의의 면류관이 예비되었도다"(벧후 4:7, 8).

44
성령의 검

"성령의 검 곧 하나님의 말씀을 가지라"

엡 6:17

마침내 우리는 전신갑주 가운데 마지막 장비이면서 동시에 유일한 공격무기인 성령의 검에 도달했습니다. 여기의 "of"(the sword **of** the Spirit)는 "믿음의 방패"(the shield **of** faith)나 "구원의 투구"(the helmet **of** salvation)에서처럼 동격(同格)을 의미하지 않습니다. 뿐만 아니라 그것은 마치 성령이 휘두르는 검을 취할 것을 가르치는 것처럼 '소유'를 의미하지도 않습니다. 다만 여기의 "of"는 "하나님의 전신갑주"(the armour **of** God)에서처럼 "기원"을 의미합니다. 다시 말해서, 그것은 성령께서 지급해주시는 검을 의미합니다. 앞 설교에서 우리는 전신갑주와 관련한 말씀 속에 주관적인 은혜들로부터 객관적인 신적 사실들로 이행하는 일련의 진행과정이 있음을 지적했는데, 그러한 진행과정은 여기에서 완성됩니다. 왜냐하면 그리스도인 병사의 손에 쥐어지는 검은 전투의 날에 머리를 보호해주는 투구보다도 훨씬 더 하나님의 선물의 특성을 갖기 때문입니다.

1. 첫째로, 하나님의 말씀이 무엇인지 주목하십시오.

이에 대한 가장 통상적인 대답은 '성경'일 것입니다. 물론 이것이 전체적으로 틀린 말은 아니지만, 그러나 여기의 "하나님의 말씀"은 '기록된 문서' (written record)가 아니라 '말하여진 말씀' (word spoken)을 의미합니다. 구약과 신약 모두에서 하나님의 말씀은 성경 이상의 것을 의미합니다. 그것은 모든 형태로 선포되며 또한 그의 창조의 모든 사실들에 적용되는 하나님 자신의 권위 있는 목소리입니다. 창세기 1장에서 "하나님이 말씀하시니"란 표현은 하나님의 창조행위에 신적 에너지를 투입하는 표현입니다. 그리고 오랜 후 시편 기자는 이렇게 노래합니다. "여호와여 주의 말씀은 영원히 하늘에 굳게 섰사오며 … 주께서 땅을 세우셨으므로 땅이 항상 있사오니"(시 119:89, 90).

나아가 "하나님의 말씀"이란 표현은 선지자들과 다른 사람들이 받은 특별한 메시지를 지칭합니다. 이것은 구약에서 하나의 통일체처럼 말하여지지 않습니다. 그것은 하나의 말씀(a word)이라기보다 개별적인 말씀들(individual words)입니다. 각각의 말씀들에는 신적 의지와 목적이 나타납니다. 그것들 가운데 많은 것들은 계명이며, 어떤 것들은 경고이며, 그 모든 것들은 신적 본성을 계시합니다.

이와 같은 하나님의 자기계시는 그 아들 예수 그리스도에게서 그 절정에 이릅니다. "옛적에 선지자들을 통하여 여러 부분과 여러 모양으로 우리 조상들에게 말씀하신 하나님이 이 모든 날 마지막에는 아들을 통하여 우리에게 말씀하셨으니"(히 1:1, 2). 예수 그리스도는 인격적인 "하나님의 말씀"입니다. 신약은 일제히 그에게 "하나님의 말씀"이란 이름을 부여합니다. 물론 이것이 본문의 "하나님의 말씀"과는 다른 의미를 갖기는 하지만 말입니다.

초창기 기독교 전도자들과 사도들은 자신들이 전파하는 메시지에다가 "주의 말씀"이란 거룩한 이름을 부여하기를 조금도 주저하지 않았습니다. 그들이 홀로 남겨졌을 때 기도했던 것 가운데 하나는 담대히 주의 말씀을 전파하게 해달라는 것이었습니다. 또 사도행전 전체를 통해 사도들에 의해 전파되는 복음은 하나님의 말씀으로 불립니다. 심지어 베드로는 구약의 한 유명한 말씀을 인용하여 자신이 전한 복음을 "세세토록 있는 주의 말씀"이라고 말합니다. "오직 주의 말씀은 세세토록 있도다 하였으니 너희에게 전한 복음이 곧 이 말씀이니라"(벧전 1:25).

그러므로 여기에서 바울은 분명 자신과 다른 교사들이 가르친 말을 성령의 검으로 사용하여 에베소의 그리스도인들을 — 아마도 그들 대부분은 구약에 대해 거의 모르고 있었을 것입니다 — 훈계하고 있었을 것입니다. 그에게 있어 구약과 신약은 하나의 전체였으며, 예수 그리스도는 선지자들과 시편 기자들이 말한 것의 완성이었습니다. 바울은 자신과 자기 동료들의 메시지가 예전의 선지자들에 의해 선포되었던 메시지와 동등한 위치에 있다고 주장합니다. 그는 옛 시대에 선지자들과 거룩한 자들 안에서 역사했던 동일한 성령이 복음을 전파하는 자들 안에서도 똑같이 역사하고 있다고 단언합니다. 심지어 자신들이 전파하는 복음의 메시지가 이전 시대에 전파되었던 것들보다 그 폭과 내용에 있어 더 넓고 깊으며, 그 광채에 있어 더 찬란하다고 생각합니다. 주의 말씀은 옛 시대에는 하나님의 본성과 의지에 대해 부분적으로 전파했습니다. 그러나 바울이 판단하기에 자신이 전파하는 하나님의 말씀은 하나님의 사랑에 대한 완전한 계시이며, 또한 하나님의 옛 계명들을 완전하게 나타내는 것이었습니다. 구약시대의 성도들은 미래의 날을 바라보며 장차 이루어질 일을 미리 전달받는 것으로 만족해야 했습니다. 그러나 이제 그 메시지는 "오리라 한 그가 오셨느니라"로 바뀌었습니다.

성경이 하나님의 말씀으로 불리는 것은 그것이 선포된 복음을 기록한 기록물이며 그것을 전달하는 전달매체라는 의미에서 그렇습니다. 또 하나님이 성경 안에서 말씀하신다는 면에서 그러한 이름은 타당합니다. 그러나 하나님의 말씀이라는 표현을 배타적으로 성경에 적용시키는 것은 많은 해악을 야기합니다. 전달매체와 그것이 전달하는 내용물은 전혀 별개입니다.

2. 둘째로, 말씀의 목적과 권능을 주목하십시오.

성령의 검은 전신갑주 가운데 유일한 공격무기입니다. 고대 전쟁에서 매우 중요한 역할을 수행했던 창은 여기에서 언급되지 않습니다. 우리는 15절에 "평안의 복음"이란 표현이 있었던 것을 기억합니다. 그런데 바울은 고작 두 절 뒤에서 '선포된 복음'과 본질적으로 동일한 의미를 갖는 '하나님의 말씀'을 그리스도인들이 휘둘러야 할 유일한 공격무기로 제시합니다. 예수 그리스도는 "내가 세상에 화평을 주러 온 줄로 생각하지 말라 화평이 아니요 검을 주러 왔노라"라고 말씀하셨습니다(마 10:34). 그런데 바울은 복음 자체를 공격무기인 칼로 제시함으로써 이러한 역설을 한층 더 강화시킵니다. 우리는 이와 병행되는 구절을 히브리서에서 찾아볼 수 있습니다. "하나님의 말씀은 살아 있고 활력이 있어 좌우에 날선 어떤 검보다도 예리하여 혼과 영과 및 관절과 골수를 찔러 쪼개기까지 하며"(히 4:12). 여기에서 우리는 "촛대 가운데 인자(人子) 같은 이가 나타났으며 그의 입으로부터 좌우에 날선 검이 나왔다"고 말하는 요한계시록의 말씀을 떠올려야 합니다(계 1:13, 16). 요한계시록의 표현은 우리 주님의 입으로부터 나오는 말씀을 시적(詩的)으로 구상화(具象化)한 것으로서 그의 말씀의 예리한 힘을 함축합니다. 평안의 복음은 은혜와 치유하는 힘을 가진 것이면서 동시에 인간의 어리석은 궤변과 거짓된 마음의 생각과 뜻을 있는 그대로 벌거벗겨 놓습니다. 예수 그리스도의 계시는 위로와 소망의 목적 외에 그것보다 결코 덜 중요하지 않은 또 하나의 목적을 갖습니다. 그것은 악과의 싸움에 있어 우리를 돕는 것입니다. "그는 자신의 입술의 기운으로 악인을 죽일 것이라"란 구절은 도덕적인 악에 대한 그리스도의 말씀의 효과와 관련하여 사실입니다(사 11:4). 이와 같은 "죽임"은 그 말씀의 생명을 주는 능력의 또 다른 측면에 불과합니다. 이와 같이 악과 더불어 싸우는 그리스도인 병사의 싸움에 있어, 성령의 검은 최고의 무기입니다.

우리는 여기의 성령의 검을 너무 성급하게 성경과 동일시하는 우를 범하지 말아야 합니다. 그리스도인 병사들의 마음속에 하나님의 말씀을 공급하는 것은 성령입니다. 그러므로 우리가 하나님의 말씀을 소유하는 것은 성령의 활동의 결과입니다. 따라서 성령이 주시는 검 그리고 우리가 휘둘러야 하는 검은 우리 영혼을 구원할 수 있는 바로 그 말씀, 즉 우리에게 전파되고 우리 안에 접붙여진 말씀입니다. 이와 같이 우리 안에 내주하는 말씀은 우리에게 무엇이 생명의 길이며, 또 무엇이 우리가 마땅히 행할 바인지를 보여줍니다. 왜냐하면 그 말씀은 우리에게 하늘 아버지의 성품을 알려주며, 또 그의 뜻을 즐거이 순종하도록 이끌기 때문입니다. 만일 그 말씀이 우리 안에 풍성히 거한다면, 그리고 우리가 그 검을 잘못 다룸으로써 그 예리한 칼날을 무디게 하지 않는다면, 우리는 그것이 "관절과 골수를 찔러 쪼개는" 것과 우리 안에 있는 악이 우리로부터 떨어져 나가는 것을 발견하게 될 것입니다.

그럴 때 그리스도에 대한 우리의 사랑은 더 크고 강렬하게 될 것이며, 우리는 보이는 것보다 보이지 않는 것들에 훨씬 더 큰 중요성을 부여하게 될 것입니다. 우리의 눈이 영원한 것을 바라보게 될 때, 잠시 있다가 사라지는 것들은 너무도 하찮은 것처럼 보이게 될 것입니다. 이와 같이 우리 안에 내주하는 말씀을 충성스럽게 사용하는 자들은 그러한 말씀에서 확실한 시금석 혹은 표준을 갖습니다. 그것은 마치 '이두리엘의 창' 같을 것입니다(Ithuriel은 밀턴의 실낙원에 나오는 천사로서 악마의 실체를 드러나는 역할을 함. '이두리엘의 창'은 진위를 가리는 확실한 기준 혹은 시금석의 의미를 가짐). 그 창이 어떤 것에 닿는 순간 갑자기 그것이 악마의 본 모습을 드러내는 것처럼 말입니다. 표준 도량형은 정부의 관리 하에 있습니다. 만일 어떤 사람이 자신의 저울이 올바른지 시험해 보고자 하면, 그는 그것을 정부가 관리하고 있는 표준 저울과 비교해 보아야 합니다. 그러나 우리 안에 내주하는 말씀은 항상 우리 앞에 있으며 언제든지 사용할 수 있습니다. 그리고 그것은 우

3. 셋째로, 성령의 검을 사용하는 방법을 주목하십시오.

그 검을 사용하는 방법은 한 마디로 그것을 "취하는" 것입니다(한글개역개정판에는 "가지라"로 되어 있음). 물론 엄격하게 말할 때, "취하라"(take)는 훈계는 성령의 검을 가지고 우리가 어떤 방식으로 싸울 것인지를 말하는 것이 아니라 단지 그 검을 우리의 손으로 붙잡는 행동을 말하는

것일 뿐입니다. 그렇지만 만일 우리가 "취하라"는 말씀을 가장 깊은 의미로 받아들인다면, 검을 취하는 것은 동시에 그것을 사용하는 방식까지도 가르칠 것입니다. 우리에게 필요한 것은 스스로를 예수 그리스도께 순복시키면서 오직 그분만을 바라보는 것입니다. 모든 기독교적 싸움에 앞서 먼저 기독교적 전신갑주를 소유해야 합니다. 우리가 기독교적 싸움을 위해 준비되는 것은 전적으로 우리가 하나님의 선물을 받는 것에 달려 있습니다. 그렇지만 그러한 선물을 받는 것은 전적으로 수동적인 행위가 아닙니다. 물이 양동이에 부어지는 것을 생각해 보십시오. 양동이는 부어지는 물을 그냥 수동적으로 받습니다. 하나님의 은혜가 우리에게 부어질 때, 우리는 양동이처럼 수동적이기만 한 것은 아니라는 말입니다. 그러므로 본문의 명령을 흠정역처럼 "취하라"(take)로 번역하는 것이 "받으라"(receive)로 번역하는 것보다 훨씬 더 낫습니다. 왜냐하면 "취하라"는 명령 속에 인간의 행위가 좀 더 강하게 부각되기 때문입니다. 반면 "받으라"는 명령 속에는 하나님의 행위라는 좀 더 본질적인 요소가 강하게 담겨 있습니다. 어쨌든 '주시는 하나님'과 '받는 사람'이 온전한 조화를 이루는 가운데 하나님의 성령이 인간의 영혼 안에 그 거처를 취하는 위대한 행동의 모든 영역을 온전히 표현하기 위해서는 사실상 "취하라"와 "받으라" 두 단어가 모두 필요합니다. 하나님의 선물은 우리에 의해 순전히 선물 그 자체로서 받아져야 합니다. 받을 만한 어떤 자격이 있거나, 대가를 치르고 얻는 것이 아닙니다. 그렇지만 하나님의 값없이 주시는 선물에 대해 만일 우리가 손을 뻗어 그것을 붙잡지 않는다면 그것은 우리의 것이 아닙니다. 하나님의 말씀인 성령의 검을 받는 데는 별다른 노력이 필요하지 않습니다. 그러나 그것을 계속해서 소유하기 위해서는 상당한 노력이 필요합니다. 더욱이 그것을 일상의 삶의 싸움 속에 효과적으로 사용하기 위해서는 평생 동안의 훈련과 노력이 필요합니다.

여러분은 여러분 안에 내주하는 말씀으로 하여금 여러분의 삶을 지배하도록 하기를 원합니까? 그렇다면 여러분에게는 하나님의 뜻과 관련한 그러한 진리들을 실천에 옮기는 평생의 노력이 필요합니다. 만일 우리가 오랜 시간의 묵상과 순복을 통해 그러한 말씀으로 하여금 우리 자신을 지배하도록 만들지 않는다면, 우리의 악한 본성을 제어하며 억제하는 그 말씀의 힘은 약화될 것입니다. 여러분은 찔레나무에다가 장미나무를 접붙인 것을 보았을 것입니다. 조심스럽게 접을 붙이고 붕대로 잘 감아놓았습니다. 그러나 만일 둘이 정확하게 맞물려 있지 못하다면, 계속해서 찔레나무의 형질이 지속되고 장미꽃은 피지 못할 것입니다. 스스로 내주(來住)하는 말씀을 받았노라고 고백하는 어떤 사람을 생각해 보십시오. 그럼에도 불구하고 그는 계속해서 죄 가운데 행합니다. 정말로 그렇다면, 그의 삶은 그 안에 있는 말씀이 그의 영혼을 구원할 수 없었음을 보여주는 것이 될 것입니다.

그리스도인들 가운데에는 자신들에게 주어진 성령의 검을 붙잡기에 그 손에 너무도 힘이 없는, 혹은 그 손에 세상의 온갖 잡다한 것들이 가득 있어서 검을 붙잡을 수 없는 그런 병사들이 있습니다. 그래서 그들은, 자신들의 삶을 황폐하게 만들거나, 혹은 세상을 어둡게 만드는 어떤 악에 대해 힘차게 검을 휘두르지 못합니다. 대부분의 그리스도인들에게 있어 악과의 싸움에서 큰 성과를 내지 못하는 것은 대개의 경우 성령의 검을 굳게 붙잡지 않는데 기인합니다. 다윗이 제사장들에게 칼이 없느냐고 묻자 제사장들은 “골리앗의 칼이 보자기에 싸여 에봇 뒤에 있으니 네가 그것을 가지려거든 가지라”고 대답합니다. 그러한 대답을 듣고 다윗은 말합니다. “그 같은 것이 또 없나니 내게 주소서”(삼상 21:9). 만일 우리가 지혜로운 사람이라면, 우리는 은밀한 장소에 숨겨진 칼을 취할 것입니다. 그리고 그 칼로 무장한다면, 우리는 어떤 싸움의 날에든지 두려워할 필요가 없을 것입니다.

우리는 날이 밝기까지 어둠을 비취는 등을 주의하는 것처럼 그렇게 하나님의 말씀을 주의해야 합니다. 날이 밝으면 더 이상 칼이 필요하지 않을 것입니다. 그때 ‘그 말씀’(the Word)은 더 이상 어둠을 비칠 필요가 없을 것입니다. 왜냐하면 새 예루살렘의 광채에 의해 더 이상 어둠도 없고 해도 필요하지 않을 것이기 때문입니다.

45
평안과 사랑과 믿음

"아버지 하나님과 주 예수 그리스도께로부터
평안과 믿음을 겸한 사랑이 형제들에게 있을지어다"
엡 6:23

바울의 서신 끝 부분에는 대부분의 경우 여러 사람들에게 전하는 개인적인 인사말이 나오는데, 이러한 특징이 에베소서에서는 나타나지 않습니다. 그러한 개별적인 여러 인사말들을 대체하는 것이 본문에 나타나는 전체적인 축복의 기원(祈願)과 다음 절에 나타나는 더 광범위한 축복의 기원입니다.

우리는 갈라디아서에서도 이와 비슷하게 개인적인 인사말이 나타나지 않는 특징을 보게 됩니다. 갈라디아서에 개인적인 인사말이 나타나지 않는 것은 그 서신의 어투가 매우 격렬하고 준엄하기 때문인 것으로 보입니다. 반면 그토록 오랫동안 친밀한 관계를 유지해 왔던 에베소 교회에 보내는 서신 속에 개인적인 인사말이 나타나지 않는 것은 매우 설명하기 어렵습니다. 그러므로 이와 같이 개인적인 인사말이 부재한 사실은 본 서신이 본래 에베소 교회에 보낸 것이 아니라 소아시아 지역의 여러 교회들에게 보낸 일종의 회람서신이었으며, 다만 그 첫 수신지가 에베소 교회였을 것이라는 주장의 한 근거가 됩니다. 몇몇 권위 있는 고대 사본들에 본 서신 첫 구절의 "에베소에 있는"이란 단어가 빠져 있는데, 이러한 사실은 앞의 가설에 큰 힘을 실어 줍니다.

어쨌든 본문의 세 은혜는 형제들에 대한 바울의 최고의 그리고 최선의 기원입니다. 바울은 그들을 위해 세상적인 형통을 기원하지 않습니다. 그가 바라는 것은 그런 것들보다 훨씬 더 높은 것입니다. 그는 그들을 위해 평안과 사랑과 믿음을 기원합니다.

우리는 여기에서 매우 중요한 교훈을 배울 수 있습니다. 어떤 사람이 무엇을 가장 좋아하는지 시험하고자 할 때, 그가 다른 사람들을 위해 무엇을 구하는지를 보는 것보다 더 좋은 방법은 없습니다. 사람은 다른 사람들을 위해 기원할 때 자신이 이상(理想)으로 생각하는 복을 기원합니다. 여러분은 가장 사랑하는 사람을 위해 기원할 때 무엇을 기원합니까? 예를 들어 여러분은 부모로서 자녀들을 가르칠 때 외적인 것들보다 이와 같이 좀 더 고상한 가치를 추구하도록 가르칩니까? 또 여러분 자신들에게 있어 이러한 것들이 여러분이 가장 원하는 것들입니까? 여러분의 마음을 위의 것에 두십시오. 그리고 평안과 사랑과 믿음의 세 은혜를 가진 자가 정말로 부요하고 축복된 자라는 사실을 기억하십시오. 정말로 궁핍하고 불행한 자는 그것을 갖지 못한 자입니다.

이제 우리는 이러한 세 은혜 사이의 관계를 좀 더 면밀하게 살펴볼 필요가 있습니다. 바울 사도는 여기에서 흐름을 그 근원으로 거슬러 올라갑니다. 그는 결과로부터 시작하여 원인으로 거슬러 올라갑니다. 그러므로 자연적인 순서를 얻기 위해서는 우리는 여기의 순서를 거꾸로 바꾸어야 합니다. 그리고 그가 끝마치는 데로부터 시작하여 그가 시작하는 데에서 끝마쳐야 합니다. 기독교적 삶의 탁월함의 뿌리는 믿음에 있습니다. 그리고 그러한 믿음은 사랑과 불가분리적으로 연결되며, 믿음과 사랑은 함께 그 무엇도 깨뜨릴 수 없는 참된 평안을 만들어냅니다. 이제 이러한 세 가지 위대한 축복들을 살펴보도록 합시다.

1. 첫째로, 모든 것의 뿌리는 믿음인데, 믿음은 계속적이며 또한 자라가는 것이어야 합니다.

본문의 기원(祈願)의 대상이 형제들 즉 이미 기독교 신앙을 소유하고 있는 자들인 것을 기억하십시오. 바울은 그들이 이미 소유하고 있는 믿음이 계속되고 또 자라가기를 기원합니다. 형제들이 받을 수 있는 최고의 축복은 그들의 믿음이 계속적으로 확장되고 강화되는 것입니다.

믿음은 마치 우리 주머니 속에 있는 닳아빠진 6펜스짜리 은화와 같습니다. 그 은화는 여러 사람의 손을 거치면서 글자가 잘 보이지 않을 정도로 닳았습니다. 그와 비슷하게 우리 중 많은 사람들에게 "믿음"이란 단어는 너무도 익숙한 나머지 그 의미가 희미해져 버리고 맙니다. 그러므로 우리는 무엇보다도 먼저 이러한 믿음의 의미를 정확하게 이해할 필요가 있습니다. 믿음(faith)은 사람들 사이의 관계를 굳게 결속시켜 주는 것, 즉 단순한 신뢰(trust) 그 이상도 이하도 아닙니다. 여러분은 여러분의 남편과 여러분의 아내와 여러분의 자녀와 여러분의 부모와 여러분의 친구와 여러분의 지도자와 여러분의 변호사와 여러분의 의사를 신뢰합니다. 이와 똑같은 감정과 마음의 태도를 취하십시오. 그리고 그것을 하나님의 보좌의 기둥에다가 연결시키십시오. 그러면 여러분은 신약이 말하는 믿음을 얻게 될 것입니다. 거기에 신비적인 것은 아무것도 없습니다. 그것은 단순히 모든 인간관계를 결속시키는 익숙한 접합제인 신뢰를 실행하는 것입니다. 믿음은 신뢰이며, 신뢰는 사람의 영혼을 구원합니다.

나아가 믿음은 본질적으로 인격적인 신뢰(personal trust)라는 사실을 기억하십시오. 여러분은 이것 외에 다른 것으로는 사람의 마음을 붙잡을 수 없습니다. 사람들을 하나로 묶는 유일한 끈은 사랑 가운데 나타나는 인격적인 신뢰의 끈입니다. 또 우리가 어떤 사람을 믿는다고 할 때, 그것은 그 사람에 대한 이러저러한 사실들을 믿는 것이 아니라 그 사람 자신을 믿는 것입니다. 다시 말해서, 그 사람에 대한 교리들(doctrines)을 믿는 것이 아니라 그 교리들이 말하는 인격(혹은 개인, person)을 믿는 것입니다. 우리는 어떤 사람과 관련한 교리들은 믿으면서도 그 자신은 믿지 않을 수 있습니다. 그러므로 우리는 교리로부터 개인으로 나아가야 합니다. 단순한 교리가 아니라 살아 계신 그리스도를 붙잡을 때, 여러분은 믿음을 갖게 됩니다.

만일 여러분이 그리스도를 믿는다고 말한다면, 다음과 같은 질문이 즉시 제기될 것입니다. "여러분이 믿는 그리스도는 누구인가? 여러분의 죄를 위해 십자가에 죽은 그리스도인가, 아니면 여러분에게 위대한 도덕적 진리들을 가르쳐주고 또 인생의 참된 모범을 제시해준 그리스도인가?" 둘 중 어느 그리스도입니까? 두 그리스도는 매우 다릅니다. 하나를 붙잡는 믿음은 다른 하나를 붙잡는 믿음과 전혀 다릅니다. 따라서 나는 여러분에게 다음과 같은 질문을 던지고 싶습니다. "여러분의 믿음이 향하는 그리스도는 누구입니까? 여러분이 그를 바라볼 때, 그것은 무엇을 위한 것입니까? 그것은 어떤 막연한 도움이나 인도를 위한 것입니까, 아니면 그의 위대한 희생의 능력으로 여러분의 영혼이 구원받기 위한 것입니까?"

나아가 믿음은 단회적인 것이 아니라 계속적인 것이 되어야만 한다는 사실을 기억하십시오. 바울이 에베소의 형제들을 위해 기원할 수 있는 것 가운데 그들이 가지고 있는 믿음을 계속적으로 가지고 있도록 기원하는 것보다 더 중요한 것은 아무것도 없었습니다. 그들은 계속해서 믿음을 가지고 있어야 했으며, 그들의 믿음은 그들의 일생 전체를 통해 지속적으로 자라가야 했습니다. 오늘을 위해 필요한 것은 어제의 믿음이 아니라 오늘의 믿음입니다. 지금 이 순간을 위해 어제의 믿음이 별다른 유익이 되지 못하는 것은 마치 어제 들이쉰 숨이 지금 이 순간 우리의 피 속에 별다른 산소를 공급해 주지 못하는 것과 마찬가지입니다. 전기의 연결이 단절되면, 전기불은 즉시 꺼질 것입니다. 아무리 오랫동안 믿음의 삶을 살았다 할지라도, 만일 그 믿음이 계속되지 않는다면 어제의 삶은 지금 이 순간을 위해 아무런 도움도 되지 못할 것입니다. 믿음이 단절되면 평안도 단절된다는 사실을 기억하십시오. 믿음이 단절되면 구원도 단절됩니다. 오직 의식적인 믿음으로 예수 그리스도와 연결되어 있는 바로 그 순간만, 여러분은 그로부터 축복을 받고 있는 것입니다.

더욱이 이러한 믿음은 계속해서 커져가야 합니다. 바울은 형제들에게 그들의 믿음이 계속해서 자라가기를 기원합니다. 생명을 가진 것은 자라는 법입니다. 만일 자라지 않는다면, 거기에 넘치는 생명력이 있다고 말할 수 있겠습니까? 스스로를 그리스도인이라고 부르지만 그러나 그 믿음이 처음 믿었을 때보다 조금도 자라지 못한 사람들이 얼마나 많습니까? 자라기는 고사하고 도리어 퇴보한 사람들은 또 얼마나 많습니까? 그들은 스스로를 그리스도인이라 부르지만 그러나 도리어 교회를 약화시키며 교회의 근심거리가 되는 사람들입니다. 그들의 믿음 속에는 성장의 요소가 없으며, 그들의 믿음은 많은 능력을 경험하면서도 조금도 강하여지지 않습니다. 사랑하는 성도 여러분, 여러분은 그런 경우가 아닙니까? 스스로에게 다음과 같은 엄중한 질문을 던져보십시오. "만일 나의 믿음이 자라지 않는다면, 과연 내 안에 생명이 있는지 내가 어떻게 알 수 있단 만인가?"

우리의 생각과 의지를, 우리 죄를 위한 희생제물로서 성경에 계시된 인격적인 구주께 맞추는 믿음이 — 이러한 믿음은 연속적이며 계속해서 자라가는 특성을 가지고 있습니다 — 우리의 모든 선과 축복과 강함의 기초임을 잊지 마십시오. 만일 우리가 그러한 믿음을 가지고 있다면, 우리는 모든 탁월함의 씨앗을 가지고 있는 것입니다. 그러므로 진정 지혜로운 자라면 자신을 위해서도 이러한 믿음을 가장 크게 사모하며 바랄 것이며, 사랑하는 사람들을 위해서도 그러할 것입니다.

우리 자신이 가장 원하는 것이 아니라 하나님이 우리를 위해 가장 원하시는 것을 추구하십시오. 하나님은 우리의 삶이 즐거움으로 가득 차기보다는 의와 믿음으로 가득 차기를 바라십니다. 그리하여 때로 우리를 고난과 상실과 낙망에 떨어지도록 내버려 두시기도 합니다. 우리의 자연적 삶은 깨어지고 믿음의 삶은 강해지도록 하기 위해서 말입니다. 만일 우리가 외적인 것과 내적인 것의 상대적인 가치를 올바로 이해한다면, 우리는 폭풍으로 인해서도 하나님께 감사하게 될 것입니다. 왜냐하면 그것이 우리를 그분께 더 가까이 나아가도록 이끌기 때문입니다. 또 우리는 어둠으로 인해서도 감사할 수 있습니다. 왜냐하면 그로 인해 우리의 구름기둥이 불기둥으로 바뀔 것이기 때문입니다. 또 우리는 모든 연단으로 인해서도 감사할 수 있습니다. 왜냐하면 비록 그것이 고통스러운 것이라 할지라도, 하나님은 그러한 연단과 함께 "주여 우리의 믿음을 더하여 주소서"란 기도에 응답해 주실 것이기 때문입니다.

2. 둘째로, 사랑이 이러한 믿음과 불가분리적으로 연결되는 것을 주목하십시오.

사랑은 믿음의 결과입니다. 사랑이라는 결과는 믿음이라는 원인 없이는 결코 나타나지 않으며, 믿음이라는 원인은 필연적으로 사랑이라는 결과를 산출합니다. 바울은 둘을 실제적으로나 개념적으로나 불가분리적인 것으로 연결시킵니다. 이것은 너무도 명백한 사실이며, 이러한 명백한 사실로부터 실제적인 교훈들이 따릅니다.

우리는 여기에서 두 개의 원리, 아니 그렇다기보다 하나의 개념의 두 측면을 보게 됩니다. 그것은 사랑 없는 믿음도 없고, 믿음 없는 사랑도 없다는 것입니다.

만일 믿음이 사랑을 산출하지 않는다면, 그 믿음은 참된 믿음이 아닙니다. 이것은 너무도 분명합니다. 믿음은 신적 사랑을 인식하고 그것을 마음속으로 받아들이는 것입니다. 만일 어떤 사람이 실제적인 의미에서 하나님의 사랑을 알고 또 믿는다면, 그는 자신의 사랑으로 그에 응답할 것입니다. 마치 소리가 어떤 대상에 부딪혔다가 메아리로 되돌아오는 것처럼 말입니다. 우리의 믿음은 마치 볼록렌즈와 같습니다. 그것은 신적 사랑의 빛들을 우리 마음속으로 모으며, 마침내 한 점으로 초점을 맞추어 그곳에 불이 일어나게 만듭니다. 만일 우리가 하나님이 우리를 사랑하심을 믿는다면, 우리는 그분께 우리의 사랑을 분출시키는 것으로 응답할 것입니다.

그러므로 여기에 믿음을 시험하는 것이 있습니다. 여러분은 스스로를 그리스도인으로 부릅니다. 만일 제가 여러분에게 와서 "여러분은 주 예수 그리스도를 믿습니까?"라고 묻는다면, 대부분은 "예, 그렇습니다"라고 대답할 것입니다. 그러면 성도 여러분, 여러분의 믿음은 여러분으로 하여금 주 예수 그리스도를 사랑하도록 만듭니까? 만일 그렇지 않다면, 여러분은 자신의 믿음이 참된 것인지 심각하게 되돌아보아야 합니다. 만일 열매 맺지 못하는 믿음이라면, 그것은 믿음이라는 아름다운 이름을 가질 자격이 없습니다.

마찬가지로 믿음 없는 사랑 역시도 없습니다. "우리가 사랑함은 그가 먼저 우리를 사랑하셨음이라"(요일 4:19). 하나님이 먼저여야 합니다. 우리는 다만 그 뒤를 따를 수 있을 뿐입니다. 인간의 자연적인 자기중심성은 오직 하나님의 사랑이 그에게 나타났을 때에만 극복될 수 있습니다. 그 사랑이 믿음을 통해 마음속으로 들어오기 전까지는, 거기에 어떤 사랑도 없을 것입니다.

그러므로 사랑하는 성도 여러분, 여기에 여러분의 사랑을 시험하는 것이 있습니다. 우리는 오늘날 모든 종교의 본질은 하나님에 대한 사랑이라는 말을 많이 듣습니다. 그들은, 그러므로 신약의 골치 아픈 교리들은 모두 내던져 버리고 "네 마음을 다하고 목숨을 다하고 뜻을 다하고 힘을 다하여 주 너의 하나님을 사랑하고 이웃을 네 자신 같이 사랑하라"는 위대한 강령으로 되돌아가야 하며, 이것이 참된 종교라고 말합니다(막 12:30, 31). 그러나 나는 감히 다음과 같이 단언합니다. 만일 그 마음에 그리스도께서 나를 위해 십자가에서 죽으셨다는 신약의 중심적인 진리가 없다면, 여러분은 마음을 다하고 목숨을 다하고 뜻을 다하고 힘을 다하여 하나님을 사랑하라는 명령을 결코 지킬 수 없을 것이라고 말입니다. 또 만일 여러분이 사람들의 마음과 의지를 하나님과의 사랑의 교제로 묶기를 원한다면, 그것은 오직 세상 죄를 위해 희생제물이 되신 바로 그분을 믿는 믿음을 통해서만 가능하다고 말입니다. 여러분은 여러분의 마음의 사랑이 커지기를 원합니까? 그렇게 할 수 있는 방법을 배우십시오. 여러분은 스스로를 어떤 종교적인 감정의 뜨거운 화염 속으로 밀어 넣을 수 없습니다. 사람은 "나는 그렇게 하기로 결심했어"라고 말함으로써 사랑을 커지게 할 수 없습니다. 우리는 우리의 감정을 그와 같은 방식으로 직접적으로 조종할 수 없습니다. 여러분은 한 가지 방법 외에는 다른 어떤 방법으로도 물을 끓게 만들 수 없습니다. 그것은 그 밑에다가 불을 때는 것입니다. 여러분은 진리를 묵상함으로 여러분의 마음을 뜨겁게 만드는 것 외에는 다른 어떤 방법으로도 그것을 뜨겁게 만들 수 없습니다. 우리를 향한 그리스도의 위대한 사랑을 더 많이 묵상할수록, 그리고 자기부인과 그를 믿는 믿음으로 우리 영혼의 에너지를 더 많이 끌어낼수록, 우리의 사랑은 더 강렬하고 뜨거워지게 될 것입니다. 여러분은 오직 믿음을 크게 함으로써만 사랑을 크게 만들 수 있습니다. 그러므로 여러분의 모든 기독교적 감정을 더욱 심화(深化)시키고자 한다면, 여러분은 기도와 묵상으로 예수 그리스도 안에 있는 하나님의 위대한 사랑을 더욱 굳게 붙잡아야 합니다. 여러분의 기독교적 생명이 종종 방해를 받으며, 계속해서 자라가지 못하며, 여러분 자신에게나 다른 사람들에게 아무런 유익이나 축복이 되지 못한다고 하여 놀라지 마십시오. 이유는 간단합니다. 그것은 여러분이 그리스도의 십자가를 바라보지도 않고, 그의 크신 은혜를 묵상하지도 않으면서 살아가고 있기 때문입니다.

3. 셋째로, 이와 같이 불가분리적으로 연결된 믿음과 사랑은 평안을 가져옵니다.

바울이 에베소의 형제들을 위해 구한 것은 정말로 수수한 것이었습니다. 왜냐하면 그가 구한 것은 단지 평안이었을 뿐이기 때문입니다. 그러나 평안은 매우 수수한 것이기는 하지만 실상은 우리가 가질 수 있는 것 가운데 가장 심오하며 참된 축복입니다. 그것은 오직 하나의 길을 통해 우리에게 오는데, 그것은 믿음과 사랑의 길입니다.

믿음과 사랑은 하나님과 함께 하는 평안을 가져다줍니다. 그것은 내적인 영의 평안이며, 자기를 부인하며 순복시키는 평안이며, 순종의 평안이며, 우리 자신의 일을 그치고 하나님의 안식으로 들어가는 평안입니다.

믿음은 평안입니다. "이것은 내가 책임질 일이 아니요 그가 책임질 일이라 나는 그 안에서 안식할 것이라"라고 말할 때, 이것보다 우리를 더 평안하게 하는 것은 아무것도 없습니다.

사랑은 평안입니다. 사랑하는 사람의 품에 안겨 있을 때, 우리 마음은 참된 안식과 평안을 갖게 됩니다. 새들이 나무 위에 둥지를 틀고 그곳에서 안식합니다. 그곳에는 평안이 있습니다. 그러나 그러한 평안은 영원하지 않습니다. 왜냐하면 조만간 나무는 베어지고 둥지는 사라질 것이기 때문입니다. 그러나 만일 우리가 영원히 살아 계시는 그리스도께 돌이킨다면, 우리의 사랑과 믿음은 우리를 영원한 안식과 평안으로 데려갈 것입니다. 그를 믿고 의지하는데 평안이 있을 것이며, 우리의 믿음은 결코 부끄러움을 당하지 않을 것입니다. 그를 사랑하는데 평안이 있을 것이며, 그는 모든 사람들의 사랑을 되갚아주실 것입니다.

스스로를 순복시키는 것은 평안입니다. 우리에게 고통을 가져다주는 것은 우리 자신의 의지입니다. 우리를 분요케 하는 것은 외부로부터가 아니라 내부로부터 옵니다. 자신의 의지를 굴복시키며 "주의 뜻대로 되기를 원하나이다"라고 말할 때, 또 믿음과 사랑으로 원망과 불평을 그치고 하나님의 사랑의 목적 속으로 들어가고자 애쓸 때, 바로 거기에 평안이 있습니다.

순종은 평안입니다. 위대한 주권적 의지를 인정하며 스스로를 그 의지에 기꺼이 순복시킬 때 — 왜냐하면 그 의지가 너무도 달콤하며 사랑스럽기 때문에 — 바로 거기에 평안이 있습니다. 외적으로는 계속해서 요동치는 상황 속에서라 할지라도, 그 안에 고요한 평안이 있을 것입니다. 주위의 모든 것이 폭풍 속에 있다 할지라도, 우리 영혼 깊은 곳에는 고요한 평안이 있을 것입니다.

기독교적 평안은 무장(武裝)한 평안입니다. 모순처럼 보이지만 그러나 사실입니다. 많은 적들에 의해 둘러싸인 우리의 마음과 생각을 파수꾼이 그리스도 예수 안에서 지키며 보호합니다.

하나님은 "악인은 평온함을 얻지 못할" 것이라고 말씀합니다(사 57:20). 그는 마치 "그 물이 진흙과 더러운 것을 늘 솟구쳐 내는 요동하는 바다"와 같을 것입니다. 그러나 가장 거칠게 요동치는 바다라 할지라도, 그 바다를 향해 외치는 한 음성이 있습니다. "잠잠하라 고요하라"(막 4:39). 그러자 요동치던 바다는 곧 평온해집니다. 그는 여러분의 평안입니다. 그를 믿고 사랑하십시오. 그러면 여러분은 "지식에 넘치는 하나님의 평안"을 소유하게 될 것입니다.

46
광범위한 하나님의 은혜

"우리 주 예수 그리스도를 변함없이 사랑하는 모든 자에게 은혜가 있을지어다"
엡 6:24

나는 여러분에게 본문 말씀이 얼마나 광범위한지 주목해 보라고 권하고 싶습니다. 본문 말씀은 정말로 광범위합니다. 바로 앞 구절도 매우 포괄적인 축복을 담고 있지만 그러나 본문은 그보다 더 넓은 범위를 망라합니다. 본문 바로 앞 구절은 "평안과 믿음을 겸한 사랑이 형제들에게 있을지어다"라고 말합니다(23절). 그러나 지금 바울의 마음속에는 아시아의 교회들 안에 있는 형제들을 넘어 모든 나라에 있는 거대한 무리가 떠올라 있습니다. 바울은 본문의 기원(祈願) 안에 그들 모두를 포함시킵니다. 또 본문이 얼마나 단순한지 주목하십시오. 모든 것이 본문의 일반적인 표현 속에 모두 함축됩니다. 하나님의 선물을 받는 모든 조건들이 사랑이라는 하나의 조건으로 집약되며, 모든 다양한 하나님의 선물들이 은혜라는 하나의 포괄적인 표현으로 집약됩니다.

1. 첫째로, "은혜가 있을" 자에 대한 포괄적인 호칭을 주목하십시오.

그들은 "우리 주 예수 그리스도를 변함없이 사랑하는 모든 자"입니다. 이러한 포괄적인 표현은 얼마나 강력합니까? 성경은 우리가 하나님의 선물을 받든지 혹은 예수 그리스도와 연합되는 조건을 하나로 요약하는데,

그것은 믿음입니다. 사랑은 그 다음 단계입니다. 그러나 바울은 여기에서 첫 번째 단계인 믿음을 넘어 두 번째 단계인 사랑을 제시합니다. 그는 믿음의 결과인 사랑을 강조하고 있는데, 이러한 사랑은 우리 주 예수 그리스도를 믿는 믿음 위에 세워집니다.

나아가 여기에서 우리의 사랑의 대상이 어떻게 불리고 있는지 주목하십시오. 여기에서 그는 "우리 주 예수 그리스도"라는 매우 장엄한 이름으로 제시됩니다. 이것은 그의 인성의 이름(예수)이며, 그의 직분의 이름(그리스도)이며, 그의 통치권을 나타내는 이름(주)입니다. 그는 사람이신 예수입니다. 예수는 모든 예언의 성취자이시며 모든 계시의 꽃이신 그리스도로서 선지자와 제사장과 왕처럼 성령으로 기름부음 받은 자입니다. 예수 그리스도는 주(主)십니다. 이것은 그의 주권을 나타내는 것이며, 나아가 바울의 용례(用例)에서는 그가 신성(神性)에 참여하는 것까지도 포함됩니다. 바로 이것이 전체적인 그리스도의 모습입니다. 그는 예수시며, 그리스도시며, 주십니다. 이러한 주 예수 그리스도를 믿는 믿음 위에 참된 교회가 세워집니다.

이러한 교회는 교리 위에 세워지는 것이 아니라 전체적인 그리스도 위에 세워집니다. 그러므로 우리는 그리스도의 다양한 측면의 특성에 부응하는 사랑을 가져야 합니다. 그것은 예수에 대한 인간적인 뜨거운 사랑이며, 그리스도에 대한 신실한 사랑이며, 주께 대한 순종적 사랑입니다. 그리고 나는 감히 한 걸음 더 나아가 "그것은 영원한 하나님의 아들에 대한 숭경적(崇敬的) 사랑"이라고 말합니다. 바로 이것이 그리스도인을 만드는 바울의 정의입니다 — 전체적인 그리스도를 붙잡는 믿음과 그럼으로써 그에게로 향하는 사랑. 이것은 그러한 믿음과 사랑을 소유한 모든 사람을 하나의 거대한 통일체로 묶습니다. 단편적인 사실만을 붙잡는 엉터리 자유주의자들과는 달리, 우리는 그리스도인이 예수를 알고 그리스도를 알고 주를 알며 이 모든 측면에서 그를 사랑하는 자임을 확실히 해야 합니다. 사람의 영혼은, 명석한 두뇌와 연결된 냉랭한 마음에 의해서보다 비록 지적으로는 충분히 이해하지 못한다 하더라도 그리스도에 대한 깊은 사랑과 신뢰에 의해 더 밝게 빛납니다. 이와 같이 우리는 그리스도를 단편적으로가 아니라 전체적으로 알고 믿고 받아들여야 합니다.

또한 여기에 모든 편협성과 형식주의와 교회만능주의(ecclesiasticism)를 배격하는 중요한 원리가 나타나는데, 그것은 예수 그리스도와 연합되는 것이 사람을 교회의 복된 통일체 속으로 데려가는 유일한 조건이라는 원리입니다. 우리는 이러한 원리로부터 다양한 교파가 있는 것이 교회의 통일성을 필연적으로 깨뜨리는 것은 아니라는 사실을 배울 수 있습니다. 물론 많은 경우 그것은 매우 애통한 일이기는 하지만 말입니다. 오늘날 우리는 기독교가 다시 하나로 연합해야 한다는 이야기를 많이 듣습니다. 그렇게 하기 위해 기존의 다양한 체제들을 허물고 더 큰 새로운 체제를 만들어야 한다는 것입니다. 나는 우리의 현존하는 교회체제가 살아 계신 하나님의 최종적인 교회 형태라고 믿지 않습니다. 그러나 교회의 본질적인 통일성에 대한 믿음과 다양한 교회체제의 존재는 결코 모순되지 않는다는 사실을 기억하십시오.

여러분은 컴벌랜드의 산중턱에 거대한 석회암층이 있다는 사실을 잘 알 것입니다(Cumberland: 잉글랜드 북서부에 있는 州). 그런데 그 석회암층 중간에 40 내지 50센티미터 정도의 갈라진 틈이 있습니다. 그런데 불과 2미터 정도만 들어가도 모든 구분은 사라지고 석회암의 기암(基巖)만이 계속 뻗어 있습니다. 틈을 사이에 두고 서로 나뉜 것은 표면에서만 그럴 뿐입니다. 그 내부는 여전히 하나입니다. 통일성의 개념이 단지 기계적으로 함께 하는 것인 사람들의 손아귀에서 놓아나지 마십시오. 그렇게 하는 대신 참된 통일성은 그 중앙에 예수 그리스도가 계시며 우리 모두가 함께 그분을 붙잡는 것이라는 사실을 인식하십시오.

영국 국교도의 찬송가 가운데 다음과 같은 구절이 있습니다.

"우리는 나뉘지 않았네,
우리는 모두 한 몸이라네."

이것은 우리 비국교도들을 찌릅니다. 그러나 교회의 통일성과 몸의 하나됨에 대한 우리의 생각은 앞의 찬송가 작시자의 생각과 다릅니다. “우리는 나뉘지 않았습니다” — 비록 조직체로서는 나뉘어 있다 하더라도 말입니다. “우리는 모두 한 몸입니다” — 왜냐하면 우리 모두가 한 떡에 참여하기 때문입니다. 우리 모두를 하나로 연합시키는 원리는 한 분이신 우리 주 예수 그리스도에 대한 우리 모두의 공통된 사랑입니다.

2. 둘째로, 하나님의 선물의 공평성을 주목하십시오.

본문은 일종의 축복기도입니다. 동시에 그것은 예수 그리스도에 대한 사랑의 필연적인 결과에 대한 예언이기도 합니다. 그러한 사랑에는 필연적으로 은혜가 따릅니다. 사랑하는 자들은 하나님의 선물을 받습니다. 왜냐하면 그들의 사랑이 그들을 예수 그리스도와의 살아 있는 교제로 이끌기 때문입니다. 그리고 그럴 때 그리스도의 생명이 그들의 생명 속으로 흘러들어갈 것입니다. 성경에서 “은혜”는 첫째로, 낮은 자들, 죄인들, 자격이 없는 자들에게 하나님이 스스로를 낮추시며 베푸시는 사랑을 의미합니다. 그리고 둘째로, 그러한 사랑에 따르는 전체적인 축복과 선물의 충만을 의미합니다. 바울은 예수 그리스도를 사랑하는 가운데 마음을 열 때, 하늘로부터의 이러한 큰 선물들, 그리고 모든 것이 포함된 하나의 선물이 필연적으로 따를 것이라고 말합니다.

사랑하는 성도 여러분, 하나님의 은혜는 교회 간의 구별을 대수롭지 않은 것으로 만듭니다. 거대한 강은 사람들이 나누어 놓은 국경선들을 그냥 통과하여 흐릅니다. 그리고 그들이 사용하는 언어들과 상관없이 흐릅니다. 라인 강은 스위스의 소나무들과 독일의 포도나무들과 네덜란드의 버드나무들을 적십니다. 마찬가지로 하나님의 은혜는 그를 사랑하는 사람들이 거주하는 모든 지역을 흐릅니다. 그리고 그들 사이에 세워진 모든 장벽들을 넘어 흐릅니다. 해변의 작은 물웅덩이들을 생각해 보십시오. 썰물 때 각각의 물웅덩이들은 서로 분리됩니다. 그러나 밀물이 되면 어떻게 됩니까? 대양으로부터 흘러들어오는 거대한 조류(潮流)가 모든 웅덩이들을 덮어 하나로 만들어 버립니다. 이와 같이 하나님의 은혜는 그를 사랑하는 모든 사람들에게 임하여 그들의 하나됨을 확증합니다.

바로 이것이 살아 있는 교회에 대한 참된 시험입니다. "바나바가 안디옥에 이르러 하나님의 은혜를 보고 기뻐하여"(행 11:23). 바나바에게 있어 안디옥의 형편은 그가 기대한 것과 달랐습니다. 그러나 바나바는 열린 마음을 가진 사람이었습니다. 안디옥 교회는 체계적으로 조직되지 못했으며, 질서도 부족했으며, 성례도 시행되지 못했습니다. 다만 일반 그리스도인들의 자발적인 노력으로 교회가 이루어졌을 뿐입니다. 따라서 바나바는 그러한 정황을 살피기 위해 보내어졌습니다. 그러나 회심자들이 그들 안에서 생명에 참여한 것을 보았을 때, 그는 더 이상 묻지 않았습니다. 이와 같이 우리 비국교도들도 은혜의 선물의 분깃을 가지며, 이것은 다른 교파들도 마찬가지입니다. 만일 우리의 사랑이 더 깊고 크다면, 우리는 다른 교파들보다 더 크고 풍성한 은혜의 분깃을 가질 것입니다. 그리고 설령 교회로서 온전하게 조직되지 못한 곳이라 하더라도, 우리는 "그리스도가 있는 곳에 교회가 있다"는 아우구스티누스의 말과 "볼지어다 내가 세상 끝날까지 너희와 항상 함께 있으리라"는 주님의 약속을 되돌아볼 필요가 있습니다(마 28:20).

3. 셋째로, 우리의 마음이 얼마나 넓어야 하는지 주목하십시오.

바울의 기원(祈願)은 하나님의 은혜와 사랑이 포괄하는 영역만큼이나 넓게 퍼져 나갑니다. 우리 역시도 그래야 합니다.

나는 유기적 통일성에 대해 말하고 있지 않습니다. 생각건대 이제 새로운 종파를 창설하는 시대는 지났습니다. 오늘날 멀쩡한 정신을 가진 사람이라면 새로운 종파를 창설하려고 하지는 않을 것입니다. 종교개혁 시대에 일어났던 기계적인 통일성에 대한 반발은 자연적으로 많은 종파를 낳았으며, 각 종파는 각자 중요하게 여기는 것을 붙잡았습니다. 당시 여러 종파들로 분파된 것에 대한 책임은 근본적이지 않은 것들에 집착했던 교회지도자들의 어리석음에 돌려져야 합니다. 그들은 근본적이지 않은 것들을 고집하면서 그것을 자신들과 함께 하는 조건으로 내세웠습니다. 그러므로 어떤 사람들은 양심상 그러한 조건을 받아들일 수 없었으며, 따라서 이들에게 분파의 책임이 돌려져서는 안 됩니다. 어쨌든 오늘날 그러한 권력은 사라졌으며, 우리는 분파주의가 가져오는 많은 해악들을 목도하고 있습니다. 그러나 우리는 재결합(reunion)이 느린 과정이어야 함을 기억해야 합니다. 결코 조급하게 서둘러서는 안 됩니다. 먼저 각각의 종파들로부터 분위기가 무르익어야 합니다. 이것은 별 것 아닌 일처럼 보일는지 모르지만 그러나 매우 중요한 일입니다. 그러므로 여러 난관들을 극복하고 재결합을 이루는 것은 매우 오랜 시간이 걸릴 것입니다. 그러나 이것과는 별개로, 어째서 스코틀랜드에 세 개의 장로교파가 있어야 합니까? 같은 신조와 같은 신앙고백과 같은 교회조직을 가지고 있는데 말입니다. 마찬가지로 어째서 잉글랜드에 여섯 개의 감리교파가 있어야 한단 말입니까? 모든 것이 다 같은데 말입니다. 또 회중교회와 침례교회가 다시 한 몸이 되는 것은 불가능한 일입니까? 분명히 그렇지 않습니다. 나처럼 나이가 많은 사람들은 단지 작은 범위에서 서로 교류하는 것밖에는 소망할 수 없지만, 그러나 젊은이들은 좋은 날을 볼 수 있을 것입니다.

이런 큰 문제들은 일단 제쳐두도록 합시다. 나는 여기에서 여러분에게 우리 모두가 마땅히 이행해야 할 의무를 새롭게 일깨워 주고 싶습니다. 우리는 근본적인 통일성에 대해 좀 더 깊은 의식을 가져야 합니다. 사람들은 각 종파들 사이의 경쟁에 대해 많이 이야기합니다. 그렇지만 나는 이것이 지나치게 과장된 이야기라고 믿습니다. 물론 경쟁이 있습니다. 그러나 우리 모두가 아는 대로 그것은 부끄러운 경쟁입니다. 한 건물에서 서로 다른 교회가 서로 예배 경쟁을 벌입니다. 마치 상업적인 경쟁을 벌이는 것처럼 말입니다. 반면 나는 오랜 목회생활을 통해 종파들 간의 경쟁은 거의 보지 못했습니다. 그런 경쟁은 사실상 없습니다. 나는 대부분의 목회자들이 나와 같은 생각을 할 것이라고 믿습니다. 어쨌든 외적인 통일성이 강조되는 이 시대에 우리 비국교도들은 우리를 하나로 묶는 끈이 얼마나 질기고 강한 것인지를 세상에 나타내야 합니다.

우리는 또한 사회적인 문제들에 있어서도 공동 행동을 촉진시켜야 합니다. 맨체스터에서 이러한 방향으로 각성되기 시작하는 것은 얼마나 감사한 일입니까? 나는 특별히 복음주의 교파에 속한 그리스도인들에게 기독교적 원리들을 취하여 맨체스터의 사회적 경제적 제반 문제들을 논의하는 데 활용하도록 당부하고 싶습니다.

교회들 간의 하나됨에 있어 피차의 경쟁보다도 서로 간의 협력과 협조가 훨씬 더 필요합니다. 우리는 우리 자신의 행동을 조절함에 있어 피차의 행동을 좀 더 고려해야 합니다. 그리고 세상에서 벌어지는 경쟁관계의 모습을 그대로 교회로 가져오는 우(愚)를 범해서는 안 됩니다.

여러분의 마음을 넓히십시오. 그리스도의 은혜가 흐르는 만큼 말입니다. 그리스도께서 귀하게 여기는 자들을 외인(外人)으로 여기며 배척하지 마십시오. 우리를 묶은 띠를 생각해 보십시오. 그것은 그 띠를 잡는 모든 사람들을 하나로 만드는 사랑의 띠입니다. 직경이 1킬로미터인 원을 생각해 보십시오. 그 원주(圓周)에 개별적인 많은 점들이 찍혀 있습니다. 만일 그 점들이 중심을 향해 움직인다면, 점들 간의 거리는 점점 더 가까워지게 될 것입니다. 이와 같이 우리가 한 주님께로 더 가까이 다가갈수록, 우리는 피차간에 더 가까워지게 될 것입니다.

빌립보서

1
사랑의 인사말

"[1]그리스도 예수의 종 바울과 디모데는 그리스도 예수 안에서 빌립보에 사는 모
든 성도와 또한 감독들과 집사들에게 편지하노니 [2]하나님 우리 아버지와 주 예
수 그리스도로부터 은혜와 평강이 너희에게 있을지어다 [3]내가 너희를 생각할 때
마다 나의 하나님께 감사하며 [4]간구할 때마다 너희 무리를 위하여 기쁨으로 항
상 간구함은 [5]너희가 첫날부터 이제까지 복음을 위한 일에 참여하고 있기 때문
이라 [6]너희 안에서 착한 일을 시작하신 이가 그리스도 예수의 날까지 이루실 줄
을 우리는 확신하노라 [7]내가 너희 무리를 위하여 이와 같이 생각하는 것이 마땅
하니 이는 너희가 내 마음에 있음이며 나의 매임과 복음을 변명함과 확정함에
너희가 다 나와 함께 은혜에 참여한 자가 됨이라 [8]내가 예수 그리스도의 심장으
로 너희 무리를 얼마나 사모하는지 하나님이 내 증인이시니라"

빌 1:1–8

바울과 빌립보 교회는 매우 친밀한 유대의 끈으로 결속되어 있었습니다. 빌립보 교회는 사도행전 끝 부분의 긴 인사말에도 나타나는 것처럼 바울 자신에 의해 세워졌습니다. 그 교회는 유럽에서 처음 세워진 교회였습니다. 아마도 지금은 그때로부터 10년 혹은 그 이상의 시간이 지나간 것 같습니다. 지금 바울은 로마에서 금고(禁錮) 생활을 하고 있습니다. 그렇다고 감옥에 갇혀 극도의 고통을 겪고 있었던 것은 아닙니다. 다만 자신의 집에 금고된 상태로 — 그런 가운데 친구들을 면담한다든지 어느 정도의

하나님의 일은 할 수 있었습니다 — 로마의 사법 절차를 기다려야 했습니다. 이와 같이 로마에서 금고되어 있는 동안 그는 빌립보서와 에베소서와 골로새서와 빌레몬서를 기록했습니다. 이 가운데 나중 세 개는 시간적으로 긴밀하게 연결되며, 앞의 두 개는 주제에 있어, 그리고 뒤의 두 개는 목적에 있어 긴밀하게 연결됩니다. 본 서신은 아시아의 큰 교회들에 보내는 서신들과는 많은 부분에서 상당히 다릅니다.

본 서신의 어투와 분위기는 바울의 대부분의 다른 서신들과 상당히 다릅니다. 본 서신에는 교리적인 논쟁이라든지 어떤 특별한 악을 꾸짖는 이야기는 나타나지 않습니다. 다만 아름다운 사랑과 신뢰의 이야기로 가득 차 있을 뿐입니다. 바울의 대부분의 서신들처럼 본 서신 역시 인사말과 축복의 기원으로 시작되며, 그러는 가운데 처음부터 사랑의 분위기가 용솟음쳐 오릅니다. 우리는 첫 머리의 인사말에서 '바울의 개인적인 성품'과 '가르치는 자와 가르침 받는 자의 아름다운 관계'와 '기독교 정신으로 연결된 사랑과 우정의 아름다운 이상(理想)'이 나타나는 것을 볼 수 있습니다. 그런 면에서 본문의 인사말은 너무도 사랑스럽고 아름답습니다.

1절과 2절은 '사도적 인사말'(apostolic greeting)을 포함합니다. 여기에서 우리는 본 서신을 보낸 자들이 누구인지 알 수 있습니다. 여기에 바울의 이름과 함께 디모데의 이름이 나오는데, 이렇게 하는 것은 바울의 통상적인 습관입니다. 대체로 바울은 자신의 특별함을 가능한 감추고 동료들의 특별함은 애써 부각시키려고 노력합니다. 그는 자신의 특별한 위치에서 교만한 마음을 품지 않은 매우 겸손한 사람이었지만, 그러나 자신의 책무의 막중함에 대해서는 추호도 간과하지 않았습니다. 1절에서 그는 자신과 디모데를 그리스도의 종으로 부릅니다. 그는 그리스도의 종이 된 것을 최고의 영예로 생각했습니다. 그리스도는 그를 얻기 위해 십자가에 죽으셨으며, 그에게 있어 그런 주님의 종이 되는 것은 가장 영예로운 일이었습니다. 여기에 사도적 권위에 대한 언급이 전혀 나타나지 않는 사실은 매우 주목할 만합니다. 이와 관련하여 자신의 사도적 권위를 강조했던 갈라디아서와 비교해 보십시오. 거기에서 바울은 자신의 사도적 권위가 "사람들에게서 난 것도 아니요 사람으로 말미암은 것도 아니요 오직 예수 그리스도와 그를 죽은 자 가운데서 살리신 하나님 아버지로" 말미암았다고 강하게 주장합니다(갈 1:1). 갈라디아 교회에서와는 달리 바울과 빌립보 교회 사이에는 매우 친밀한 사랑과 우정의 관계가 형성되어 있었습니다. 빌립보 교회에서는 그의 사도적 권위가 부인되지 않았습니다. 따라서 그들에게 편지를 보내는 가운데 자신의 사도적 권위를 주장할 필요는 전혀 없었습니다. 바울은 빌립보 형제들을 공적으로가 아니라 개인적으로 대하기를 원했습니다. 이러한 특징은 빌레몬서에서도 똑같이 나타납니다(몬 1:1).

한편 본 서신의 수신자는 "그리스도 예수 안에 있는 모든 성도들"입니다. 바울은 스스로를 사도로 부르지 않았던 것처럼 또한 그들을 교회로 부르지 않습니다. 그는 자신들을 하나로 연합시킨 개인적인 유대의 끈을 추상적인 표현으로 약화시키고자 하지 않습니다. 여기에서 그들이 "성도"(聖徒)로 불리는 것을 주목하십시오. 그것은 일차적으로 그들이 도덕적으로 정결한 자들임을 나타내는 것이 아니라 그들이 하나님께 성별(聖別)된 자들임을 나타내는 것입니다. 그 단어의 일차적인 의미는 구별입니다. 그리고 정결(淨潔)은 그러한 구별로부터 말미암는 이차적인 것입니다. 이와 같이 예수 그리스도와 연합되는 것이 성별과 그로 말미암는 정결 모두의 조건입니다.

빌립보 교회는 초보적이지만 그러나 충분한 조직을 가지고 있었습니다. 1절에 나오는 "감독들"과 "집사들"이라는 두 직분에 대해서는 여기에서 길게 논의하지 않을 것입니다. 다만 여기의 "감독"이 "장로"의 다른 표현이란 사실만을 지적하고 넘어가고자 합니다. 우리는 이러한 사실을 바울이 에베소의 그리스도인들과 헤어지는 사도행전 20장의 이야기 속에서도 발견할 수 있는데, 거기에서 동일한 사람들이 두 이름으로 모두 불립니다. 또 우리는 그러한 사실을 디도서 1장 5절과 7절에서도 발견할 수 있습니다. "장로"라는 이름은 히브리적 기원을 가진 것으로서 그 직분의 위엄과 존귀를 나타내는 호칭인 반면, "감독"이란 이름은 헬라적 기원을 가진 것으로서 그 직분을 기능적인 차원에서 표현한 것입니다. 여기에서 우리는 당시 빌립보 교회에 몇 명의 장로들이 있었다는 사실과 함께 여기에 나타나는 순서는 직분에 있어서의 계급주의를 뒷받침하지 않는다는 사실을 알 수 있습니다.

2절의 은혜와 평강을 구하는 기원은 바울의 모든 서신들에 공통적으로 나타나는 형식을 그대로 취합니다. 이것은 동양과 서양의 인사말을 혼합한 것입니다. "은혜"는 헬라식의 인사말이며 "평강"은 히브리식의 인사말입니다. 이와 같이 예수 그리스도는 세상 전체의 열망을 하나로 종합합니다. 그가 주시는 은혜는 하나님의 자기를 내어주시는 사랑이며, 그가 주시는 평강은 그 결과입니다. 그러므로 이러한 인사말은 바울이 그리스도의 신성(神性)을 믿었음을 보여주는 확실한 증거입니다.

이러한 인사말에 이어 바울은 빌립보 형제들과 관련하여 큰 기쁨과 감사를 표출합니다. "내가 너희를 생각할 때마다 나의 하나님께 감사하며 간구할 때마다 너희 무리를 위하여 기쁨으로 항상 간구함은"(3, 4절). 이러한 그의 감사는 그의 모든 기도 속에 싸여 마치 감사제물처럼 하나님께 올려집니다. 이어 그가 감사하는 구체적인 이유가 나오는데, 그것은 그들이 "첫날부터 이제까지 복음을 위한 일에 참여"하고 있기 때문입니다. 여기에서 "첫날부터"는 루디아가 그를 자신의 집에 오도록 강권한 날로부터를 의미합니다. 개정역(Revised Version)은 "복음을 위한 일에 참여하고"라는 표현을 "복음을 진척시키는 일에 참여하고"라고 바꾸어 번역하는데, 이러한 번역은 전자의 번역에는 잘 나타나지 않는 매우 중요한 교훈을 전달합니다. 즉 참된 참여는 즐기는데 참여하는 것이 아니라 사역의 일에 참여하는 것이라는 사실입니다. 다시 말해서, 참된 참여는 즐기는 일이 아니라 수고와 애씀으로 복음을 진척시키는 일에 참여하는 것입니다. 이러한 사실은 7절에서 다시 한 번 분명하게 나타납니다. 여기에서 바울은 빌립보 형제들의 참여를 다시 한 번 그들이 자신의 매임과 복음을 변명함과 확정함에 함께 참여한 것으로 말합니다. 여기에서 바울은 그와 같은 일을 "나의 은혜"라는 매우 아름다운 표현으로 언급합니다(KJV: ye all are partakers of **my** grace. 한글개역개정판에는 그냥 "은혜"라고 되어 있음).

이와 같이 바울은 빌립보의 형제들이 복음을 위한 일에 참여한 것으로 감사를 드리면서, 계속해서 그 일이 마침내 온전히 이루어질 것에 대한 확신을 표명합니다(6절). 바울에게 있어 이러한 확신은 너무도 당연한 것이었습니다. 왜냐하면 그는 그들을 사랑의 마음으로 품고 있었기 때문입니다. 사랑은 모든 것을 바랍니다. 그리고 그 대상과 관련한 모든 선한 것을 믿고 기대하기를 기뻐합니다. 바울이 그들을 사랑의 마음으로 품고 있었던 것은 그들이 그의 복된 짐을 함께 졌기 때문입니다. 그러나 이것이 전부가 아닙니다. 그가 그들을 사랑한 것은 "그리스도 안에서"입니다. 그의 사랑은 그 안에 계신 그리스도의 사랑입니다. 그의 존재는 예수 그리스도와 온전히 연합되어 있었으며, 그의 심장은 그리스도의 심장이 뛰는 것과 똑같이 뛰고 있었습니다. 그의 사랑 속에 인간적인 것이나 자연적인 것은 그리스도께서 그들에 대해 가지신 위대한 사랑에 거룩하게 참여하는 것으로 바뀌었습니다. 여기까지가 본문에 대한 개략적인 설명입니다. 이제 본문에 제시하는 몇 가지 원리를 살펴보도록 합시다.

1. 첫째로, 사랑과 우정을 위한 최고의 기초는 그리스도의 일에 참여하는 것입니다.

바울은 믿음의 형제들에 대해 뜨거운 열정과 애정을 가지고 있었습니다. 그의 사랑이 쏟아지는 대상은 동료 그리스도인들 외에 달리 없었습니다. 그가 그리스도인이 되었을 때, 과거 동족을 향했던 그의 마음은 이제 형제들에게로 쏟아지게 되었습니다.

교회는 기숙사가 아니라 작업장이며, 모든 그리스도인은 공동의 목표 안에서 서로 도와야 합니다. 여기의 빌립보 형제들은 마음으로 뿐만 아니라 실제적인 사역에 있어서도 바울을 도왔습니다. 지도자가 "너희 모두가 나의 은혜에 참여하는 자니라"라고 말할 수 없다면, 그 일은 우리에게 있어 합당한 일이 아닙니다. 물론 사랑과 우정의 실제적이며 달콤한 유대의 끈은 많이 있습니다. 그러나 가장 실제적이며 달콤한 유대의 끈은 예수 그리스도 안에 공동적으로 갖는 관계 속에서와 그의 일에 공동적으로 협력하는 속에서 발견됩니다. 왜냐하면 그의 일은 곧 우리의 일이기 때문입니다. 우리는 그의 것이기에 말입니다.

2. 둘째로, 이러한 협력(協力)으로부터 감사와 기쁨의 기도가 흘러나옵니다.

복음의 유대의 끈에 묶인 바울은 형제들을 생각할 때 마치 자신의 방 속으로 신선한 공기가 들어오는 것 같은, 혹은 멀리 떨어져 있는 정원으로부터 달콤한 향기가 들어오는 것 같은 느낌을 갖습니다. 그들을 생각할 때마다 그의 영혼은 기쁨의 전율을 느낍니다. 가르치는 자와 가르침을 받는 자가 이렇게 온전히 연합되는 것은 얼마나 축복된 일입니까? 이러한 유대의 끈이 없다면 거기에 무슨 유익이 있겠습니까? 목사와 성도들의 관계가 바로 이와 같습니다. 그것은 매우 섬세하며 영적입니다. 목사와 성도들의 관계는 단지 가르치고 배우는 관계에 불과하지 않습니다. 그들 사이의 관계는 매우 개인적이고 유연하며, 그것의 전체적인 힘은 상호 간의 사랑과 친밀함에 의존합니다. 바울과 빌립보 형제들을 하나로 연합시켰던 유대의 끈과 비슷한 것이 없다면, 거기에는 어떤 형통도 축복도 없을 것입니다. 오늘날의 목사와 성도들 사이의 관계가 여기의 바울과 빌립보 형제들 사이의 관계와 비슷하다면, 우리는 세상을 살리는 교회의 능력을 보게 될 것입니다.

3. 셋째로, 이러한 사랑과 믿음으로부터 확신이 생겨납니다.

바울은 하나님이 그들 안에서 시작하신 착한 일을 계속해서 이루어 가시고 마침내 완성시키실 것을 확신하면서 기뻐합니다. 하나님이 그 일을 계속해서 이루어 가실 것은 그가 이미 그 일을 시작하셨기 때문이며, 하나님이 그 일을 마침내 완성시키실 것은 그가 그들을 사랑하시기 때문입니다. "하나님은 사람이 아니시니 거짓말을 하지 않으시고 인생이 아니시니 후회가 없으시도다 어찌 그 말씀하신 바를 행하지 않으시며 하신 말씀을 실행하지 않으시랴"(민 23:19). 하나님의 과거는 그의 미래를 위한 보증이며, 하나님은 자신이 시작한 일을 반드시 끝마치십니다.

4. 넷째로, 우리의 사랑은 그리스도의 사랑 안에서 거룩하여지고 고귀해집니다.

바울은 살았지만 그러나 그가 산 것은 그리스도께서 그 안에 사셨기 때문입니다. 그 안에 그리스도가 계셨으며, 그의 사랑 안에 그리스도의 사랑이 있었습니다. 따라서 그는 그리스도의 심장으로 빌립보 형제들을 사모했습니다. 사랑을 진정으로 성별(聖別)하는 것은 오직 이것, 즉 주 안에서 살며 사랑하는 것뿐입니다. 그리스도께서 계획하는 것처럼 계획하며, 그리스도께서 생각하는 것처럼 생각하며, 그리스도께서 사랑하는 것처럼 사랑하는 것 말입니다. 다시 말해서, 그리스도 안에 있는 마음이 우리 안에 있을 때, 우리의 사랑은 진정으로 성별될 것입니다. 거룩한 것들 속으로 순전히 인간적인 감정들이 끼어들어오지 못하도록 조심하십시오. 또 여러분 스스로 그리스도께서 여러분을 사랑하신 바로 그 사랑을 알고 믿는지 살피십시오. 또 그 사랑이 여러분 안에 있는지, 그리고 여러분의 마음을 거룩하게 하며 부드럽게 만드는지, 그리고 여러분의 모든 감정의 물을 그의 나라의 새 포도주로 변화시키는지 살피십시오. 여러분의 생각과 의지뿐 아니라 마음의 법칙까지도 "그런즉 이제는 내가 사는 것이 아니요 오직 내 안에 그리스도께서 사시는 것"이 되게 하십시오(갈 2:20).

2 포괄적인 기도

"내가 기도하노라 너희 사랑을 지식과 모든 총명으로 점점 더 풍성하게 하사 너희로 지극히 선한 것을 분별하며 또 진실하여 허물 없이 그리스도의 날까지 이르고 예수 그리스도로 말미암아 의의 열매가 가득하여 하나님의 영광과 찬송이 되기를 원하노라"

빌 1:9–11

만일 어떤 사람들 사이에 일상적인 언어가 기도라면, 그들은 서로 얼마나 친밀한 관계이겠습니까? 서로 간의 사랑을 나타내며 도움을 베푸는 방법은 많이 있습니다. 그러나 그에 대한 최고의 방법은 서로를 위해 기도하는 것입니다. 사랑하는 사람들을 위해 기도할 때, 우리 마음속에 있는 자기중심적이며 저급한 모든 것들은 사라집니다. 또 서로를 위해 기도할 때, 상호 간의 소외와 불화는 마치 아침 안개처럼 흩어져 없어질 것입니다. 그러므로 우리는 다음과 같은 간단한 기준으로 우리의 사랑을 시험할 수 있습니다 — 우리는 그들을 위해 기도할 수 있나? 만일 그들을 위해 기도할 수 없다면, 우리는 그들을 사랑하는 것이 아닙니다.

본문의 기도는 바울의 다른 모든 기도와 마찬가지로 매우 충만합니다. 단어 하나하나 속에 빌립보 교회를 향한 애정과 그들로 인한 기쁨이 숨쉬고 있습니다. 바울은 그들 안에서 믿음의 진보(進步)를 보는데, 이러한 마음은 사랑이 만들어 낼 수 있는 최고의 것입니다. 우리에게 있어 사랑하는 형제들이 하나님의 사랑 안에서 자라가는 것보다 더 바랄 만한 것이 무엇이겠습니까? 바울에게 있어 사랑하는 자들을 위한 최고의 선(善)은 그들이 하나님의 사랑과 그 열매인 거룩함과 정결로 점점 더 충만해져가는 것이었습니다. 이와 같은 빌립보 형제들을 위한 바울의 최고의 바람은 동시에 우리 모두를 위한 복음의 최고의 목적이기도 합니다. 그리고 그것은 마땅히 우리가 애쓰며 노력하는 최고의 목표가 되어야 합니다. 마치 모든 산봉우리 위에 우뚝 솟은 가장 높은 산봉우리처럼 다른 모든 목표들을 뛰어넘는 최고의 목표 말입니다. 이와 같이 기독교적 삶에 있어서의 참된 진보를 담고 있는 본문 속에서 우리는 다음과 같은 사실들을 주목할 수 있습니다.

1. 첫째로, 사랑이 자람에 따라 양심의 날카로움도 자랍니다.

바울은 단지 그들의 사랑이 풍성하기를 기원하지 않고 그것이 "지식과 모든 총명으로 점점 더 풍성해지기를" 기원합니다. 여기에서 "지식"(knowledge)은 아마도 정확한 앎을, 그리고 "총명"(discernment)은 그것의 적용 혹은 응용을 의미할 것입니다. "총명"(discernment)은 문자적으로 "감각"(sense)을 의미하는데, 여기에서처럼 영적이며 도덕적인 것에 적용될 때 그것은 선과 악을 이해하는 능력 즉 양심(conscience)과 본질적으로 같은 의미를 갖습니다. 이와 같이 바울은 그들의 사랑이 영적이며 도덕적인 분별력과 함께 점점 더 풍성하게 자라가기를 기원합니다. 그것은 분별과 시험의 과정으로서 좀 더 현대적인 표현으로 하면 "양심"의 작용입니다.

우리에게 있어 이러한 분별의 과정은 절대적으로 필요합니다. 우리는 각종 악의 유혹들에 둘러싸여 있으며, 복음의 정신과 배치되는 원리와 사상으로 가득 찬 세상 속에서 살고 있습니다. 우리의 본성(本性)은 단지 부분적으로만 거룩하여졌을 뿐입니다. 우리는 우리 앞에 나타나는 모든 것들을 반드시 시험해 보아야만 합니다. 선한 것처럼 보이는 것이라 할지라도, 반드시 증명되어야만 합니다. 기독교적 삶이라고 하여 항상 평강과 질서 가운데 펼쳐지는 것은 아닙니다. 때로 충돌과 마찰을 통해 펼쳐지기도 합니다. 또 우리는 단순히 충동에 이끌려서는 안 됩니다. 우리는 죄를 초월한 천사들처럼 살지 않으며, 죄의 개념 밖에 있는 짐승들처럼 살지 않습니다. 세상에 많은 위조지폐들이 유통되고 있다고 생각해 보십시오. 이런 세상에서 돈을 받으면서 혹시 위조지폐가 아닌지 시험해 보지 않는다면 그것은 얼마나 어리석은 일이겠습니까? 세상은 우리의 눈과 마음을 어둡게 만드는 것들로 가득합니다. 그러므로 우리는 주의를 기울이며, 경계하며, 속히 분별해야 합니다.

이러한 양심의 날카로움은 사랑이 점점 더 풍성하게 자라는 것으로부터 흘러나옵니다. 어떤 사람을 악에 민감하도록 만듦에 있어 하나님에 대한 사랑보다 더 강력한 것은 아무것도 없습니다. 하나님을 사랑하는 사람은 그 사랑과 상반되는 것을 분별하는데 매우 날카로울 것입니다. 그리고 그러한 능력에 있어 하나님에 대한 사랑과 세상의 다른 윤리기준 사이에 어느 것이 더 크겠습니까? 두말 할 것도 없이 하나님에 대한 사랑이 훨씬 더 클 것입니다. 사랑 가운데 살아가는 사람은 자기 안에 있는 악한 성향의 현혹하는 힘으로부터 벗어날 것이며, 사랑 안에 굳게 선 심령은 저급한 유혹들에 의해 휘둘림을 당하게 않을 것입니다. 하나님과 교제하는 사람은 본능적으로 악을 분별할 것입니다. 마치 계속해서 오염된 공기 속에 사는 사람은 오염된 공기를 인식하지 못하는 반면 깨끗한 공기 속에 있다가 오염된 공기 속으로 나아오는 사람은 즉시로 오염된 공기를 분별하는 것처럼 말입니다. 베네치아의 유리잔에 독을 부으면 그것이 즉시로 산산조각이 난다는 말이 있습니다. 또 어떤 사람들은 순진무구한 아이나 순결한 처녀 앞에서 악한 영들은 쫓겨난다고 생각합니다. 이와 마찬가지로 때로 천사의 탈을 쓰고 우리를 유혹하는 추악한 것들은 하나님의 사랑으로 가득찬 심령 앞에서 그 본래의 모습을 드러낼 것입니다.

이러한 날카로운 분별력은 무한히 증가될 수 있습니다. 우리의 양심은 점점 더 날카로워져야 합니다. 우리 안에 있는 악을 발견하고 죄를 의식함에 있어, 우리는 계속해서 자라가야 합니다. 우리 안에 있는 죄를 더 많이 의식할수록 그것은 그만큼 더 작아질 것입니다. 방 안에 들어온 희미한 빛은 거기에 있는 몇몇 더러운 것들을 드러나게 할 것입니다. 그리고 그 빛이 더 밝아질수록 더 많은 것들이 드러날 것입니다. "은밀한 죄"는, 우리의 사랑이 지식과 모든 총명으로 점점 더 풍성하게 될 때, 더 이상 은밀한 것이 되지 않을 것입니다.

2. 둘째로, 이러한 양심의 날카로움으로부터 정결하며 온전한 성품이 흘러나옵니다.

바울은 빌립보 형제들의 사랑과 지식과 총명이 그들의 온전한 성품으로 승화되기를 기원합니다. 그는 그들을 위해 두 가지를 기원하는데, 하나는 "진실하며 허물이 없는" 것이고(10절), 또 하나는 "의의 열매가 가득한" 것입니다(11절). 전자는 소극적이고 후자는 적극적입니다. 진실한 것은 빛에 비추어 흠이 없는 것을 의미하며, 허물이 없는 것은 분별력에 의해 걸림돌이 치워져 걸려 넘어지는 것이 없다는 의미입니다. 날카롭게 분별하는 삶은 의의 열매를 맺을 것이며, 그러한 열매는 본성 전체를 가득 채울 것입니다.

바로 이것이 모든 그리스도인이 목표로 해야 하는 푯대이며, 우리 모두는 이러한 푯대에 계속해서 가까워져야 합니다. 진실하며 허물을 찾을 수 없는 소극적인 덕을 목표로 하는 것만으로는 충분하지 않습니다. 그와 함께 삶의 모든 부분을 채우는 적극적인 의를 실행하는 것이 필요합니다. 우리는 이러한 푯대를 "그리스도의 날까지" 굳게 붙잡아야 합니다. 우리는 그날 우리가 행한 모든 일이 온전히 드러날 것이라는 사실을 항상 기억해야 합니다. 그러면 그날 우리는 부끄러움을 당하지 않을 것입니다.

만일 빌립보 교회의 형제들이 무엇이 옳고 무엇이 그른지 안다면 그들은 즉시로 옳은 것을 선택할 것이라는 사실을 바울은 당연한 것으로 받아들입니다. 지금 그는 아는 것과 행하는 것은 별개라는 사실을 잊어버리고 있는 것일까요? 결코 그렇지 않습니다. 다만 그가 여기에서 굳게 믿고 있는 것은 사랑은 아는 것을 기꺼이 행하고자 한다는 사실입니다. 사랑과 함께 지식과 모든 총명으로 점점 더 풍성하게 자라가는 사람은 점점 더 순종하는 사람이 될 것입니다. 다른 지식들은 행함으로 이끄는 힘을 갖지 못합니다. 그러나 사랑의 열매인 여기의 지식은 의의 열매를 맺을 것입니다.

3. 셋째로, 이러한 온전함을 가져다주는 자를 주목하십시오.

바울은 기도 속에서 기독교적 생명이 스스로 자랄 뿐만 아니라 이러한 모든 자람은 예수 그리스도를 통해 이루어진다는 사실을 강조합니다. 그 모든 것을 주시는 분은 예수 그리스도입니다. 우리는 그것을 위해 수고하며 힘쓰라고 부름받기보다는 그것을 기쁨으로 받으라고 부름받습니다. 우리의 사랑은 의의 열매로 우리를 채웁니다. 왜냐하면 그 사랑이 그의 손으로부터 이 모든 것을 받기 때문입니다. 이러한 그의 선물로부터 우리의 양심은 날카로워집니다. 그리고 그의 영감(靈感)을 통해 우리의 양심은 행동을 결정할 수 있을 만큼 충분히 강해집니다. 또 우리의 삶 속에 그리스도 예수 안에 있는 생명의 성령의 법이 들어올 때, 우리의 무딘 마음은 열망의 빛으로 뜨겁게 타오릅니다. 그리고 그럴 때 우리는 예수 그리스도 안에서 보게 되는 "사랑할 만하며 자랑할 만한" 모든 것들을 우리의 것으로 삼게 될 것입니다.

본문의 기도는 우리의 모든 온전함의 최고의 목적인 "하나님의 영광과 찬송"을 언급하면서 끝납니다(11절). 전자는 하나님의 초월적인 위엄 그 자체를 언급하는 것인 반면, 후자는 그것이 사람들에 의해 칭송되는 것을 언급하는 것입니다. 하나님의 최고의 영광은 구속받은 사람들이 그의 형상으로 계속해서 자라는 것을 통해 옵니다. 그들은 하나님을 찬송하도록 부름받은 자들이며, 이러한 책임은 우리 각자에게 주어집니다. 만일 모든 그리스도인이 그 합당한 모습대로 신속하게 악을 대적하고 충실하게 양심을 따른다면, 또 만일 그들의 삶 속에 의의 열매가 마치 잘 익은 포도열매처럼 탐스럽게 맺힌다면, 하나님의 영광은 세상에서 더욱 찬란하게 빛날 것이며 세상의 수많은 새로운 입술들이 그분을 찬송할 것입니다.

3
매인 자의 승리

"[12]형제들아 내가 당한 일이 도리어 복음 전파에 진전이 된 줄을 너희가 알기를 원하노라 [13]이러므로 나의 매임이 그리스도 안에서 모든 시위대 안과 그 밖의 모든 사람에게 나타났으니 [14]형제 중 다수가 나의 매임으로 말미암아 주 안에서 신뢰함으로 겁 없이 하나님의 말씀을 더욱 담대히 전하게 되었느니라 [15]어떤 이들은 투기와 분쟁으로, 어떤 이들은 착한 뜻으로 그리스도를 전파하나니 [16]이들은 내가 복음을 변증하기 위하여 세우심을 받은 줄 알고 사랑으로 하나 [17]그들은 나의 매임에 괴로움을 더하게 할 줄로 생각하여 순수하지 못하게 다툼으로 그리스도를 전파하느니라 [18]그러면 무엇이냐 겉치레로 하나 참으로 하나 무슨 방도로 하든지 전파되는 것은 그리스도니 이로써 나는 기뻐하고 또한 기뻐하리라 [19]이것이 너희의 간구와 예수 그리스도의 성령의 도우심으로 나를 구원에 이르게 할 줄 아는 고로 [20]나의 간절한 기대와 소망을 따라 아무 일에든지 부끄러워하지 아니하고 지금도 전과 같이 온전히 담대하여 살든지 죽든지 내 몸에서 그리스도가 존귀하게 되게 하려 하나니"

빌 1:12-20

바울의 서신들은 그의 자서전적 이야기들로 가득 차 있는데, 이것은 부분적으로 그의 기질에 기인합니다. 그의 신학은 그의 경험을 일반화시킨 것에 불과했습니다. 그는 자신이 말해야만 하는 모든 것을 실제적인 체험으로 검증했습니다. 여기 빌립보서에 담겨 있는 개인적인 경험들도 이와 같은 특성을 그대로 가지고 있습니다. 지금 바울의 마음은 따뜻한 사랑과 애정으로 활짝 열려 있으며, 기쁨과 신뢰로 가득 차 있습니다. 우리는 여기에서 그가 잘 있다는 소식을 듣기를 바라는 성도들의 간절한 열망에 대한 응답 속에 그의 가장 깊은 내적 자아가 드러나는 것을 보게 됩니다. 특별히 여기에서 우리는 매임에 대한 그의 생각이 온전히 드러나는 것을 발견하는데, 그것은 그리스도를 위한 뜨거운 열정의 한 예입니다. 바울이 지금 금고(禁錮)된 상태에 있다는 사실을 기억하십시오. 그는 지금 일상적인 일로부터 차단된 상태로 네로 앞에서 재판받을 것을 기다리고 있었습니다. 바울에게 있어 현재와 미래는 매우 어두웠지만, 그럼에도 불구하고 그는 여기에서 불굴의 용기와 숭고한 기쁨을 표출합니다. 이제 본문을 순서대로 살펴보도록 합시다.

1. 첫째로, 최고의 목적은 삶에서 벌어지는 이런저런 일들을 대수롭지 않은 것으로 여기게 만듭니다.

바울은 로마에서 금고(禁錮)되는 등 최근 자신에게 일어난 가혹한 일들을 마치 대수롭지 않은 사소한 일처럼 생각합니다. 그에게 있어 그러한 일들은 길게 이야기할 가치조차 없는 일들이었습니다. 중요한 것은 그러한 일들이 그의 평생의 사역에 어떤 영향을 끼치는가 하는 것이었습니다. 바울은 그러한 일들이 "도리어 복음전파에 진전이 된" 것으로 만족해합니다. 그에게 있어 자신의 안락(安樂)과 관련한 문제는 아주 작은 문제였습니다. 중요한 것은 그것이 그리스도의 일에 도움이 되었는가 하는 것이었습니다. 그리하여 바울은 계속해서 자신의 매임이 이러한 목적에 어떻게 이바지했는지에 대해 다음과 같이 두 가지로 이야기합니다.

첫째로, 바울은 "나의 매임이 그리스도 안에서 나타났으니"라고 말합니다(13절). "내가 왜 매인 자가 되었는지가 분명하게 나타났느니라. 모든 시위대가 바울이 왜 그곳에 있는지를 알게 되었느니라." 사도행전으로부터 우리는 그가 종종 병사의 감시를 받는 고통을 겪었음을 압니다. 밤낮으로 병사의 감시를 받으며 함께 지내야만 하는 것은 참으로 불편한 일이었습니다. 심지어 주와 교제하는 가장 달콤하며 거룩한 순간에조차 그런 것은 정말로 끔찍한 일이었습니다. 그러나 바울은 그러한 일들조차도 도리어 복음전파에 진전이 되었다고 생각합니다. 새로운 병사가 바울 곁에 와서 앉을 때, 바울에게 있어 그것은 그리스도의 복음을 전할 수 있는 좋은 기회였습니다. 여기에서 우리는 뜨거운 열정을 가지고 한 가지 목적에 완전히 몰두한 사람의 모습을 보게 됩니다. 바로 이것이 무슨 일에서든 성공의 조건입니다. 우리 모두는 어떤 분야에서든 성공하고자 하면 반드시 어느 한 분야의 전문가가 되어야 합니다. 넓은 지역을 흐르는 강은 유속(流速)이 느리게 마련입니다. 오직 좁은 협곡을 지날 때만 빠른 유속과 함께 바닥까지 뒤집어 놓는 강력한 힘을 갖게 될 것입니다. 빛도 넓게 퍼질 때는 아무 힘도 갖지 못하지만 그러나 한 점으로 집중되면 철판까지도 뚫습니다. 예술가든 학자든 기술자든 모두는 "나는 이 한 가지 일만을 하리라"라는 표어를 가져야 합니다. 단추를 만드는 장인을 생각해 보십시오. 만일 그가 그 한 가지 일에 집중하지 않는다면, 그는 필경 좋은 단추를 만들 수 없을 것입니다. 모든 상황을 오직 한 가지 목적을 위해 사용하는 사람은 반드시 그 일에서 성공을 거둘 것이며, 그런 사람은 마침내 많은 젊은이들에게 본받아야 할 본보기로서 칭송을 받게 될 것입니다. 그렇습니다. 그러면 그리스도의 일과 관련해서는 어떻습니까? 그리스도의 일에 집중한 사람은 본받아야 할 본보기가 되겠습니까, 아니면 피해야 할 경고가 되겠습니까? 동일한 집중이 세상적이며 저급한 일로 향할 때는 모든 사람의 박수갈채를 받다가 기독교적 사역으로 향하면 광신적이라고 비난을 받아야 합니까? 이러한 사실 앞에 우리는 부끄러움과 함께 회개하는 마음을 가져야 합니다. 바울이 자신의 삶에서 일어났던 제반 상황들을 그와 같은 시각으로 바라보았다면, 우리 역시도 그렇게 해야 합니다. 모든 사람이 다 사도인 것은 아닙니다. 그러나 자신에게 일어나는 일들을 바라보았던 바울의 방식은 우리에게 일어나는 일들을 바라보는 우리의 방식이 되어야 합니다. 그러한 일들을 우리 영혼을 유익하게 하며 그리스도의 나라를 진전시키는 일에 기여하는 것으로 평가할 때, 우리는 그러한 일들을 올바로 평가하는 것이 될 것입니다.

2. 둘째로, 열정이 가진 감화력을 주목하십시오.

바울의 상황들이 복음을 진전시킨 두 번째 방식은 "형제 중 다수가 그의 매임으로 말미암아 주 안에서 신뢰함으로 겁 없이 하나님의 말씀을 더욱 담대히 전하게" 된 것입니다(14절). 그의 변함없는 용기와 열정이 그들을 움직였습니다. 그들은 그의 선의(善意)와 사랑에 감동을 받아 더욱 담대하게 복음을 전파하게 되었습니다. 왜냐하면 그들은 그 안에서 "복음을 변증하기 위해 세우심을 받은 자"를 보았기 때문입니다(16절). 그 영혼에 불이 붙어 있는 사람은 다른 사람들에게 그 불을 옮겨 붙이는 힘을 갖습니다. 스코틀랜드에 다음과 같은 순교자 이야기가 있습니다. 어떤 순교자가 기둥에 묶여 화형을 당합니다. 그는 뜨거운 불길 속에서도 조금도 요동하지 않습니다. 그러한 모습에 주위에 있던 많은 사람들이 감화를 받게 되고, 그 가운데 한 사람이 화형을 집행하는 자들에게 이렇게 말합니다. "이제 그만 태우십시오. 그를 태우는 연기가 많은 사람들에게 퍼지는 만큼 그의 뜨거운 믿음의 열정이 많은 사람들에게 퍼질 것입니다."

열정이 주변 사람들을 감화시키는 것은 비단 순교자의 경우만은 아닙니다. 복음을 진전시킴에 있어 사람의 힘 이상의 초월적인 힘의 절대적인 필요성은 아무리 강조해도 지나치지 않습니다. 그럼에도 불구하고 우리는 바울의 세대로부터 오늘날에 이르기까지 복음을 전파하는 주된 주체가 성령으로 충만한, 그리고 하나님의 사랑으로 불붙은 개인들이었다는 사실을 결코 부인할 수 없습니다. 교회의 역사는 대부분 이와 같은 위대한 사역자들의 전기(傳記)로 이루어지며, 모든 위대한 부흥은 그들의 뜨거운 불길이 주변으로 옮겨 붙은 것 외에 아무것도 아닙니다. 바울은 그 자신의 사랑에 의해 강력하게 이끌림을 받았으며, 로마의 형제들은 낮은 수준에서 그의 사랑을 반사(反射)하고 있었을 뿐입니다. 영향을 받는 것이 아니라 영향을 끼치며 주위 사람들에게 불을 붙이는 중심이 되는 것은 모든 그리스도인들의 특권이 되어야 합니다. 우리는 스스로에게 다음과 같은 질문을 던져야 합니다 "나를 통해 다른 사람들이 좋은 영향을 받고 뜨거운 열정으로 불타오르게 되는가, 아니면 도리어 싸늘해지는가?" 세례 요한은 예수 그리스도를 가리켜 "그는 성령과 불로 너희에게 세례를 베푸실 것"이라고 말했습니다(눅 3:16). 이러한 약속은 오늘날에도 여전히 유효합니다. 이러한 말씀이 오늘날 소위 그리스도인이라 일컬어지는 수많은 사람들의 실제적인 모습과 너무도 거리가 멀다 하더라도 말입니다. 그들은 불 속에 던져지기는 고사하고 도리어 얼음물 속에 던져진 것 같습니다. 바울의 뜨거운 열정이 전염력을 갖는 것처럼, 이들의 냉랭함 역시 똑같이 전염력을 갖습니다. 하나님의 사랑의 열기를 뿜어내기를 힘쓰십시오. 그러면 우리에게 붙은 불은 다른 사람들에게도 붙을 것입니다. 부디 남쪽으로 떠내려 오면서 따뜻한 바다를 차갑게 만드는 빙산 같은 사람이 되지 마십시오.

3. 셋째로, 이러한 열정으로 말미암은 넓은 관대함을 주목하십시오.

오늘날 복음의 열정은 "편협"한 것으로 낙인찍히곤 하지만, 그러나 그것은 실상 매우 넓고 관대한 것입니다. 복음의 뜨거운 열정은 사람을 높이 끌어올려 그로 하여금 여러 울타리들을 넘어 넓은 지역을 보게 하고 관용할 수 없는 것을 관용하게 만듭니다. 바울은 여기에서 "투기와 분쟁으로" 그리스도를 전파하는 로마의 그리스도인들에 대해 언급합니다(15절). 그들은 악의적인 계산으로 복음을 전파함으로써 바울의 매임에 괴로움을 더하는 자들이었습니다(17절). 대부분의 주석가들은 이들이 바울이 다른 곳에서 종종 다루었던 유대 그리스도인이었다고 생각합니다. 그러나 나는 그와 같은 주석가들의 탁월한 논증에도 불구하고 이들이 바울이 다른 곳에서 복음을 파괴하는 자라고 비난했던 자들과 같은 부류의 사람들이었다고 생각하지 않습니다. 바울이 끝없이 전쟁을 벌였던 유대화주의자들은 여기에 나오는 사람들과는 달리 이방인들 사이에서 복음사역을 행하지 않았습니다. 그들의 사역은 이미 회심하고 돌아온 사람들을 그릇된 가르침으로 오도(誤導)하는 것뿐이었습니다. 그러나 여기에서 문제가 되는 것은 그들의 메시지가 아니라 그들의 정신입니다. 그들은 바울의 매임에 괴로움을 더하게 할 목적으로 “그리스도를 전파”했습니다. 그럼에도 불구하고 바울은 자신에게 개인적으로 위해(危害)가 되는 것은 모두 제쳐두고 비록 잘못된 동기와 악의적인 목적으로 행한 것이라 할지라도 자신은 그리스도가 전파되는 것으로 기뻐하겠다고 말합니다. 여기에 나타난 상황은 오늘날 우리도 자주 마주치는 상황입니다. 오늘날 우리는 교파간의 경쟁이 복음의 열정 속에 투기와 분쟁의 쓰라린 오점을 남기는 것을 잘 알지 않습니까? 또 그리스도를 전파하는 사람의 모습 속에 개인적인 사사로운 동기가 꿈틀거리는 것을 종종 보지 않습니까? 우리 자신은 그러한 정신의 영향으로부터 완전히 자유롭습니까? 우리는 항상 이와 같은 질문을 스스로에게 던질 필요가 있습니다. 인간의 본성을 아는 사람들 또 저급한 동기들이 얼마나 교묘하게 틈타고 들어올 수 있는지를 아는 사람들은 그러한 질문에 쉽게 “아니오”라고 대답할 수 없을 것입니다. 또 여러 기독교 공동체들이 서로 경쟁하는 가운데 벌어지는 일들을 본 사람은 오늘날에도 투기와 분쟁으로 그리스도를 전파하는 일이 얼마든지 있을 수 있다는 사실을 쉽게 부인하지 못할 것입니다.

우리는 바울로부터 이와 같은 관용의 교훈을 배워야 합니다. 이러한 관용은 냉담과 무관심으로부터 오는 것이 아니라 정말로 필요한 것에 대한 분명한 인식과 그에 대한 뜨거운 열정으로부터 오는 것입니다. 설령 잘못된 동기로 그리스도를 전파하는 일이 있다 하더라도 또 순수한 복음전파의 열정 속에 그릇된 요소들이 섞일 수 있다 하더라도, 우리는 “그럼에도 불구하고 전파되는 것은 그리스도니 이로써 나는 기뻐하고 또한 기뻐하리라”라고 말할 수 있어야 합니다(18절). 밭에 씨를 뿌릴 때 거기에 쭉정이들이 섞여 있을 수 있습니다. 그렇지만 그것에 지나치게 예민할 필요는 없습니다. 왜냐하면 건강한 씨앗은 왕성한 생명력으로 자랄 것이지만 반면 쭉정이는 곧 시들해질 것이기 때문입니다. 이러한 관용의 마음은 무관심과 냉담으로부터 나오는 “이렇든 저렇든 개의치 않는 마음”과는 전연 다른 것입니다. 후자는 사람이 복음을 전파하는 것에 전혀 개의치 않습니다. 그는 무엇이 전파되어야 하는지에 대해 아무런 믿음도 가지고 있지 않습니다. 그에게는 이렇든 저렇든 다 마찬가지입니다. 그러나 전자는 뜨거운 믿음으로부터 나옵니다. 그는 죄인들이 반드시 들어야만 하는 메시지가 그리스도께서 그들을 위해 사셨고 또 죽으셨다는 위대한 메시지임을 굳게 믿습니다. 그러므로 그는 그 외에 다른 모든 것들은 부수적인 것으로 여기면서 옆으로 제쳐둡니다. 비록 이런저런 소리가 귀를 시끄럽게 만든다 할지라도, 그 모든 것을 넘어 그리스도의 이름의 음악이 아름답게 울려 퍼진다면, 그는 그것으로 만족합니다.

4. 넷째로, 살든지 죽든지 그리스도를 존귀케 하려 한다는 바울의 고백을 주목하십시오.

바울은 매임의 모든 경험들이 자신의 궁극적인 구원으로 귀결될 것을 확신합니다. 왜냐하면 빌립보의 사랑하는 형제들이 자신을 위해 기도할 것이며, 그들의 기도를 통해 "예수 그리스도의 성령의 도우심"을 입게 될 것을 확신하기 때문입니다(19절). 바울은 매임에서 벗어나거나 혹은 순교를 피하기를 기대하지 않습니다. 다만 그 앞에 무엇이 기다리고 있든지 간에 그에게 "온전한 담대함"이 주어질 것이며, 그리하여 그는 살더라도 주께 대하여 살 것이요 죽더라도 주께 대하여 죽을 것입니다. 이와 같이 바울은 예수 그리스도를 존귀케 하는 것을 그의 일생의 목적으로 완전하게 받아들였으며, 그랬기 때문에 그에게 일어나는 이런저런 일들은 그에게 대단치 않은 일이 되었습니다. 그는 삶과 죽음을 포함하여 그 사이에서 벌어지는 수많은 일들을 대수롭지 않은 일처럼 여겼습니다. 만일 우리가 바울과 같은 뜨거운 열정과 집중으로 그리스도를 존귀케 한다면, 우리의 삶은 마치 잘 닦여진 튼튼한 철로 위를 달리는 열차처럼 골짜기를 가로지르는 다리를 지나면서도 별다른 두려움이나 거리낌 없이 담대하게 지나게 될 것입니다. 우리는 사는 동안이든지 죽을 때든지 항상 동일한 목적을 추구할 것이며, 사는 것도 그리스도의 영광을 위한 것이 될 것이요 죽는 것도 그리스도를 존귀케 하는 것이 될 것입니다.

이와 같은 뜨거운 열정을 가능하게 만드는 것은 도대체 무엇입니까? 도대체 무엇이 바울을 그와 같이 변화시켰습니까? 스데반을 돌로 쳐 죽일 때 찬성하며 서 있었던 한 바리새인을 이처럼 신적 광채의 불길로 찬란하게 타오르는 사람으로 변화시킨 것은 도대체 무엇이었습니까? 이에 대한 대답은 그 자신의 말 속에 담겨 있습니다. "그가 나를 사랑하사 나를 위해 자신을 주셨도다." 이러한 대답은 그에게 사실이었던 것처럼 오늘날의 우리 각자에게도 똑같이 사실입니다. 이 말씀이 바울에게서 맺었던 것과 똑같은 열매가 여러분에게도 똑같이 맺힙니까?

4
내가 그 둘 사이에 끼었으니

"이는 내게 사는 것이 그리스도니 죽는 것도 유익함이라 그러나 만일 육신으로 사는 이것이 내 일의 열매일진대 무엇을 택해야 할는지 나는 알지 못하노라 내가 그 둘 사이에 끼었으니 차라리 세상을 떠나서 그리스도와 함께 있는 것이 훨씬 더 좋은 일이라 그렇게 하고 싶으나 내가 육신으로 있는 것이 너희를 위하여 더 유익하리라 내가 살 것과 너희 믿음의 진보와 기쁨을 위하여 너희 무리와 함께 거할 이것을 확실히 아노니"

빌 1:21-25

설교자들은 이와 같은 본문 앞에서 충분히 움츠릴 만합니다. 본문의 표현 방식은 이에 기초한 모든 설교들을 초라하게 만듭니다. 마치 거대한 오르간 앞에 목동의 보잘것없는 풀피리처럼 말입니다. 그렇지만 설령 이것이 사실이라 하더라도 본문 가운데 나타나는 사고(思考)의 흐름을 추적하는 것은 결코 무익한 시도가 아닐 것입니다. 본문은 마치 거대한 강처럼 흐릅니다. 그것은 처음에 어떤 깊은 샘으로부터 힘차게 분출한 후 여러 갈래로 나누어지고 수많은 바위들에 부대끼면서 소용돌이치는 협곡을 지나 마침내 평온한 바다에 이릅니다. 여기에서 바울의 사고와 감정의 흐름은 이를테면 세 번의 굴곡을 거칩니다. 첫 번째 굴곡은 그리스도인에게 있어 자신만을 생각할 때 삶과 죽음이 그리 크게 차이나지 않는다는 사실입니다. 그리스도인에게 있어, 사는 것은 그리스도이며 죽는 것도 유익합니다. 우리는 스스로에 대해 살지도 않고 스스로에 대해 죽지도 않습니다. 그러나 우리는 삶과 죽음에 대해 오직 우리 자신의 유익의 관점으로부터만 생각할 권리를 갖고 있지 않습니다. 따라서 문제는 겉으로 나타나는 것처럼 그렇게 간단하지 않습니다. 여기에 두 번째 굴곡이 있습니다. 이 땅에서 어떤 수고의 열매를 맺기 위해서는 이 땅에서 살아야 합니다. 다시 말해서, 이 땅에서 사는 것이 이 땅에서 수고의 열매를 맺는 조건입니다. 이 땅에는 그의 형제들과 그의 사역이 있습니다. 이로 인해 그의 마음속에 새로운 소망이 떠오릅니다. 그는 삶과 죽음 가운데 어떤 상태가 더 좋은지 알지 못합니다. 여기에서 바울의 사고의 흐름은 돌과 부딪히며 거품을 일으키는 가운데 갈 길을 잃어버린 것처럼 보입니다. 그러고 난 후 그의 사고와 감정의 흐름에 세 번째 굴곡이 이어집니다. 그는 현재의 상태로 계속해서 사역의 현장에 남아 있는 것을 기쁨과 감사로 받아들입니다. 이로 인해 그의 즐거움은 감소될는지 모릅니다. 그러나 이로 인해 그의 형제들의 즐거움은 훨씬 커질 것입니다. 만일 그가 떠나 그리스도와 함께 하지 않을 것이라면, 그는 여기에 남아 그리스도의 형제들과 함께 할 것이며, 이 또한 또 다른 의미로 그리스도와 함께 하는 것이 될 것입니다. 만일 그가 지금 죽음의 유익을 누릴 수 없다면, 그는 기꺼이 살아 있으면서 사역의 열매를 누릴 것입니다.

이제 이와 같은 세 가지 굴곡을 좀 더 상세히 살펴보도록 합시다.

1. 첫째로, 그리스도인에게 있어 자신만을 생각할 때 삶과 죽음이 그리 큰 차이를 갖지 않는 사실을 주목하십시오.

21절에서 우리의 눈을 가장 강하게 잡아끄는 것은 "내게"라는 표현입니다. 이것은 매우 강세적인 표현으로서 단순히 "내가 판단하기에"나 혹은 "내 경우에"를 의미하지 않습니다. 그것은 "나 개인적으로", 다시 말해서 "다른 사람은 일체 고려하지 않고 오직 나 한 사람만을 생각한다면"을 의미합니다. 또 여기에서 "사는 것"은 주로 외적으로 일하며 사는 실제적인 삶을 의미하며, "죽는 것"은 죽은 상태에 있는 것"을 의미합니다. 즉 죽음의 행동이 아니라 그 이후의 상태, 다시 말해서 현관이 아니라 그것을 통과했을 때 나타나는 왕궁을 의미합니다.

그렇게 볼 때 본문은 우리에게 기독교적 삶의 단순성과 통일성을 제시해 줍니다. 비록 본문의 단어들이 주로 외적인 삶을 가리킨다 하더라도, 그것은 내적 생명을 전제합니다. 왜냐하면 외적 삶은 내적 생명의 표현일 뿐이기 때문입니다. 그리스도인에게 있어 그리스도가 곧 생명입니다. 다시 말해서, 생명(life) 곧 사는 것(to live)은 그리스도입니다. 그것은 그가 우리의 모든 것이 흘러나오는 신비로운 원천이기 때문입니다. "진실로 생명의 원천이 주께 있사오니 주의 빛 안에서 우리가 빛을 보리이다"(시 36:9). 육과 영의 모든 생명이 그리스도로부터 오며, 그리스도에 의해 오며, 그리스도 그 자신입니다. "사는 것이 그리스도입니다." 왜냐하면 그가 주시며 목적이며 목표이기 때문입니다. 그를 위한 것과 그로부터 말미암은 것 외에 그 어떤 것도 생명이라 불리기에 합당치 않습니다. "사는 것이 그리스도입니다." 왜냐하면 그가 우리 삶의 모범이며, 우리에게 있어 유일한 법칙이 그를 따르는 것이기 때문입니다.

생명은 그리스도에 **의해** 그리스도 **안에서** 그리고 그리스도**로부터** 그리스도를 **위해** 그리스도**처럼** 되는 것입니다. 그럴 때 우리의 매일의 삶 속에 강함과 평강과 자유가 있을 것입니다. 이렇게 하여 우리의 삶은 하나의 초점으로 모아지게 되는데, 바로 이러한 통일성이 우리를 고요한 축복으로 이끌 것입니다. 반면 우리의 마음과 목표가 나누어질 때 우리의 일상은 작은 파편들로 나누어질 것이며, 우리의 삶은 하나로 연결된 사슬이 아니라 깨어진 사슬 파편들의 무더기가 될 것입니다.

바로 이것이 온갖 고통들로 소용돌이치는 역사 속에 안식을 가져다주며 저급한 의무들 속에 고귀함을 가져다주는 마법의 주문입니다. 우리의 삶 속에 이와 같은 통일성이 없다면, 우리의 일상의 날들은 분산(分散)과 혼돈(混沌) 속에 빠지게 될 것이며 우리는 마치 옛 시대의 선원(船員)들 같을 것입니다. 담대하게 대양(大洋)으로 나가지 못한 채 해안선을 따라 조심스럽게 항해하면서 이 항구 저 항구 도달할 때마다 그때그때 목표를 바꾸는 옛 시대의 선원들 말입니다. 그들이 어떻게 햇빛에 반짝이는 대양을 향해 담대하게 나아가며 마침내 대양을 넘어 신대륙에 도착할 수 있겠습니까? 오직 그 마음속에, 계속해서 보이지 않는 목적지를 가리키는 나침반을 가지고 있는 자만이 그렇게 할 수 있지 않겠습니까?

이어 또 하나의 위대한 개념이 나타나는데, 그것은 사는 것이 그리스도일 때 죽는 것 역시 유익할 것이라는 개념입니다.

의심의 여지 없이 바울 역시도 우리 모두와 마찬가지로 죽음의 행동으로부터는 움츠렸습니다. 그의 마음을 사로잡은 것은 죽음의 좁은 통로가 아니라 그 너머에 있는 광활한 땅이었습니다. 그의 마음을 사로잡은 이 위대한 개념은 오늘의 우리에게도 똑같이 그러해야 합니다. "죽는 것도 유익함이라"는 바울의 고백을 통해 우리는 그에게 있어 죽음은 도리어 이 땅의 선한 것들이 더 진전되고 증진되는 것이었음을 알 수 있습니다. 그에게 있어 육체와 감각과 모든 덧없는 즐거움들을 잃는 것은 결코 손실이 아니었습니다. 그에게 있어 죽음은 그의 존재의 파멸도 아니고 중단도 아니었습니다. 그에게 유익했던 모든 것은 이 땅에서처럼 거기에서도 계속될 것이었습니다. 이곳에서 그곳으로의 옮김은 필경 유익이 될 것이었습니다. 선한 것은 여기에서처럼 거기에서도 계속될 것이며, 더 나은 것이 될 것이었습니다. 잃어지는 과정 중에 있는 것 외에는 어떤 것도 떨어지지 않을 것이었으며, 계속해서 있게 되는 것은 더욱 강화되며 고양(高揚)될 것이었습니다.

이러한 관점은, 죽음 너머의 삶이 현재의 삶의 **연속**이며 또한 그것을 더욱 **강화**(强化)시키는 것이라는 두 가지 개념을 얼마나 강력하게 보여줍니까? 이러한 단순하면서도 장엄한 믿음은 죽음에 대한 다른 많은 관념들과 얼마나 다릅니까? 얼마나 많은 사람들에게 죽음은 그 모든 존재의 빛이 갑자기 삼켜지는 것입니까? 얼마나 많은 사람들에게 죽음은 그들이 가진 모든 것을 잃는 것입니까? 얼마나 많은 사람들에게 죽음은 마치 단두대의 칼날이 몸으로부터 목을 끊어내는 것처럼 그들의 삶을 두 동강이 내는 것입니까? 이 땅에서 결국엔 다 사라져버릴 목적들을 좇아 살았던 사람들은 거기에서 무슨 일을 할 것입니까? 거기에도 상점과 공장과 화실과 학교와 연구실이 있습니까? 반석 위에 굳게 세워지지 못한 삶이 결국 무너져 버리고 말지 않겠습니까? 헤아릴 수 없이 많은 사람들에게 이 땅에서 행했던 일과 장차 하늘에서 행하게 될 일 사이에 너무도 큰 간격이 있게 될 것입니다.

그러나 바울이 이 땅에서 행했던 일은 하늘에서도 계속해서 행할 수 있는 일이었습니다. 그가 행하는 일의 근본적인 성격은 변하지 않을 것이며 어떤 관점의 전도(顚倒)도 없을 것입니다. 물론 그가 추구했던 일의 구체적인 형태들은 여기에 그대로 남을 것이지만, 그러나 그 기저(基底)에 있는 원리들은 계속될 것입니다. 종에게 있어 밖에 나가 쟁기질을 하며 가축을 돌보는 일을 하든 혹은 집안에서 식탁 수종드는 일을 하든 그것은 아무런 문제도 아닙니다. 그것은 모두 똑같은 섬김의 일입니다. 다만 집안에서 일하는 것이 좀 더 따뜻하고 쉬울 것입니다. 이처럼 이 땅에서 충성스럽게 밖의 일을 행한 종들은 장차 하늘에서 더 복된 일을 하게 될 것입니다.

이와 같이 삶의 방향과 삶의 근원과 삶의 원리는 바뀌지 않고 계속됩니다. 모든 것은 예전 그대로입니다. 다만 그 정도에 있어서만 부분적인 것이 완전한 것으로 바뀔 뿐입니다. 우리가 살고 있는 여기의 좁은 평지 끝에 저 멀리 흰 산봉우리들이 있습니다. 눈 덮인 산봉우리들은 춥고 황량하며 어떤 생명체도 살 수 없습니다. 어쩌면 그 너머에 새로운 땅이 있을는지 모릅니다. 그것을 누가 알겠습니까? 멀리 보이는 어렴풋한 산봉우리들의 장벽이 이곳의 모든 것과 저곳의 모든 것을 갈라놓습니다. 우리는 저쪽에 무엇이 있는지 알지 못합니다. 다만 우리가 느끼는 것은 거기로 가는 여행이 길고 으스스할 것이라는 것뿐입니다. 산봉우리들을 덮고 있는 얼음과 황량한 바위들은 우리를 소름끼치게 만들며, 우리는 그곳으로 어떤 물건이나 도구나 재물도 가지고 갈 수 없습니다.

그러나 바울에게 있어서는 그 산에 터널이 뚫렸습니다. 그가 나아가는 길을 가로막는 것은 아무것도 없었습니다. 그는 담대하게 어둠을 통과하여 자신이 가고자 하는 저 너머로 그 무엇의 방해도 받지 않고 나아갈 것이었습니다. 그 너머에는 더 아름다운 평원과 더 푸른 하늘과 더 풍요한 추수와 더 따뜻한 해가 있을 것이었습니다. 바울은 죽음이 자신에게 어떤 의식의 단절이나 전도(顚倒)도 가져다주지 않을 것이라고 믿었습니다. 뿐만 아니라 행동의 단절도 없을 것이었습니다. 도리어 그의 삶에 있어서의 모든 본질적인 것들은 계속되고 더 풍성하게 될 것이었습니다.

바울은 분명한 확신을 가지고 있었으며, 그의 확신 속에 병적이거나 혹은 신경증적인 것은 아무것도 없었습니다. 그의 믿음 속에는 온전한 평온이 있었으며, 그의 환희 속에는 은은한 절제가 있었습니다. 우리 역시도 미래를 기대하며 바라볼 때 그와 같은 마음을 갖습니까? 우리도 그에 대해 분명하게 확신합니까? 우리의 눈에도 바울처럼 불확실성의 안개가 걷혀 있습니까? 우리의 믿음 역시도 그에 대해 분명하게 말할 수 있을 정도로 충분히 큽니까? 우리 역시도 사는 것이 그리스도니 죽는 것도 유익하다는 사실을 압니까? 정말로 그렇다면, 우리의 소망은 확실한 근거를 갖게 될 것입니다. 그리고 우리는 이곳과 그곳을 가로지르는 검푸른 강에 소망을 갖고 담대하게 발을 내디딜 수 있을 것입니다. 그러나 만일 우리의 소망이 다른 기초 위에 세워진다면, 그러한 소망은 확실한 근거를 갖지 못한 채 우리가 미끄러져 넘어질 때 우리를 잡아주지 못할 것입니다.

2. 둘째로, 그러나 형제들을 생각할 때 바울은 사는 것과 죽는 것 가운데 어느 것이 더 좋은지 알지 못한 채 머뭇거립니다.

본문을 통해 알 수 있듯이 우리 모두는 삶과 죽음의 문제를 결정함에 있어 다른 사람들은 일체 고려하지 않은 채 자신만을 생각하며 임의적으로 결정할 권리를 갖고 있지 못합니다. 여기에서 바울은 두 가지 서로 상충되는 감정의 흐름 가운데 서 있습니다. 자신을 위해서라면 기쁘게 갈 것이라는 것이 하나의 감정의 흐름이고, 그러나 형제들을 위해서라면 정반대의 선택을 할 것이라는 것이 또 하나의 감정의 흐름입니다. 그는 두 개의 바다가 만나는 지점에 서 있었으며, 잠시 동안 그의 의지는 출렁이는 물결에 의해 이리저리 흔들리고 있었습니다. 여기의 이리저리 흔들리는 그의 불확실한 언어는 그의 감정의 갈등으로부터 말미암은 것입니다. "그러나 만일 육신으로 사는 이것이 내 일의 열매라면 무엇을 택해야 할는지 나는 알지 못하노라"(Revised Version 22절). 이와 같은 다소 투박한 문장 속에서 바울은 만일 이 땅에서 사는 것이 수고의 열매를 얻는 조건이라면 자신은 죽기를 바라는 마음을 접어야만 한다는 뜻을 밝힙니다. 지금 그 위에 두 개의 동기가 역사하고 있습니다. 하나는 죽는 쪽으로 이끄는 동기이며, 또 하나는 이 땅에 그대로 남아 있도록 이끄는 동기입니다. 지금 그는 둘 사이에 끼여 이를테면 진퇴양난에 빠져 있습니다. 한편으로 그는 세상을 떠나 그리스도와 함께 있게 되는 것에 대한 바람을 가지고 있었습니다. 그런가 하면 다른 한편으로 그는 자신이 이 땅에 그대로 남아 있는 것이 자신이 세운 연약한 교회를 위해 꼭 필요하다는 것을 압니다. 그리하여 그는 잠시 동안 어찌할 바를 알지 못한 채 머뭇거립니다.

이 같은 '죽기를 바라는 이유'와 '살기를 바라는 이유' 사이의 갈등은 너무도 숭고하며, 또 숭고한 만큼 마땅히 본받을 만합니다.

여기에서 바울이 죽음을 어떻게 생각하고 있는지 주목하십시오. 그는 죽음을 "떠나는" 것으로 말하는데(23절), 이러한 은유 속에는 차마 그 끔찍한 형상을 바라볼 수 없는 두려움이 함축되어 있지 않습니다. 바울은 죽음을 친근한 이름으로 부릅니다. 왜냐하면 그것을 전혀 두려워하지 않기 때문입니다. 그에게 있어 모든 두려운 것과 신비한 것과 고통스러운 것은 다 녹아 없어져 버렸으며, 죽음은 단순히 장소가 바뀌는 것에 불과했습니다. "죽음"이라는 단어는 문자적으로 "풀다"(to loose)를 의미하는데, 장막의 말뚝들을 뽑을 때나 혹은 배의 닻을 끌어당길 때 사용합니다. 여기의 두 경우에 나타나는 것은 철거(撤去)의 이미지입니다. 죽음은 단지 이 땅의 장막 집을 철거하는 것에 불과합니다. 요단을 건너는 길은 단지 하룻길에 불과하며, 죽음은 마지막 날의 여행길입니다. 다음 날에는 또다시 짐을 싸 광야를 여행하는 일은 더 이상 없을 것입니다. 우리는 하늘의 집에 있게 될 것이며 더 이상 방황하지 않을 것입니다. 이런 믿음으로 바라볼 때, 마지막 날의 두려움은 작아질 것입니다. 죽음 너머 있는 나라가 더 크고 더 밝게 보일수록 죽음 그 자체는 더 작고 보잘것없는 것으로 보일 것입니다.

바울이 죽음을 대수롭지 않은 것으로 여기는 것은 그 너머에 있는 것을 크게 생각하기 때문입니다. 짧은 여행 끝에 오랫동안 만나지 못했던 사랑하는 친구들을 만나는 것이 기다리고 있다면, 누가 그 짧은 여행을 두려워하겠습니까? 죽음의 좁은 길은 매우 짧게 보이며, 죽음의 험악함과 컴컴함은 아무것도 아닌 것처럼 보일 것입니다. 왜냐하면 예수 그리스도께서 그 끝에 서서 팔을 벌린 채 우리를 향해 오라고 부르고 계시기 때문입니다. 마치 엄마나 어린 자녀를 부르는 것처럼 말입니다. 그리스도와 함께 있음을 확신하는 사람은 누구든지 죽음 앞에서도 웃을 수 있을 것이며, 그것을 단지 장소의 변화 외에 아무것도 아닌 것으로 여길 수 있을 것입니다. 또 그리스도와 함께 있기를 열망하는 사람은 누구든지 그 열망이 이루어지는 통로로부터 움츠리지 않을 것입니다. 물론 죽음에 수반되는 육체의 고통은 다소 두려움이 될 것이며, 비록 잠시라 하더라도 사랑하는 이들로부터 떠나는 것은 언제든지 상실이 될 것입니다. 그러나 그럼에도 불구하고 만일 우리가 그 너머 계시는 그리스도를 보고 마지막 발걸음만 넘어서면 영원한 기쁨과 즐거움으로 그와 함께 있을 것을 안다면, 우리는 그 마지막 발걸음을 두려워하지 않게 될 것입니다.

우리의 마음도 바울처럼 미래와 관련하여 오직 한 가지 생각, 즉 그리스도와 함께 있을 것에 대한 생각으로 가득 채워져야 합니다. 미래와 관련한 이러한 단순한 기대는 그것에 대한 병적인 호기심과 얼마나 다릅니까? 우리에게 있어 하늘은 곧 그리스도이며, 그리스도가 바로 하늘입니다. 그 외에 나머지 모든 것은 단지 부수적인 것에 불과합니다. 금 비파, 금 면류관, 감추어진 만나, 흰옷, 백보좌 — 이 모든 표현들은 그리스도와 연합하는 것의 축복을 나타내는 상징들일 뿐입니다. 또 불멸의 생명, 마음과 정신 모두에 있어서의 온전함의 성장, 요동하게 하는 모든 것의 중지, 마치 벗은 몸 위에 왕의 예복을 입는 것처럼 영광과 존귀로 옷 입는 것 — 이 모든 것은 그리스도로부터 부어지는 광채의 다양한 면을 표현하는 것입니다.

우리가 필요로 하는 모든 것은 그리스도와 함께 있는 것입니다. 마음으로 그리스도를 사랑하는 자들에게는 그와 가까이 있는 것 자체로 충분하며 충족합니다.

"내가 다시 주를 붙잡을 것이라,
하나님과 함께 있는 곳에 안식이 있을 것이라."

부수적이며 본질적이지 않은 것들에다가 여러분의 생각과 소망을 허비하지 마십시오. 그렇게 하는 대신 그 모든 에너지를 하나의 중심적인 생각에 집중시키십시오. 본문의 아름다운 그림을 각종 상징의 미로(迷路) 속에서 잃어버리지 않도록 조심하십시오. 그러한 상징들은 매우 가치 있는 것이기는 하지만 그러나 부수적인 것입니다. 계시되지 않은 기사(奇事)들과 희한하며 신비로운 것들에 대하여 단지 호기심을 만족시키기 위해 묻지 마십시오. 그러한 것들에 대해 확실하고 분명한 답은 결코 주어지지 못할 것입니다. 우리의 모든 사색(思索)을 그리스도와 연결시킴이 없이 미래를 우리의 인성(人性)의 완성으로서 생각하는 습관을 갖지 마십시오. 왜냐하면 그의 존재가 우리 모두에게 하늘의 모든 것이 되기 때문입니다. 다만 그리스도의 아름다운 모습이 모든 광채 가운데 항상 우리 앞에 있게 하십시오. 그리고 우리의 마음이 항상 이 같은 하늘의 축복 위에 머물게 하십시오. 그럴 때 우리는 그리스도의 사랑의 임재와 그와의 가장 친밀한 연합을 영원히 의식하게 될 것입니다. 우리의 소망이 더욱 분명하게 되기 위해서는 부수적인 것들은 적으면 적을수록 좋습니다. 삶으로부터 돌이켜 필연적인 종착지(즉 죽음)에 기꺼이 직면하기 위해서는, 우리는 그 하나의 본질적인 생각에 집중해야 합니다. 지구의 모든 조수(潮水)를 끌어당기는 것은 하나의 보름달이며, 그것은 모든 별들을 희미하게 만들어 버립니다. 그러한 별들은 어둠을 장식하며 물결 위에 은은한 빛을 던져줄 수는 있지만 그러나 조수를 움직이는 힘은 갖지 못합니다. 우리를 삶과 죽음의 심연을 넘어 그와 함께 있도록 끌어당기는 분은 오직 그리스도뿐입니다. 오직 그만이 죽음의 의미를 단지 장막을 옮기는 것으로 축소시킬 수 있습니다.

바로 이것이 바울에게 있어 죽기를 바랐던 이유입니다. 그가 죽기를 바랐던 것은 사는 것이 힘들고 괴로웠기 때문이거나 고통과 슬픔과 수고의 무거운 짐에 짓눌렸기 때문이 아니었습니다. 오직 그것은 주님과 함께 있기를 더 좋아했기 때문이었습니다. 그는 병적인 감상주의자가 아니었으며, 죽음에 대해 비정상적인 열망을 품고 있지 않았습니다. 그는 일에 지친 것도 아니며, 죽음에 대한 신경증적인 열망에 탐닉하고 있었던 것도 아닙니다. 23절의 "훨씬 더 좋은 일이라"는 그의 고백 속에 그의 모든 삶이 오직 하나의 생각에 집중되어 있음을 잘 보여주지 않습니까? 이것은 과장이 아니라 있는 그대로의 고백입니다. 이 같은 이유로 죽기를 바라는 마음 속에 건전한 믿음과 배치되는 것은 아무것도 없습니다. 그것은 우리 모두를 위한 본보기입니다.

본문에서 우리는 '삶으로 이끄는 힘'과 '하늘로 가고자 하는 열망'이 서로 갈등하는 것을 발견합니다. 많은 사람들도 이와 비슷한 갈등을 겪습니다. 그렇지만 바울과 같은 동기로 그렇게 하는 경우는 매우 드물 것입니다. 세상을 떠나 주님과 가장 가까이 연합하고자 하는 최고의 열망에 이끌렸던 것처럼, 그는 또한 만일 자신이 이 땅에 계속해서 머문다면 더 많은 사역의 열매를 맺을 수 있을 것이라는 생각에 더 강하게 이끌립니다. 이것이 주와 함께 있을 때는 아무 할 일도 없게 될 것이라는 가설(假說)을 뒷받침해 줍니까? 결코 그렇지 않습니다. 바울의 하늘은 아무 할 일 없는 하늘이 결코 아닙니다. 도리어 거기에는 더 복된 일과 더 풍성한 일이 있을 것입니다. 그렇지만 그가 이 땅을 떠나 하늘로 가게 되면 빌립보의 사랑하는 형제들과 그를 필요로 하는 다른 사람들을 더 이상 도울 수 없게 될 것입니다. 그러므로 그들에 대한 사랑이 그의 옷자락을 끌어당기며 그를 이 땅에 묶어둡니다.

바울의 "내가 육신으로 있는 것이 너희를 위하여 더 유익하리라"(24절)는 말과 주님의 "내가 떠나가는 것이 너희에게 유익이라"(요 16:7)는 말씀이 놀랍게 대조되는 것을 주목하십시오. 그러나 여기는 이러한 대조를 자세히 논할 적절한 장소가 아닙니다. 또 여기에서 그리스도께서 바울처럼 죽음으로 인해 자신의 사역이 마쳐지고 더 이상 제자들에게 도움을 베풀 수 없게 될 것을 예상하셨는지에 대한 문제가 제기될 수 있는데, 그에 대해서도 다루지 않을 것입니다. 다만 두 말씀을 단순히 대조시키는 것만으로 만족하고자 합니다.

다시 본문으로 돌아갑시다. 바울에게 있어 '죽기를 바랐던 이유'는 '살기를 바랐던 이유'에 의해 억제되고 극복되는데, 어쨌든 그의 '죽기를 바랐던 이유'는 너무도 위대하고 고결한 것이었습니다. 우리들 가운데 살고자 하는 의지가 훨씬 더 강하다는 사실을 부인할 자가 누가 있겠습니까? 그러나 우리 가운데 다른 사람들은 고려하지 않고 오직 우리 자신만 생각할 때는 그리스도와 더 가깝게 있기 위해 떠나기를 기뻐하다가, 그러나 우리의 도움을 필요로 하는 다른 사람들 때문에 떠나기를 머뭇거리는 사람들이 얼마나 있겠습니까? 우리 가운데 많은 사람들은 사는 것에 필사적으로 집착합니다. 마치 절벽에 매달려 있으면서 떨어지지 않으려고 발버둥치는 사람처럼 말입니다. 그런가 하면 우리 가운데 어떤 사람들은 죽음 너머에 있는 것을 두려워하여 삶에 집착합니다. 이들에게 있어 삶에 집착하는 분량은 죽음을 두려워하는 분량에 비례합니다. 그러나 바울은 죽음 너머에 있는 것을 알지 못하여 두려워하지 않습니다. 또 두려운 심판이 있을 것을 생각하며 두려워하지도 않습니다. 그는 죽음의 컴컴함 속에서 한 빛을 봅니다. 그 빛은 아버지의 집 창문으로부터 나오는 빛입니다. 그렇지만 바울은 기꺼이 자신이 수고하는 일터로 되돌아옵니다. 그리고 할 수 있는 동안 계속해서 그 일을 하는 것을 더 기뻐합니다. 이 땅을 떠나는 것도 즐거워하며, 계속해서 남아 있으면서 수고하는 것도 즐거워하는 사람은 얼마나 복된 사람입니까? 그들은 육체 가운데 살아가는 삶 역시도 그리스도와 함께 하는 것임을 발견할 것입니다.

3. 셋째로, 마침내 바울은 육신으로 이 땅에 남아 있는 것을 기쁘게 받아들입니다.

이것이 본문 마지막 절에 매우 아름답게 표현됩니다. "내가 살 것과 너희 믿음의 진보와 기쁨을 위하여 너희 무리와 함께 거할 이것을 확실히 아노니"(25절). 바울은 자신의 자아를 완전히 극복했습니다. 그리하여 사랑하는 형제들의 기쁨을 위해, 그리고 그들과 함께 기뻐하기 위해 자신의 바라는 바를 기꺼이 내려놓습니다. 그는 자신의 영이 간절히 소망하는 복, 즉 세상을 떠나 그리스도와 함께 하는 복은 가질 수 없을 것이었습니다. 그렇지만 그는 여기에서 멈추고 그리스도에 대한 그들의 믿음과 지식이 진보하는 것을 보며 기뻐할 것이었습니다. 그는 형제들과 함께 하기 위해 그리스도와 더 가까이 교제하는 소망은 기꺼이 포기합니다. 그에게 있어 그리스도의 작은 자들을 찾는 것이 곧 그리스도를 찾는 것이 될 것이었습니다. 이와 같이 바울은 서로 상충되는 두 가지 열망을 하나로 통합합니다. 그는 더 이상 둘 사이에 끼어 무엇을 택해야 할지 모르는 상태에 있지 않습니다. 그는 아무것도 택하지 않습니다. 다만 더 높은 지혜가 지시하는 것을 그대로 받아들입니다. 이런 그에게 안식이 따르는데, 그것은 우리에게도 같습니다. 우리 자신의 바라는 것을 포기하고 우리의 의지를 그리스도 앞에 순복시킬 때, 우리에게 안식이 따를 것입니다.

우리에게 있어 불확실한 미래에 직면하는 — 특별히 삶과 죽음의 문제에 있어 — 올바른 태도는, 개인적인 바람이나 꺼림이나 머뭇거림이 아니라 그것을 믿음으로 받아들이는 것입니다. 이러한 태도는 무관심과는 거리가 멉니다. 이와 관련한 대부분의 경우, 하나님이 말씀하실 때까지 평정 가운데 개인적인 바람은 잠시 유보하고 있는 것이 최선입니다. 소망이나 두려움으로 스스로를 괴롭히지 마십시오. 그것들은 우리를 노예로 만듭니다. 하나님의 손으로 하여금 여러분의 손을 붙잡게 하십시오. 그리고 그로 하여금 그의 뜻대로 여러분을 이끌게 하십시오. 자신이 바라는 것에 이끌리지 마십시오. 우리의 바람이나 두려움 따위는 그냥 단단히 묶어 두십시오. 오직 그럴 때 우리는 평안 가운데 있게 될 것입니다. 안식과 지혜와 강함은 그대로 받아들이는 수용(受容)과 함께 옵니다.

우리 모두는 리처드 백스터(Richard Baxter)와 함께 이렇게 말해야 합니다.

"주여, 사느냐 죽느냐 하는 것은
나의 염려에 달려 있지 않나이다.
주를 사랑하며 섬기는 것이 나의 분깃이며
그것은 주의 은혜가 주는 것이나이다."

또 본문을 통해 우리는 우리가 필요한 동안에는 이 땅에 남아 있을 것이라는 사실을 배울 수 있습니다. 바울은 자신이 이 땅에 계속해서 머무르는 것이 필요하다는 사실을 알았으며, 따라서 그는 "내가 너희 무리와 함께 거할 이것을 확실히 아노니"라고 말할 수 있었습니다(25절). 이것은 우리도 마찬가지입니다. 만일 우리가 이 땅에 머무는 것이 필요하다면 계속해서 이 땅에 거할 것이라는 사실을 우리 역시도 확신할 수 있습니다. 우리는 종종 우리 자신이 절대적으로 필요하다고 생각하는 시험에 빠지곤 합니다. 그러나 감사하게도 아무도 필요하지 않습니다. 믿기 어려울지 모르지만, 우리가 없다고 하여 회복할 수 없는 손실이 생기는 것은 아닙니다. 우리는 우리의 일과 가족과 사업과 성도들과 학문 분야를 바라보면서 스스로에게 이렇게 말합니다. "내가 떠나고 나면 이것들은 어떻게 될 것인가? 내가 떠나고 나면 모든 것이 뒤죽박죽될 것이라." 그러나 걱정하지 마십시오. 여러분이 떠난다고 하여 치명적인 손실이 생기는 것은 아닙니다. 그럼에도 불구하고 여러분은 주변 사람들에게 필요한 존재가 될 수 있으며, 그런 동안 여러분은 계속해서 이 땅에 남아 있게 될 것입니다. 미완성의 삶도 없으며, 지나치게 빨리 떠나는 것도 없습니다. 믿음의 눈으로 불 때 죽는 순서가 잘못되었다는 생각은 감상적인 오류일 뿐입니다. 잘못된 시간에 세상을 떠나는 그리스도인은 아무도 없습니다. 모두가 각자 그 적당한 때에 떠나는 것입니다. 어떤 의미에서 우리 모두의 삶은 미완성입니다. 왜냐하면 언젠가는 이 땅에서 더 이상 보이지 않게 될 것이기 때문입니다. 그러나 또 다른 의미에서 어떤 삶도 미완성이지 않습니다. 왜냐하면 우리는 우리의 일이 끝날 때까지 결코 죽지 않을 것이기 때문입니다.

그러므로 우리의 올바른 태도는 주께서 부르실 때까지 계속해서 주어진 일을 감당하는 것입니다. 항상 모든 일을 그치고 떠날 때를 기다리는 사람을 우리는 부지런한 종이라고 부르지 않습니다. "죽음의 은은한 종소리"가 모든 수고를 그치고 집으로 돌아오라고 부를 때까지 주께서 두신 자리에서 주어진 일을 성실하게 수행하는 것이 우리의 올바른 태도입니다.

사랑하는 성도 여러분, 삶에는 오직 두 가지 관점만이 있을 뿐입니다. 하나의 관점은 "내게 사는 것이 그리스도니 죽는 것도 유익함이라"라고 말하며, 또 하나의 관점은 "내게 사는 것이 내 자신이니 죽는 것은 손실이요 절망이라"라고 말합니다. 여러분은 두 관점 가운데 하나를 선택해야 합니다. 여러분의 선택은 무엇입니까?

5
하늘의 시민들

"오직 너희는 그리스도의 복음에 합당하게 생활하라 이는 내가 너희에게 가 보나 떠나 있으나 너희가 한마음으로 서서 한 뜻으로 복음의 신앙을 위하여 협력하는 것과 무슨 일에든지 대적하는 자들 때문에 두려워하지 아니하는 이 일을 듣고자 함이라 이것이 그들에게는 멸망의 증거요 너희에게는 구원의 증거니 이는 하나님께로부터 난 것이라"

빌 1:27, 28

우리는 사도행전에서 빌립보가 마게도냐 지역의 주요 도시로서 '식민지' 였음을 읽을 수 있습니다. 당시 로마와 로마 식민지 사이의 관계는 오늘날의 영국과 영국 식민지 사이의 관계보다 훨씬 더 가까웠습니다. 당시 로마 식민지는 사실상 로마의 일부였습니다.

식민지 이주민들과 그들의 자녀들은 로마 시민이었으며, 그들의 이름은 로마인 명부에 등록되었습니다. 그들은 지역 관리가 아니라 본국 통치자의 통치 아래 있었으며, 그들이 지켜야 하는 법은 지역의 법이 아니라 로마의 법이었습니다.

의심의 여지 없이 빌립보의 그리스도인들 가운데 일부는 이러한 특권을 소유하고 있었을 것입니다. 그들은 가까운 지역 공동체보다도 바다 건너 멀리 떨어져 있는 거대한 도시와 더 밀접하게 연결되어 있었으며, 그들은 그것이 무엇을 의미하는지 잘 알고 있었습니다. 그들은 로마라는 강력한 통치체제의 시민들이었습니다. 비록 그곳에 있는 신전(神殿)들을 한 번도 본 적이 없고, 그 거리를 한 번도 밟아보지 못했다고 하더라도 말입니다. 그들은 빌립보에 살고 있었지만 그러나 로마에 속해 있었습니다. 이와 같이 본문의 첫 구절에는 매우 특별한 의미가 담겨 있습니다. 여기에서 "conversation"이란 번역은 그것을 당시의 의미로 취하더라도 적당하지 않습니다(KJV에는 "Only let your conversation be as it becometh the gospel of Christ" 즉 "너희 행동이 그리스도의 복음에 합당한 것이 되게 하라"로 되어 있음. 한글개역개정판도 이와 비슷하게 "너희는 복음에 합당하게 생활하라"로 되어 있음). 현대적인 의미로 취한다면, 더더욱 적당하지 않습니다. "conversation"은 당시에는 "행동"을 의미하는 단어였습니다. 한편 오늘날에는 "말" 이상의 의미는 거의 갖지 않습니다. 이와 같이 본문의 첫 구절이 바울의 대체적인 생각을 일부 표현하는 것일 수는 있을는지 모르지만 그러나 불행하게도 그것은 본래 그것이 나타내고자 했던 특별한 은유의 의미를 거의 대부분 잃어버리고 말았습니다. 우리는 개정역(Revised Version) 난외(欄外)에서 그에 대한 문자적인 번역인 "시민들처럼 행동하라"라는 표현을 읽을 수 있습니다. 비록 본문(즉 개정역의 본문)에다가는 "너희의 생활양식이 그리스도의 복음에 합당하게 하라"라는 흠정역과 비슷한 번역어를 채용하고 있기는 하지만 말입니다. 그러나 본문의 의미를 좀 더 충분하게 이해하기 위해서는, 나는 본문에 제시된 은유를 결코 간과해서는 안 된다고 생각합니다. 그것은 바울의 의도와도 완전하게 부합할 뿐만 아니라 문맥과도 완전하게 합치됩니다.

본문 첫 구절의 의미는 "복음에 합당한 방식으로 시민의 역할을 하라"는 것입니다. 이것이 "그리스도인답게 시민의 의무를 이행하라"는 의미는 물론 아닙니다. 여기의 빌립보 그리스도인들이 시민으로 속해 있는 도시는 우리 모두에게 어머니 도시(mother city)인 하늘의 예루살렘이었습니다. 바울은 그들이 속해 있는 또 다른 세계에 대해 일깨워주고 있었으며, 그들에게 예루살렘의 법에 충실할 것을 격려하고 있었습니다. 때로 로마 제국이 그들에게 식민지의 경계를 확장시키는 임무를 맡기는 것처럼, 바울은 지금 그들에게 하늘의 예루살렘의 경계를 확장시키는 공격적인 싸움을 격려하고 있는 것입니다. 그 모든 싸움에서 작은 식민지가 자기 뒤에 로마제국이 있음을 생각하면서 수많은 야만인들 앞에서도 조금도 위축되지 않고 굳게 서 있었던 것처럼, 바울은 빌립보 형제들의 용기를 북돋우면서 최후의 승리를 확신하라고 일깨워주고 있었습니다.

이것이 로마의 식민도시에 살았던 하늘의 시민들에게 주는 본문의 훈계의 대략적인 의미입니다. 이제 본문을 순서대로 간략하게 살펴보도록 합시다.

1. 첫째로, 어머니 도시(mother city)에 속했다는 의식을 항상 새롭게 하십시오.

바울이 지금 로마로부터 글을 쓰고 있다는 사실을 주목하십시오. 거기에서 그는 로마인이라는 의식이 사람에게 얼마나 큰 자긍심을 가져다주는지 잘 볼 수 있었습니다. 그러한 자긍심은 거의 종교에 버금가는 것이었습니다. 바울은 그리스도인들 가운데 그와 비슷한 감정을 고취시키고자 했습니다.

우리는 육체적으로 연결된 세계 외에 또 다른 세계에 속해 있습니다. 우리가 참으로 속하는 곳은 어머니 도시인 예루살렘입니다. 물론 우리는 이 땅에 있습니다. 그러나 물결치는 푸른 대양 너머 또 다른 세계가 있으며, 우리는 그곳에 속한 지체들입니다. 때로 청명한 날에 높은 산꼭대기에 올라가면 우리는 푸른 물결 너머 햇빛으로 반짝이는 그곳을 어렴풋하게나마 볼 수 있습니다.

그러므로 그와 같은 보이지 않는 세계가 현재적으로 실재한다는 사실을 우리 그리스도인들은 한순간도 잊어서는 안 됩니다. 그에 대한 생생한 의식(意識)은 그리스도인의 삶에 있어 매우 중요한 한 부분입니다. 우리는 보통 "미래의 삶"에 대해 말하면서도 그것이 또한 현재적인 삶이라는 사실을 잊는 경향이 있습니다. 실제로 여기의 삶은 그 모든 것을 둘러싸고 있는 더 큰 세계 속에 떠 있는 것입니다.

여기의 세계와 그것을 둘러싸고 있는 더 큰 세계는 얇은 휘장에 의해 나누어져 있을 뿐입니다. 그렇습니다. 얇은 휘장 뒤에 또 다른 세계가 서 있으며, 그 세계는 우리와 멀리 있지 않습니다. 지극히 얇은 휘장에 의해 우리와 나누어져 있을 뿐입니다. 거대한 심연이나 철의 장벽이 결코 아닙니다. 머지않아 하나님의 손이 그러한 휘장을 걷어버릴 것입니다. 그러면 비록 우리가 보지는 못했다 할지라도 항상 거기에 있었던 것이 우리 앞에 온전히 펼쳐질 것입니다. 그것은 너무도 가깝고, 실제적이며, 찬란하며, 장엄합니다. 우리는 너무도 어리석은 감각의 노예였으며, 보이지 않는 것은 존재하지 않는 것처럼 취급되어야 한다는 어리석은 격률(格率) 위에 삶을 세워 온 반(半)소경이었습니다.

모든 그리스도인과 하늘의 도성은 현재적으로 연결됩니다. 하늘의 도성은 단순히 존재하는 것에 불과한 것이 아니라, 우리가 그것에 속합니다. 그리고 우리가 그것에 속하는 분량은 우리가 그리스도인인 분량에 비례합니다. 하늘의 시민권과 관련한 이 모든 상징적인 표현들은 이 땅에서의 그리스도인의 삶과 하늘에서의 그리스도인의 삶이 근본적으로 동일한 것이라는 단순한 사실 위에 근거합니다. 기호(嗜好)와 열망, 애착과 충동, 대상과 목표를 이끄는 원리들은 본질적으로 하나입니다. 그리스도인은 본질적으로 보이지 않는 세계에 속하며 또 거기에 속한 사람들에게 속합니다. 세상의 피상적인 관계들이 그들을 이 땅에 묶고 있기는 하지만 말입니다. 한 사람의 그리스도인을 생각해 보십시오. 그가 그리스도인인 분량만큼, 그는 하늘에 속하며 이 땅에 대해서는 외인(外人)일 것입니다. 로마는 큰 강을 끼고 있으며, 강 한편에 도시의 주요부가 있고 다른 한편에 넓게 펼쳐진 교외(郊外)가 있습니다. 로마에 있어서는 트라스테베레가 그렇고 런던에 있어서는 사우스워크가 그런 것처럼, 하늘에 있어 땅은 다리 건너편에 있는 도시의 일부입니다. 로마에 있어 빌립보가 그랬던 것처럼, 하늘에 있어 땅은 바다에 의해 분리되어 있으면서 야만인들에게 둘러싸여 있지만 그러나 서로 밀접한 관계를 이루며 동일한 시민권을 가집니다.

그러므로 우리는 강 너머 있는 도시 주요부에 대한 생생하며 지속적인 감각을 계속해서 가져야만 합니다. 이 땅의 외적이며 피상적인 것들 한 가운데 참된 실재들이 있습니다. 겉으로 나타나는 것들은 단지 잠시 피어올랐다가 사라져버리는 연기와 같습니다. 우리는 그런 것들에, 혹은 그런 것들이 속하는 세계에 속하지 않습니다. 우리와 그런 것들 사이에 특별한 관계는 없습니다. 우리가 참된 관계를 맺고 있는 것은 다른 곳에 있습니다. 이 땅의 보이는 세계에서 다른 모든 피조물들은 각자 자기의 집을 가지고 있습니다. 여우도 굴이 있고 공중의 새도 거처가 있습니다(마 8:20). 그러나 오직 인간만은 머리 둘 곳이 없으며, 창조세계 가운데 만족할 만한 장소를 찾을 수 없습니다. 우리의 참된 거처는 다른 곳에 있습니다. 그러므로 우리는 우리의 생각과 마음을 위의 것에 두어야 합니다. 식민지에 처음 정착한 사람들의 후손들은 지금도 영국에 가는 것을 "고향"(home)에 간다고 표현합니다. 오스트레일리아에서 태어나 평생을 그곳에서 살았더라도 말입니다. 마찬가지로 우리 그리스도인들은 우리의 참된 고향은 우리가 한 번도 가보지 못한 곳이며 여기에서 우리는 외인이요 나그네라는 생각을 언제든지 잊지 말아야 합니다.

현재로부터 분리되었다는 느낌으로 우리의 영을 슬프게 할 필요도 없으며, 우리를 둘러싸고 있는 것들의 중요성을 약화시킬 필요도 없습니다. 우리가 보이지 않는 질서에 속함과 함께 보이는 질서로부터 분리되었음을 인식할 때, 이러한 인식은 우리의 삶을 초라하게 만들지 않고 도리어 위대하게 만듭니다. 그러한 인식은 현재에다가 오직 하늘의 빛으로 바라볼 때만 가능한 특별한 존귀의 옷을 입힙니다. 이러한 보이지 않는 세계와의 관계로부터 삶은 그 모든 의미를 끌어옵니다. 만일 감각과 시간이 전부라면, 사람의 삶보다 더 무의미하고 지루하며 비극적인 것은 아무것도 없을 것입니다. 정말로 사람의 삶은 아무 의미도 없이 시끄러운 소리만 가득한 바보가 떠벌리는 이야기 같을 것입니다. 위로부터 사람의 삶을 관통하여 내려오는 영원의 흰 광채가 사람들이 삶이라고 부르는 '스테인드글라스로 장식한 돔' 에다가 형형색색의 모든 아름다움을 가져다 줄 것입니다. 스스로 하늘의 도성과 연결되었다고 느끼는 자들이 이 땅의 모든 즐거운 것들로부터 순수한 즐거움의 엑기스를 가장 잘 짜낼 수 있을 것이며, 또한 현재의 크고 작은 모든 일들의 의미를 가장 잘 이해할 수 있을 것입니다.

그러므로 이 모든 일에 위대한 어머니 도시의 시민들처럼 행동하십시오. 여러분이 다른 세계에 속한다는 사실을 항상 기억하십시오. "여기에는 영구한 도성이 없다"는 생각이 단지 세상의 기쁨과 즐거움과 보화가 일시적일 뿐이라는 사실로 말미암은 쓰라린 교훈에 머물지 말게 하십시오. 나아가 그것이 "장차 올 도성을 찾는" 복된 결과가 되게 하십시오(히 13:14).

2. 둘째로, 본문이 제시하는 또 하나의 교훈은 어머니 도시의 법에 따라 살라는 것입니다.

빌립보의 식민지 주민들은 로마법에 의해 다스림을 받았습니다. 당시 마게도냐 지역의 법은 그들에게 아무런 구속력도 갖지 못했으며, 그들은 오로지 로마법만 따르면 되었습니다. 이와 같이 그리스도인들은 이 땅의 행동법칙이나 규칙에 의해 다스림을 받아서는 안 됩니다. 오직 어머니 도시의 행동법칙에 의해 다스림을 받아야만 합니다. 우리가 따를 법은 땅의 백성들이 따르는 법과는 다르며, 우리는 이러한 사실을 최고의 영광으로 여겨야 합니다. 바울은 빌립보의 그리스도인들에게 "복음에 합당하게" 행하라고 훈계하는데, 바로 이것이 우리의 법입니다.

하나님의 복음은 믿음의 대상만이 아닙니다. 그것은 또한 순종의 대상이 되어야 합니다. 복음은 단지 구원의 메시지에 불과한 것이 아니라 또한 행동의 규칙이기도 합니다. 그것은 신학(神學)일 뿐만 아니라 또한 윤리학(倫理學)이기도 합니다. 자유과 특권을 부여하는 헌장은 동시에 의무를 규정하며 생활을 규제하는 법전이기도 합니다. 단순히 지옥으로부터 벗어나는 복음은 바울의 복음이 아닙니다. 열심히 연구하여 신학체계를 세우고 이해하는 것으로 끝나는 교리의 복음 역시 바울의 복음이 아닙니다. 바울은 그리스도 안에서 하나님의 자기 계시와 관련하여 자신이 전파한 위대한 사실들이 모든 신자들 안에서 삶의 법칙으로 펼쳐질 것을 믿었으며, 그리스도인의 행동법칙과 관련하여 그가 제시한 유일한 법칙은 "복음에 합당하게"였습니다.

그 법칙은 완전히 충족한 법칙입니다. 바울의 복음을 이루는 사실들 안에, 다시 말해서 예수 그리스도의 삶과 죽음과 부활의 사실들 안에 인간의 올바른 삶과 행동을 위해 필요한 모든 것이 놓여 있습니다. 그리스도 안에서 우리는 "실현된 이상"과 완전무결한 모범을 발견합니다. 그 안에서 모든 의무들이 하나로 융합되는데, 그것은 그리스도와 같아지는 것입니다. 그리스도 안에서 우리는 우리를 유혹하는 모든 힘을 극복하기에 충분할 만큼의 강력한 동기를 발견합니다. 수만 가지 잡다한 동기들 대신에 우리는 하나의 완전한 동기를 갖는데, 그것은 "너희가 나를 사랑하면 나의 계명을 지키라"는 것입니다. 그리고 이것은 영혼의 모든 동요를 마치 보름달이 지구의 모든 조수(潮水)를 끌어당기는 것처럼 그렇게 자기에게로 끌어당깁니다. 그리스도 안에서 우리는 우리의 약함이 필요로 하는 모든 도움을 발견합니다. 그것은 그가 친히 오셔서 우리와 함께 그리고 우리 안에 거하시며 우리의 의와 힘이 되시기 때문입니다.

그러므로 "복음에 합당하게" 사십시오. 우리의 삶 속으로 흘러들어오는 이러한 통일성과 단순성은 얼마나 놀랍습니까? 그리스도인의 모든 의무는 "복음에 합당하게" 사는 것 하나로 환원됩니다. 물론 우리는 여전히 이런저런 교훈들을 필요로 합니다. 그럼에도 불구하고 우리는 더 이상 우리를 속박하는 세세한 규정들에 얽매이지 않습니다. 수천 가지 규정들에 속박되는 것보다 하나의 원리에 의해 이루어지는 삶은 얼마나 더 복되고 강력합니까?

이러한 전포괄적인 원리는 결코 허망한 일반론이 아닙니다. 그것으로 자신의 삶을 형성하도록 진지하게 노력해 보십시오. 그러면 그러한 원리가 얼마나 빨리 여러분을 붙잡는지, 그리고 얼마나 넓게 여러분 안에서 펼쳐지는지 발견하게 될 것입니다. 복음의 가장 큰 원리들은 우리 삶의 가장 작은 의무들에서도 그대로 적용되어야 합니다. 가장 큰 원리들과 가장 작은 의무들의 이러한 결합이 모든 고상하며 고요한 삶의 비밀이며, 그것은 그리스도인의 삶 속에서 가장 아름답게 예증(例證)됩니다. 지극히 작은 이

슬방울을 동그랗게 만드는 힘과 거대한 행성을 구체(球體)로 만드는 힘은 동일한 힘입니다. 천체를 관찰하지 않고는 가장 보잘것없는 풀밭의 지도조차 만들 수 없는 법입니다. 별은 우리 앞에 운행하며 우리의 발길을 인도하기에 너무 크지도 너무 밝지도 않습니다. "복음에 합당하게"는 가장 강력하며 실제적인 법칙입니다.

"복음에 합당하게"란 법칙은 또한 매우 배타적인 법칙입니다. 이러한 법칙에 통치를 받는 백성은 다른 법칙들의 통치를 받지 않습니다. 우리는 어머니 도시의 통치 아래 있을 뿐 지역법의 통치 아래 있지 않습니다. 사람들이 뭐라 말하든 괘념치 마십시오. 또 여러분을 둘러싸고 있는 사람들의 일반적인 삶의 방식과 법칙들도 상관하지 마십시오. 여러분은 이런 것들에 이끌릴 필요가 없습니다. 대중적인 의견, 세상의 일반적인 관습, 우리 사회의 관례, 의무와 관련한 세상의 관념들 — 이 모든 것들은 우리와 아무 상관 없습니다. 사람들이 칭찬하든 비난하든 상관하지 마십시오. 우리는 오직 본국에 보고할 뿐입니다. 본국이 어떻게 생각하느냐 하는 것이 중요하지, 주위 사람들이 어떻게 생각하느냐 하는 것은 하나도 중요하지 않습니다. 그러므로 우리도 바울처럼 이렇게 말해야 합니다. "너희에게나 다른 사람에게나 판단 받는 것이 내게는 매우 작은 일이라 다만 나를 심판하실 이는 주시니라"(고전 4:3, 4). 우리가 사람들로부터 오해를 당하고 가혹하게 다루어질 때, 눈을 들어 하나님의 보좌를 바라보십시오. 그리고 하늘의 가이사에게 호소함으로 사람들의 모든 판단을 떨쳐 버리십시오. 그리고 모든 다양한 삶의 상황들 속에서 그리스도의 인격과 죽음의 기록인 복음을 여러분의 유일한 법으로 취하십시오. 그리고 다른 사람들이 우리에 대해 어떻게 생각하든 오직 그분을 기쁘시게 하기를 힘쓰십시오.

3. 셋째로, 본문은 식민지 주민들에게 어머니 도시의 영토를 확장시킬 것을 명합니다.

러시아 제국은 변경지역에 많은 식민지 개척자들을 두었으며, 그들은 적으로부터 자기 지역을 지키며 가능하면 경계를 더 확장시키는 조건으로 땅을 받았습니다. 이와 비슷하게 그리스도인들은 자신의 위치에서 "변경 지역의 관리자"로서 혹은 자신의 농장을 소유한 시민군으로서 복음의 신앙을 위해 싸우도록 세움을 받습니다.

지금 우리에게는 본문의 이러한 교훈을 상세히 살펴볼 충분한 시간이 없습니다. 다만 여기에서는 27절의 "굳게 서서"라는 훈계만을 간략히 살피고 지나가고자 합니다(stand fast. 한글개역개정판에는 그냥 "서서"로 되어 있음). "굳게 서는" 것은 방비(防備)적인 개념으로서, 자기의 땅을 지키면서 적의 모든 공격을 격퇴하라는 것입니다. 이러한 성공적인 방비는 "한 영으로"(in one spirit. 한글개역개정판에는 "한 마음으로"로 되어 있음) 이루어져야 합니다. 그것은 모든 방비가 하나님의 영에 접붙여지고 뿌리박은 우리의 연약한 영에 의존하기 때문입니다. 비록 연약한 영들이라 할지라도 서로 하나의 통일체로서 생명의 연합으로 연결될 때, 마치 화강암 방파제가 거센 파도를 훌륭하게 막아내는 것처럼 적들의 모든 공격을 훌륭하게 막아낼 것입니다. 적에게 한 뼘의 땅도 빼앗기지 않을 뿐만 아니라, 거기에 더하여 우리는 우리의 땅을 지키는 것으로 만족하지 않고 앞으로 전진하며 한 영으로 복음의 신앙을 위해 싸워야 합니다. 이를 위해서는 바울이 자기를 감시하는 시위대 병사들에게서 보았던 것과 같은 엄격한 규율과 탄탄한 조직체계가 있어야 합니다.

또 우리의 싸우는 목적은 "복음의 신앙"을 위해서입니다(27절). 여기에서 "신앙"은 복음을 믿는 주관적인 행동을 의미하는데, 이것은 우리가 우리 자신의 마음속에서 그리고 다른 사람들의 마음속에서 그 신앙을 위해 한 마음으로 연합하여 싸워야 한다는 개념을 함축합니다. 어쨌든 여기의 개념은 그리스도인들이 세상에서 마치 변경지역의 병사들처럼 왕을 위해 제국을 확장시키며, 더 많은 땅을 획득하기 위해 세워진다고 하는 것입니다.

이와 같은 일은 항상 요구되는 일이기는 하지만 그러나 오늘날보다 더 요구되는 때는 없을 것입니다. 오늘날 불신앙의 물결이 우리 사회에 얼마나 거세게 몰아칩니까? 오늘날 물질적인 안락과 세속적인 번영이 얼마나 많은 사람들을 현혹하며 유혹합니까? 이런 시대에 우리는 우리에게 주어진 거룩한 의무를 새롭게 마음에 새기면서, 모든 참된 그리스도인들이 한 마음으로 함께 연합하여 싸움에 임해야 합니다. 이 모든 것은 오직 우리가 본문의 다른 명령들을 순종한 연후에야 비로소 이루어질 수 있습니다. 우리가 이 땅이 아닌 다른 세계에 속했음을 느끼는 분량만큼, 또 우리가 제국의 법에 따라 사는 분량만큼, 우리는 제국의 영토를 확장시키기 위해 용감하게 싸울 수 있을 것입니다. 우리가 여기에서 가나안의 도시들에 살고 있는 것이 아니라 믿음의 조상 아브라함처럼 그들의 성문 앞에 장막을 치고 살고 있음을 우리는 항상 의식해야 합니다. 그들은 자신들의 도시에서 살고 있지만, 우리는 나그네처럼 양 떼를 치며 살아갑니다. 그런 가운데 우리는 그들에게 거룩한 영향력을 끼치면서 그들의 마음속에 하나님을 사랑하는 마음을 불어넣어주어야 합니다.

4. 넷째로, 식민지 주민들에게 주는 마지막 훈계는 승리를 확신하라는 것입니다.

바울은 28절에서 "무슨 일에든지 대적하는 자들 때문에 두려워하지 말라"고 말합니다. 그는 여기에서 매우 생생한, 혹은 어떤 사람들은 매우 통속적이라고 생각할 수 있는 은유를 사용합니다. **"두려워하다"**라고 번역된 단어는 말(馬)이 어떤 대상을 보고 놀라 앞다리를 쳐드는 동작을 표현하는 데 사용하는 단어입니다. 말이 그런 동작을 취하는 것은 대상을 정확하게 보지 못한 채 사실 이상으로 두려워하기 때문입니다. 마찬가지로 그리스도인들을 두렵게 만드는 것은 통상 원수를 제대로 보지 못하고 그 힘을 사실 이상으로 과장하여 생각하기 때문입니다. 두려워하는 대상에게 당당히 나아가 그것들에게 말하십시오. 그러면 대부분의 경우 그것들은 마치 허깨비가 사라지는 것처럼 사라져 없어질 것입니다. 그러면 우리는 가벼운 마음으로 싸움에 나갈 수 있을 것입니다. 우리는 스스로를 위해 염려하며 두려워할 어떤 이유도 갖고 있지 않습니다. 우리는 하나님의 피난처를 위해 염려하며 두려워할 어떤 이유도 갖고 있지 않습니다. 우리는 세상에서 기독교의 성장을 위해 염려하며 두려워할 어떤 이유도 갖고 있지 않습니다. 오늘날 많은 그리스도인들이 복음에 대해 약간은 부끄럽게 여기는 것 같습니다. 어떤 설교자들은 복음을 선포하는 것이 아니라 그에 대해 변론하는 것처럼 말합니다. 이런 식으로 원수가 여러분의 생각을 제압하도록 내버려 두지 마십시오. 마치 패할 것을 예상하는 것처럼 싸우지 마십시오. 적의 기세에 눌려 패할 것을 확신하는 병사가 어떻게 제대로 싸울 수 있겠습니까? 그렇게 하는 대신 우리의 복음을 믿고 우리의 왕을 믿으십시오. 그리고 다음과 같은 옛 선지자의 말씀을 마음에 새기십시오. "너는 힘써 소리를 높이라 두려워하지 말고 소리를 높이라"(사 40:9).

이러한 용기는 승리의 예언이며, 이러한 용기는 확실한 소망에 기초합니다. "그러나 우리의 시민권은 하늘에 있는지라 거기로부터 구원하는 자 곧 주 예수 그리스도를 기다리노니"(빌 3:20). 제국의 변경에 멀리 떨어져 있는 작은 식민지는 수많은 야만인들에 의해 둘러싸여 있습니다. 땅을 덮고 있는 그들 무리를 바라볼 때, 성벽의 파수꾼은 쉽게 낙담할 수 있을 것입니다. 의존할 병력이라고는 오직 자신들뿐이라면 말입니다. 그러나 그들은 자신들 뒤에 거대한 제국이 있다는 사실을 압니다. 그리고 번쩍이는 창으로 무장한 대군이 펄럭이는 깃발을 앞세우고 달려오는 것을 바라봅니다. 그리고 마침내 그들은 그가 오신다는 외침을 듣게 될 것입니다. 그가 오실 때, 그는 적들을 포위하고 모든 적들을 마치 타작마당의 쭉정이처럼 날려버릴 것입니다. 그러면 자기의 자리를 떠나지 않은 식민지 주민들은 그와 함께 한 번도 보지 못한 땅으로 가게 될 것이며, 그와 함께 승리의 개선행진에 동참하게 될 것입니다.

6
하나됨을 위한 호소

"그러므로 그리스도 안에 무슨 권면이나 사랑의 무슨 위로나 성령의 무슨 교제나 긍휼이나 자비가 있거든 마음을 같이하여 같은 사랑을 가지고 뜻을 합하며 한마음을 품어 아무 일에든지 다툼이나 허영으로 하지 말고 오직 겸손한 마음으로 각각 자기보다 남을 낫게 여기고 각각 자기 일을 돌볼 뿐더러 또한 각각 다른 사람들의 일을 돌보아 나의 기쁨을 충만하게 하라"

빌 2:1-4

바울에게 있어 빌립보 교회는 감사할 것은 많은 반면 책망할 것은 거의 없는 교회였습니다. 그러나 본문의 하나됨을 위한 간절한 호소의 분위기를 감안할 때, 거기에도 지체들 간의 하나됨에 있어 어느 정도 문제가 있었던 것으로 보입니다. 전체적인 불화까지는 가지 않았다 하더라도 온전한 하나됨에는 이르지 못했던 것 같습니다. 또 우리는 본서 4장에서 유오디아와 순두게와 관련하여 바울이 그들을 향해 "주 안에서 한마음을 품으라"고 권면하는 것을 볼 수 있는데, 이 역시 빌립보 교회에 있었던 약간의 불화의 분위기를 어느 정도 반영하는 것처럼 보입니다(빌 4:2). 뿐만 아니라 편지(즉 빌립보서) 첫 머리에 자신의 신뢰와 믿음을 반복적으로 강조하는 것 역시 어쩌면 바울 사도가 그런 분위기를 어느 정도 의식하고 있었음을 반영하는 것인지도 모릅니다. 어쨌든 기독교 신앙에 의해 가장 견고하게 연합된 공동체 속에도 항상 분열의 힘이 작동한다는 사실을 우리는 기억해야 합니다. 어떤 교리적인 불일치나 노골적인 다툼이 없는 곳이라 할지라도 여전히 분열의 역사는 시작될 수 있습니다. 햇볕이 따뜻하게 비췰 때조차도 싸늘한 바람이 느껴질 수 있으며, 잘 익은 열매에 벌레가 끼는 법입니다.

본문의 어법(語法)에 특별히 난해한 것은 없습니다. 본문이 제시하는 주제는 그리스도인의 삶에 있어 매우 중요한 부분이며, 바울의 이러한 호소에 귀 기울일 필요가 없는 사람은 아무도 없을 것입니다. 본문에서 바울은 첫째로 기독교적 하나됨을 위한 감동적인 동기(動機)들을 제시하며, 둘째로 자신이 훈계하는 하나됨의 이상(理想)을 아름답게 묘사하며, 셋째로 그러한 이상이 실현되는 것을 가로막는 장애물들과 그것을 극복하는 힘을 다룹니다.

1. 첫째로, 기독교적 하나됨을 위한 동기들

1절의 네 어구를 주목하십시오. 설령 우리가 첫째 어구("그리스도 안에 무슨 권면이나")와 셋째 어구("성령의 무슨 교제나")가 기독교 계시의 객관적인 사실들을 강조하는 반면 둘째 어구("사랑의 무슨 위로나")와 넷째 어구("긍휼이나 자비가 있거든")는 기독교 경험의 주관적인 감정들을 강조하는 것이라고 말한다 할지라도, 이것은 결코 현학적인 토막내기가 아닙니다. 우리는 이 모든 말씀들 속에 담겨 있는 뜨거운 열기를 우리의 마음속에 담을 수 있으며, 그것은 결국 기독교적 하나됨의 축복으로 귀결될 것임을 확신할 수 있습니다.

첫째 어구와 관련하여, "위안"(consolation)이라고 번역된 단어의 참된 의미는 "권면"입니다(KJV에는 "any consolation in Christ" 즉 "그리스도 안에 무슨 위안이나"로 되어 있음. 반면 한글개역개정판에는 저자의 말처럼 "그리스도 안에 무슨 권면이나"로 되어 있음). 아마도 여기에서 바울이 말하고자 했던 것은 예수 그리스도로부터 오는 고난에 대한 위안이라기보다는 그로부터 흘러나오는 하나됨에의 격려였을 것입니다. 만일 바울의 호소가 근거하는 네 가지 가운데 앞의 두 개가 거의 같은 것이라면, 다시 말해서 첫째 것은 "위안"(consolation)이고 둘째 것은 "위로"(comfort)라면, 바울의 호소하는 힘은 훨씬 더 약화될 것입니다. 바울은 예수 그리스도 안에 사람들을 "무슨 일에든지 사랑할 만하며 무슨 일에든지 칭찬할 만한" 일들로 일깨우는 주권적인 권면이 있다는 자신의 믿음을 굳게 견지합니다. 그리스도 안에서 우리는 하나가 되라는 가장 강력한 권면과 그것을 강화시키는 가장 강력한 힘을 발견할 것입니다. 우리가 그 안에 있는 분량만큼 말입니다. 우리가 선한 목자의 양 떼 안에 있으면서 하나가 되는 것은 얼마나 기쁜 일입니까? 바로 이것을 위해 그가 자기 목숨을 내어주시지 않으셨습니까? 우리가 그 안에 있다고 하면서 어떻게 그의 양들과 그의 사랑을 나누지 않을 수 있겠습니까? "아버지여, 아버지께서 내 안에, 내가 아버지 안에 있는 것 같이 그들도 다 하나가 되어 우리 안에 있게 하사 세상으로 아버지께서 나를 보내신 것을 믿게 하옵소서"라고 기도하셨던 그리스도의 숨결을 느끼는 자들은 필경 그 기도가 이루어지도록 하기 위해 최선을 다하게 될 것입니다(요 17:21). 만일 우리가 예수 그리스도의 생애와 죽음을 마음에 새긴다면, 필경 우리는 우리를 하나되게 하는 강력한 동력을 느낄 수밖에 없을 것이며, 또한 "나는 포도나무요 너희는 가지니"라고 말씀하셨던 분으로부터 나오는 하나됨의 권면을 더욱 굳게 붙잡게 될 것입니다.

계속해서 바울은 하나됨을 위한 자신의 호소를 빌립보 그리스도인들의 경험과 그들이 서로 사랑을 실천하는 가운데 맛보았던 위로의 기억 위에 근거시킵니다. 사랑이 자신으로부터 다른 사람들에게로 흘러나갈 때와 다른 사람들로부터 자신에게로 흘러들어올 때 중에 우리를 더 행복하게 하는 것은 어느 때인가 하는 질문은 매우 대답하기 어려운 질문입니다. 사랑을 할 때와 사랑을 받을 때 똑같이 우리의 용기는 고양(高揚)되고 우리의 인내력은 강화될 것입니다. 그리고 그럴 때 사람은 평상시에는 하지 못했던 큰 일을 행하기도 합니다. 사랑하는 자 그리고 자신이 사랑받음을 아는 자는 영웅이 될 것입니다. 사랑의 기쁨을 발견한 자가 하나 되는 일에 걸림이 되는 것은 매우 이상하며 앞뒤가 안 맞는 일입니다. 우리 모두는 사랑의 위로를 압니다. 그것이 우리를 "평안의 매는 줄로 성령이 하나 되게 하신 것" 안에 살도록 이끌지 않습니까? (엡 4:3) 우리는 서로에 대해 돕는 자와 도움을 받는 자가 되어야 합니다. 이것을 확실하게 하는 유일한 방법은 그리스도께서 우리를 사랑하셨던 것처럼 우리도 사랑 안에 행하는 것입니다.

바울은 여기에서 멈추지 않습니다. 그는 계속해서 빌립보인들의 생각을 "성령의 교제"로 돌립니다. 모든 신자는 한 성령을 마시도록 부름 받았으며, 그러한 초자연적 생명에 공동으로 참여함으로써 그들은 한 몸에 동참합니다. 이것은 갈라진 틈이나 분열을 그들이 경험한 심오한 진리와 상반되는 매우 부자연스러운 것으로 만듭니다. 모든 그리스도인에게 주는 성령의 공동적인 선물을 받은 어떤 사람이 그것을 받은 다른 형제들로부터 스스로를 분리시킬 수 없는 것은 마치 가지가 스스로를 다른 가지들로부터 단절시킬 수 없는 것과 같습니다. 우리는 그리스도 안에서 하나입니다. 그러므로 마음과 생각으로 하나가 됩시다. 네 번째 동기인 "긍휼과 자비"는 앞에서 다룬 "성령의 교제"와 연결됩니다. 왜냐하면 긍휼과 자비는 모든 신자들이 공통적으로 가지는 하나의 생명으로부터 흘러나오는 감정들이기 때문입니다. 성령에 참여할 때, 각 참여자들을 자연스럽게 함께 참여한 다른 사람들에 대해 "긍휼과 자비"의 마음을 갖게 될 것입니다. 성령의 생명을 소유했음을 나타내는 참된 표지는 긍휼과 자비로 가득 찬 본성입니다.

2. 둘째로, 바울의 기쁨을 완성시키는 하나됨의 아름다운 이상(理想)

바울이 본격적인 훈계에 앞서 제시한 앞의 네 가지 동기들로부터, 우리는 그가 빌립보 교회 안에 하나 되는 것과는 반대되는 쪽으로 흐르는 분위기가 있지 않나 의심했었음을 추측할 수 있습니다. 뿐만 아니라 여기에서 다루게 되는 훈계들로부터도 우리는 같은 추측을 끌어낼 수 있습니다. 여기에서 바울은 설령 꾸짖거나 책망하지는 않는다 할지라도 그러나 빌립보 형제들의 사랑을 냉각시킬 수 있는 얇은 서리를 속히 녹여버리고자 애를 씁니다. 바울은 간절한 마음으로 그들 앞에 하나됨의 이상을 제시하면서, 그들이 그러한 이상을 실현할 때 자신의 기쁨이 완성될 것을 매우 감동적으로 이야기합니다. 여기에서 주된 훈계는 "마음을 같이 하라"는 훈계입니다(2절). 그리고 계속해서 거의 같은 의미를 갖는 세 가지 훈계가 연속적으로 이어집니다 — 같은 사랑을 가지고, 뜻을 합하며, 한마음을 품어라. 특별히 마지막 훈계는 주된 훈계와 거의 완전하게 비슷합니다. 특별히 개정역(Revised Version)으로 읽으면 더욱 그렇습니다. 어쨌든 모든 훈계들이 실제적으로 거의 비슷합니다.

여기에서 바울이 말하는 하나됨은 단순한 의견일치나 같은 조직체계 아래 있는 것이나 힘을 합쳐 동역하는 것보다 훨씬 더 깊은 의미를 갖습니다. 여기에서 하나됨의 교훈이 네 가지 비슷한 표현으로 반복해서 언급되는 사실은 기독교적 하나됨이 단순히 우리가 그리스도 안에서 하나라고 하는 것을 지적으로 인식하는 것 훨씬 이상임을 알려줍니다. "같은 마음을 가진" 자들은 같은 바람과 같은 목표와 같은 생각과 같은 소망과 같은 두려움을 가진 자들이며, 그들은 그 깊은 존재에 있어 하나입니다. "같은 사랑을 가진" 자들은 모두가 함께 서로 사랑하고 사랑을 받으며, 그들의 마음은 같은 감정으로 채워져 있습니다. 그들은 영혼으로 연합되어 있으며, 자신들이 서로 연합하여 하나가 되었다는 사실을 인식합니다. 그리스도인들이 지금까지 도달한 하나됨은 기껏해야 바울이 그린 거대한 원(圓)의 지극히 작은 한 조각에 불과합니다. 따라서 우리는 이런 강렬한 말씀을 읽으면서 부끄러운 마음을 갖지 않을 수 없습니다. 바울의 기쁨은 아직 완성되지 않았습니다.

"마음을 같이 하라"는 훈계는 깊고 풍성한 하나됨을 가리킬 뿐만 아니라 또한 그러한 하나됨의 기초가 우리 밖에 있음을 암시합니다. 그것은 우리의 마음을, 우리를 하나로 만드신 그리스도께로 향하게 합니다. 바로 그가 하나로 묶는 띠이며, 하나 되게 만드는 중심입니다. 우리는 바로 앞에서 하나됨의 기초가 우리 밖에 있다고 이야기했는데, 사실 여기에는 약간의 수정이 필요합니다. 왜냐하면 하나됨의 참된 기초는 "우리 안에 계신 그리스도"를 함께 소유하는 것이기 때문입니다. 우리가 우리 안에 "그리스도 예수 안에 있는 마음"을 가질 때, 우리는 피차 "같은 마음"을 갖게 됩니다.

빌립보서의 핵심 단어는 기쁨입니다. 본서를 일별하기만 해도 우리는 쉽게 그러한 사실을 알 수 있습니다. 바울은 그들 모두와 함께 기뻐하고 또 기뻐합니다. 그러나 그의 잔은 완전히 채워지지 않습니다. 그의 잔이 채워지기 위해서는 마지막 한 방울이 필요합니다. 아마도 당시 빌립보 교회에서 유오디아와 순두게 사이에 싸늘한 냉기가 있었던 것 같습니다(4:2). 그리고 아마도 그와 관련한 이야기를 들었을 때, 바울의 마음에는 상당한 괴로움이 있었을 것입니다. 만일 빌립보 교회의 형제들이 서로 사랑한다는 사실을 확신할 수만 있다면, 그는 연금된 상태에서도 크게 기뻐할 것이었습니다. 우리는 뜨거운 사랑으로 교회를 지켜보았던 바울이 오늘날까지도 교회의 형편에 대해 알고 있는지에 대해 확실하게 말할 수 없습니다. 그러나 그보다 더 뜨거운 사랑으로 교회를 지켜보고 계시는 자가 있음을 우리는 잘 알고 있으며, 그리스도인들의 수많은 분열과 불일치가 그의 기쁨 위에 상당한 그림자를 드리웠을 것임을 우리는 인정하지 않을 수 없습니다. 우리는 그리스도께서 다시금 "너희가 길에서 서로 토론한 것이 무엇이냐?"라고 묻는 음성을 듣지 못합니까? (막 9:33) 이러한 질문 앞에 우리는 그의 제자들처럼 또다시 "잠잠"할 것입니까? 우리는 "너희가 마음을 같이 하여 나의 기쁨을 충만하게 하라"는 바울의 음성보다 더 뜨겁고 간절한 음성을 들을 수 있지 않습니까?

3. 셋째로, 마음을 같이하는 것을 방해하는 것과 돕는 것.

3절의 원문(原文)에는 "nothing"(아무 일에든지) 앞에 동사가 없습니다. 이와 관련하여 흠정역은 외적인 행동영역을 과도하게 부각시키는 부작용에도 불구하고 사역동사 "let"과 함께 "do"를 끼워 넣습니다([**Let**] nothing [**be done**] through strife or vainglory). 어쨌든 바울은 마음을 같이하는 것을 방해하는 것을 두 가지로 지적하는데, 그것은 한편으로 다툼과 허영이며, 다른 한편으로 자기중심적인 마음입니다. 다툼과 허영은 겸손과 이기적이지 않은 마음에 의해 가장 잘 극복됩니다. 다툼은 대부분의 경우 어떤 분야에서든 작은 파당을 만들기를 좋아하는 것이 그 뿌리가 되는데, 그 저급함에 있어 그것은 허영이나 교만에 결코 뒤지지 않습니다. 흔들리지 않는 확신으로 움직이는 것 같은 모습을 나타내는 사람들을 생각해 보십시오. 그들 가운데 많은 사람들은 실제로는 단지 스스로를 지도자로 드러내고 싶은 소망에 의해 움직일 뿐입니다. 그리스도인들 사이에 어떤 다툼이 일어날 때, 거의 대부분의 경우 거기에는 자기에 대한 지나치게 높은 평가가 섞여 있습니다. 그들은 자신들의 합당한 몫보다 더 큰 존경을 기대합니다. 그들의 판단이 법처럼 받아들여지지 않는다든지 혹은 그들의 위치가 스스로 마땅하다고 여겨지는 만큼 충분히 높지 못할 때, 그들의 자기애(自己愛)는 심하게 상처를 받으며 자존감은 불처럼 타오릅니다. 이것은 좀 더 작은 공동체에서나, 교회나 교단 같은 더 큰 공동체에서나 마찬가지입니다. 만일 어떤 일을 행하는 가운데 그와 같은 다툼과 허영의 마음에 손상이 가해진다면, 그들의 행동은 크게 달라질 것입니다.

이 모든 악을 고치는 것은 겸손입니다. 겸손은 기독교적인 용어입니다. 그리스의 사상가들은 본래 그 단어를 "비루함" 혹은 "비굴함" 등의 의미로 사용했습니다. 그러다가 기독교에 의해 그 단어는 도덕적인 덕을 의미하는 이름이 되었습니다. 우리는 항상 우리의 어떤 특출난 점이 아니라 부족한 점에 유의해야 합니다. 만일 우리가 항상 스스로를 그리스도의 삶의 표준 위에서 판단한다면, 겸손한 마음으로 무릎을 꿇는 것 외에 달리 필요한 것은 아무것도 없을 것입니다. 엄청나게 많은 빚을 탕감받은 사람은 자신이 빌려준 몇 푼 안 되는 돈 때문에 형제의 목을 조르지는 않을 것입니다.

기독교적 하나됨은 또한 자기중심적인 마음에 의해 깨어집니다. 자기중심적인 사람들은 그 마음을 다른 사람들에 대해 닫습니다. 만일 우리가 우리 자신의 기분이나 관심이나 이익만을 앞세운다면, 우리와 다른 사람들 사이에는 결코 넘어설 수 없는 장벽이 세워질 것입니다. '자기에 대해 사는 것' 은 모든 죄의 실제적인 뿌리입니다. 바울은 여기에서 조심스러운 언어를 사용합니다. 그는 "자기의 일을 돌볼" 필요성을 인정하면서 '또한' 다른 사람들의 일도 돌볼 것을 당부합니다. 기독교적 하나됨을 가로막는 것에 대한 그의 치유책은 매우 단순하며 실제적이며 완전합니다. 자기보다 남을 낫게 여기며, 다른 사람들의 일을 돌보는 것은 매우 초보적인 덕처럼 보입니다. 그러나 만일 우리의 일상적인 삶 속에서 그러한 덕들을 실천하고자 진지하게 노력해 본다면, 우리는 그것이 결코 만만치 않다는 사실을 발견하게 될 것입니다. 그럼에도 불구하고 계속해서 진지하게 노력할 때, 우리는 땅으로부터 하늘에 닿는 사다리를 발견하게 될 것입니다. 자기중심적인 마음을 버리고 겸손을 실천할 때, 우리는 "그리스도 예수 안에 있는 마음"을 품게 될 것입니다.

7
그리스도의 낮아지심

"너희 안에 이 마음을 품으라 곧 그리스도 예수의 마음이니 그는 근본 하나님의 본체시나 하나님과 동등됨을 취할 것으로 여기지 아니하시고 오히려 자기를 비워 종의 형체를 가지사 사람들과 같이 되셨고 사람의 모양으로 나타나사 자기를 낮추시고 죽기까지 복종하셨으니 곧 십자가에 죽으심이라"

빌 2:5-8

이와 같은 위대한 말씀을 기록한 바울의 목적은 분명합니다. 바울은 자신의 모든 것을 부인하고 헌신한 우리 주님의 모범을 제시하면서 빌립보의 형제들도 마땅히 그러한 마음을 본받아야 한다고 가르칩니다. 이러한 목적이 여기에 나타난 몇 가지 난제들, 즉 어째서 그리스도의 죽음이 그들 가운데서 순종과 겸손의 행동으로 간주되었는지, 또 어째서 가장 독특하고 유일무이한 예수 그리스도의 죽음이 우리가 본받을 수 있는 것으로 제시되는지 등의 난제를 어느 정도 설명해 줍니다. 본문의 전체적인 의미는 명확합니다. 그렇지만 각각의 어구의 정확한 의미와 관련하여 여기의 본문보다 더 많은 의견 차이를 불러일으킨 성경 구절은 거의 없습니다. 본문을 적절하게 해석하는 일과 관련한 상세한 논의는 우리의 한계를 훨씬 넘어서는 영역입니다. 여기에서는 그에 대해서는 간단하게 다루고, 다만 그것의 실제적인 측면을 주로 살펴보고자 합니다.

본문과 관련하여 제기되는 다양한 해석들 가운데 공통적으로 제시되는 사실은 그리스도의 성육신과 생애와 죽음이 겸손과 자기희생의 위대한 모범이라는 것입니다. 그가 사람의 모양으로 이 땅에 태어난 것은 그의 낮아짐의 최고의 행동이었으며, 그로 하여금 육체의 옷을 취하도록 만든 것은 사랑이었습니다. 또 그의 죽으심은 그의 자발적인 복종과 자신을 우리에게 주시는 것의 절정이었습니다.

1. 첫째로, 그리스도께서 본래 계셨던 높은 위치를 주목하십시오.

그의 탄생이 사람의 몸을 취하는 자발적인 행동이면서 동시에 낮아짐에 있어 세상 역사 가운데 가장 놀라운 실례(實例)라는 특이한 개념은 우리로 하여금 필연적으로 그가 탄생 이전에도 존재하고 계셨으며 사람이 되신 것은 스스로를 무한히 낮추신 것이라는 결론에 도달하게 합니다. 바울은 예수라는 이름을 가진 자가 세상에 태어나기 이전에도 신적 생명 가운데 존재하고 계셨다고 분명하게 단언하면서 시작합니다. 개정역(Revised Version) 난외(欄外)는 "그는 **원래** 하나님의 본체시나"라는 번역어를 채용하는데, '원래'(being originally)라는 단어는 우리의 생각을 베들레헴과 말구유 이전의 상태로 되돌릴 뿐만 아니라, 또한 "태초에 말씀이 계시니라"라는 요한복음 서언과 "아브라함이 나기 전부터 내가 있느니라"(요 8:58)라는 그리스도의 좀 더 직접적인 말씀이 보여주는 무시간의 영원의 상태로 되돌립니다.

다음으로 우리가 살펴보아야 하는 것은 "하나님의 형체"(in the form of God)라는 표현입니다(한글개역개정판에는 "하나님의 본체"로 되어 있음). "형체"(form)는 "모양"(shape) 훨씬 이상의 의미를 갖습니다. 나는 본문이 종종 비슷한 의미로 사용되기도 하는 세 단어를 조심스럽게 선택하여 사용하는 것을 주목하고자 합니다 — 6절의 **"형체"**(the **form** of God)와 7절의 **"같은 것"**(the **likeness** of men)과 8절의 **"모양"**(**fashion** as a man). "형체"와 "모양"이라는 두 단어를 세심히 살필 때, 우리는 둘 사이의 개략적인 차이를 발견할 수 있습니다. 전자는 좀 더 고정된 것을 가리키는 반면 후자는 우연적이며 외적이며 비본질적인 것을 가리킵니다.

형체를 소유하는 것은 또한 본질에 참여하는 것을 내포합니다. 여기에서 "하나님의 형체"는 어떤 유형적인 개념을 함축하지 않습니다. 마치 하나님이 어떤 물질적인 유형을 가진 양 말입니다. 여기에서 그것은 단순히 가시적(可視的)인 유사함 훨씬 이상을 함축합니다. 하나님의 형체 가운데 계신 그리스도는 본질적인 신적 속성들을 소유합니다. 오직 하나님만이 "하나님의 형체 가운데" 계실 수 있습니다. 사람은 하나님과 같은 모습으로 만들어졌을 뿐이지, "하나님의 형체 가운데" 있는 것은 아닙니다. 이와 관련하여 7절의 "종의 형체"(the form of a servant)란 표현을 주목하십시오. 이것은 그리스도께서 사람의 본성을 취하셨음을 의미하는 표현입니다. 그렇게 볼 때, "그는 **원래** 하나님의 형체셨다"는 표현이 선재적(先在的) 상태(pre-existent state)에서의 그리스도의 신성(神性)을 의미하는 것이라는 데에 거의 의심의 여지가 없습니다.

앞에서 지적한 것처럼, 여기에서 바울은 요한복음 서언이 올라가는 높이와 동일한 높이까지 올라갑니다. 또한 "아버지께서 창세 전부터 내게 주신 영광"이라는 우리 주님 자신의 표현을 주목해 보십시오(요 17:24). 바울은 여기에서 그와 똑같은 말을 되풀이하고 있는 것입니다. 여기에서 우리는 창세 이전으로 되돌아가 신적 본성의 영원한 특성을 어렴풋이나마 인식하게 됩니다. 이와 같이 창세 이전의 신적 본성에 영원히 참여하는 것은 그리스도의 생애가 겸손과 자기희생의 모범이 됨에 있어서의 필연적인 전제입니다. 이러한 전제 위에서 그리스도의 온유함과 사랑과 죽음은 각각의 특별한 의미를 갖게 됩니다. 이러한 각각의 사실들은, 우리가 그러한 사실들을 그의 선재적 신성의 배경 위에서 생각하느냐 혹은 그것과 상관없이 생각하느냐 하는 데에 따라, 그 의미와 능력과 우리의 영혼에 끼치는 영향력에 있어 달라집니다. 그리스도를 단지 태어나면서부터 그 존재가 시작되는 우리와 같은 사람으로 간주하는 관점은 그의 모범이 가진 강력한 힘을 상실하게 만듭니다. 오직 "말씀이 육신이 되었음"을 믿을 때만, 우리는 그의 탄생 속에 나타난 낮아짐의 깊이를 온전히 인식할 수 있게 될 것입니다. 만일 그리스도의 탄생이 하나님의 성육신이 아니었다면, 그것은 인간의 마음속에 아무런 외침도 되지 못했을 것입니다.

2. 둘째로, 그리스도의 낮아지심의 놀라운 행동을 주목하십시오.

여기에서 바울은 그리스도의 낮아지심을 몇 가지 단계로 나누어 언급합니다. 그리스도의 낮아지심은 영원한 말씀이 육신을 입고 세상에 내려오기 전에, 다시 말해서 하나님의 형체로 계실 때 그 마음속에 있었던 것과 함께 시작됩니다. 그는 세상에 내려오기 전에 높은 곳에 계셨으며, 거기에서 자신에게 맡겨진 일을 기꺼이 받아들이셨으며, 그것은 나중에 실제적인 행동으로 나타나게 됩니다. 실제적인 행동으로 나타나기 전에 먼저 마음과 의지의 결심이 있어야 하는데, 바울은 그것을 "하나님과 동등됨을 취할 것으로 여기지 아니하시고"라고 묘사합니다(6절). 예수 그리스도는 하나님과 동등한 것을 어떤 위험을 무릅쓰고라도 붙잡아야 할 보화로 여기지 않았습니다. 이것은 우리의 생각을 골고다나 베들레헴 훨씬 이전의 희미한 영역으로 끌고 가며, 다른 어떤 것보다도 더 강력하게 그의 사랑을 우리에게 나타내 보여줍니다. 이것은 다른 모든 것을 포함하며 초월합니다.

그리스도께서 하나님과 동등됨을 취할 것으로 여기지 않은 것은 "자기 일을 돌아보지 않는 것"에 대한 최고의 실례(實例)였습니다. 그러면 도대체 무엇이 그로 하여금 그렇게 여기지 않도록 만들었습니까? 그것은 다름 아닌 무한한 사랑이었습니다. 사람들을 구원하고 그들을 얻어 마침내 자신이 내려온 곳으로 데리고 올라가는 것은 예수 그리스도에게 있어 자신의 영광과 위엄을 포기하는 것까지도 기꺼이 감수할 만큼 값진 것이었습니다. 우리는 단지 머리를 숙이고 그 완전한 사랑을 찬미할 수 있을 뿐입니다. 그리고 그 사랑을 바라봄으로써 우리도 그러한 모습으로 닮아가게 될 것입니다.

계속해서 우리는 "그가 자기를 비워"라는 가장 놀라운 말씀을 보게 됩니다(7절). 우리는 여기에서 이러한 특이한 말씀과 관련하여 제기되는 여러 가지 질문들에 대해 일일이 다룰 수는 없습니다. 다만 여기에서는 바울이 성육신을 하나님과 동등됨을 내려놓는 것으로 다루고 있는 동안에도 그는 우리 주님의 신적 본성이 그의 인성에 의해 제한되는 것에 대해 아무것도 말하지 않는다는 사실만을 지적하고 넘어가고자 합니다. 바울은 단지 그리스도께서 자신을 비웠다는 사실만을 말할 뿐이며, 그것이 전부입니다. 하늘에서의 장면은 이미 장막 뒤에서 행해진 일에 대한 희미한 그림에 불과했습니다. 만일 그가 신적 영광과 위엄의 옷을 벗어 버리지 않았다면, 그는 사람의 육체를 취하지 못했을 것입니다. 만일 그가 "종의 형체"를 취하고자 뜻하지 않았다면, 그는 종의 수건으로 두른 몸을 갖지 않았을 것입니다. 그의 성육신은 스스로를 낮추는 겸비한 사랑의 최고의 행동이었으며, 그로부터 그의 겸비한 사랑의 모든 행동들이 흘러나왔습니다. 땅으로부터 바라볼 때, 사람들은 "예수께서 탄생하셨도다"라고 말합니다. 그러나 그것을 하늘로부터 바라볼 때, 천사들은 "그가 자기를 비웠도다"라고 말합니다.

그러면 그리스도는 어떻게 자기를 비웠습니까? 그것은 "종의 형체를 취함으로써"입니다. 그러면 그는 어떻게 종의 형체를 취했습니까? 그것은 "사람들과 같이 되심으로써"입니다. 여기에서 우리는 모든 세대를 통해 어느 누구에게도 사실이 아닌 것이 그에게 사실임을 함축하는 놀랄 만한 언어를 특별히 주목해야 합니다. 자기를 비우는 것이 그 자신의 행동인 것처럼 종의 형체를 취하는 것 역시 그 자신의 행동이었다는 암시가 7절의 "되셨다"(becoming)는 표현 속에 나타납니다. 또한 우리는 "되셨다"는 놀랄 만한 언어와 신적 선재(先在)의 비밀을 나타내는데 사용되는 "원래"(being originally)라는 표현 사이의 강력한 대조를 주목해야 합니다.

이와 같이 그리스도께서 사람들과 같이 "되신" 것은 "원래"와 강력한 대조를 이루면서 우리 주님의 자발적인 탄생을 나타냅니다. 그러면서 그런 가운데도 "그가 사람들과 같이 되신 것"은 그의 인성(人性)의 실재에 어떤 의문도 던지지 않고, 도리어 그가 완전한 사람이면서 동시에 그 안에 내재하는 신적 본성으로 인해 단순한 사람만은 아니라는 사실을 가리킵니다.

여기에서 우리는 그리스도의 선재적(先在的) 형체가 먼저 선행하고, 그 후에 그 자신의 자발적 행동으로 인성(人性)이라는 두 번째 존재 형체를 취한 것을 알 수 있습니다. 본문의 언어 역시 그가 본질적으로 사람이어야만 함을 요구합니다. 그는 사람의 형체를 취하셨으며, 사람의 모든 본질적인 속성들을 소유하셨으며, 사람의 모양으로 나타나사 사람의 모든 외적 특징들을 소유하셨습니다. 그러면서도 그는 그 이상이셨습니다.

3. 셋째로, 그리스도의 낮아지심에 수반된 복종을 주목하십시오.

그리스도에게 있어 사람이 되신 것만이 겸비와 낮아지심의 행동인 것은 아닙니다. 그의 생애 전체가 낮아지심의 긴 행동이었습니다. 사람들과 같이 되는 행동 가운데 "자기를 비운" 것과 마찬가지로, 그는 이 땅의 삶 전체를 통해 스스로를 겸비케 하시며 사람들로부터 외면과 배척을 당하셨습니다. 사람들의 눈에 "고운 모양도 없고 흠모할 만한 아름다운 것도 없는" 모습으로 나타난 것은 그 자신의 의지로 말미암은 것이었습니다(사 53:2). 그리고 그러한 의지는 그의 생애 전체를 통해 계속되었는데, 그것은 그가 계속해서 "자기의 일을 돌보지 않고 남의 일을 돌봤기" 때문입니다(빌 2:4). 그가 사람들의 눈에 나타난 외양(外樣)은 "사람의 모양"이었습니다. 여기의 "외양"(fashion)이란 단어는 바울이 매우 주의 깊게 선택한 용어로서 "사람의 모양"의 피상적이며 일시적인 성격을 잘 나타냅니다.

나아가 그리스도께서 평생 동안 스스로를 겸비케 하신 것은 "죽기까지 복종"하셨다는 말씀 속에 잘 나타납니다(8절). 여기의 복종은 물론 하나님께 대한 복종입니다. 여기에서 우리는 잠시 멈추고 "인간 예수에게 하나님께 대한 복종이 어떻게 겸비의 행동이 되었는가?"라는 질문을 던져야 합니다. 여기에는 오직 하나의 설명만이 있을 뿐입니다. 예수 그리스도를 제외한 모든 사람들에게 있어 하나님의 종이 되는 것은 최고의 영광입니다. 따라서 그들에게 복종을 겸비로 말하는 것은 완전히 불합리합니다.

그리스도의 완전한 복종의 예는 그의 생애뿐만이 아닙니다. 아버지께 대한 복종은 그의 죽음에서도 또한 온전케 되었습니다. 사람의 죽음이 그의 겸비의 최고의 예가 되는 특별한 사실을 생각하면서 스스로에게 이렇게 물어 보십시오. "그러면 스스로 태어나기를 선택하고 죽기까지 낮아지신 이분은 도대체 누구란 말인가?" 그의 죽음은 아버지께 대한 복종이었습니다. 왜냐하면 죽음으로써 그는 세상을 구원하기 위한 아버지의 뜻을 성취하셨기 때문입니다. 또 그의 죽음은 스스로를 부인하는 자기희생의 가장 위대한 예이며, 또한 "다른 사람들의 일을 돌아보는" 가장 숭고한 실례입니다. 만일 우리가 예수 그리스도의 십자가 위에서 영원하신 주님의 신적 영광을 보지 못한다면, 우리의 삶에 끼치는 그의 죽음의 의미와 능력은 현저하게 약화될 것입니다. 그리스도의 생애와 죽음과 관련하여 오직 그가 우리를 위해 태어나시고 우리를 위해 죽으셨다는 해석만이 그것과 관련한 사도들의 모든 선포를 올바로 설명해 줍니다. 또 그럴 때 그의 생애와 죽음은 우리의 마음을 녹이며 우리의 삶을 새롭게 바꾸는 강력한 능력을 갖게 될 것이며, 그럴 때 우리는 그를 본받고자 애쓰게 될 것입니다. 5절은 우리에게 그리스도 예수가 가졌던 마음을 품으라고 호소합니다. 그의 죽음이 먼저 우리 소망의 기초가 되어야 합니다. 그러고 나서 우리는 그의 죽음을 우리 삶의 모범으로 삼고, 그의 죽음으로부터 그의 모범을 따라 우리의 삶을 만들어가는 능력을 끌어내야 합니다.

8
그리스도의 높아지심

"이러므로 하나님이 그를 지극히 높여 모든 이름 위에 뛰어난 이름을 주사 하늘에 있는 자들과 땅에 있는 자들과 땅 아래에 있는 자들로 모든 무릎을 예수의 이름에 꿇게 하시고 모든 입으로 예수 그리스도를 주라 시인하여 하나님 아버지께 영광을 돌리게 하셨느니라"

빌 2:9-11

예수 그리스도는 "자기를 낮추는 자는 높아지리라"라고 말씀하셨으며, 스스로 그러한 법칙의 위대한 실례(實例)가 되셨습니다(눅 18:14). 바울 사도는 여기에서 우리의 모범으로서의 주 예수에 대한 자신의 그림을 계속해서 완성시켜 나갑니다. 앞 단락에서 우리는 그리스도의 낮아지심의 장엄한 단계들과 성육신하신 아들이며 사람이신 그리스도 예수의 평생에 걸친 겸비와 순종을 살펴보았습니다. 이제 우리는 여기에서 지금까지의 모든 과정을 역전시키는 그의 높아지심에 대해 보게 됩니다. 본문은 예수께서 본래의 위치로 되돌아가는 역방향을 묘사합니다.

1. 첫째로, 낮아짐과 대조되는 높아짐을 주목하십시오.

"이러므로 하나님이 그를 지극히 높여"(9절). 바울은 그리스도의 높아지심 즉 그의 승귀(昇貴)를 이중의 단어로 — 즉 "highly exalted"로 — 표현합니다. 이것의 문법적 형태는 이것이 역사적인 사실임을 나타냅니다.

다시 말해서, 바울은 문법적인 기교로써 그리스도의 승귀가 역사적인 사실임을 강조합니다. 그리스도의 승귀는 이 땅에서 실제로 이루어진 일이었습니다. 다시 말해서, 그것은 감람산 골짜기에서 우리 주님이 쉐키나의 구름 속으로 끌어올려졌던 승천의 사실 안에서 이루어진 역사적 사실입니다.

9절의 "그"는 두말할 것도 없이 앞 단락이 말했던 "그", 즉 성육신하신 예수입니다. 높아진 것은 그의 인성(人性)입니다. 그의 낮아짐은 그가 사람이 되셨다는데 있었습니다. 그러나 그의 높아짐은 그의 인성을 벗어 버리는데 있지 않습니다. 그의 인성이 신성과 연합된 것은 일시적인 것이 아니라 영원한 것입니다. 그러므로 우리는 하늘의 모든 영광 가운데 계신 자와 관련하여 그를 사람으로서 그리고 사람들과 같은 자(likeness of men)로서 생각해야 합니다. 이 땅을 걸어 다녔을 때의 그와 똑같은 사람으로서 말입니다. 지금 그는 영원히 "하나님의 형체"와 "사람의 모양"을 취하고 계십니다.

여기에서 저는 잠시 멈추고 다음과 같은 사실을 지적하고자 합니다. 즉 여기에서 바울이 그리스도의 승천을 잠잠히 언급하는 사실은 그것이 그때 기독교의 공인된 믿음의 일부였음을 가리킨다는 사실입니다. 바울이 빌립보서를 기록한 것은 그리스도의 죽음 이후 채 30년이 되지 않았을 때입니다. 분명 이 정도의 시간은 죽은 자와 관련한 그와 같은 믿음(즉 죽은 자가 부활하여 하늘로 승천했다는 믿음)이 보편적으로 받아들여지기에는 너무나 짧은 시간입니다. 만일 그 사건이 실제적으로 일어나지 않았다면 말입니다. 그러므로 당시 승천의 사실이 공인된 믿음의 일부였다는 것은 그 사건이 실제적으로 일어난 역사적 사건임을 나타내는 또 하나의 증거가 됩니다.

그리스도의 낮아짐은 그 자신의 행동으로 제시되지만, 그러나 그의 높아짐은 하나님의 행동이어야만 합니다. 그가 스스로를 낮추셨으나, 하나님이 그를 높이셨습니다. 때로 그리스도께서 자신이 스스로 부활하고 승천하는 것으로 말씀하신 것은 사실입니다. 예를 들어, 다음과 같은 말씀을 주목해 보십시오. "내가 아버지에게서 나와 세상에 왔고 다시 세상을 떠나 아버지께로 가노라"(요 16:28). 어떤 관점에서 그의 부활과 승천 역시도 다른 관점에서 그의 탄생과 죽음 못지않게 그 자신의 행동입니다. 동시에 그가 하늘로 올라가신 것은 땅으로 내려온 것 못지않게 아버지의 뜻에 순종함으로 말미암은 것이었습니다. 예수 그리스도는 "아버지여 창세 전에 내가 아버지와 함께 가졌던 영화로써 지금도 아버지와 함께 나를 영화롭게 하옵소서"라고 기도해야만 했습니다(요 17:5). 옛 신화에 따르면 타이탄들은 스스로 하늘로 올라갔습니다(titan: 그리스 신화에서 하늘의 신 우라누스와 땅의 신 가이아 사이에 태어난 아들). 그러나 성육신하신 주님이 본래의 처소로 돌아가는 것은 하나님으로 말미암아 이루어지는데, 그것은 아버지가 아들의 낮아짐을 인정하셨음과 아들이 행한 일이 진실로 "다 이루어졌음"을 선포하는 증표입니다. 아들을 높이심으로써 아버지는 말씀을 그 본래의 하나님과의 영원한 연합의 상태로 되돌리셨을 뿐만 아니라 말씀이 취한 육체를 영광의 구름 속으로 끌어올리셨습니다(요 1:1, 14).

2. 둘째로, 예수의 이름의 영광을 주목하십시오.

"모든 이름 위에 뛰어난 이름"은 어떤 이름입니까? 그것은 예수라는 이름입니다. 바울이 이렇게 간단한 호칭을 사용하는 것은 매우 드문 경우라는 사실을 주목하십시오. 그가 자신의 서신에서 우리 주님을 부르는 호칭에는 대략 말해서 약 200가지가 있습니다. 단지 "예수"라고 간단하게 호칭하는 경우는 그 자신의 입으로는 여기 외에 네 번이 있을 뿐이며, 그 외에 원수의 입을 통해 나오는 것으로 기록하는 경우가 두 번 있을 뿐입니다. 여기에서 이와 같이 간단한 호칭이 사용된 것은 특별한 이유 때문인 것으로 생각됩니다. 그리고 그 이유를 아는 것은 그리 어렵지 않습니다. "예수"라는 이름은 실제로 그가 할 일(즉 **구원**의 일)과 관련하여 주어진 이름이었습니다. 그렇지만 마리아가 자기 아들을 예수라 부르기 이전에도 그 이름은 많은 유대 소년들에게 붙여진 흔한 이름이었습니다. 모든 이름 위에 뛰어난 이름이 이 같은 일반적인 이름이라는 사실은, 높아진 것은 다름 아닌 우리 주님의 인성(人性)이라는 개념을 한층 더 강력하게 뒷받침합니다. 그리스도의 참된 인성을 표현했던 이름, 그가 우리와 동일시하신 것을 나타내는 이름, 그의 십자가 위에 새겨졌던 이름, "남은 **구원**하였으되 자신은 **구원**할 수 없도다"란 조롱을 만들어낸 이름 — 하나님은 그 이름을 지혜와 용맹과 권능과 권세를 나타내는, 모든 이름 위에 뛰어난 이름으로 높이셨습니다. 그 이름은 거기에 완전한 믿음과 무조건적인 순종과 절대적인 충성을 바치는 수많은 사람들의 마음속에 새겨집니다. 그의 이름의 권능과 그것이 개개인들 안에서 불러일으키는 뜨거운 사랑은 모든 세대에 걸쳐 세상 역사에 유일무이합니다.

그러나 바울은 예수의 이름의 주권적인 영광을 단순히 선언하는 것으로 만족하지 않습니다. 그는 계속해서 "모든 무릎을 예수의 이름에 꿇게 하시고"라고 말함으로써 그 이름을 어떤 사람도 가질 수 없는 이름 곧 예배의 대상으로 제시합니다(10절). 이러한 말씀은 제2이사야로부터 인용한 것으로서 구약의 유일신 사상을 장엄하게 선포하는 말씀들 가운데 나타납니다. 바울은 이러한 말씀을 취하여 "나는 하나님이라 나 외에 다른 이가 없느니라"라는 말씀에도 조금도 주저하지 않고 그것을 예수 우리 주님의 인성(人性)에 적용시킵니다. 무릎을 꿇는 것은 물론 기도를 의미합니다. 우리는 이 같은 위대한 말씀 속에 예수 그리스도의 사역의 결과가 온전하게 나타나는 것을 보게 되는데, 그의 사역의 결과는 사람들이 그를 통해 아버지께 예배하는 것만이 아니라 나아가 그들의 사랑과 공경과 예배가 그 자신에게로 돌려지는 것이었습니다. 낮아지심 이전의 영원의 때에 그에게는 "하나님과의 동등됨"이 있었습니다. 이제 그는 아버지께로 돌아가셨고, 아버지와 아들이 함께 예배의 대상이 되었습니다.

바울은 한 걸음 더 나아가 예수 그리스도를 주라 시인하여 하나님 아버지께 영광을 돌리라고 말합니다(11절). 우리는 여기에서 앞에 나타난 "예수"라는 단순한 호칭과 여기의 "주 예수 그리스도"라는 완전한 호칭 사이에 나타나는 강력한 대조를 보게 됩니다. 앞의 단순한 호칭이 특이했던 것만큼이나 여기의 완전한 호칭 역시 그에 못지않게 특이합니다. "주 예수 그리스도"라는 완전한 호칭은 엄청난 에너지와 함께 여기로 들어오면서 우리가 빚지고 있는 우리 구속의 위대한 행동과 도래하는 메시야와 관련한 모든 예언과 소망을 우리에게 일깨워줍니다. 모든 무릎은 예수의 이름 앞에 꿇어야 하며, 모든 입술은 그를 주로 시인해야 합니다. 그러나 만일 이러한 세 호칭(주 예수 그리스도) 가운데 어느 하나라도 빠진다면, 그러한 시인은 불완전한 것이 됩니다. 그리스도인들이 시인하는 예수는 단순히 베들레헴에서 태어나 사람들 사이에 '목수 예수'로 알려진 자가 아닙니다. 오늘날 그의 인성은 그의 메시야직이 모호해지고 그의 통치권이 흐려질 정도로 크게 강조됩니다. 그러는 가운데 안타깝게도 너무나 많은 사람들이 그를 단지 예수란 이름으로밖에는 바라보지 못합니다. 그러나 예수는 그의 모든 겸손과 온유에도 불구하고 자신이 구약의 선지자들과 의인들이 말했으며 또 모든 세대가 바라며 열망했던 그리스도임을 단호히 주장하는데 조금도 주저하지 않습니다. 나아가 그는 자신에게 "하늘과 땅의 모든 권세"가 주어졌다고 선언하면서 아버지와 함께 보좌에 앉으셨습니다. 그와 관련하여 그리스도와 주라는 호칭은 제쳐두고 오직 예수라는 호칭으로만 부르는 것은 매우 위험합니다.

어쨌든 그의 인성과 신성은 서로 긴밀하게 결합되어 있습니다. 그의 인성은 신적 영광의 영원한 불 가운데 있으면서도 결코 소멸되지 않습니다. 우리에게 있어 우리의 맏형이 하늘과 땅의 모든 권세를 가지고 계시며 그 한가운데 인간에 대한 사랑이 있다는 믿음은 얼마나 축복된 믿음입니까? 예수는 주시며, 주는 예수십니다.

시편 기자는 사람을 "천사보다 조금 못하게 하시고 영광과 존귀로 관을 씌우신" 것을 생각하면서 큰 감사와 감격에 사로잡혔습니다(시 8:5). 그러나 만일 우리가 사람이신 예수께서 "하나님 우편에 앉아 계신" 것을 생각한다면, 우리에게 있어 시편 기자의 감격은 너무도 초라하고 보잘것없는 것이 될 것입니다. 그리고 우리는 더 깊은 감동과 충만한 감격으로 이렇게 반복할 수 있을 것입니다. "주께서 그로 하여금 주의 손으로 만드신 것을 다스리게 하시고 만물을 그의 발 아래 두셨나이다"(시 8:6).

3. 셋째로, 그 이름의 우주적인 영광을 주목하십시오.

바울은 피조물을 "하늘에 있는 자들과 땅에 있는 자들과 땅 아래 있는 자들"로 셋으로 구분합니다. 그리고 그들 모두로 예수의 이름에 무릎을 꿇을 것을 명령함으로써 예수 그리스도가 모든 예배의 대상임을 선언합니다. 여기 언급된 세 계층과 관련하여 여기에 어떤 교리적인 요소가 있는 것처럼 생각해서는 안 됩니다. 그렇지만 성경의 다른 말씀들과 연결하여 우리는 "하늘에 있는 자들"이 다름 아닌 그리스도의 중보를 필요로 하지 않는 천사들이며, 그들 역시도 그리스도의 사역으로 인해 많은 유익을 얻는 사실을 알 수 있습니다. 그리스도의 사역의 영광이 인간의 범위를 훨씬 초월하며, 그의 나라의 구성원에 인간 외에 다른 존재도 포함된다고 믿는 것은 조금도 잘못된 것이 아닙니다. 인간 외의 다른 존재도 큰 소리로 이렇게 외칩니다. "죽임을 당하신 어린 양은 능력과 부와 지혜와 힘과 존귀와 영광과 찬송을 받으시기에 합당하도다"(계 5:12).

"땅에 있는 자들"은 두말할 것도 없이 사람들을 가리킵니다. 이러한 말씀은 자아를 좇으며 스스로를 괴롭히는 모든 인생들이 마침내 자신들의 최고의 친구를 알고 사랑하게 되며 그럼으로써 "한 목자 안에 있게 될" 때와 관련한 소망을 우리에게 가져다줍니다. 비록 우리가 이것을 교리화할 수는 없다고 하더라도 말입니다.

"땅 아래 있는 자들"은 "스올" 혹은 "하데스" 혹은 죽은 자들의 분리된 상태 등의 옛 개념을 가리키는 것 같습니다. 이러한 말씀은 우리로부터 떠난 자들이 참된 삶으로부터 단절되거나 혹은 아무것도 의식하지 못하는 것이 아니라 무릎을 꿇을 수도 있고 시인할 수도 있다는 사실을 암시합니다. 우리는 예수께서 죽음으로써 "지옥에 내려가셨다"는 옛 신앙을 되돌아볼 필요가 있습니다. 또 프라 안젤리코(Fra Angelico)의 옛 그림을 생각해 보십시오. 악마가 무너진 현관 아래 깔려 있고 출입구는 활짝 열린 채 수많은 사람들이 그리스도를 향해 손을 뻗고 있는 그림 말입니다. 그와 같은 옛 신앙이나 옛 그림이 정확하게 무엇을 표현하는 것이든 간에, 우리는 최소한 그리스도 안에서 죽은 자들이 찬미하며 경배하며 사랑할 수 있다는 사실을 확신할 수 있습니다.

4. 넷째로, 예수의 이름의 영광 안에 있는 아버지의 영광을 주목하십시오.

만일 예수 그리스도가 아버지와 함께 계신 자가 아니라면, 그 앞에 무릎을 꿇고 그의 절대적인 통치권을 시인하는 것은 하나님을 모독하는 죄가 될 것입니다. 그러나 바울 이래 아들을 경배의 대상으로 삼았던 수많은 성도들의 경험은 예수 그리스도가 주라는 믿음이 아버지에 대한 믿음과 상충되기는 고사하고 도리어 보좌 주위에서 울려 퍼지는 찬미를 더 풍성케 하고 심화시킨다는 사실을 증명하고도 남습니다. 오직 이것이 사실일 때에만, 예수의 삶과 죽음은 하나님의 이전의 모든 계시를 능가하는 것이 될 것입니다. 또 오직 이것이 사실일 때에만, 다시 말해서 그 자신이 "나와 아버지는 하나이니라"라고 말한 것이 사실일 때에만, 여기의 바울의 말은 믿을 수 없는 허무맹랑한 소리가 아닌 것이 될 수 있을 것입니다. 바울의 이와 같은 위대한 말씀 아래서 우리는 다음과 같은 우리 주님의 위대한 기도를 어느 정도 이해할 수 있게 됩니다. "아버지께서 내게 하라고 주신 일을 내가 이루어 아버지를 이 세상에서 영화롭게 하였나이다"(요 17:4). 아들이 영광을 받을 때, 우리는 아버지를 영광스럽게 합니다. 특별히 아들의 신성(神性)을 인식하지 못하는 — 왜냐하면 그렇게 하는 것이 하나님을 모독하는 것으로 생각되기 때문에 — 자들은 이러한 말씀을 깊이 새겨야 합니다. 아버지의 영광과 아들의 영광은 나누어지지 않습니다. 그들의 영광은 하나입니다.

예수는 그의 낮아지심과 겸비에서와 마찬가지로 그의 높아지심과 존귀에서도 우리의 모범입니다. 그 안에 있었던 마음은 우리에게 있어 지상의 삶을 위한 모범입니다. 비록 그러한 마음이 표현된 행동들, 특별히 "십자가에 죽기까지 순종하신" 것은 우리의 자기희생을 훨씬 초월하며 세상이 계속되는 동안 유일무이하며 결코 반복될 필요가 없는 것이라 하더라도 말입니다. 우리가 그의 유일무이한 희생을 본받을 수 있는 것처럼 또한 우리는 그의 신적 영광에 참여할 수 있습니다. 또 그의 신실한 말씀대로 승천의 사건이 뒤따른 것처럼, 그가 계신 곳에 우리도 있게 될 것이라는 말씀 역시 그대로 이루어질 것입니다. 또 그 안에서 승귀(昇貴)된 인성(人性)은 그를 사랑하는 모든 자들이 마침내 그의 영광에 참여하게 될 것을 보여주는 예언입니다. 우리 모두가 마땅히 물어야 하는 질문은 “그리스도 안에 있었던 마음이 우리 안에 있는가?” 하는 것과 “그 이름이 우리에게 무엇인가?” 하는 것입니다. 우리는 “주의 이름은 **구원**이나이다”라고 말할 수 있습니까? 만일 우리가 마음 깊은 곳으로부터 그 이름을 붙잡으면서 아무런 주저함도 없이 “다른 이로써는 구원을 받을 수 없나니 천하 사람 중에 구원을 받을 만한 다른 이름을 우리에게 주신 일이 없음이라”라고 말할 수 있다면(행 4:12), 우리는 그의 사랑스런 이름과 함께 죄 사함과 거룩함과 천국을 받게 될 것입니다.

9
너희 구원을 이루라

"그러므로 나의 사랑하는 자들아 너희가 나 있을 때뿐 아니라 더욱 지금 나 없을 때에도 항상 복종하여 두렵고 떨림으로 너희 구원을 이루라 너희 안에서 행하시는 이는 하나님이시니 자기의 기쁘신 뜻을 위하여 너희에게 소원을 두고 행하게 하시나니"

빌 2:12, 13

"하나님이 짝지어 주신 것을 사람이 나누지 못할지니라"(마 19:6). 이 말씀은 하나님이 한 쌍이 되게 하신 것을 사람이 나눌 수 없다는 의미로 읽을 수 있는데, 본문 역시도 서로 나눌 수 없는 한 쌍의 훈계로 이루어져 있습니다. 그럼에도 불구하고 본문의 한 쌍의 훈계는 오랜 세월 여러 교파들 사이에 서로 나뉘어 다투는 중요한 주제가 되어 왔습니다. 한쪽에 "이미 이루어진 구원을 **믿으라**"가 있고, 다른 한쪽에 "구원을 **이루라**"가 있습니다. 하나님이 우리 **안에서** 일하십니다. 그러나 우리는 일할 수 있으며 또 일해야 합니다. 하나님은 끝날까지 자기 자녀들을 지키시고 붙잡으시며 그들의 구원을 확실하게 하시고 완성시키십니다. 그러나 그리스도인들은 두렵고 떨림으로 버림을 당하지 않도록 혹은 하나님의 은혜에 미치지 못하는 일이 생기지 않도록 애써야 합니다. 이 같은 구절들 안에서 우리는 오랜 세월 격렬한 신학적 논쟁을 벌여온 양 진영의 깃발 위에 새겨져 있었던 오랜 표어들을 보게 됩니다. 승자는 없이 서로에 대해 상처만 입힌 오랜 신학적 논쟁들 말입니다. 그러나 그러한 표어들은 여기에서 누구 못지않게 깊이 사유(思惟)했으며 거기에다가 신적 영감의 은사까지 겸하여 가지고 있었던 한 사도에 의해 하나로 통합됩니다.

여기에서 서로 상반되는 것들이 하나로 통합되는 것 못지않게 주목할 만한 것은 그렇게 하는 것이 매우 실용적인 목적 때문이라는 사실입니다. 바울은 형제들에게 추상적인 신학적 교훈, 예를 들면 자유의지라든지 혹은 하나님의 주권의 철학적 기초 따위를 제시하고자 하지 않습니다. 그가 빌립보의 형제들에게 전달하고자 했던 것은 단순한 교리적인 사실들이 아니라 행동을 위한 교훈들이었습니다. 성경은 '실제적이지 않은 신학'(unpractical theology)에 대해서는 아무것도 알지 못합니다. 마찬가지로 '신학과 유리된 도덕'(untheological morality)에 대해서도 그렇습니다. 성경은 인간의 행동을 측량함에 있어 우주의 기둥들이 세워진 기초까지 깊이 파들어 갑니다. 그 위에 견고하며 움직일 수 없는 거룩한 삶의 성전(聖殿)을 세우기 위해서 말입니다. 성경은 종교를 삶보다도 신학으로 만드는 오류에 대해 거의 지지하지 않습니다. 마찬가지로 종교는 신학이 아니라 단지 삶일 뿐이라고 말하면서 "그러므로 여러분이 어떤 신학을 가졌느냐 하는 것은 아무 문제도 되지 않으며 어떤 신학으로든 선한 삶을 만들 수 있다"고 말하는 오늘날의 천박한 오류에 대해서도 거의 지지하지 않습니다. 성경은 실제적이지 않은 공론(空論)은 결코 가르치지 않습니다. 마찬가지로 성경은 가장 심오한 진리 위에 기초하지 않은 교훈 역시도 결코 주지 않습니다. 성도 여러분, 우리는 성경을 부분적으로가 아니라 전체적으로 이해해야 합니다. 복음의 진리들에 대한 성경의 다양한 표현들을 균형 있게 살핌으로써 우리는 하나님의 지혜와 섭리를 편파적으로 바라보는 오류에 빠지지 않게 될 것이며, 그럼으로써 우리의 머리와 가슴과 손 사이에는 긴밀하고 직접적이며 자유로운 교통이 있게 될 것입니다. 성경에 교리와 실천 간의 자유로운 교통이 있는 것처럼 말입니다.

이제 본문을 좀 더 상세히 살펴보도록 합시다. 내가 지금까지 제시한 두 가지 논점, 즉 본문은 두 개의 서로 상반되는 개념을 종합한 것이라는 것과 그것은 매우 실용적인 목적을 위한 것이라는 것을 유의할 때, 나는 여기에서 다음과 같은 세 가지 개념을 발견합니다. 첫째로, 그리스도인은 자신을 위해 성취된 구원을 가지지만 그러나 그것을 이루기 위해 노력해야 한다는 개념과, 둘째로, 그리스도인은 하나님이 그 안에서 모든 일을 행하시지만 그러나 그것을 위해 일해야 한다는 개념과, 셋째로 그리스도인은 확실하게 보증된 구원을 갖지만 그러나 두려워하며 떨어야 한다는 개념입니다.

1. 첫째로, 그리스도인은 그리스도 안에서 자신을 위해 이미 성취된 구원을 갖지만 그러나 동시에 그것을 이루기 위해 노력해야 합니다.

본문을 올바로 이해하기 위해서는 우리는 다음과 같은 두 가지를 제대로 알아야 하는데, 첫째는, 본서가 누구에게 전달된 것인가 하는 것이고, 둘째는, "구원"이라는 개념이 특별히 그 시제(時制)와 관련하여 성경에서 어떻게 표현되었는가 하는 것입니다. 이 두 가지를 제대로 이해하지 못할 때 우리는 자칫 심각한 오류에 빠질 수 있습니다. 첫째와 관련하여 본문의 훈계는 종종 그리스도인이 아닌 자들에게 전달된 것으로 잘못 이해됨과 함께 "너희는 너희의 역할을 하라, 하나님은 하나님의 역할을 하시리라"를 의미하는 것으로 잘못 적용되곤 했습니다. "너희는 일하라, 그러면 하나님이 필경 너희를 도우실 것이라. 너희는 너희 구원의 위대한 일에 협력하라, 그러면 너희는 예수 그리스도를 통해 은혜와 죄 사함을 얻을 것이라." 본문을 올바로 이해하기 위해 매우 단순하지만 그러나 매우 중요한 사실을 기억합시다. 그것은 본문과 관련되는 것은 오직 그리스도인들뿐이라는 사실입니다. 그리스도인이 아닌 외인들에게나 혹은 이미 예수 그리스도의 완성된 구원 위에서 안식하고 있는 사람들에게 본문의 명령은 전혀 해당되지 않습니다. 본문의 명령은 "빌립보에 있는 그리스도 예수 안에 있는 성도들" 그리고 "항상 복종하는 사랑하는 자들"에게 전달된 것입니다. 빌립보서 전체가 그런 것처럼 여기의 명령은 그리스도인들에게 전달된 것입니다. 우리가 본문을 올바로 이해하기 위해 첫 번째로 기억해야 하는 것은 바로 이것입니다.

여러분 가운데 어떤 사람은, 설령 여기의 말씀이 이미 예수 그리스도를 믿은 사람들에게 전달된 것이라 할지라도 여전히 자신의 행동으로 구원을 얻고자 애쓰는 사람들에게 적용될 수 있지 않겠느냐고 생각할는지 모릅니다. 그러나 그런 사람들에게 나는 다음과 같은 그리스도의 말씀을 일깨워 주고 싶습니다. 그것은 비슷한 생각을 가지고 그리스도 앞에 나아와 "우리가 어떻게 하여야 하나님의 일을 하오리이까?"라고 물었던 사람들에게 대한 그의 대답입니다(요 6:28). "하나님께서 보내신 이를 믿는 것이 하나님의 일이니라"(29절). 이것이 첫 번째 교훈입니다. 일이 아니라 믿음입니다. 만일 믿음이 없다면, 일은 아무것도 아닙니다. 만일 여러분이 그리스도인이 아니라면, 본문의 명령은 여러분과 아무 상관없습니다.

그렇지만 만일 본문의 명령이 구원을 오로지 그리스도의 완전한 일에서 찾는 사람들에게 전달된 것이라면, 어째서 그들에게 스스로 구원을 이루라고 명령했겠습니까? 이것은 바울의 교훈이 반복적으로 가르치는 사실과 상충되지 않습니까? 그는 반복해서 "우리가 행한 의의 공로가 아니라 그의 긍휼에 따라" 우리가 구원을 받았다고 말하지 않습니까? 그러면 본문의 명령은 그리스도가 우리를 위해 모든 일을 행하셨으며 따라서 우리가 할 일은 아무것도 없다는 바울의 일관적인 교훈과 어떻게 조화됩니까? 이러한 질문에 대답하기 위해서는 우리는 "구원"이란 개념이 특별히 그 시제(時制)와 관련하여 성경에서 매우 다양하게 표현되었다는 사실을 기억할 필요가 있습니다. 그것은 때로 처음부터 마지막까지의 전체 과정을 의미합니다. 우리가 죄로부터 구원받아 하나님의 오른편에 안전하게 놓였다고 언급되는 것과 같은 경우 말입니다. 또 때로 그것은 그러한 과정의 서로 다른 세 부분 가운데 어느 하나를 의미하기도 합니다. 다시 말해서, 어떤 곳에서는 과거적인 의미에서 죄에 대한 정죄와 형벌과 죄책으로부터의 구원을 의미하고, 또 어떤 곳에서는 우리 마음속에서 죄의 힘으로부터의 점진적인 구원의 과정을 의미하기도 하고, 또 어떤 곳에서는 그러한 과정의 완성으로서 죄와 슬픔과 사망과 몸과 세상과 세상의 모든 근심과 고통으로부터의 최종적이며 완전한 구원을 의미하기도 합니다. 구원은 그리스도인에게 어떤 측면에서 이미 지나간 과거적인 것이며, 다른 측면에서 현재적인 것이며, 또 다른 측면에서 미래적인 것입니다. 그러나 셋은 모두 하나입니다. 셋은 하나의 구원, 즉 그 모든 것들을 포괄하는 하나의 강력하고도 완전한 행동의 각 요소들입니다.

이러한 세 가지 모두 똑같이 그리스도 자신으로부터 옵니다. 이러한 세 가지 모두 똑같이 그리스도의 사역과 그의 권능에 의존합니다. 이러한 세 가지 모두 똑같이 믿음의 첫 행동에 의해 그리스도인에게 주어집니다. 그렇지만 저주와 형벌로부터의 구원을 의미하는 첫 번째의 이루어진 구원과, 마음속에서 악의 권능으로부터의 구원을 의미하는 두 번째의 계속적이며 점진적인 구원은 상당 부분 다릅니다. 전자와 관련하여 그리스도인은 단지 이루어진 구원을 받을 뿐입니다. 그는 오직 믿음만을 행사해야 합니다. 그는 스스로를 구원에 적합하게 만들기 위해 행할 것이 아무것도 없습니다. 단지 하나님의 선물을 받기만 하면 됩니다. 하나님의 보내신 자를 믿기만 하면 됩니다. 그렇지만 우리 마음속에 있는 악으로부터 건짐받고 우리 영혼이 그리스도와 같아지는 것을 가리키는 두 번째 의미의 구원은 비록 그것이 값없이 주시는 은혜의 선물이라 할지라도 믿음의 첫 행동의 유일한 조건 위에서 우리의 것이 되는 것이 아니라 매일의 노력의 조건 위에서 우리의 것이 되는 것입니다. 물론 우리 자신의 힘으로가 아니라 하나님의 힘으로 말입니다.

한편에서 이루어진 구원 즉 값없이 주시는 완전하며 충분한 구속과, 다른 한편에서 이러한 신적 선물을 받은 자들에 대한 "너희 구원을 이루라"는 명령은 결코 상충되지 않습니다. 믿은 것처럼 또한 행하며, 받은 것처럼 또한 이루십시오. 매일같이 충성되게 순종을 실천하면서, 매일같이 여러분의 영을 그의 신적 권능 앞에 순복시키면서, 매일같이 여러분의 육신의 정욕을 십자가에 못 박으면서, 매일같이 좀 더 높은 경건과 헌신과 사랑을 추구하면서, 여러분이 가진 것을 좀 더 온전하게 여러분의 것이 되게 하십시오. 여러분이 그리스도께 붙잡힌 바 된 것을 굳게 붙잡으십시오. 힘써 여러분의 부르심과 택하심을 더욱 굳게 하십시오(벧후 1:10). "우리의 확신한 것을 끝까지 견고케 하는" 것은 과거의 믿음의 행동이 아니라 그리스도 안에서의 현재의 계속적인 신실한 삶이라는 사실을 잊지 마십시오(히 3:6).

2. 둘째로, 하나님이 우리 안에서 행하시지만 그러나 우리 역시도 행해야 합니다.

바울이 여기에서 하나의 진리의 서로 다른 두 면을 역설하고 있다는 것은 의심의 여지 없는 분명한 사실입니다. "너희 구원을 이루라 왜냐하면 너희 안에서 행하시는 이는 하나님이시기 때문이니라." 어떤 명령을 내린다는 것은 그것을 행할 수 있는 능력과 그것을 행해야 하는 의무를 함축합니다. "너희 구원을 이루라"는 명령 속에는 '그리스도인의 행동의 자유'와 '은혜에 있어서의 성장의 책임'과 '성화(聖化)의 수단이 그들 자신의 손에 맡겨진 사실'이 함축되어 있습니다. 이러한 말씀이 진리의 다른 면과 충돌되는 것처럼 느껴집니까? 그렇지 않습니다. 바울은 "너희 구원을 이루라 그러나 너희 안에서 행하시는 이는 하나님이시니라"라고도 말하지 않고, "너희 구원을 이루라 너희 안에서 행하시는 이가 하나님임이라 할지라도 말이니라"라고도 말하지 않고, "너희 구원을 이루라 그러나 너희 안에서 행하시는 이는 하나님임을 한순간도 잊지 말지니라"라고도 말하지 않습니다. 그는 둘을 나란히 병치(竝置)시키면서도 아무런 모순이나 상충을 느끼지 않습니다. 도리어 이를 통해 즐거운 순종을 격려하는 근거를 발견합니다. "너희 구원을 이루라. 왜냐하면 너희 안에서 행하시는 이는 하나님이시기 때문이니라. 그가 너희 안에서 자신의 기쁘신 뜻을 품게도 하시고 행하게도 하시느니라." 그러면 지금 바울이 하나님의 행하심을 제한하고 있는 것일까요? 본문의 단어들이 매우 세심하게 취택된 것을 주목하십시오. 선한 사람의 존재와 행함의 모든 것이 하나님이 그 안에서 행하시는 것의 열매라고 본문은 매우 강한 어조로 역설합니다. "너희 안에서 행하시는 이는 하나님이시니라." 이것은 마음과 의지에 영향을 끼치는 외적 수단들을 끌어오는 것 이상을 의미합니다. 이것은 내주하는 성령의 내적이며 실제적이며 효과적인 작용을 의미합니다. "너희에게 소원을 두고 행하게 하시나니." 이것은 외부로부터 동기를 부여하는 것 이상을 의미합니다. 이것은 안에서 발원하는 충동에 의해 의지에 가해지는 직접적인 행동을 가리킵니다. 하나님은 더 나은 의지의 희미한 첫 흔적을 여러분 안에 두십니다. 하나님은 여러분 안에 소원을 품게도 하시고 행하게도 하십니다. 이것은 우리의 모든 내적인 선한 생각과 거룩한 열망뿐 아니라 모든 실제적인 순종과 외적 행동들까지도 우리 안에 있는 하나님의 은혜로부터 말미암는 것임을 가리킵니다.

그것은 하나님이 사람들에게 능력을 주시고 그들로 하여금 그것을 사용하도록 그대로 내버려 두시는 것을 의미하는 것이 아닙니다. 그것은 열망과 목표가 하나님으로부터 나오고 그 후에 우리가 그것을 실행함에 있어 충성된 청지기가 되거나 혹은 충성되지 못한 청지기가 되는 것이 우리 자신에게 달려 있는 것을 의미하는 것이 아닙니다. 그것은 처음 씨를 뿌리는 것으로부터 마지막에 꽃을 피우고 열매를 맺는 데까지 전 과정에 하나님이 함께 하시는 것입니다. 그리스도인의 모든 능력과 생각과 말과 행동은 철저히 그리고 절대적으로 하나님께 돌려집니다. 여기에 절반의 몫은 하나님께 그리고 절반의 몫은 사람에게 돌리려는 시도는 존재하지 않습니다. 바울은 철저하게 모든 것을 하나님께 돌립니다.

동시에 바울은 이와 같이 모든 선한 것이 전적으로 하나님으로부터 말미암는다는 생각 속에서는 종종 간과되곤 하는 '인간의 책임'의 실재를 강력하게 제시합니다. 바울은 모든 것이 하나님께 돌려진다는 개념이 우리의 모든 개별성을 하나의 거대한 신적 원인 속으로 흡수시키는 것을 의미하는 것은 아니라고 생각합니다. 다시 말해서, 그 같은 개념이 우리를 단순한 도구나 꼭두각시 인형으로 만드는 것은 아니라는 것입니다. 바울은 그러한 개념으로부터 "그러므로 너희는 아무것도 아니니 그냥 가만히 앉아 있어라"라고 추론하지 않습니다. 그의 실제적인 결론은 도리어 정반대입니다. 모든 것을 행하시는 분은 하나님이니 그러므로 너희들도 행하라는 것입니다. 하나님의 은혜의 능력에 대한 그의 믿음은 그 자신의 능력의 실재와 필연성에 대한 가장 강렬한 확신의 기초였으며, 또한 그로 하여금 강력하게 행동하도록 고무한 동기였습니다. 행하십시오. 왜냐하면 하나님이 여러분 안에서 행하시기 때문입니다.

이러한 각각의 진리들은 각각의 특유한 증거 위에 굳게 섭니다. 나의 양심은 내게 "너는 자유로우며, 능력을 가지고 있으며, 그러므로 의무를 게을리 할 때 그에 대해 책임을 져야 한다"라고 말합니다. 내가 하나님의 의지에 대해 말할 때, 나는 그것이 무엇을 의미하는지 압니다. 왜냐하면 나 자신이 의지를 의식하기 때문입니다. 반면 하나님에 대한 믿음 안에는 모든 능력의 근원으로서 그리고 모든 것의 위대한 원인으로서의 그분에 대한 믿음이 포함되어 있습니다. 만일 내가 하나님을 믿는다면, 나는 그가 "모든 일을 그의 뜻의 결정대로" 일하신다는 것을 믿어야 합니다(엡 1:11). 이와 같은 서로 다른 양면의 진리는 우리 모두에게 속한 원초적인 믿음으로서 우리에게 주어집니다. 하나는 의식(意識) 위에 세워지며, 우리의 모든 도덕적 판단의 기초가 됩니다. 다른 하나는 인간에게 속하는 본래적인 믿음 위에 세워집니다. 모든 종교와 도덕의 토대가 되는 이러한 두 개의 강력한 기둥은 그 기초를 우리 본성 깊은 곳에 둡니다. 그것들은 일견 서로 상충되는 것처럼 보입니다. 그러나 그것은 마치 하나의 다리를 지탱하는 두 개의 교각과 같습니다. 두 교각은 위로는 두 개로 보이지만 그러나 그 밑으로는 하나의 기초 위에 세워져 있습니다. 그것들은 하나의 기초 위에서 함께 다리 전체를 떠받치고 있습니다.

많은 사람들이 이러한 두 개념을 헛되이 조화시키고자 많은 애를 써 왔습니다. 그러나 그 일은 어쨌든 인간의 능력의 한계를 초월하는 일입니다. 언젠가 우리가 높이 들려져 모든 것을 한 눈에 바라볼 수 있을 때, 그때 우리는 모든 것을 온전히 알 수 있게 될 것입니다. 그러나 이 땅에서는 단지 양쪽에 마주 서 있는 두 개의 교각을 볼 수 있을 뿐입니다. 이 문제에 대한 논쟁의 역사는 이러한 두 진리를 화해시키고자 하는 시도가 얼마나 무익한 것인지를 잘 보여줍니다. 어떤 때는 이쪽 목소리가 커지고 저쪽 목소리는 작아집니다. 그러다가 어느 순간 저쪽 목소리가 천둥소리가 되고 이쪽 목소리는 속삭이는 소리가 됩니다. 이쪽 무리는 다리의 이쪽 교각을 붙잡고 있으며, 저쪽 무리는 다리의 저쪽 교각을 붙잡고 있습니다. 그들은 서로를 향해 각자 자신의 주장을 강하게 제기합니다. 자신의 주장에는 강한 반면 상대방의 주장에는 약합니다. 그들은 자신들 쪽의 절반의 진리는 성공적으로 붙잡고 있지만 그러나 상대방이 붙잡고 있는 또 다른 절반의 진리를 무너뜨리는 데는 결코 성공하지 못합니다.

이러한 외견적인 불일치 때문에 나름의 근거를 가지고 있는 사실들까지 배격되어서는 안 됩니다. 그 같은 외견적인 불일치는 도리어 우리가 그것들을 교리화시키고자 시도하지 말아야 할 이유가 됩니다. 그것은 우리의 이해력이 매우 제한되어 있음을 알려줄 뿐이지, 사실로 입증되는 증언까지 의심해야 하는 이유는 되지 못합니다. 성경은 둘 모두를 강하게 역설합니다. 어느 하나를 위해 다른 하나를 희생시키지 않습니다. 성경은 둘을 화해시키고자 하는 모든 시도를 포기하고 둘 모두를 굳게 붙잡으라고 말합니다. 우리보다 훨씬 더 지혜로웠던 사람들이 오랜 세월 헛되이 싸웠던 전쟁터를 바라볼 때, 우리는 그것이 가르치는 교훈을 되새기면서 다음과 같이 고백할 수 있습니다. “나의 짧은 다림줄이 깊은 바닥까지 닿지 못하는도다. 나는 하나님과 사람에 대해 온전히 이해한다고 공언하지 않노라. 하나님과 사람이 함께 행하는 신비를 내 어찌 다 이해할꼬?” 우리는 이렇게 믿는 것으로 족합니다.

“만일 우리에게 어떤 힘이 있다면, 그것은 악을 향한 힘을 따름이라.
선을 추구하며 행하는 모든 힘은 하나님의 것임이로다.”

우리에게 우리 자신의 악으로부터 구원을 이루는 엄숙한 임무가 주어졌다는 사실을 우리는 결코 잊어서는 안됩니다. 그리고 바울과 함께 다음과 같이 말할 수 있을 때, 우리는 그 임무를 이루게 될 것입니다. “이제는 내가 사는 것이 아니요 오직 내 안에 그리스도께서 사시는 것이라”(갈 2:20).

하나님이 전부입니다. 그럼에도 불구하고 여러분은 행할 수 있으며 또 행해야 합니다. 사랑하는 성도 여러분, 하나님이 여러분 안에서 모두 행하신다는 사실을 믿으십시오. 만일 하나님이 모두 행하지 않으신다면 여러분은 아무것도 행할 수 없다는 사실을 인식하십시오. 여러분의 삶에 자극과 박차가 가해짐으로 인해 여러분이 행할 수 있다는 사실을 확신하십시오. 그리고 여러분의 영혼 속에서 그와 같은 열망들이 여러분 자신의 작은 근원(根源)이 아니라 그것보다 훨씬 더 깊고 풍성한 근원으로부터 온다는 사실을 생각하십시오. 그것들은 하나님의 선물입니다. 그것들을 두렵고 떨림으로 품으십시오. 그렇게 하지 않으면 하나님의 은혜를 헛되이 받는 것이 될 것입니다. 이 같은 진리의 두 흐름은 마치 분수령(分水嶺) 위에 떨어지는 빗물과 같습니다. 절반의 빗물은 이쪽 골짜기로 흘러내려가고 절반의 빗물은 저쪽 골짜기로 흘러내려갑니다. 그렇게 서로 나뉘어 각각 다른 대륙을 적시며 흘러내려가다가 마침내 바다에 이릅니다. 어떤 강을 따라 흘러왔든 모든 물줄기가 도달하는 바다는 하나입니다. 이와 같이 외견상 상반된 두 지류가 합쳐지는 진리의 바다는 "하나님의 지혜와 지식의 깊은 곳"입니다. 바로 그 하나님이 모든 선(善)의 근원입니다. 만일 우리에게 어떤 거룩한 생각이 있다면 그것은 그가 그것을 우리에게 주셨기 때문이며, 만일 우리에게 어떤 참된 열망이 있다면 그것은 그가 그것을 우리 안에 심으셨기 때문입니다. 그는 우리에게 의를 행할 수 있는 힘과 그를 경외하며 살 수 있는 힘을 주셨습니다. 그럼에도 불구하고 그는 우리에게 이렇게 말씀하십니다. "내가 모든 것을 행한다고 하여 너희의 의지가 마비되거나 너희의 손이 아무 일도 행하지 않아서는 안 되느니라. 내가 모든 것을 행하느니라. 그러므로 너희는 나의 뜻을 품으며 나의 명령을 행할 것이니라!"

3. 셋째로, 그리스도인은 확실한 구원을 가지고 있지만 그러나 두려워하며 떨어야 합니다.

"두렵고 떨림으로 너희 구원을 이루라." 그러나 여러분은 "온전한 사랑은 두려움을 내쫓지 않는가?"라고 말할는지 모릅니다. 그렇습니다. 사랑은 고통을 가진 두려움을 내쫓습니다. 그러나 고통을 갖고 있지 않은 또 다른 두려움이 있습니다. 그것은 믿음과 고요한 소망의 또 다른 형태인 두려움과 떨림입니다. 성경은 우리에게 신자(信者)의 구원은 확실하다고 말합니다. 그것이 확실한 것은 그의 믿음 때문입니다. 그러나 만일 여러분의 믿음에 여러분 자신의 능력에 대한 '두렵고 떠는 불신'이 수반되지 않는다면, 그 믿음은 무가치한 믿음이 될 것입니다. 그러한 불신은 하나님의 무한하신 긍휼을 받는 필수불가결한 조건입니다. 만일 여러분이 여러분 자신만을 바라본다면, 여러분의 시야(視野)는 두려움으로 가득 차야 합니다. 그러나 우리의 시야 위로 하나님의 무한하신 푸른 지평이 펼쳐집니다. 구원을 이루어가는 자로서 우리는 두려워하며 떨어야 합니다. 그러나 그것을 이루시는 하나님을 생각할 때, 우리는 구원의 확신과 영생의 소망을 가집니다. 행하는 자로서의 우리는 아무것도 아니지만 그러나 우리 안에서 행하시는 자는 모든 것입니다. 우리의 시선이 우리의 죄와 약함을 향할 때는 두려움과 떨림이 따르지만, 그것이 하나님을 향할 때는 소망과 확신이 따릅니다. "내가 아니요 내 안에 계신 하나님의 은혜로라." 여기에서 "내가 아니요"는 두렵고 떨림으로 자기를 부인하는 것이며, "하나님의 은혜로라"는 고요한 승리의 확신입니다. 이와 같이 하나님이 모든 것을 행하시기 때문에, 우리는 열심을 품어야 하며 충성스러워야 하며 기도해야 하며 확신해야 합니다. 예수 그리스도께서 우리를 위해 구원의 일을 완성하셨기 때문에, 우리는 "완전한 데로 나아가야" 합니다(히 6:2). 모든 두려움과 떨림으로 하여금 사람으로서의 여러분의 것이 되게 하십시오. 모든 확신과 고요한 믿음으로 하여금 하나님의 자녀로서의 여러분의 것이 되게 하십시오. 여러분의 확신과 두려움을 똑같이 기도로 바꾸십시오. "여호와여 나에 대한 것을 완전케 하시옵소서 주의 인자하심이 영원하오니 주의 손으로 지으신 것을 버리지 마옵소서"(시 138:8). 그러면 다음과 같은 자비로운 응답이 따를 것입니다. "내가 결코 너희를 버리지 아니하고 너희를 떠나지 아니하리라 너희를 그 아들의 복음으로 부르신 하나님은 신실하사 그의 영원한 영광의 나라에 이르기까지 너희를 지키시리라."

10
예수를 닮은 자들

"모든 일을 원망과 시비가 없이 하라 이는 너희가 흠이 없고 순전하여 어그러지고 거스르는 세대 가운데서 하나님의 흠 없는 자녀로 세상에서 그들 가운데 빛들로 나타내며 생명의 말씀을 밝혀 나의 달음질이 헛되지 아니하고 수고도 헛되지 아니함으로 그리스도의 날에 내가 자랑할 것이 있게 하려 함이라"

빌 2:14-16

오늘날의 어떤 도덕주의자들은 자신의 구원을 매우 중요하게 여기는 것을 일종의 이기주의로 생각합니다. 우리는 이러한 비난에 진리의 일면이 있음을 부인할 수 없습니다. 특별히 자신의 구원을 이루라는 명령의 의미는 종종 많은 사람들에 의해 오해되곤 했으며, 그 일에 전념하는 예컨대 금욕주의자나 수도원주의자 등과 같은 유형의 그리스도인들이 있어 왔습니다. 나는 오늘날 어떤 사람이 자신의 구원을 이루라는 명령을 오해할 위험성은 그리 크지 않다고 생각합니다. 그렇지만 우리는 여기에 다음과 같은 두 개념이 나란히 서 있는 것을 주목할 필요가 있습니다. 한 쪽에 자신의 구원을 이루라는 명령이 서 있고, 다른 한 쪽에 다른 사람들을 배려하는 것이 서 있습니다. 이 같은 두 개념이 나란히 제시되는 것은 결코 우연이 아닙니다. 이제 우리는 여기에서 자신의 구원을 이루는 한 가지 중요한 방법이 다른 사람들에게 선을 행하는 것이라는 사실을 보게 될 것입니다.

1. 첫째로, 하나님의 뜻에 즐거이 순복해야 하는 의무.

"모든 일을 원망과 시비가 없이 하라"는 훈계가 바로 앞에 나오는 말씀과 긴밀하게 연결되는 것은 의심의 여지 없는 분명한 사실입니다(14절). 사실상 그것은 어떻게 자신의 구원을 이룰 것인가에 대한 설명이며, 신적 행동에 대응되는 인간적 측면의 행동을 제시합니다. 하나님은 우리 안에서 소원을 품게도 하시고 행하게도 하십니다(13절). 그러므로 우리는 하나님이 소원을 품게도 하시고 행하게도 하시는 모든 일을 기꺼이 순복해야 합니다.

여기의 "원망"은 사람들에 대한 것이 아니라 하나님께 대한 것이며, "시비"는 다른 사람들과 다투는 것이 아니라 스스로 의심한다든지 주저하는 등과 같이 자신의 마음이 나뉘는 것입니다. 전자는 좀 더 도덕적(道德的)이고, 후자는 좀 더 지적(知的)입니다. 그리고 그것들은 함께 그리스도인들이 하나님의 영의 감동이나 그들의 상황 속에서 역사하는 하나님의 섭리의 행동에 저항하는 방법을 대표합니다. 우리가 어떤 것을 행하도록 지시받았을 때, 우리의 의지가 내키지 않음으로 그것으로부터 움츠리는 경우가 있지 않습니까? 또 오랫동안 아무런 문제의식 없이 습관적으로 행해왔던 일이 어느 순간 잘못된 일로 간주되면서 금지된다면, 그에 순복하기에 앞서 "원망"이 생기지 않겠습니까? 한 음성이 우리에게 "이러저러한 습관을 버려라"라고 말할 때, 우리는 얼마나 자주 내키지 않는 감정을 품게 됩니까?

또 "원망"까지는 이르지 않지만, 그러나 "시비" 즉 스스로 마음이 나뉘는 경우도 종종 있습니다. 선악과를 먹지 말라는 명령의 강도(强度)를 약화시키기 위해 속삭였던 "하나님이 참으로 너희에게 … 말씀하시더냐?"라는 소리가 지금도 여전히 우리 귀에 속삭입니다(창 3:1). 우리는 하나님의 명령에 "그렇지만, 여호와여"라고 반문할 때 그 결과가 무엇인지 잘 압니다. 내키지 않는 의지는 종종 그럴듯한 구실들로 스스로를 꾸미는데 매우 능숙합니다. 이것을 이기는 유일한 방법은 즐거이 순복하며 기쁘게 복종하는 것입니다. 우리는 하나님의 의지를 단순히 순종할 뿐만 아니라 즉각적으로 **순종해야** 합니다. 그러한 즉각적이며 한마음으로 드리는 순종은 우리의 구원을 이루는데 필수불가결합니다. 그리고 그러한 태도는 "자기의 기쁘신 뜻을 위하여 우리에게 소원을 두고 행하게 하시는" 하나님의 태도와 잘 부합됩니다. 우리는 하나님의 손에 우리 스스로를 온전히 순복시켜야 합니다. 귀용 부인(Madame Guyon)이 말한 것처럼, 하나님께 대한 순복은 "우리의 모든 자아를 하나님의 뜻에 계속적으로 굴복시키며, 하나님이 영원부터 작정(의지)하는 대로 우리도 뜻하며, 지나간 것은 잊어버리고 앞으로 올 것은 하나님의 섭리에 맡기는, 그리하여 우리에 관한 하나님의 계획이 현재 이루어지는 것을 만족함으로 받아들이는 것으로 이루어집니다."

2. 둘째로, 우리의 모든 행동에 있어서의 의식적인 목표.

하나님이 우리 안에서 행하시는 목적은 우리가 그의 행하심에 "원망과 시비 없이" 순복하며 즐거운 복종으로 그와 협동하는 것입니다. 우리는 "흠이 없고 순전하여 책망할 것이 없는 하나님의 자녀"의 품성을 기르는 것을 우리의 분명한 목표로 삼아야 합니다(15절). "흠이 없는" 것은 아마도 하나님께 대하여 그렇다기보다 사람들이 판단하기에 그렇다는 것일 것입니다. 여기에 기독교적 품성으로서 "흠이 없는"이 첫 번째로 제시되는데, 이러한 사실은 어그러지고 거스르는 세대와 접촉하면서도 변질되지 않는 것이 매우 어려운 일이라는 사실을 강조합니다. 바사의 총리들과 고관들은 다니엘을 참소하기 위해 흠을 찾았으나 어떤 흠도 찾을 수 없었습니다. 그리하여 그들은 "이 사람은 그 하나님의 율법에서 근거를 찾지 못하면 결코 고발할 수 없을" 것임을 인정할 수밖에 없었습니다(단 6:5). 하나님은 우리의 삶이 다니엘의 경우처럼 사람들 앞에서 악이 잠잠하도록 하기 위해 우리 안에서 행하십니다. 우리는 하나님과 협동하고 있습니까? 세상은 우리에게서 기독교적 품성을 요구합니다. 그리고 우리는 그러한 세상의 요구를 만족시켜 줄 책임이 있습니다. 그들은 날카로운 비판자들이며 어떤 때는 비이성적이기도 합니다. 그렇지만 그리스도인들에게 있어 "불신자들이 기대하는 것을 행하는" 기준은 나쁜 기준이 아닙니다. 만일 우리가 그들의 기대에 기꺼이 직면하고자 한다면, 그들의 책망은 도리어 우리에게 유익한 것이 될 수 있을 것입니다.

"순전한" 것은 좀 더 순수하고 혼합되지 않으며 전체적인 것입니다. 그것은 그리스도인의 삶이 그 자체로 어떠해야 함을 표현합니다. 반면 앞의 것(즉 "흠이 없는")은 외부로 나타나는 측면을 좀 더 강조하는 말입니다. 옷감은 햇빛에 비추어 아무런 결함이나 매듭이 나타나지 않도록 잘 짜여져야 합니다. 많은 그리스도인들이 자기중심주의의 몸체 위에 경건의 얇은 막을 덧입힌 채 살아가고 있습니다. 시장에는 면과 비단을 섞어 짜고도 그것을 교묘히 숨긴 제품들이 많이 있습니다. 자신을 아는 그리스도인은 한순간도 자신의 이상(理想)의 높이에 도달했다고 주장할 수 없습니다. 우리에게 있어 가장 선한 것이라고 해봤자 기껏해야 그 발이 철과 진흙으로 된 느부갓네살의 형상과 같은 것일 뿐입니다. 그러나 우리는 얼룩이 깨끗한 옷 위에서 제일 잘 보인다는 사실을 기억해야 합니다. 다윗의 죄가 두드러지는 것은 그것이 그의 통상적인 경건과 분명하게 대비되기 때문입니다. 얼룩으로 가득한 옷에 또 하나의 얼룩이 덧붙여지는 것이 무슨 문제이겠습니까? 세상이 그리스도인들의 허물을 지적하고 비방하는 것은 충분히 정당화됩니다. 반면 우리는 그들의 비방이나 가혹한 비판을 나무랄 수 있는 권리가 없습니다. 다른 사람들에게서보다 그리스도인들에게서 허물이 더 뚜렷하게 보이는 것은 그들이 정결한 하나님의 그릇들이기 때문입니다.

바울은 "하나님의 자녀"와 "어그러지고 거스르는 세대"을 날카롭게 대조시킴으로써 세상 속에서의 그리스도인들의 위치와 기능을 제시합니다(15절). 여기에서 그는 분명 신명기의 옛 표현을 생각하고 있는 것 같습니다. 거기에서 모세는 이스라엘 백성들에게 "너희는 너희를 산 너희 아버지"를 잊어버렸다고 책망하면서 그들을 "흠이 있고 삐뚤어진 세대"로 부릅니다(신 32:5, 빌립보서와 신명기 모두 "crooked and perverse"임). 옛 이스라엘은 하나님의 아들이었지만, 그러나 그들은 타락했습니다. 이와 같이 그리스도인들은 세상 속에 놓인 하나님의 자녀이지만, 그러나 모두 어그러지고 거스르고 비틀어졌습니다. "거스르는"(preverted)은 "어그러진"(crooked)보다 더 강한 단어입니다. 후자 즉 "어그러진" 것은 도덕적으로 바르지 못한 것에 대한 은유이거나 혹은 개인적인 결함을 가리키는 것일 수 있습니다. 어쨌든 간에 바울은 그 존재의 뿌리에서 크게 둘로 구분되는 두 부류의 사람을 제시합니다. 한쪽에 "하나님의 자녀들"이 있고, 다른 쪽에 "어그러지고 거스르는 세대"가 있습니다. "하나님의 자녀들"은 "어그러지고 거스르는 세대" 가운데 놓입니다. 그렇기 때문에 그들은 계속해서 경계하며 주의를 기울여야 합니다. 어그러지고 거스르는 세대와 같아지지 않기 위해서 말입니다. 또 그들은 계속해서 그들의 아버지를 의지해야 합니다. 자신들이 하나님의 자녀라는 사실을 잊어버리지 않고 계속해서 하나님을 증거하도록 하기 위해서 말입니다.

3. 셋째로, 이러한 목표를 위한 장엄한 이유

이것은 그리스도인들의 직무와 기능을 고려함으로부터 나옵니다. "어그러지고 거스르는" 세대 속에 그리스도인들이 있다는 사실은 그들에게 그와 같은 세대와 관련한 의무를 지웁니다. 그들은 "세상에서 빛으로 나타나야" 합니다. 그들은 "어그러지고 거스르는" 세대 속에서 증인과 모범이 되어야 합니다. 빛의 은유는 설명이 필요 없을 만큼 분명합니다. 우리는 다만 "나타나다"가 명령법이 아니라 단지 사실을 진술하는 직설법이라는 사실을 주목할 필요가 있습니다. 마치 별들이 수많은 빛의 점들로 어둠을 밝히는 것처럼, 신적 이상(理想) 가운데 그리스도인들은 어둠의 심연 속에서 반짝이는 빛들이 되어야 합니다. 그들의 빛은 마치 밤하늘의 별들이 그런 것처럼 특별한 노력을 기울임이 없이 자동적으로 방사(放射)됩니다. 어쩌면 시편 기자의 다음과 같은 역설이 여기의 바울의 마음속에 있었는지도 모릅니다. "언어도 없고 말씀도 없으며 들리는 소리도 없으나 그의 소리가 온 땅에 통하고 그의 말씀이 세상 끝까지 이르도다"(시 19:3, 4).

그리스도인들은 "생명의 말씀을 제시함"으로써 빛으로 나타납니다. 그들 자체 안에는 아무런 광채도 없습니다. 다만 그들 안에 있는 빛으로부터 나오는 광채가 있을 뿐입니다. 생명의 말씀은 살아 있어 우리 안에 있는 생명을 세상에 나누어 줍니다. 만일 우리가 세상에서 항상 빛으로 나타나기만 한다면 말입니다. 스위치를 내리면 전기가 즉시 끊어집니다. 그와 같이 우리가 빛이 되는 것은 오로지 우리가 "주 안에 있을 때" 뿐입니다. 오늘날 자신의 등이 꺼진 것을 알지 못한 채 서 있는 소위 그리스도인으로 일컬어지는 자들이 얼마나 많습니까? 해가 떠올라 산들을 비출 때, 산들은 찬란한 빛을 발하며 노래합니다. "일어나라 빛을 발하라 이는 네 빛이 이르렀음이니라"(사 60:1).

의심의 여지 없이 "생명의 말씀을 제시하는" 한 가지 방법은 실제로 말씀을 전하는 것입니다. 그러나 조용히 "흠 없고 순전한" 삶을 살면서 생명의 비밀이 자연스럽게 드러나도록 하는 것이 아마도 오늘날의 그리스도인들에게 있어 복음의 증인이 되는 최상의 방법일 것입니다. 이러한 증언은 항구적입니다. 그들이 나타나는 곳마다 생명의 말씀이 나타나며, 그럴 때 예를 들어 말을 둘러싼 문제라든지 특별히 오늘날 기독교의 우월성과 관련한 비난으로부터 자유로울 수 있을 것입니다. 그리스도인들의 선행이 세상 가운데 나타날 때, 아버지께서 영광을 받으실 것입니다. 만일 우리가 그와 같은 삶을 살았다면, 복음을 전파하는 자들은 좀 덜 필요했었을 것입니다. 설령 말씀을 듣지 않는다 할지라도, 어떤 사람들은 그리스도인들의 선한 행실을 보고 구원을 받게 될 것입니다. 기독교는 근본적으로 삶(life)이며, 복음은 '죄로부터의 자유'를 선포하는 것입니다. 그러므로 우리가 그와 같이 죄로부터 자유하게 된 것을 나타낼 때, 복음은 가장 잘 전파될 수 있을 것입니다. 우리는 복음을 '말할' 뿐만 아니라 '살아야' 합니다. 그리스도의 가장 강력한 설교는 다름 아닌 그 자신의 삶이었습니다.

"말씀은 본래 살(肉)이었으나,
사람들이 그것을 교리로 바꾸었도다."

만일 우리가 그리스도를 가까이 하면, 우리의 존재 자체가 그를 증거하는 것이 될 것입니다. 만일 우리의 얼굴이 시내 산에서 내려올 때의 모세나 공회에서의 스데반의 얼굴처럼 빛난다면, 사람들은 우리가 예수 그리스도와 함께 있는 것을 알게 될 것입니다.

11
자신을 기꺼이 제물로 드림

"생명의 말씀을 밝혀 나의 달음질이 헛되지 아니하고 수고도 헛되지 아니함으로 그리스도의 날에 내가 자랑할 것이 있게 하려 함이라 만일 너희 믿음의 제물과 섬김 위에 내가 나를 전제로 드릴지라도 나는 기뻐하고 너희 무리와 함께 기뻐하리니 이와 같이 너희도 기뻐하고 나와 함께 기뻐하라"

빌 2:16-18

우리는 여기에서 바울이 자신의 모든 마음을 사랑하는 교회에 쏟아 붓는 것을 보게 됩니다. 아마도 기독교 사역자들 가운데 바울보다 자신에 대해 더 많이 말한 사람은 아무도 없을 것입니다. 바울은 항상 자신의 체험을 예화로 사용했습니다. 그의 설교는 그의 삶을 일반화시킨 것에 불과했습니다. 그는 먼저 자신이 체험하고 느낀 것을 나중에 교훈의 형태로 제시했습니다. 이러한 태도가 자기본위적인 태도로 변질되지 않도록 지키는 것은 결코 쉽지 않은 일입니다.

본 단락은 매우 주목할 만합니다. 특별히 바울은 빌립보 형제들의 충성된 수고가 그리스도의 날에 자신의 기쁨과 자랑이 된다고 말합니다. 여기에 사용된 언어를 살필 때, 바울과 빌립보 형제들 사이에 매우 깊은 사랑이 있었음은 두말할 나위도 없습니다. 본문은 바울의 마음의 깊은 곳을 보여주면서, 그가 자신의 사역에 얼마나 절대적으로 헌신했는지, 그리고 형제들의 영적 유익을 얼마나 간절히 갈망했는지를 잘 나타냅니다.

우리는 여기에서 바울과 빌립보 교회 사이의 관계에 대한 아름다운 그림을 보게 되는데, 이것은 우리 모두를 위한 좋은 모범이 됩니다. 물론 나와 여러분의 관계가 바울과 빌립보 교회의 관계와 같은 것은 아닙니다. 그러나 여기의 말씀을 나와 여러분의 관계에 적용시키는 것은 충분히 가능합니다.

1. 첫째로, 그리스도의 날에 바울의 자랑거리가 될 빌립보 성도들의 충성된 수고.

우리는 여기에서 바울이 그리스도의 큰 날을 자신의 사역이 시험될 때로서 말하는 것을 듣게 되는데, 우리는 이러한 내용의 말을 그의 생애 전반을 통해 종종 듣습니다. 이러한 생각은 그의 모든 사역에 열정과 열심을 가져다주었으며, 그와 함께 자신이 사랑받는 자로 받아들여졌다는 생각은 그의 생애 전체를 이끈 강력한 추진력이었습니다. 바울은 그러한 시험의 결과에 따라 자신의 위치가 어느 정도 결정될 것이라고 믿었습니다. 물론 그가 여기에서 그의 복음의 근본적인 기초, 즉 구원은 우리의 공로의 결과가 아니라 값없이 주시는 은혜의 선물이라는 사실을 스스로 부정하고 있는 것은 결코 아닙니다. 구원이 값없이 주시는 은혜의 선물이라는 것은 분명한 사실입니다. 그럼에도 불구하고 신자(信者)가 그러한 선물을 받는 분량은 그들의 기독교적 품성에 의존한다는 것 역시 똑같이 사실입니다. 이 땅에서의 삶에서든 그리스도의 날이든 말입니다. 그러한 품성의 한 요소는 예수 그리스도를 위한 충성된 사역입니다. 충성된 사역이 꼭 성공적인 사역을 의미하는 것은 아닙니다. 이 땅에서 많은 좌절을 겪고 보잘것없는 사역의 열매밖에는 거두지 못한 사람들 가운데에도 그리스도로부터 큰 칭찬을 받을 사람들이 많이 있을 것입니다. 만일 우리의 보잘것없는 열매가 우리의 게으름에 기인하는 것이 아니라면, 또 우리의 사역의 열매인 사람들의 허물이나 배교나 냉랭한 믿음이 우리의 잘못 때문이 아니라면, 그로 인해 우리의 상급이 작아지는 일은 결코 없을 것입니다. 그러나 이런 경우 우리의 기쁨은 여기의 바울처럼 크게 더하여지지는 못할 것입니다.

여기에서 그리스도의 시험의 날에 사람들이 자신이 행한 모든 일과 그 결과에 대한 완전한 지식을 가지고 있는 것으로 나타나는 사실을 주목하십시오. 우리의 단편적인 기억들과 우리의 의식의 거울에 아무런 흔적도 남기지 않은 무수한 일들과 기계적으로 지나온 긴 여정을 생각할 때, 이것은 정말로 불가사의합니다. 그렇지만 우리는 가끔 그와 같은 완전한 기억의 회복과 관련한 특별한 경험을 하기도 합니다. 어떤 순간적인 회상, 어떤 것을 본다든지 만진다든지 혹은 냄새 맡는 등의 행동, 노을에 물든 저녁 하늘, 어떤 음악의 가락 — 이런 것들은 때로 오랫동안 잊고 있었던 사소한 사건들이나 감정들을 갑자기 떠오르게 만듭니다. 마치 긴 창으로 우연히 땅을 찌르다가 거기에 오래 전에 죽은 사람의 머리카락이 딸려 올라오는 것처럼 말입니다. 만일 우리가 보이지 않는 잉크로 우리 마음의 지면(紙面) 위에 우리의 삶의 모든 역사를 기록하고 그것을 언젠가 다시 읽어야만 한다면, 우리들 대부분이 그 지면 위에 별 생각 없이 아무렇게나 휘갈겨 쓰고 나서는 금방 잊어버리고 마는 것은 너무도 비극적인 일이 아닙니까?

또 우리는 여기의 바울의 말 속에서 빌립보 형제들을 위한 그의 따뜻한 사랑을 발견할 수 있습니다. 바울은 그리스도의 날에 그들을 다시 만날 때 그의 마음이 새로운 기쁨으로 가득 찰 것을 느낍니다. 다른 사람들의 선을 갈망하는 것은 참된 기독교 사역자들의 주된 관심이었으며, 그것이 아니었다면 그들의 "달음질과 수고"는 그토록 간절하지 않았을 것입니다. 사람들의 마음을 얻고자 하는 자는 먼저 그들에게 자신의 마음을 주어야만 합니다.

또 우리는 여기의 바울의 말 속에서 그가 빌립보 형제들의 참된 사랑을 얼마나 확실하게 헤아렸는지를 볼 수 있습니다. 바울은 그들이 다음과 같이 생각할 것을 굳게 믿습니다. 즉 자신들의 충성된 수고가 바울에게 더욱 큰 기쁨을 가져다줄 것이라고 생각하면서 더욱 힘써 충성스럽게 수고할 것이라고 말입니다. 오늘날 이러한 사랑이 모든 목회자들과 성도들을 하나로 묶는다면 얼마나 좋겠습니까? 만일 "그리스도의 날"이 바울에게 그랬던 것처럼 우리에게 밝히 보인다면, 그리고 그 날의 이상(異像)이 우리를 격려하여 달음질과 수고에 더욱 착념하게 만든다면, 오늘날 우리 목회자들과 성도들은 더 자주 이렇게 말하게 될 것입니다. “주 예수의 날에 당신들이 우리의 기쁨이 될 것처럼 우리 또한 당신들의 기쁨이 될 것이라.” 이와 관련하여 사도 요한은 이렇게 호소합니다. “너희는 스스로 삼가 우리가 일한 것을 잃지 말고 오직 온전한 상을 받으라”(요이 1:8).

2. 둘째로, 빌립보인들의 믿음에 도움이 될 바울의 죽음.

바울의 말의 전반적인 의미는 이것입니다. “설령 내가 달음질하고 수고할 뿐만 아니라 죽음으로써 사도의 사명을 내려놓는다 할지라도, 나는 기뻐하고 기뻐할 것이요 너희도 나와 함께 기뻐할 것이니라.” 우리는 바울이 여기에서 제사적인 언어를 사용하는 것을 주목할 필요가 있습니다. 바울은 죽음을 그 본래의 어둡고 으스스한 이름으로 부르지 않습니다. 그는 스스로를 하나님 앞에 드려진 희생제물로 생각하면서, 자신의 죽음을 제사를 완성하는 것으로 만듭니다. 여기에 죽음에 대한 거룩한 경멸과 함께 동시에 그것을 기꺼이 받아들이는 것이 있습니다. 바울은 죽음을 단지 하나님께 더 가까이 나아가도록 이끌어주는 수단으로 인식하고 있을 뿐입니다. 바울의 마음속에는 항상 이러한 생각이 있었습니다. 여기에서 “드리다”로 번역된 단어는 본래 “전제(奠祭)로서 부어지다”를 의미하는데, 이 단어는 디모데후서의 위대한 말씀에서 다시 반복됩니다. “전제와 같이 내가 벌써 부어지고 나의 떠날 시각이 가까웠도다”(딤후 4:6). 죽음이 눈앞에 다가왔을 때 그가 바라본 죽음의 모습은 그가 여기에서 말하는 죽음의 모습과 같은 것이었습니다.

여기에서 바울은 마치 이교(異敎)의 의식에서처럼 전제가 제물 “위에” 부어지는 것으로 말합니다(17절). 여기에서 “제물”은 희생을 말하는 것이며, “섬김”은 제사장의 사역을 일컫는 전문적인 용어입니다. 따라서 17절의 전반적인 의미는 이것입니다. “설령 나의 피가 전제처럼 너희가 행한 희생 위에 부어진다 할지라도, 나는 너희 모두와 함께 기뻐하리라.” 이 사람은 죽음에 대해 조금도 두려워하지 않으며 그것으로부터 움츠리지 않습니다. 그는 사는 것에서나 죽는 것에서나 똑같이 준비되어 있었으며, 살든지 죽든지 예수의 이름을 존귀하게 하기를 바랐습니다. 그것은 그에게 사는 것은 그리스도였기 때문이었습니다. 따라서 그에게 있어 죽는 것은 유익한 것 외에 아무것도 아니었습니다. 여기에서 바울은 자신의 죽음을 단지 가능성으로서만 생각하고 있었던 것으로 보입니다. 왜냐하면 몇 절 뒤에서 그는 "나도 속히 가게 될 것을 주 안에서 확신하노라"라고 말하고 있기 때문입니다(24절). 여기에서의 그의 마음과 앞 장에서의 그의 마음이 서로 대조되는 것을 주목하는 것은 매우 흥미로운 일입니다. 앞 장에서 그는 세상을 떠나 그리스도와 함께 있는 것이 좋지만, 그러나 자신이 그대로 세상에 남아 있는 것이 그들의 믿음의 진보를 위해 더 낫기 때문에 기꺼이 그러한 생각을 내려놓는다고 말했었습니다(1:23-25).

반면 여기에서는 아마도 자신이 사는 것보다 죽는 것이 그들의 믿음의 진보를 위해 더 나을 것이며 따라서 기꺼이 죽음을 받아들일 준비가 되어 있다고 말합니다. 자신의 죽음을 그와 같이 편안한 마음으로 바라보는 바울의 고요한 마음속에서 우리는 우리 모두를 위한 모범을 볼 수 있지 않습니까? 그의 위험이 얼마나 급박하고 실제적이었는지 생각해 보십시오. 네로 황제는 사람들에게 자비와 관용을 베푸는데 아주 인색했습니다. 바울은 지금 마치 유창한 극작가나 시인처럼 죽음의 이상(理想)과 더불어 유희를 벌이며 죽음에 대해 고상한 말장난을 하고 있는 것이 아닙니다. 그는 지금 언제 죽음의 덫이 덮칠지 모르는, 그러나 머지않아 그것이 올 것을 아는 사람으로서 말하고 있는 것입니다.

빌립보인들은 그들의 희생제물로서 믿음과, 믿음으로부터 나오는 모든 선행을 드렸습니다. 이것이 우리의 삶의 개념입니까? 이것이 우리의 믿음의 개념입니까? 우리는 하나님 앞에 가져갈 아무런 예물도 가지고 있지 못합니다. 오로지 믿음의 예물만을 가지고 나아갈 수 있을 뿐입니다. 그리고 우리 믿음 속에는 우리의 의지를 포기하는 것과 우리의 마음을 드리는 것이 포함되어 있으며, 우리의 믿음은 본질적으로 그리스도의 희생제사를 붙잡는 것입니다. 우리가 죄인으로서 빈손으로 그러나 위대한 대제사장의 완전한 희생제물을 전적으로 붙잡고 나아갈 때, 우리 역시도 제사장이 되며 우리의 보잘것없는 예물은 받으심 직한 것이 됩니다.

그러나 바울의 삶에 달음질하며 수고하는 것만 있었던 것은 아닙니다. 그의 삶 속에는 절박한 위험 속에서도 마음의 평온을 누리는 평강이 있었습니다. 더욱 감동적인 것은 그가 자신의 죽음을 "그들의 믿음의 제물과 섬김 위에 드려지는" 전제(奠祭)로 생각하고 있다는 사실입니다. 자신의 죽음을 생각하고 있는 동안에도 바울의 마음은 조금도 두려움으로 요동치지 않으며, 그로부터 움츠리지 않습니다. 로마의 사형제도와 관련하여 연상되는 온갖 끔찍한 상상들이 그의 마음을 사로잡지 못합니다. 그런 것들은 하찮은 사소한 것들에 불과할 뿐입니다. 그 모든 것들을 덮어버리는 본질적인 사실은 그의 피가 전제(奠祭)로서 뿌려지며 그로 인해 그의 형제들이 큰 믿음의 유익을 얻게 될 것이라는 사실입니다. 이 사람에게 죽음은 두려움이 되기를 완전히 그리고 최종적으로 그쳤습니다. 그에게 죽음은 모든 그리스도인들에게 마땅히 그러해야 하는 바로 그것이 되었습니다. 바울에게 그것은 하나님께 대한 자발적인 순복이었으며, 그분께 드리는 예물이었으며, 예배와 믿음과 감사와 찬미의 행동이었습니다. 세네카에게 있어 그의 죽음은 해방자 유피테르에게 부어지는 전제였습니다. 만일 죽음이 우리를 해방시키는 것임을 우리가 사전에 충분히 알 수만 있다면, 우리는 그것을 "마지막 원수"로 그토록 쉽게 부르지는 않을 것입니다. 온전함에 이르는 삶의 전 과정 속에서 바울에게 있어 죽음은 "기쁨"으로 받아들일 수 있는 것이었습니다. 그에게 있어 죽음이 그러했다면, 그것은 우리에게 있어서도 마찬가지일 것입니다. 만일 죽음에 대한 우리의 시각이 바울처럼 분명하고 또 우리의 믿음이 바울처럼 확고하다면, 우리는 그 앞에 두려워하며 움츠리는 대신 그것을 기꺼이 그리고 기쁨으로 받아들일 준비가 될 것입니다.

바울이 자신의 죽음을 기꺼이 받아들일 수 있었던 것은 그것이 다른 사람들의 믿음의 진보에 크게 기여할 것이라고 생각했기 때문입니다. 지금까지 바울은 이러한 목적을 위해 온갖 노력과 수고를 아끼지 않았으며, 이러한 목적을 위해서라면 폭력적이며 수치스러운 죽음조차도 기꺼이 받아들일 수 있었습니다. 그는 순교의 피가 교회의 씨앗이 된다는 사실을 알고 기뻐하였으며, 형제들도 또한 자신이 순교의 피를 흘리는 것으로 인해 기뻐하고 즐거워하라고 당부합니다.

빌립보인들은 사랑하는 자들의 죽음이 단시 손실일 뿐이라고 생각할 것이었습니다. 그러나 본문은 우리가 우리 자신의 죽음이나 혹은 사랑하는 자들의 죽음을 다른 시각으로 바라봐야 한다는 사실을 말해줍니다. 그들의 죽음이 우리를 그리스도께 더 가까이 이끌 수도 있습니다. 그들이 어디로 떠났는지를 생각할 때, 우리의 생각은 집에 대한 새로운 의식과 함께 그곳으로 달려갑니다. 그들이 걸었던 길은 우리에게 우리가 따라야 할 본보기가 될 것이며, 그들이 얻은 승리는 우리 역시도 "우리를 사랑하시는 자 안에서 넉넉히 이기는 자"가 될 것에 대한 예언이 될 것입니다. 이와 같이 사랑하는 자의 죽음은 우리를 영원히 살아 계시는 사랑하는 주님께로 데려갈 수 있습니다.

바울은 죽음을 내다보면서 기뻐하고 있었습니다. 그렇지만 우리는 바울이 죽는 것 못지않게 사는 것에 대해서도 기뻐했을 것이라고 확신할 수 있습니다. 또 우리는 여기의 본문이

"땅 위에 있는 성도들과
모든 죽은 자들이 한 무리를 이루어"

함께 기쁨에 연합하게 될 것을 암시하는 것으로 생각할 수 있습니다. 그들은 세상을 돌아보며 이 땅에 있는 사랑하는 자들의 달음질과 수고를 돌아보면서, 그들이 "헛되이 달음질하지도 않고 헛되이 수고하지도 않은" 것을 기뻐합니다. 그들은 깊은 안식 속에 있으면서도 여전히 싸움과 수고 가운데 있는 자들에게 무관심하지 않습니다. 그들은 충만한 기쁨 가운데 있으면서도 예전에 사랑했던 자들과 지금 하늘의 완전한 사랑으로 사랑하는 자들을 잊지 않습니다. 우리에게 있어 이러한 축복받은 영들과 완전하게

함께 기뻐하는 것은 어려운 일이지만 그럼에도 불구하고 우리 역시도 기뻐해야 합니다. 죽음 자체는 슬픈 일이지만 그러나 죽음으로 인해 우리의 믿음이 견고해질 때 우리는 그에 대해 감사를 드릴 수 있습니다. 죽음과 관련하여 떠난 자들과 남은 자들의 감정이 서로 반대되는 것은 참으로 이상한 일입니다. 우리가 그들과 같은 감정을 공유하며 진정한 연합을 이루는 것이 마땅하지 않겠습니까? 우리는 그들이 가장 바라는 것이 우리도 그들과 같은 마음을 품는 것이라는 것을 확신할 수 있습니다. 만일 죽은 자가 말할 수 있다면, 하늘로부터의 그들의 메시지는 이런 것이 아닐까요? "너희도 나와 함께 기뻐하고 기뻐하라."

12
바울과 디모데

"내가 디모데를 속히 너희에게 보내기를 주 안에서 바람은 너희의 사정을 앎으로 안위를 받으려 함이니 이는 뜻을 같이하여 너희 사정을 진실히 생각할 자가 이밖에 내게 없음이라 그들이 다 자기 일을 구하고 그리스도 예수의 일을 구하지 아니하되 디모데의 연단을 너희가 아나니 자식이 아버지에게 함같이 나와 함께 복음을 위하여 수고하였느니라 그러므로 내가 내 일이 어떻게 될지를 보아서 곧 이 사람을 보내기를 바라고 나도 속히 가게 될 것을 주 안에서 확신하노라"

빌 2:19-24

대부분의 위인들과 마찬가지로 바울은 추종자들을 끌어당기는 강한 힘을 갖고 있었습니다. 거대한 행성은 주위를 지나가는 작은 운석들을 끌어당기는 법입니다. 초대교회 역사 가운데 바울과 그를 따랐던 자들의 이야기보다 더 아름다운 이야기는 없습니다. 그들은 열정적으로 바울 주위에 모였으며 사랑으로 그를 따랐습니다. 그들은 보잘것없는 자들이 아니었습니다. 누가와 아굴라도 그들 가운데 있었는데, 이들은 어디에 내놔도 손색이 없는 사람들이었지만 기꺼이 바울 다음 위치를 자처했습니다. 루터가 그랬고 또 많은 위대한 스승들이 그랬던 것처럼, 바울은 자신을 따르는 자들에게 인격적으로나 가르침으로나 큰 감동을 주었습니다.

바울을 따랐던 많은 사람들 가운데 특별히 눈에 띄는 사람은 디모데입니다. 바울이 그를 처음 만난 것은 두 번째 전도여행 때로서 더베 혹은 루

스드라에서였습니다. 그의 어머니 유니게는 이미 신자(信者)였으며, 아버지는 헬라인이었습니다. 디모데는 바울의 첫 번째 전도여행 중에 회심한 것으로 보입니다. 왜냐하면 두 번째 전도여행 때는 이미 제자로서 두루 알려졌을 뿐만 아니라 바울이 한 번 이상 그를 믿음의 아들로 부르기 때문입니다. 그는 요한 마가에 이어 바울 사도의 수종자(隨從者)가 된 것으로 보입니다. 우리는 디모데가 바울과 함께 첫 번째로 빌립보를 방문했으며, 그와 함께 데살로니가와 버시로 갔다가 고린도에 도착할 때까지는 헤어져 있었다는 이야기를 듣습니다. 그리고 거기에서 바울은 곧바로 예루살렘으로 갔다가 안디옥으로 돌아왔으며, 안디옥으로부터 다시 여러 교회들을 방문하는 일을 하다가 에베소에서 상당 기간 머물게 됩니다. 그리고 에베소에 머무는 동안 바울은 예루살렘에 갔다가 최종적으로 로마에 갈 준비를 하기 위해 마게도냐와 아가야를 방문할 계획을 세웁니다. 그리하여 바울은 자신이 가기에 앞서 디모데와 에라스도를 먼저 마게도냐로 보내는데, 물론 여기에는 빌립보가 포함됩니다. 마게도냐와 헬라를 방문한 후 바울은 빌립보로 돌아옵니다. 그리고 이곳으로부터 바울은 디모데와 함께 배를 타고 항해를 하는데, 디모데는 아마도 바울과 함께 로마로 가는 전 여정을 함께 했던 것으로 보입니다. 왜냐하면 우리는 빌립보서에서와 골로새서에서 디모데가 바울과 함께 갇힌 자가 되었다는 이야기를 듣기 때문입니다.

디모데와 관련한 언급들은 우리에게 그가 매우 부드럽고 유순하며 순전하며 은혜로운 성품을 가진 자였음을 보여줍니다. 그는 동정심이 많고, 자기중심적이지 않으며, 그리스도를 향한 온전한 사랑을 가진 사람이었습니다. 그는 어려서부터 거룩한 믿음의 환경 속에서 자랐으며, 어려서부터 성경과 예언들을 알았습니다. 마치 그 앞에 비둘기가 퍼덕거리며 앞서 날아가고 있는 것과 같았습니다. 그런가 하면 디모데는 또한 “자주 나는 병”을 가지고 있었으며(딤전 5:23), 눈물이 많은 사람이었습니다(딤후 1:4). 그는 “그 안에 있는 은사가 다시 불 일듯 하게 되어야 할” 필요가 있었으며(딤후 1:6), 부끄러워하거나 두려워하지 않고 “그리스도 예수 안에 있는 은혜 가운데서 강해야" 했습니다(딤후 2:1).

바울과 디모데 사이의 유대는 분명 매우 친밀하며 긴밀했습니다. 바울은 자신의 강한 성품과 대조되는 디모데의 유약한 성품을 바라보며 아버지의 보호본능 같은 것을 느꼈습니다. 바울은 지금 이러한 사랑하는 동역자를 사랑하는 교회에 보내려고 하고 있습니다. 본문은 바울의 이러한 계획을 나타냄과 함께 우리에게 그가 자신의 연금(軟禁)에 대해 어떻게 생각하고 어떻게 느꼈는지와 관련한 편린을 던져줍니다.

1. 첫째로, 바울의 열망과 소망.

여기의 바울의 자기계시에서 우리의 주목을 끄는 첫 번째 사실은 그가 자신의 미래의 불확실성을 의식하고 있다는 사실입니다. 앞장 25절에서 바울은 자신이 살 것을 확실히 안다고 말했습니다. 반면 본문 바로 앞 단락에서 그는 죽음의 가능성에 직면합니다. 한편 여기에서는 자신의 미래의 불확실성을 의식합니다. 그러면서도 그는 자신이 자유하게 될 것을 믿지만 그러나 그것이 어떻게 이루어지게 될지는 알지 못합니다. 바울은 지금 때로는 희망을 품기도 하고 때로는 의문을 품기도 하는 상태에 있습니다. 그의 생명은 폭군의 변덕 여하에 달려 있습니다. 그럼에도 불구하고 이러한 불확실한 상태에 대처하는 그의 태도는 매우 의연하며 주목할 만합니다. 언제 도끼가 자기 목에 떨어질지 알지 못하는 상황에서 이렇게 고요한 마음을 유지하는 것은 참으로 어려운 일입니다. 더구나 이런 상태에서 자신의 일을 계속해서 수행하는 것은 더더욱 어려운 일입니다. 불확실한 상태는 대부분의 경우 일에 집중하지 못하게 만듭니다. 그러나 바울은 갇혀 있는 동안 여러 서신을 기록하였습니다. 에베소서와 빌립보서와 골로새서와 빌레몬서는 이러한 기간 동안 나온 열매들입니다.

뿐만 아니라 바울은 불확실한 문제에 대해서도 매우 담담하게 말합니다. 23절의 "내 일이 어떻게 될지를 보아서"란 표현을 주목하십시오. 죽음의 가능성에 대해 이보다 더 담담하게 말하는 것을 어디에서 들을 수 있겠습니까? 23절의 전반적인 의미는 이것입니다. "나의 운명이 결정되는 대로 내가 디모데를 보내 너희에게 모든 것을 말하도록 할 것이라." 이렇게 말하는 그의 마음은 얼마나 고요합니까? 지금 그의 심장은 조금도 두려움으로 고동치지 않습니다. 바울은 지금 억지로 꾸며 말하고 있지 않습니다. 그는 지금 자신의 마음을 있는 그대로 말하고 있습니다. 여러분은 불확실한 미래를 이와 같은 마음으로 바라봅니까? 그것의 흐릿함 속에 있는 모든 것들을 받아들이며, 내일은 그 모든 가능성들과 함께 그대로 남겨두며, 살고 죽는 모든 것을 주님께 맡기면서 말입니다.

나아가 바울의 사랑의 목적을 주목하십시오. 바울은 빌립보 교회의 형제들을 크게 그리워하면서 그들을 만나기를 간절히 소망합니다. 만일 그들을 만나 함께 이야기를 나누게 된다면, 바울의 기쁨은 크게 더해질 것이었습니다. 바울은 그들로부터 안위의 소식을 들을 것을 확신합니다. 마게도냐에는 사랑하는 자들이 많이 있었으며 그들로부터 듣는 이야기는 "갈한 영혼에 냉수"와 같을 것이었습니다.

바울과 빌립보 형제들을 묶은 띠는 얼마나 강하고 견고합니까! 우리는 여기에서 모든 기독교 사역자들과 선생들과 설교자들과 부모들을 위한 교훈을 발견할 수 있지 않습니까? 사랑이 없이는 아무 유익도 없다는 교훈 말입니다. 만일 우리 마음이 먼저 사람들에게로 다가가지 않는다면, 우리는 결코 그들의 마음에 도달하지 못할 것입니다. 우리는 계속해서 그들에게 말할는지 모릅니다. 그러나 만일 우리가 이러한 사랑을 가지고 있지 않다면, 차라리 잠잠한 것이 더 나을 것입니다. 복음을 전파할 때도 마찬가지입니다. 사랑 없이 그냥 복음을 던지는 것은 아무런 결과도 맺지 못합니다. 많은 기독교 사역이 아무런 열매도 맺지 못하는 것은 대부분의 경우 이런 이유 때문입니다.

바울은 빌립보 형제들을 위해 디모데를 속히 보내기를 바라는데, 이를 통해 우리는 그가 그들을 얼마나 뜨겁게 사랑했는지를 알 수 있습니다. 바울이 지금 갇힌 상태에 있는 사실을 감안할 때, 이것은 정말로 놀라운 일이 아닐 수 없습니다. 우리 대부분은 이와 같은 상황이라면 아들 같은 디모데를 그냥 옆에 두고자 했을 것입니다. 대부분의 사람들에게 있어 "자식이 아버지에게 함같이" 자신을 돕는 자를 떠나 보내는 것은 결코 쉬운 일이 아닙니다. 그럼에도 불구하고 기꺼이 그렇게 하고자 한 것은 빌립보 형제들의 형편을 돌아보고자 했기 때문입니다.

디모데를 보내고자 하는 바울의 목적은 매우 감동적입니다. 그는 자신의 목적이 이루어지기를 주 안에서 바랍니다. 그리고 이러한 바람은 그의 삶을 포괄하는 법칙, 즉 그에게 "사는 것이 그리스도"라는 법칙의 한 실례(實例)였습니다. 그의 전 존재는 그리스도로 완전히 흡수되어 있었으며, 그의 모든 생각과 감정은 주 예수 안에 있었습니다. 우리의 목적도 이와 같아야 합니다. 우리가 바라는 것들은 그리스도와의 연합으로부터 나와야지, 우리 자신의 공상이나 상상력으로부터 나와서는 안 됩니다. 우리가 바라는 것들은 항상 그리스도께 대한 순복과 "내 뜻대로 마시옵고 당신의 뜻대로 되기를 원하나이다"라는 울타리 안에 있어야 합니다. 우리가 소망하며 바라는 것들을 성취하기 위해 우리는 항상 주 예수 그리스도를 의지하며 신뢰해야 합니다. 만일 우리가 소망하며 바라는 것들이 이와 같다면, 우리의 그러한 소망들은 우리를 유혹하여 그리스도로부터 더 멀리 떨어지도록 만드는 대신 우리를 그리스도께 더 가까이 이끌어줄 것입니다. 신앙적인 소망이 꼭 하늘의 확실한 것들에 대한 것만을 의미하는 것은 아닙니다. 지상의 것들로 향한 것이라 할지라도 위에서 이야기한 바와 같을 때, 그러한 소망은 신앙적인 소망이 될 것입니다. 스펜서(Spencer)는 소망의 모습을 두 가지로 그립니다. 하나는 항상 그 안에 두려운 어떤 것을 가지고 있으며, 다른 하나는 닻에 기대어 있으면서도 부끄러워하지 않습니다. 후자의 이름은 "주 안에 있는 소망"입니다.

2. 둘째로, 자기 일을 구하는 자들 가운데 홀로 서 있는 바울.

바울은 디모데를 보낼 것을 계획하면서 모든 사람이 자기 일을 구하는 가운데에도 디모데만은 그렇지 않았다고 말합니다(21절). 바울은 디모데가 빌립보 형제들의 형편을 살피는 일을 훌륭하게 수행할 것이라고 생각합니다. 또 디모데가 어떤 사심도 갖지 않고 예수 그리스도의 일을 구할 것을 굳게 신뢰할 수 있었습니다. 한편 바울은 뜻을 같이할 자가 디모데 외에 달리 없다고 말하는데(20절), 그가 지금 어느 정도로 갇힌 상태에 있기에 주변에 이렇게 사람이 없는지에 대해 우리는 충분히 알지 못합니다. 다른 옥중서신들에서 우리는 그가 상당한 숫자의 형제들을 언급하는 것을 보게 됩니다. 그들 가운데 바울과 "뜻을 같이하는" 사람들이 분명 많이 있었습니다. 두기고, 오네시모, 아리스다고, 요한 마가, 에바브라, 누가 등과 같은 사람들이 그런 사람들이었습니다. 이들은 모두 어떻게 되었을까요? 우리가 분명하게 알지는 못하지만 어쨌든 이들은 분명 어디에선가 기독교 사역을 감당하고 있었을 것입니다. 어쩌면 아직 바울이 있는 곳에 도착하지 않은 것인지도 모릅니다. 어쨌든 간에 바울 곁에는 지금 디모데 외에는 아무도 없었습니다. 물론 이것이 지금 로마에 그리스도인이 한 사람도 없었음을 의미하는 것은 아닙니다. 다만 온전한 마음으로 그리스도를 사랑하며 그의 일을 온전히 수행할 수 있을 만큼 강건한 자가 없었다는 의미입니다.

그러므로 우리는 바울의 다른 고통들에 더하여 이러한 외로움의 상태를 고려해야 합니다. 그는 이러한 외로움의 상태를 묵묵히 그리고 아무 불평 없이 감당했습니다. 우리는 종종 자기 곁에 아무도 없다는 탄식의 소리나 마음을 같이할 친구를 찾기가 어렵다는 하소연의 소리를 많이 듣습니다. 그리고 많은 사람들이 자신을 이해해 주는 사람들이 없다고 불평을 합니다. 그러나 대부분의 경우 이것은 그릇된 불평이며, 스스로 다른 사람들을 이해하거나 마음을 같이하려고 노력하지 않는 사람들로부터 나오는 불평입니다. 이와 같은 불평을 가진 사람들은 지금 홀로 외로움 가운데 있는 바울 사도로부터 교훈을 배워야 합니다. 지금 갇힌 상태에 있는 바울보다 더 사람의 위로와 동정이 절실히 필요한 사람이 누구이겠습니까? 그럼에도 불구하고 바울 곁에는 아무도 없었습니다. 그렇지만 바울은 그리스도를 가진 자는 아무도 없어도 충분히 설 수 있음을 잘 보여줍니다. 그 마음속에 "볼지어다 내가 항상 너와 함께 하리라"는 말씀을 붙잡고 있는 자는 결코 완전히 홀로일 수 없습니다.

우리가 다른 사람들과 "뜻을 같이" 한다고 할 때, 어떤 부분에서 그렇게 해야 할까요? 우리는 여기에서 특별히 기독교 사역에서 "뜻을 같이" 해야 한다는 교훈을 배울 수 있습니다. 바울은 "뜻을 같이" 하여 함께 향락을 즐길 자들을 원하지 않았습니다. 다만 그가 원한 것은 "뜻을 같이" 하여 그리스도를 위한 일에 함께 동참할 자들이었습니다. 바울은 빌립보 형제들을 위해 사람을 보내고자 했는데, 그가 이렇게 보냄받을 자로부터 찾고자 한 것은 "뜻을 같이" 하는 것이었습니다. 바로 이것이 "뜻을 같이" 하는 것과 관련하여 우리가 바랄 수 있는 최고의 형태입니다.

여기에서 바울이 함께 하는 자들이 없음으로 인해 거의 불평하지 않는 사실을 주목하십시오. 어떤 일을 열정적으로 수행하는 사람들을 생각해 보십시오. 그런 사람들은 대부분의 경우 주변 사람들이 자신처럼 열심을 품지 않을 때 불평을 많이 하는 경향이 있습니다. 어떤 경우에는 그런 이유 때문에 일을 포기하기도 합니다. 이런 사람들은, 함께 하는 자가 아무도 없음에도 불구하고 그것 때문에 그 일을 포기한다든지 혹은 주변 사람들의 게으름 때문에 자신의 도구를 내팽개쳐버리는 것은 꿈조차 꾸지 않았던 여기의 바울로부터 교훈을 배워야 합니다.

여기의 바울의 말 속에 우리가 주목해야 할 또 하나의 요점이 있습니다. 우리는 여기에서 그리스도에 대한 그들의 태도가 곧바로 그들에 대한 바울의 태도와 연결되는 것을 볼 수 있습니다. 바울은 지금 주변에 있는 사람들과 더불어 깊고 참된 교제를 가질 수 없었습니다. 왜냐하면 그들은 매일같이 "자기의 일을 구하고 그리스도의 예수의 일을 구하지 않았기" 때문입니다(21절). 궁극적인 목적이 서로 다른 사람들 사이에 온전한 연합은 거의 불가능합니다. 소위 그리스도인이라 일컬어지는 사람들 가운데 많은 사람들이 사람들을 하나로 연합시키는 끈이 그들을 예수 그리스도와 연합시키는 끈이라고 생각하지 않는 것 같습니다. 그러나 나는 예수 그리스도께 대한 공통의 사랑보다 사람들을 더 긴밀하게 연결시키는 것은 아무것도 없다고 믿습니다. 만일 사람들 사이에 이러한 기본적인 문제에 있어 일치되지 않는다면, 비록 표면적으로는 봉합되어 있다 할지라도 그 밑으로는 분열의 깊은 심연이 가로놓여 있는 것입니다.

바울은 20절에서 자신과 뜻을 같이 한 자가 디모데 외에 아무도 없다고 말하면서, 21절에서 "그들이 다 자기 일을 구하고 그리스도 예수의 일을 구하지 않는다"고 말합니다. 바울의 이러한 판단 속에 로마교회의 지체들까지 모두 포함된 것일까요? 아마도 이것은 그 주변의 사람들에 대해 말하고 있었던 것일 것입니다. 어쩌면 그는 우리가 잘 알지 못하는 어떤 이유 때문에 로마의 그리스도인들과 단절되어 있었는지도 모릅니다. 바울은 아무런 주저도 없이 생사를 결정하는 선택을 내립니다. 세상에는 항상 이것이냐 저것이냐의 선택이 있습니다. 자기를 위해 사는 것의 반대는 그리스도를 위해 사는 것입니다. 자기를 위해 사는 것은 죽는 것이며, 그리스도를 위해 사는 것은 사는 것입니다. 우리는 둘 중 하나를 선택할 수 있으며, 모든 것은 우리가 선택하는 것에 달려 있습니다. "그리스도 예수의 일"을 구하는 것이 우리의 관심이 향해야 할 유일한 기초입니다. 신앙적으로 일치할 때 비로소 우리는 진정으로 "뜻을 같이" 하게 될 것입니다. 만일 우리가 다른 사람들의 형편에 진정으로 관심을 기울이는 사람을 찾고자 한다면, 우리는 그를 "그리스도 예수의 일"을 구하는 자들 가운데서 찾아야 합니다.

3. 셋째로, 사랑으로 동역하는 것에 대한 바울의 기쁨.

디모데에 대한 바울의 칭찬 속에서 우리는 디모데가 바울과 더불어 오랫동안의 친밀한 관계를 유지해왔음을 알 수 있습니다. 바울은 디모데가 "자식이 아버지에게 함같이" 수고했다고 말합니다. 그러한 표현의 자연적인 귀결은 "나를 위해 수고했다"는 것이 될 것입니다. 그러나 바울은 디모데의 수고가 자신을 향한 것이 아니었음을 인식하면서 이렇게 바꾸어 말합니다. 그가 "나와 함께 복음을 위하여 수고하였느니라"(22절). 우리 모두는 복음을 위한 그리스도의 종들입니다.

디모데의 동역(同役)에 대한 바울의 기쁨은 너무도 크고 깊었습니다. 그것은 바울의 마음 전체가 복음을 위해 수고하는 일에 모아졌기 때문입니다. 이러한 목적을 위한 도움이 참된 도움입니다. 바울이 동역자들에게 보여준 뜨거운 감사를 통해 우리는 그가 자신의 사도적 사명에 얼마나 투철하게 헌신했는지를 알 수 있습니다. 우리로 하여금 우리의 주된 열망에 도달하도록 도움을 베풀어준 자들은 우리의 가장 뜨거운 사랑을 받게 될 것입니다. 디모데는 일반적인 부분에서는 바울에게 별다른 도움을 주지 않았습니다. 재물이나 명성이나 성공 같이 사람들이 일반적으로 추구하는 것들은 바울에게 있어 그다지 가치 있는 것으로 여겨지지 않았습니다. 바울은 오직 복음을 위한 일만을 소중하게 여겼으며, 그 일에 도움을 베푸는 것이 그를 진정으로 돕는 것이었습니다. 우리도 돕는 자들에게 대해 이런 태도를 가지고 있습니까? 우리 역시도 복음을 위해 수고하는 일에 협력하는 것을 최고의 도움으로 여깁니까? 바울에게 있어 최고의 목적은 "모든 이름 위에 뛰어난 이름"의 영광과 구원을 전파하는 것이었습니다. 그것이 바울에게 있어 그러했다면, 그것은 또한 우리에게 있어서도 그러해야 합니다. 만일 우리가 바울처럼 그와 같은 진리의 능력 아래 지속적으로 살아간다면, 우리는 매일의 삶 속에서 부딪히는 수많은 일들을 — 도움이 되는 일이든 방해가 되는 일이든 — 매우 다르게 해석하게 될 것입니다. 그리고 우리는 세상을 뒤흔드는 자들이 될 것입니다.

기독교적 하나됨은 매우 좋은 것이며 무한히 바람직한 것입니다. 그러나 그것은 공동의 주님을 위해 연합하여 일하는 가운데 펼쳐져야 합니다. 나란히 행군하는 병사들은 마치 한 덩어리처럼 연합하여 나아갑니다. 함께 마차를 끄는 두 마리의 말은 심지어 호흡까지도 함께 합니다. 뜻을 함께 함에 있어 공동의 일만한 것이 없습니다. 소위 그리스도인으로 일컬어지는 많은 사람들 가운데 "같은 뜻을 품는" 것은 마치 감옥에서 사용되는 형벌 기계와 같습니다. 담벼락 저쪽에서는 큰 힘을 발휘하지만 그러나 담벼락 이쪽에서는 아무 쓸모없는 그런 것 말입니다.

기독교적 사역의 현장에서는 모든 형태의 일꾼들이 필요하며 그들은 각자의 일이 서로 다름에도 불구하고 하나로 연합된다는 사실을 잊지 마십시오. 바울은 디모데를 종종 "동역자"로 부르며, 한 번은 그를 칭찬하면서

"나와 같이 주의 일에 힘쓰는 자"라고 말합니다(고전 16:10). 나이와 은사와 위치에 있어 두 사람이 얼마나 다른지 생각해 보십시오. 디모데는 요한 마가에 이어 매우 종속적인 위치에서 섬겼으며, 바울에게 수종드는 자 중의 한 사람으로 묘사되기도 합니다. 같은 주님을 위해 행해진 모든 일은 모두 같습니다. "선지자의 이름으로 선지자를 영접하는 자는 선지자의 상을 받을 것이요"(마 10:41). 바울이 디모데를 동역자로 부르는 것처럼, 우리 주님 역시도 우리를 동역자로 부릅니다. 그리고 우리 주님은 우리가 행한 보잘것없는 일조차도 멸시하지 않으시고 자신의 동역자가 행한 일로 여겨 주십니다. 주께서 우리를 칭찬하시면서 "네가 나와 함께 복음을 위하여 수고하였느니라"라고 말하신다면, 그 일은 우리에게 있어 얼마나 가치 있는 일이겠습니까?

13
바울과 에바브로디도

"그러나 에바브로디도를 너희에게 보내는 것이 필요한 줄로 생각하노니 그는 나의 형제요 함께 수고하고 함께 군사 된 자요 너희 사자로 내가 쓸 것을 돕는 자라 그가 너희 무리를 간절히 사모하고 자기가 병든 것을 너희가 들은 줄을 알고 심히 근심한지라 그가 병들어 죽게 되었으나 하나님이 그를 긍휼히 여기셨고 그뿐 아니라 또 나를 긍휼히 여기사 내 근심 위에 근심을 면하게 하셨느니라 그러므로 내가 더욱 급히 그를 보낸 것은 너희로 그를 다시 보고 기뻐하게 하며 내 근심도 덜려 함이니라 이러므로 너희가 주 안에서 모든 기쁨으로 그를 영접하고 또 이와 같은 자들을 존귀히 여기라 그가 그리스도의 일을 위하여 죽기에 이르러도 자기 목숨을 돌보지 아니한 것은 나를 섬기는 너희의 일에 부족함을 채우려 함이니라"

빌 2:25-30

에바브로디도는 바울의 동역자들 가운데 비교적 덜 알려진 사람들 가운데 한 사람입니다. 그에 관한 내용은 여기의 본문과 4장의 간단한 언급이 전부입니다. 그는 잠깐 동안 나타났다가 곧바로 사라집니다. 배가 달빛의 흔적을 가로질러 항해하다가 이내 유령처럼 어둠 속으로 사라지는 것처럼 말입니다. 당시 빌립보에 살던 사람들 가운데 우리는 유오디아와 순두게와 에바브로디도 세 사람의 이름만 알 뿐입니다. 본문은 우리에게 에바브로디도에 대한 흥미로운 이야기와 함께 바울의 갇혀 있던 동안의 개인적인 삶의 일면을 보여줍니다.

에바브로디도와 관련한 첫 번째 사실은 그가 빌립보 교회의 성도 가운데 한 사람이었다는 사실입니다. 그는 음식과 옷과 돈 등 물질적인 도움을 위해 빌립보 교회로부터 바울이 갇혀 있었던 로마로 보냄을 받았습니다. 당시 이러한 것들을 바울에게 확실하게 전달할 수 있는 방법은 달리 없었습니다. 그리하여 에바브로디도는 헬라를 지나 브린디시와 로마에 이르는 긴 여행을 직접 감당했으며, 로마에 도착하자 성심으로 바울을 섬겼습니다. 에바브로디도에 대한 바울의 진심어린 칭찬은 그의 사역의 두 국면을 보여줍니다. 그는 첫째로 복음에 있어 바울의 돕는 자였습니다. 바울은 그를 "나의 형제요 함께 수고하고 함께 군사 된 자"로 부르는데, 이러한 점층적인 표현 속에서 우리는 에바브로디도의 충성됨을 볼 수 있습니다(25절). 두 번째로 그는 바울의 필요를 돕는 자였습니다. 갇힌 자를 돕는 방법은 많이 있었을 것입니다. 마음을 위로해 준다든지, 심부름을 해 준다든지, 일상적으로 필요한 물건들을 조달해 준다든지, 편지를 대서(代書)해 준다든지, 사슬을 좀 편한 위치로 바꾸어 준다든지, 아픈 손목을 쓰다듬어 준다든지 등의 일을 할 수 있었을 것입니다. 어쨌든 에바브로디도는 바울을 사랑하여 비천한 일까지도 기쁘게 감당했습니다.

그러다가 에바브로디도는 병에 걸렸는데, 아마도 그것은 많은 수고의 결과였던 것으로 보입니다. 아마도 과중한 여행이라든지, 마게도냐와는 다른 로마의 기후환경이라든지, 바울이 처한 불결한 환경 따위가 병을 유발시켰는지 모릅니다. 어쨌든 그는 병에 걸릴 때까지 수고를 아끼지 않았으며, 이 소식은 마침내 빌립보에 전해졌습니다. 그렇지만 그가 병에 걸렸다는 소식만 전해졌을 뿐 회복되었다는 소식은 아직 전해지지 않았습니다. 당시에는 멀리 떨어진 지역 간의 의사전달이 매우 어려웠기 때문에 이 같은 부분적인 정보전달은 흔한 일이었습니다. 에바브로디도는 자신이 병든 소식이 전해진 것을 알고는 심히 근심하며, 향수에 젖으며, 어쩔 줄을 몰라 했습니다. 약간 회복이 되었을 때, 가족과 형제들이 자신에 대해 염려한다는 생각은 에바브로디도에게 있어 큰 근심거리였습니다. 로마에 와 있는 마게도냐 출신의 한 방문자를 상상해 보십시오. 최근에 병들어 핼쑥해진 얼굴과 고향의 맑은 공기와 가족과 친구들을 그리워하는 모습이 떠오르지 않습니까? 그리하여 바울은 즉시로 그를 돌려보내기로 마음먹습니다. 머지않아 디모데를 보낼 계획을 가지고 있었음에도 불구하고 말입니다. 이렇게 하여 에바브로디도는 다시 고향으로 돌아가게 되었을 것입니다. 그리고 빌립보의 형제들은 바울이 명한 대로 그를 주 안에서 모든 기쁨으로 영접했을 것입니다.

이제부터는 본문이 제시하는 두 인물에 대해 간단히 다루고자 합니다. 먼저 여기에 나타난 바울의 성격을 간단히 일별해보도록 합시다.

우리는 여기에서 에바브로디도에 대한 바울의 칭찬이 너무도 후하고 따뜻한 것을 주목할 수 있습니다. 바울은 에바브로디도를 "함께 수고하고 함께 군사된 자"라는 매우 평등한 용어로 부르면서(25절), 그가 자신에게 베풀어준 모든 것에 대해 큰 칭찬과 인정을 아끼지 않습니다. 에바브로디도에 대한 칭찬을 바울은 초두에 한 번 언급하는 것으로 끝내지 않습니다. 그에 관한 이야기를 끝마치는 마지막 부분에서 그가 자신을 위해 "자기 목숨을 돌보지 않았다"고 다시 한 번 칭찬합니다. 이토록 사랑과 칭찬을 아끼지 않는 지도자를 위해 자신의 목숨까지 아끼지 않고 따르는 것은 그리 놀랄 일이 아닙니다. 아랫사람에 대하여 입만 열면 비난과 책망만을 늘어놓으며 허물만 찾기에 바쁜 사람은 결코 아랫사람들로부터 사랑과 충성을 기대할 수 없을 것입니다. 충성스러운 섬김은 대부분의 경우 따뜻한 칭찬으로부터 말미암습니다. 말의 목덜미를 부드럽게 쓰다듬는 것이 채찍으로 때리는 것보다 훨씬 더 낫습니다.

또한 우리는 여기에서 바울의 따뜻한 마음을 엿볼 수 있습니다. 그는 에바브로디도의 회복을 하나님이 자신에게 긍휼을 베푸셔서 "갇힌 자로서 겪는 근심 위에 사랑하는 친구의 죽음이라는 또 하나의 근심이 더해지지 않도록" 하신 것으로 말합니다(27절). 이러한 태도는 "내게 사는 것이 그리스도니 죽는 것도 유익함이라"는 영웅적인 태도와 놀랍게 대조됩니다(빌 1:21). 그러나 실제로 둘은 완전하게 조화되는데, 진정으로 위대한 인물은 이와 같은 두 가지 마음을 모두 가지고 있습니다.

또 우리는 여기에서 바울의 아름다운 자기부인을 놓쳐서는 안 됩니다. 그는 기꺼이 에바브로디도를 보내고자 마음먹는데, 이것은 그들이 자신에게 베풀어준 모든 것에 보답하기 위한 것이었습니다. 에바브로디도가 떠나는 것이 자신에게 얼마나 아쉬운 일인지, 그리고 그가 떠나고 나면 자신이 얼마나 더 외롭게 될 것인지에 대해 바울은 아무 말도 하지 않습니다. 그렇게 하는 대신 도리어 바울은 빌립보의 형제들이 기뻐할 것을 내다보면서 그것이 자신의 근심을 더는 것이라고 생각합니다(28절).

또 우리는 여기에서 친절한 도움에 대한 바울의 진심어린 감사를 볼 수 있습니다. 바울은 에바브로디도가 "나를 섬기는 너희의 일에 부족함을 채우기" 위해 자신의 목숨을 돌보지 않았다고 말합니다(30절). 여기에서 '빌립보 형제들의 부족한 섬김' 은 그들이 개인적으로 바울에게 올 수 없었던 것을 의미합니다. 그렇지만 에바브로디도가 그들을 대표하여 행한 모든 일은 실제적인 의미에서 그들의 일이었습니다. 에바브로디도가 바울에게 가져다준 모든 물질적인 도움과 따뜻한 사랑은 빌립보인들의 사랑의 향유와 함께 바울과 바울의 주님에게 "받으심 직한 향기로운 냄새"였습니다.

또 우리는 바울 곁에 서 있는 에바브로디도의 그림 속에서 몇 가지 일반적인 교훈들을 배울 수 있습니다.

첫 번째 교훈은 그리스도에 대한 공동의 믿음이 가져오는 연합의 원리입니다. 유대인과 마게도냐인 사이의 메워질 수 없는 깊은 심연을 생각해 보십시오. 그들 사이에는 인종적인 혐오감, 서로 다른 언어, 서로 다른 관습 등이 가로놓여 있었습니다. 마게도냐인이 유대인을 "섬긴다"는 것은 여태껏 들어보지 못한 새로운 일이었습니다. "그리스도 안에는 야만인이나 스구디아인이나 종이나 자유인이 차별이 없으며 모두가 그리스도 안에서 하나"라고 말할 때의 바울의 기쁨을 우리는 단지 미약하게밖에는 느끼지 못합니다. 오늘날 우리가 모든 사람이 그리스도 안에서 하나라고 말할 때에도, 우리는 오랫동안 있어 왔던 옛 분리의 심연을 어느 정도는 허용합니다.

에바브로디도가 행한 일과 관련하여 바울은 매우 의미심장한 표현을 사용합니다. 그는 자신을 위해 행해진 일을 "그리스도의 일"로 묘사하는데 조금도 주저하지 않습니다(30절). 바울을 위해 행해진 일은 예수 그리스도를 위해 행해진 일이었습니다. 이것은 바울이 예수 그리스도의 사도였다는 특별한 의미에서 그런 것이 아니라 그가 다른 모든 그리스도인들과 마찬가지로 주님과 더불어 하나였기 때문입니다. "제자의 이름으로 준 냉수 한 잔"은 주님의 입술을 기쁘게 합니다. 여기에서 에바브로디도가 좀 더 사도적 사역에 적합한 일을 수행했을 것이라고 생각할 이유는 전혀 없습니다. 도리어 "섬김"이란 표현은 물질적이며 금전적인 도움과 더 잘 부합하는데, 바울은 그러한 도움에다가 "그리스도의 일"이라는 영예로운 이름을 붙여줍니다. 우리는 여기에서 무슨 교훈을 찾을 수 있습니까? 그것은 일반적인 생활을 성별(聖別)하는 교훈입니다. 같은 동기로 행해진 일들은 모두 같은 일입니다. 어떤 일을 행할 때 거룩한 마음으로 행한다면, 비록 세속적인 일이라 할지라도 그것은 예배의 행동이 될 것입니다. 우리의 삶 속에서 스가랴 선지자의 다음과 같은 위대한 예언을 성취하는 것은 충분히 가능합니다. "그 날에는 말 방울에까지 여호와께 성결이라 기록될 것이라 여호와의 전에 있는 모든 솥이 제단 앞 주발과 다름이 없을 것이니"(슥 14:20).

여기의 바울의 말로부터 기독교 사역자들을 위한 교훈을 끌어낼 수 있지 않을까요? "그를 주 안에서 모든 기쁨으로 영접하고 존귀히 여기라"는 훈계를 받은 자들은 그의 형제들이었습니다. 어쩌면 빌립보 교회 안에는 날카로운 입술과 시기의 영을 가진 자들이 있었으며 그래서 이런 훈계가 필요했었는지 모릅니다. 빌립보 교회의 실제적인 모습이 무엇이었든 간에, 이와 같은 훈계 자체는 그리스도인들 사이에서 흔히 벌어지는 일들을 반영합니다. 만일 에바브로디도가 주 안에서 영접을 받는다면, 그에 대한 어리석은 비방 같은 것은 없을 것입니다. 도리어 그는 그 안에서 '참된 돕는 자' (true Helper)가 역사한 도구로서 인정받게 될 것이며, 그가 아니라 그 안에 계신 그리스도의 은혜가 최종적으로 찬미를 받을 것입니다. 형제들로부터 마땅히 받을 만큼의 합당한 인정과 환대를 받지 못한 기독교 사역자들이 얼마나 많습니까? 또 실제로 받아야 마땅한 분량보다 훨씬 더 많은 분량의 인정과 환대를 받은 사람들 역시 얼마나 많습니까?

에바브로디도에 대해 우리가 아는 것은 이것이 전부입니다. 그와 그의 모든 형제들은 사라졌지만 그러나 그의 이름은 영원히 살아 있습니다. 빌립보 도시와 관련한 거의 대부분의 사실들은 오랜 세월의 장막 속에 가려 있지만, 그러나 에바브로디도에 대한 바울의 칭찬만은 지금까지도 찬란하게 빛을 발하고 있습니다.

14
마무리를 준비함

"끝으로 나의 형제들아 주 안에서 기뻐하라 너희에게 같은 말을 쓰는 것이 내게는 수고로움이 없고 너희에게는 안전하니라 개들을 삼가고 행악하는 자들을 삼가고 몸을 상해하는 일을 삼가라 하나님의 성령으로 봉사하며 그리스도 예수로 자랑하고 육체를 신뢰하지 아니하는 우리가 곧 할례파라"

빌 3:1–3

본문의 첫 단어는 바울이 편지를 마무리하려고 생각하고 있었던 것을 보여줍니다. 뿐만 아니라 바로 앞 문맥 즉 2장 끝 부분도 동일한 것을 암시합니다. 디모데와 에바브로디도에 대한 개인적인 언급은 편지의 끝 부분에 놓이기에 적합한 것입니다. 그리고 "주 안에서 기뻐하라"는 본문의 훈계 역시도 편지의 끝 부분에 위치할 만한 것인데, 그것은 바로 그 교훈이 본 서신의 주된 주제이기 때문입니다. 그러면 바울은 편지를 마무리하고자 했던 생각을 바꾼 것입니까? 이러한 의문에 대한 해답은 그의 다음 충고, 즉 그의 일생 내내 그를 반대했던 유대화주의 선생들에 대한 경고 속에서 발견됩니다. 바울은 그들을 언급할 때마다 다소 흥분하는 듯한 모습을 보입니다. 여기에서도 "개들을 삼가고 행악하는 자들을 삼가라"고 매우 격렬한 표현으로 말합니다(2절). 여기에서 바울은 편지를 마무리하고자 했던 생각을 모두 잊어버린 채 계속해서 말을 이어갑니다. 다음 장이 될 때까지 바울은 여기의 주제 즉 "주 안에서 기뻐하라"는 주제로 되돌아오지 못합니다(3:2). 다음 장 4절에 가서야 비로소 그는 다시금 "주 안에서 항상 기뻐하라 내가 다시 말하노니 기뻐하라"라고 말하면서 여기의 주제로 되돌아옵니다. 이러한 기쁨의 탄성은 매우 주목할 만합니다. 왜냐하면 그 격렬함이 편지의 다른 부분의 어조와 너무도 다르기 때문입니다. 본 서신의 전반적인 어조는 밝고 고요하며 은은합니다. 그러나 여기의 말씀은 마치 폭풍이 몰아치는 것처럼 격렬하며 우렁찹니다. 평온하던 가을 하늘에 갑자기 우레가 치는 것 같습니다. 그러나 폭풍우는 곧 지나가고 다시금 태양이 비치면서 하늘이 고요해집니다.

여기에서 제기되는 또 하나의 의문은 1절 후반절의 언급과 관련한 것입니다. 바울은 "같은 말을 쓰는 것이 그들에게 안전하다"고 말하는데, 이것은 무엇을 의미하는 것일까요? "같은 말"은 앞에 나오는 "주 안에서 기뻐하라"는 명령일까요 아니면 뒤에 나오는 유대화주의자들에 대한 경고일까요? 한편으로 "기쁨" 혹은 "기뻐하는 것"이 본 서신의 주된 주제임을 감안할 때, 전자의 설명이 타당한 것처럼 보입니다. 그러나 다른 한편으로 같은 말을 반복하는 것이 **"안전하다"**라고 할 때, 이러한 표현은 어떤 악에 대한 경고와 좀 더 잘 부합되는 것 같습니다.

이 문제는 여기에 그대로 남겨둡시다. 그리고 우리는 다만 본문에 나타난 바울의 생각들을 그대로 따라가 보도록 합시다.

1. 첫째로, "주 안에서 기뻐하라"는 최고의 명령을 주목하십시오.

본 서신을 간단히 일별하기만 해도 우리는 여기에 전체적으로 흐르는 개념이 바로 기쁨의 개념이란 사실을 발견하게 됩니다. 지금 바울 사도가 처한 상황은 기쁨과는 정반대의 상황이었습니다. 그럼에도 불구하고 그러한 것들은 그의 기쁨을 가로막을 수 없었습니다. 바울이라는 이름의 새는 어두운 새장 속에서도 즐겁게 노래할 수 있었습니다. 만일 우리가 본 서신에 나타난 그의 기쁨의 표현들을 하나로 모은다면, 우리는 그것으로부터 그의 기쁨의 근원이 무엇이었는지, 그리고 우리의 기쁨의 근원이 무엇이 되어야 하는지에 대한 값진 교훈을 얻게 될 것입니다. 서신 전체에 걸쳐

"주 안에서 항상 기뻐하라 내가 다시 말하노니 기뻐하라"는 교훈이 흐르고 있습니다. 참된 기쁨의 진정한 근원은 예수 그리스도와의 연합입니다. 그리스도 안에 있는 것이 모든 선(善)의 조건입니다. 실제적이며 영원한 기쁨은 예수 그리스도와의 연합 속에 그 뿌리를 내리며, 그와의 교제 속에 실현됩니다. 그리고 그러한 기쁨의 이유와 동기는 예수 그리스도 그 자신입니다. 이러한 기쁨은 우리에게 만족을 가져다주는 다른 근원들을 배제하지 않고 도리어 성별(聖別)시킵니다. 우리의 연약함 가운데 우리가 추구하는 인간적인 것들은 너무나 자주 그리스도 안에서의 기쁨으로부터 우리를 잡아당깁니다. 그러나 우리에게 있어서는 서로 상반되는 것들이 바울에게 있어서는 서로 조화를 이루며 나란히 흐릅니다. 그리하여 그는 이렇게 말할 수 있었습니다. "내가 주 안에서 크게 기뻐함은 너희가 나를 생각하던 것이 이제 다시 싹이 남이니"(빌 4:10).

우리는 주 안에서 기뻐하는 기독교적 의무를 충분히 실현하지 못합니다. 어떤 사람들은 얼굴 표정과 목소리를 인위적으로 꾸미기까지 하지만, 어쨌든 대부분의 사람들에게 있어 "주 안에서 기뻐하는" 것은 아주 작은 부분에서만 이루어집니다. 물론 그리스도인들에게 많은 기쁨이 있을 것입니다. 그러나 그들 가운데 많은 사람들은 "당신의 기쁨은 '주 안에서의 기쁨' 인가?"라는 질문 앞에 화를 냅니다. 그리스도인들의 경험 속에 슬프게 하며 낙망하게 하는 일들이 많이 일어나는 것은 의심의 여지 없는 분명한 사실입니다. 그런 경우 그리스도 안에서의 기쁨조차도 슬픔과 낙망 속에 가려지기도 합니다. 그러나 그리스도인의 삶 속에서의 이러한 필연적인 슬픔의 요소는 대부분의 그리스도인들이 새로운 소망 가운데 새 힘으로 다시 일어나지 못하는 것에 대한 진정한 이유가 될 수 없습니다. 진짜 이유는 그리스도와의 참된 연합이 부족하다는데 놓여 있습니다. 하나님의 사랑 안에 계속해서 머물러 있지 못하는 것, 바로 이것이 진짜 이유입니다.

2. 둘째로, 같은 말을 쓰는 것에 대한 바울의 변명을 주목하십시오.

바울은 지금 어떤 훈계를 다시 반복하고자 생각하고 있는데, 이것은 말하는 자에게나 듣는 자에게나 매우 따분하게 느껴질 수 있는 것이었습니다. 그는 그것이 자신에게는 "수고로움이 없는" 일인 반면 그들에게는 "안전한" 일이라고 말합니다(1절). 사람들은 같은 이야기를 반복하는 것을 아주 싫어하는 경향이 있습니다. 말하는 사람이든 듣는 사람이든 마찬가지로 말입니다. 그러나 기독교 교훈의 주된 진리들은 계속해서 반복되어야 합니다. 모든 사람이 실천하기 시작할 때까지 그것을 반복해서 선포하기를 중단해서는 안 됩니다. 그렇지만 말하는 사람은 지루하고 따분한 말로 반복해서는 안 됩니다. 먼저 말하는 자 자신에게 신선한 것이어야 하며, 스스로 실천의 모범이 되어야 합니다. 그리고 듣는 자들은, 그 명령을 케케묵은 소리로 만드는 것은 다름 아닌 그들 자신이 순종하기를 그치는 것이라는 사실을 기억해야 합니다. 가장 진부하고 케케묵은 것이라 할지라도 삶 속에서 꼭 그것을 적용해야 할 상황이 되면 그것은 가장 새롭고 신선한 것이 됩니다. 마치 서랍 속에 무심코 놓여 있는 오래된 처방전처럼 말입니다. 갑자기 열이 나는 등 그 처방전이 꼭 필요한 상황이 되면, 그것은 금처럼 귀한 것이 될 것입니다.

3. 셋째로, 유대화주의 선생들을 조심하라는 경고를 주목하십시오.

본 서신의 전체적인 분위기로 볼 때, 유대화주의자들이 빌립보 교회에서 상당한 세력을 형성하고 있었다고 보기는 어려울 것 같습니다. 그렇지만 의심의 여지 없이 다른 곳에서와 마찬가지로 거기에서도 그들은 바울의 발꿈치를 물어뜯으며 그의 사역을 훼방하고자 애썼습니다. 그들에게 이방인들을 전도하여 회심시키고자 하는 선교적 열정은 거의 없었습니다. 다만 바울과 그의 동료들이 이방인들에게 복음을 전파하여 그들을 회심자로 만들면, 여기의 유대화주의자들은 유대인이 되는 외적 표지를 따르지 않는 한 참된 그리스도인이 될 수 없다고 주장하면서 그들을 혼란에 빠뜨리는 일에 최선을 다했습니다. 바울은 빌립보 교회의 형제들에게 "그들을 삼가라"고 명령합니다. 심지어 바울은 그들을 향해, 유대인들이 이방인들을 경멸적으로 지칭했던 "개"라는 단어를 사용하기까지 합니다. 외적인 규례를 준수하는 것이 구원의 조건이라고 믿는 사람들은 자연적으로 거룩한 삶에 대한 관심은 더 적게 가질 것입니다. 의식(儀式)의 종교는 도덕의 종교가 아닙니다. 그리하여 바울은 그들을 향해 경멸적인 단어들을 사용하면서 그들을 진정한 할례파로 인정하기를 거부합니다. "나는 그들을 할례파로 부르지 않을 것이라. 그들은 할례받은 것이 아니고 단지 살을 조금 베어낸 것일 뿐이라. 그것은 단지 육체를 조금 해한 것 외에 아무것도 아니니라." 바울이 그들을 할례파라는 이름으로 부르기를 거부한 이유는 그가 그 이름이 참된 그리스도인들에게 속한다고 굳게 믿었기 때문입니다. 바울의 이와 같은 생각은 그가 다른 곳에서 말한 다음과 같은 원리 위에 기초한 것입니다. "무릇 표면적 유대인이 유대인이 아니요 표면적 육신의 할례가 할례가 아니니라"(롬 2:28).

바울은 여기에서 참 할례파가 누구인가 하는 것뿐만 아니라 동시에 그리스도인을 만드는 것이 무엇인가 하는 것을 우리에게 말해줍니다. 그는 세 가지를 언급합니다. 그런데 우리는 그 순서가 거꾸로 되어 있는 사실을 주목할 필요가 있습니다. 세 가지는 "하나님의 성령으로 봉사하는" 것과 "그리스도 예수로 자랑하는" 것과 "육체를 신뢰하지 아니하는" 것인데(3절), 여기에서 육체를 신뢰하지 않는 것이 첫 출발점이며, 마지막 결과는 하나님의 성령으로 봉사하는 것입니다. 참된 기독교의 출발점은 자기를 신뢰하지 않는 것입니다.

바울은 "육체"로서 무엇을 의미합니까? 몸입니까? 분명 아닙니다. 동물적인 본성이나 혹은 그 안에 뿌리박은 욕망입니까? 뒤이어 나오는 구절들, 즉 바울이 신뢰할 만한 것으로 열거하는 것들을 통해 알 수 있는 것처럼, 그것이 전부는 아닙니다. "팔일 만에 할례를 받고 이스라엘 족속이요 베냐민 지파요 히브리인 중의 히브리인이요" — 이런 것들은 의식(儀式)과 혈통에 속합니다. "율법으로는 바리새인이요" — 이것은 교회조직에 속합니다. "열심으로는 교회를 박해하고" — 이것은 동물적 본성과 아무 상관 없습니다. "율법의 의로는 흠이 없는 자라" — 이것은 도덕적 본성과 관련된 것입니다. 이 모든 것들이 "육체"의 목록 아래 등장합니다. 그러므로 "육체"는 하나님과 분리된 인간성(humanity)에 속한 모든 것을 포괄합니다. 바울의 고풍적인 언어를 현대적으로 바꾸면 이렇게 될 것입니다 — 외적인 규례나 의식에 참여하는 것을 신뢰하는 것은 쓸모없는 일이로다. 바울에게 있어 기독교 의식이나 유대 의식이나 똑같이 의식이며, 똑같이 신뢰의 기초로서 불충분했습니다. 기독교 신앙에 있어 어떤 특정한 의식들만 해당되는 것으로 생각하지 마십시오. 이것은 어디에나 스며들어갈 수 있는 아주 미묘한 경향입니다. 로마교회의 타락에 대한 경건한 두려움 때문에 비국교도의 손을 들어줄 필요는 없습니다. 교권주의의 기원은 단지 성직자들의 야심만은 아닙니다. 거기에는 또한 소위 평신도들의 열망도 있었습니다. 수요가 공급을 만들어내는 법입니다. "레위인이 내 제사장이 되었으니 이제 여호와께서 내게 복 주실 줄을 아노라"라고 생각하는 사람들이 없었다면, 이러한 기대에 부응코자 하는 레위인도 없었을 것입니다(삿 17:13).

바울이 육체에 속한 것들 가운데 "율법의 의로는 흠이 없는" 것을 포함시키는 것을 주목하십시오. 우리 가운데 많은 사람들도 같은 말을 할 수 있습니다. 우리는 모든 의무를 준수하며 항상 율법을 따라 살아가는 모범적인 사람들이라고 말입니다. 그러나 만일 우리가 이런 것을 신뢰한다면, 우리는 "육체"를 따르는 사람들입니다. 여러분은 하나님이 누구이며 우리의 행동이 실제로 얼마나 가치 있는 것인지 깊이 생각해 보았습니까? 여러분은 여러분의 행동보다도 먼저 그 안에 있는 동기(動機)를 봅니까? 여러분은 그것을 하나님이 보시는 것처럼 봅니까? "흠이 없는" 삶은 마치 화려한 조명 아래 인위적으로 꾸민 무대장면 같지 않습니까? 겉으로는 화려하고 멋있게 보일는지 모르지만 그러나 무대 뒤로 가면 무엇이 있습니까? 구석구석에 거미줄이 쳐 있는 가운데 지저분한 무대 소품들이 여기저기 어지럽게 널려 있지 않습니까? 만일 우리가 스스로를 안다면, 우리는 인생이 겉으로는 아름답게 보일지라도 실제로는 신뢰할 만한 것이 되지 못한다는 사실을 알 것입니다.

기독교의 출발점은 우리가 "벗었으며 가난하며 소경이며 아무것도 갖지 못한" 자임을 인식하는 것입니다. 사람들은 여러 가지 방법으로 예수 그리스도께 나아올 수 있으며, 나는 그들이 어떤 길로 오느냐에 대해 상관하지 않습니다. 제대로 도착하기만 한다면 말입니다. 뿐만 아니라 나는 어떤 정형화된 형태의 종교체험을 고집하지 않습니다. 그러나 이것 하나만은 분명히 확신합니다. 만일 우리가 스스로에 대한 신뢰를 버리지 않는다면, 우리는 그리스도의 진리와 관련하여 실상 아무것도 배우지 못했다고 하는 사실 말입니다. 하나님의 빛으로 자신을 측량해 보십시오. 그러면 우리는 자신의 순전함을 주장했다가 돌이켜 회개했던 욥처럼 이렇게 말하게 될 것입니다. "내가 주께 대하여 귀로 듣기만 하였사오나 이제는 눈으로 주를 뵈옵나이다 그러므로 내가 스스로 거두어들이고 티끌과 재 가운데에서 회개하나이다"(욥 42:5, 6).

이와 같이 자기를 신뢰하지 않는 것은 "예수 그리스도를 자랑하는" 것으로 이어집니다. 만일 어떤 사람이 자신이 아무것도 없이 텅 비어 있음을 발견한다면, 그는 그 빈 자리를 채울 것을 찾을 것입니다. 만일 내가 죄로 인해 정죄 아래 있음을 알지 못한다면, 그리고 그 결과로 참된 안식을 잃어버린 채 비참한 존재가 된 것을 알지 못한다면, 가장 달콤한 복음의 진리조차도 마치 지나가는 바람처럼 그렇게 내 곁을 스치고 지나갈 것입니다. 그러나 일단 자기를 신뢰하는 것을 내려놓으면, "주 예수 그리스도를 믿으라"는 말씀이 마치 하늘로부터 내려오는 음악처럼 내 영혼 속으로 파고들어올 것입니다. 땅에 떨어진 씨앗은 아래로 뻗어 내려가면서 뿌리가 되고, 위로 뻗어 올라가면서 줄기가 됩니다. 아래로 뻗어 내려가는 것은 "육체를 신뢰하지 않는 것"이며, 위로 뻗어 올라가는 것은 "그리스도 예수를 자랑하는 것"입니다.

참된 그리스도인은 실제적인 삶의 경험 속에서, 모든 면에서 충족하신 예수 그리스도 안에서, 그의 약함 속에 강한 힘을 부여하며 그로 하여금 하나님의 뜻을 행할 수 있도록 만들어주는 능력 안에서 승리자가 되어야 합니다. 평균적인 그리스도인들의 일상적인 삶 속에서 "예수 그리스도를 자랑하는" 것이 그토록 미약한 것은 온전한 자기부인과 절대적인 신앙이 부족하기 때문입니다. 만일 어떤 사람이 "나는 믿기를 바라지만 그러나 때로 의문을 품기도 하고 두려워하기도 하며 떪으로 믿기도 합니다"라고 말한다면, 과연 이것이 참된 믿음의 온전한 경험일까요? 가리는 휘장 너머 청명한 푸른 하늘로 날아오를 수 있음에도 불구하고, 어째서 우리는 계속해서 안개 속에 머물러 있습니까? 그것은 우리가 여전히 어느 정도 자기를 신뢰하는 것과 어느 정도 우리 주님을 불신하는 것 때문입니다. 만일 우리의 믿음이 견고하며 충만하다면, 우리는 계속해서 예수 그리스도를 자랑할 것입니다. 항상 시도해 보지만 그럴 때마다 좌절을 겪곤 하는 무기력한 형태의 기독교적 삶으로 만족하지 마십시오. 때로는 의심을 품고 때로는 냉랭해지는 삶이 아니라, 빛 가운데 행하며 "항상 주 안에서 기뻐하는" 삶을 추구하십시오.

"자랑하는" 것은 마음의 태도뿐만 아니라 삶의 행동까지 포함합니다. 오늘날 많은 일들이 그리스도인들에게 그들의 신앙과 그들의 주님을 강력한 불신앙의 풍조 앞에서 변증(辨證)하도록 요구합니다. 그러나 만일 우리가 우리 안에 우리 주님의 능력과 충족함과 함께 하심의 확증을 가지고 있다면, 우리는 작은 목소리로 이야기하는 대신 다음과 같은 명령에 순종하게 될 것입니다 — 너는 힘써 소리를 높이라 두려워하지 말고 소리를 높여 외치라(사 40:9). 그의 이름이 울려 퍼지게 하십시오. **여러분의** 주님이시며 **여러분의** 구주시며 **여러분의** 완전한 친구의 이름을 자랑하십시오. 다른 사람들이 무엇이라고 말하든, 여러분은 특별한 경험을 가지고 있습니다. 여러분이 그리스도인이라면 말입니다. 바로 그 경험이 그들이 말하는 모든 것에 대해 넉넉히 대답해주고도 남을 것입니다.

앞에서 이야기한 것처럼 여기에서 바울이 제시하는 마지막 결과는 "성령으로 봉사하는" 것입니다. 여기에서 "봉사"(worship, "예배"로도 번역할 수 있음)로 번역된 표현은 제사장의 섬김을 의미하는 전문적인 용어입니다. 바울은 할례받은 유대인이 아니라 할례받지 않은 그리스도인이 참 할례파라고 단언했습니다(3절). 마찬가지로 그는 또한 그리스도인들이 참된 제사장이라고 단언합니다. 그는 예루살렘 성전의 제사장들은 이제 그 호칭을 잃어버렸으며, 그 호칭은 그리스도를 따르는 자들에게 넘어갔다고 역설합니다. 만일 우리가 "육체를 신뢰하지" 않고 "그리스도 예수로 자랑"한다면, 우리는 모두 하나님의 제사장입니다. "성령으로 봉사하는" 것은 우리의 직무이면서 동시에 특권입니다. 외적인 섬김의 의식(儀式)들은 이제 중요하지 않습니다. 그것들은 "성령으로 봉사하는" 것을 돕는 도구도 될 수 있으며, 때로는 방해하는 도구도 될 수 있습니다. 모든 경험이 보여주는 것은 더 순전하고 실제적인 것일수록 육체와 감각의 도움을 덜 필요로 한다는 사실입니다. 옛 시대에는 육체의 감각이 사다리의 역할을 했습니다. 우리의 영혼이 하나님께로 올라가는 사다리 말입니다. 그렇지만 이제 그리스도 안에서 하늘로 오르락내리락하는 영혼들에게 그러한 사다리는 더 이상 필요치 않습니다. 섬김에 있어 눈에 보이는 외적인 도구들은 절름발이 영혼으로 하여금 평생 동안 절름발이로 살도록 만드는 목발과 같습니다.

이러한 섬김은 그리스도인들에게 있어 특권과 동시에 의무입니다. 만일 우리의 매일의 삶이 하나님과 교제하는 삶이 되지 못하며 우리의 일이 "하나님의 성령으로 봉사"하는 것이 되지 못한다면, 우리는 육체를 신뢰하는 것을 버리고 오직 그리스도 예수로 자랑한다고 감히 말할 수 없습니다. 그와 같은 교제와 섬김은 오직 "육체를 신뢰하지" 아니하고 "그리스도 예수로 자랑하는" 자들에게만 가능합니다.

15
모든 것을 잃어버림

"그러나 나도 육체를 신뢰할 만하며 만일 누구든지 다른 이가 육체를 신뢰할 것이 있는 줄로 생각하면 나는 더욱 그러하리니 나는 팔일 만에 할례를 받고 이스라엘 족속이요 베냐민 지파요 히브리인 중의 히브리인이요 율법으로는 바리새인이요 열심으로는 교회를 박해하고 율법의 의로는 흠이 없는 자라 그러나 무엇이든지 내게 유익하던 것을 내가 그리스도를 위하여 다 해로 여길뿐더러 또한 모든 것을 해로 여김은 내 주 그리스도 예수를 아는 지식이 가장 고상하기 때문이라 내가 그를 위하여 모든 것을 잃어버리고 배설물로 여김은 그리스도를 얻고"

빌 3:4-8

우리는 앞에서 바울 사도가 편지를 마무리하려고 준비하기 시작하다가 다른 쪽으로 이야기가 길게 진행된 것을 살펴보았습니다. 3절에서 우리는 바울의 마음속에 항상 무슨 생각이 채워져 있었는지를 보게 됩니다. 그것은 마치 굴착기가 무심코 수도관을 건드림으로써 갑자기 물이 쏟아져 나오는 것과 비슷합니다. 바울은 돌연 자신이 복음에 대해 가지고 있었던 가장 깊은 생각 속으로 들어갑니다. "모든 것을 잃어버리고 그리스도를 얻는다"는 명제는 그에게 있어 기독교 메시지의 전체적인 진리를 담고 있는 것이었습니다. 우리는 우리 마음속에 놓여 있는 주된 관심이 무엇이며, 그래서 우리 마음이 무슨 생각으로 가득 차 있는지 스스로에게 물어볼 필요가 있습니다.

본문은 어떤 진리를 말하기 위해 자신의 경험을 인용하는 바울의 전형적인 습관을 보여줍니다. 그의 신학은 그 자신의 경험을 일반화한 것이었습니다. 그럼에도 불구하고 그는 결코 자기본위적이지 않았는데, 그것은 그가 죄인들을 용서하시는 하나님의 큰 은혜를 받은 자라는 사실을 한순간도 잊어버리지 않았기 때문입니다. 그것은 그가 복음 속에 완전히 침잠된 결과였습니다. 그에게 있어 복음은 단순히 원칙이나 개념의 체계가 아니었습니다. 그것은 그의 삶의 양식이며 생명이었습니다. 따라서 이러한 특성은 그의 자연적인 열정적 성격뿐만 아니라 복음이 그의 전 존재를 붙잡고 있었던 심원한 힘까지도 보여줍니다.

본문에서 바울은 자신의 경험을 우리 모두에게도 똑같이 해당되는 하나의 전형(典型)으로 제시합니다. 그는 그의 삶의 모든 기초를 산산이 파괴한 지진을 경험했습니다. 그는 지금까지 가장 값진 것으로 생각했던 모든 것을 대수롭지 않은 것으로 여기고, 대수롭지 않게 여겼던 모든 것을 참된 보화로 붙잡았습니다. 그에게 있어 혁명이 그의 삶 전체를 완전하게 뒤집어 놓았습니다. 만일 우리의 기독교가 우리의 삶을 뜨겁게 지배한다면, 우리는 자기를 신뢰하는 것을 실제적으로 버리고 예수 그리스도를 굳게 붙잡을 것입니다.

1. 첫째로, 전에는 유익하던 것들이 이제는 무가치하게 여겨지는 것을 주목하십시오.

앞 설교에서 바울이 "내게 유익하던 것"이라고 말하는 것의 목록을 이미 살펴본 바 있지만, 그러나 여기에서 좀 더 자세히 살펴볼 필요가 있습니다. 여기에서 그것을 다시 반복해서 살펴보아야만 하는 것은 그것이 바울의 관점을 이해하는데 매우 중요하기 때문입니다. 그가 "육체"라는 표현으로 의미하는 것은 하나님으로부터 독립된 전체 자아입니다. "육체"의 반대 개념은 "영"인데, 이것은 신적 능력에 의해 거듭나 생명력으로 충만해진 인간성입니다. 반면 "육체"는 거듭나지 못한 옛 인간성으로서 몸과 감정과 성정과 생각과 의지를 포함하는 "자아"입니다.

본문에 열거된 것들을 주목해 보십시오. 그것은 유대인에게 이상적인 것으로서 순수한 혈통, 정통적인 교리, 뜨거운 열심, 흠 없는 도덕성 등을 포함합니다. 혈통과 관련하여 유대인들은 "팔일 만에 할례 받는" 것을 자랑했으며, 이것은 순수한 혈통을 가진 자들만의 배타적인 특권이었습니다. 유대교로 개종한 자들도 나중에 할례를 받을 수 있었지만, "팔일 만에" 할례 받는 것은 오직 순수한 혈통의 유대인들만의 특권이었습니다. 또 다소의 사울은 자신이 이스라엘 족속으로서 베냐민 지파의 족보에 속해 있다는 사실을 자랑합니다. 그는 이방인들 가운데서 자신의 족보를 세심하게 보존했으며, 한때 왕의 지파에 속했다고 하는 혈통적 자부심을 가지고 있었습니다. 어쩌면 그에게 "사울"이라는 이름이 붙여진 것도 그 핏줄에 왕의 피가 흐른다는 사실을 기억하도록 하기 위함이었는지도 모릅니다. 또 그는 "히브리인 중의 히브리인"이었습니다. 이것은 최상위 계층의 히브리인을 의미하는 것이 아니라 단지 "부계와 모계 모두 히브리인으로 이어진 정통 히브리인"이라는 의미입니다. 어쩌면 "히브리인 중의 히브리인"이라는 표현은 혈통뿐만 아니라 언어와 관습에 있어서도 순전한 히브리인을 의미하는 것일 수도 있습니다. 이러한 네 항목이 첫 번째 그룹을 이룹니다. 바울에게는 이러한 것들이 하나님 앞에 받아들여지는 것과 관계되는 것으로 믿었던 때가 있었습니다. 한때 그는 "할례"가 이방인을 유대인으로 만들며 따라서 그들에게 언약의 축복에 참여하는 권리를 부여하는 것으로 믿었습니다.

계속해서 그와 관련한 좀 더 종교적인 성격의 항목들이 이어집니다. "율법으로는 바리새인이요" — 그는 율법을 옹호하며 대표하는 가장 엄격한 종파 출신이었습니다. "열심으로는 교회를 박해하고" — 그는 스데반에게 돌을 던지는 사람들의 옷을 맡아 주었으며, 주의 제자들에 대해 위협과 살기가 등등했었습니다(행 9:1). "율법의 의로는 흠이 없는 자라" — 이것은 분명 외적 행동의 순종을 말하는 것으로서 사람들이 판단하기에 그렇다는 의미일 것입니다.

여기에서 우리는 그리스도인이 되기 이전의 바울과 그가 신뢰한 것의 살아 있는 그림을 볼 수 있습니다. 자랑과 자기만족을 위한 이러한 근거들은 주의 제자들을 박해하기 위해 예루살렘으로부터 다메섹으로 향하고 있었던 젊은 바리새인의 심장을 보호하는 삼중의 갑주와 같았습니다. 그는 다메섹에 도착하기도 전에 이 모든 것이 다 떨어져 버리고 말 것이라는 것을 추호도 생각지 못했습니다. 그가 신뢰하는 근거들은 그 외형은 낡은 것이지만 그러나 그 본질은 지금도 그대로입니다. 본질적으로 바울의 "육체"가 신뢰했던 것들은 오늘날 많은 사람들이 신뢰하는 바로 그것입니다. 심지어 그의 혈통적 우월감조차도 우리들 가운데 어떤 사람들에게 계속해서 영향을 끼칩니다. 우리는 국적과 구원이 아무 상관 없다는 사실을 인정합니다. 그러면서도 우리 안에 "하나님의 영국"이라는 독특한 정서(情緖)가 여전히 남아 있습니다. 비록 그것이 하나님 앞에 우리가 신뢰하는 근거까지는 아니라 할지라도, 어쨌든 하나님 앞에 특별한 종족이라는 우리의 특별한 자기만족의 근거는 됩니다. 팔일 만에 할례 받는 것까지는 아니라 하더라도, 우리를 보이는 교회와 연결시켜 주는 것처럼 보이는 외적인 의식(儀式)을 신뢰하는 사람들도 있습니다. 바리새주의가 그리스도인이 되기 이전의 사울의 마음에 자리를 잡고 있었던 것처럼, 엄격한 정통주의가 우리들 가운데 그렇게 할 수 있습니다. 이단이나 이교도와 싸우는 것으로 우리의 열심을 증명하는 것이 뜨거운 믿음과 헌신으로 그렇게 하는 것보다 훨씬 더 쉽습니다. "율법의 의로는 흠이 없는 자라"는 바울의 자부심을 현대적인 표현으로 바꾸면 이렇게 될 것입니다. "나는 최선을 다했으며 나름대로 부끄럽지 않은 삶을 살았노라. 나의 종교는 다른 사람들에게 선을 행한 것이로다." 이와 같은 사상은 오늘날 기독교 진리에 대한 이론적인 대체물로 제시되며, 많은 사람들의 마음을 매료시킵니다. 그러나 우리의 육체가 신뢰하는 그와 같은 모든 근거들은 다메섹 도상에서 바울이 보았던 것과 같은 환상을 본 사람들에게는 얼마나 무가치한 것입니까?

2. 둘째로, 전에는 유익하던 것들이 이제는 무가치한 것임을 발견함.

"그러나 무엇이든지 내게 유익하던 것을 내가 그리스도를 위하여 다 해로 여길뿐더러"(7절). 우리는 바울의 말을 조심스럽게 해석해야 합니다. 그렇지 않으면 자칫 엉뚱하게 해석할 소지가 있습니다. 그에게 "유익"했던 것들은 그 자체로는 그에 반대되는 것들보다는 나은 것들이었습니다. "흠이 없는" 삶이 온갖 더러운 것들로 얼룩진 삶보다 얼마나 더 낫습니까? 그러나 이러한 유익한 것들이 바울로 하여금 그러한 것들을 신뢰하도록 이끌었다는 점에서, 그것들은 그에게 해(害)가 되었습니다. 그의 삶을 산산이 깨뜨린 지진은 두 개의 충격파를 가지고 있었습니다. 첫 번째 충격파는 유익한 것에 대한 그의 생각을 뒤집어 놓았으며, 두 번째 충격파는 그에게서 그러한 것들을 빼앗았습니다. 그는 먼저 그것들을 무가치한 것으로 보았으며, 그러고 난 후 그것들을 잃어버렸습니다. 그는 능동적으로 그것들을 해로 여겼으며, 수동적으로 그것들을 잃어버렸습니다. 그는 팔일 만에 할례 받은 히브리인 중의 히브리인이었습니다. 그리스도인이 되기 전에는 이런 것들을 자랑했지만 이제는 해로 여깁니다. 이와 같이 먼저 생각의 변화가 선행되고, 이어 형제 유대인들로부터 출교를 당함으로 그 모든 것들을 잃어버리는 것이 따랐습니다.

그러면 무엇이 그의 생각을 변화시켰습니까? 본문에서 바울은 이러한 질문에 대해 두 가지로 대답합니다. 먼저 그는 그의 전체적인 삶을 위한 간결한 이유를 제시합니다 — "그리스도를 위하여"(7절). 그러고 나서 그는 이러한 동기를 확장합니다 — "내 주 그리스도 예수를 아는 지식이 가장 고상하기 때문에"(8절). 전자(前者)는 바울의 삶에 혁명을 일으켜 그로 하여금 이제껏 신뢰했던 것들을 포기하고 지금까지 혐오했던 것을 따르도록 만들었던 환상으로 우리를 데려갑니다. 반면 후자(後者)는 그 이후의 과정을 좀 더 강조합니다. 그러나 둘은 본질적으로 동일하며, 우리는 다만 "예수 그리스도"의 이름의 장엄한 충만과 "내 주"라는 칭호 속에 담겨 있는 강력한 복종의 의지를 주목할 필요가 있습니다. 그가 그리스도 예수를 아는 지식을 배웠거나 혹은 그것의 고상함을 깨달은 것은 다메섹으로 가는 길이 소경의 길이었음을 발견했을 때가 아니었습니다. 예전에 "유익한" 것으로 생각했던 것들을 잃어버리고 나서야 비로소 그는 "예수 그리스도를 아는 지식의 고상함"을 깨닫게 되었습니다. 그것은 단순히 말로 쉽게 표현할 수 있는 지적인 지각에 불과한 것이 아니었습니다. 여기에서 "지식"은 앎으로부터 나오는 경험을 의미하며, 그것은 계속해서 증가될 수 있는 것입니다. 우리가 "유익"이나 "해"로 여기는 것에 진실한 분량만큼 말입니다. 처음에는 예수 그리스도를 아는 지식이 다른 모든 것을 능가한다는 사실을 알지 못할는지 모릅니다. 그러나 예수 그리스도와 더 깊은 교제를 나누며 그를 더 많이 경험할 때, 우리는 그러한 지식이 다른 모든 것을 능가한다는 사실을 확신하게 될 것입니다. 왜냐하면 그는 모든 것을 능가하시는 주님이시며, 우리는 그분을 소유하기 때문입니다.

우리 삶을 뒤집는 그 같은 동기는 다음과 같은 두 가지 방식으로 표현될 수 있습니다. 첫 번째는 "그리스도를 얻기 **위해** 저급한 '유익들'을 포기해야 한다"라는 표현이며, 두 번째는 "그리스도를 얻었기 **때문에** 그러한 것들을 포기해야 한다"라는 표현입니다. 둘 다 사실입니다. 그리스도를 우리가 신뢰하는 유일한 근거로 알게 되는 것은 항상 다른 모든 것들을 버리는 것으로부터 말미암습니다. 믿음은 자기를 신뢰하지 않는 것입니다. 만일 지금 우리 발이 반석 위에 있음을 인식한다면, 지금까지 우리가 딛고 서 있었던 모래에 대해 우리는 더 이상 미련을 갖지 않을 것입니다. 고대의 위대한 예술품인 아폴로의 조상(彫像)을 본 사람에게 런던 거리의 흔해 빠진 석고상 따위는 무가치한 것으로 보일 것입니다. 살아가다 보면 어떤 숭고한 이상(理想)에 접하면서 일상적인 삶은 너무나 보잘것없고 아무것도 아닌 것처럼 느껴지는 때가 있지 않습니까? 이와 마찬가지로 예수 그리스도를 보게 될 때, 우리의 옛 자아는 아무것도 아닌 것으로 나타나며 한순간에 허물어집니다.

소유의 두 번째 행동이 시작되기 전에 포기의 행동이 완료되어야만 한다고 생각할 필요는 없습니다. 바로 이것이 많은 수도서(修道書)들의 오류입니다. 둘은 함께 갑니다. 얻기 위해 포기하는 것은 얻었기 때문에 포기하는 것 속으로 혼입(混入)됩니다. 포기를 가능하게 만드는 가장 강력한 힘은 "새로운 욕구를 허용하지 않는 힘"입니다. 우리 마음이 그리스도에 대한 사랑으로 가득 차 있을 때, 그를 위해 모든 것을 포기한다 할지라도 거기에 오직 "유익"(gain)의 개념만이 있을 뿐 "해"(loss)의 개념은 없을 것입니다.

3. 셋째로, 이러한 발견은 지속적으로 반복되어야 한다는 사실을 주목하십시오.

7절과 8절에서 바울은 "예전에 유익하던 것을 이제는 해로 여긴다"는 개념을 점층적인 어조로 반복하여 말합니다. 우리는 우리가 소유한 보화의 가치를 낮게 평가하기 쉽습니다. 그러다가 그것을 잃어버리고 난 후에야 비로소 그것이 얼마나 소중한 것이었는지를 종종 깨닫곤 합니다. "모든 것을 잃어버린" 경험을 한 사람에게 있어 잃어버린 그것들을 "배설물" 외에 아무것도 아닌 것으로 여기는 것은 결코 일반적인 일이 아닙니다. 우리의 삶의 전 과정을 통해 육체가 신뢰하는 것들을 무가치한 것으로 여기는 것은 끊임없이 반복되어야 합니다.

그러나 마귀는 우리를 교묘하게 유혹하여 도리어 반대의 과정으로 이끌려고 합니다. 흠이 없는 삶을 계속해서 유지한다든지 혹은 교회와의 관계를 계속해서 온전하게 유지하는 것은 어려운 일입니다. 따라서 우리는 우리의 삶 전체를 완전하게 뒤집어 놓은 혁명, 즉 전에 유익한 것으로 여겼던 것들을 무가치한 것으로 여기는 생각의 변화를 항상 새롭게 반복해야 합니다. 만일 우리가 스스로를 주의 깊게 관찰하지 않는다면, 그동안 잠잠히 있던 유혹자가 다시금 기력을 회복하고 우리 귀에 악한 말을 던져 넣을 준비를 좀 더 갖추게 될 것입니다. 우리는 최초에 혁명적으로 바뀐 가치관을 항상 기억하면서, 그것이 우리의 일상적인 삶 속에서 습관적으로 작동하는지 살펴야 합니다. "우리 주 그리스도 예수를 아는 지식이 가장 고상하기 때문에 모든 것을 해로 여기는" 것은 우리에게 있어 매우 좋은 거래입니다.

16
그리스도를 얻음

"또한 모든 것을 해로 여김은 내 주 그리스도 예수를 아는 지식이 가장 고상하기 때문이라 내가 그를 위하여 모든 것을 잃어버리고 배설물로 여김은 그리스도를 얻고 그 안에서 발견되려 함이니 내가 가진 의는 율법에서 난 것이 아니요 오직 그리스도를 믿음으로 말미암은 것이니 곧 믿음으로 하나님께로부터 난 의라"

빌 3:8, 9

모든 사람이 자신의 삶의 목적을 말할 수 있는 것은 아닙니다. 많은 사람들은 그에 대해 충분히 생각하지 않습니다. 우리는 삶(life)의 수단들을 따르다가 생명(life)을 잃어버립니다. 물론 대부분의 사람들에게 많은 목적들이 있으며, 그런 목적들은 그때그때 사람들을 강력하게 끌어당깁니다. 그러나 그 모든 목적들을 떠받치는 하나의 본질적인 목적을 대부분의 사람들은 갖고 있지 못합니다. 배의 키를 잡고 있는 강력한 손이 없음으로 인해 배가 물결 위에서 이리저리 흔들립니다.

또 모든 사람이 자신의 삶의 목적을 담대하게 말하는 것은 아닙니다. 분명한 삶의 목적을 가지고 있는 것과 그것을 담대하게 말하는 것은 별개입니다. 그렇지만 바울은 자신의 삶의 목적을 알았으며, 그것을 말하기를 두려워하지 않았습니다. 그것은 매우 고상하고 숭고한 것이었으며, 그의 일생 동안 열정적으로 추구한 것이었습니다. 바울은 여기에서 그에 대해 이야기하고 있습니다. 그리고 우리는 이를 통해 그의 영혼이 그리스도 예수를 아는 지식으로 불붙어 있었음을 볼 수 있습니다. 8절에서 “모든 것을 잃어버리는 것”과 “그리스도를 얻는 것”은 서로 완전하게 대응되며, 9절은 앞의 “그리스도 예수를 아는 지식의 고상함”을 확장시킨 것입니다. 여기의 바울처럼 열정적으로 자신의 삶의 목적을 추구하지 않는다면, 어느 누구도 그것을 이룰 수 없을 것입니다. 자신의 삶의 목적을 말할 때조차 열정의 불이 솟아오르지 않는 자가 어떻게 그것을 이룰 수 있겠습니까? 우리는 바울이 자신의 삶의 목적을 완전히 이루지 못한 것으로 생각하지 않는다는 사실을 주목할 필요가 있습니다. 그는 자신이 그리스도를 얻었으며 “그 안에서 발견”되었음을 압니다. 그러면서 동시에 그는 자신 앞에 그와 관련한 무한한 더함(increase)의 가능성이 펼쳐져 있음을 압니다.

1. 첫째로, 바울의 삶의 목적은 그리스도를 온전히 소유하며 그와 더불어 온전한 연합을 이루는 것이었습니다.

“그리스도를 얻는 것”(8절)과 “그 안에서 발견되는 것”(9절)은 본질적으로 같은 의미를 갖는 것으로서, 동일한 진리를 각각 다른 측면에서 바라본 것에 지나지 않습니다.

“얻는 것”은 물론 “잃어버리는 것”에 대칭되는 개념입니다. 바울의 대차대조표에는 한쪽에 “잃어버린 모든 것”이 있고 다른 한쪽에 “얻은 그리스도”가 있습니다. 모든 것을 잃고 그리스도를 얻는 것은 매우 이득이 많은 거래입니다. 그러나 우리는 이러한 은유보다 더 깊이 들어가, 그리스도가 믿는 자들에게 실제로 자신을 나누어주는 사실을 살펴볼 필요가 있습니다. 그리스도 자신이 “아들이 있는 자에게는 생명이 있느니라”라고 말씀하신 것처럼(요일 5:12), 그는 우리에게 자신의 생명을 실제적으로 나누어 주시며 그럼으로써 우리는 생명을 소유합니다. 우리는 우리의 모든 기능들 속에서 그리스도를 소유합니다. 머리와 가슴과 열정과 욕망과 소망하는 것과 갈망하는 것 — 이 모든 것들이 그 안에 내주하시는 그리스도를 가질 수 있습니다. 그 안에 내주하시는 그리스도는 강하고 온유한 손으로 그것들을 인도하시며, 그것들을 격려하여 더 고상한 삶을 추구하도록 이끄시며, 때로는 억제하며 통제하며 점진적으로 변화시켜 가다가, 마침내 그것들을 자신의 모양과 같아지게 만듭니다. 내주하시는 그리스도께서 들어오실 때까지 그것들은 비어있으며, 그 은밀한 구석구석에 더러운 것들이 숨어 있습니다. 자신의 모든 능력에 충만한 자가 되기 위해서는, 우리는 "그리스도를 얻어야" 합니다.

본문의 또 하나의 표현인 "그 안에서 발견"되는 것은 같은 진리를 좀 더 완결짓는 관점으로 제시합니다. "그리스도 안에 발견"될 때, 우리는 우리 안에 그리스도를 얻습니다. 마치 지체들이 몸 안에서 하나로 연합되는 것처럼, 우리는 그리스도와 연합됩니다. 마치 돌들이 모퉁잇돌과 연결되는 것처럼, 우리는 그리스도와 연결됩니다. 마치 가지가 포도나무에 붙어 있는 것처럼, 우리는 그리스도께 붙어 있습니다. 안전한 피난처를 얻기 위해서는, 우리는 그리스도 안에 있어야 합니다. 마치 부지중에 범죄하고 도망친 자가 도피성에서 피난처를 얻는 것처럼 말입니다.

"죄와 고통과 수치로부터,
종은 스스로를 주의 이름 안에 감추나이다."

생명의 진액이 우리 안에서 풍성하게 흐르도록 하기 위해서는, 우리는 그리스도 안에 있어야 합니다. 신적 사랑이 임하며 그의 기업의 분깃을 얻기 위해서는, 우리는 그리스도 안에 있어야 합니다.

만일 예수 그리스도가 하나님의 아들이라면, 이러한 내주하심과 상호 소유는 충분히 가능한 일이 됩니다. 그러나 그가 하나님의 아들이 아니라면, 그것은 터무니없는 소리가 됩니다. 그리고 이러한 내주하심과 상호 소유는 그 분량에 있어 계속해서 증가될 수 있으며, 지혜로운 자는 이것을 자신의 삶의 최고의 목적으로 삼습니다. "형제들아 나는 오직 한 일을 위하여 달려가노라"(13, 14절).

2. 둘째로, 바울의 삶의 목적은 의를 소유하는 것이었습니다.

바울은 계속해서 그리스도를 얻고 그 안에서 발견되는 것에 뒤따르는 몇몇 결과들을 제시하는 가운데 제일 먼저 자신의 목적을 의를 소유하는 것으로 말합니다. 바울이 자신이 의를 얻은 것은 눈먼 상태에 있을 때 아나니아가 와서 세례를 받고 죄 씻음을 받으라고 말한 때로부터였다고 믿었다는 사실을 우리는 기억할 필요가 있습니다. 여기의 "의"라는 단어는 그 충분한 의미에서 도덕적 완전함을 의미하는 것으로 받아들여져야 합니다. 삶의 목적에 있어 바울은 다른 사람들보다 얼마나 더 뛰어납니까! 그러나 여기의 언급은 도덕적 완전함에 대한 일반적인 개념들을 훨씬 초월합니다. "의"로써 그가 의미하는 것은 세상의 관념과는 크게 다릅니다. 그 요소들에 있어 그러하며, 그 근원에 있어서는 더욱 그러합니다.

몽롱한 신비주의에 취한 가운데 "그리스도를 얻고 그 안에서 발견되는" 것에는 많은 관심을 기울이면서, 그러나 "의를 소유하는" 것에 대해서는 아무 관심도 기울이지 않을 수 있습니다. 그 결과가 무엇이겠습니까? 자칫 참된 구별로 나아가지 못하고 심지어는 불의(不義)의 상태로 떨어질 수도 있지 않겠습니까? 불교와 몇몇 형태의 신비주의 기독교는 부도덕의 구덩이로 떨어졌습니다. 그러나 바울은 여기에서 둘, 즉 "그리스도를 얻고 그 안에서 발견되는" 신비적인 요소와, "의를 소유하는" 도덕적인 요소를 온전히 결합시켰습니다. 바울의 삶의 목적과 관련한 전자의 신비적인 요소를 후자의 도덕적인 요소와 연결시켜 이야기할 때는 특별히 위험할 것이 없습니다. 나는 바로 앞에서 바울이 의를 추구했던 다른 사람들과 매우 달랐음을 언급했습니다. 의를 구성하는 요소들과 관련해서 뿐만 아니라 특별히 그가 그것을 자신의 노력의 결과가 아니라 선물(gift)로서 간주했다는 점에서 그렇습니다. 그에게 있어 참된 의는 "나의 의가 아닌 의"였습니다. 그것은 그 근원이 하나님께 있고, 하나님이 나누어 주시는 의였습니다. 세상은 의를 일반적인 개념으로 생각합니다. 그 개념 속에 율법과 합치되는 인간의 구체적인 행동들이 모두 포함되며, 의무의 표준과 합치되는 많은 구체적인 경우들이 더해짐으로써 충분한 의에 이르게 됩니다. 그러므로 세상은 "이러저러하게 행하고 의를 얻으라"라고 말합니다. 반면 바울은 "의를 얻고, 그러고 나서 이러저러하게 행하라"라고 말합니다. 의에 대한 세상의 개념의 결과는 평균적인 사람에게 있어 주기적으로 노력과 냉담 사이를 오가는 것입니다. 반면 바울의 개념의 결과는 우리가 아는 대로 사람으로 하여금 의를 구성하는 구체적인 행동들을 행할 수 있도록 만들어주는 힘을 부여해 줍니다. 전자의 길은 피곤한 길입니다. 개별적인 의로운 행동들로 의를 쌓는 것은 정말로 소망 없는 노력입니다. 그것은 산호 폴립들이 천천히 자라 마침내 암초를 이루는 것보다도 더 지루하며 막막한 일입니다. 의로운 행동을 계속 함으로써 의로워질 것으로 생각하는 사람은 무엇이 그의 행동을 의롭게 만드는지에 대해 좀 더 심원(深遠)한 개념을 가질 필요가 있습니다. 반면 후자의 길은 우리로 하여금 자신의 노력을 의지하는 것으로부터 완전하게 벗어나게 만들어주며, 또한 고통스러운 분투와 피곤한 노력 대신 단순히 받아들이는 태도를 요구합니다. "나의 의"를 찾는 것은 결코 발견할 수 없는 것을 찾는 것입니다. 설령 찾는다 하더라도 그것은 우리 앞에서 허무하게 사라져버릴 것입니다. 반면 하나님으로부터 오는 의를 찾는 것은 하나님이 주시려고 준비하고 계시는 것을 찾는 것입니다.

바울은 이러한 의를 그리스도 안에 있는 선물로서 바라보았습니다. 그 의가 그의 것이 되고 그가 "흠이 없는" 자로 발견된 것은 그가 "그 안에서 발견된" 때였습니다. 그러한 선물은 선을 지향하는 성향과 우리의 모든 기능들이 하나님의 뜻에 합치되도록 이끄는 힘을 가지고 있는데, 그것은 우리가 "그리스도를 얻을" 때 주어집니다. 그리스도를 소유할 때 우리는 그것을 소유합니다. 그것은 전가(轉嫁, imputed)될 뿐만 아니라 분여(分與, imparted)됩니다. 그것이 그리스도 안에서의 하나님의 선물이기 때문에, 그것은 바울의 관점에서 믿음으로 받는 것입니다. 그는 이러한 확신을 본문에서 두 가지로 표현합니다. 그것은 "믿음으로 말미암은" 것입니다. 다시 말해서, 그 의가 우리 손에 전달되는 통로가 다름 아닌 믿음이라는 것입니다. 또 그것은 "믿음으로" 혹은 좀 더 정확하게 "믿음 위에서" 주어집니다. 그리스도에 대한 우리의 믿음은 우리에게 그의 생명을 가져다주며 우리를 거룩하게 합니다. 이것을 오늘날의 언어로 좀 더 평이하게 표현하면 이렇게 될 것입니다. "만일 우리가 더 나아지기를 원한다면, 그리스도를 믿고 그를 우리 삶의 깊은 곳으로 모셔 들이십시오. 그러면 그 의가 우리의 것이 될 것입니다." "마음의 숨은 사람"에 놓인 그러한 변화의 실재는 마치 벌레들은 가까이 오지 못하도록 막고 그 안에 있는 옷들에는 아름다운 향기가 나게 만드는 강력한 방향제와 같습니다.

그러나 지금까지 말한 모든 것은 마치 "하나님께로부터 난 의"를 얻기 위해서는 어떤 노력도 할 필요가 없다는 식으로 오해될 수 있습니다. 자기를 계속해서 포기하는 것과 함께 주어진 은혜를 계속해서 활용하는 것이 필요합니다. 의는 믿음이 행사될 때마다 주어집니다. 손을 뻗지 않으면 아무것도 주어지지 않습니다. "믿음으로 하나님께로부터 난 의"를 소유하는 것은 평생의 목적입니다. 왜냐하면 그러한 선물은 계속해서 더해질 수 있는 것이면서 동시에 가장 열심히 노력하는 자에게 더 풍성하게 주어지는 것이기 때문입니다.

3. 셋째로, 바울의 평생의 목적은 지상의 삶을 넘어 펼쳐집니다.

만일 우리가 "그 안에서 발견"된다는 표현을 마지막 심판의 큰 날에 대한 언급을 포함하는 것으로 이해한다면, 우리는 바울의 말에 너무 지나친 의미를 부여하는 것일까요? 우리는 동일한 표현이 분명하게 그때를 가리키는 것으로 사용되는 다른 용례들을 알고 있습니다. 예컨대 다음과 같은 말씀들을 주목해 보십시오. "이렇게 입음은 우리가 벗은 자들로 **발견되지** 않으려 함이라"(고후 5:3). "너희 믿음의 확실함이 예수 그리스도께서 **나타나실** 때에 칭찬과 영광과 존귀를 얻게 할 것이니라"(벧전 1:7). "주 앞에서 점도 없고 흠도 없이 평강 가운데서 **나타나기를** 힘쓰라"(벧후 3:14). 이러한 구절들에 비추어볼 때, 본문의 "그 안에서 발견"된다는 표현이 바울에게 있어서 죽음 이후의 상황에 대한 언급을 포함하는 것으로 이해하는 것은 결코 불합리한 해석으로 생각되지 않습니다. 바울은 모든 가식(假飾)을 꿰뚫고 모든 마음을 통찰하시는 심판장의 불꽃같은 눈을 생각하고 있습니다. 그날에 "그 안에서 발견"되는 자들은 그곳에 영원히 있습니다. 그와의 연합에서 떨어질 것을 두려워하는 것도 더 이상 없으며, 점진적으로든 갑작스럽게든 도피성의 거룩한 울타리 밖으로 쫓겨나갈 것을 두려워하는 것도 더 이상 없습니다. "한 번 그리스도 안에 있으면 영원히 그리스도 안에 있다"는 식의 과도한 확신은 분명 어느 정도의 위험성을 가지고 있습니다. 바울은 그리스도와의 연합이 완성된 실재라기보다 이 땅에서 우리가 영구히 노력하며 추구할 목표가 되어야 한다고 가르칩니다. 이 땅에 있는 한, 우리에게 있어 떨어질 가능성은 여전히 남아 있습니다. 그러므로 우리는 항상 "내가 지금 그리스도 안에 있는가?"라고 물어야 합니다. 또 계속적으로 깨어 있으면서, 자기를 다스리며, 자기를 믿지 아니하는 것이 필요합니다. 그리고 본질적인 삶의 목적은 영속적으로 계속되어야 합니다. 그것은 그것이 무한히 커져가는 것이기 때문일 뿐만 아니라 또한 우리의 연약함 때문이기도 합니다. 왜냐하면 우리의 연약함이 언제든지 그것을 버릴 가능성이 있기 때문입니다. 그로부터 떠날 모든 위험에도 불구하고 영원히 우리가 그곳에 있는 것은 마침내 우리가 그 안에서 그리고 그에 의해 발견되는 때입니다. 그러한 도피성에는 "성문들이 도무지 닫히지 아니할" 것입니다(계 21:25). 그것은 원수들이 감히 들어올 수 없기 때문일 뿐만 아니라 또한 그 성의 거민들 가운데 누구도 나가기를 바라지 않기 때문입니다.

언젠가 우리는 그날을 맞이할 것입니다. 또 우리의 삶의 목적 속에는 이와 같이 모든 감추인 것들이 밝히 드러나며, 오랫동안 잊힌 것들이 발견되며, 예수 그리스도와 관련한 각 사람의 궁극적인 모습이 불확실함과 모호함과 외식과 가식으로부터 벗어나 모든 이에게 분명하게 드러나는 마지막 심판이 포함되어 있어야 합니다. 이러한 큰 "발견"의 날에, 어떤 사람들은 시무룩한 마음으로 "내 대적자여 네가 나를 찾았느냐?"라고 물을 것이며(왕상 21:20), 또 어떤 사람들은 큰 기쁨으로 "내가 그를 발견했도다", 아니 그보다도 "내가 그에 의해 발견되었도다"라고 외칠 것입니다.

이와 같이 우리에게는 오직 하나의 합리적인 목적이 있을 뿐인데, 그것은 그리스도를 소유하며, 그 안에서 발견되며, 그의 의를 얻는 것입니다. 이것은 우리의 모든 힘을 쏟아 붓기에 합당한 크고 합리적인 목적입니다. 이러한 목적은 우리의 생애 전체를 통해 계속되며, 나아가 지상의 삶을 넘어 펼쳐집니다. 그러한 목적을 따를 때, 다른 모든 목적들은 각각 제자리에 놓일 것입니다. 여러분의 삶의 목적은 무엇입니까?

17
구원의 지식

"내가 그리스도와 그 부활의 권능과 그 고난에 참여함을 알고자 하여 그의 죽으심을 본받아 어떻게 해서든지 죽은 자 가운데서 부활에 이르려 하노니"

빌 3:10, 11

우리는 바울 사도가 3장 초두에서 서신을 마무리하려고 하다가 갑작스럽게 새로운 생각이 떠오르면서 그러한 계획이 흐지부지 되었던 것을 앞에서 살펴보았습니다. 자신이 잃어버린 것과 그리스도 안에서 얻은 무한히 더 큰 것에 대해 생각할 때, 그의 믿음은 더욱 불같이 타올랐습니다. 그의 부요는 짤막한 한 문장에 다 담을 수 없을 만큼 너무도 컸습니다. 바로 앞에서 온갖 격정적인 말을 쏟아놓았음에도 불구하고, 바울은 자신이 지금 소유하고 있는 것이나 그의 궁극적인 목적들을 충분히 나타내지 못했습니다. 그리하여 여기에서 그는 그러한 주제를 계속 이어갑니다. 그러한 주제는 앞 설교에서 이미 충분히 다루어졌지만, 그러나 여기에서 좀 더 상세히 다루어질 필요가 있습니다. 본문 역시 바울의 삶의 목적과 관련된 것입니다.

1. 첫째로, 바울의 삶의 목적은 그리스도를 아는 것이었습니다.

"그리스도를 얻는 것"이나 "그 안에서 발견되는 것"에 비할 때, "그리스도를 아는 것"은 별것 아닌 것처럼 보입니다. 전자의 표현들은 여기의 "그리스도를 아는 것"보다 훨씬 더 친밀한 관계를 표현하는 것처럼 보입니다. 그러나 우리는 그리스도를 아는 것이 단순히 이론적이며 지적인 지식을 의미하는 것이 아니라는 사실을 주목해야 합니다. 그와 같은 지식은 "모든 것을 잃어버리는" 대가(代價)를 필요로 하지 않습니다. 그러나 그리스도를 아는 지식은 오직 그러한 값을 치르고서만 살 수 있습니다. 그렇지만 '그리스도에 대한 지식'은 훨씬 더 싸게 살 수 있습니다. 그러한 지식은 그렇게 큰 가치를 갖지 못합니다. 그러한 지식은 단지 영혼의 표면만 건드릴 뿐 아무 일도 행하지 못합니다. 많은 사람들이 그러한 지식을 가지고 있지만, 그것은 별 쓸모 없는 지식입니다. 만일 바울이 이러한 '그리스도에 대한 지식'을 위해 희생하며 그 모든 수고를 감당했다면, 그는 자신의 삶을 허비한 것이며 나쁜 거래를 한 것입니다. 그러나 항상 그렇듯이 여기에서도 "아는 것"(to know)은 경험에 기초한 지식을 의미합니다. "영생은 곧 유일하신 참 하나님과 그가 보내신 자 예수 그리스도를 **아는** 것이니이다"라는 말씀을 주목해 보십시오(요 17:3). 이것이 정확한 교리를 아는 것이 곧 영생이라는 의미이겠습니까? 에베소의 형제들을 위해 "하나님의 모든 충만으로 충만해지기 위해 지식에 넘치는 그리스도의 사랑을 **알기**를" 구하는 바울의 기도를 생각해 보십시오(엡 3:18, 19). 이러한 기도로써 바울이 의미한 것이 고작 지적 이해의 메마른 빛이었겠습니까? 지식에 대한 신약의 개념의 실재에 도달하기 위해서라면 우리는 이것보다 훨씬 더 깊이 들어가야만 합니다. 그것은 내적 경험 위에 세워지는 것으로서, 생명 혹은 삶과 연결되는 것입니다. 한 마디로, 그것은 예수 그리스도를 얻는 것의 한 측면입니다. 오직 결혼을 통해서만 부부지간의 사랑이나 부모의 사랑을 알 수 있는 것처럼, 오직 포도주를 마셔봄을 통해서만 그 맛을 알 수 있는 것처럼, 오직 귀를 열고 들음을 통해서만 오케스트라의 장엄함을 알 수 있는 것처럼, 오직 눈을 열고 봄을 통해서만 한낮의 밝음을 알 수 있는 것처럼, 우리는 오직 그리스도를 얻음으로써만 그를 알 수 있습니다. 먼저 감각이나 감정으로 지각하고 소유하는 것이 있어야 합니다. 그리고 나서 그러한 소유를 이해하며 되새깁니다. 이것은 모든 종교적 진리에 적용됩니다. 충분히 알기 전에 먼저 가져야 합니다. 흰 돌 위에 기록된 새 이름처럼, "받는 자 밖에는 그 이름을 알 사람이 없을" 것입니다(계 2:17).

바울의 삶의 목표였던 지식은 한 개인과 관련한 지식이었습니다. 그 대상이 그 지식의 성격을 결정합니다. 어떤 사람에 대해 들음으로 그에 대해 아는 정신적인 작용은 그와 함께 삶으로써 그를 아는 것과는 다릅니다. 본문의 "알다"라는 단어가 우리가 아는 그리스도와의 개인적인 교제를 함축한다고 말한다고 해서, 우리가 그 단어에다가 너무나 많은 의미를 갖다 붙이는 것이 아닌가 염려할 필요는 없습니다. 물론 처음에는 그리스도에 대한 이야기를 듣고 그를 알게 됩니다. 오늘날과 같은 파괴적인 비평주의의 시대에 그리스도의 생애와 관련한 복음서의 이야기들을 그를 아는 유일한 방편으로 받아들여야 할 절대적인 필요성은 아무리 강조해도 결코 지나치지 않습니다. 그러나 그와 같은 기록(record)을 받아들이는 것을 넘어 그것을 적용하며 전유(專有)하는 것, 다시 말해서 역사적 사실을 개인적인 경험으로 바꾸는 것이 따라야만 합니다. 예수 그리스도에 대한 성경의 모든 이야기 속에서도 우리는 이러한 사실을 분명하게 발견할 수 있습니다. 예를 들어, 성경은 예수 그리스도를 우리의 구속자로 선언합니다. A라는 사람은 예수 그리스도를 그렇게 믿고, 자신의 삶 속에 그렇게 받아들이며, 그렇게 발견합니다. 반면 B라는 사람은 예수 그리스도를 그렇게 믿지만, 그러나 그의 구속의 능력은 받아들이지 않습니다. 두 사람의 지식을 같은 이름으로 부를 수 있을까요? 경험과 함께 오는 지식과 단순히 정신적인 작용으로서의 지식은 결코 같은 이름으로 불려서는 안 됩니다. 소위 그리스도인으로 일컬어지는 많은 사람들에게 있어 예수 그리스도와 관련한 이 같은 두 종류의 지식 사이의 차이를 구별하는 것보다 더 중요한 것은 없습니다. 예수 그리스도를 안다고 고백하지만 실상 그것이 단지 몇몇 교리적인 사실들에 대한 부분적인 이해에 불과할 뿐인 사람들이 너무도 많습니다. 그들에게 있어 예수 그리스도는 항상 생명의 교제를 나누는 대상도 아니며, 약함 가운데 강함을 가져다주는 분도 아니며, 탄식 가운데 위로자도 아니며, 사망 가운데 생명도 아니며, 모든 것 가운데 모든 것도 아닙니다.

예수 그리스도에 대한 이러한 경험적인 지식을 심화(深化)시키는 것은 생애 전체를 바칠 만큼 충분히 가치 있는 목적이며, 또한 그것은 생애 전체를 통해 한없이 계속되는 과정입니다. 그를 점점 더 많이 알게 되는 것은 우리 안에 하늘나라를 더 많이 소유하는 것입니다. 그의 충만을 더 깊이 관통하며 매일같이 새로운 깊이를 발견하는 것은 우리의 무미건조한 일상 속에서 결코 마르지 않는 신선한 샘을 소유하는 것입니다. 오직 한 분의 '다함이 없는 자'가 계시는데, 그는 예수 그리스도입니다. 우리는 주 예수 그리스도 안에서 모든 충만을 소유합니다. 그를 받았을 때, 우리는 이미 모든 것을 받은 것입니다. 그를 경험하는 것이 그를 아는 것을 낳는데, 여러분은 이러한 경험에 있어 계속해서 앞으로 나아가고 있습니까? 마치 미지의 땅을 탐험하는 사람들처럼, 여러분은 매일같이 새롭게 발견합니까? 이것을 우리의 삶의 목적으로 삼을 때, 참된 만족과 축복과 진보가 따를 것입니다. 그리스도를 아는 것보다 더 유익한 지식은 아무것도 없습니다.

2. 둘째로, 그러한 지식은 그의 부활의 권능을 아는 것을 포함합니다.

그리스도의 부활의 권능은 매우 넓은 영역을 망라하는 표현입니다. 바울 서신에 그리스도의 부활에 돌려지는 권능이 몇 가지로 제시됩니다. 첫째로, 그리스도의 부활은 우리 주님의 인격과 사역을 입증하는 권능을 갖습니다. 부활로써 그는 "능력으로 하나님의 아들로 선포"되셨습니다(롬 1:4). 그의 죽으신 사실과 연결된 부활의 사실은 세상 앞에 그를 하나님의 아들로서 나타내며, 그것은 또한 하나님이 그의 사역을 받으셨음에 대한 장엄한 확증이었습니다.

둘째로, 그리스도의 부활은 인간의 실제적인 상태를 나타내는 권능을 갖습니다. 부활은 불멸성을 확증하는 한 가지 사실입니다. 그것은 불멸성을 확증할 뿐만 아니라 그 방식에 있어서도 어느 정도의 빛을 던집니다. 죽음 이후의 개인적인 삶의 가능성, 개인적인 존재가 단절되지 않고 연속되는 가능성, 육체가 영화로운 몸으로 부활할 가능성 — 이러한 개념들은 사망의 어둠 속에 밝은 빛을 던지며, 사망의 나라의 경계를 극도로 위축시키며, 두려움과의 경쟁에서 사랑을 승리자로 선포합니다. 이 모든 것의 기초는 그리스도의 부활입니다. 이와 관련한 부활의 권능은 사망의 손으로부터 홀(笏)을 낚아채는 권능입니다. 그리하여 그 홀은 사망의 손으로부터 죽으셨다가 다시 사신 자, 그리하여 죽은 자와 산 자의 주님이 되신 그분의 손으로 옮겨집니다.

셋째로, 그리스도의 부활은 바울에 의해 우리의 의롭다함을 위한 권능을 갖는 것으로 다루어집니다. 부활하신 주님이 그의 부활의 생명으로 말미암아 그의 의의 축복을 우리에게 주시는 것입니다.

넷째로, 그리스도의 부활은 우리의 영적 생명을 소생시키는 권능을 갖는 것으로 제시됩니다. 나는 그리스도의 죽은 자 가운데서의 부활과 부활 이후의 그의 생명이 우리의 생명의 모형과 모범으로 다루어지는 많은 구절들을 인용하느라 시간을 낭비할 필요를 전혀 느끼지 않습니다. 그것은 우리의 생명의 모범으로서 간주될 뿐만 아니라 또한 우리에게 새 생명을 가져다주는 권능으로 간주됩니다. 그것은 우리를 죄로 말미암은 죽음으로부터 일으켜 성령의 새 생명으로 데려가는 권능을 가지고 있습니다. 결국 그리스도의 부활은 그의 종들을 무덤으로부터 일으켜 그 자신의 영광의 생명을 풍성하게 소유하는 것으로 이끄는 권능을 가진 것으로 간주됩니다. 그러므로 그것은 사망에 대한 우리의 최종적인 승리의 권능입니다.

그리스도의 부활생명은 우리를 소생시키며 일으킵니다. 그것은 우리의 부활에 대한 모범일 뿐만 아니라 또한 우리의 부활을 이끄는 권능입니다. 그와 우리 사이에 실제적인 생명의 연합이 있는 것은 오직 우리가 그 안에 있을 때입니다. 그럴 때 그 자신의 생명의 숨결이 우리 안으로 흘러들어옵니다.

그리스도를 소유할 때 우리가 공유(共有)하게 되는 그의 부활생명은 마치 누룩이 가루 서 말 속에 떨어지는 것처럼 우리의 본성 속으로 들어옵니다. 그의 부활생명은 우리의 본성을 변화시키고 소생시키며, 거기에다가 새로운 성향과 기호와 동기와 추진력과 권능을 부여합니다. 그리고 그것은 우리로 하여금 위에 있는 것들을 추구하도록 이끕니다. 그것이 우리 마음속에 내리는 위대한 훈계, 즉 하늘을 굳게 붙잡는 가운데 땅의 것들을 버리라는 훈계는 그들이 죽었으며 "그들의 생명이 그리스도와 함께 하나님 안에 감춰진" 사실 위에 기초합니다. 이러한 누룩이 없다면, 우리가 사는 삶은 곧 죽음입니다. 왜냐하면 그것은 "육체의 정욕을 따라" 살며 육체와 마음의 원하는 것을 행하는 것이기 때문입니다. 예수 그리스도와의 실제적인 연합의 결과가 그의 부활의 권능을 실제적으로 경험하는 것으로 나타나지 않는다면, 다시 말해서 우리가 죄의 멍에로부터 벗어나 그의 형상을 닮아가며 우리 스스로를 죽은 자 가운데 산 자로서 하나님께 드리며 우리의 지체들이 의의 도구로서 하나님께 드려지는 것이 없다면, 그와의 실제적인 연합은 사실상 없는 것입니다. 우리가 그리스도와 함께 새 생명으로 일으킴을 받은 것에 대한 유일하면서도 확실한 표적은 우리가 육체의 정욕을 따라 살면서 육체와 마음의 원하는 것을 행하는 것을 그치는 것입니다. 예수 그리스도의 부활생명은 계속해서 증가될 수 있는데, 그것은 우리가 정직하게 그와 그의 부활의 권능을 아는 것을 우리 삶의 목적으로 삼는 분량만큼 그렇게 될 것입니다.

3. 셋째로, 그리스도의 부활의 권능을 경험하는 것은 그의 고난에 참여하는 것과 분리되지 않습니다.

우리는 본문에 나타난 바울의 장엄한 말이 그리스도의 죽음의 유일성을 털끝만큼도 손상시키지 않는다는 사실을 기억할 필요가 있습니다. 그는 예레미야 애가의 다음과 같은 예언적 토로에 대해 가장 강한 부정으로 대답할 것입니다. "지나가는 모든 사람들이여 너희에게는 나의 고통과 같은 고통이 있는가 볼지어다"(애 1:12). 그리스도께서 우리 모두를 위해 마신 잔보다 더 쓴 잔을 마신 자는 결코 없으며 있을 수도 없습니다. 스스로를 죄악된 세상과 동일시한 것, 모든 슬픔을 깊이 체휼한 것, 자신이 떠나온 모든 영광을 의식하는 것, 이 땅에서 끊임없이 적의(敵意)와 맞닥뜨린 것

— 이 모든 것들이 그의 고통을 결코 반복될 수 없는 유일무이한 것으로 만듭니다.

그럼에도 불구하고 그의 죽음과 부활은 성경에서 우리의 죽음과 부활의 모범과 권능으로 제시됩니다. 우리는 십자가의 권능으로 세상에 대해 죽어야 합니다. 만일 우리가 실제로 그리스도의 희생을 믿는다면, 우리 안에서 우리를 옛 자아와 옛 세상으로부터 분리시키는 동기(動機)들이 작동할 것입니다. 근본적이며 윤리적이며 영적인 변화가 믿음을 통해 우리에게 이루어질 것입니다. 우리는 죄 안에서 죽었으며, 죄에 대해 죽습니다(We were dead in sin, we are dead to sin). 우리는 기독교적 삶의 두 개념, 즉 매일같이 죽는 것과 계속적으로 다시 사는 것을 하나로 융합시켜야 합니다. 양쪽 측면을 모두 붙잡는 전체적인 진리를 얻기 위해서 말입니다.

바울이 여기에서 외적인 고난을 언급하고 있는 것인지, 아니면 내적이며 윤리적인 고난을 언급하고 있는 것인지 하는 질문이 제기될 수 있습니다. 아마도 둘 다일 것입니다. 만일 그의 신학이 그의 경험을 일반화시킨 것이라면, 그리스도의 고난에 참여함을 앎에 있어 그는 매우 풍부한 재료를 가지고 있는 셈입니다. 그의 마음을 가장 강력하게 사로잡고 있었던 생각 가운데 하나는, 그리스도를 위해 고난을 당하는 것이 곧 그리스도와 함께 고난을 당하는 것이라는 생각이었습니다. 여기에서 그는 그리스도인이기 때문에 다가오는 모든 고난을 견디며 인내할 수 있는 힘을 발견했으며 또한 우리도 그렇게 하도록 가르칩니다. 그리스도의 고난을 자신의 것으로 삼는 자는 복이 있습니다. 전승(傳承)에 의하면, 베드로는 스스로 주님처럼 똑바로 십자가에 달릴 자격이 없다고 생각하여 거꾸로 달렸다고 합니다. 우리가 그리스도를 위해 당할 수 있는 것 가운데 어떤 것도 그가 우리를 위해 당하신 것과 감히 비교될 수 없다고 생각하는 것은 참으로 올바른 생각입니다. 우리가 당하는 고난은 가벼운 고난이며 잠깐 동안만 있는 고난이지만, 그리스도의 고난은 크고 무거운 고난이며 그 복된 열매가 영원까지 미치는 특별한 고난입니다.

여기에 또 하나의 의미가 있는데, 그것은 우리의 고난이 곧 그리스도의 고난에 동참하는 것이 될 수 있다는 사실입니다. 그것은 우리를 주님께 더 가까이 데리고 가는 복된 고난입니다. 그것은 우리로 하여금 그리스도를 더 굳게 붙잡게 하며 그의 충족함을 더 풍성하게 경험하게 만드는 유익한 고난입니다. 폭풍이 우리를 그리스도의 품으로 더 가까이 날아가게 만든다면, 그것은 유익한 폭풍입니다. 그러한 고난은, 설령 우리로부터 어떤 것을 빼앗아간다 할지라도, 우리를 부요케 하는 고난입니다. 그것은 우리로 예수 그리스도를 더 풍성하고 더 확실하게 소유하게 합니다.

우리가 예수 그리스도와의 교제 속에 살고 있을 때, 그러한 연합은 두 가지 방향으로 역사합니다. 한쪽으로 우리는 그리스도를 위해 고난당하는 것이 곧 그와 함께 고난당하는 것임을 겸손하게 깨닫게 되며, 다른 한쪽으로 우리의 모든 고난 속에 그가 고난당하시는 것을 또한 깨닫게 됩니다. 만일 그의 고난이 우리의 고난이라면, 우리는 또한 우리의 고난 역시 그의 고난임을 확신할 수 있습니다. 우리가 그의 긍휼을 확신할 때, 우리의 모든 고난들은 얼마나 다른 것이 됩니까? 만일 우리의 전체적인 마음과 의지가 우리 주님과 계속해서 긴밀하게 접촉한다면, 우리가 그와 더불어 일종의 공동의식(common consciousness)을 갖는 것은 가능한 일이 될 수 있습니다. 예컨대 한쪽이 쓴 맛을 느낄 때 다른 한쪽도 똑같이 쓴 맛을 느끼는 것과 같은 최면술에서 잘 알려진 특이한 경험 같은 것 말입니다.

이와 같이 우리는 삶 속에서 그리스도를 아는 것이 계속해서 자라감으로써 매일같이 죽는 것과 매일같이 다시 사는 것이 서로 뒤엉켜 온전한 하나가 되도록 만들어야 하며, 그것이 우리 삶의 목적이 되어야 합니다. 그럼으로써 우리는 계속해서 그리스도께 충성된 자가 될 수 있습니다. 우리 자신의 충성되지 못함 때문이 아니라 그리스도와의 연합 때문에 외적인 고난들이 생길 수 있지만, 우리는 그것을 그의 고난에 동참하는 것으로 받아들일 수 있습니다. 그럴 때 우리는 그리스도께서 우리의 고난을 담당하시는 것을 느끼게 될 것이며, 괴로움 자체는 고요한 축복으로 아름답게 변화될 것입니다. 또 그럴 때 우리의 내적인 삶 속에 그의 역사의 희미한 메아리가 들릴 것이며, 우리 역시도 우리의 겟세마네와 우리의 골고다를 가지게 될 것입니다. 또 그럴 때 "너희는 내가 마시는 잔을 마실 수 있느냐?"라는 주님의 질문에 우리는 담대하게 "할 수 있나이다"라고 대답할 수 있을 것이며, 또 그럴 때 그리스도께서 말씀하신 "너희가 참으로 내가 마시는 잔을 마시게 될 것이라"는 예언적인 말씀조차도 우리에게 두려움이 되지 않을 것입니다. 왜냐하면 그 순간에 우리는 다음과 같은 말씀을 기억할 것이기 때문입니다. "또한 그리스도와 함께 한 상속자니 우리가 그와 함께 영광을 받기 위하여 고난도 함께 받아야 할 것이니라"(롬 8:17).

4. 넷째로, 마침내 부활에 이름.

이 땅에서의 기독교적 생명은 그 최고의 형태 속에서도 명백히 불완전합니다. 그것은 계속해서 조금씩 자라가다가 마침내 그 충만에 이르게 됩니다. 가정법 형식으로 된 11절은 부활에 이를 가능성에 대해 의문을 제기하는 것이라기보다 이르고자 하는 자의 입장에서 그것을 위해 노력해야 한다는 필연적인 조건을 나타내는 것입니다(KJV 11절은 다음과 같이 가정법 형식으로 되어 있음. If by any means I might attain unto the resurrection of the dead). 그와 같은 노력이 기울여질 때, 그것에 이르는 것은 확실해집니다.

11절과 관련하여 개정역(Revised Version)은 "죽은 자로부터의 부활"이라고 읽음으로써 약간의 수정을 가하는데, 그러나 여기에는 상당히 중요한 의미가 담겨 있습니다(한글개역개정판도 "죽은 자 가운데서 부활"이라고 Revised Version과 비슷하게 읽음. 반면 KJV는 "the resurrection of the dead" 즉 "죽은 자의 부활"이라고 읽음). 이렇게 바꾸어 번역하는 것이 필요한 것은 그것이 오직 성도들만 부활하는 것을 함축하기 때문이 아니라 바울이 신약이 반복적으로 말하는 첫째 부활을 생각하고 있기 때문입니다. 바울 자신이 그의 첫 번째 서신에서 선언한 것처럼, "그리스도 안에서 죽은 자들이 먼저 일어날" 것입니다(살전 4:16). 그리고 계시록에서 사도 요한도 "이 첫째 부활에 참여하는 자들은 복이 있고 거룩하도다"라고 말합니다(계 20:6). 이러한 장엄한 미래에 대한 우리의 지식은 너무도 단편적입니다. 이러한 단편적인 지식으로부터 교리적인 추론을 도출해 낼 수는 없지만 그러나 다음과 같은 사실은 결코 잊어서는 안 됩니다. 즉 그리스도께서 보편적인 부활에 대해 명확하게 말씀하셨을 뿐만 아니라 또한 그것이 "생명의 부활"과 "심판의 부활"이라는 두 부분으로 이루어지게 될 것이라는 것도 똑같이 명확하게 말씀하셨다는 사실 말입니다. 전자 즉 "생명의 부활"은 그리스도인들의 최종적인 목표가 될 것입니다. 반면 후자 즉 "심판의 부활"은 분별 있는 사람이라면 결코 추구하지 않을 마지막 멸망입니다. 각각은 그 이름 속에 각자의 성격을 담고 있습니다. 전자는 우리의 마음을 끄는 것으로 가득한 반면, 후자는 가장 완악한 마음을 가진 자들조차도 소름끼치게 만들기에 충분합니다.

이러한 생명의 부활은 인간의 영에 들어와 역사하는 그리스도의 부활의 권능의 마지막 결과입니다. 만일 예수를 죽은 자 가운데 다시 살리신 이의 영이 우리 안에 거한다면, 우리의 죽을 몸 또한 우리 안에 거하는 그 영에 의해 소생될 것이라는 사실은 너무도 분명한 사실이 될 것입니다. 이 땅의 삶에 있어서의 윤리적이며 영적인 부활은 미래의 육체의 부활에서 그 완성을 발견할 것입니다. 사람의 생명 안에서 역사하는 변화는 그것이 전인(全人) 즉 몸과 혼과 영에 흘러넘칠 때까지는 결코 완성되지 않을 것입니다. 가루 서 말은 "전체가 부풀 때까지" 계속해서 변화되어가야 합니다. 만일 우리가 인간성에 대한 신적 이상(理想)의 완전한 실현에 필요한 요소들을 올바로 고려한다면, 우리는 구속이 영에 대한 복음뿐 아니라 육체에 대한 복음까지도 가져야만 한다는 사실을 깨닫게 될 것입니다. 죄에 의해 파괴된 것은 그것이 무엇이든 예수 그리스도에 의해 치유되어야 합니다. 죽는 몸이 다시 사는 몸이라고 생각할 필요는 없습니다. 도리어 고린도전서 15장 42절 이하의 "심는 것"과 "다시 살아나는 것" 사이의 긴 대조는 우리로 하여금 썩음을 통과한 자연적인 몸과, 다른 모습으로 결합된 입자들은 영의 몸이 되지 않는다고 생각하도록 만듭니다. 죽은 사람은 죽음을 통과하여 사는 사람이며 부활의 몸을 취하는 사람입니다. 죽은 자 가운데 살아난 것으로 언급되는 한 개인은 인격(person)이지 그를 구성하는 요소들이 아닙니다. 옷은 다를 수 있지만 그러나 입는 자는 같습니다.

그러므로 죽은 자로부터의 부활은 이 땅에서 시작되고 장차 정점(頂點)에 이르도록 운명지어진 초자연적 생명의 종착점입니다. 그것은 그리스도 안에서 우리 존재의 나타남의 마지막 단계입니다. 그러므로 우리는 이 땅에서 계속해서 그리스도 안에서 자라감으로써 그것을 준비해 나아가야 합니다. 모든 그리스도인은 장차 그리스도 안에 참여하는 것이 이 땅에서 계속해서 그의 모양을 닮아가는 것에 달려 있다는 사실을 기억해야 합니다. 죽은 자로부터의 부활은 사람의 도덕적 상태와는 무관하게 주어질 수 있는 선물이 아닙니다. 만일 어떤 사람이 그리스도의 부활의 권능을 경험하는 지식을 갖지 못한 채 죽는다면, 죽음의 실재 속에 그에게 그러한 지식을 가져다주는 것은 아무것도 없습니다. 그로 하여금 "죽은 자로부터의 부활"을 얻게 해줄 어떤 수단을 가져다주는 것은 불가능한 일입니다. 만일 하나님이 그러한 선물을 예수 그리스도와 무관하게 주실 수 있다면, 하나님은 그것을 모든 사람에게 주실 것입니다. 그러면 스스로에게 물어봅시다. 바울이 가졌던 것과 같은 삶의 목적을 갖는 것이 별 가치 없는 일이란 말입니까? 그러면 우리의 셈은 어떻게 됩니까? 우리의 대차대조표에는 한쪽에 우리가 잃은 모든 것들이 있고, 다른 한쪽에 그리스도를 얻은 것과 죽은 자 가운데서 부활에 이르는 것과 몸과 혼과 영이 완전하신 주님의 완전한 모양으로 완전하게 변화되는 것이 있는데, 그러면 우리가 어리석은 자란 말입니까? 결코 그렇지 않습니다. 한쪽에 세상을 얻은 것이 있고 다른 쪽에 그리스도 없는 삶이 있는 대차대조표를 생각해 보십시오. 그 결과는 심판의 부활입니다. 여러분은 그리스도 안에서 발견되고 죽은 자 가운데서 부활에 이를 수 있습니까?

18
잡힌 바 된 그것과 잡는 것

"내가 이미 얻었다 함도 아니요 온전히 이루었다 함도 아니라 오직 내가 그리스도 예수께 잡힌 바 된 그것을 잡으려고 달려가노라"
빌 3:12

"내가 그리스도 예수께 잡힌 바 된 그것." 이것은 우리가 바울의 회심이라고 부르는 것을 그 자신은 어떻게 생각했는가 하는 것을 우리에게 보여줍니다. 만일 어떤 손이 그를 잡지 않았다면, 그는 결코 변화되지 못했을 것입니다. 그가 그리스도인들을 박해하느라 여념이 없었던 바로 그때, 강한 사랑의 손이 그를 붙잡았습니다. 그가 한 일은 그 손에서 빠져나가려고 몸을 비틀지 않고 거기에 그대로 순복한 것이 전부였습니다. 이러한 강한 표현은 그 사건의 갑작성을 암시하는 것처럼 보입니다. 어쩌면 스데반의 순교 이후 그의 내면에서 스데반의 죽음에 대한 갖가지 상념이 맴도는 가운데 그의 생각을 뒤흔들어 놓았으며 그러는 가운데 그의 발밑이 허물어지는 것 같은 느낌이 있었는지도 모릅니다. 충분히 그랬을 수 있습니다. 그렇지만 어쨌든 간에 위기가 갑자기 벼락이 떨어지는 것처럼 그에게 다가왔으며, 그의 모든 계획은 한순간에 저지되었습니다. 마치 바다를 향해 거대한 폭풍 같은 음성이 소리를 지르자 모든 물결이 한순간에 얼어붙어 버린 것처럼 말입니다.

여기에는 또한 우리 주님의 직접적인 행동이 암시됩니다. 의심의 여지

없이 예수 그리스도의 초자연적 현현(顯現)의 사실이 여기의 구절에 분명하게 나타납니다. 그러나 바울과 마찬가지로 모든 그리스도인들이 예수 그리스도의 직접적인 행동에 의해 잡힌 바 됩니다. 예수 그리스도는 그의 말씀 가운데 그리고 수많은 내적 충동들과 외적 섭리들에 의해 나타납니다. 그는 온유하면서도 굳센 손을 내밀어, 그것을 우리 모두의 어깨 위에 얹습니다. 여러분은 그 손길에 순복했습니까? 여러분이 잡힌 바 되었을 때, 여러분은 저항하지 않았습니까? 여러분은 도망치려고 하지 않았습니까? 여러분은 무뚝뚝한 표정으로 "나는 결코 붙잡히지 않을거야"라고 말하지 않았습니까? 그의 손길을 외면하지는 않았습니까? 만일 순복했다면, 본문은 여러분이 다음에 해야 할 일을 말해줍니다. 어떤 사람 위에 그 손이 얹어진 것은 분명한 목적이 있기 때문입니다. 그러나 그가 손을 내밀어 그 손을 붙잡지 않는다면, 그 목적은 결코 이루어지지 못합니다. 우리의 행동이 필요하며, 그러한 행동은 분명한 노력이 수반되는 것이며, 그러한 노력은 평생에 걸친 것이어야 합니다. 왜냐하면 우리가 붙잡는 것은 기껏해야 불완전한 것이기 때문입니다.

1. 첫째로, 그리스도께서 무슨 목적으로 우리를 잡으시는지 주목하십시오.

그리스도께서 우리를 잡으심으로써 야기되는 즉각적인 결과는 우리의 죄가 용서되고 죄책이 제거되었으며 하나님이 우리를 받으셨음을 우리가 의식하게 되는 것입니다. 그러나 이러한 즉각적인 결과들이 모든 결과의 전부는 결코 아닙니다. 비록 우리 가운데 너무도 많은 사람들이 기독교가 가져다주는 유일한 것이 죄 사함의 메시지와 함께 지옥의 문빗장을 걸어 잠그는 것인 것처럼 살고 있기는 하지만 말입니다. 물론 모든 그리스도인들에게 주어지는 첫 번째 선물인 그와 같은 죄 사함의 선물은 아무리 강조해도 지나치지 않습니다. 그렇지만 우리는 그것만을 지나치게 배타적으로 생각할 수 있으며, 우리 가운데 너무도 많은 사람들이 그것을 우리에게 주어지는 모든 것처럼 생각합니다. 페인트 공은 새 페인트를 칠하기 전에 먼저 옛 페인트를 제거해야 합니다. 예수 그리스도에게 잡힘으로부터 오는 죄 사함의 첫 번째 선물은 옛 페인트를 제거하는 것입니다. 그렇지만 이것은 새 페인트를 칠하기 위한 준비과정일 뿐입니다. 변경지역에서 새 땅을 개간하는 사람들을 생각해 보십시오. 그들은 나무를 베어내고 잡초를 제거하는 등의 작업을 할 것입니다. 그러면 그러한 일들의 목적이 무엇입니까? 그것은 단지 씨를 뿌리기 위한 준비 작업에 불과합니다. 사랑하는 성도 여러분, 만일 예수 그리스도께서 여러분을 잡으신다면, 그것은 단지 여러분이 죄 사함을 받고 하나님과 더불어 새로운 관계를 맺게 하기 위함일 뿐만 아니라 또한 그 뒤에 앞의 모든 것은 단지 준비 작업에 불과한 위대한 목적들이 놓여 있습니다.

회심(回心)을 생각해 보십시오. 그것은 방향을 바꾸는 것입니다. 그러나 만일 사람이 자신이 돌이켜진 방향으로 실제로 나아가지 않는다면, 그의 방향이 돌이켜진 것이 무슨 유익이 있겠습니까? 바울은 수년 동안 예수 그리스도 안에서 하나님과 화해되었으며 하나님의 친구가 되었다는 위대한 개념의 빛 속에서 살았습니다. 그런 바울이 여기에서 그것을 넘어 비록 희미하기는 하지만 앞에 높이 솟은 햇빛에 반짝이는 눈 덮인 거대한 산봉우리를 인식하며 이렇게 말합니다. "오직 내가 그리스도 예수께 잡힌 바 된 그것을 잡으려고 달려가노라."

그러면 그것은 무엇이었습니까? 다메섹으로 가는 길에서 바울이 들은 것은 그리스도께서 그를 잡으신 것이 그를 멀리 이방인들에게 말씀을 전하는 선택된 그릇으로 삼기 위함이라는 내용입니다. 그러나 여기에서 바울은 자신의 세계 선교에 대해 말하지 않습니다. 그는 스스로에 대해 사도로 부름받았다고 생각하지 않고 다만 한 사람의 그리스도인으로 부름받았다고 생각합니다. 따라서 자신에게 부여된 모든 영광스러운 그러나 무거운 사명은 잠시 잊어버린 채, 그는 오직 자신의 존재에 영향을 미치는 것 즉 "그리스도 예수께 잡힌 바 된" 한 가지를 완성하는 것만을 생각합니다. 그 목적은 두 가지입니다. 사람이 그리스도인이 되는 것이 오직 그 자신의 구원을 확실하게 하는 것만을 위한 것은 결코 아닙니다. 왜냐하면 세상을 생각해야 하기 때문입니다. 마찬가지로 사람이 그리스도인이 되는 것이 오직 그리스도의 말씀을 다른 사람들에게 전달하는 도구가 되기 위함인 것만도 역시 아닙니다. 왜냐하면 자신을 생각해야 하기 때문입니다. 예수 그리스도께서 우리를 잡으시는 목적의 이러한 두 국면은 실제로 하나로 통합시키기가 매우 어렵습니다. 각각에다가 그 합당한 위치와 중요성을 부여하는 것은 결코 쉬운 일이 아닙니다. 둘은 종종 분리되기도 하며, 서로가 서로를 손상시키기도 합니다. 어떤 것은 부수적인 것이 되기도 하며, 어떤 것은 무시되기도 합니다.

그러나 예수 그리스도께서 우리를 잡으시는 목적의 이러한 두 국면은 우리의 삶 속에서 하나로 융합되어야 합니다. 그렇지만 여기에서는 전체의 반쪽 즉 거룩한 삶에 있어서의 우리의 개인적인 진보에 대해서만 간략하게 다루고자 합니다. 예수 그리스도는 무슨 목적으로 우리를 잡으셨습니까? 바울은 바로 앞 절에서 이러한 질문에 매우 인상적이며 멋지게 대답합니다. 여기에 그리스도의 목적에 대한 그의 생각이 있습니다. "내가 그리스도와 그 부활의 권능과 그 고난에 참여함을 알고자 하여 그의 죽으심을 본받아 어떻게 해서든지 죽은 자 가운데서 부활에 이르려 하노니"(10, 11절). 바로 이것이 여러분이 죄 사함을 받은 목적입니다. 바로 이것이 여러분이 "사망에서 생명으로 옮겨진" 목적입니다. 바로 이것이 여러분이 하나님과의 달콤한 교제 속으로 들어온 목적입니다. 바로 이것이 여러분이 하나님을 여러분의 친구요 돕는 자로 생각할 수 있게 된 목적입니다.

그것을 한 구절씩 차례로 살펴보도록 합시다. 첫째로, 그리스도를 아는 것. 예수 그리스도를 처음 만날 때, 사람들은 대체로 그를 영혼의 구주와 자신의 죄를 위한 희생제물로 인식합니다. 그러나 실상 그리스도는 훨씬 그 이상입니다. 물론 우리는 거기로부터 시작해야 합니다. 그러나 거기에서 멈추면 안 됩니다. 그리스도 안에는 그것보다 훨씬 더 많은 것이 있습니다. 비록 그리스도 안에 있는 모든 것이 그것 안에 포함되어 있다 하더라도 말입니다. 그 안에 포함되어 있는 모든 것을 발견하기 위해서라면, 여러분은 더 깊이 들어가야 합니다. 만일 그리스도를 더 많이 알고자 한다면, 여러분은 매일 같이 그와 더불어 살아야 합니다. 그것은 마치 남편과 아내가 계속적으로 삶을 함께 하며 달콤한 사랑을 경험하며 감정을 교류함으로써 더 많이 알아가는 것과 같습니다. 우리가 예수 그리스도를 알아가는 과정도 이와 같습니다. 그가 우리를 잡을 때, 그는 마치 천사가 어두운 감옥에 갇혀 있는 베드로에게 와서 잠을 깨우며 "일어나 나를 따르라"라고 말하는 것처럼 그렇게 옵니다. 우리가 우리를 건진 자의 얼굴을 분명하게 보며 그의 계신 그대로를 알게 되는 것은 오직 우리가 감옥으로부터 나와 어느 정도의 시간 동안 그와 함께 있다가 아침 햇살이 비취기 시작할 때입니다. 이러한 지식은 여러분이 책이나 사색(思索)을 통해 얻을 수 있는 종류의 지식이 아닙니다. 그것은 경험으로부터 오는 지식입니다. 그것은 사랑으로부터 오는 지식이며, 연합으로부터 오는 지식입니다. 그가 손을 뻗어 우리를 잡는 것은 우리로 그를 알도록 하기 위함입니다.

둘째로, 그의 부활의 권능으로 채워지는 것. 예수 그리스도의 부활생명이 우리 안으로 흘러들어와 그 권능으로 우리의 마음과 생각을 채우는 것 역시 우리는 경험을 통해 압니다. 예수의 부활생명은 그리스도인의 자양분이며 강함이며 축복이며 생명입니다. 마치 잔잔한 물결이 계속해서 밀려오는 것처럼 우리의 빈 마음속으로 그리스도의 생명의 고요하며 부드러운 그러나 강력한 물결이 밀려오는 것을 우리는 매일같이 경험해야 합니다. 나는 오늘날의 세대가 이것을 신비주의라고 부르리라는 것을 압니다. 나는 이것이 신비주의인지 아닌지 알지 못합니다. 다만 내가 확실하게 아는 것은 이것이 진리라는 사실입니다. 또한 만일 기독교에 이런 종류의 전적으로 건전하며 유익한 신비주의가 없다면, 나는 기독교를 전혀 이해하지 못합니다. 예수 그리스도가 여러분의 마음속에 한없는 생명 곧 그 자신의 생명의 권능을 부어주시는 분이라는 사실을 알기 전까지는, 여러분은 그를 전혀 알지 못하는 것입니다. 우리는 "우리를 위한 그리스도"를 알아야 합니다. 그의 죽음은 우리의 소망의 기초입니다. 그러나 그것이 전부가 아닙니다. 우리는 또한 "우리 안에 계신 그리스도" 그리고 "자기 교회에 주신 참된 선물로서의 그리스도의 생명"을 알아야 합니다. 여러분은 이러한 선물을 받았습니까? 여러분은 그의 부활의 권능을 압니까?

셋째로, 그의 고난에 참여하는 것. 바울은 지금 시간적인 순서를 깨뜨리는 오류를 범하고 있는 것입니까? 어째서 그는 "부활의 권능" 뒤에 "고난에 참여하는 것"을 놓습니까? 이러한 명백한 이유로 인해 우리는 다음과 같은 사실을 깨닫게 됩니다. 즉 만일 우리가 그리스도의 생명을 얻는다면, 그것을 얻는 분량만큼 우리는 그가 세상에 대하여 감당했던 것과 비슷한 관계를 감당하게 될 것이라는 사실 말입니다. 다시 말해서, 그리스도의 생명을 얻을 때, 우리는 그 분량만큼 "그리스도의 남은 고난을 채울" 것이며 "그들이 나를 미워한즉 너희도 미워하리라"는 말씀이 정말로 사실이라는 것을 깨닫게 될 것입니다. 사랑하는 성도 여러분, 마음속에 그리스도의 생명을 가진 우리는 각각의 분량대로 그리스도와 함께 고난을 당하게 될 것입니다. 왜냐하면 세상에서 우리도 그와 같을 것이기 때문입니다. 이와 같이 그리스도와 함께 고난을 당할 때, 우리는 예수 그리스도께서 골짜기 너머 아침 햇살에 반짝이는 성전을 바라보실 때 가지셨던 슬픈 눈으로 세상과 세상의 죄와 세상의 슬픔을 바라봐야 합니다. 그러므로 만일 그의 부활의 권능을 안다면, 우리는 우리가 그의 고난에 참여하게 되리라는 것을 알 것입니다.

넷째로, 그의 죽으심을 본받아 어떻게 해서든지 죽은 자 가운데서 부활에 이르는 것. 내가 보기에 이 말씀은 미래에 대해, 즉 몸의 실제적인 죽음과 그 몸의 실제적인 부활에 대해 언급하는 것 같습니다. 그 개념은 이것입니다. 만일 이 땅의 삶을 통해 우리가 예수 그리스도의 부활생명을 받았다면, 그리하여 그가 세상에 대해 서셨던 것처럼 우리도 우리의 분량만큼 그렇게 섰다면, 죽음의 순간이 우리에게 다가올 때 우리는 그가 그러셨던 것처럼 "내 영혼을 주의 손에 맡기나이다"라고 말하면서 우리의 죽음을 담담히 받아들이고, 그리고 마침내 영생에 이르는 복된 부활에 참여하게 될 것이라는 것입니다. 스데반의 죽음은 적어도 그 외양(外樣)에 있어 그리스도의 죽음과 너무도 닮았습니다. 그가 죽으면서 한 마지막 기도 속에 예수 그리스도의 다음과 같은 기도가 그대로 울려 퍼집니다. "아버지 저들을 사하여 주옵소서 자기들이 하는 것을 알지 못함이니이다"(눅 23:34). 또 그리스도께서 자신의 영혼을 아버지께 맡기신 것처럼, 스데반은 자신의 영혼을 예수 그리스도께 맡깁니다. "주 예수여 내 영혼을 받으시옵소서"(행 7:59).

이러한 네 가지가 그리스도께서 손을 뻗어 우리를 잡으신 목적들입니다. 다시 말해서, 그가 우리를 잡으신 것은 우리가 그를 알고, 그의 부활의 권능으로 채워지며, 그의 고난에 참여하며, 그의 죽으심을 본받아 죽은 자 가운데서 부활에 이르도록 하기 위함이었습니다.

2. 둘째로, 우리는 잡힌 바 되었기 때문에 또한 힘써 잡아야 한다는 사실을 주목하십시오.

그리스도께서 나를 잡으시는 것은 물론 축복되고 강력한 것이지만 그러나 그 자체가 나로 하여금 그가 나를 잡으신 목적에 도달하도록 확정하는 것은 아닙니다. 무엇이 더 필요합니까? 나의 노력입니다. "오직 내가 그리스도 예수께 잡힌 바 된 그것을 잡으려고 달려가노라." 한편으로 바울이 스스로에 대해 "내가 잡힌 바 되었다"고 말하는 것을 주목하십시오. 이것이 꼭 수동적인 표현이라고 말하기는 다소 어렵지만 그렇다고 능동적인 표현은 더더욱 아닙니다. 그는 무슨 일을 했습니까? 앞에서 말한 것처럼, 그는 단지 그리스도의 잡으심에 순복했을 뿐입니다. 그러나 뒤이어 나오는 "잡으려고 달려가노라"라는 표현을 주목하십시오. 이것은 개인적인 노력의 개념을 전달합니다. 그러므로 두 표현 즉 "잡힌 바 되었다"와 "잡으려고 달려가노라"는 다음과 같은 사실을 제시합니다. 즉 기독교적 생명의 최초의 축복들 즉 '죄 사함'과 '하나님의 자녀로 받아들여지는 것'과 '하나님의 호의를 깨닫는 것'과 '하나님과의 화해'를 위해서는, 단순한 믿음 즉 그리스도의 잡으심에 순복하는 것 외에 아무것도 필요치 않습니다. 그러나 그리스도께서 계획하시는 것을 내가 소유하기 위해서는, 믿음뿐 아니라 내 손을 내밀어 그것을 꽉 붙잡는 것이 필요합니다.

이와 같이 처음 시작하는 믿음과 믿음에 기초한 노력이 함께 가야 합니다. 먼저 그리스도께서 손을 내밀어 자신을 잡았다는 믿음이 필요합니다. 그것을 확신하는 사람은 이제 자신의 손을 내밀어 그리스도께서 계획하시는 것들을 힘을 다해 붙잡게 될 것입니다. 어떤 목적을 위해 우리가 그리스도 예수께 잡힌 바 되었다는 생각은 우리에게 강력한 동기를 부여합니다. 자기를 향상시키고자 노력함에 있어 오로지 자기 힘으로만 그렇게 하는 것과 그렇게 함으로써 예수 그리스도가 자신을 잡은 목적을 이루게 됨을 알면서 그렇게 하는 것 사이에는 엄청난 차이가 있습니다.

이것이 사실이라면, 잡힌 바 된 것의 성격이 우리가 잡아야 하는 것을 결정할 것입니다. 그리스도를 아는 것과 그의 부활의 권능으로 채워지는 것과 그의 고난에 참여하는 것이 우리의 회심의 목적이기 때문에, 그것을 확실히 하는 길은 예수 그리스도와 더불어 지속적인 접촉을 계속 유지하는 것입니다. 계속해서 그를 묵상하며, 순간순간 거룩하고 달콤한 교제를 나누며, 그와 우리 사이에 끼어들어올 수 있는 것들을 조심스럽게 피하며, 매일같이 그의 신적 은혜의 능력에 순복하면서 말입니다. 내적 생명과 관련하여 계속해서 이런 일들을 행하고자 하면, 반드시 외적인 노력이 있어야만 합니다. 만일 우리가 그리스도 예수께 잡힌 바 된 것을 잡고자 한다면, 우리의 모든 외적 생활을 이와 같은 내적 충동 아래로 가져가야 합니다. 비가 쏟아질 때, 우리는 그 물이 논 곳곳에 골고루 미치도록 물길을 터주어야 합니다. 그럴 때 논 전체에 물이 넉넉하게 채워질 것입니다. 논에 볍씨를 뿌리고자 할 때 해야 할 첫 번째 일은 논에 물을 채우는 일입니다. 그런 다음 씨를 뿌리면, 씨가 싹이 틀 것입니다. 여러분의 삶을 그리스도로 채우십시오. 그러고 나서 씨를 뿌리십시오. 그러면 곡식을 거두게 될 것입니다.

3. 셋째로, 본문은 우리가 잡는 것의 불완전함을 암시합니다.

바울은 "나는 잡으려고 달려가노라"라고 말합니다. 본 서신은 그가 로마에 갇혀 있는 동안 기록되었는데, 이때는 그의 사역이 시작되고 많은 시간이 지난 때로서 그의 사역이 거의 막바지에 이른 때였습니다. 지금은 다메섹을 향해 가던 그날로부터 많은 시간이 지났습니다. 그럼에도 불구하고 성숙한 그리스도인이요 훈련된 사도로서 그는 지난날들을 바라보며 "나는 잡으려고 달려가노라"라고 말합니다. 성도 여러분, 우리의 경험은 얼마나 불완전합니까! 우리가 갖는 목표는 끝도 없고 한도 없습니다. 예수 그리스도를 아는 것도 마찬가지입니다. 예수 그리스도를 아는 지식 속으로 더 깊이 들어가 그의 생명의 충만을 더 많이 마시는 가능성에는 끝이 없고 한도 없습니다. 마치 우리는 고작 강모래를 씻으면서 사금(砂金) 알갱이들을 모으는 것으로 만족하는 금 채취자들과 같습니다. 금광석으로 가득한 거대한 광맥이 있으며, 우리가 채취할 수 있는 금은 무궁무진합니다. 우리가 붙잡는 것의 필연적인 불완전성으로 인해 하나님께 감사합시다. 이것은 우리의 삶을 활력에 넘치게 만듭니다. 우리의 목표가 실현되고 우리의 이상이 완성될 때, 우리의 희망과 열망은 더 이상 있을 자리가 없게 될 것입니다. 우리가 아직 밟지 못한 미지의 세계가 있는 것은 영원한 젊음과 활력의 비밀입니다.

불완전하기 때문에 우리의 경험은 계속해서 진보해야 합니다. 그렇기 때문에 또 우리는 계속해서 다듬어질 필요가 있습니다. 그럼에도 불구하고 우리 중 너무도 많은 사람들이 다음과 같은 책망을 듣기에 합당한 자인 것은 얼마나 안타까운 일입니까? "때가 오래 되었으므로 너희가 마땅히 선생이 되었을 터인데 너희가 다시 하나님의 말씀의 초보에 대하여 누구에게서 가르침을 받아야 할 처지이니 단단한 음식은 못 먹고 젖이나 먹어야 할 자가 되었도다"(히 5:12). 오늘날 모든 교회는 나이 많은 아이들로 넘쳐납니다. 성장이 멈춘 아이들 말입니다. 단단한 음식을 먹어야 할 사람들이 씹지도 못하고 소화시키지도 못함으로 젖이나 먹을 자리에 머물러 있습니다. 옛 우화에 보면 배의 용골(龍骨)에 찰싹 달라 붙어 있음으로 해서 그 배를 꼼짝달싹 못하게 만드는 이상한 동물이 나옵니다. 대양(大洋) 한가운데 바람이 돛에 가득 차 있는 때라 할지라도 그것들이 용골에 붙으면 배는 앞으로 나가지 못하고 꼼짝달싹 못한 채 그 자리에 머물러 있게 됩니다. 수많은 그리스도인들로 하여금 "예수 그리스도에 의해 잡힌 바 된 그것을 잡으려고 달려가는" 대신 한 자리에 그대로 머물러 있게 만드는 그 같은 종류의 장애물이 있습니다.

사랑하는 성도 여러분, 예수 그리스도께서 여러분을 잡으셨습니다. 그것은 얼마나 좋은 일입니까? 그러나 그것은 시작일 뿐입니다. 그가 여러분을 잡으신 것은 어떤 목적을 위해서입니다. 그 목적은 여러분의 노력 없이는 이루어지지 않을 것이며, 그러한 노력은 항구적인 것이어야 합니다. 그것은 평생에 걸친 작업입니다. 심지어 다음 세상에서조차도 우리의 잡는 것은 불완전할 것입니다. 어떤 점에 완전히 도달하지는 못하면서 끝없이 가까워져가는 직선을 생각해 보십시오. 그와 같이 우리 역시도 하늘 보좌와 그 위에 앉아 계신 분을 향해 영원히 계속해서 다가갈 것입니다. 본문은 하늘에서의 끝없는 삶의 점진적인 축복을 묘사합니다. 하늘나라의 풀밭에서 어린 양을 따르는 양 떼들은 이렇게 말할 것입니다. "나는 오래전 세상에서 '그리스도 예수께 잡힌 바 된 것을 잡으려고' 따르나이다."

19
경주와 푯대

"형제들아 나는 아직 내가 잡은 줄로 여기지 아니하고 오직 한 일 즉 뒤에 있는 것은 잊어버리고 앞에 있는 것을 잡으려고 푯대를 향하여 그리스도 예수 안에서 하나님이 위에서 부르신 부름의 상을 위하여 달려가노라"

빌 3:13, 14

나이도 많이 들었고 거기에다가 여전히 예수 그리스도의 포로인 바울에게 있어 이처럼 활기차고 적극적인 모습은 참으로 놀라운 일이 아닐 수 없습니다. 여기에서 바울은 지나간 것은 잊어버리고 앞에 있는 것을 잡으려고 달려간다고 말합니다. 우리는 어떻습니까? 우리는 무엇을 바라며 무엇을 잡으려고 달려갑니까? 만일 우리가 바라는 것이 단순히 상상력의 산물일 뿐이라면, 그것을 바라는 우리는 어린아이일 것입니다. 그러나 바울처럼 만일 그것이 하나님의 목적을 나타내는 것이라면, 그것을 바라는 것은 참으로 지혜로운 일이 될 것입니다.

바울은 여기에서 자신의 삶의 비밀을 보여주면서 자신을 그와 같은 종류의 그리스도인으로 만든 것이 무엇인지 우리에게 말해줍니다. 그는 무엇을 잊어버리고 무엇을 바라보아야 하는지 그리고 무엇에 집중해야 하는지 우리에게 알려주는데, 이러한 것들은 어떤 분야에서든 성공으로 이끌어주는 중요한 요소들입니다. 기독교는 상식의 완성입니다. 사람은 유능한 기술자나 훌륭한 학자가 되는 것과 같은 방식으로 성숙한 그리스도인이 됩니다. 그러나 참으로 슬픈 사실은 사람들이 어떤 습관이나 훈련이 없이는 좋은 기술자나 의사나 음악가가 될 수 없다는 사실은 잘 알면서도 그런 것 없이도 좋은 그리스도인은 얼마든지 될 수 있다고 생각한다는 사실입니다.

본문은 우리에게 새해 첫 주일에 매우 적합한 말씀을 전달해 줍니다. 바울은 어떻게 그렇게 훌륭한 그리스도인이 되었을까요? 그와 관련하여 그 자신이 말하는 것에 귀를 기울여 봅시다.

1. 첫째로, 하나님의 목표를 여러분의 목표로 삼으십시오.

바울은 여기에서 "푯대"와 "상"을 구분합니다. 그는 후자를 위해 전자를 목표로 삼습니다. 전자는 노력의 대상이며, 후자는 성공적인 노력의 확실한 결과입니다. 이를테면 면류관이 결승점에 걸려 있는데, 그곳에 도달하는 자는 그 면류관을 쓰게 될 것입니다.

바울의 목표를 주목해 보십시오. 그는 자신을 부르셨을 때 그리스도께서 가지고 계셨던 목표를 자신의 목표로 삼고 있습니다. 왜냐하면 본문 바로 앞 구절에서 그는 "오직 내가 그리스도 예수께 잡힌 바 된 그것을 잡으려고 달려가노라"라고 말하고 있기 때문입니다(12절). 그리고 계속해서 그는 "그리스도 예수 안에서 하나님이 위에서 부르신 부름"의 결과와 목적인 상에 대해 말합니다. 이와 같이 바울은 자신을 부르신 하나님의 목적과 자신을 구속하신 그리스도의 목적을 자신의 생애의 큰 목적으로 삼았습니다. 하나님의 목표와 바울의 목표는 같았습니다.

그러면 하나님이 우리를 위해 행하신 모든 것 안에 있는 그분의 목표는 무엇입니까? 그것은 우리 안에서 하나님을 닮은 성품과 하나님을 기쁘시게 하는 성품을 만드는 것입니다. 이를 위해 태양이 뜨고 지며, 이를 위해 시간이 흐르고 계절이 바뀌며, 이를 위해 기쁨과 슬픔을 경험하며, 이를 위해 희망과 두려움과 사랑이 불붙으며, 이를 위해 삶의 모든 연단이 이루어집니다. 이를 위해 우리가 창조되었으며, 이를 위해 우리가 구속을 받았습니다. 이를 위해 예수 그리스도께서 사시고 고난을 받으시고 죽으셨으며, 이를 위해 하나님의 성령이 세상에 부어졌습니다. 나머지 모든 것들은 이것을 위한 비계(飛階)에 불과합니다. 건물이 지어지는 동안 그 일을 돕기 위해 임시로 세워지는 비계 말입니다. 건물이 완성되면 비계는 철거됩니다. 하나님의 목표는 우리로 하나님을 닮은 자가 되게 하고 그럼으로써 우리를 하나님을 기쁘시게 하는 자로 만드는 것입니다. 하나님의 모든 은사와 선물 속에 이것 외에 다른 목적은 없습니다.

우리가 가져야 할 목표 역시 바로 이것입니다. 우리가 이러한 목표를 가질 때, 우리의 삶은 정말로 고결하고 축복된 것이 될 것입니다. 우리가 겪는 수많은 일들을 생각해 보십시오. 만일 우리가 그러한 일들의 목적이 단지 우리를 기쁘게 하거나 슬프게 하거나 행복하게 만드는 것일 뿐만 아니라 또한 우리로 하여금 그 모든 것을 통해 우리 주님을 닮도록 만드는 것임을 분명하게 깨닫는다면, 우리에게 있어 그러한 일들의 의미는 얼마나 달라지겠습니까? 만일 우리가 어둠을 넘어 그것이 우리에게 보내진 목적을 바라본다면, 우리의 삶 속에 이해할 수 없는 일은 훨씬 적어질 것이며, 우리는 훨씬 덜 놀랄 것이며, 헛된 후회나 탄식도 훨씬 적어질 것이며, 스스로에게 "내 인생길이 이토록 어두운 것은 도대체 무슨 까닭이란 말인가?"라고 훨씬 덜 묻게 될 것입니다. 어떤 식물들은 서리를 맞아야만 향기를 냅니다. 사람에게 있어 최고의 성품이 만들어지기 위해서는 고난이 필요합니다. 만일 우리가 하나님의 목표를 우리의 목표로 삼는다면, 그리고 모든 삶의 조건 속에서 그것을 실현하고자 노력한다면, 우리의 삶의 실타래 속에 매듭은 훨씬 적어질 것입니다. 그리고 우리의 경험 속에 이해할 수 없는 일들 역시 훨씬 적어질 것입니다.

만일 우리가 세상에 있는 목적이 무엇인지 불명하게 안다면, 우리 삶의 이런저런 목적과 목표들은 얼마나 달라지겠습니까? 사람에게 있어 가장 슬픈 일은 명백히 무가치한 목적과 목표에다가 힘을 허비하는 것입니다. 그것은 마치 코끼리가 바늘을 집는 일에 그 모든 힘을 허비하는 것과 같습니다. 그것은 마치 한 도시의 더럽고 추잡한 이야기를 다른 도시의 음란한 독자들에게 전달하기 위해 모든 전력(電力)을 사용하는 것과 같습니다. 사람들은 하나님이 주신 큰 힘을 가지고 그것으로 돈을 벌고 지적 욕구를 만족시키며 세상적인 욕망을 만족시키며 집을 꾸미는데 사용합니다. 그러는 가운데 마땅히 추구해야 할 최고의 목표는 까맣게 잊어버립니다.

우리는 자신이 가지고 있는 삶의 목표에 대해 면밀히 검토해 볼 필요가 있습니다. 우리의 오류의 뿌리는 대부분의 경우 우리가 자명한 것으로 받아들이면서 전혀 검토해 보지 않는 이러한 것들에 놓여 있습니다. 스스로에게 "나는 무엇을 위해 살고 있는가?"라고 물으면서 새해를 시작합시다. 만일 이에 대한 대답이, 예를 들어 사업을 성공시키는 것이라든지, 지식을 증진시키는 것이라든지, 가정을 좀 더 평화롭게 만드는 등의 근시안적인 목표들을 이루는 것이라면, 그러한 목표들을 좀 더 면밀히 검토하면서 "그 다음엔?"이라고 또 다시 물으십시오. 돈을 많이 벌었다면, 그 다음엔? 높은 지위를 얻었다면, 그 다음엔? 지식을 많이 증진시켰다면, 그 다음엔? 다음과 같이 말할 수 있게 될 때까지 그러한 질문을 멈추지 마십시오 — "주여, 주의 목표가 곧 나의 목표이며 내가 그 푯대를 향해 달려가나이다." 삶을 복되게 하며 굳건하게 하며 숭고하게 하는 유일한 푯대는 바로 그러한 푯대입니다. "그 안에서 발견되려 함이니 내가 가진 의는 믿음으로 하나님께로부터 난 의라"(9절). 우리 모두는 바로 이러한 목적을 위해 창조되고, 구속을 받았으며, 또한 인도함을 받습니다. 만일 우리가 이러한 보화를 품고 살아간다면, 우리는 정말로 품을 가치가 있는 모든 것을 품은 것입니다. 만일 우리가 여기에서 실패하면, 우리는 모든 것에서 실패한 것입니다. 다른 부분에서 소위 성공이라 일컬어지는 것을 이룩했다 하더라도 말입니다. 우리의 삶에는 오직 하나의 푯대만이 있을 뿐입니다. 그리고 그 푯대에 적중하지 못한 모든 화살들은 헛되이 허비된 것입니다.

2. 둘째로, 모든 노력을 이 하나의 목표에 집중하십시오.

바울은 "내가 오직 한 일을 행하는데" 그것은 "푯대를 향하여 달려가는" 것이라고 말합니다. 그러한 목표는 모든 상황 속에서 하나님이 가지고 계신 목표이며, 따라서 어떤 상황에서든 우리가 추구할 수 있는 목표입니다. 오직 죄만 제외하고 삶에 있어서의 모든 일은 그러한 최고의 목표와 일치됩니다. 그것은 우리가 수도원적이며 은둔적인 형태의 삶을 추구해야 한다든지 혹은 어떤 합법적이며 일반적인 이익이나 직업을 회피해야 한다는 것을 의미하지 않습니다. 도리어 그런 것들을 통해 우리는 그 한 가지 일, 즉 우리의 성품을 하나님을 기쁘시게 하는 형태로 빚는 일을 추구할 수 있습니다. "내가 여호와께 바라는 한 가지 일 그것을 구하리니 곧 내가 내 평생에 여호와의 집에 살면서 여호와의 아름다움을 바라보며 그의 성전에서 사모하는 그것이라"(시 27:4). 직장에서, 책상에서, 부엌에서, 병원에서, 길에서, 집에서 무슨 일을 하고 있든, 우리는 여전히 최고의 목표를 붙잡고 있을 수 있습니다. 그리고 그 모든 일들을 통해 '우리의 성품이 예수 그리스도를 닮아가는 것' 이 계속해서 진보(進步)될 수 있습니다.

이러한 최고의 목표를 계속해서 붙잡고 있기 위해서는, 우리는 큰 노력과 수고를 기울여야 합니다. 이런저런 일의 소용돌이 속에서 그 모든 것들 위에 이러한 최고의 목표를 두는 것은 결코 쉬운 일이 아닙니다. 그러나 만일 우리가 항상 하나님을 가까이 하며 항상 스스로를 순복시킬 준비를 한다면, 그것은 충분히 가능한 일이 됩니다. 우리는 우리의 의지와 생각과 목적과 열망과 계획을 그의 손 위에 놓고, 그에게 우리를 도와달라고 간청해야 합니다. 그럼으로써 우리는 어떤 풍랑으로 인해서도 등대의 빛을 놓치지 않을 것이며, 단지 수단에 불과한 이런저런 삶의 목적들에 매몰되지도 않을 것입니다. 그러나 이러한 최고의 목적을 성취하기 위해서는, 우리의 모든 힘을 그것에 집중하는 것이 절대적으로 필요합니다.

만일 구멍을 뚫기를 원한다면, 여러분은 뾰족한 송곳을 가져야만 합니다. 무딘 송곳으로는 결코 구멍을 뚫을 수 없습니다. 야생 오리가 하늘을 나는 것을 보십시오. 그 모습을 보면 여러분은 최소의 노력으로 최대의 효과를 얻는 형태의 동작을 알게 될 것입니다. 쐐기 모양으로 된 도끼가 나무를 찍어 넘어뜨립니다. 적진을 돌파하기 위해 로마가 사용했던 전략은 그와 같이 쐐기 모양으로 병사들을 배치하는 것이었습니다. 이와 같이 만일 우리가 진보(進步)하고자 한다면, 우리는 그와 같은 한 가지 목적에 우리의 모든 노력과 에너지를 집중시켜야 합니다.

우리에게 승리를 가져다주는 말은 "내가 오직 한 가지 일을 행하리라" 입니다. 아마추어 화가와 전문적인 화가 사이의 차이는 전자는 그림 그리는 일을 취미 내지는 부업 정도로 생각하면서 가끔 그림을 그리는 반면 후자는 그것을 전업(專業)으로 생각하면서 그림 그리는 일에 자신의 모든 노력과 에너지를 집중시키는 것입니다. 우리 가운데 아마추어 그리스도인들이 너무도 많습니다. 그들은 기독교적 삶을 가끔씩 추구합니다. 만일 여러분이 하나님의 모범을 따르는 그리스도인이 되기를 원한다면, 여러분은 그것을 전업(專業)으로 삼고 거기에다가 여러분이 여러분의 직업에다가 쏟는 것과 똑같은 관심과 집중과 에너지를 쏟아야 합니다. 한 가지 일을 하는 사람, 하나의 이상(理想)을 가진 사람, 하나의 목표를 가진 사람은 매우 강력한 힘을 가지며 그 일을 성공적으로 수행하게 될 것입니다. 그러면 사람들은 여러분을 '광적인 사람' 이라고 부를 것입니다. 괘념치 마십시오. 광적인 사람이 되고 여러분이 목표로 하는 최고의 것을 얻는 것이 훨씬 더 낫습니다.

좁은 협곡을 흐르는 강을 생각해 보십시오. 강물은 강력한 에너지를 내뿜으며 강바닥의 모든 더러운 것들을 쓸어내립니다. 그러나 넓은 늪지대를 흐를 때는 어떻습니까? 아무런 에너지도 없고 활기도 없으며 강바닥의 더러운 것들을 조금도 쓸어내리지 못합니다. 그것은 마치 고이고 썩어 죽음에 이르는 것 같습니다. 여러분의 모든 힘을 하나로 모으십시오. 그리고 살면서 갖게 되는 이런저런 목표들 가운데 그 모든 것을 부수적인 것으로 만드는 최고의 목표를 굳게 붙잡으십시오. "그런즉 너희가 먹든지 마시든지 무엇을 하든지 다 하나님의 영광을 위하여 하라"(고전 10:31). 슬픔과 기쁨, 사고 팔고 심고 거두는 등의 모든 일, 집과 아내와 자녀들, 가정의 모든 즐거운 것들 — 이 모든 것들로 하여금 여러분이 주님을 닮아가는 일을 위한 수단들이 되게 하십시오. 주께서 죽으신 것은 바로 이러한 목적을 위한 것입니다. 그렇게 할 때, 여러분은 그의 거룩에 참여하는 자가 될 것입니다.

3. 셋째로, "뒤에 있는 것은 잊어버리는" 지혜로운 망각과 함께 이러한 목표를 추구하십시오.

바울은 "뒤에 있는 것은 잊어버리고" 푯대를 향해 달려간다고 말합니다(13절). "뒤에 있는 것은 잊어버리고"라고 말할 때, 틀림없이 그는 이미 달려온 길을 뒤돌아볼 여유가 없는 경주자를 생각하고 있었을 것입니다. 두말할 필요도 없이 바울이 여기에서 하나님의 은혜를 잊어버리고 감사와 찬미 없이 죽을 것을 말하고 있는 것은 결코 아닙니다. 또한 지난날의 은혜를 회고하는 것이 큰 위로가 된다는 사실을 부인하는 것도 아닙니다. 지난날을 회상하는 것은 마치 서쪽 하늘을 가득 채운 저녁노을의 은은한 광채와 같습니다. 얼마나 달콤하며 사랑스러우며 애수에 찬 색채입니까? 다만 그러한 표현으로 바울이 의미하는 것은 앞에 있는 것에 집중하기 위해 뒤에 있는 것은 잊어버려야 한다는 것입니다.

그러므로 우리는 과거의 실수나 잘못에 대해 기억하면서 동시에 잊어버려야 합니다. 우리 안에 있는 "자기를 신뢰하는 마음"을 대적하며 억제하기 위해 우리는 그러한 것들을 기억해야 합니다. 우리는 어디에서 넘어졌었는지 기억해야 합니다. 그렇게 함으로써 이후부터는 그곳에 대해 더 많은 주의를 기울이게 될 것입니다. 만일 우리가 어느 길에서 적의 공격을 받았었는지 안다면, 우리는 또다시 그 길을 지나가지 않도록 많은 주의를 기울일 것입니다. 과거의 실수와 잘못으로부터 겸손과 지혜와 교훈을 배우지 못한 사람은 정말로 어리석은 사람이며 똑같은 실수와 잘못을 되풀이하게 될 것입니다.

그러나 동시에 우리는 과거의 실수와 잘못을 잊어버려야 합니다. 왜냐하면 그러한 것들은 우리의 미래의 희망을 꺾어버릴 수 있기 때문입니다. 혹은 우리로 하여금 미래의 성공이 불가능하다고 생각하도록 만들 수도 있습니다. 에벤에셀은 적을 쳐부수고 승리의 찬가를 부른 장소였습니다. 여러분의 마음속에 과거에 좌절과 패배를 겪은 장소를 남겨두지 마십시오. 지나간 것으로 하여금 미래의 가능성에 대한 여러분의 희망과 미래의 승리에 대한 여러분의 확신을 제한하지 못하게 하십시오. 만일 여러분의 마음속에 '나는 수도 없이 시도해 보았지만 번번이 실패하고 말았어. 그러니 또다시 시도하는 것은 쓸데없는 일이야. 나는 이미 깨어질 대로 깨어졌으니 이제 포기할거야'라는 생각이 든다면, "나는 오직 한 일 즉 뒤에 있는 것은 잊어버리고 푯대를 향하여 달려가노라"라는 바울의 고백을 깊이 되새겨 보십시오.

마찬가지로 과거의 성공이나 성취 등도 기억하면서 동시에 잊어버려야 합니다. 감사하기 위해 그러한 것들을 기억하십시오. 미래의 소망을 위해 그러한 것들을 기억하십시오. 교훈을 위해 그러한 것들을 기억하십시오. 그러나 동시에 그러한 것들을 잊어버리십시오. 왜냐하면 그러한 것들은 우리로 하여금 이제 더 할 일이 별로 없다고 생각하도록 만드는 경향이 있기 때문입니다. 그러한 것들을 잊어버리십시오. 왜냐하면 그러한 것들은 우리로 하여금 이러저러한 것들은 "우리의 줄"(our line)이지만 다른 것들은 우리의 줄이 아니라고 생각하도록 만드는 경향이 있기 때문입니다.

여기에서 "우리의 줄"이라는 표현을 주목하십시오. 천문학자들은 거미줄을 취하여 그것을 대물렌즈 위에 놓고 별의 크기를 측정합니다. 거미줄이 별의 크기와 대응되는 것처럼, 우리가 이미 성취한 것은 우리가 장차 도달할 수 있는 것의 무한한 힘과 영광과 대응됩니다. 우리의 가능성의 분량은 곧 예수 그리스도의 모양의 충만한 분량입니다.

기독교적 삶 속에도 다른 모든 곳에서와 마찬가지로 무기력의 수렁이 있습니다. 만일 우리가 완전에 이르도록 자라려면, 우리는 그러한 수렁을 피해야만 합니다. 지난 세기에 자신의 화폭에 갈색나무를 그려 넣지 않고는 결코 그림을 그릴 수 없었던 한 위대한 화가가 있었습니다. 우리 모두는 우리의 "갈색나무"를 가지고 있습니다. 그것이 하나님이 우리에게 주시고자 하는 것들을 받고자 하는 우리의 의욕을 제한합니다. 그러므로 뒤에 있는 것은 잊어버리십시오. 과거의 기쁜 일들과 슬픈 일들, 과거의 실패한 것들과 성취한 것들, 과거에 받은 이런저런 은사들 — 이런 것들이 우리의 소망과 열망과 의욕과 에너지를 제한하는 한, 그러한 것들을 잊어버리는 법을 배우십시오.

4. 넷째로, 앞에 있는 것을 붙잡고자 하는 열망과 함께 이러한 목표를 추구하십시오.

바울은 여기에서 "앞에 있는 것을 잡으려고"라는 매우 생생한 표현을 사용합니다. 그러한 표현은 우리로 하여금 달리는 자의 몸 전체가 앞으로 굽어진 그림을 떠올리게 합니다. 그의 손은 앞을 향해 뻗어 있으며, 그의 눈은 손보다도 더 강렬하게 푯대와 상을 열망합니다. 이와 같이 우리는 스스로를 아직 잡지 못한 자로 여기면서 푯대와 상을 향한 뜨거운 열망을 가지고 달려가야 합니다.

시인이든 예술가든 학자든 사상가든 위대한 이상주의자들의 삶에 고상함의 요소를 부여하는 것은 무엇입니까? 그것은 오직 이것, 즉 지금까지 성취한 것은 아무것도 아닌 것으로 여기면서 아직 이르지 못한 것을 계속해서 바라보는 것입니다. 이런 마음을 가질 때, 우리는 나태함의 수렁에 빠지지 않게 될 것입니다. 그럴 때 우리는 새로운 마음과 새로운 노력으로 새롭게 삶을 대하게 될 것이며, 무기력함과 단조로움과 게으름의 수렁에 빠지지 않게 될 것입니다.

우리가 성취하는 것의 분량은 아직 이르지 못한 것에 대해 우리가 얼마큼 분명하게 직시(直視)하느냐 하는데 달려 있습니다. 골짜기 밑에 있는 사람은 가까이에 있는 산등성이를 바라보면서 그곳이 정상이라고 생각합니다. 그러나 높은 곳에 서 있는 사람은 자기 앞에 펼쳐진 전경을 바라보며 모든 것을 압니다. 노력이 성공보다 낫습니다. 지금까지 올라온 길을 되돌아보는 것보다 앞으로 남은 길을 바라보는 것이 훨씬 더 낫습니다. 이와 같이 자기 앞에 무한한 미래를 가진 자들은 영감(靈感)과 활력과 새로운 힘의 무한한 원천을 가지고 있는 것입니다.

만일 우리가 올바른 그리스도인이라면, 우리는 미래에 대한 이 같은 무한한 비전을 가질 것입니다. 오직 우리만이 이와 같이 앞을 바라볼 수 있습니다. 다른 모든 사람들에게는 밋밋한 벽이 생의 끝까지 펼쳐져 있습니다. 모든 소망을 가로막는 그런 벽 말입니다. 그러나 우리는 무한한 소망의 에너지를 가지고 살아가는 가운데 그 벽을 뛰어넘을 수 있습니다. 우리는, 그리고 오직 우리만이 죽음까지도 뛰어넘어 "앞에 있는 것을 잡으려고 달려가노라"라고 말할 수 있습니다.

그러므로 사랑하는 성도 여러분, 하나님의 목표를 여러분의 목표로 삼으십시오. 여러분의 삶의 모든 노력을 거기에 집중하십시오. 뒤에 있는 것은 잊어버리는 지혜로운 망각과 함께 그것을 추구하십시오. 앞에 있는 것을 잡으려고 달려가는 진지한 열정과 함께 그것을 추구하십시오. 하나님은 여러분에게 예수 그리스도를 주심으로써 여러분을 위한 당신의 목적을 이루고자 하셨습니다. 여러분은 그렇게 주신 예수 그리스도를 영접하고 그 안에서 발견됨으로써 그 목적에 도달할 수 있습니다. 그러면 심지어 세월조차도 우리로부터 아무것도 빼앗아가지 못할 것입니다. 세월은 우리의 에너지를 약화시키지도 못하고, 우리의 소망을 허물어뜨리지도 못하고, 우리의 확신을 무디게 만들지도 못할 것입니다. 그리고 마침내 우리는 푯대에 도달하게 될 것이며, 우리 머리 위에 생명의 면류관이 씌워지는 것을 발견하게 될 것입니다. "푯대를 향해 그리고 위에서 부르신 부름의 상을 위해 달려간" 자들에게 주어지는 면류관 말입니다.

20
영혼의 온전함

"그러므로 누구든지 우리 온전히 이룬 자들은 이렇게 생각할지니
만일 어떤 일에 너희가 달리 생각하면
하나님이 이것도 너희에게 나타내시리라"
빌 3:15

"누구든지 온전히(perfect) 이룬 자들은." 어떤 사람들은 "과연 이런 자들이 얼마나 될 것인가, 이들의 이름을 적은 목록은 필경 아주 짧지 않겠는가, 사실상 '온전한' 자라고 할 때 과연 예수 그리스도 외에 누가 그와 같이 일컬어질 수 있겠는가?"라는 질문을 제기할 것입니다. 이러한 질문에 대한 대답의 일부는 신약이 매우 자주 그 단어를 도덕적 온전함의 개념보다도 육체적 원숙함의 개념을 표현하기 위해 사용한다는 사실을 관찰할 때 발견됩니다. 예를 들어, 바울이 자신의 회심자들을 "지혜에 장성한 자들"이라고 부를 때라든지(고전 14:20), 혹은 히브리서가 그들을 "장성한 자"로 말할 때(히 5:14), 같은 단어가 사용됩니다. 이러한 경우 분명 그 단어는 어린아이와 대조되는 의미로서 "장성한"을 의미합니다. 나아가 그 단어, 즉 본문의 "온전"은 절대적인 온전함이 아니라 상대적인 온전함이라고 부를 수 있는 것으로서 성품의 원숙함과 기독교적 삶에 있어서의 좀 더 진보된 단계를 표현합니다.

위의 질문에 대한 대답의 또 다른 일부는 본문의 문맥에서 "온전히 이룬 자들"이 지금까지 이룬 것이 아니라 아직 이루지 못한 것을 향해 계속해서 앞을 보고 달려가라고 훈계를 받는 사실을 관찰할 때 발견될 수 있습니다. 이렇게 볼 때, 불완전(imperfect)의 개념과 더 높은 삶을 좇는 계속적인 노력의 개념이 바울의 "온전한 사람"의 일부입니다. 또 여기에서 "온전히 이룬 자들"이 어쩌면 "달리 생각"할 수도 있다는 사실을 주목하십시오("만일 어떤 일에 너희가 달리 생각하면"). 이것은 우리가 서로로부터 분리된 마음으로 이해한다는 의미가 아니라, 참된 규범과 생명의 율법이 지시하는 것과 다르게 이해한다는 의미입니다. 그러면 하나님은 그러한 것들을 점차적으로 당신의 뜻과 일치시키는 쪽으로 이끄실 것이며, "이것" 즉 그의 모범으로부터의 우리의 일탈(逸脫, divergence)을 나타내실 것입니다.

1. 첫째로, 진리의 판단에 의해 과장 없이 "온전한 자"로 일컬어지는 사람들이 있습니다.

신약은 많은 죄를 가진 사람들을 "성도"(saints)로 부르는데 조금도 주저하지 않습니다. 마찬가지로 온전하지 못한 부분이 많은 사람들을 "온전한" 사람이라고 부르는 데도 역시 주저하지 않습니다. 어떤 사람에게 있어 그의 여행길에 지금까지 걸어온 길은 그의 얼굴이 향한 방향보다 덜 중요합니다. 화살이 표적에 미치지 못할 수 있습니다. 그러나 중요한 것은 그 화살이 어느 표적을 향해 쏘아졌나 하는 것입니다. 어떤 분야에서든 사람을 평가함에 있어 그들이 이룬 성취에 따라 평가하는 것보다 그들의 목표에 따라 평가하는 것이 훨씬 더 지혜로운 일입니다. 매우 숭고한 목표를 가지고 살아가지만 그러나 이룬 것은 아주 적은 어떤 이상주의자를 생각해 보십시오. 그의 초라하며 좌절된 삶이, 저급한 수준의 표적을 목표로 하여 살아가면서 많은 것을 이룬 사람의 삶보다 훨씬 더 고귀한 것일 수 있습니다.

이와 같이 만일 사람을 그들이 이룬 성취보다 그들의 목표에 초점을 맞추어 평가하는 것이 더 지혜로운 일이라면, 사람의 본성과 절대적으로 일치하며 그럼으로써 인간 본성의 온전함이라고 불릴 만한 그러한 종류의 목표가 있습니까? 만일 우리가 그것을 따라 살기만 하면 자기 존재의 목적을 이룰 수 있는 그런 절대적인 삶의 방식이 있습니까? 본문의 "온전"(perfect)이란 단어의 문자 그대로의 의미가 이러한 질문에 타당성을 부여합니다. 왜냐하면 그 단어는 "종착지에 도달하는 것"을 의미하기 때문입니다. "온전"이란 단어를 이와 같은 의미로 취한다면, 위의 질문에 대한 대답은 명약관화한 것이 됩니다. 옛 성도들은 오래 전에 이렇게 가르쳤습니다. "사람의 첫째 되는 목적은 하나님을 영화롭게 하며 그를 영원토록 즐거워하는 것이니라." 그렇습니다. 하나님을 위해 사는 자는 그의 본성 전체가 지시하는 것을 자신의 목표로 받아들인 자이며, 자신이 창조된 목적을 따라 살아가는 자입니다. 그 성취한 것이 아무리 불완전하다 하더라도 하나님을 경외하며 순종하는 삶이 가장 화려한 성취를 자랑하는 삶보다 훨씬 더 숭고하며 "온전함"에 더 가깝습니다. 설령 많은 것을 성취했다 하더라도 자신이 창조된 목적과 상관없이 산 자들은 다음과 같은 책망의 말을 듣게 될 것입니다. "그러나 너희는 너희의 호흡을 주장하시고 너희의 모든 길을 작정하시는 하나님께는 영광을 돌리지 아니하였도다"(단 5:23).

사람들은 "성도들"에게 냉소하며 그들의 잘못을 지적합니다. 예컨대 그들은 다윗의 허물을 지적하면서 이렇게 조롱합니다. "이 사람이 너희가 말하는 하나님의 마음에 합한 자인가?" 그렇습니다. 그가 바로 그 사람입니다. 그것은 그의 신앙이 세상과 다른 도덕성을 가지고 있었기 때문이 아니라, 그의 삶의 주된 흐름이 분명하게 하나님과 선(善)을 향하고 있었기 때문입니다. 그의 추악한 죄들은 그와 우리 모두의 연약함을 보여주는 것이며, 끊임없는 노력으로 극복해야 할 것이었습니다. 비록 깨어지고 넘어지는 잘못을 범한다 할지라도 하나님을 열망하는 가운데 정결을 이루고자 애쓰는 삶이, 총체적인 죄에도 아랑곳하지 않고 오로지 땅을 좇아 살아가는 삶보다 훨씬 더 낫습니다.

성경이 불완전함으로 가득 찬 사람을 "온전한" 사람으로 부르는 데에는 또 다른 이유가 있습니다. 그것은 그들이 그 안에 절대적인 온전함의 열매를 맺을 생명의 씨앗을 가지고 있다는 사실입니다. 작은 씨앗은 이 땅의 토양과 기후 속에서 매우 느리게 자랄 수 있습니다. 그리고 주위에 있는 현란한 꽃들 옆에서 거의 눈에 띄지도 않은 채 보잘것없는 모습으로 서 있을 것입니다. 그러나 그 씨앗은 그 안에 신적 발아(發芽)의 속성을 가지고 있으며, "주의 전에 옮겨 심겨져" 우리 하나님의 궁정에서 활짝 필 때를 기다립니다. 이 땅의 화려하고 영광스러우며 아름다운 것들이 시들어 썩음에 던져질 때 말입니다.

2. 둘째로, 이러한 온전함의 두 가지 특징을 주목하십시오.

바울은 본문에서 온전한 자들에게 "이렇게 생각할지니"라고 훈계합니다. 이것은 무슨 의미입니까? 이 구절은 분명 기독교적 경주에서의 자신의 마음을 묘사하는 앞의 구절들을 가리킵니다. 바울은 빌립보인들에게 그것을 그들의 모범으로 제시하면서, 그들로 하여금 그들 자신을 평가함에 있어, 그리고 더 높은 성취를 추구하는 노력에 있어 자신이 생각한 것과 같이 생각하도록 초청합니다. 그러므로 "이렇게 생각할지니"는 "너희 자신에 대해 내가 생각하는 것처럼 생각하고 너희의 매일의 삶 속에 내가 행하는 것처럼 행하라"를 의미합니다.

바울은 스스로를 어떻게 생각했습니까? 앞에서 그는 "내가 이미 얻었다 함도 아니요 온전히 이루었다 함도 아니라 나는 아직 내가 잡은 줄로 여기지 아니하고"라고 말합니다(12, 13절). 이와 같이 기독교적 온전함(perfection)의 첫 번째 특징은 불완전함(imperfection)에 대한 계속적인 의식입니다. 지적인 영역에서든 도덕적인 영역에서든 그러한 것들의 기능이 자라는 것처럼 불완전하며 불충분하다는 의식 역시 그와 함께 자랍니다. 산으로 더 높이 올라갈수록, 우리는 지평선이 얼마나 먼지 더 잘 보게 됩니다. 더 많이 알수록, 우리는 우리의 무지를 더 많이 알게 됩니다. 더 잘 할 수 있을수록, 우리는 우리가 얼마나 할 수 없는지 더 잘 깨닫게 됩니다. 아무 일도 하지 않고 또 하려고 하지도 않는 자들만이 스스로 모든 일을 할 수 있다고 생각합니다.

이러한 사실은 도덕의 영역에서나 기독교적 삶에서나 동일합니다. 우리의 온전함의 분량은 우리가 스스로의 불완전함을 의식하는 분량에 비례합니다. 이것은 역설이지만 그러나 위대한 진리입니다. 이것은 너무도 명백합니다. 우리가 더 의로워질수록, 우리의 양심은 더 예민해집니다. 사람이 악할수록, 아무도 그에게 그것을 말해주지 않고 그는 자신에 대해 아무것도 듣지 못하게 됩니다. 그러한 목소리가 더 커져야만 할 때, 그것은 더 작아집니다. 우리가 꼭 들어야만 할 말과 관련하여, 우리가 그러한 말을 가장 많이 필요로 할 때 그러한 말은 우리로부터 가장 멀리 도망칩니다. 야만인의 거친 피부는 돌 위에서 자는 것으로 인해서도 아무런 어려움을 느끼지 않지만, 공주의 달콤한 잠은 장미 잎의 바스러지는 소리에조차 달아나버리고 맙니다. 이와 같이 죄를 행할 때 우리의 양심의 피부는 두꺼워지는 반면 선을 행할 때는 그것의 부드러움과 민감성이 회복됩니다. 또 죄의 쓰라림을 느낌에 있어, 죄 가운데 먹고 마시는 사람은 맑고 정결한 영혼을 가진 사람보다 훨씬 덜합니다. 깨끗한 옷 위에서는 작은 얼룩 하나도 금방 눈에 띕니다. 그러나 완전히 더러워진 옷에 얼룩 몇 개가 더해진들 그것은 무슨 의미가 있겠습니까?

이와 같이 영적으로 도덕적으로 많이 자란 사람은 마치 최근에 개발된 글리세린 온도계와 같습니다. 수은 온도계에서는 온도를 표시하는 막대가 올라가거나 내려가는 것이 잘 나타나지 않지만, 글리세린 온도계에서는 그것이 확연하게 보입니다. 선한 사람들은 이와 같이 자기 안에 내재하는 죄를 민감하게 의식합니다. 어떤 때는 자기 안에 있는 죄가 점점 더 커지는 것이 아닌지 의문을 품으면서 슬퍼하기도 합니다. 그러나 그럴 필요는 없습니다. 우리의 삶이 온전한 삶에 더 가까워질수록, 우리는 우리 자신의 부족함에 대해 더 많이 느끼게 될 것입니다. 우리의 양심이 우리에게 예전보다 더 크게 소리를 지른다면, 그것은 참으로 감사할 만한 일입니다. 그것은 우리의 성결(聖潔)이 자란 표적입니다. 피부가 따끔거리는 것이 추위에 얼었던 몸이 다시 회복되는 표적인 것처럼 말입니다. 자신의 불완전함에 대한 의식을 좀 더 계발시키고 증진시키도록 노력하십시오. 그리고 죄를 의식하는 것이 작아지는 것이 죄의 권세가 작아지는 것이 아니라 죄에 대한 두려움이 작아지는 것일 뿐이라는 사실을 분명히 인식하십시오. 다시 말해서, 그것은 의(義)를 지각하는 것과 선(善)을 사랑하는 것이 작아지는 것으로서, 생명의 징조가 아니라 사망의 징조입니다. 화가든 학자든 장인(匠人)이든 모든 사람들은 진보(進步)의 조건이 아직 이루지 못한 이상(理想)을 인식하는 것이라는 사실을 잘 압니다. 아직 도달하지 못한 이상을 간직하고 있지 않은 사람은 더 이상 성장할 수 없습니다. 만일 우리가 작업한 어떤 것에서 더 이상 흠이나 허물을 보지 못한다면, 우리는 결코 더 낫게 행할 수 없을 것입니다. 이와 같이 더 나은 그리스도인이 되기 위한 조건은 현재의 불완전함을 의식함으로써 온전함에 이르고자 계속해서 의지와 노력을 새롭게 하는 것입니다.

기독교적 온전함의 두 번째 특징은 그와 관련한 계속적인 진보를 위해 끊임없이 노력해야 한다는 것입니다. "잡으려고 달려가노라"(12절)라든지 "푯대를 향하여 달려가노라"(14절)와 같은 표현들은 얼마나 강렬하며 심지어 격렬하기까지 합니까? 특별히 13절의 "앞에 있는 것을 잡으려고"라는 표현을 주목하십시오. 이러한 표현은 우리에게 푯대를 향해 달려가는 경주자의 모습을 떠올리게 합니다. 앞으로 굽혀져 있는 몸과 앞을 향해 내뻗은 팔과 팽팽하게 긴장되어 있는 모든 근육과 발보다도 앞서 달리면서 앞에 있는 푯대를 노려보는 눈이 떠오르지 않습니까? 이와 같이 그리스도인은 오직 앞을 바라보는 가운데 자신의 모든 노력과 열망을 아직 이르지 못한 푯대에 고정한 채 살아야 합니다. 그의 시선은 뒤가 아니라 앞으로 향해야 합니다. 그는 "과거를 찬미하는 자"가 아니라 "미래를 바라보는 선구자"가 되어야 합니다. 그는 뒤에 있는 것은 잊어버리고 항상 앞에 있는 것을 열망하는 아침의 아들이며 낮의 아들입니다. 항상 뒤를 바라보는 사람을 생각해 보십시오. 그의 목은 뻣뻣하게 굳어지고 뒤틀리게 될 것입니다. 오직 우리의 얼굴이 앞을 향할 때, 모든 것이 제대로 될 것입니다.

앞에서 말한 것처럼 우리가 스스로의 불완전함을 의식할 때, 그 결과로 온전함에 대한 소망과 그것을 향한 노력이 따를 것입니다. 이와 같이 어두운 것으로부터 밝은 것이 솟아나는 것은 어떤 사람들에게 매우 이상한 일로 생각되기도 합니다. 스스로의 부족함을 더 많이 느낄수록 우리가 미래에 대해 더 많은 소망을 품게 되고, 또한 그러한 미래를 현재로 끌어오기 위해 더 많은 노력을 기울이게 된다는 것은 그들에게는 매우 이상한 이야기로 들립니다. 그들에게 있어 자신의 불완전함을 의식하는 것은 그것을 극복하고자 하는 노력을 촉진시키는 것이 아니라 도리어 그러한 노력을 억제하는 결과가 되곤 합니다. 그들은 자신들의 악과, 느린 성장을 슬퍼합니다. 그리고 세월이 지나가도 별로 달라지지 않습니다. 그러면서도 별다른 노력을 기울이지 않으며, 앞을 향해 분투하며 나아가지 않습니다. 그들은 자신들이 더 나아질 수 있다는 믿음을 거의 상실한 것처럼 보입니다. 이러한 태도는 본문에 나타난 건전한 온전함에 대한 바울의 관점과 얼마나 다릅니까? 바울의 관점은 양 요소를 모두 끌어안습니다. 그는 현재의 불완전함을 지각하는 어둠으로부터 앞을 바라보는 믿음의 꺼지지 않는 밝음을 끌어냅니다.

그러므로 본문의 "온전히 이룬 자들" 속에 우리도 마땅히 포함되어야 합니다. 우리 앞에 영원히 도달할 수 없는 신적 생명의 충만에 계속해서 가까이 다가갈 수 있는 무한한 가능성이 펼쳐져 있습니다. 우리는 지식과 거룩에서 계속해서 자랄 수 있습니다. 진리와 관련하여 우리가 그것을 계속해서 배울 수 있지만, 그러나 그 충만한 지식에는 결코 이를 수 없다는 사실은 우리에게 있어 결코 슬픈 일이 아닙니다. 도리어 우리는 그것을 최고의 기쁨으로 받아들일 수 있습니다. 우리가 하나님에 대해 받을 수 있는 것과 그분께 가까워질 수 있는 것과 그분과의 교제의 충만에는 한계가 없습니다. 또 하나님으로부터 우리의 보잘것없는 성품 속으로 흘러들어와 우리의 얼굴을 비추는 거룩의 아름다움 역시도 한계가 없습니다. 그러므로 사랑하는 성도 여러분, 여러분이 현재 처해 있는 모든 것에 대해 "거룩한 불만"을 품으십시오. 모든 힘을 기울여 더 나은 것을 향해 손을 뻗으십시오. 마치 그늘에서 자라는 식물이 빛을 향해 뻗어나가려고 애쓰는 것처럼 말입니다. 스스로의 약함을 인식하는 것에서 멈추지 말고, 그러한 인식으로 하여금, 만일 하나님의 은혜가 함께 하면 할 수 있다는 분명한 확신으로 나아가게 하십시오. 더 높은 거룩으로 나아가고자 하는 여러분의 모든 열정을 이러한 표준 위에 놓으십시오. 결론적으로, 온전한 자가 누구입니까? 그는 스스로의 불완전함을 가장 많이 의식하면서, 그리스도 안에서 하나님의 모양과 사랑과 지식에 있어 계속적으로 진보하고자 가장 많이 열망하며 애쓰는 자입니다.

3. 셋째로, 이러한 상반된 두 특징은 서로 온전히 조화됩니다.

바울은 "만일 어떤 일에 너희가 달리 생각하면"이라고 말합니다. 나는 이러한 표현이 그들 사이에서의 의견의 차이를 말하는 것이 아니라 그가 그들에게 제시하는 마음 상태와 삶의 모범으로부터의 이탈을 의미하는 것임을 이미 지적했습니다. 만일 여러분이 어떤 부분에서 여러분의 불완전함을 의식하지 못한다면, 만일 여러분의 양심에 명백한 죄조차도 감각하지 못하는 "마녀의 표적"이 있다면, 만일 여러분 안에 스스로 흠이 없다고 생각하는 즐거운 환상이 자리 잡고 있다면, 하나님은 여러분에게 여러분이 보지 못하는 것을 보여주실 것입니다. 바울은 온전한 자들 가운데에도 스스로에 대해 이러한 것들, 즉 자신이 품으라고 권고했던 것들과 다르게 생각하는 사람들이 있을 것이라고 생각합니다. 바울은 선한 사람들의 경우에도 그 자신의 삶을 이끄는 것과는 다른 종류의 힘과 사상들의 지배 아래 어느 정도의 기간을 지날 수 있다고 생각합니다.

바울은 자신의 삶을 이끌었던 더 높은 힘들의 완전하고도 단절되지 않는 지배를 예상하지 않습니다. 그는 참 자아, 영혼의 중심 생명, 더 높은 본성, 새 사람이 단지 점진적으로 새로워질 뿐인 자아 속에 내주하며 중심적인 생명이 주위로 퍼져나가는 긴 기간이 있다는 명백한 사실을 인식합니다. 더 높은 생명이 심겨졌지만, 그러나 그것이 발아(發芽)하는 데는 시간이 필요합니다. 누룩은 반죽 전체를 한순간에 부풀게 하지 않습니다. 하나의 알갱이로부터 다른 알갱이로 기어 다니며 천천히 전체를 부풀게 합니다. 나무를 좋게 하십시오. 그러면 때가 되면 좋은 열매가 맺힐 것입니다. 그러나 우리의 삶의 조건들은 훨씬 더 복잡하며 수많은 갈등과 다툼을 포함합니다. 따라서 이러한 평화로운 자람의 이미지, 즉 "땅이 스스로 열매를 맺되 처음에는 싹이요 다음에는 이삭이요 그 다음에는 이삭에 충실한 곡식이라"는 식의 이미지는 모든 진리를 다 말해주지 않습니다(막 4:28). 외부 환경으로부터의 방해, 육과 영의 싸움, 영에 심겨진 더 나은 생명을 대적하는 마음과 의지와 생각의 다툼 — 이 모든 것들이 모든 사람들에게 심지어 온전함에 있어 가장 많이 진보한 사람들에게조차 있을 것입니다. "어떤 일에 달리 생각하는" 사람들은 언제든지 있을 것입니다.

이러한 용인(容認) 혹은 양보(讓步)는 그와 같이 방해하는 것들을 덜 비난받을 만한 것으로 만들지 않습니다. 평균의 개념은 각각의 행동의 고유한 성격을 말살시키지 않습니다. 매년 비슷한 수의 편지들이 수신자의 이름과 주소가 기록되지 않은 채 우체통 속으로 떨어집니다. 수신자를 기록하는 것을 뻔히 알면서도 그렇게 하지 않은 하인들을 꾸짖지 않아서 그럴까요? 우리는 우리가 떨어지는 각각의 때에 저항할 수 있다고 분명하게 확신합니다. 직장에서 모나게 행동한다든지 가정에서 혈기를 폭발시킨다든지 하는 일들을 생각해 보십시오. 여러분은 그러한 때에 스스로 저항할 수 있었습니까? 우리의 양심은 이러한 질문에 그것은 평균의 법칙에 전혀 의존하지 않는다고 대답할 것입니다. "온전한 사람들"에게조차 항상 죄의 문제가 따른다고 하여 죄책이 제거되는 것은 아닙니다.

어떤 사람에 대하여 그가 이러저러한 일을 행했기 때문에 그는 그리스도인일 수 없다고 단언하는데 우리는 매우 조심스러워야 합니다. 기독교적 성품과 결코 양립될 수 없는 죄가 있습니까? 모든 죄가 기독교적 성품과 조화되지 않지만, 그러나 이것은 전혀 다른 문제입니다. 불경건하며 자기중심적이며 감각을 좇는 인간 생명의 한결같은 방향은 그리스도인으로서의 그의 존재와 양립될 수 없지만, 그러나 어떤 개별적인 행동도 — 그것이 아무리 어두운 것이라 할지라도 — 그리스도인으로서의 그의 존재와 결코 양립될 수 없는 것이 될 수 없습니다. 우리는 어떤 사람의 어떤 개별적인 행동을 보고 그가 그리스도인일 수 없다고 말해서는 안 됩니다. 그것은 우리 자신에 대해서도 마찬가지입니다. 우리는 우리 자신의 어떤 행동으로 인해 절망하면서 이렇게 말해서는 안 됩니다. "만일 내가 그리스도인이라면, 결코 그렇게 행동할 수는 없었을 거야." "모든 불의가 죄"라는 사실을 기억하십시오. 가장 작은 죄조차도 우리의 기독교 신앙과 극도로 상치됩니다. 그러나 동시에 바울이 본문에서 말하는 것처럼 온전한 자들조차도 그들의 가장 깊은 자아와 그들의 가장 높은 모범으로부터 "달리 생각할" 수 있다는 사실을 기억하십시오. 그리고 이것이 우리의 양심을 무디게 하거나 혹은 우리의 노력을 약화시키지 않는다는 사실을 기억하십시오.

4. 넷째로, 본문에 놓여 있는 최고의 소망은 하나님과 선(善)에 대한 모든 기독교적 열망의 점진적인 그러나 완전한 성취의 확실성입니다.

이러한 확실성의 근거는 우리 안에 있는 자연적인 성향도 아니며 우리의 노력도 아닙니다. 그것은 전적으로 우리의 모든 확실성의 기초인 하나님의 위대한 이름입니다. 어째서 바울은 "하나님이 이것도 너희에게 나타내시리라"고 확신할까요? 왜냐하면 그분이 다름 아닌 하나님이기 때문입니다. 바울은 하나님의 이름 안에 놓인 무한한 깊이의 의미를 배웠습니다. 그는 하나님이 당신의 사역을 완료하시기 전에 그 일을 그만두는 법이 없으며, 따라서 어느 누구도 하나님에 대해 "이 사람이 공사를 시작하고 능히 이루지 못하였다"라고 말할 수 없다는 사실을 배웠습니다(눅 14:30). 변함없는 구속의 목적과 그것을 이루기 위한 무한한 지혜에 대한 확신, 결코 시들해지지 않는 사랑의 확신, 결코 고갈될 수 없는 은혜에 대한 확신 — 이 모든 것이 하나님의 위대한 이름 안에 담겨 있습니다. 이러한 확실성은 우리가 뜻하기만 하면 가질 수 있는 경험에 의해서 뿐만 아니라 기독교 진리 안에서 우리가 갖게 되는, 그리고 우리를 절대적인 온전함의 상태로 이끄는 원리와 동기들의 분명한 경향에 의해 확증됩니다.

매일의 삶의 연단에 의해, 기쁨과 슬픔의 매개에 의해, 우리가 길을 벗어났을 때 우리의 발걸음을 괴롭히는 자비로운 징계에 의해, 당신의 말씀을 가르치심으로 우리 마음에 더 가까이 다가오시고 우리의 양심을 일깨우셔서 악을 분별하게 하심에 의해, 우리 안에 더 높은 선을 추구하는 열망을 불어넣으심에 의해, 하나님의 영이 우리의 영에 불어넣는 권능과 사랑과 강건한 심령의 은밀한 힘에 의해, 우리를 떠받치는 그의 손의 만짐과 우리의 길을 인도하는 그의 눈의 시선에 의해 — 하나님은 겸비한 영혼에게 그의 지식에 있어 아직 결핍된 모든 것을 나타내시며, 또한 그의 성품에 있어 부족한 모든 것을 전달해 주실 것입니다.

그러므로 우리가 가져야 할 올바른 태도는 하나님의 권능과 의지를 확신하며, 하나님을 전심으로 바라며, 스스로의 불완전함을 의식하면서 소망을 품고 용감하게 앞으로 나아가며, 하나님의 아름다움과 충만을 우리의 삶과 성품 속에 끌어오고자 더욱 열심히 노력하는 것입니다. 스스로 다 이룬 것처럼 여기는 것은 절망만큼이나 우리로부터 멀리 떨어져야 합니다. 그것은 첫째로 우리가 이미 다 도달한 것이 아니기 때문이며, 둘째로 "하나님이 이것까지도 우리에게 나타내실" 것이기 때문입니다.

여기에서 바울이 덧붙이는 다음과 같은 충고를 마음에 새기십시오. "오직 우리가 어디까지 이르렀든지 그대로 행할 것이라"(16절). 만일 여러분이 처음 시작한 대로 계속해서 나아간다면, 또 만일 여러분이 스스로 믿는 바를 삶으로 만들어 나간다면, 하나님은 여러분과 관련한 일들을 완전하게 하실 것입니다. 만일 여러분이 그렇게 한다면, 나머지 모든 것은 단지 시간문제일 뿐입니다. 그리스도에 대한 겸손한 믿음으로 시작하십시오. 그러면 본 장의 마지막 부분을 장식하는 위대한 소망의 과정이 시작될 것입니다. 그리고 우리 존재의 가장 깊은 곳에서 시작된 변화가 언젠가 우리의 본성 전체를 완전하게 덮을 것이며, "만물을 자기에게 복종하게 하실 수 있는 자의 역사로 우리의 낮은 몸은 그의 영광의 몸의 형체와 같이 변하게" 될 것입니다(21절).

21
길의 규칙
(The rule of the road)

"오직 우리가 어디까지 이르렀든지 그대로 행할 것이라"

빌 3:16

15절에서 바울은 만일 삶의 주된 방향이 옳다면 하나님은 그에게 그의 잘못된 부분들을 나타내실 것이라는 위대한 원리를 제시했습니다. 그러나 조심스럽게 받아들여지지 않는다면, 자칫 그 원리는 매우 위험하며 그릇된 것이 될 수 있습니다. 그것은 우리로 하여금 악을 대수롭지 않게 여기며 다음과 같이 추론하도록 이끌 수 있습니다. "맞아, 열심히 노력하는 것은 그렇게 중요한 일이 아니야. 우리 삶의 기본 바탕이 옳다면, 장래 모든 것이 잘 될 거야." 이와 같이 그 위대한 원리는 자칫 게으름을 방조하며 노력을 가로막는 것이 될 수 있습니다. 지금 바울은 그와 같은 오용(誤用)을 예상하면서 "오직"(nevertheless)이라는 말로 다음 구절을 시작합니다. 그것은 자신의 의도가 왜곡하는 것을 사전에 차단하기 위한 것이었습니다. 그가 말하고자 하는 것은 이것입니다. "비록 이 모든 것이 완전히 사실이라 하더라도 그것은 오직 조건부로만 그렇다는 사실을 반드시 명심할 것이라. 만일 조건이 충족되지 않는다면, 그것은 사실이 아니라." 하나님은 사람에게 그의 잘못된 것들을 나타내실 것입니다. 만일 그가 스스로 올바르다고 생각하며 그렇게 알고 있는 것을 계속해서 준행한다면 말입니다. 그러므로 지금까지 이룬 것은 어떤 의미에서 앞으로도 계속해서 이루어나가야 할 의무의 표준입니다. 만일 우리가 정직하게 그리고 양심적으로 그러한 표준을 관찰한다면, 우리는 우리가 나아갈 여행길에 대한 빛을 얻게 될 것입니다. 본문의 훈계 속에는 여러 교훈들이 포함되어 있습니다. 그러한 교훈들을 끌어냄에 있어, 나는 의미를 좀 더 강렬하게 전달하기 위해 훈계의 형식을 사용하여 그렇게 하고자 합니다.

1. 첫째로, 여러분이 믿고 확신하는 바에 따라 사십시오.

"우리가 어디까지 이르렀든지"란 표현이 우리가 얻은 지식의 양을 의미하는 것인지, 혹은 우리가 우리의 것으로 만든 실제적인 의(義)의 양을 의미하는 것인지에 대해 의문이 제기될 수 있습니다. 그러나 나는 둘을 날카롭게 나누는 대신 함께 묶음으로써 바울의 의도에 좀 더 가깝게 다가갈 수 있다고 생각합니다. 우리는 종종 지식과 실천을 나누곤 하지만, 그러나 성경은 그렇게 하지 않습니다. 성경은 사람을 하나의 살아 있는 전체로 간주합니다.

본문이 우리에게 제시하는 첫 번째 교훈은 여러분이 믿고 확신하는 바에 따라 살라는 것입니다. 여러분의 믿는 도리를 좇아 사십시오. 사람은 충동이나 우연이나 기분에 의해서가 아니라 원리(principle)에 의해 살도록 의도되었습니다. 우리는 단순한 규칙(rule)이 아니라 법칙(law)에 의해 살도록 의도되었습니다. 만일 우리가 무엇을 행하는지와 마찬가지로 왜 행하는지를 알지 못한다면, 그리고 우리의 행동에 합리적인 이유를 제공하지 못한다면, 우리는 하나님이 우리로 하여금 살아가도록 의도하신 높이 아래로 떨어질 것입니다. 충동(impulse) 자체는 좋은 것입니다. 그러나 충동은 소경이며, 인도자를 필요로 합니다. 우리를 둘러싸고 있는 것들을 좇으며 명백히 필요한 것들을 그대로 받아들이는 것은 어느 정도는 불가피하며 정당합니다. 그러나 단순히 외적인 힘에 의해 끌려 다니는 것은 인간의 최고의 특권을 포기하는 것입니다. 인간 본성의 최고의 부분은 양심에 의해 인도되는 이성(理性)이며, 인간의 양심은 오직 자신의 믿는 도리

(creed)에 의해 조명(照明)될 때 올바로 조명되는 것입니다. 그리고 자신의 믿는 도리는 하나님의 계시를 받아들이는 것 위에 세워집니다.

하나님의 진리는 우리의 삶을 인도하기 위한 목적으로 주어졌으며, 그러한 인도하심은 하나님의 진리를 우리가 지적으로 적용함을 통해 이루어집니다. 우리가 성경으로부터 어떤 진리를 듣는 것은 단지 그것을 알기 위함이 아닙니다. 그것을 앎으로써 우리가 하나님의 뜻에 따라 행할 수 있도록 하기 위함입니다.

기독교의 모든 위대한 진리들의 철저히 실용적인 성격을 주목하십시오. 십자가는 생명의 법입니다. 십자가는 단지 죄로부터의 피난처로서 붙잡기 위함이 아니라 생명의 규칙으로 받아들이도록 하기 위해 주어졌습니다. 인간에 대한 우리의 모든 의무는 "내가 너희를 사랑한 것처럼 너희도 서로 사랑하라"는 말씀으로 요약됩니다. 우리는 그리스도의 신성(神性)을 믿는다고 말합니다. 우리는 하나님의 아들의 위대한 성육신과 대속의 죽음과 영원한 제사장직을 믿는다고 말합니다. 우리는 미래의 심판과 영원한 생명을 믿는다고 말합니다. 좋습니다. 그러면 이러한 진리들이 우리의 삶에 어떤 결과를 맺습니까? 그것들이 우리를 그것의 위대한 원리들과 일치되도록 만듭니까? 그러한 진리들로부터 우리를 붙잡고 빚어나가는 어떤 강제적인 힘이 나옵니까? 마치 조각가가 진흙덩어리를 손에 붙잡고 그것으로 어떤 형상을 빚어나가는 것처럼 말입니다. 우리는 복음의 권위에 복종합니까? 하나님이 우리에게 자신을 계시하신 말씀이 우리의 삶 전체를 지배하며 끌어가는 말씀입니까? "오직 우리가 어디까지 이르렀든지 그대로 행할 것이라."

그러나 분명한 노력이 없이는 그렇게 하지 못할 것입니다. 왜냐하면 그날그날 대충 살아가는 것이 분명한 원리들을 따라 살아가는 것보다 훨씬 더 쉽기 때문입니다. 주위 환경에 의해 우리에게 강요되는 것처럼 보이는 것을 그대로 받아들이는 것이 환경을 통제하면서 그것을 하나님의 거룩한 뜻에 순복시키는 것보다 훨씬 더 쉽습니다. 자신의 본래적인 기질을 따르며 삶의 고삐를 충동과 감정과 열망과 기호와 습관에 맡기는 것이 매 순간 진리의 조명(照明)으로부터 새롭고 신선한 자극을 추구하는 것보다 훨씬 더 쉽습니다. 예전의 프랑스의 왕들에게 왕궁에서 왕의 위엄만을 갖추고 앉아 있을 뿐 다른 일을 하는 것은 허용되지 않은 적이 있었습니다. 그리고 왕 주위에 왕을 둘러싸고 있는 사람들이 있었는데, 이들이 왕국의 실질적인 통치자들이었습니다. 오늘날 많은 그리스도인들이 자신들의 신조(信條)들에 대해 이와 비슷하게 행합니다. 그들은 자신들이 믿는 신조들을 자신들이 거의 방문하지 않는 깊은 내실(內室)에 둔 채 그대로 방치해 둡니다. 그리고 자신들의 삶을 실제적으로 통치하는 것들을 다른 곳에서 찾습니다. 사랑하는 성도 여러분, 여러분의 모든 생각들이 여러분의 행동으로 승화되는지, 그리고 여러분의 모든 행동들이 하나님의 말씀의 위대한 원리들과 직접적으로 연결되는지 끊임없이 살피십시오. 그러한 법칙에 따라 사십시오. 그러면 여러분은 무엇에도 속박당하지 않고 참된 자유 가운데 살게 될 것입니다.

이와 같이 우리의 신조(信條) 즉 믿음의 도리를 행동으로 옮기는 것이 우리의 계속적인 성장의 유일한 조건입니다. 믿음 위에서 행할 때, 우리의 믿음이 자랍니다. 이것은 또한 세상의 모든 우직함의 원천이기도 합니다. 사람들이 어떤 원리에 오랫동안 익숙해져 있을 때, 그러한 원리에 대한 그들의 믿음은 크게 자라고 굳건해집니다. 그럴 때 그러한 원리가 진리가 아닐 수 있다는 생각은 그들에게 믿을 수 없는 일처럼 보이는 것입니다.

어떤 원리에 따라 살면서 그것을 시험해 본 사람만이 그에 대해 다른 사람은 결코 가질 수 없는 확증을 갖게 됩니다. 새로 발명된 영사기를 생각해 보십시오. 사람들은 그것의 설명서를 아름다운 그림들로 꾸밀 수 있습니다. 영사기는 설명서 위에서 매우 훌륭하게 보입니다. 그러나 그것의 가치를 확정하기 전에 우리는 그것이 실제로 작동하는 것을 보아야만 합니다. 그와 같이 우리 앞에 어떤 위대한 신적 진리가 있다고 생각해 보십시오. 그것은 우리의 위로를 위해, 우리의 행동을 위해, 그리고 우리의 삶을 인도하기 위해 충분한 것처럼 보입니다. 그러나 실제로 그에 근거해서 사십시오. 그렇게 할 때, 여러분이 그 진리를 붙잡고 확신하는 것은 엄청나게 증대될 것입니다. 어느 누구도 "기독교는 진리가 아니므로 나는 그것을 버렸노라"라고 말할 권리가 없습니다. 그 위에 살면서 그것을 시험해 보지 않았다면 말입니다. 반대로 만일 그가 실제로 그렇게 해보았다면, 그는 결코 그처럼 말하지 않을 것입니다.

어떤 스위스 여행자가 상점에 들어가 새로 나온 등산용 지팡이를 삽니다. 그리고 그 옆에 또 한 사람이 있는데, 그는 오랫동안 수많은 산들을 등산하면서 사용해온 지팡이를 가지고 있습니다. 전자는 후자가 자신의 지팡이에 대해 갖고 있는 것과 똑같은 믿음으로 새로 산 지팡이를 의지할 수 있을까요? 옛 지팡이를 취하고, 그것을 의지하십시오. 여러분의 믿는 도리에 의지하여 사십시오. 그러면 여러분은 그것을 더욱 새롭게 믿고 의지하며 신뢰하게 될 것입니다.

순종은 우리를 높은 곳으로 올립니다. 그리고 그곳으로부터 우리는 진리를 더 넓고 조화롭게 바라보게 됩니다. 삶의 모든 영역에서, 원리가 선(善)을 붙잡습니다. "무릇 있는 자는 받아 넉넉하게 되되"(마 13:12). 원리들을 사용하십시오. 그러면 그것들은 자랄 것입니다. 그러나 사용하지 않으면 그것들은 소멸될 것입니다. 간혹 금화(金貨)들을 보자기에 둘둘 말아 주변 은밀한 곳에 숨겨 놓은 채 빈민구호소에서 죽는 사람들이 있습니다. 그들에게 숨겨둔 보화가 도대체 무슨 소용이 있습니까? 만일 여러분의 자산이 증가되기를 원한다면, 그것을 가지고 장사하십시오. 우리 주님도 종들에게 달란트를 주시면서 "내가 올 때까지 그것으로 장사하라"고 말씀하셨습니다. 신조(信條)들이 활발히 사용될 때, 그것은 자랄 것입니다. 바로 이것이 어째서 그토록 많은 그리스도인들이 기독교의 원리들을 그토록 조금밖에 붙잡지 못하는지에 대한 이유입니다. 그것은 그들이 그러한 원리들 위에 살지도 않으며, 살려고도 하지 않기 때문입니다.

이러한 개념에 또 다른 측면이 있는데, 그것은 자신이 믿고 확신하는 것에 진실하라는 것입니다. 우리의 의무를 좀 더 넓고 온전하게 바라봄에 있어, 우리의 분명한 의무를 게을리 하는 것보다 더 큰 장애물은 없습니다. 우리와 모든 진보(進步) 사이에 결코 건널 수 없는 심연이 가로놓여 있습니다. 여러분이 알기에 여러분이 마땅히 되어야 하는 대로 사십시오. 그러면 여러분은 다음 순간 여러분이 마땅히 되어야 하는 것을 더 잘 알게 될 것입니다.

2. 둘째로, 여러분이 시작한 것을 계속해서 행하십시오.

"오직 우리가 어디까지 이르렀든지 그대로 행할 것이라." 사람들이 이른 다양한 지점들은 계속해서 연결하면 하나의 직선이 될 것입니다. 본문은 우리에게 "그대로 행할 것이라"라고 명령합니다. 이러한 길로부터 우리를 이탈시키기 위한 수많은 유혹들이 있습니다. 그러한 길 옆에 부드러운 풀밭길이 있으며, 그 길로 가면 훨씬 더 쉽게 갈 수 있을 것 같습니다. 그 길에서 한두 발자국만 떨어져도 우리의 마음을 잡아끄는 것들이 있으며, 이러한 사소한 이탈은 쉽게 극복될 수 있을 것 같습니다. 마치 들판에서 데이지 꽃을 꺾는 아이들처럼, 우리는 길로부터 이탈합니다. 우리에게 있어 길로부터 이탈되는 각도는 아주 작을 수 있으며, 초기에 이탈된 분량은 거의 지각할 수 없을 정도일 수 있습니다. 그러나 비록 작은 각도로 이탈된다 할지라도 그것이 계속해서 확장되면 나중에는 그 사이에 우주가 담길 정도로 엄청난 공간이 생기게 될 것입니다. 그러므로 본래의 길에서 조금이라도 벗어나지 않도록 항상 주의를 기울이십시오. 그리고 길 주변의 각종 유혹들에 관심을 기울이지 마십시오. 오로지 "어디까지 이르렀든지 **그대로**" 행하십시오.

뿐만 아니라 우리의 속도를 감소시키는 유혹들도 있습니다. 강은 상류의 좁은 협곡에서보다 하류의 넓은 곳에서 훨씬 더 느리게 흐릅니다. 많은 경우 기독교적 삶은 뛰는 것이 아니라 기는 것처럼 보입니다. 마치 넓은 늪지대를 천천히 흐르는 강처럼 말입니다. 강은 너무나 느리게 흐르므로, 도대체 어느 방향으로 흐르고 있는지조차 알 수 없을 지경입니다. 우리 역시도 그와 같이 성장이 지지부진하지 않습니까? 지금 말씀을 듣고 있는 사람들 가운데에도 스스로 그리스도인이라 부르지만 — 나는 그들이 스스로를 그렇게 부를 권리가 없다고 말하지 않습니다 — 그러나 거의 자라지 못하고 항상 제자리에 있는 사람들이 많이 있을 것입니다. 지식에 있어서든, 성결에 있어서든, 그리스도를 닮는 것에 있어서든 말입니다. 이런 사람들은 특별히 본문의 훈계에 귀를 기울일 필요가 있습니다. "오직 우리가 어디까지 이르렀든지 그대로 행할 것이라." 여러분 앞에 놓인 길을 끈기 있게, 그리고 지속적으로 걸어가십시오.

3. 셋째로, 여러분 자신이 되십시오.

여기의 본문과 그 앞 구절이 말하고자 하는 바는, 여행자들의 거대한 몸인 기독교 공동체가 모두 하나의 길 위에 있으면서 같은 방향을 향하고 있지만, 그러나 각자가 저마다 다른 지점에 서 있다는 것입니다. 서 있는 위치의 차이는 필연적으로 관점의 차이를 포함합니다. 그들은 각자 어느 정도 다양하게 자신의 의무를 보며 하나님의 말씀을 봅니다. 그에 대해 바울은 이렇게 훈계합니다. "각 사람으로 하여금 자신의 보는 바대로 따라가게 하라. 그가 어디까지 이르렀든지 그의 형제들이 이른 것이 아니라 그 자신이 이른 바로 그것에 의해 그로 계속해서 행하게 하라." 진보(進步)는 다양한 측면에서 이루어집니다. 바로 그러한 사실로부터 우리 각자가 자신이 바라보는 대로 따라가야 한다는 사실이 따릅니다.

보통의 그리스도인의 삶 속에 예수 그리스도와의 직접적인 교통과 나 자신이 되려고 하는 것과 그리스도께서 주신 통찰력 위에서 행동하는 것이 너무도 결핍되어 있습니다.

상투적인 경건, 일률적인 패턴을 따르는 그리스도인들, 어떤 법정적인 의무와 책임의 좁은 울타리, 정해진 말을 앵무새처럼 반복하는 것, 어떤 삶의 방식들을 기계적으로 답습하는 것, 답답할 정도로 천편일률적인 것 — 이 모든 것들이 오늘날의 기독교를 특징짓습니다. 만일 모든 그리스도인들이 진리와 의무에 대한 자기 자신의 지각(知覺)으로 살아간다면, 모든 기독교 공동체들은 얼마나 새롭게 변화되겠습니까? 만일 오케스트라의 어떤 한 멤버가 옆 사람의 음정과 박자를 쫓아간다면, 그는 지휘자로부터 오는 여러 지시들을 놓칠 것입니다. 만일 우리가 우리의 믿음과 행위를 서로로부터 혹은 우리를 둘러싼 평균으로부터 취하는 대신 직접 예수 그리스도께 가서 "내가 무엇을 하기를 원하나이까?"라고 묻는다면, 우리의 기독교 세계는 오늘날의 모습과는 크게 달라졌을 것입니다. "오직 **우리가** 어디까지 이르렀든지" — 다른 사람이 이른 것이나 혹은 다른 사람의 규칙에 의해서가 아니라 바로 이것에 의해 — "그대로 행할 것이라."

그러나 이와 같이 각자의 독립성을 강조하는 것은 우리의 형제 역시도 똑같이 옳음을 솔직하게 인정하는 것과 완전하게 일치될 뿐만 아니라 실제로 그것을 요구한다는 사실을 잊지 마십시오. 만일 우리가 '다양성 안에서 하나로 연합된 군대' 로서의 모든 그리스도인의 거대한 몸을 더 자주 생각한다면, 그리고 그 거대한 행렬에서 어떤 이들은 선봉에 서고 어떤 이들은 본대에 있고 어떤 이들은 후미에 선다 할지라도 모두가 하나임을 잊지 않는다면, 우리는 서로 다른 것에 대해 좀 더 관대해질 것이며, 꾸물거리는 자들을 판단하는데 좀 더 자비로울 것이며, 다른 사람들이 따라오는 것을 기다리는데 좀 더 참을성이 있을 것이며, 다른 사람들의 속도에 맞춰 우리의 속도를 조절하는데 좀 더 지혜로워질 것입니다. 예수 그리스도를 사랑하는 모든 사람들이 동일한 길 위에 있으며, 그들은 모두 같은 집을 향하고 있습니다. 그들이 제각각 다른 위치에 있다 하더라도 마침내 그들 모두가 위에 있는 성전에 도달할 것을 바라보면서 기뻐합시다.

4. 넷째로, 불완전함의 의식과 성공의 확신을 품으십시오.

"우리가 어디까지 이르렀든지"란 표현을 주목하십시오. 그것은 우리에게 있어 지금까지 이른 것이 훨씬 더 큰 전체의 부분적인 소유에 불과함을 함축합니다. 우리의 길은 아직 완성되지 않았습니다. 또 "그대로 행할 것이라"라는 표현은 현재의 위치를 넘어 우리의 발이 계속해서 그 길을 밟을 것에 대한 확신을 함축합니다. 이러한 두 가지 확신, 즉 우리의 불완전함에 대한 확신과, 우리가 마침내 위대한 목적지에 이를 것에 대한 확신은 모든 그리스도인의 행로에 필수불가결합니다. 사람이 자신의 이상(理想)을 실현했다고 생각하기 시작하는 순간 더 이상의 진보(進步)는 없습니다. 예술가든 학자든 사업가든 모든 사람은 자신 앞에 아직 이르지 못한 대상에 대한 어렴풋한 빛을 가지고 있어야 합니다. 항상 새로운 에너지로 충전되고 자신 앞에 놓인 경주를 참을성 있게 달려가기 위해서는 말입니다.

어떤 사람이 기독교적 삶 속에서 자신의 불완전함을 더욱 분명하게 의식할수록, 그는 열정과 노력의 에너지로 더 많이 충전될 것입니다. 불완전함의 의식과 함께 승리의 확신이 샘솟아 오른다면 말입니다. 그것은 나약한 무릎에 힘을 더해 줄 것입니다. 그것은 사람으로 하여금 난제들을 극복할 수 있도록 이끌어 줄 것입니다. 그것은 열망에 불을 붙여 줄 것입니다. 그것은 노력을 고취하고 견고하게 할 것입니다. 그것은 길고 지루하게 뻗은 길을 쉽게 만들어 줄 것입니다. 그것은 거친 장소를 평탄하게 만들어 줄 것입니다. 그것은 굽은 것을 곧게 만들어 줄 것입니다. 그것은 거리끼며 내키지 않는 모든 의무들을 기꺼이 감당하도록 만들어 줄 것입니다. 그것은 모든 곤비함으로부터 우리를 다시금 원기왕성하게 만들어 줄 것입니다. 우리는 소망에 의해 구원을 받습니다. 미래의 확실성으로서 "나는 그와 같아질 것이요 그의 계신 그대로 볼 것이라"는 생각이 우리 앞에 더 밝게 타오를수록, 우리는 우리의 얼굴을 그 사랑하는 푯대를 향하여 더 확고하게 고정시킬 것이며, "하나님이 위에서 부르신 부름의 상을 위하여" 더욱 힘차게 달려갈 것입니다(14절).

기독교적 진보는 이러한 두 가지, 즉 불완전함의 의식과, 성공의 확신의 충돌과 대립으로부터 옵니다. 마치 쇠와 부싯돌이 부딪칠 때 불이 일어나는 것처럼 말입니다. 이러한 두 가지 확신에 의해 이끌리는 자들은 비록 이런저런 실패가 있다 할지라도 실상 복된 자들입니다. 그들은 마침내 믿고 바라던 면류관을 쓰게 될 것입니다.

"주의 집에 사는 자들은 복이 있나니"(시 84:4) — 그들에게 주어지는 상은 하늘입니다. 또한 그 마음속에 '길'이 있는 자들 역시 복이 있습니다. 그들이 바라며 침노하는 상(賞)은 땅 위에 있는 하늘입니다. 우리 모두는 계속적인 진보의 삶을 살 수 있습니다. 매 발걸음마다 위를 향해 올라갑니다. 왜냐하면 길이 항상 위를 향해 뻗어 있기 때문입니다. 거기에는 더 깨끗한 공기와 더 웅장한 풍경과 더 넓은 시야가 있습니다. 하늘에서도 앞으로 나아가는 것은 여전히 법칙일 것입니다. 왜냐하면 이 땅에서 어린 양을 따랐던 자들이 하늘에서도 "그가 어디로 가든지 그를 따르" 것이기 때문입니다. 만일 우리가 여기에서 "오직 우리가 어디까지 이르렀든지"에 따라 행한다면, 하늘에서 그리스도는 이렇게 말씀하실 것입니다. "그들은 흰옷을 입고 나와 함께 다니리니 그들은 합당한 자인 연고라"(계 3:4).

22
경고와 소망

"형제들아 너희는 함께 나를 본받으라 그리고 너희가 우리를 본받은 것처럼 그와 같이 행하는 자들을 눈여겨 보라 내가 여러 번 너희에게 말하였거니와 이제도 눈물을 흘리며 말하노니 여러 사람들이 그리스도의 십자가의 원수로 행하느니라 그들의 마침은 멸망이요 그들의 신은 배요 그 영광은 그들의 부끄러움에 있고 땅의 일을 생각하는 자라 그러나 우리의 시민권은 하늘에 있는지라 거기로부터 구원하는 자 곧 주 예수 그리스도를 기다리노니 그는 만물을 자기에게 복종하게 하실 수 있는 자의 역사로 우리의 낮은 몸을 자기 영광의 몸의 형체와 같이 변하게 하시리라"

빌 3:17-21

본 단락 전반부의 우울한 경고와 후반부의 찬란한 소망 사이에는 놀랄 만한 대조가 있습니다. 바울은 전반부의 우울함과 후반부의 찬란한 광채를 20절에서 "왜냐하면"(for, 한글개역개정판에는 "그러나"로 되어 있음)이란 단어로 연결하는데, 이로 인해 둘의 대조는 더욱 두드러집니다. 이러한 연결어 "for"는 20절 이하의 후반부를 전반부의 원인으로 만듭니다.

스스로를 모범으로 제시하는 훈계는 누구의 입술로부터 나오든 다소 어색하게 들립니다. 특별히 그것이 바울의 입술에서 나왔을 때는 더욱 그러합니다. 그러나 우리는 그가 스스로를 모범으로 제시하는 요점들이 그가 앞에서 자신의 마음을 쏟아부으면서 다루었던, 그리고 이미 빌립보인들에게 "이렇게 생각할지니"라고 말하면서 명령했던 요점들이라는 사실을 주목해야 합니다. 바울에게 있어 그들이 자신을 본받기를 바랐던 것은 그의 자기를 신뢰하지 않는 것과 그리스도를 얻기 위해 기꺼이 모든 것을 희생하는 것과 자신의 결함에 대한 그의 분명한 인식과 아직 이르지 못한 온전함을 향해 앞으로 열심히 달려가는 것이었습니다. "나를 본받으라"는 바울의 말은 결코 그의 교만을 나타내지 않습니다. 도리어 우리는 여기에서 '자신의 삶에 있어서의 주된 방향에 대한 그의 분명한 인식' 을 주목할 수 있습니다. 바울처럼 "나를 본받으라"고 말하기를 머뭇거리는 것은 우리에게 있어 바람직한 일이지만, 그러나 모든 그리스도인은 그렇게 말할 수 있어야 합니다. 만일 우리가 어느 정도 그렇게 살고 있다고 선언할 수 없다면, 우리는 우리 자신의 기초를 되돌아볼 필요가 있습니다. 여기의 "나를 본받으라"는 바울의 말은 예수 그리스도가 모범으로 제시되는 성경의 다른 구절들과 명확하게 대조됩니다. 나아가 여기에서 바울이 얼마나 빨리 다른 사람들을 자신에게 연합시키는지, 그리고 얼마나 빨리 "나"를 "우리" 속으로 포함시키는지 주목하십시오(17절). 여기에서 바울과 함께 있었던 자가 누구였는지 물을 필요는 전혀 없습니다. 왜냐하면 서신 초두에서부터 디모데의 이름이 그와 함께 나오기 때문입니다(1:1).

계속해서 바울은, 길을 이탈한 채 멀리 가버린 자들에 대해 이야기하는데, 이들과 관련하여 바울은 빌립보 형제들에게 여러 번 경고했었습니다(18절, "내가 여러 번 너희에게 말하였거니와"). 이들이 구체적으로 누구를 지칭하는지는 여전히 모호한 채 남아 있습니다. 이들은 2절에서 삼가라고 경고했던 유대화주의자들은 분명 아니었습니다. 이들이 "그리스도의 십자가의 원수"로 지칭되는 것은 그들의 노골적인 적의(敵意)나 교리적인 잘못 때문이 아니라 실제적인 세속주의 때문이었습니다. 그들은 육체의 감각을 자신들의 신(神)으로 삼았으며, 실제로 자신들에게 수치가 되는 것을 자랑했습니다. 또 그들은 도덕성의 속박을 떨쳐버렸으며, 항상 "땅의 일"을 생각했습니다. 그들의 모든 생각과 관심과 애정은 "땅의 일"에 집중되었습니다. 이와 같이 삶의 조류(潮流)를 "땅의 일"로 향하게 하는 삶의 방식은 사람들을 "그리스도의 십자가의 원수"가 되게 만든다는 교훈을 마음에 새기십시오. 그들에게 어떤 종류의 형통이 있다 하더라도 그 마침은 필경 멸망일 것입니다. 바울의 생애는 잃는 것처럼 보였으나 얻는 것이었지만, 이들의 생애는 얻는 것처럼 보였으나 잃는 것이었습니다.

이런 어둡고 우울한 그림으로부터 바울은 기독교적 소망으로 가득 찬 밝은 그림으로 전환합니다. 이러한 소망에 가득 찬 그림 속에 나타나는 몇 가지 모습을 살펴보도록 합시다.

1. 첫째로, 우리의 진정한 본국.

개정역(Revised Version)은 난외(欄外)에다가 "시민권"의 대체어로서 "나라"를 놓습니다. 그러므로 20절을 개정역의 난외대로 읽는다면 "우리의 나라는 하늘에 있는지라"가 될 것입니다. 우리는 앞에서 빌립보가 "식민지"였으며 그 주민들은 로마시민이었음을 살펴보았는데, 어쩌면 여기에도 그러한 사실이 암시되어 있는 것인지도 모릅니다. 여기에서 바울은 "is"라는 매우 강한 단어를 사용하는데, 이것은 영어로 정확하게 재생하기가 매우 어렵지만 그러나 매우 중요한 사실을 암시합니다(RV 20절은 다음과 같음. For our citizenship **is** in heaven).

가장 실제적인 의미에서 하늘의 시민권이 우리의 것인 이유는 우리가 바라보는 자가 거기 계시기 때문입니다. 그리스도께서 계신 곳이 우리의 "모국"(母國)이며 "본국"(本國)입니다. 그리스도는 "내가 너희를 위해 처소를 예비하러" 간다고 말씀하셨습니다. 그가 그곳에 계시는 것은 우리의 모든 생각을 그곳으로 이끌며, 우리의 모든 마음을 그곳에 두게 합니다.

2. 둘째로, 왕을 기다리는 식민지 백성들.

왕들은 때때로 자신이 통치하는 왕국을 돌아보기 위한 여행을 합니다. 여기에서 바울은 빌립보의 그리스도인들을 마치 왕을 기다리는 변방지역의 주민들처럼 생각하고 있습니다. 20절에서 "주 예수 그리스도"라는 전체적인 칭호가 사용된 것을 주목하십시오. 이러한 전체적인 칭호는 구원자로서의 그의 위엄과 권세를 표현하기 위한 것입니다. 우리는 여전히 구원을 필요로 합니다. 어떤 의미에서 그것이 이미 과거의 것이라 할지라도, 또 다른 의미에서 그것은 그가 두 번째로 오실 때까지는 결코 우리의 것이 되지 않을 것입니다. 20절 후반절의 표현 속에 간절한 기다림이 놀라우리만치 생생하게 묘사됩니다. 그것은 문자적으로 목을 빼고 바라보는 것을 의미합니다. 마치 포위당한 도성의 성벽 위에 있는 파수꾼의 눈이 구원병들이 오는 길에 고정되어 있는 것처럼 말입니다.

혹자는 바울이 여기에서 좌절된 기대를 표현하고 있다고 말하기도 합니다. 의심의 여지 없이 초대교회는 주님이 속히 오실 것을 바라보았지만 그러나 그 기대는 이루어지지 않았습니다. 이 부분에 있어서의 미래에 대한 계시는 없었습니다. 그러므로 의심의 여지 없이 그들은 옛 선지자들처럼 "자기 속에 계신 그리스도의 영이 어떠한 때를 지시하시는지 상고"했을 것입니다(벧전 1:11). 본 서신에서 바울은 자신의 죽음을 매우 가능한 것으로 말합니다. 그는 그리스도의 재림과 관련하여 교회가 가졌던 것과 정확하게 똑같은 이중적인 태도를 가지고 있었습니다. 그는 그리스도의 재림을 자신의 때에 가능한 것으로 바라보면서 동시에 다른 가능성을 예상했습니다. 의심의 여지 없이 어떤 미래의 사건에 대해 생생한 기대를 품는 것은 어려운 일입니다. 그 정확한 때를 확실하게 알지 못하는 상태에서 말입니다. 그러나 만일 우리가 지정된 사건이 언젠가 올 것은 확신하면서 다만 그것이 언제일는지는 알지 못한다면, 필경 지혜로운 사람이라면 그 일이 어느 때든지 결코 일어나지 않을 것처럼 생각하지 않고 어느 때든지 자신에게 일어날 수 있다고 생각할 것입니다. 바울이 품고 있었던 두 가지 가능한 대안은 사실에 대한 확실성과 때에 대한 불확실성을 공동으로 함께 가지고 있었습니다. 그 역시도 그 두 가지를 동일한 생생한 기대로 마음에 품고 있었습니다.

만일 우리가 다시 오실 주님에 대한 이러한 소망을 굳게 붙잡는다면, 그것은 우리의 행로(行路)를 바울의 행로와 좀 더 가깝게 만들어 줄 것입니다. 그리고 그것은 우리가 감각을 신(神)으로 삼는 것을 그대로 내버려 두지 않을 것이며, 우리의 모든 마음이 땅의 일에만 고정되지 않도록 지켜줄 것입니다. 그리고 그것은 우리로 하여금 계속해서 푯대를 향하여 달려가도록 격려하면서, 우리의 눈을 세상의 일시적이며 덧없는 것들로부터 돌이켜 그의 오심을 바라보게 할 것입니다.

3. 셋째로, 그리스도의 영광에 참여함.

2장에서 다루었던 "모양"(fashion)과 "형체"(form) 사이의 구별이 여기에서 다시 나타납니다. 우리 낮은 몸의 "모양"은 외적이며 일시적입니다. 반면 그의 영광의 몸의 "형체"는 본질적인 특성들로 구성되며, "본성"(nature)과 가장 유사한 의미를 갖는 것으로 간주될 수 있습니다. 바울이 이러한 두 단어를 사용하여 구별하는 것을 잘 관찰함으로써, 우리는 부활로 말미암아 육체의 일시적인 모양이 변화될 것이며 성도들의 영화된 몸이 그리스도의 본질적인 속성에 참여하게 될 것이라는 말씀의 의미를 제대로 이해할 수 있게 될 것입니다.

21절의 "우리의 낮은 몸"이라는 표현에도 불구하고 우리가 여기에서 몸에 대한 그릇된 금욕주의나 혹은 영지주의적 경멸의 어떤 흔적도 발견할 수 없다는 사실을 주목하십시오. 육체의 약함, 육체의 각종 한계들, 육체의 궁핍성, 그리고 마침내 썩어 흙으로 돌아가는 속성 — 이 모든 것은 우리의 낮음을 충분히 보여줍니다. 반면 그 몸은 그리스도의 영광이 나타나는 몸이며 그의 영광의 도구인 몸인데, 그것은 앞의 속성과 완전한 대조를 이룹니다.

우리가 21절의 말씀으로부터 뽑아낼 수 있는 첫 번째 사실은 그리스도의 영화된 인성(人性)의 위대한 진리입니다. 우리 주님의 부활의 이야기는 그가 죽으셨던 바로 그 몸으로 일어나셨음을 보여줍니다. 도마에게 못 자국에 손을 넣어보라고 초청한 것이라든지, 다시 모인 제자들과 더불어 음식을 함께 나눈 것 등의 사실은 그가 변화된 몸으로 다시 일어났다는 개념을 허락지 않는 것처럼 보입니다. 또 우리는 그의 영광의 몸이 그가 세상에 계시는 것에 적합했다고 생각할 수 없습니다. 대신에 우리는 그의 승천을 점진적인 것으로, 그리고 그 자신은 승천하여 "창세 전에 아버지와 함께 가지고 계셨던 영광"의 자리로 되돌아가면서 "조금씩 변화된" 것으로 생각해야 합니다. 만일 이것이 이 땅에서의 그리스도의 마지막 순간을 올바로 읽은 것이라면, 그는 자신의 경험 속에서 그를 따르는 자들이 경험하는 두 가지 방식의 떠남을 하나로 결합시킨 것입니다 — 죽음을 의미하는 잠의 방식과 변화되는 방식.

그러나 그 변화가 어떤 것이든 간에, 예수 그리스도는 지금 사람의 몸을 입고 계시며 또 영원히 입으실 것입니다. 바로 이것이 핵심적인 사실입니다. 그 위에 미래의 생명과 관련한 기독교 신앙이 세워지며, 그러한 신앙에 견고함과 강력한 힘을 부여하며, 그러한 신앙을 단지 막연한 바람에 불과한 모호한 불멸의 꿈으로부터 분리시킵니다. 사람이신 예수 그리스도는 지상에서의 인간의 삶의 모범이며, 실현된 이상(理想)이며, 인간의 삶을 통한 신적 생명의 계시입니다. 그의 영화된 인성 안에 인간의 본성이 될 수 있는 완전한 모범과 실현된 이상이 있습니다. 죽은 자들의 현재 상태는 불완전합니다. 그것을 통해 행동할 수 있으며 또 외부 세계로부터 행동이 가해질 수 있는 몸을 가지고 있지 않다는 점에서 그렇습니다. 우리는 그들이 오랫동안 무의식에 싸여 있는 것으로 생각할 수 없습니다. "그리스도 안에서 죽은" 자들이 그리스도를 통해 외부 세계에 대한 어떤 지식을 가지고 있을 것이라는 추측은 충분히 가능합니다.

그러나 그들의 존재의 충분한 온전함을 위해서는, 제단 아래 있는 영혼들은 몸의 부활을 기다려야만 합니다. 만일 부활이 인성(人性)의 완성을 위해 필요하다면, 완성된 인성은 필연적으로 어떤 특정한 장소를 차지해야 하며, 그리스도의 영화된 인성 역시 지금 어떤 장소에 있어야만 합니다. 완성된 인성에 대해, 그리고 그리스도에 대해 이렇게 생각하는 것은 하늘에 대한 기독교적 개념을 속되게 만들지 않습니다. 도리어 그것에다가 일반적인 사고(思考)에서는 흔히 결핍되어 있는 명확성과 구체성을 부여합니다. 우리 주님의 지속적인 인성은 우리와 그분의 풍성한 교제에 조금도 방해가 되지 않습니다. 그는 여전히 그리고 영원히 이 땅에 계실 때와 동일하시며, 자기에게 나아오는 모든 사람을 기쁨으로 맞이하시며, 그를 필요로 하는 모든 사람을 고치시며 도우십니다. "하나님 우편에 앉아 계신" 자는 우리들 가운데 한 분입니다. 그의 인성은 그를 고난과 근심 가운데 있는 우리와 연결시키는 기억들을 그에게 가져다주며, 그의 영광은 우리의 모든 필요에 부응하며 우리의 모든 상처를 아물게 하며 우리의 모든 열망을 만족시키기 위한 권능으로 그를 옷 입힙니다.

본문은 우리가 그리스도의 모양으로 놀랍게 변화될 것을 가르칩니다. 우리의 낮은 몸과 그의 영광의 몸 사이의 차이가 무엇인지 우리는 알지 못하지만, 그러나 우리는 부활이라는 단어 때문에 죽음을 "장래의 형체를 뿌리는" 것으로 추측하는 오류에 떨어지지 말아야 합니다(고전 15:37). 고린도전서 15장은 그러한 오류를 결코 용납하지 않습니다. 우리의 죽을 몸에 어떤 일이 일어나는지, 그리고 시신의 부분들이 어떻게 다른 형태로 바뀌는지 잘 앎에도 불구하고 여전히 많은 사람들이 유치한 개념을 고수하고 있는 것은 참으로 특이한 경우입니다. 우리는 장래의 몸을 구성할 것으로 추론해 볼 수 있는 어떤 물질도 가지고 있지 않습니다.

우리는 단지 고린도전서 15장에서 바울이 제시하는 대조들을 일별해 볼 수 있을 뿐입니다. 약한 것은 강한 것이 될 것이며, 썩을 것은 썩지 않을 것이 될 것이며, 죽을 것은 죽지 않을 것이 될 것이며, 욕된 것은 영광스러운 것이 될 것이며, "자연적인 것"에 속한 골격은 영적인 것의 기관(器官)인 몸으로 변화될 것입니다. 이러한 것들이 우리에게 말해주는 것은 아주 적지만, 그러나 그것들은 그리스도의 영광의 몸의 모양의 위대한 빛 속으로 모두 융합될 수 있습니다. 또 그것이 우리에게 아주 적은 것밖에는 말해 주지 않는다 하더라도, 그것은 우리의 소망을 새롭게 하며 우리의 마음을 만족시켜 줍니다. 비록 우리의 호기심은 만족시켜 주지 않는다 할지라도 말입니다. 우리는 다음과 같은 사실을 기꺼이 인정할 수 있습니다. "장래에 어떻게 될지는 아직 나타나지 아니하였으나 그가 나타나시면 우리가 그와 같을 줄을 아노라"(요일 3:2). 제자가 자기 주인과 같이 되면 그것으로 충분합니다.

그러나 우리는 바울에게 있어 이러한 압도적인 변화조차도 단지 더 강력한 과정, 즉 만물이 그리스도께 복종하는 우주적인 변화의 일부일 뿐이었다는 사실을 잊어서는 안 됩니다. 예수 그리스도는 온 세상을 복종시킵니다. 만유를 정복하는 절정으로서의 몸의 영화(榮化)는 그것이 이 땅의 삶에서 시작된 동화과정(同化過程)의 마지막 종착지임을 나타냅니다. 생명으로 부활할 가능성은 없습니다. 만일 그 생명이 죽음 이전에 시작되지 않았다면 말입니다. 최후의 영광스러운 몸이 필요한 것은 그것이 외부세계와 교통하는 매개체이기 때문입니다. 외부세계와 교통하는데 어떤 장소가 필요한 것처럼 마찬가지로 몸이 필요합니다. 혈과 육은 하나님의 나라를 유업으로 받을 수 없습니다. 이러한 일련의 개념들은 우리의 영광스러운 부활을 죽음의 결과가 아니라 자기 백성들에 대한 그리스도의 생명의 권능의 결과가 되게 만듭니다. 우리가 만물을 자기에게 복종하게 하실 수 있는 자의 역사에 복종하고, 마침내 그의 영광의 몸의 형체와 같이 변하게 되는 것은, 오직 그는 우리 안에 그리고 우리는 그 안에 살며, 또한 우리가 그의 부활의 권능에 매일같이 참여하는 것을 통해 이루어집니다.

23
사랑의 권면

"그러므로 나의 사랑하고 사모하는 형제들,
나의 기쁨이요 면류관인 사랑하는 자들아 이와 같이 주 안에 서라"
빌 4:1

본문은 바울과 빌립보 형제들을 하나로 연합시킨 유대(紐帶)의 끈을 너무도 아름답게 보여줌과 함께 바울이 그들에게 가졌던 가장 주된 열망이 무엇이었는지도 잘 보여줍니다. 이러한 말씀은 빌립보 형제들에게 뿐만 아니라 지금 이 자리에서 저의 설교를 듣고 있는 여러분들에게도 똑같이 적용됩니다.

1. 첫째로, 바울과 빌립보 형제들 사이의 개인적인 유대(紐帶)를 주목하십시오.

이러한 개인적인 유대는 바울의 말에 더욱 강력한 힘을 부여합니다. 만일 바울에게 자녀들이 있었고 그러한 자녀들 가운데 특별히 더 사랑하는 자녀가 있었다면, 빌립보 교회는 바로 그런 사랑하는 자녀였습니다. 그 교회가 세워진 정황 자체가 그와 관계됩니다. 빌립보 교회는 바울 자신에 의해 세워졌으며, 유럽에 세워진 첫 번째 교회였습니다. 아마도 "나의 기쁨이요 면류관인 사랑하는 자들" 가운데 빌립보 감옥의 간수와 루디아도 있었을 것입니다. 이것이 사실이든 사실이 아니든 어쨌든 본 서신 전체를 통해 우리는 바울의 심장이 사랑으로 고동치는 것을 느낄 수 있습니다.

여기에서 바울이 그들을 어떻게 부르는지 주목하십시오. 바울은 사도의 권위를 내세우지 않고 스스로를 그들의 수준에 맞추어 그들을 형제라 부릅니다. 그러면서 자신이 그들을 얼마나 사랑하는지, 그리고 떨어져 있는 동안 그들을 얼마나 사모했는지 이야기합니다. 그리고 계속해서 자신은 자신대로 또 그들은 그들대로 서로의 관계에 충실했던 결과를 생각하면서 깊은 감동에 사로잡힙니다. 선생에게 있어 자신의 가르침을 받는 학생들을 "나의 기쁨"이라고 부를 수 있는 것은 얼마나 복된 일입니까! "네가 진리 안에서 행한다 하니 내가 심히 기뻐하노라"(요삼 1:4). 빌립보 형제들은 바울의 기쁨이었을 뿐만 아니라 또한 먼 미래의 어느 날 그의 "면류관"이 될 것이었습니다. 이러한 은유는 큰 심판의 날에 우리 가운데 펼쳐질 장엄한 사실을 전달해 줍니다. 많은 사람을 옳은 데로 돌아오게 한 자들은 "별과 같이 영원토록 빛날" 것입니다(단 12:3). 그것은 그들이 돌아오게 한 자들이 "세상에서 빛들로 나타날" 것이기 때문입니다(빌 2:15). 또 여러분은 들은 것에 대해, 그리고 나는 말한 것에 대해 증언해야 할 마지막 심판대 앞에서, 충성된 선생으로부터 들은 자들의 아름다운 성품이 그의 머리 위에 씌워질 승리의 면류관일 것입니다. "우리의 소망이나 기쁨이나 자랑의 면류관이 무엇이냐 그가 강림하실 때 우리 주 예수 앞에 너희가 아니냐"(살전 2:19).

나아가 이러한 상호 사랑이 바울의 권면에 얼마나 강력한 힘을 부여하는지 주목하십시오. '사랑을 받지 못한 입술'(unloved lips)로부터 나오는 설교는 어떤 선(善)도 맺지 못합니다. 그것은 듣는 자들로부터 아무런 감동도 일으키지 못합니다. 도리어 지루함과 염증만 불러일으킬 뿐입니다. 말씀이 들어갈 수 있도록 마음을 녹이며 활짝 열게 만드는 것은 사랑입니다. 또 '사랑하지 않는 입술'(unloving lips)로부터 나오는 설교 역시도 별다른 선을 맺지 못합니다. 그것은 이를테면 스스로를 정죄하는 꼴입니다. 하나님의 가슴 떨리는 사랑의 위대한 메시지를 전하면서도 얼음처럼 차갑게 전하는 사람들이 있습니다. 말씀의 모든 진액을, 마치 에스골의 포도를 가지고 메마른 건포도를 만드는 것처럼 그렇게 전하는 특이한 은

사를 가진 사람들이 있습니다. 나는 목회에 있어 특별히 이 부분에서 많이 실패했다고 느낍니다. 복음의 위대한 음악과 하나님의 무한한 사랑이 더 풍성하게 전달되기 위해 우리의 목소리와 마음이 더 잘 준비될 수 있다면 얼마나 좋겠습니까?

그러나 사랑하는 성도 여러분, 비록 이 부분에서 실패를 인정한다 하더라도, 목회 40년이 되어가는 이 시점에 나는 하나님께 감사를 드리지 않을 수 없습니다. 왜냐하면 나 역시도 여러분을 바울이 빌립보 형제들을 불렀던 것처럼 "나의 사랑하고 사모하는 형제들, 나의 기쁨이요 면류관인 사랑하는 자들"이라고 부를 수 있기 때문입니다.

이러한 감정은 항상 말하여질 필요는 없습니다. 우리 북부 지역 사람들은 이와 같은 마음을 좀 더 충분히, 그리고 좀 더 자주 표현하는데 다소 서툰 경향이 있습니다. 만일 우리가 이런 감정을 표현하는데 좀 더 익숙하다면 훨씬 좋을 것입니다. 그렇지만 어쨌든 여러분과 나는 오랜 세월 피차 충분히 신뢰할 수 있었으며, 우리의 마음은 예나 지금이나 앞으로도 같을 것입니다.

2. 둘째로, 계속해서 "이와 같이 주 안에 서라"는 사랑의 권면을 주목하십시오.

우리는 여기에서 바울 사도와 관련한 매우 친숙한 모습을 보게 됩니다. 본문 가운데 적대적인 세력에 대항하는 개념이 포함되어 있기는 하지만, 그러나 본문의 주된 개념은 예수 그리스도와의 연합을 계속해서 굳게 유지하라는 것입니다. 본문은 물론 지성(知性)에도 적용됩니다. 그렇지만 본문이 가르치는 것이 복음의 진리를 주로 지적(知的)으로 굳게 붙잡으라든지 혹은 오로지 지적으로만 굳게 붙잡으라는 것이 아닙니다. 그것은 전인(全人)의 모든 영역을 망라합니다. 지적인 요소뿐만 아니라 의지와 양심과 마음과 실제적인 노력 모두를 망라해서 말입니다. 본문은 실제로 "내 안에 거하라 그러면 나도 너희 안에 거하리라"는 우리 주님의 좀 더 깊고 온화한 말씀에 대한 바울식의 권면입니다(요 15:4). 그것은 바나바가 이제 막 태동한 안디옥 교회에 준 것과 동일한 권면입니다. 그때 바나바는 이제

막 이교(異教)로부터 건짐받음으로써 그리스도인의 가장 기본적인 도리조차도 제대로 알고 있지 못했던 자들에게 다음과 같은 한 가지를 권면합니다. “굳건한 마음으로 주와 함께 머물러 있으라”(행 11:23).

우리 삶의 모든 영역에서 그리고 우리 본성의 모든 기능들을 통해 예수 그리스도와의 개인적인 연합을 굳게 유지하는 것이 본문의 위대한 권면의 핵심입니다. 본문의 권면을 성취하는 자는 자신의 삶을 풍성하게 성취할 것입니다. 물론 그와 같이 “서는” 것은 결코 쉬운 일도 아니며 별다른 저항 없이 성취되는 것도 아닙니다. 만일 우리가 잠시 동안만이라도 굳게 서기 위해 극복해야 할 다양한 형태의 저항들을 일별해 본다면, 본문의 권면은 우리에게 큰 도움이 될 것입니다. 노력 없이 서는 것은 아무것도 없습니다. 물리적인 영역에서의 운동법칙을 생각해 보십시오. 외부로부터 어떤 힘이 가해지지 않는 한 어떤 운동 혹은 움직임도 일어나지 않습니다. 이것은 도덕의 영역에서도 똑같이 사실입니다.

우리를 흔들리게 하고 요동하게 하는 것이 무엇입니까? 첫째로, 예컨대 일상적인 의무들이나 일 혹은 오락 같은 것들처럼 일상의 삶 속에서 작지만 그러나 계속적으로 역사함으로써 매우 강력한 힘을 갖는 것들이 있습니다. 그러한 것들은 마치 거대한 빙하가 거의 지각하지 못할 만큼 조금씩 미끄러져 내려가는 것처럼 우리를 복음의 소망으로부터 미끄러져 내려가게 합니다. 균등한 힘으로 계속해서 누르는 것보다 더 강력한 것은 아무것도 없습니다. 그것은 창으로 찌르는 것이나 망치로 두드리는 것이나 갑작스럽게 공격하는 것보다 훨씬 더 강력합니다. 얼마 전에 이집트에 가서 스핑크스를 바라본 적이 있었습니다. 스핑크스를 구성하는 돌은 그것을 깎는 조각가의 끌을 무디게 할 정도로 단단합니다. 그런데 스핑크스는 무엇에 의해선가 닳아서 그 장엄한 얼굴 모양이 지워져 있었습니다. 도대체 무엇에 의해 닳았을까요? 그것은 사막으로부터 불어오는 모래바람입니다. 계속적으로 불어오는 모래 알갱이들과의 마찰에 의해 그렇게 된 것입니다. 계속적으로 우리 위에 역사하는 작은 힘들이 우리로 하여금 예수 그리스도 안에 굳게 서는 것을 가로막는 가장 강력한 힘입니다.

그 외에도 육체와 감각을 통해 역사하는 강한 유혹들의 갑작스런 공격이 있습니다. 어떤 사람이 태평한 태도로 멍하니 서 있는 것을 생각해 보십시오. 만일 그에게 갑작스런 충격이 가해진다면, 그는 즉시 넘어지고 말 것입니다. 산으로 둘러싸인 호수 위에 떠 있는 배를 생각해 보십시오. 갑자기 협곡으로부터 강한 돌풍이 불어칩니다. 만일 강한 손으로 노를 붙잡고 있지 않는다면, 그 배는 필경 뒤집힐 것입니다. 이와 같이 우리에게 지각하지 못할 정도로 조용하지만 그러나 계속적으로 역사하는 힘들이 있는가 하면, 또한 만일 깨어 준비되어 있지 않다면 필경 우리를 넘어뜨릴 갑작스런 유혹의 돌풍들도 있습니다.

이러한 것들 외에도 우리 자신의 본성이 요동치는 것도 있습니다. 이러한 요동은 모든 사람의 마음속에서 일어나는데, 특별히 믿음과 사랑이 재처럼 싸늘하게 식을 때 그렇게 됩니다. 그러나 사랑하는 성도 여러분, 비록 우리가 항상 이러한 감정의 요동에 쉽게 떨어지는 경향이 있음에도 불구하고, 우리의 깊은 중심 속에 요동치 않는 고요함이 내주하는 것은 충분히 가능합니다. 대양(大洋)의 심해 깊은 곳은 수면에서 일어나는 요동치는 물결에 대해 아무것도 알지 못합니다. 이것은 우리의 삶에 있어서도 마찬가지입니다. 비록 표면은 이런저런 물결로 출렁거린다 할지라도, 우리 마음의 깊은 심연은 요동치 않는 고요함으로 채워질 수 있습니다. 여러분의 영(靈)을 거대한 대성당처럼 만드십시오. 그것의 두꺼운 벽이 세상의 모든 시끄러운 소리를 차단할 뿐만 아니라 한여름이든 한겨울이든 너무 덥지도 않고 너무 춥지도 않도록 온도를 일정하게 유지시켜 주는 대성당 말입니다. "이와 같이 주 안에 서라."

본문의 권면 속에는 또한 그것을 어떻게 성취할 수 있는지에 대한 암시도 담겨 있습니다. 본문 속에 있는 "주 안에"라는 표현을 주목해 보십시오. 그러한 표현 속에는 우리가 **어디에** 설 것인가 하는 것뿐만 아니라 우리가 **어떻게** 설 것인가에 대한 교훈까지도 담겨 있습니다. 우리가 어떻게 견고하게 설 수 있습니까? 그것은 우리의 마음과 생각과 의지와 노력을 그리스도와의 연합 속에 놓는 것입니다. 우리가 그리스도 안에 견고하게

서는 분량은 우리의 마음과 생각과 의지와 노력을 그리스도와의 연합 속에 놓은 분량에 비례합니다. 가장 가벼운 물건도 그것을 견고한 물체에 단단히 부착시키기만 하면 충분히 견고해질 수 있습니다. 얇은 석판(石板)을 벽에 단단히 붙여 보십시오. 그러면 그것은 네 방향에서 부는 어떤 바람에도 견고하게 서 있을 것입니다. 이와 같이 스스로를 예수 그리스도 안에 굳게 세우는 조건 위에서 우리는 견고하게 서서 적의 공격에 한 발자국도 물러서지 않고 대항할 수 있게 됩니다. 그것이 지각하지 못할 정도로 세미하지만 그러나 계속적으로 내리누르는 힘이든, 갑작스런 공격이든, 우리 자신의 변하기 쉬운 감정의 요동이든 간에 말입니다. 견고하게 서기 위해서는 무엇보다도 우리가 딛고 있는 땅이 견고해야만 합니다. 여러분은 물컹물컹한 진흙웅덩이나 파도에 쓸려 내려가는 모래언덕 위에서는 결코 견고하게 설 수 없습니다. 어떤 영역에서든 견고하게 서고자 한다면, 그렇게 하는 가장 확실한 방법은 우리 자신을 "어제나 오늘이나 영원토록 동일하신" 분과 결합시키는 것입니다. 그러면 그의 영원토록 동일한 속성으로부터 그와 비슷한 것이 우리의 변하기 쉬운 본성 속으로 흘러들어올 것입니다.

또한 여기에서 "이와 같이"(so)라는 짤막한 단어를 주목해 보십시오. "**이와 같이** 주 안에 서라." 여기의 "이와 같이"는 무슨 의미입니까? 이것은 우리를 바울이 앞 문맥에서 말했던 것으로 돌이키게 합니다. 거기에서 바울은 무슨 말을 했습니까? 앞 장의 요지는 전진 혹은 진보입니다. "나는 뒤에 있는 것은 잊어버리고 앞에 있는 것을 잡으려고 푯대를 향하여 달려가노라"(3:13, 14). 바울은 이 같은 전진에 대한 교훈에다가 여기의 권면을 덧붙입니다. "이와 같이 — 즉 **달려감**에 의해 — 주 안에 서라." 이것을 달리 표현하면 이렇게 될 것입니다. "만일 너희가 가만히 서 있다면, 너희는 굳게 서지 못할 것이라." 앞으로 전진하는 것이 없다면, 굳게 서는 것도 없습니다. 만일 어떤 사람이 앞으로 나아가고 있지 않다면, 그는 뒤로 물러나고 있는 것입니다. 견고함을 확보하는 유일한 길은 "푯대를 향하여 달려가는" 것입니다. 팽이는 오직 계속해서 돌 때만 똑바로 섭니다. 자전

거도 마찬가지입니다. 계속해서 달려갈 때만 똑바로 섭니다. 멈추면 즉시 넘어집니다. 이와 같이 기독교적 삶의 깊은 영역에서 뿐만 아니라 인간의 삶의 모든 영역에서, 견고함의 조건은 계속해서 전진하는 것입니다. 그러므로 사랑하는 성도 여러분, 기독교적 성품의 영역에서든 신앙적인 체험의 영역에서든 가만히 있더라도 최소한 지금까지의 수준은 유지할 수 있다는 생각으로 스스로를 속이지 마십시오. 여러분은 더 나은 그리스도인이 되든, 더 못한 그리스도인이 되든 둘 중 하나입니다. "**이와 같이**" 굳게 서십시오. 가만히 서 있으면 결코 굳게 설 수 없다는 사실을 한순간도 잊어버리지 마십시오.

지금까지 이야기한 모든 것은 그리스도인의 삶의 모든 단계와 관련됩니다. 그렇지만 나는 여기에서 그것이 그리스도인의 삶의 초기 단계와 특별하게 관련된다는 사실을 강조하고 싶습니다.

뜨거운 열정으로 기독교적 삶을 새롭게 달려가기 시작한 사람들은 본문의 권면을 특별히 마음에 새기기 바랍니다. 기독교적 삶을 처음 시작한 사람이 얼마 가지 못해 침체의 늪에 빠지는 것은 너무도 흔한 일입니다. 존 번연이 천로역정에서 가르친 것처럼, 좁은 문을 통과한 크리스챤은 얼마 가지 못해 낙망의 진흙탕 속으로 빠집니다. 우리는 수많은 그리스도인들의 경우 속에서 그들이 예수 그리스도와 가장 가까웠던 때는 다름 아닌 그가 처음 회심했을 때인 경우를 종종 발견합니다. 믿음을 고백하는 실제적인 그리스도인들 가운데 계속해서 앞으로 달려가지 못하는 사람들이 얼마나 많습니까? "때가 오래 되었으므로 너희가 마땅히 선생이 되었을 터인데 너희가 다시 하나님의 말씀의 초보에 대하여 누구에게서 가르침을 받아야 할 처지이니 단단한 음식은 못 먹고 젖이나 먹어야 할 자가 되었도다"(히 5:12). 때가 오래 되고 충분히 자랐어야 함에도 불구하고 여전히 어린아이인 사람들이 얼마나 많습니까? 나는 젊은이들에게 특별히 "**이와 같이** 굳게 서라"고 강조하고 싶습니다. 세상으로 하여금 또다시 여러분을 유혹하지 못하게 하십시오. 항상 예수 그리스도께 가까이 붙어 있으십시오. "네가 가진 것을 굳게 잡아 아무도 네 면류관을 빼앗지 못하게 하라"

(계 3:11).

3. 셋째로, 우리는 여기에서 이러한 명령에 순종하도록 격려하는 위대한 동기를 발견하게 됩니다.

대부분의 사람들은 본문이 시작되는 첫 단어인 "그러므로"를 대수롭지 않게 그냥 지나칩니다. 그러나 실상 그 단어는 매우 중요한 의미를 갖습니다. 그것은 앞장 마지막 부분의 위대한 소망과 본문의 권면을 직접적으로 연결합니다. "그러나 우리의 시민권은 하늘에 있는지라 거기로부터 구원하는 자 곧 주 예수 그리스도를 기다리노니 그는 만물을 자기에게 복종하게 하실 수 있는 자의 역사로 우리의 낮은 몸을 자기 영광의 몸의 형체와 같이 변하게 하시리라"(3:19, 20).

이와 같이 우리가 갖게 되는 위대한 소망은 두 가지로 펼쳐집니다. 첫째로 주님 자신이 자기 종들을 구원하기 위해 오실 것이라는 소망과, 둘째로 그때 그가 자기 종들 안에서 시작하신 일을 완전케 하시고 그들의 전체적인 인성(人性)을 변화시키실 것이라는 소망. 그때 완전하게 변화된 인성은 우리 주님 자신의 인성의 영광에 참여하게 될 것이며, 또 그것과 일치될 것입니다.

바울은 우리가 위와 같은 위대한 소망을 품을 때 자연적으로 "주 안에 견고하게 서는" 것이 따를 것이라고 말합니다. 다시 말해서, 우리가 "주 안에 견고하게 서는" 동기는 다름 아닌 우리가 가지고 있는 위대한 소망이라는 것입니다. 우리 하나님은 얼마나 놀라우신 하나님입니까? 기독교적 삶의 노력은 두려움이나 마지못한 의무감에 의해 강요되는 것이 결코 아닙니다. 우리로 하여금 그리스도와 그의 사랑에 응답하도록 채찍을 휘두르며 강요하는 무서운 감독관은 어디에도 없습니다. 다만 사랑과 소망과 기쁨이 우리의 희생을 쉽게 하며, 멍에를 가볍게 하며, 수고를 즐거움으로 바꾸는 강력한 동기들입니다.

그러므로 사랑하는 성도 여러분, 우리는 항상 이러한 소망 즉 예수 그리스도께서 오실 것이며 그러므로 우리의 수고는 결코 헛되지 않을 것이란 소망을 굳게 붙잡아야 합니다. 소망 없이 행해지는 일은 오랫동안 계속해서 행해질 수 없습니다. 그리고 거기에는 결코 마음이 담겨질 수 없습니다. 그러나 만일 우리가 그리스도께서 나타나실 것이며 그가 나타나실 때 우리 역시도 그와 함께 영광 가운데 나타날 것임을 안다면, 우리는 스스로를 그 안에서 굳게 세우며 즐겁게 행할 수 있을 것입니다. 우리가 행하는 모든 일들이 큰 열매를 맺을 것을 확신하면서 말입니다.

여러분은 북서 인도의 적은 병력이 적들에 포위되어 있었을 때 벌어졌던 이야기를 들었을 것입니다. 그들은 자신들을 구하기 위해 대병력이 다가오고 있다는 사실을 알고 있는 동안에는 매우 강력하게 저항할 수 있었습니다. 우리도 마찬가지입니다. 우리 역시도 우리 왕께서 우리를 구원하기 위해 오실 것임을 안다면 굳게 설 수 있게 될 것입니다. 만일 우리가 주께서 오셔서 우리가 불완전하게 시작한 일을 완전하게 해주실 것을 안다면, 우리는 스스로를 성결하게 하는 일을 잘 행하게 될 것입니다. "이와 같이 주 안에 굳게 서십시오." 왜냐하면 여러분은 주께서 곧 오실 것이며 그때 여러분도 그와 같이 될 것이란 소망을 가지고 있기 때문입니다.

마지막으로 한 마디만 더하고자 합니다. 그것은 "주 안에 견고하게 서는" 것이 또한 우리가 위와 같은 위대한 소망을 갖게 되는 조건이 된다는 사실입니다. 다시 말해서 "주 안에 견고하게 서는" 것이 없다면, 우리는 주께서 다시 오실 것이며, 그때 우리도 그와 같이 될 것이란 소망을 결코 가질 수 없을 것입니다.

만일 우리가 그를 가까이 한다면 또 그를 가까이 하는 가운데 매일같이 그를 닮아간다면, 우리는 그가 우리와 관련한 모든 것을 완전하게 하실 것이란 분명한 확신을 가질 수 있게 될 것입니다. 그러나 예수 그리스도와 그의 정결하게 하는 능력을 가까이 하지 않는다면, 나는 성경 속에서든 실제적인 경험의 영역에서든 이러한 기대를 확증하는 것을 어디에서도 발견할 수 없습니다. 평생 그리스도를 가까이 하며 살다가 죽은 어떤 사람을 상상해 보십시오. 예수 그리스도께서 그를 취하여, 그를 자신의 모양으로 바꾸실 것입니다. 여러분 스스로를 그와 같은 삶에 던져보지 않겠습니까?

"주 안에 굳게 서는" 것으로 시작하십시오. 그러면 나머지 일은 주께서 하실 것입니다. 옷을 염색하고자 하면, 그 옷을 염료 통 속에 집어넣고 어느 정도 시간 동안 그대로 두어야 합니다. 보이지 않는 별들의 사진을 찍고자 하면, 그것을 감광판 위에 올려놓고 어느 정도 시간 동안 그대로 있어야 합니다. 물동이에 물을 채우기 위해서는, 그것을 물 속에 집어넣고 어느 정도 시간동안 가만히 있어야 합니다. 여러분 스스로를 예수 그리스도 안에 놓고 그대로 두십시오. 그러면 이 땅에서 여러분은 그와 같은 형상으로 변화되기 시작할 것입니다. 그리고 그가 오실 때, 그는 여러분의 구주로 오실 것이며, 여러분이 완성하지 못한 일을 완성하실 것이며, 여러분을 온전히 그와 같게 만드실 것입니다.

"그러므로 나의 사랑하고 사모하는 형제들, 나의 기쁨이요 면류관인 형제들아 이와 같이 주 안에 서라."

24
생명책에 있는 이름들

"그 외에 나의 동역자들을 도우라 그 이름들이 생명책에 있느니라"

빌 4:3

바울은 매우 강한 자였을 뿐만 아니라 또한 매우 부드러운 자이기도 했습니다. 그의 성품 속에는 부드러움과 섬세함이 불굴의 믿음이나 격렬한 열정 같은 것들과 아름다운 조화를 이루고 있었습니다. 우리는 여기에서 그가 자신의 말이 가져올 수 있는 결과를 염려하면서 심지어 가장 예민한 심성을 가진 자까지도 마음에 아무런 상처를 입지 않도록 세심하게 배려하는 것을 볼 수 있습니다.

바울은 본 단락에서 세 명의 이름을 열거하면서, 나머지 사람들은 "그 외에 나의 동역자들"이라고 뭉뚱그려 언급합니다. 이렇게 하는 가운데 그는 이들 가운데 아무도 자기 이름이 구체적으로 명기(明記)되지 않은 것으로 인해 상처받지 않도록 그들의 이름이 더 나은 책 곧 하늘의 생명책에 기록되어 있음을 일깨워 줍니다. 그는 마치 이렇게 말하고 있는 것 같습니다. "내가 너희의 이름을 개별적으로 명기하지 않는 것으로 인해 불쾌하게 생각하지 말라. 너희는 내 편지에 이름이 명기되지 않은 것을 얼마든지 받아들일 수 있느니라. 왜냐하면 너희의 이름이 생명책에 기록되어 있기 때문이니라."

우리는 여기에서 그 이름이 흐릿한 망각 속에 잊혀진 사람들에 대한 위로를 발견합니다. 만일 우리의 이름이 생명책이 기록되었다면, 다른 곳에서 잊혀진 것이 무슨 상관이겠습니까?

성경에 생명책(Book of Life)이란 표현이 처음부터 마지막에 이르기까지 이따금씩 나타납니다. 그것이 첫 번째로 나타나는 때는 모세가 자기희생적인 중보기도를 드릴 때입니다. 그때 모세는 이스라엘의 죄를 용서해 주실 것을 간청하면서 그렇게 하지 않으시려거든 차라리 자신의 이름을 "주께서 기록하신 책에서 지워버려" 달라고 탄원합니다(출 32:32). 한편 생명책이란 표현이 마지막으로 나타나는 때는 사도 요한이 "오직 어린 양의 생명책에 기록된 자들 외에는 아무도 하나님의 도성에 들어가지 못할" 것이라는 말을 들을 때입니다(계 21:27). 물론 일반적인 어법으로 "생명책에 기록"된다는 것은 예수 그리스도의 참된 제자가 된다는 것과 같은 표현입니다. 그렇지만 우리는 그와 같은 표현이 제시하는 다양한 개념들을 좀 더 상세히 살펴볼 필요가 있습니다.

1. 생명책이 제시하는 첫 번째 개념은 시민권입니다.

생명책의 상징은 물론 이스라엘 지파들의 명부에 이름이 등록되는 것으로부터 끌어온 것입니다. 그러한 용례(用例)는 구약에 이따금씩 나타납니다. 예컨대 우리는 "예루살렘 안에 생존한 자 중 기록된 모든 사람"(사 4:3)이라든지, 혹은 "이스라엘 족속의 호적에도 기록되지 못하게" 한다는 등의 표현을 발견합니다(겔 13:9). 또 신약, 예컨대 히브리서에서 우리는 도시(city)와 인구조사(census)의 개념이 직접적으로 연결되는 것을 발견합니다. 거기에서 히브리서 기자는 이렇게 말합니다. "너희가 이른 곳은 살아 계신 하나님의 도성과 … 하늘에 기록된 장자들의 모임과 교회와"(히 12:22, 23). 여기의 본문 바로 앞에도 동일한 시민권의 개념이 등장합니다. "그러나 우리의 시민권은 하늘에 있는지라 거기로부터 구원하는 자 곧 주 예수 그리스도를 기다리노니"(3:20). 이렇게 볼 때 본문을 기록하고 있던 바울의 마음속에 시민권의 개념이 떠올라 있었을 것이라고 보는 것은 의심의 여지 없는 사실입니다. 빌립보서에 동일한 시민권의 개념이 등장하는 또 다른 구절이 있습니다. “오직 너희는 그리스도의 복음에 합당하게 시민**으로 행동하라”**(1:27, 한글개역개정판에는 “생활하라”로 되어 있음). 사도행전이 보여주는 것처럼, 빌립보는 로마의 식민지였습니다. 그러므로 그와 같은 말은 그 도시의 시민들의 상황에 정확하게 부합됩니다. 로마의 식민지는 비록 다른 지역에 멀리 떨어져 있다 할지라도 로마의 일부였으며, 빌립보 시민들의 이름은 로마제국의 명부에 기록되어 있었습니다. 바울 자신도 같은 사실을 보여주는 또 다른 예(例)였습니다. 왜냐하면 그는 자신이 살고 있는 도시의 시민이 아니라 자신이 살고 있지 않은 도시의 시민이었기 때문입니다. 그는 아시아의 다소에서 태어나 그곳에서 살고 자랐음에도 불구하고 로마 시민이었습니다.

이와 같이 본문의 위대한 은유로부터 나오는 첫 번째 개념은 우리 모두가 — 만일 우리가 그리스도인이라면 — 여기와는 다른 체제와 질서에 속했다고 하는 것입니다. 이로부터 나오는 분명하면서도 실제적인 결론은 우리로 하여금 다른 질서에 속했다고 하는 의식을 고취하라는 것입니다. 자신들이 주변의 미개한 족속들에 속하지 않고 그 이름이 로마시의 명부에 당당히 기록되었음을 생각할 때, 빌립보인들의 마음은 얼마나 자부심으로 부풀었겠습니까? 그와 같이 우리 역시도 다른 질서에 속했다고 하는 의식을 고취해야 합니다. 이것은 이 땅에서의 우리의 일을 결코 더 나쁘게 만들지 않습니다. 도리어 우리의 삶을 더욱 고상하게 만들며, 우리의 노력을 더 크고 위대한 일로 향하게 합니다. 홍콩 같은 영국령 도시에 살고 있는 영국인들을 생각해 보십시오. 그들은 자신들이 살고 있는 지역의 법령이 아니라 영국 법령의 통치를 받습니다. 이와 같이 우리도 장차 우리가 보고하게 될 곳으로부터 명령을 취해야 합니다. 영국 식민지에 사는 영국 시민들은 다우닝 가로부터 모든 명령과 지침을 받습니다(Downing Street: 영국의 수상관저, 외무성 등이 있는 거리). 영국 정부에 의해 임명된 홍콩의 관리들은 홍콩 의회에 보고하는 것보다 영국 의회에 보고하는 것에 더 큰 신경을 쓸 것입니다. 이와 같이 우리도 하늘의 시민권을 가진 자로서, 지금 살고 있는 이 세상이 아니라 하늘의 법령에 순종해야 합니다. 우리에게 있어 가장 중요한 일은 그분을 기쁘시게 하며, 그분 앞에 받으심 직한 사람이 되는 것입니다. 여러분은 홀로 있다고 생각합니까? 모든 세대를 망라하여 모든 시민을 하나로 묶는 거대한 나라의 지체라는 의식을 계발하십시오.

이러한 하늘의 시민권이 사람에게 주어질 수 있는 최고의 영예라는 사실을 잊지 마십시오. 베네치아의 귀족들은 자신들의 이름을 총독관저에 보관되어 있는 "황금의 책"(golden book)이라고 불리는 책에 기록했습니다. 만일 우리의 이름이 하늘에 있는 "황금의 책"에 기록되어 있다면, 이보다 더 영예로운 것이 무엇이겠습니까? 그러므로 우리는 이 땅에서 우리의 이름이 높이 드러나든 그렇지 않든 별 신경 쓰지 않게 될 것입니다. 그리고 우리의 이름이 인간의 어떤 명부에 기록되지 않은 것에 대해서도 담담히 받아들이게 될 것입니다. 지식의 힘, 물질적인 부요, 야망의 충족 등 사람들이 추구하는 모든 것들을 생각해 보십시오. 하늘의 시민권을 소유함으로 따르는 만족과 기쁨과 영예와 비교할 때, 그런 것들은 실로 너무도 작은 것입니다. 세상의 야망에 들떠있는 자들에게 주시는 주님의 다음과 같은 말씀을 마음에 새기십시오. "귀신들이 너희에게 항복하는 것으로 기뻐하지 말고 너희 이름이 하늘에 기록된 것으로 기뻐하라"(눅 10:20).

2. 생명책이 제시하는 두 번째 개념은 참된 생명의 소유입니다.

일반적으로 "Book of Life"라고 불리는 생명책은 구약에서 때로 "Book of Living"이라고 불리기도 합니다. 그것은 실제로 살아있는 사람들의 명부입니다.

신약에서 "생명"으로 불릴 가치가 있는 어떤 것은 창조나 혹은 육체적인 탄생에 의해서가 아니라 예수 그리스도를 믿음으로 말미암아 거듭난 자들에게 주어지는 것으로서 제시됩니다. 신약에서 "생명"은 "존재"(being)를 훨씬 뛰어넘는 어떤 것입니다. 그것은 물리적인 실존 훨씬 이상입니다. 신약의 생명에 대한 완전한 설명을, 우리는 의식적인 순복과 사랑과 열망과 순종에 의해 하나님과 연합된 영혼만이 실제로 살아 있는 유일한 영혼이라는 가르침 속에서 발견합니다. 나머지 모든 영혼은 죽은 영혼입니다. “향락을 좋아하는 자는 살았으나 죽었느니라”(딤전 5:6). 어떤 시인(詩人)은 갑판 위에 서서 살아 있는 자들 옆에서 로프를 끌어당기고 있는 죽은 자의 모습을 묘사했는데, 이것은 매우 깊은 의미에서 사실입니다. 가장 참되고 깊은 의미에서 하나님으로부터 분리된 자의 생명은 모든 열정적인 활동과 활발한 지적 작용에도 불구하고 죽음 가운데 있는 것입니다. 사랑하는 성도 여러분, 그리스도 안에서 하나님께 대한 겸손한 순종으로 말미암은 영과 혼과 육의 완전한 생명 외에는 그 어떤 것도 결코 생명이라는 장엄한 이름으로 불릴 만한 가치를 갖지 못한다는 사실을 기억하십시오. 우리 구주께서 오셔서 행하신 일의 가장 깊은 의미는 사망 아래 있는 세상에 오셔서 수많은 마른 뼈들에게 그 자신의 생기를 불어넣는 것입니다. 예수 그리스도는 우리를 위해 죽으셨습니다. 만일 우리가 원하기만 한다면, 그리스도는 우리 안에서 사실 것입니다. 만일 그가 그렇게 하지 않는다면, 우리는 두 번 죽는 것입니다.

이것을 단순히 강단의 화려한 은유에 불과한 것으로 여기지 마십시오. 물론 그것은 은유입니다. 그러나 그 은유 속에 우리 모두와 관련한 다음과 같은 가장 심오한 진리가 담겨 있습니다. 즉 예수 그리스도와 연합된 자만이, 그리고 그리스도로부터 자신의 생명을 끌어오는 자만이 참으로 그 자신이며, 그에게 가능한 최고의 그리고 최선의 삶을 산다는 진리 말입니다. 아들을 가진 자는 생명을 가지며, 아들을 갖지 못한 자는 생명을 갖지 못합니다. 여러분의 이름과 저의 이름은 생명책에 기록되었든지, 아니면 공동묘지의 명부에 기록되었든지 둘 중 하나입니다. 우리는 둘 중 하나를 선택해야 합니다.

3. 생명책이 제시하는 세 번째 개념은 하나님의 개별적인 지식과 돌봄의 경험입니다.

생명책은 구약에서 “주의 책”(Thy book)으로 불리는가 하면, 신약에서는 “어린 양의 책”(the Lamb's book)으로 불리기도 합니다. 이러한 사실은 구약과 신약 그리고 여호와와 예수 그리스도에 대한 전체적인 관계와 일치합니다. 신약은 구약에서 오로지 여호와께만 돌려지는 속성들을 불경(不敬)이나 우상 숭배와 관련한 어떤 망설임도 없이 예수 그리스도께 돌립니다. 이와 같이 하나님을 나타내는 자요 신적 권능과 축복의 중보자인 예수 그리스도는 그 책을 취하여 거기에 이름들을 기록합니다. 우리 각 사람은 그 책 안에 자신의 이름이 기록된 페이지를 갖고 있습니다. 각각의 이름은 그곳에 기록된 다른 이름들과 혼동되지 않습니다. 거기에는 개별적인 지식과 개별적인 사랑과 개별적인 돌봄이 있습니다. 나의 개별적인 존재의 표현인 나의 이름이 그곳에 있습니다. 예수 그리스도는 나를 무리 가운데 하나로 다루지 않습니다. 또 마치 왕이 왕궁 테라스 위에서 군중들을 향해 금화(金貨)들을 뿌리는 것처럼, 우리 주님은 나로 하여금 군중 속에서 하나를 움켜잡도록 그렇게 축복들을 뿌리지 않습니다. 그는 우리 한 사람 한 사람을 개별적으로 다루십니다. 오직 그분과 나 둘 외에는 세상에 아무도 없는 것처럼 말입니다.

우리와 예수 그리스도 사이의 관계의 개별성을 실제적으로 체감하는 것은 결코 쉽지 않습니다. 그러나 만일 우리가 성경에 나오는 "우리"와 "세상"을 "나"로 바꾸지 않는다면, 그리하여 그가 "세상" 죄를 위한 화목제물로 자신을 주셨다고 말할 뿐만 아니라 또한 "나"를 사랑하사 "나"를 위해 자신을 주셨다고 말할 수 없다면, 우리는 그의 복음의 참된 핵심에 도달하지 못한 것입니다. 그의 보편적인 속죄 가운데 개별적인 사랑이 나타나는 것처럼, 그는 또한 우리 각자를 다룸에 있어서도 개별적으로 그렇게 합니다. 그는 우리 한 사람 한 사람을 개별적으로 주목하십니다. 목자는 자기 양들이 문을 지나간다든지 혹은 우리로 들어갈 때 각각의 양들에게 개별적으로 말합니다. 그는 각각의 양들을 각각의 이름으로 아십니다. "내가 너를 지명(指名)하여 불렀나니 너는 내 것이라"(사 43:1).

눈을 들어 밤하늘의 이 무수한 별들을 누가 만들었는지 보십시오. 우리 눈에 성운(星雲)처럼 흐린 것도 그의 눈에는 불타는 태양처럼 밝습니다. "그가 별들의 수효를 세시고 그것들을 다 이름대로 부르시는도다 우리 주는 위대하시며 능력이 많으시며 그의 지혜가 무궁하시도다"(시 147:4, 5). 그러므로 우리는 그가 우리를 개별적으로 아시며 개별적으로 사랑하신다는 사실을 확신하면서 그의 손의 보호 안에서 안식할 수 있습니다.

구원과 안위(安慰)는 그와 같은 개별적인 돌보심의 결과입니다. 이러한 은유에 대한 구약의 용례 가운데 한 곳에서, 우리는 큰 재앙의 날에 "네 백성 중 책에 기록된 모든 자가 구원을 받을 것이라"는 말씀을 읽게 됩니다(단 12:1). 그러므로 만일 우리 이름이 그 책에 기록되어 있다면, 우리는 어떤 것도 두려워할 필요가 없습니다. 잠을 이루지 못하는 왕은 그 책을 읽을 것이며, 자신의 가련한 종들을 결코 잊지 않을 것입니다.

우리는 구약에서 이와 같은 개별적인 돌봄과 사랑을 암시하는 또 다른 상징들을 살펴볼 수 있습니다. 대제사장은 자신의 직무를 수행하기 위해 성막에 들어갈 때 가슴 위에다가 열두 지파의 이름을 새긴 흉패를 착용했습니다. 뿐만 아니라 그러한 이름들은 마치 그의 권세를 행사하는 것을 나타내는 것처럼 그의 어깨 위에도 기록되었습니다. 이와 같이 우리는 스스로를 그의 심장이 박동하는 곳 바로 옆에 위치한 존재로, 그리고 그의 전능하신 팔이 개별적으로 역사하는 대상으로 생각할 수 있습니다. 이것이 전부가 아닙니다. 우리는 이스라엘에 대해 "내가 너를 내 손바닥에 새겼다"고 말씀하시는 신적 음성을 듣습니다(사 49:16). 그를 사랑하며 신뢰하며 섬기는 자들의 각각의 이름이 주권자이신 그리스도의 살 속에 깊이 새겨집니다. 우리는 우리 몸에 우리가 누구의 종인지를 나타내는 표지 곧 "주 예수의 흔적"을 갖습니다. 뿐만 아니라 그 역시도 자기 몸에 누가 그의 종인지를 나타내는 표적을 갖고 계십니다.

4. 생명책이 제시하는 네 번째 개념은 장차 생명의 땅에 들어가는 개념입니다.

이러한 은유는 미래와 최후의 일들을 다루는 성경의 마지막 책에서 세 번 나타납니다. 첫째로, 우리는 보좌가 놓여 있고 두 권의 책이 펼쳐져 있는 마지막 심판의 환상을 보게 됩니다. 한 권은 생명책이며 다른 한 권은 사람들의 행위가 기록된 책인데, 이 두 권의 책에 의해 사람들은 심판을 받습니다. 행위에 의한 심판이 있는가 하면, 또한 생명책에 의한 심판이 있습니다. 다시 말해서, 마지막에 사람이 받게 될 질문은 이것입니다. "이 사람의 이름이 그 책에 기록되었느냐? 그는 하늘나라의 시민으로 그곳에 들어갈 자격이 있느냐? 그는 그 마음에 그리스도로부터의 생명을 가지고 있느냐?" 혹은 다른 말로 해서, 마지막 질문은 첫째로 심판대 앞에 서 있는 저 사람은 예수 그리스도를 믿는 믿음을 가지고 있느냐 하는 것과, 둘째로 그는 이 땅에서의 모든 행위를 통해 자신의 믿음이 참된 것임을 입증했느냐 하는 것일 것입니다. 이러한 두 권의 책이 심판이 이루어지는 책입니다.

둘째로, 우리는 "마치 신랑을 위해 단장한 신부처럼 하늘로부터 내려오는" 그리고 "오직 어린 양의 생명책에 기록된 자들만 들어갈 수 있는" 하나님의 도성과 관련한 놀라운 환상을 보게 됩니다. 오직 그 도성의 시민들만 그곳에 들어갈 수 있습니다. 외인들은 결코 들어가지 못합니다. 우리 주님은 자기 백성의 이름을 기록할 때 그가 그곳에서 태어난 것으로 간주할 것입니다. 그래서 한 번도 그곳을 밟아보지 못했다 할지라도, 그는 자기 본향에 들어갈 수 있게 됩니다.

셋째로, 일곱 교회에 보내는 편지 가운데 한 곳에서 우리 주님은 이기는 자에게 다음과 같은 약속을 주십니다. "이기는 자는 이와 같이 흰 옷을 입을 것이요 내가 그 이름을 생명책에서 결코 지우지 아니하고 그 이름을 내 아버지 앞과 그의 천사들 앞에서 시인하리라"(계 3:5). 만일 우리가 우리 주님으로부터의 인정과 칭찬을 확신한다면, 다른 사람들이 우리에 대해 어떻게 생각하든 그것이 무슨 상관이겠습니까?

마지막으로 한두 마디 덧붙이고자 합니다. 바울이 빌립보의 익명의 성도들의 이름이 생명책에 기록되었음을 선언하는데 조금도 주저하지 않는 사실을 기억하십시오. 도대체 그는 어떻게 그것을 확신할 수 있었을까요? 그가 생명책에 기록된 이름들을 실제로 읽어보기라도 했단 말입니까? 그는 단지 그들의 행위에 의해 그들의 상태를 추정하고 있었을 뿐입니다. 그는 그들의 행한 일을 보았으며, 그러한 일들이 그들의 믿음의 열매임을 알았습니다. 그리하여 그는 그들의 믿음이 그들과 예수 그리스도를 하나로 연합시켰음을 분명히 확신할 수 있었습니다. 그러므로 사랑하는 성도 여러분, 다음과 같은 두 가지를 명심하십시오. 첫째로, 여러분의 행위로써 여러분의 믿음을 나타내십시오. 그리고 둘째로, 그럼으로써 어떤 사람도 여러분이 어느 왕을 섬기고 있는지, 그리고 여러분이 어느 도성에 속했는지를 의심하지 못하게 하십시오. “나의 이름이 거기에 있는가?”라고 묻지 마십시오. 도리어 이렇게 물으십시오. “내가 믿음을 가지고 있는가? 그리고 나의 믿음이 하늘나라에 속한 일들을 행하는가?”

나아가 그 이름들이 그 책으로부터 지워질 수 있다는 사실을 기억하십시오. 생명책의 은유는 종종 무조건적이며 불가항력적인 예정의 교리를 뒷받침하는 것으로 사용되기도 합니다. 그러나 올바로 바라볼 때, 도리어 그것은 반대 방향을 가리킵니다. 모세가 괴로움 가운데 “주께서 기록하신 책에서 내 이름을 지워 버려 주옵소서”라고 부르짖은 것을 기억하십시오(출 32:32). 그에 대한 하나님의 응답은 “누구든지 내게 범죄하면 내가 내 책에서 그를 지워 버리리라”는 것이었습니다(33절). “내가 그 이름을 생명책에서 결코 지우지 않겠다”는 약속은 오직 “이기는 자”에게 주어진 것이라는 사실을 잊지 마십시오(계 3:5). 우리가 그리스도와 함께 참여하는 자가 되는 것은 “우리가 시작할 때에 확신한 것을 끝까지 견고히 잡고 있을 때”입니다(히 3:14).

그러므로 우리의 이름이 생명책에 있게 되는가 그렇지 않은가 여부는 우리 자신에게 달려 있다는 사실을 잊지 마십시오. 존 번연의 천로역정에는 어떤 무장한 사람에 대한 이야기가 나옵니다. 그는 생명책과 잉크가 놓여 있는 탁자에 와서 “내 이름을 기록하시오”라고 말합니다. 여러분과 나도 그렇게 할 수 있습니다. 만일 우리가 스스로를 예수 그리스도께 던지면서 우리의 의지를 그분께 순복시킨다면, 그는 자신의 책에 우리의 이름을 기록하실 것입니다. 만일 우리가 그를 믿는다면, 우리는 하나님의 도성의 시민이 될 것이며, 그리스도의 생명으로 채워질 것이며, 개별적인 사랑과 돌봄의 대상이 될 것이며, 마지막 날 받아들여질 것이며, 성문을 통해 그 도성에 들어갈 것입니다. "무릇 여호와를 떠나는 자는 흙에 기록이 되오리니"(렘 17:13). 흙에 기록된 이름은 마치 모래 위에 씌어진 글이 물이 들어올 때 지워지는 것처럼 지워질 것입니다. 예수 그리스도를 믿는 자들은 그 이름이 생명책에 기록될 것이며, 대제사장의 흉패에 새겨질 것이며, 그의 능력의 손바닥에 그리고 그의 사랑의 마음 위에 새겨질 것입니다.

25
항상 기뻐하라

"주 안에서 항상 기뻐하라 내가 다시 말하노니 기뻐하라"

빌 4:4

빌립보서 전체는 "내가 기뻐하노라"와 "너희는 기뻐하라"의 두 짧막한 구절로 요약될 수 있습니다. 이러한 개념은 모든 장에서 반복적으로 나타납니다. 지금 바울이 처해 있는 상황을 생각할 때, 이러한 반복적인 후렴구는 한층 더 놀라운 것이 됩니다. 빌립보서는 바울이 지금 매인 자의 신분에 있으며, 동료 그리스도인들의 도움에 힘입어 생활하고 있으며, 마음을 같이할 자가 따로 없으며, 자신의 생명이 앞으로 어떻게 될지 확실하게 알지 못하고 있었음을 보여줍니다. 그러나 이 모든 어둠으로부터 그는 기쁨의 환호를 터뜨립니다. 이러한 기쁨으로 가득 찬 편지는 어쩌면 내일 죽을지도 모르는 한 매인 자의 펜으로부터 나온 것입니다.

바울은 3장을 시작하면서 편지를 마무리하려고 했었는데, 본문의 권면은 그때 중단된 이야기를 다시 되살리는 것입니다. "끝으로 나의 형제들아 주 안에서 기뻐하라"(3:1). 그렇지만 그는 편지를 마무리하려고 하다가 돌연 개인적인 이야기로 들어갔었습니다. 그러는 가운데 아직 이루지 못한 것을 향한 자신의 계속적인 열망과 노력에 대해 이야기하다가, 이제 다시 돌아와 중단된 이야기를 다시 되살리고 있는 것입니다. 본문의 명령이 이중적으로 반복되고 있는 사실을 주목하십시오 — "주 안에서 항상 기뻐하라 내가 다시 말하노니 기뻐하라." 이러한 사실을 주목할 때, 본문의 명령은 한층 더 인상적인 것이 됩니다. 바울은 빌립보서 독자들이 다음과 같이 되물을 것을 예상하고 있는 것처럼 보입니다. "어째서 당신은 똑같은 말을 반복하는 것입니까?" 이에 바울은 이렇게 말합니다. "옳도다. 너희는 똑같은 명령을 다시 한 번 들어야 할 것이니라. 그것은 너무도 중요한 것이어서 세 번이라도 반복되어야 할 것이니라. 그러므로 내가 다시 말하노니 '기뻐하라.'" 그리스도인의 기쁨은 그리스도인의 의무에 있어 매우 중요한 요소입니다. 그리고 우리는 그것을 이렇게 강렬하게 반복하는 것을 통해 그렇게 하는 것이 결코 쉽지 않다는 사실을 짐작할 수 있게 됩니다.

1. 본문이 제시하는 첫 번째 개념은 예수 그리스도와의 긴밀한 연합이 참된 기쁨의 기초라는 것입니다.

본문의 "주"가, 바울서신에서 통상 그러한 것처럼, 하나님 아버지가 아니라 예수 그리스도를 의미하는 사실을 주목하십시오. 또 "주 안에서 기뻐하라"(혹은 "주를 기뻐하라" — Rejoice in the Lord)는 구절이 우리가 통상적으로 생각하는 것보다 훨씬 더 깊은 의미를 가지고 있는 사실을 주목하십시오. 우리는 종종 "어떤 것을 혹은 어떤 사람을 기뻐한다"(rejoicing in a thing or a person)고 말하곤 합니다. 그러므로 "어떤 것" 혹은 "어떤 사람"은 우리의 기쁨의 원인이나 혹은 대상이 되는 것 혹은 사람을 나타냅니다. 이것은 분명한 사실이지만, 그러나 이것이 우리 주님과 관련하여 바울이 여기에서 의미하는 모든 것을 포괄하지는 않습니다. 그는 "in the Lord"라는 구절을 그의 서신에서 일반적으로 그렇게 하는 것처럼 매우 깊고 포괄적인 의미로 취합니다. 나는 여기에서 그러한 구절이 본 서신과 거의 같은 시기에 기록된 에베소서에서 계속해서 되풀이 되는 것을 여러분에게 일깨워 줄 필요를 느낍니다. 에베소서에서 여러분은 "그리스도 예수 안에서"(in Christ Jesus)란 표현이 하나님의 모든 선물들과 그리스도인의 삶의 모든 가능한 축복들 위에 찍힌 인(印)임을 발견할 것입니다.

그리스도 예수 안에서 우리는 기업을 받습니다. 그리스도 예수 안에서 우리는 그의 피를 통한 구속을 받습니다. 그리스도 예수 안에서 우리는 죄 사함을 받습니다. 그리스도 예수 안에서 우리는 모든 신령한 복을 받습니다. 바울에게 있어 기독교적 생명의 본질적인 특성에 대한 가장 깊은 묘사는 그것이 그리스도 안에 있는 생명이라는 것입니다.

바울 사도가 여기에서 모든 기쁨의 기초와 원천으로 가리키는 것은 예수 그리스도와의 이러한 긴밀한 연합입니다. "주 안에서 기뻐하라" — 그와 하나로 연합되어 기뻐하라.

이러한 위대한 개념에는 두 가지 측면이 있는데, 하나는 깊고 신비한 측면이며, 다른 하나는 평이하며 실제적인 측면입니다. 전자의 측면과 관련해서는 특별히 많은 시간을 소모할 필요를 느끼지 않습니다. 우리는 예수 그리스도의 초인간적인 본성을 믿습니다. 우리는 그의 신성을 믿습니다. 그러므로 우리는 그와 우리 사이의 초월적인 연합의 가능성을 합리적으로 믿을 수 있습니다. 피조물이 그 물리적인 존재와 관련하여 창조주를 붙잡고 있는 것과 같은 연합 말입니다. "우리는 그리스도 안에서 살며 움직이며 우리의 존재를 갖는다"라는 명제는 우주의 구성과 관련한 매우 근본적인 진리입니다. "우리는 그리스도 안에서 살며 움직이며 우리의 존재를 갖는다"는 명제는 우리와 예수 그리스도 사이의 관계와 관련한 매우 근본적인 진리입니다. 세상의 모든 연합들은 이러한 깊고, 심오하며, 신비하며, 초월적인 그러나 실제적인 연합의 어렴풋한 그림자에 불과합니다. 이러한 실제적인 연합에 의해 모든 그리스도인은 그리스도 안에 있습니다. 마치 가지가 포도나무 안에 있는 것처럼, 그리고 지체가 몸 안에 있는 것처럼, 그리고 행성이 자신의 궤도 안에 있는 것처럼 말입니다. 또 이러한 실제적인 연합에 의해 그리스도는 그리스도인들 가운데 계십니다. 마치 생명의 수액이 모든 가지 안에 있는 것처럼, 그리고 신비한 활력이 모든 지체 안에 있는 것처럼 말입니다. 이와 같이 그리스도 안에 거함으로써 우리는 기쁠 수 있고 또 기쁠 것입니다.

또 하나의 측면은 매우 평이하며 실제적인 측면입니다. 본문이 모든 참된 축복의 기초로서 여기에서 우리에게 권면하는 "그리스도 안에" 있다는 것은, 우리의 본성 전체가 그리스도로 점유되고 고정되며, 우리의 생각이 그에게로 향하며, 우리 마음의 덩굴손이 그를 감고 올라가며, 우리의 의지가 그의 계명에 기쁘게 순종하며, 우리의 열망과 바람이 그의 영원한 선을 지향하며, 우리 존재의 모든 흐름이 그를 향해 흘러가는 것을 의미합니다. 이와 같이 우리 모두는 "그리스도 안에" 거할 수 있습니다.

또 바울은 그와 같은 상호적이며 긴밀한 연합이 모든 축복의 비밀이라고 말합니다. 만일 이와 같이 우리가 주님과 연합한다면, 그리하여 그의 생명이 우리 안에 있고 우리의 생명이 그 안에 있다면, 우리는 무엇에도 부족하지 않고 모든 것으로 풍성하게 채워질 것입니다. 만족되지 않는 열망으로 괴로워하는 것은 더 이상 없을 것입니다. 오직 우리가 구하는 것을 발견하는 것으로부터 오는 즐거움만이 있을 것입니다. 그럼으로써 우리는 주님을 더 가까이 하는 가운데 더 복된 삶을 추구할 것이며, 계속해서 그것을 더 충만하게 소유하기를 구할 것입니다. 자신이 필요로 하는 것을 어디에서 얻을 수 있는지 아는 사람은 필경 영원한 기쁨의 불가사의한 비밀을 가질 것입니다. 이와 같이 믿음과 사랑과 순종과 본받음과 열망과 향유(享有)로 그리스도 안에 거하는 자들은 마치 강력한 요새 안에 거하는 자들과 같습니다. 요새 밖에 적들이 움직이고 있음에도 불구하고 그들은 요새 안에서 안전함을 느낍니다. 또 그리스도 안에 거하는 자들은 스스로를 통제하는 힘을 가집니다. 그들은 자신들의 혈기를 통제할 수 있으며, 강렬한 열망을 억제할 수 있으며, 스스로를 잘 다스릴 수 있습니다. 그들에게 불안과 슬픔의 근원은 막히며, 한없이 솟아오르는 기쁨의 샘은 열립니다. 그리스도께서 나를 다스리기 때문에 내가 스스로를 다스리는 것은 축복의 비밀에 있어 결코 작은 것이 아닙니다. 또 이와 같이 그리스도 안에 거하는 자들은 자아(自我)를 잊는 가장 순수한 기쁨을 가집니다. 그는 삶의 위대한 목적 속에 매몰되며, 그 시야(視野)에 자신의 모습이 보이지 않게 됩니다. 그는 다른 사람에게 헌신하는 것에 삼켜지며, 그 안에서 기쁨의 비밀을 발견합니다. "이제는 내가 사는 것이 아니요 오직 내 안에 그리스도께서 사시는 것"이라고 말할 수 있는 사람은 항상 기뻐할 수 있는 사람입니다. 세상은 그러한 것을 기쁨이라고 부르지 않을는지 모릅니다. 그러나 그러한 기쁨이야말로 하늘에 속한 가장 아름다운 기쁨입니다. 세상의 기쁨은 땅의 보잘것없는 산물이며, 속히 꺼져버리고 말 것입니다.

2. 둘째로, 그러므로 이러한 기쁨이 지속적인 것이 될 수 있는 사실을 주목하십시오.

바울은 "주 안에서 **항상** 기뻐하라"고 말합니다. 이것은 까기 어려운 호두와 같습니다. 나는 다음과 같이 말하는 사람을 상상할 수 있습니다. "나에게 이와 같이 권면하는 것이 도대체 무슨 소용이 있단 말인가? 우리의 기쁨은 대부분의 경우 기분의 문제가 아닌가? 우리가 어떻게 우리 기분을 마음대로 다스린단 말인가? 또 우리의 기쁨은 대부분의 경우 상황의 문제가 아닌가? 우리가 어떻게 우리의 상황을 마음대로 결정할 수 있단 말인가? 내 마음이 지금 극도의 괴로움으로 고통하고 있는데, 이 와중에 기뻐하라고 권면하는 것은 얼마나 터무니없는 말인가?"

그렇습니다. 기쁨은 기분과 큰 관계가 있으며, 또한 상황과도 크게 관계됩니다. 그러나 복음이 가르치는 것이 우리로 하여금 자신의 기분을 다스리며 상황으로부터 독립적인 자가 되라는 것이 아닙니까? 외적인 상황들로부터 독립적인 삶을 삶으로써 수많은 삶의 모습 가운데 그리스도께서 우리에게 주시기 위해 오신 바로 그 선물, 즉 우리로 하여금 예수 그리스도와의 온전한 교제 속에 살아가는 삶을 계속해서 유지하도록 하는 것 — 바로 이것이 복음이 가르치는 것 아닙니까? 그럼으로써 우리로 하여금 우리 자신의 내적 본성과 외적 상황들을 다스리는 주인이 되게 하고, 그럼으로써 "무화과나무가 무성하지 못하며 포도나무에 열매가 없을지라도 여호와로 말미암아 즐거워하며 우리의 구원의 하나님으로 말미암아 기뻐"(합 3:17, 18)하도록 하기 위함이 아닙니까? 배에 먹을 물이 가득히 채워져 있다면, 지금 담수(潭水)를 항해하든 짠물을 항해하든 그것은 아무 문제도 되지 않을 것입니다. 만일 여러분과 내가 본문이 말하는 그리스도와의 연합

가운데 있다면, 우리는 각종 상황들로부터 독립적이게 될 것이며 우리의 기분을 다스리는 주인이 될 것입니다. 물론 이것은 한순간에 완전하게 이루어지는 것이 아니라, 계속해서 조금씩 이상(理想)에 가까워지는 것입니다. 그러므로 설령 한순간도 단절됨이 없이 절대적으로 계속해서 기뻐하는 것은 불가능하다 하더라도, 적어도 기쁨의 순간이 마치 밝은 점들이 계속해서 이어질 때 그 사이사이의 어두운 부분들은 가려지고 전체가 하나의 밝은 선같이 보이게 되는 것처럼 되는 것은 충분히 가능합니다.

사랑하는 성도 여러분, 만일 여러분과 제가 항상 예수 그리스도를 가까이할 수 있다면 — 물론 저는 우리가 기쁨 가운데서 뿐만 아니라 슬픔 가운데서도 그렇게 할 수 있다고 생각합니다 — 그는 우리가 항상 풍성한 기쁨과 넘치는 안식 가운데 거하도록 이끄실 것입니다. 왜냐하면 우리는 주 안에서 슬퍼하는 동안에도 여전히 주 안에서 기뻐할 수 있기 때문입니다. 둘은 함께 갑니다. 기쁠 때든 슬플 때는 우리가 그와 함께 한다면 말입니다. 가장 가혹한 재앙의 쓰라림조차도 우리가 예수 그리스도로부터 단절되지 않는 한 우리의 기쁨을 빼앗지 못할 것입니다. 어머니가 특별히 병든 아이에게 더 애절한 마음을 갖는 것을 생각해 보십시오. 이와 같이 예수 그리스도께서도 고난과 슬픔으로 괴로워하는 성도에게 목소리를 부드럽게 하시며, 자신의 임재의 증표 가운데서도 가장 부드럽고 달콤한 증표를 선택하실 것입니다. 그렇게 하여 주 안에서의 슬픔은 주 안에서의 기쁨으로 바뀌게 됩니다. 마치 광야에 밤이 찾아올 때, 구름기둥이 찬란한 빛을 발하여 어둠을 밝게 비추는 것처럼 말입니다.

이와 같이 신적 기쁨은 심지어 슬픔과 고난 속에서조차 계속해서 유지될 수 있습니다. 또 우리에게 있어 기쁨이 계속해서 유지될 수 있는 것은 그리스도 안에서 복의 근원이 활짝 열려 있기 때문입니다. 만일 여러분이 한가한 시간에 빌립보서를 일독(一讀)하면서 바울이 말하는 기쁨의 원인들을 살펴본다면, 여러분은 예수 그리스도와의 연합이 얼마나 큰 능력을 가지고 있는지 새삼 발견하게 될 것입니다. 그리고 그러는 가운데 반석에서 꿀을 발견하며, 모든 것 속에서 선(善)을 발견하며, 모든 사건들 속에서 감사와 기쁨의 이유를 발견하게 될 것입니다.

우리는 여기에서 그러한 것들을 간단히 일별(一瞥)해 보는 정도의 시간밖에는 가지고 있지 못합니다. 예를 들어, 우리는 그가 선포하는 기쁨의 매우 큰 부분이 그 자신의 마음을 채우고 있었음과, 그가 빌립보 형제들에게 권면하는 기쁨이 바로 그들 안에 있는 선(善)을 인식함으로부터 솟아난 것이었음을 발견합니다. 바울은 그들을 일컬어 자신의 "기쁨이요 면류관"이라고 말합니다. 바울은 그들이 "첫날부터 이제까지 복음을 위한 일에 참여"한 것이 자신의 답답한 감금생활에 큰 기쁨의 신선한 바람을 가져다 주었다고 말합니다(1:5). 바울은 그들에게 그리스도를 닮아감으로 자신의 기쁨을 충만하게 하라고 말합니다(2:2). 또 그는 다른 사람들의 축복을 위해서라면 기꺼이 자신을 희생시킬 수 있었으며, 그것이 도리어 그의 기쁨이 될 것이었습니다. 이와 같이 바울의 기쁨의 많은 부분은 매우 일반적인 것들로부터 왔습니다. 그가 빌립보 형제들에게 권면하는 기쁨의 많은 부분에 대해 그는 그것을 매우 사소한 일들로부터 오는 것으로서 생각합니다. 디모데가 바울의 메시지를 가지고 왔기 때문에, 그들은 기쁠 것이었습니다. 바울은 빌립보 형제들이 잘 있다는 소식을 듣고 또 그들로부터 여러 가지 도움을 받은 것으로 인해 크게 기뻐합니다. 또 그의 기쁨의 많은 부분은 그리스도의 나라가 널리 전파되는 것으로부터 왔습니다. 그는 승리의 탄성과 함께 "나는 그리스도가 전파되는 것으로 기뻐하고 또한 기뻐하리라"라고 말합니다(1:18). 그리고 무엇보다도 놀라운 것은 그가 자신의 순교를 바라보면서도 적지 않게 기뻐했다는 사실입니다. "만일 너희 믿음의 제물과 섬김 위에 내가 나를 전제로 드릴지라도 나는 기뻐하고 너희 무리와 함께 기뻐하리니 이와 같이 너희도 기뻐하고 나와 함께 기뻐하라"(2:17, 18).

이 모든 것을 종합할 때, 우리는 다음과 같은 결론을 내릴 수 있습니다. 즉 예수 그리스도와 연합된 자는 광야에서 시내를 발견하며, 기쁨이 장미꽃처럼 피어나며, 일상적인 것들로부터 가장 순수한 기쁨을 끌어내며, 심지어 하나님이 보내신 슬픔으로부터도 축복의 소산을 맺는다는 사실 말입니다. 사랑하는 성도 여러분, 만일 여러분과 내가 이와 같이 자기로부터 말미암지 않은 기쁨의 비밀을 배우지 못했다면, 우리는 저속한 향락과 세상이 제공하는 각종 욕망의 저급한 자극 속에서 헛되이 기쁨을 찾을 것입니다. 그리스도 안에는 "고요한 즐거움"이 있습니다. 북극 지방의 오로라 빛은 기괴하며 현란합니다. 그러나 그것은 겨울에 속하며, 전기의 교란작용으로부터 오며, 날씨가 험악해질 것을 미리 예고합니다. 반면 햇빛은 고요하며, 일정하며, 순수합니다. 오로라의 현란한 광채에 현혹되어 길을 잃는 것보다 고요한 햇빛 속에서 행하는 것이 훨씬 더 낫습니다. "주 안에서 항상 기뻐하라."

3. 셋째로, 이러한 기쁨은 기독교적 의무의 중요한 부분입니다.

본문의 명령의 강도(強度)를 주목하십시오. 그것의 강도는 그것의 중요성과 함께 그것이 결코 쉬운 일이 아니라는 사실을 암시합니다. 신앙을 고백하는 그리스도인은 기뻐하는 그리스도인이어야 합니다(물론 그 기쁨은 예수 그리스도로부터 나온 기쁨입니다). 왜냐하면 그렇게 함으로써 그리스도를 나타내는 살아 있는 증거가 되기 때문입니다. 어둡고 우울한 그리스도인은 자신의 믿음을 제대로 드러내지 못합니다. 만일 여러분이 "그리스도의 가르침을 빛내기를" 원한다면, 여러분은 그리스도로 채워진 고요한 마음을 말해 주는 밝은 얼굴로써 그렇게 할 수 있습니다. 이러한 기쁨은 매우 중요합니다. 왜냐하면 그것이 없이는 선한 일과 앞으로 나아가는 것이 아주 조금밖에는 이루어지지 못하기 때문입니다. 또 그것은 우리 자신을 위해서도 매우 중요합니다. 왜냐하면 광야 여행을 하는 동안 항상 우리 곁에 우리가 필요로 하는 물과 함께 기쁨을 공급해주는 신비한 반석이 따르는 것은 결코 작은 일일 수 없기 때문입니다. 이와 같이 모든 측면에서 우리가 예수 그리스도와 긴밀한 연합을 갖는 것은 매우 중요합니다. 그것은 우리에게 순수하며 거룩한 기쁨을 가져다줄 수밖에 없습니다.

본문의 명령의 강도(強度)뿐만 아니라 반복적으로 되풀이되는 것 역시 그것의 중요성과 함께 그것이 결코 쉽지 않다는 사실을 잘 나타냅니다.

"내가 다시 말하노니 기뻐하라." 바울은 마치 이렇게 말하는 것 같습니다. "장애물이 생기고 난관이 닥칠 때, 내가 다시 반복해서 명령하노니, 기뻐하라. 나는 지금 내가 말하고 있는 것이 무엇을 의미하는지 잘 알고 있노라. 나는 지금 터무니없는 말을 하고 있는 것이 아니노라." 이와 같이 우리는 항상 예수 그리스도와 긴밀한 연합을 유지하도록 노력할 필요가 있습니다. 그렇게 하지 않으면, 기쁨과 기타 많은 것들이 우리로부터 사라질 것입니다.

주 안에서 항상 기뻐하라는 명령에 순종하기 위해 여러분이 해야 할 일이 두 가지 있습니다. 첫째는, 매일같이 예수 그리스도와의 교제를 지속하며 더 풍성하게 하기 위한 직접적인 노력입니다. 그리고 둘째는, 여러분의 삶의 밝은 점들을 바라보는 가운데, 아마도 사라져버린 축복에 대한 헛된 후회와 불평으로 부루퉁하지 않도록 해야 합니다. 그래서 여러분이 가진 은혜들을 어리석게 망각하지 않도록, 그리하여 감사와 기쁨의 이유들로 말미암아 스스로를 속이지 않도록 조심하는 것입니다. 햇빛으로 반짝이는 파란 하늘을 바라보면서도 아무것도 보지 못하는, 그리하여 마치 전체 하늘이 우울한 회색 지붕 외에 아무것도 아닌 것처럼 행동하는 사람들이 있습니다. 여러분은 그렇게 행동하지 마십시오. 우리가 감사할 이유는 항상 충분합니다. 예수 그리스도를 붙잡으십시오. 그리고 눈을 열어 그가 주시는 선물들을 바라보십시오.

사랑하는 성도 여러분, 만일 우리에게 이와 같은 기쁨이 주어졌다면, 우리가 마땅히 그것을 취해야 하지 않겠습니까? 모든 사람이 믿지만 그러나 대부분의 사람이 소홀히 여기는 사실이 하나 있는데, 그것은 오직 무한자(無限者, infinite Person)만이 유한한 영혼을 채울 수 있다는 사실입니다. 만일 우리가 예수 그리스도 외에 다른 곳에서 기쁨을 찾는다면, 우리 안에는 항상 만족되지 못하는 어떤 부분이 남아 있을 것입니다. 세상의 모든 기쁨은 부분적일 뿐만 아니라 일시적입니다. 그런 기쁨보다 주 안에서 영원히 계속되는 기쁨을 취하는 것이 훨씬 더 낫지 않겠습니까? 우리의 기쁨은 영원히 충만할 것입니다.

26
불가능한 명령에 어떻게 순종할 것인가?

"아무 것도 염려하지 말고 다만 모든 일에 기도와 간구로, 너희 구할 것을 감사함으로 하나님께 아뢰라"

빌 4:6

걱정거리가 별로 없이 편안함 가운데 있는 사람이 고통 가운데 있는 사람에게 좋은 충고를 주는 것은 쉬운 일이지만, 그러나 이런 경우 그러한 충고는 대체로 효과가 거의 없습니다. 그러나 여기에서 빌립보 교회의 형제들에게 "아무것도 염려하지 말라"로 말한 사람은 누구였습니까? 그는 로마 감옥에 매인 자였습니다. 로마의 발톱에 붙잡혀 있는 자는 대부분의 경우 피를 흘리지 않고는 거기로부터 빠져나갈 수 없었습니다. 바울은 재판을 기다리고 있었으며, 그 재판이 사형으로 귀결되는 것은 충분히 가능한 일이었습니다. 미래의 모든 것이 너무도 어둡고 불확실했습니다. 이와 같이 모든 것이 불확실하며 또한 생명의 위기 가운데 있던 자가 모든 면에서 염려할 이유를 훨씬 덜 가지고 있었던 빌립보 형제들에게 "아무것도 염려하지 말고 다만 모든 일에 기도와 간구로, 너희 구할 것을 감사함으로 하나님께 아뢰라"라고 권면합니다. 바울이란 이름의 새는 캄캄한 새장 속에서도 아름답게 노래하는 법을 배웠던 것입니다. 본문의 아름다운 권면은 모든 면에서 편안함 가운데 거하는 사람이 인생의 수많은 무거운 짐들로 고생하며 염려하는 사람들에게 내려준 것이 아니었습니다. 도리어 그것은 수많은 난관과 역경 속에서 분투하던 사람에 의해 주어진 것이었으며, 그렇기 때문에 듣는 자들에게 더 큰 힘을 가질 수밖에 없었습니다. 우리는 여기에서 두 가지를 주목할 수 있는데, 하나는 완전히 불가능한 명령이며, 또 하나는 그것을 가능하게 하는 길입니다.

1. 첫째로, 완전히 불가능한 명령

"아무것도 염려하지 말라." 먼저 여러분은 신약에서 "염려"(careful)라는 단어가 의미하는 것이 오늘날 그것이 의미하기에 이른 것과는 매우 달랐다는 사실을 인식할 필요가 있습니다 — 단어의 의미는 오랜 세월을 거치면서 서서히 변하는 경향이 있습니다. 신약에서 "염려"는 대부분의 경우 상대방의 어려움을 예상하면서 그것을 세심하게 채워주는 것이 아니라, 신경증적으로 안달하며 걱정하며 초조해하면서 마음을 찢어 사람으로 하여금 지혜롭게 판단하거나 행동할 수 없게 만드는 것을 의미합니다. 우리 모두가 이것을 알고 있기 때문에 이에 대해 더 길게 설명할 필요는 없을 것입니다. 요컨대 여기에서 "염려"는 한 마디로 "조바심내며 걱정하는" 것을 의미합니다.

그러므로 만일 여러분이 여기의 "염려"를 현대적인 의미로 읽는다면, 여러분은 본문의 올바른 의미를 크게 오해하게 되며 그 결과는 큰 해악으로 나타날 것입니다. 그것은 그리스도께서 "내일을 위한 생각을 붙잡지 말라"(Take no thought for tomorrow. 한글개역개정판에는 "내일 일을 위하여 염려하지 말라"라고 되어 있음)라고 교훈할 때 사용한 것과 동일한 단어입니다. 매우 상식적이며 모든 사람이 행하는 일임에도 불구하고 그리스도께서 그 일을 금하시는 것처럼 보일 때, 그리스도인들은 그 앞에서 종종 당황하곤 합니다. "내일을 위한 생각을 붙잡는" 것은 우리의 마땅한 의무일 뿐만 아니라 또한 우리가 공중에 나는 새들보다 훨씬 더 나은 이유 가운데 하나입니다. 그럼에도 불구하고 우리 주님은 "내일을 위한 생각을 붙잡지 말라"고 말씀하셨는데, 이것이 의미하는 바는 "일반적으로 필요한 것들을 스스로 채우려고 애쓰지 말라"는 것이 아니라 "미래의 불확실한 일들을 예상하면서 지나치게 걱정하거나 안달하지 말라"는 것이었습니다.

그러나 본문을 오해하지 않고 올바로 이해한다 하더라도, 여전히 본문은 우리에게 도달할 수 없는 불가능한 이상(理想)으로 남습니다. "아무것도 염려하지 말라" — 수없이 많은 불확실한 일들에 직면해야 하는 사람이 어떻게 염려하지 않을 수 있습니까? 그 모든 불확실한 일들에 대처하기에 너무도 미약하다는 사실을 스스로 잘 아는 사람이 어떻게 염려하지 않을 수 있습니까? 아무리 고상하고 근사한 충고라 하더라도 만일 그것이 듣는 자가 결코 행할 수 없고 또 그의 마음에 아무런 위로도 되지 못하는 것이라면, 그런 충고가 도대체 무슨 의미가 있겠습니까? 예를 들어, 끔찍한 재앙에 빠져 신음하는 사람이 있다고 합시다. 선한 의도를 가지고 있기는 하지만 그러나 어리석은 친구가 그에게 와서 아무것도 해주지 않으면서 단순히 말로만 "친구여, 기운을 내!"라고 말합니다. 어떻게 기운을 내란 말입니까? 지금 그를 둘러싸고 있는 상황 속에 그로 하여금 새로운 기분을 갖도록 만들어 주는 것이 무엇입니까? 또 어떤 절박한 위험 앞에 서 있는 사람을 상상해 보십시오. 지금 그에게 위험이 점점 더 가까이 다가오고 있습니다. 그런데 선한 의도를 가지고 있기는 하지만 그러나 어리석은 친구가 와서 이렇게 말합니다. "두려워하지 마!" 그러나 그는 두려워할 수밖에 없습니다. 우리가 고난과 두려움 가운데 있을 때 세상의 대부분의 지혜와 도덕이 말하는 것이 바로 이런 식입니다.

"눈을 꽉 감고 믿음을 가져. 그러면 두렵지 않게 될 거야." 이것은 얼마나 불가능한 충고입니까? 그것은 마치 풍랑이 몰아치는 해변에 정박해 있는 배를 향해 "풍랑 따라 요동치지 말라"고 말하는 것과 마찬가지입니다. 또 그것은 마치 강변에 서 있는 버드나무를 향해 "바람이 불지라도 휘어지지 말라"고 말하는 것과 마찬가지입니다. "아무것도 염려하지 말라." 만일 여러분이 훨씬 더 큰 어떤 것을 가지고 있지 않다면, 여러분은 수많은 일들로 인해 염려하며 근심할 수밖에 없을 것입니다. 만일 여러분이 훨씬 더 큰 어떤 것을 가지고 있지 않다면, 그런 경우 염려는 어리석은 일이 아니라 도리어 지혜로운 일이 될 것입니다. 어떤 분명한 사실 앞에 맹목적으로 눈을 감아버리는 것이나, 두려움 같은 분명한 감정을 무조건 억제하는 것이 지혜가 아닙니다. 아무런 도움도 위로도 되지 못하는 진부하고 케케묵은 훈계는 우리에게 "염려하지 말라"고 말합니다. 이에 우리에게 가해지는 시련의 무게를 견디기 위해, 우리는 우리의 신경을 무디게 하고자 애를 씁니다. 어떤 사람은 아예 백치(白痴)처럼 우리 앞에 분명하게 예상되는 것을 예측하려고도 하지 않고 보려고도 하지 않습니다. 그렇지만 뜨거운 시련의 불이 실제로 닥칠 때, 이 모든 것은 아무런 쓸모도 없습니다. 온갖 시련과 고통으로 신음하는 자에게 "아무 염려하지 말라"고 말하는 것보다 더 무익한 훈계는 아무것도 없습니다.

2. 둘째로, 이러한 불가능한 명령을 가능하게 만들어주는 것을 주목하십시오.

바울은 계속해서 어떻게 하면 조바심을 내며 염려하는 것으로부터 면제될 수 있는지를 제시합니다. 그는 "아무것도 염려하지 말라"는 소극적인 훈계에 이어 "다만"(but)이라는 접속사와 함께 적극적인 훈계로 나아갑니다. 여기에서 "다만"이라는 접속사는 뒤이어 조바심을 내며 염려하는 것에 대한 확실한 처방약이 따를 것을 함축합니다. "다만 모든 일에 기도와 간구로, 너희 구할 것을 감사함으로 하나님께 아뢰라."

그러므로 우리는 양자택일을 해야 합니다. 만일 여러분이 이것을 취하기를 원하지 않는다면, 여러분은 불가불 저것을 취해야 합니다. 숲으로부터 나오는 길은 오직 하나뿐입니다. 만일 여러분이 그 길을 통해 숲으로부터 빠져나오지 않는다면, 여러분은 계속해서 숲에 머물러 있어야만 합니다. 만일 사람이 모든 일에 기도하지 않는다면, 그는 대부분의 일에 염려하게 될 것입니다. 만일 그가 모든 일에 기도한다면, 그는 어떤 일에 대해서도 불필요하게 염려하지 않게 될 것입니다. 바로 여기에 우리가 선택해야 할 양자택일이 있습니다. 우리는 둘 가운데 어느 것을 선택할지 결정해야 합니다. 우리의 마음은 결코 비어 있을 수 없습니다. 하나님으로 채워지지 않는다면, 세상과 세상 염려로 채워질 것입니다. 루터는 사람의 마음이 마치 두 개의 맷돌과 같다고 말했습니다. 만일 두 개의 맷돌 사이에 갈 곡식을 넣지 않는다면, 두 개의 맷돌은 서로를 갈 것입니다. 두 개의 맷돌이 서로 맞부딪치며 돌아가는 것은 우리 마음속에 하나님이 계시지 않기 때문입니다. 그러므로 염려를 효과적으로 막아 주는 것은 믿음이며, 우리 마음으로부터 염려와 조바심을 몰아내는 유일한 길은, 그 마음속에 하나님을 모셔들이고 그분으로 하여금 계속해서 그곳에 계시도록 하는 것입니다.

"모든 일에." 만일 어떤 일이 우리를 염려하게 만들 만큼 충분히 위협적이라면, 그 일은 또한 우리에게 있어 하나님께 아뢸 만큼 충분히 큰 일입니다. 만일 하나님과 내가 친구관계라면, 그러한 의식(意識)이 나로 하여금 하나님께 아뢰게 만들 것입니다. 그럴 때, 우리가 세속적인 일들에 대해서도 기도해야 하느냐 아니면 우리의 기도가 오로지 영적이며 신앙적인 문제에만 한정되어야 하느냐 하는 따위의 논의는 정말로 대수롭지 않은 것이 될 것입니다. 왜냐하면 만일 하나님과 내가 친구로서 친밀한 교제 가운데 있다면, 내가 그분께 무엇에 대해 아뢰어야 할 것인가와 관련한 문제는 더 이상 묻게 되지 않을 것이기 때문입니다. 우리는 우리와 관련된 어떤 문제에 대해서도 기도하지 않고 가만히 있게 될 수 없을 것입니다. 만일 하나님과 우리 사이의 교통의 통로가 모든 부분에서 완전하게 열린 지점까지 나아가지 못했다면, 우리는 하나님과 올바른 관계에 있는 것이 아닙니다. 마치 퇴근하고 집에 돌아온 사람이 아내와 아이들에게 하루 동안 일어났던 모든 일에 대해 말하는 것처럼, 그리고 친구가 친구에게 모든 이야기를 다 하는 것처럼 말입니다. **"모든** 일에 너희 구할 것을 하나님께 아뢰라." 매사에 하나님께 기도하며 아뢰는 것은 참으로 지혜로운 삶의 방식입니다. 왜냐하면 여러 개의 작은 뾰루지들이 한 개의 큰 종기만큼이나 아프고 위험할 수 있기 때문입니다. 수많은 모기들이 쏘는 것은 한 마리의 뱀이 무는 것 못지않게 위험할 수 있습니다. 만일 우리가 작은 일들에 대해서는 하나님께 아뢰지 않는다면, 실제로 우리가 하나님께 아뢸 것은 아주 적은 분량밖에는 되지 않을 것입니다. 왜냐하면 인생은 작은 파편들로 이루어진 산이기 때문입니다. 일 년은 수많은 초(秒)들이 모여 이루어집니다. 모든 사람의 인생은 사소한 일들의 집합체입니다. "**모든** 일에 너희 구할 것을 하나님께 아뢰라."

"**기도**로" — 이것은, 피상적인 종교경험을 가진 사람들이 종종 생각하는 것처럼, 실제적으로 뭔가를 기원하는 것을 의미하지 않습니다. 대부분의 사람들에게 있어 기도에 대한 유일한 관념은 하나님께 우리가 원하는 어떤 것을 달라고 요청하는 것입니다. 그러나 우리 영혼이 무엇인가를 구하고 그에 대해 응답받는 형태의 교제보다 훨씬 더 높은 교제의 영역이 있습니다. 외적인 삶에 영향을 끼치는 어떤 것을 입으로 간구하지 않는다고 하더라도, 불붙은 스랍이 보좌 앞에서 영원히 빛나는 것처럼 그와 같은 묵상의 기도도 있을 수 있습니다. 우리의 의지가 스스로 하나님 앞에 굴복하는 고요한 순복의 기도, 우리가 지나치게 앞장서서 나아가려고 추구하지 않는 조용한 신뢰의 기도, 그리고 서서히 열매를 맺어나가는 은밀한 기도 — 이러한 것들이 본문의 순서 속에서 "간구" 앞에 나옵니다. 만일 우리가 하나님을 열망하며, 신뢰하며, 순복하며, 그의 임재를 실현함으로써 이와 같은 하나님과의 연합을 가지고 있다면, 우리는 모든 염려와 근심을 효과적으로 가로막는 무기를 갖고 있는 셈입니다. 그러면 우리의 삶을 덮고 있는 수많은 염려들은 그 장막을 접고 조용히 사라질 것입니다. 왜냐하면 만일 어떤 사람이 지금까지 말한 것과 같은 기도를 통한 하나님과의 연합을 가지고 있다면, 그는 어떤 풍랑 속에서도 요동하지 않고 안식할 수 있는 견고한 토대를 가질 것이기 때문입니다. 그것은 마치 밖에서 천둥소리가 요란할 때 방 안에 형광등을 켜는 것과 같습니다. 형광등은 번개의 섬광이 보이지 않도록 막아줄 것입니다.

얼마 전 어떤 조선(造船) 기술자가 파도에 의해 선체가 아무리 흔들려도 여객들이 머무는 객실은 항상 평형을 유지하는 배를 만들려고 시도했었습니다. 그렇지만 그 일은 결국 실패로 끝나고 말았습니다. 그러나 만일 우리가 위에서 설명한 것처럼 하나님과 연합한다면, 앞의 조선 기술자가 객실에 대하여 이루고자 했던 것을 하나님은 우리 마음에 대하여 이루실 것입니다. 우리의 선체는 심하게 요동칠 수 있지만, 그러나 내적 참 자아가 거하는 우리의 객실은 항상 평온을 유지할 것입니다. 사랑하는 성도 여러분, 가장 깊은 의미에서 기도는 모든 염려에 대항하여 싸우며 그것을 이길 것입니다.

"기도와 **간구**로." "간구"는 현재적 필요를 공급해 달라는 실제적인 간청을 의미합니다. 우리는 이와 같은 간청을 통해 매우 자주 우리의 구하는 것을 얻습니다. 우리가 필요로 하는 것을 하나님께 아뢸 때, 그러한 간구는 항상 먼 길을 돌아 우리가 필요로 하는 선물로 우리를 데려갑니다. 만일 우리가 어떤 필요에 대해 하나님께 아뢰기를 부끄러워한다면, 그러한 침묵 즉 하나님께 아뢰지 않는 것은 우리가 그것을 갖지 못할 것을 보여주는 표적이 됩니다. 또 우리의 어떤 바람(소원)에 대해 만일 우리가 그것을 하나님께 간구할 필요를 느끼지 않는다면, 그것은 우리로 하여금 그러한 바람을 갖지 말라는 경고가 됩니다.

우리 마음속에 그늘을 드리우는 막연하지만 그러나 우리를 심하게 억누르는 염려들이 있다고 합시다. 그렇지만 우리가 그것을 일단 분명하게 드러낼 수 있다면, 그리고 가능하면 그것을 말로써 명확하게 표현할 수 있다면, 우리는 우리가 그것을 실제 이상으로 과도하게 부풀려 상상했으며 또 그것이 드리우는 그림자는 실제보다 훨씬 더 과장된 것이었음을 발견하게 될 것입니다. 여러분의 염려를 분명한 말로 표현하십시오. 그러면 여러분의 염려의 분량은 크게 줄어들 것입니다. 그것을 말하십시오. 실제로 거의 도와줄 수 없는 사람에게라도 말입니다. 그러면 여러분의 염려는 놀랍게 작아질 것입니다. 특별히 여러분의 염려를 분명한 말로 하나님께 아뢰십시오. 그러면 그러한 염려는 거의 대부분 조용히 사라질 것입니다.

"기도와 간구로 너희 구할 것을 **감사함으로**." 기도 옆에 항상 감사가 위치합니다. 만일 어떤 사람이 하나님으로부터 받은 것을 잠잠히 살핀다면, 그리고 자신이 가지고 있는 모든 것이 하나님의 사랑의 손으로부터 받은 것임을 깨닫는다면, 그는 어떤 상황 속에서도 항상 감사를 간직할 것입니다. 여러분은 바울이 바로 이 편지가 도달한 도시의 감옥에 갇혀 있었던 사실을 기억합니까? 그때 그의 등은 채찍에 맞아 피투성이가 되어 있었으며, 그의 발은 차꼬에 채워져 있었습니다. 그럼에도 불구하고 그때 그와 실라는 "기도하고 하나님을 찬미"했습니다(행 16:25). 그러자 지진이 나서 옥터가 흔들렸고, 결국 그들은 감옥에서 나오지 않았습니까? 어쩌면 지금 바울은 그날 밤을 회상하면서 — 아마도 그날의 간수는 지금까지 계속해서 빌립보 교회의 지체로 남아 있었을 것입니다 — 그 사건을 기억하고 있는 빌립보 교회의 형제들에게 "다만 모든 일에 기도와 간구로, 너희 구할 것을 감사함으로 하나님께 아뢰라"라고 말하고 있는 것인지도 모릅니다.

우리 몸의 어느 한 곳이 아플 때, 그것은 우리의 모든 관심을 독점하면서 우리로 하여금 다른 곳에 대해서는 아무런 관심도 기울이지 못하도록 만들 것입니다. 이와 같이 어떤 한 가지 슬픔이나 상실은 우리가 그동안 받은 많은 은총들을 흐릿하게 만듭니다. 우리는 어떤 도시의 좁은 뒷골목에 사는 사람들과 같습니다. 골목 양편에는 하늘로 치솟은 거대한 빌딩들이 줄지어 서 있으며, 하늘은 양쪽의 높은 건물에 가려 머리 꼭대기의 일부분밖에는 보이지 않습니다. 우리가 볼 수 있는 좁은 하늘에서 먹구름을 보았다고 합시다. 그럴 때 우리는 마치 하늘 전체가 온통 먹구름으로 뒤덮인 것처럼 불평하며 요동합니다. 그러나 우리는 고작 작은 부분의 하늘만을 보고 있을 뿐입니다. 우리는 다른 곳에 엄청나게 넓은 파란 하늘이 있다는 사실을 너무 쉽게 잊곤 합니다. 우리 머리 위의 작은 하늘에 먹구름이 드리울 수 있습니다. 그러나 하나님이 우리에게 보내는 모든 것이 감사의 조건입니다. 올바로 이해되기만 한다면 말입니다. 그러므로 우리는 "모든 일에 기도와 간구로 우리의 구할 것을 **감사함**으로 하나님께" 아뢰어야 합니다.

베드로는 "너희 염려를 다 주께 맡기라 이는 그가 너희를 돌보심이라"라고 말합니다(벧전 5:7). 이와 같은 사랑의 보호와 부드러운 돌봄이 우리의 방패입니다. 이러한 방패로 무장할 때, 우리는 무서운 염려의 독화살 앞에서도 웃을 수 있습니다. "아무 것도 염려하지 말고 다만 모든 일에 기도와 간구로, 너희 구할 것을 감사함으로 하나님께 아뢰라."

27
하나님의 평강

"그리하면 모든 지각에 뛰어난 하나님의 평강이 그리스도 예수 안에서 너희 마음과 생각을 지키시리라"

빌 4:7

콘스탄티노플에서 제일 큰 이슬람교 사원은 한때 기독교회였습니다. 그 사원의 서쪽 문 위에 지금도 동판(銅版) 위에 새겨진 다음과 같은 글이 남아 있습니다. "수고하고 무거운 짐 진 자들아 다 내게로 오라 내가 너희를 쉬게 하리라"(마 11:28). 400년 동안 수많은 사람들이 이러한 흐릿한 명문(銘文) 아래서 싸우며, 눈물을 흘리며, 탄식했습니다. 그러면서도 아무도 그 글을 주목하지 않고, 그에 응답하지 않았습니다. 이것은 그리스도의 부르심에 대한 사람들의 반응을 보여주는 너무도 슬픈 상징입니다. 또 그 명문이 사람들에 의해 읽혀지거나 받아들여지지 않음에도 불구하고 그토록 오랜 세월 거기에 그렇게 있는 것은 하나님의 오래 참으심의 상징입니다. 아무도 주목하지 않음에도 불구하고 그리스도는 계속해서 손을 펼치고 계시며, 아무도 듣지 않음에도 불구하고 그리스도는 계속해서 부르고 계십니다. 본문은 하나님의 평강이 그리스도 예수 안에서 우리의 마음과 생각을 지킬 것이라고 말하는데, 우리는 여기에서 다음과 같은 몇 가지를 주목해야 합니다.

1. 첫째로, 이러한 하나님의 평강을 주목하십시오.

하나님의 평강은 무엇입니까? 그것의 요소는 무엇이며, 그것은 어디로부터 옵니까? 그것은 하나님이 그것의 원천이요 근원이요 창시자요 주시는 자라는 의미에서 하나님으로부터 옵니다. 그러나 더 깊은 의미에서 그것은 하나님께 속합니다. 왜냐하면 하나님 자신이 평강이기 때문입니다. 실제적으로 근심과 염려 가운데 있는 우리 영혼은 비록 초보적인 수준에서라 하더라도 고요한 쉼과 함께 신적 평안에 참여하며 그의 안식에 들어갈 수 있습니다.

그러면 그러한 평강의 요소는 무엇입니까? 하나님의 평강은 첫째로 '하나님과의 평강' (peace with God)이어야 합니다. 하나님과의 친밀한 의식이 모든 참된 평안에 필수불가결합니다. 그러한 의식이 부재(不在)한 곳에 참된 평안은 존재하지 않습니다. 다시 말해서, "평온한 바다와 같은 양심"이 참된 평안에 대한 필수불가결한 조건입니다. 만일 우리가 하나님과 우리 사이의 관계를 확실하게 하지 않는다면, 그리고 하나님과 우리가 친구임을 알지 못한다면, 우리에게 있어 실제적인 평안은 가능하지 않습니다. 세상의 온갖 요란한 것들의 소용돌이 속에서 우리는 하나님과 우리 사이의 관계의 실재를 잊어버릴 수도 있으며 어떤 때는 잠시 동안 그것으로부터 멀어질 수도 있습니다. 그러나 그러한 삶은 마치 태평양의 아름다운 섬에 있는 휴화산과 같습니다. 날씨는 화창하고 따뜻하며, 먹을 것도 풍성하며, 모든 것이 부족함이 없습니다. 그러나 어느 날 먹구름이 끼면서 땅이 흔들리고, 불덩어리가 터져 나오면서, 바다가 끓습니다. 마침내 살아 있는 모든 생명체는 죽고, 섬은 완전히 황폐됩니다. 성도 여러분, 만일 여러분의 존재의 지붕이 여러분의 친구인 하나님 안에 고정되지 않는다면, 여러분은 화산 기슭에서 살고 있는 셈입니다.

또 하나님의 평강은 '우리 안에서의 평강' (peace within ourselves)입니다. 삶에 있어서의 대부분의 불안은 우리의 존재가 서로 다투는 욕구들에 의해 나누어지는 것으로부터 옵니다. 양심은 이쪽 길로 끌고, 욕망은 저쪽 길로 끕니다. 열망은 "그것을 행하라"고 말하는 반면, 이성과 판단은

"그것을 행하는 것은 위험해!"라고 말합니다. 하나의 욕망은 다른 욕망과 싸우며, 그럼으로써 사람은 나누어집니다. 만일 우리의 영에 참된 안식이 있다면, 우리의 모든 존재는 온전한 조화를 이룰 것입니다. 창조의 말씀이 발하여지기 전에 혼돈(chaos)이 있었던 것처럼, 우리의 영에 참된 안식이 오기 전까지는 온갖 종류의 다툼과 불안이 있을 것입니다.

또 사람들이 평강을 갖지 못하는 것은 대부분의 사람들에게 있어 아래에 있어야 할 것이 위에 있고, 위에 있어야 할 것이 아래에 있기 때문입니다. 마치 거지는 말을 타고, 왕자는 걷는 꼴입니다. 인간 본성의 왕적인 부분은 억압되고 짓밟히는 반면, 지혜의 손에 의해 통제되어야 할 노예적인 부분은 높은 위치를 차지합니다. 선장을 비롯해 배를 조종할 줄 아는 선원들을 모두 결박하여 선실에 가두고, 항해에 대해서는 아무것도 모르는 무리에게 키를 맡겨 보십시오. 그 결과가 어떻게 되겠습니까? 결국 배는 암초에 걸려 좌초되고 말 것입니다. 대다수의 사람들이 평안 없는 삶을 살고 있는 것은 그들이 저열한 부분의 본성을 윗자리에 놓고, 고상한 부분의 본성은 도리어 아랫자리에 놓았기 때문입니다.

우리의 불안에는 또 다른 근원이 있습니다. 우리가 평강을 갖지 못하는 것은 우리의 모든 기능들에 있어 우리가 마땅히 붙잡아야 할 올바른 대상을 붙잡지 않기 때문입니다. 우리에게 평안을 가져다주는 유일한 대상은 하나님입니다. 우리의 마음(heart)은 하나님으로 채워지기 전까지는 주립니다. 우리의 지성(mind)은 그 진리 뒤에 계신 참되신 자를 발견할 때까지 어떤 진리로도 만족하지 않습니다. 우리의 의지(will)는 하나님 안에서 합법적이며 절대적인 권위를 인식할 때까지 계속해서 노예상태에 있습니다. 우리의 사랑(love)은 그것이 하나님과 접촉될 때까지 무엇인가를 붙잡으려고 계속해서 스스로를 뿜어냅니다. 그러나 그것이 헛된 것은 마치 거미로부터 뿜어져 나오는 거미줄로 무엇인가를 묶고자 하는 시도가 헛된 것과 마찬가지입니다. 사람에게 있어 하나님 안에서 안식할 때까지 그에게 안식은 없습니다. 세상이 온갖 자극적인 것들로 가득한 것은 무엇 때문일까요? 그것은 평강이 없기 때문입니다. 그러면 왜 평강이 없을까요? 그것은 하나님으로 채워져 있기 않기 때문입니다. 하나님의 평강(peace of God)은 '하나님과의 평강'(peace with God)과 '내적 평강'(peace within)을 가져다줍니다. 그것은 우리의 마음을 하나님의 이름을 경외하도록 이끌며, 우리 영의 모든 충동들을 마치 조수(潮水)처럼 잔잔하게 흐르도록 이끕니다. 요컨대 하나님의 평강은 하나님과의 평강이며, 내적 평강입니다.

또 여기에서 "모든 지각에 뛰어난"이란 형용사구를 주목해 보십시오. 하나님의 평강은 "모든 지각에 뛰어난" 평강입니다. 지각(知覺, understanding)은 사람이 하나님의 평강을 붙잡는 기능이 아닙니다. 그것은 마치 귀로 그림을 볼 수 없고 눈으로 음악을 들을 수 없는 것과 마찬가지입니다. 모든 것에는 각자 그에 맞는 기관(器官)이 있습니다. 여러분은 진리를 상인의 저울로 달 수 없으며, 생각을 줄자로 잴 수 없습니다. 사랑이 유클리드의 기하학을 이해하는 도구가 아닌 것처럼, 지성(知性)이 하나님의 평강과 같은 영적 선물을 붙잡는 도구가 아닙니다. 하나님의 평강은 지각(知覺)을 초월합니다. 그것은 다른 질서에 속합니다. 하나님의 평강을 알기 위해서는, 여러분은 그것을 경험해야만 합니다. 그것의 달콤함을 느끼기 위해서는, 여러분은 그것을 소유해야만 합니다. 하나님의 평강은 가장 지혜가 많은 사람의 그물에라도 붙잡히지 않고 빠져나가지만, 그러나 사랑으로 인내하는 사람의 그물에는 순순히 붙잡힙니다.

2. 둘째로, 하나님의 평강이 무슨 일을 하는지 주목하십시오.

바울은 "하나님의 평강이 마음과 생각을 지킬" 것이라고 말합니다. 여기에서 그는 평강의 개념과 전쟁의 개념을 매우 놀라운 방식으로 결합시킵니다. 그는 신적 평강의 역할을 표현하기 위해 군사적인 용어를 사용합니다. 본문의 "지키다"라는 단어는 그의 다른 서신들에서 "수비대를 주둔시키다"로 번역된 것과 동일한 단어입니다. 본문을 기록할 때 군사적인 개념이 그의 생각을 지배하고 있었다고 주장하는 것은 다소 무리가 있을는지 모르지만, 그러나 그러한 개념이 있었음을 인식하는 것은 결코 지나친 상상이 아닙니다.

이와 같이 하나님의 평강은 사람의 마음과 생각에 수비대를 주둔시킵니다. 바울은 "마음과 생각"으로 무엇을 의미할까요? 그는 그러한 단어들로서 오늘날의 영어권 독자들이 흔히 상상하는 것과 같이 두 가지 서로 다른 기능 즉 감정적인 기능과 지적인 기능을 의미하지 않습니다. 성경의 대부분의 경우에 그런 것처럼, "마음"(heart)은 생각하며 의지하며 계획하는 등의 기능을 하는 전체적인 속사람을 의미합니다. 한편 "생각"(mind)으로 번역된 단어는 인간 본성의 또 다른 부분을 의미하는 것이 아니라, 그러한 마음의 작용의 전체적인 결과물들을 의미합니다. 개정역(Revised Version)은 그것을 "생각들"(thoughts)로 번역하는데, 이것을 좁은 의미의 "생각"뿐만 아니라 감정과 애정과 계획까지 포괄하여 넓게 적용되는 것으로 받아들인다면 그러한 번역은 옳습니다. 우리 안에 내주하는 하나님의 평강은 전체 속사람을 지키며 보호하며 수비할 것입니다.

이러한 하나님의 평강은 전쟁의 한가운데서 향유되는 것이라는 사실을 주목하십시오. 고요함은 아무런 활동도 없는 상태를 의미하는 것이 아닙니다. 하나님의 평강은 무감각이 아닙니다. 하나님의 평강을 가진 자는 여전히 계속적인 전투를 수행하며, 매일 같이 그러한 전투에 스스로를 새롭게 준비시킵니다. 행동에 있어서의 최고의 에너지는 가장 고요하고 평온한 마음으로부터 나옵니다. 우리가 느끼기에 세상은 움직이지 않고 가만히 있는 것 같습니다. 그러나 그렇게 느껴지는 세상이 실상은 그 안에 있는 어떤 것보다도 더 빨리 움직이는 것처럼, 고요한 마음은 온전한 평온 가운데서도 활발하게 움직입니다. 군사적인 평강인 하나님의 평강은 모든 전쟁 한가운데서도 중단되지 않습니다. 고대 그리스인들은 아테네의 수호자로서 지혜의 여신을 선택했습니다. 그리고 그들은 평화를 상징하는 감람나무 가지로 그녀를 성별하는 가운데서도 그녀를 평화를 지키기 위해 투구를 쓰고 창을 들고 있는 모습으로 형상화했습니다. 바울이 여기에서 의인화하고 있는 신적 평강은, 우리 마음속에 들어와 중단되지 않는 평화를 지키기 위해 싸우는 "전쟁에 능한 전사(戰士)"입니다.

매일같이 수고하고 염려하며 근심하며 고통하며 다투는 가운데서도 우리 마음속에 변할 수 없는 하나님의 평안을 간직하는 것은 충분히 가능합니다. 대양(大洋)을 생각해 보십시오. 수면은 바람이 불고 파도가 쳐도, 그 깊은 곳은 고요합니다. 그러나 그러한 고요가 물이 움직이지 않고 가만히 고여 있는 것을 의미하는 것은 아닙니다. 그 깊이를 알 수 없는 심연으로부터의 모든 물은 태양빛의 힘에 의해 팽창되어 수면으로 올라옵니다. 이와 같이 우리 마음 깊은 곳에는 고요한 평온이 있을 수 있습니다. 비록 외적으로는 폭풍이 불고 파도가 몰아친다 하더라도 말입니다. 그러한 평온은 움직이지 않고 가만히 있는 것과는 다릅니다. 이와 같이 하나님의 평강은 마치 싸움에 능한 전사(戰士)처럼 그리스도 예수 안에서 우리의 마음과 생각을 지킬 것입니다.

이것을 오늘날의 쉬운 말로 바꾸면 이렇게 될 것입니다. 그러한 평강을 의식적(意識的)으로 소유하는 사람은, 그렇지 않으면 그를 끌어당길 각종 유혹들을 초월하게 될 것이라고 말입니다. 값비싼 포도주로 가득 채워진 잔은, 그렇지 않으면 그 안에 들어올 수 있는 독극물이 들어올 여지를 없애 버립니다. 예수 그리스도께서 가르치신 것처럼, 깨끗하게 청소되고 소제되었다 하더라도 "빈"(empty) 마음에는 귀신들이 들어올 수 있습니다. 우리에게 있어 유혹을 대적하는 최선의 방법이 무엇일까요? 그것은 우리가 소유한 평강의 달콤함 가운데 그러한 유혹을 느끼는 것을 아예 초월해 버리는 것일 것입니다. 만일 우리 마음이 그와 같은 신적 평강으로 가득 차 있다면, 세상에서 우리가 종종 부딪히곤 하는 이런저런 저급한 유혹들이 정말로 그렇게 강력한 힘을 갖게 될까요? 지금 자기 손에 엄청나게 비싼 보석을 들고 있는 사람이 색유리로 만든 모조품 앞에서 그토록 강력한 유혹을 느낄까요? 만일 우리가 하나님의 평강 안에 뿌리를 내리고 있다면, 세상이 우리를 그토록 강력하게 끌어당길 수 있을까요? 지질학자들은 땅의 높이가 서서히 변화됨에 따라 기후가 변하고 생물이 죽는다고 말합니다. 만일 여러분과 내가 우리의 삶을 높이 유지할 수 있다면, 낮은 지역에 사는 불결한 것들은 죽고 사라질 것입니다. 높은 곳으로 올라갈 때, 바닥에 기어 다니면서 쏘는 벌레들은 사라질 것입니다. 이와 같이 하나님의 평강은 우리의 마음과 생각을 지킬 것입니다.

3. 셋째로, 우리가 어떻게 하나님의 평강을 얻는지 주목하십시오.

본문의 놀라운 약속은 초두의 "그리하면"이라는 접속사를 매개로 앞 절과 연결됩니다. 다시 말해서, 본문의 약속은 하나님의 모든 약속이 그런 것처럼 어떤 조건 위에서 주어진 약속입니다. 조건은 이것입니다. "아무것도 염려하지 말고 다만 모든 일에 기도와 간구로, 너희 구할 것을 감사함으로 하나님께 아뢰라"(6절). 이것은 조건을 부분적으로 규정합니다. 그리고 그것을 완성하는 것은 본문 안에 있는 "그리스도 예수 안에서"입니다. "그리스도 예수 안에서"는 우리가 어디에서 지켜질 것인지를 묘사하는 것이라기보다 우리가 어떤 조건 하에서 지켜질 것인지를 묘사하는 것입니다. 그러면 어떻게 우리가 우리의 변화무쌍한 삶 속에서 이러한 평강을 얻을 수 있을까요?

첫째로, 나는 믿음이 곧 평강이라고 대답합니다. 이것은 항상 그렇습니다. 마음에 평강이 임하는 조건은 우리가 "세상에서는 너희가 환난을 당하나 담대하라 내가 세상을 이기었노라"라고 말씀하신 "그리스도 안에" 있는 것입니다(요 16:33). 그러면 어떻게 우리가 "그리스도 안에" 있을 수 있습니까? 그것은 단순히 그를 믿는 믿음에 의해서입니다. 그것이 하나님과의 평강을 가져다줍니다.

죄 없는 하나님의 아들이 세상 전체의 죄를 위한 그리고 여러분과 나의 죄를 위한 희생제물로서 십자가 위에서 죽으셨습니다. 이러한 사실을 믿으십시오. 그러면 우리는 우리 주 예수 그리스도 안에서 하나님과의 평강을 얻게 될 것입니다. 또 우리는 그리스도 안에서 믿음으로 내적 평강을 갖게 되는데, 그것은 우리의 믿음을 통해 그가 우리의 본성 전체를 통제하기 때문입니다. 그리스도를 믿는 믿음은 외적인 고난과 다툼 속에서도 평강을 가져다줍니다. 도선사(導船士)가 승선할 때, 선장은 자리를 떠나지 않고 도선사 옆에 서 있습니다. 그의 책임은 끝났지만, 그러나 그의 의무는 끝나지 않았습니다. 마찬가지로 그리스도께서 우리 마음속으로 들어오실 때, 우리의 노력과 우리의 판단이 불필요하게 되는 것은 결코 아닙니다. 그리스도로 하여금 명령을 내리는 자리에 서게 하십시오. 그리고 여러분은 그 옆에 서서 그의 명령을 수행하십시오. 그러면 여러분은 여러분의 영혼에 평안이 임하는 것을 발견하게 될 것입니다.

둘째로, 순복이 곧 평강입니다. 우리를 요동하게 만드는 것은 외적인 환경이 아니라 외적인 환경에 대한 우리 영의 대항입니다. 사람의 의지가 "내 뜻대로 마옵시고 주의 뜻대로 하옵소서"라고 말하는 곳에 평강과 고요함이 있습니다. 순종은 모기 물린 곳에 바르는 물약과 같습니다. 그것은 가려움으로 인한 초조함과 조바심을 가라앉힙니다. 순복이 곧 평강입니다.

셋째로, 교제가 곧 평강입니다. 여러분은 하나님과 함께 거할 때까지 결코 고요함을 얻지 못할 것입니다. 하나님이 여러분과 함께 하실 때까지, 여러분은 항상 요동할 것입니다.

그러므로 사랑하는 성도 여러분, 그리스도 없는 삶은 곧 평강 없는 삶이라는 사실을 명심하십시오. 그리스도 없이도 여러분은 자극적인 즐거움과 쾌락과 욕정을 만족시키며, 성공을 이루며, 바라는 것을 성취할 수 있을 것입니다. 그러나 평강은 결코 가질 수 없습니다. 여러분은 그리스도 없이 살면서 그를 가지고 있지 않다는 사실을 망각할 수 있을 것입니다. 스스로를 세상 속에 던짐으로써 그가 없는 "빈자리"에 대한 의식을 잃어버릴 수도 있을 것입니다. 그러나 달라지는 것은 아무것도 없습니다. 그리스도께 갈 때까지, 여러분은 결코 평강을 얻지 못할 것입니다. 평강을 얻는 데는 오직 한 가지 길만이 있을 뿐입니다. 그리스도 없는 마음은 마치 풍랑으로 소용돌이치는 바다와 같습니다. 거기에는 어떤 평강도 없습니다. 오로지 그리스도 안에서 여러분은 평강을 얻을 수 있습니다.

"그가 징계를 받으므로 우리는 평화를 누리고"(사 53:5). 예수 그리스도는 우리의 평화를 위해 징계를 받으셨습니다. 그는 우리를 위해 십자가 위에서 죽으셨으며, 그렇게 하여 평화를 만드셨습니다. 그를 여러분의 유일한 소망과 구주와 친구로 믿으십시오. 그러면 평강의 하나님이 "모든 기쁨과 평강을 믿음 안에서 여러분에게 충만하게 하실" 것입니다(롬 15:13). 하나님의 섭리를 받아들이고 그의 명령에 순종함으로써 여러분의 의지를 그분께 순복시키십시오. 그러면 "여러분의 평강이 강과 같을 것이며 여러분의 공의가 바다 물결 같을" 것입니다(사 48:18). 그리고 여러분의 마음을 계속해서 그와 연합하며 교제하도록 유지하십시오. 그러면 그의 임재가 여러분을 세상의 온갖 요동치는 것들 속에서도 완전한 평강 가운데 지킬 것입니다. 그가 여러분 곁에 계실 때, 여러분은 사망의 음침한 골짜기조차도 요동하지 않고 건너게 될 것입니다. 그리고 여러분은 평강의 도성인 참 예루살렘에 도달하게 될 것이며, 거기에서 여러분은 "칼을 쳐서 보습을 만들고 창을 쳐서 낫을 만들 것이며 다시는 전쟁을 연습하지 않을" 것입니다(사 2:4).

28
이것들을 생각하라

"끝으로 형제들아 무엇에든지 참되며 무엇에든지 경건하며 무엇에든지 옳으며 무엇에든지 정결하며 무엇에든지 사랑 받을 만하며 무엇에든지 칭찬 받을 만하며 무슨 덕이 있든지 무슨 기림이 있든지 이것들을 생각하라"

빌 4:8

여러분 가운데 어떤 사람들은 내가 젊은이들에게 설교하기에는 나이가 너무 많다고 생각할는지 모릅니다. 아마도 여러분은 연배에 있어 크게 차이가 나지 않는 사람으로부터 들을 때에 좀 더 많은 주의를 기울이며 들을 것입니다. 그리고 오늘과 같은 주제는 나이 많은 사람이 설교하기에는 적당한 주제지만 그러나 젊은 사람들이 듣기에는 그리 적당하지 않은 주제처럼 보일 수 있습니다. 그러나 사랑하는 성도 여러분, 오늘 내가 전하려는 메시지는 모든 세대 모든 부류의 사람들을 위해 의도된 것입니다.

여러분은 지금 인생의 매우 유동적인 시기에 서 있습니다. 여러분은 지금 여러분 앞에 있는 세계와 그보다도 더 큰 내적 세계를 여러분이 원하는 대로 만들어 나갈 수 있습니다. 여러분은 자신이 원하는 대로 거의 대부분 될 수 있습니다. 나는 외적인 것들이나 지적인 기능과 관련하여 말하고 있는 것이 아닙니다. 왜냐하면 이런 것들은 단지 우리가 부분적으로만 통제할 수 있는 것들일 뿐이기 때문입니다. 지금 내가 말하는 것은 그보다 훨씬 더 중요하고 실제적인 것, 즉 마음과 생각을 고양(高揚)시키며 정결케 하는 것과 관련하여 말하고 있는 것입니다. 여러분은 지금 미래에 대해 아름다운 꿈을 꾸는 것이 매우 자연스러운 시기에 있습니다. 요엘 선지자가 말한 것처럼, "환상을 보는" 것은 젊은이들입니다. 그들은 그러한 환상을 현실로 바꿈으로써 자신들의 삶을 고양(高揚)시킵니다. 또 편견을 갖지 않은 열린 사고 역시 젊은이들에게 속합니다. 동시에 여러분은 매우 격정적인 시기에 서 있습니다. 나이가 들어감에 따라 점점 약해지는 어떤 열망들이 지금 여러분에게 매우 강렬하게 나타나며, 그것이 자칫 젊은 시절의 정결을 망쳐 놓을 수 있습니다. 그러므로 지금 여러분에게 있어 본문의 위대한 훈계를 마음에 새기는 것보다 더 중요한 일은 아무것도 없습니다. 여기에서 나는 본문의 훈계와 관련하여 세 가지 질문을 던지고자 하는데, 그것은 모든 것과 관련하여 던져질 수 있는 질문들이기도 합니다. 무엇을? 왜? 어떻게? (What? Why? How?)

1. 첫째로, 본문의 훈계는 무엇입니까?

본문은 우리에게 "이것들을 생각하라"고 명령합니다. 이러한 명령은 우리 가운데 너무도 많은 사람들이 통제하려고 생각조차 하지 않는 부분에 대해 우리가 분명하게 통제할 수 있고, 그러므로 통제해야 한다는 사실을 함축합니다. 대부분의 사람들에게 있어, 생각들은 아주 작은 연결고리들에 의해 서로 연결되어 있습니다. 그리고 그들은 자신들의 생각을 스스로 거의 통제하지 못합니다. 이런저런 환경들, 우리의 일상적인 일들의 필요, 서로에 대한 의무 — 이 모든 것들이 어떤 생각의 흐름을 매우 필연적인 것으로 만듭니다. 어떤 사람들은 그러한 생각의 흐름에 거의 완전하게 함몰되며, 또 어떤 사람들은 마치 성벽이 무너짐으로써 누구든지 드나들 수 있는 성읍과 같습니다. "자기의 마음을 제어하지 아니하는 자는 성읍이 무너지고 성벽이 없는 것과 같으니라"(잠 25:28). 나는 대부분의 젊은이들이 이러한 물결의 흐름, 즉 자신들의 존재의 깊은 곳으로부터 흘러나오는 거대한 강의 흐름에 자신들이 얼마나 큰 책임을 갖고 있는지 알지 못할 것이라고 생각합니다. 또 그들은 이러한 물결의 흐름이 모래를 가져오는지금을 가져오는지 묻지 않습니다. 여러분의 생각의 흐름을 통제하십시오. 나는 우리 가운데 많은 사람들이 마치 무너진 성읍과 같은 마음을 가지고 있다고 말했습니다. 성문에 파수꾼을 세우십시오. 그리고 신분증을 제시하지 못하는 떠돌이들은 들어오지 못하게 하십시오. 이것은 우리에게 너무도 중요한 교훈입니다.

그러나 여러분이 마음과 생각으로 환영하며 기쁘게 받아들일 만한 좋은 손님들이 있습니다. "이것들을 생각하라" — 이것들이 무엇입니까? 바울이 여기에서 제시하는 긴 목록을 자세히 상술할 필요는 없습니다. 다만 간략히 살피는 것으로 충분할 것입니다.

"무엇에든지 참되며 … 이것들을 생각하라"(whatsoever things are true … think on these things, 즉 "참된 것은 무엇이든지 그러한 것들을 생각하라"는 의미). 여러분의 생각으로 하여금 최고의 진리 위에서 움직이며, 숨쉬며, 지지(支持)되며, 고양(高揚)되며, 충만해지게 하십시오. 어째서 여러분은 일상의 사소하며 보잘것없는 것들 가운데 살면서, 가장 위대한 것들, 즉 하나님과 그리스도에 관한 진리들과의 생명의 접촉 속으로 들어오지 않는 것입니까? "참된 것은 무엇이든지 … 이것들을 생각하라."

"무엇에든지 경건하며 … 이것들을 생각하라." 천박하며 속된 생각이 아니라 경건하며 진지한 생각을 하라는 것입니다. 로마 역사 속에 야만인들이 카피톨(Capitol: 옛 로마의 유피테르 신전)에 쳐들어왔을 때 일어났던 흥미로운 이야기가 있습니다. 카피톨에 들어와 원로원 의원들이 위풍당당한 모습으로 각자 제자리에 앉아 있는 모습을 보았을 때, 그들은 갑자기 두려움에 말문이 막히고 마치 얼어붙은 듯 그 자리에 꼼짝하지 못했습니다. 여러분도 그와 같이 하십시오. 여러분의 경건한 생각들로 하여금 위풍당당한 모습으로 제자리에 앉아 있게 하십시오. 그러면 야만적인 격정과 저속한 생각들이 여러분 안으로 들어오려고 할 때, 그것들은 두려움 가운데 그 자리에 꼼짝 못하고 서 있게 될 것입니다. "경건한 것은 무엇이든지 … 이것들을 생각하라."

"무엇에든지 옳으며" — 여러분이 마땅히 되어야 하고 또 행해야 하는 의무와 책임에 대해 진지하게 생각하십시오. "옳은 것은 무엇이든지 … 이것들을 생각하라."

"무엇에든지 정결하며" — 여러분의 생각 속에 항상 흰옷 입은 천사들이 다니게 하십시오. 그리고 그와 반대되는 것들로부터는 본능적으로 움츠리면서, 의식적(意識的)으로 천사들을 맞이하십시오. "정결한 것은 무엇이든지 … 이것들을 생각하라."

지금까지 바울은 고상한 영역에 속하는 생각들을 다루었습니다. 그러나 그는 거기에서 멈추지 않고, 계속해서 감정적인 색채가 짙은 영역으로 나아갑니다. "무엇에든지 사랑받을 만하며 … 이것들을 생각하라." 또 "무엇에든지 칭찬받을 만하며 … 이것들을 생각하라." 사람들이 좋게 말하는 것들, 사람들이 좋은 것이라고 이름붙이는 것들 — 그런 생각들로 너희 생각을 채우라.

이어 바울은 지금까지 다른 모든 것을 둘로 축약합니다. "무슨 덕(virtue)이 있든지" — 이것은 앞의 네 가지, 즉 참됨, 경건함, 옳음, 정결함을 망라합니다. "무슨 기림(praiseworthy)이 있든지" — 이것은 뒤의 두 가지, 즉 사랑받을 만한 것과 칭찬받을 만한 것을 망라합니다. "이것들을 생각하라."

우리는 여기에서 바울이 비기독교적 관념들을 받아들이는 것을 주목할 수 있습니다. 바울은 여기에서 자신의 서신에서 유일하게 이교적(異教的)인 단어인 "덕"(virtue)을 사용하는데, 이것은 그리스인들 사이에서 너무도 흔하게 사용되던 단어였습니다. 그는 이렇게 말하고 있는 셈입니다. "나는 덕과 기림이라는 세상의 관념을 취하노라. 그리고 너희가 그것을 마음으로 받아들이기를 명하노라."

사랑하는 성도 여러분, 우리는 여기에서 기독교가 다른 도덕체계까지도 기꺼이 받아들이는 것을 발견합니다. 그것이 고상하며 받아들일 만한 것이라면 말입니다. 바울은 이렇게 말합니다. "만일 거기에 그리스인들의 개념대로 어떤 덕스러운 것이나 기릴 만한 것이 있다면, 다시 말해서 고상한 행동이라고 칭송받을 만한 것이 있다면, 그러한 것들을 생각하라."

본문의 명령의 반대쪽 측면을 생각해 보십시오. 만일 여러분이 본문의 명령의 반대쪽 측면을 순종하지 않는다면, 본문의 명령 역시 순종하지 않을 것입니다. 다시 말해서, 만일 여러분이 절대적인 노력으로 본문과 반대되는 것들로부터 움츠리지 않는다면, 여러분은 본문의 아름다운 생각들을 마음에 품지 않을 것입니다. 본문의 사도적 명령으로부터 돌이켜, 무엇에든지 헛되며, 무엇에든지 속되고 멸시할 만하며, 무엇에든지 부당하며, 무엇에든지 정결치 못하며, 무엇에든지 추하며, 무엇에든지 사람들에 의해 불명예스러운 것으로 낙인찍힐 만한 것들을 생각하는 사람들이 있을 것입니다. 마치 썩은 고기 조각에 이끌리는 파리들처럼, 정욕과 음란과 부정한 생각에 이끌리는 젊은이들이 있습니다. 또 모여서 쓸데없이 잡담이나 하는 것 외에는 아무 즐거움도 알지 못하는 교양 없는 젊은 여자들도 있습니다. 무엇에든지 사랑받을 만하며 무엇에든지 칭찬받을 만한 것들을 생각하고, 그와 반대되는 것들은 생각하지 마십시오.

여러분 주변에 여러분의 생각과 관심을 반대쪽으로 끌어당기는 많은 환경들이 있습니다. 만일 여러분이 속히 문을 닫고 이중으로 잠그지 않는다면, 그러한 것들은 틀림없이 여러분 속으로 들어올 것입니다. 하찮은 이야기들로 가득한 대중잡지, 감각의 노예가 된 현대 미술, 타락의 온상이 된 각종 무대들 — 이 모든 것들이 여러분을 유혹하고 있습니다. 많은 젊은이들이 가정의 굴레로부터 벗어나 이러한 것들과 뒤엉킵니다. 자신들이 뿌리는 젊은 날의 방탕의 씨앗을 아무도 보지 못한다고 생각하면서 말입니다. 젊은이들이여, 이 모든 추하고 천박한 것들을 여러분의 일상적인 생각의 영역으로부터 내던져 버리십시오. 그런 것들 대신 참되며 정결하며 사랑받을 만한 것들이 그곳으로 들어오게 하십시오. 여러분은 손에 컵을 들고 있습니다. 여러분은 그 컵에 포도송이를 담고 달콤한 포도주를 만들 수도 있으며, 쑥과 쓸개와 독초를 담고 독즙을 만들 수도 있습니다. 여러분은 여러분이 만든 것을 마셔야 합니다. 여러분 앞에 도화지가 있습니다. 여러분은 거기에 여러분이 가장 좋아하는 그림들로 채워야 합니다. 여러분은 그 도화지 위에다가, 자신의 수도원의 모든 벽을 성모 마리아와 천사들과 부활하신 그리스도로 채웠던 프라 안젤리코(Fra Angelico)처럼 거룩하고 아름다운 그림들로 채울 수도 있으며, 네덜란드의 어떤 저질 화가들처럼 속되고 추악한 것들로 채울 수도 있습니다. 여러분의 도화지를 어떤 그림들로 채울지 스스로 선택하십시오.

2. 둘째로, 왜 이러한 훈계가 주어지는지 생각해 보십시오.

몇 가지 이유를 제시하면 다음과 같습니다. 첫째로, 생각이 행동을 만들기 때문입니다. "대저 그 마음의 생각이 어떠하면 그 위인도 그러한즉"(잠 23:7). 주위를 돌아보십시오. 건물과 정부와 각종 발명품들과 기계들과 법률과 궁전과 요새 — 이 모든 것들은 단지 생각이 구체화된 것들에 불과합니다. 실제적인 형태로 구체화되기 전에 그에 대한 생각이 있었습니다. "말씀이 육신이 되는" 것처럼, 우리의 생각이 눈에 보이는 모습으로 마침내 우리 앞에 서게 되는 것입니다. 번개가 번쩍 한 후에 우레가 뒤따르는 것처럼, 행동은 생각의 번쩍임 후에 뒤따르는 울림 그 이상도 이하도 아닙니다.

그러므로 만일 여러분이 마음과 생각으로 본문의 훈계를 받아들인다면, 여러분의 삶은 아름답고 멋진 것이 될 것입니다. 바울은 본문에 이어 계속해서 이렇게 말합니다. "너희는 내게 배우고 받고 듣고 본 바를 행하라"(9절). 그는 마치 이렇게 말하는 것 같습니다. "만일 너희가 그것들에 대해 생각한다면, 너희는 필경 그것들을 행하게 될 것이라. 그러나 그것들에 대해 생각하지 않는다면, 필경 그것들을 행하지 않을 것이라."

둘째로, 생각과 행동이 성품을 만들기 때문입니다. 우리는 어떤 기질과 성향을 가지고 세상에 태어납니다. 그러나 그것이 성품은 아닙니다. 그것은 단지 성품의 가공되지 않은 재료일 뿐입니다. 그것은 마치 화산에서 흘러나온 용암처럼 유동적입니다. 어떤 모양으로 빚든 그와 같은 모양으로 만들어집니다. 이와 같이 우리의 성품이 구체적인 모양으로 형성됨에 있어, 우리의 생각과 행동이 매우 중요한 역할을 합니다. 우리 안에 들어와 자리를 잡는 생각들 가운데 우리의 성품을 형성하는데 영향을 끼치지 않는 것은 아무것도 없습니다. 여기에 있는 사람들 가운데, 오랜 세월 본문과 같은 아름다운 것들만 생각하는데 익숙해진 나머지 그와 반대되는 생각은 결코 품지 않는 그런 사람들이 정말로 많았으면 좋겠습니다. 반대로 여기에 있는 사람들 가운데 오랜 세월 속되며 천박한 것들만 생각하는데 익숙해진 나머지 그와 반대되는 생각들은 결코 품을 수 없는 그런 사람들은 없을까요? 부디 그런 사람들이 없기를 바랍니다. 나는 뉴질랜드의 한 도시에 와서 살았던 마오리 여인에 대해 들은 적이 있습니다(Maori: 뉴질랜드의 원주민). 그녀는 얼마 후 남편과 자녀들과 문명을 떠나 그녀의 옛 부족으로 돌아갔습니다. 그녀는 유럽식 복장을 벗어던지고 원시적인 옷을 걸친 채 옛 삶으로 돌아갔습니다. 이와 같이 저급하며 악하며 정욕적이며 부정하며 천박한 것들에 너무도 익숙해진 나머지 고상하며 정결하며 참된 것들로 향하는 모든 성향을 잃어버린 사람들이 많이 있습니다.

셋째로, 생각이 행동을 만들고 생각과 행동이 성품을 만드는 것처럼, 성품이 이 땅과 하늘에서의 운명을 만들기 때문입니다. 만일 마음속으로 이와 같은 복된 생각들을 품는다면, 여러분은 외적인 것들에 대해 독립적으로 타오르는 내적인 불을 갖게 될 것입니다. 그리고 세상이 여러분에 대해 미소를 짓든 얼굴을 찌푸리든, 여러분은 자신 안에 참된 부요 즉 "더 낫고 영구한 소유"를 갖게 될 것입니다(히 10:34). 여러분은 평강을 가질 것이며, 세상의 주인이 될 것이며, 아무것도 갖지 못했으나 모든 것을 가진 자가 될 것입니다. 본문이 가르치는 것과 같은 생각들을 품고 살아가는 젊은이들은 얼마나 복된 자들입니까? 이런 젊은이들에게 무엇이 위해(危害)를 끼칠 수 있겠습니까?

또한 성품은 하늘에서의 운명을 만듭니다. 이 땅에서 평생 동안 오로지 돈 버는 생각만 한다든지 혹은 세상적인 야망만 생각한다든지 혹은 육신의 정욕과 안목의 정욕과 이생의 자랑만을 생각했던 사람이 하늘에서 도대체 무슨 일을 할 수 있겠습니까? 빛이 들어오지 않는 캄캄한 동굴 속에서 오랜 세월 살아오면서 눈이 퇴화해버린 물고기들을 생각해 보십시오. 만일 그러한 물고기들을 빛이 찬란하게 비취는 곳으로 옮겨 놓는다면, 그러한 물고기들은 도대체 무슨 일을 할 수 있겠습니까? 각 사람은 자기 자신의 장소로 갈 것입니다. 다시 말해서, 각 사람은 스스로에게 적합화된 장소, 즉 매일의 삶을 통해 그리고 자신의 생각의 동향과 방향을 통해 스스로를 적합화시킨 장소로 갈 것입니다.

하늘과 땅 양쪽을 다 알아야 한다느니, 인생을 알아야 한다느니 하는 따위의 말로 스스로를 속이지 마십시오. "너희가 선한 데 지혜롭고 악한 데 미련하기를 원하노라"(롬 16:19). 젊은 시절 마음껏 놀며 방탕의 씨를 뿌리라고 말하면서 스스로를 속이지 마십시오. 여러분은 여러분의 양심에 심지어 용서로도 지울 수 없는 얼룩을 만들 수 있습니다. 여러분은 젊은 날에 방탕의 씨앗을 뿌릴 수 있습니다. 그러나 그 결과가 무엇이겠습니까? 결국 무엇을 거두겠습니까? "스스로 속이지 말라 하나님은 업신여김을 받지 아니하시나니 사람이 무엇으로 심든지 그대로 거두리라"(갈 6:7). 여러분은 여러분의 속되고 저급한 생각들이 여러분 곁으로 돌아와 다음과 같이 말하기를 바랍니까? "우리는 너와 영원히 함께 하기 위해 돌아왔노라." "무슨 덕이 있든지 … 이것들을 생각하라."

3. 셋째로, 어떻게 우리는 이러한 명령에 가장 잘 순종할 수 있을까요?

나는 앞에서 이에 대해 어느 정도 이야기했습니다. 즉 "무엇에든지 사랑받을 만하며 무엇에든지 칭찬받을 만한" 것들을 생각함과 함께 그와 반대되는 것들을 생각하지 않도록 계속해서 노력하는 것입니다. 그렇지만 본 단락의 표제에 대한 대답으로서 우리는 한 가지를 더 말해야만 하는데, 그것은 이것입니다. 본문의 "이것들" 즉 참되며, 경건하며, 옳으며, 정결하며, 사랑받을 만하며, 칭찬받을 만한 것들은 모두 한 인격 안에서 구체화된다는 사실입니다. 우리는 예수 그리스도 안에서 모든 아름다운 것들을 발견하게 되며, 그분 자체가 모든 덕(virtue)과 모든 기림(praise)의 총체입니다. 그러므로 만일 우리가 믿음과 사랑으로 우리 자신을 그와 연결시키고, 그를 우리 마음과 생각 속으로 받아들이며 그 안에 거한다면, 우리는 그 안에서 하나로 모아진 그 모든 것들을 갖게 되는 것입니다. "이것들을 생각"하는 것은 단지 추상적으로 생각하는 것이 아니라, 우리의 구주를 붙잡고 그 안에서 그리고 그와 더불어 그리고 그로 말미암아 사는 것입니다. 만일 예수 그리스도께서 우리의 생각 속에 계신다면, 모든 선한 것들이 거기에 있는 것입니다.

만일 여러분이 예수 그리스도를 믿고 그를 여러분의 친구로 삼는다면, 그는 여러분을 도우실 것이며, 여러분에게 그 자신의 생명을 주실 것이며, 그 안에서 여러분에게 이 모든 아름다운 생각들과 부합하는 취향과 열망을 주실 것이며, 여러분을 그와 반대되는 것들의 굴레로부터 구원하실 것입니다.

성도 여러분, 본문의 명령이 앞의 명령을 이미 순종하고 예수 그리스도를 자신의 구주로 받아들인 사람들에게 주어진 것임을 기억하십시오. 그렇지 않다면, 본문의 명령에 순종하고자 하는 여러분의 모든 노력은 결국 좌절되고 말 것입니다. 우리는 마치 중력의 힘에 끌리는 것처럼 땅으로 끌릴 것이며, 마침내 우리의 모든 노력도 그렇게 될 것입니다. 그러나 만일 우리가 우리 자신을 예수 그리스도의 손에 맡긴다면, 그는 우리를 위쪽으로 잡아당기는 위대한 자석이 되실 것입니다. 그리고 그는 우리에게 사랑의 날개를 달아주실 것이며, 우리는 그 날개를 가지고 땅이라 불리는 어두컴컴한 장소를 넘어 하늘을 향해 날아오를 것입니다. 우리는 바울 사도의 다음과 같은 명령에 순종함으로써 본문의 명령을 가장 잘 지킬 수 있을 것입니다. "위의 것을 찾으라 거기는 그리스도께서 하나님 우편에 앉아 계시느니라"(골 3:1).

여러분의 마음속에 그리스도를 받아들이십시오. 그리고 그분으로 하여금 여러분의 생각의 성소(聖所) 안에 있는 보좌에 앉게 하십시오. 그러면 여러분은 어디로 움직이든지 항상 참되며, 경건하며, 옳으며, 정결한 생각을 하게 될 것입니다. "이것들을 생각하라 너희는 내게 배우고 받고 듣고 본 바를 행하라 그리하면 평강의 하나님이 너희와 함께 계시리라"(9절).

29
감사하는 방법

"내가 주 안에서 크게 기뻐함은 너희가 나를 생각하던 것이 이제 다시 싹이 남이니 너희가 또한 이를 위하여 생각은 하였으나 기회가 없었느니라 내가 궁핍하므로 말하는 것이 아니니라 어떠한 형편에든지 나는 자족하기를 배웠노니 나는 비천에 처할 줄도 알고 풍부에 처할 줄도 알아 모든 일 곧 배부름과 배고픔과 풍부와 궁핍에도 처할 줄 아는 일체의 비결을 배웠노라 내게 능력 주시는 자 안에서 내가 모든 것을 할 수 있느니라 그러나 너희가 내 괴로움에 함께 참여하였으니 잘하였도다"

빌 4:10-14

받는 사람에게 상처를 주지 않으면서 돈을 주는 것은 매우 어렵습니다. 그것은 거북한 마음과 열등의식 없이 돈을 받는 것만큼이나 어렵습니다. 바울은 여기에서 그가 어떻게 이러한 미묘한 주제를 여성적인 섬세한 성정(性情)과 고상한 자기존중으로 다룰 수 있었는지를 우리에게 보여줍니다. 그는 자신에게 베풀어진 은의(恩誼)에 대해 아낌없는 감사를 표하면서도 결코 스스로를 비하하는 모습이라든지 혹은 마지못해 받는다는 듯한 오만한 태도를 나타내지 않습니다. "감사합니다"라는 말을 올바르게 하는 것은 너무도 어렵습니다. 어떤 사람은 마지못해 말하고, 어떤 사람은 지나치게 가볍게 말합니다. 그런가 하면 또 어떤 사람은 무엇을 줌에 있어 받는 자로부터의 감사를 지나치게 기대합니다.

2장에서 살펴본 것처럼, 빌립보 교회의 성도들은 에바브로디도를 통해 바울에게 금전적인 도움을 주었습니다. 이러한 도움에 대해 바울은 따뜻한 감사를 표하는데, 우리는 이것을 교회에서 가르치는 자와 가르침을 받는 자 사이의 금전적 관계에 대한 모범으로 취할 수 있습니다. 그 외에도 본문은 바울의 섬세한 성격을 보여주는 좋은 실례(實例)입니다. 어쨌든 본문 속에는 많은 영적 교훈이 포함되어 있습니다.

바울의 사고(思考)의 흐름은 여기에서 세 가지로 나타납니다. 첫째는, 아낌없이 감사를 표하는 것입니다. 이어 바울은, 혹시 그들이 자신의 감사를 필요가 충족됨으로 인한 이기적인 즐거움으로 오해할까 우려하여, 그리스도께서 주신 모든 상황을 뛰어넘는 독립성(independence)을 선언합니다. 그러나 이러한 말은 자칫 듣는 사람들에게 감사하지 않는 것처럼 들릴 수 있습니다. 그리하여 그는 그들이 베푼 금전적 도움 때문이라기보다 그 안에 담긴 따뜻한 마음 때문에 다시 감사하는 말로 되돌아옵니다. 이제 이러한 사고의 흐름을 따라가 봅시다.

1. 첫째로, 아낌없는 감사의 표현을 주목하십시오.

바울은 "내가 주 안에서 크게 기뻐"한다고 말합니다. 그는 "주 안에서 항상 기뻐하라"고 두 번이나 반복해서 말했는데, 본문은 이에 대한 그 자신의 실례(實例)입니다. 그에게 있어 빌립보 형제들의 돌봄은 기쁨의 근원이었지만, 그러나 그것은 주 안에서의 기쁨이었습니다. 이와 같이 우리는 그리스도 안에서의 기쁨이 다른 모든 기쁨의 근원들, 특별히 기독교적 사랑과 친교로부터 솟아나는 기쁨과 완전하게 조화되는 것을 보게 됩니다. 그리스도와의 연합은 지상(地上)의 모든 관계들을 정결하게 하며 고상(高尙)하게 만듭니다. 그리스도와의 연합보다 더 달콤하고 포근한 것은 아무것도 없습니다. 기독교 신앙은 마치 푸른 초장 위에 타오르는, 그리고 그 초장을 더 푸르게 만드는 햇빛과 같습니다. 그것은 그 빛의 분량만큼 이기적인 자기중심성을 깨뜨리며, 근심과 염려와 두려움과 기타 모든 악으로부터 우리를 지킵니다. 다른 사람들에 대해 무관심한 태도를 취하는 것이 마치 그리스도를 존중하는 것인 양 생각하는 그릇된 금욕주의적 개념이 기독교 일각에 있습니다. 그러나 그러한 개념은 여기의 바울의 모습과 선명하게 대비됩니다. 바울의 기쁨은 빌립보 형제들을 향해 더 풍성한 물결로 흘러내려갑니다. 왜냐하면 그것은 "주 안에서의 기쁨"이었기 때문입니다.

계속해서 바울은 빌립보 형제들이 자신을 생각하는 것을 나무가 봄에 다시 싹을 내는 것으로 비유합니다(너희가 나를 생각하던 것이 이제 다시 싹이 남이니). 이와 관련하여 주석가 벵겔(Bengel)은 추운 겨울이 그들 사이의 교제를 가로막고 있다가 봄과 함께 에바브로디도가 금전적 도움을 가지고 그를 찾아왔다고 아름답게 표현합니다.

이러한 비유는 자칫 빌립보 형제들로 하여금 그가 그들의 소홀함에 대해 그동안 서운하게 생각하고 있었던 것이 아닌가 하는 의심을 품게 할 수 있었습니다. 그리하여 바울은 곧바로 "너희가 또한 이를 위하여 생각은 하였으나 기회가 없었느니라"라고 덧붙임으로써 그러한 의심을 해소하려고 노력합니다. 우리는 여기에서 또한 그의 천부적인 세심한 성격을 보게 됩니다. 어쨌든 빌립보 교회의 성도들은 항상 바울을 돕고자 하는 생각을 가지고 있었지만, 그러나 어느 정도 기간 동안 그렇게 하지 못했습니다. 무엇이 그들을 막았는지 우리는 알지 못합니다. 어쩌면 그에게 보낼 사람이 없었기 때문이었는지도 모릅니다. 어쩌면 그가 금전적인 도움을 기쁘게 받을는지 알지 못했기 때문이었는지도 모릅니다. 그러나 무엇이 나무로 하여금 싹을 내는 것을 가로막고 있었든지 간에, 바울은 그 나무 안에 항상 수액(樹液)이 흐르고 있었음을 알고 있었습니다.

우리는 여기에서 참된 우정과 신뢰의 한 가지 중요한 특성을 주목할 수 있습니다. 친구를 도움에 있어 우리는 종종 필요를 말한다든지 혹은 도움을 호소하는 등의 상대방의 적극적인 표현을 지나치게 강요하는 경향이 있습니다. 그러나 그렇게 하는 것은 사랑이라기보다 차라리 거만에 가깝습니다. 다음과 같은 이유들 때문에 우정이 금이 가는 경우는 얼마나 흔합니까? "그는 종종 나를 보러 왔어야 했는데 그렇게 하지 않았어." "그는 너무도 오랫동안 나에게 편지를 하지 않았어." "그는 내가 기대하는 만큼 나에게 주의를 기울이지 않아." 다른 어떤 것에 의해 항상 확인될 필요가 있는 사랑은 얼마나 초라한 사랑입니까? 차라리 친구의 마음속에 단지 베풀 기회만을 기다리고 있는 선의(善意)가 가득 차 있다고 믿는 것이 훨씬 더 낫지 않겠습니까? 우리는 사람들이 "우리가 어려움 가운데 있을 때 우리에게 베풀어진 사랑의 증거들을 보고 너무나 놀랐다"고 말하는 것을 종종 듣습니다. 굳이 무엇이 필요하다는 적극적인 표현을 하지 않더라도 그와 같은 사랑을 확신할 수 있는 사람은 얼마나 복됩니까?

2. 둘째로, 모든 상황을 뛰어넘는 독립성을 주목하십시오.

우리는 여기의 의미를 정확하게 표현하는 단어를 가지고 있지 못합니다. 본문에 "자족"(self-sufficient)이라고 번역된 단어 속에는 자신의 가치와 지혜를 그릇되게 평가하는 것을 함축하는 잘못된 의미가 담겨 있습니다. 바울이 의미하는 것은 자신이 어떤 상태에 있든 스스로 그것에 충분히 직면할 수 있다는 것입니다. 그는 자신을 둘러싼 상황들에 의존하지 않습니다. 그는 그러한 상황들에 직면하기 위해 다른 사람들의 힘을 의존하지 않습니다. 바울처럼 "어떤 형편에든지 자족하기를 배웠다"고 말할 수 있는 사람만이 진정으로 사람으로 불릴 자격이 있다고 말하는 것은 조금도 과장된 말이 아닙니다. 외적인 것들에 의존할 수밖에 없는 것은, 그리하여 "그것들이 나의 하나님을 빼앗아 갔도다"라고 말할 가능성을 항상 가지고 있는 것은 참으로 비참한 일입니다. 사람에게 의존할 수밖에 없는 것은 참으로 딱한 일입니다. "선한 사람은 스스로 만족할 것이라"(잠 14:14. 한글개역개정판에는 "선한 사람도 자기의 행위로 그러하리라"라고 되어 있음). 그 안에 깊은 우물과 많은 양식을 비축하고 있는 요새만이 끝까지 스스로를 지킬 수 있습니다.

이러한 독립성은 모든 가변적인 상황들의 참된 용도(用途)를 가르쳐줍니다. 계속해서 바울은 어떤 형편에서든지 자족하기를 "배운" 결과를 이야기하는데, 어쩌면 여기에 헬라 종교의 신비주의가 다소간 내포되어 있는

지도 모릅니다. 왜냐하면 "비밀(secret)을 배웠노라"(한글개역개정판에는 "비결을 배웠노라"로 되어 있음)로 번역된 단어는 "입문하였노라"를 의미하는 것이기 때문입니다. 바울은 인간 경험의 양 극단을 모두 감당할 수 있었으며, 어느 것에 직면하든지 요동치 않는 고요한 마음을 유지할 수 있었습니다. 그는 궁핍할 때나 풍부할 때나 똑같이 평온한 마음을 유지할 수 있었습니다. 그는 수축과 팽창을 모두 바로잡음으로써 항상 정확한 시간을 맞춰주는 보정진자(補正振子)와 같았습니다. 열대지방에 있다가 부름을 받아 곧바로 북극탐험대장으로 임명된 사람의 이야기를 들은 적이 있습니다. 때로 하나님은 자기 자녀들에게 이와 비슷한 경험을 주십니다.

이와 같이 양쪽 극단에서 동일한 마음을 품는 것뿐만 아니라 그로부터 유익을 얻는 것 역시 가능합니다. 슬픔이나 고통이나 궁핍을 감당하는 것을 배우는 것은 많은 연단을 필요로 하는 매우 어려운 교훈입니다. 그러한 것들은 우리에게 값진 교훈을 가르쳐줍니다. 그러한 것들로부터 교훈을 얻지 못한 사람은 불완전합니다. 마치 서리가 내리기 전까지는 아직 미완성인 샐러리(날로 먹는 야채의 일종)처럼 말입니다. 그러나 형통과 풍부를 감당하는 법을 배우는 것은 더 어렵습니다. 비록 우리가 그것을 즐거운 교훈이라고 생각한다 하더라도 말입니다. 물이 가득 찬 컵을 흘리지 않고 옮기는 것은 얼마나 어렵습니까? 부자가 되었을 때보다 그 이전에 가난했을 때가 훨씬 더 나은 사람이었던 경우를 우리는 얼마든지 볼 수 있습니다. 이러한 사실은 고난 가운데서보다 형통 가운데 기독교적 삶을 사는 것이 훨씬 더 어렵다는 사실을 잘 보여줍니다.

이와 같이 양 극단의 두 가지 모두 우리를 위협하는 것이기는 하지만 동시에 두 가지 모두 우리의 성장을 돕는 것이 될 수도 있습니다. 고난은 우리를 하나님께 더 가까이 몰고 갈 것이며, 형통은 우리를 하나님께 더 가까이 이끌 것입니다. 만일 우리가 풍부 자체에 매몰되거나 혹은 궁핍으로 인해 절망하는 시험에 넘어지지 않는다면, 그것들은 우리를 참된 유익으로 더 가깝게 데려갈 것입니다. 구심력과 원심력은 지구로 하여금 그 궤도를 벗어나지 않도록 지켜줍니다.

이러한 양 극단으로부터 풍성한 유익을 얻게 되는 것은 오로지 우리가 모든 상황들로부터 독립적일 때뿐입니다. 강력한 손이 키를 잡고 있을 때, 바람은 우리로 하여금 앞으로 나아가도록 돕는 힘이 될 수 있습니다. 그러나 그렇지 않다면, 배는 표류하다가 결국 침몰되고 말 것입니다.

바울은 여기에서 우리에게 자신의 힘의 내적 비밀을 알려주는데, 이것이 없다면 독립성과 관련한 모든 교훈들은 단지 허탄한 말에 불과할 것입니다. 그는 자기 안에 흘러넘치며 또한 그로 하여금 어떤 일에 적합하도록 만들어 주는 살아있는 힘을 의식합니다. 그는 "내게 능력 주시는 자 안에서 내가 모든 것을 할 수 있느니라"라는 엄청난 선언을 하면서도, 어떤 사람이 이런 말을 빌미로 자신이 지나치게 과장하고 있다고 비난할 것을 조금도 두려워하지 않습니다(13절). 원어(原語)로 보면 그러한 말은 더욱 강력한 힘을 갖습니다. 왜냐하면 가장 문자적으로 그 말은 "주 안에서 그리고 그의 능력의 권능 안에서 내가 모든 것을 할 수 있느니라"를 의미하기 때문입니다. 이러한 내적 힘의 분여(分與, impartation)야말로 바울이 말하는 자족의 유일하며 참된 조건입니다.

스토아주의는 사람이 하나님과 상관없이 스스로 충족한 존재로 상정합니다. 그러나 바로 이 부분에서 그것은 실패합니다. 하나님 없이 홀로 있을 때 사람은 약합니다. 사람에게 있어 그를 둘러싼 상황들은 너무도 강합니다. 죄 역시도 너무도 강합니다. 따라서 하나님 없는 삶은 그 중심에 약함을 가지고 있습니다. 그러나 그리스도와 함께 할 때 우리는 강합니다. 모든 원수 앞에서도 우리는 히스기야처럼 담대히 말할 수 있습니다. "우리와 함께 하시는 이가 그와 함께 하는 자보다 크도다"(대하 32:7). 이러한 히스기야의 옛 경험은 오늘날의 우리에게도 똑같이 사실입니다. 원수들이 우리를 벌 떼처럼 둘러쌀 수 있습니다. 그러나 그들이 할 수 있는 가장 나쁜 일이라야 고작 우리 머리 주위에서 요란하게 윙윙거리는 소리를 내는 것일 뿐입니다. 그들의 목표는 주의 이름으로 깨어질 것입니다. 우리 자신 안에서 우리는 약합니다. 그러나 예수 그리스도 위에 뿌리를 내리며 근거하며 세워질 때, 우리는 만세반석의 안전함과 견고함에 참여합니다.

그 반석이 움직이지 않고 서 있는 한, 우리는 어떤 폭풍에도 결코 무너지지 않습니다. 급류의 한 모퉁이에서 자라고 있는 꽃을 본 적이 있습니다. 그 꽃은 계속해서 쏟아지는 거센 급류와 강한 바람을 그대로 버티고 서 있었는데, 그것은 그 뿌리가 바위의 갈라진 틈에 박혀 있었기 때문이었습니다. 모든 사람에게 있어 강함의 비밀은 "하나님의 강한 아들"을 굳게 붙잡는 것입니다. 그들은 어떤 상태에 있든지 족합니다. 왜냐하면 그들의 귀에 다음과 같은 사랑의 음성이 항상 들려오기 때문입니다. "내 은혜가 네게 족하도다"(고후 12:9).

3. 셋째로, 바울이 다시 감사하는 말로 돌아오는 것을 주목하십시오.

우리는 여기에서 빌립보 형제들의 도움에 대해 자신이 평가절하하는 것으로 오해받을까 염려하는 바울의 모습을 보게 됩니다. 앞의 위대한 선언과 여기의 겸비한 태도가 얼마나 아름답게 병존(竝存)하는지 주목하십시오.

바울에게 있어 어떤 외적 상황에도 의존하지 않는 위대한 독립성과 형제의 도움에 대해 따뜻한 감사를 표하는 것은 결코 병존할 수 없는 것이 아니었습니다. 스토아주의의 자기충족성(self-sufficingness)은 본질적으로 초인간적인 것입니다. 인간은 스스로 충족할 수 없습니다. 그것은 하나님의 계획과 상반될 뿐만 아니라, 인간 상호간을 연결시키도록 의도된 교제와도 상반됩니다. 따라서 우리는 스토아적 자기충족성을 무비판적으로 수용하는 태도를 경계해야 합니다. 우리는 인간적인 도움 없이도 충분히 살 수 있어야 합니다. 그러나 이러한 사실이 그것이 주어졌을 때 그것을 덜 아름답게 만드는 것은 결코 아닙니다. 우리는 행군하는 동안 물을 휴대할 수 있지만, 그러나 길가에 있는 시냇물을 불필요하게 여기지는 않을 것입니다. 우리의 견고한 영혼은 마치 콘월의 흔들바위와 같습니다(Cornwall: 잉글랜드의 남서부의 주). 적절하게 균형을 유지하고 있어 폭풍우에도 흔들리지 않는 그 바위는 그러나 어린 아이의 부드러운 만짐에는 부르르 떱니다. 어떤 외적 상황에도 의존하지 않는 위대한 독립성은 자신에게 베풀어지는 도움을 감사함으로 받는 것에 의해 인간적인 모습으로 바뀔 필요가 있습니다. 설령 우리가 그런 것 없이도 충분히 살 수 있다 하더라도 말입니다.

바울은 여기에서 형제의 도움 안에 있는 진정한 감사의 대상을 우리에게 보여줍니다. 그가 빌립보 형제들의 도움을 그토록 기뻐한 이유는 그것이, 그들이 자신의 괴로움에 함께 참여하고 있음을 보여주는 것이었기 때문이었습니다. 그가 본 서신 초두에서 말한 것처럼, 그들이 그의 수고에 참여한 것은 처음부터 그의 큰 기쁨이었습니다(1:5). 바울이 높이 평가한 것은 그들의 물질적인 도움이라기보다 그들의 따뜻한 마음이었습니다. 그들의 물질적인 도움은 단지 돈으로만 평가한다면 대단치 않은 것이었습니다. 그러나 바울은 그들의 도움을 매우 높은 수준까지 고양(高揚)시키는데, 이러한 사실은 도움을 베푸는 자와 받는 자 모두에게 큰 교훈을 줍니다.

우리는 여기에서 몇 가지 교훈을 배울 수 있는데, 첫째로 물질적인 도움 자체로만 기뻐하는 것은 이기적인 태도라는 교훈입니다. 그와 함께 우리는 다른 사람에게 도움을 베푸는 가운데 자칫 그에게 실제로 때리는 것보다 더 큰 상처를 줄 수도 있으며, 반대로 사랑의 마음으로 도움을 베풀 때 금보다도 더 귀한 것을 줄 수도 있다는 교훈을 배워야 합니다. 5파운드짜리 지폐가 우리의 모든 책임을 면제시켜 주지 않습니다. 이웃에게 무엇인가를 줄 때, 우리는 예수 그리스도의 모범을 따라 주어야 합니다. 그는 적선하듯이 위로부터 던져주시지 않고, 그 자신이 직접 오셔서 선을 베푸셨습니다. 그리고 그의 선물보다 더 큰 것이, 비록 그 선물이 말할 수 없는 영생의 선물이라 하더라도, 그 안에 담겨 있는 사랑이었습니다. 특별히 그 자신이 놀라운 방식으로 우리의 약함에 참여하셨다는 사실에서 말입니다.

무엇을 줌에 있어서의 완전한 모범은 하나님입니다. 믿음과 사랑으로 하나님을 굳게 붙잡으십시오. 그러면 지상의 모든 사랑은 더욱 달콤하게 되며, 모든 호의는 더욱 값진 것이 될 것입니다. 또 우리의 마음은 섬세한 배려와 자신의 부드러움을 초월하는 부드러움을 향하여 정화(淨化)되며 정련(精鍊)될 것입니다. 또 우리의 영혼은 모든 상황들을 통제하는 주인이 될 것이며, 우리의 필요에 따라 강화(强化)될 것입니다. 그는 우리에게 "내 은혜가 네게 족하도다"라고 말씀하실 것이며, 우리는 그의 강함이 우리의 약함 안에서 완전하게 된 것을 느끼면서 겸손한 확신으로 이렇게 말할 수 있게 될 것입니다. "내게 능력 주시는 자 안에서 내가 모든 것을 할 수 있느니라"(13절).

30
도움을 베푸는 것은 씨를 뿌리는 것이다

"빌립보 사람들아 너희도 알거니와 복음의 시초에 내가 마게도냐를 떠날 때에 주고 받는 내 일에 참여한 교회가 너희 외에 아무도 없었느니라 데살로니가에 있을 때에도 너희가 한 번뿐 아니라 두 번이나 나의 쓸 것을 보내었도다 내가 선물을 구함이 아니요 오직 너희에게 유익하도록 풍성한 열매를 구함이라 내게는 모든 것이 있고 또 풍부한지라 에바브로디도 편에 너희가 준 것을 받으므로 내가 풍족하니 이는 받으실 만한 향기로운 제물이요 하나님을 기쁘시게 한 것이라 나의 하나님이 그리스도 예수 안에서 영광 가운데 그 풍성한 대로 너희 모든 쓸 것을 채우시리라"

빌 4:15-19

바울은 물질적인 도움에 대한 감사를 표현함에 있어 아무런 거리낌도 느끼지 못할 정도로 빌립보 형제들을 사랑하고 또 그들의 사랑을 확신했습니다. 여기에서 우리는 바울의 계속되는 감사의 표현을 보게 되는데, 본문은 그들의 넉넉한 도움과 관련한 좀 더 상세한 정보를 제공해 줍니다. 특별히 여기에서 바울은 그들이 자신에게 행한 대로 하나님이 그들에게 행하실 것이라고 말합니다. 그들이 바울에게 행한 대로 하나님이 그들에게 행하실 것입니다. 따라서 그들의 넉넉한 도움은 어떤 의미로 예언

(prophecy)이었습니다. 왜냐하면 그것은 일정 부분 하나님의 후하심을 예표하는 것이었기 때문입니다. 바울은 "너희가 준 것을 받으므로 내가 풍족(full)"하다고 말하면서 이어 "나의 하나님이 너희 모든 쓸 것을 채우실(fill full)" 것이라고 말합니다(18, 19절). 이와 같이 이어진 두 문장에서 같은 단어를 사용한 것은 바울의 우아한 문체(文體)를 보여주는 한 실례입니다.

1. 첫째로, 우리는 여기에서 바울과 교회들 사이의 금전관계를 주목할 수 있습니다.

우리는 바울이 통상 스스로 일하면서 살았음을 압니다. 그가 에베소 교회의 장로들에게 한 말 속에서 우리는 다음과 같은 말을 들을 수 있습니다. "여러분이 아는 바와 같이 이 손으로 나와 내 동행들이 쓰는 것을 충당하여"(행 20:34). 자기 손으로 필요를 충당한 사실에 있어, 그는 에베소 교회의 장로들을 증인으로 세울 수 있었습니다. 뿐만 아니라 바울은 스스로를 예수 그리스도의 "주는 것이 받는 것보다 복이 있다"는 말씀의 실례(實例)로서 제시할 수 있었습니다(행 20:35). 그는 교회에 의해 부양(扶養)되는 기독교 사역자의 권리를 단호히 주장합니다. 특별히 고린도전서에서 그러한 권리를 강력하게 주창하는 가운데, 그러나 자신의 경우에는 그러한 권리를 포기하면서 자신의 자랑하는 것이 헛되이 될 바에는 차라리 죽는 것이 훨씬 더 낫다고 열정적으로 역설합니다. 그는 복음을 값없이 전함으로써 복음으로 인한 자신의 권리를 다 쓰지 않고자 했습니다. "그런즉 내 상이 무엇이냐 내가 복음을 전할 때에 값없이 전하고 복음으로 말미암아 내게 있는 권리를 다 쓰지 아니하는 이것이로다"(고전 9:18). 그러나 필요할 때 — 예컨대 빌립보 교회로부터 받은 경우처럼 — 그는 물질적인 도움을 기쁘게 받았습니다. 분문에서 바울은 예전에 그들이 자신을 도왔던 사실들을 회상합니다. 그것을 간략하게 되돌아보도록 합시다. 빌립보 감옥에 갇혔다가 풀려난 후, 그는 바로 데살로니가로 갔습니다. 그리고 폭동으로 인해 베뢰아로 갈 때까지 얼마 동안 그곳에 머물러 있었습니다. 그러나 베뢰아에서도 또다시 피신할 수밖에 없게 되자 그는 형제들의 도움을 받아 아덴으로 갔습니다. 여기에서 그는 홀로 남았으며, 그를 인도한 형제들은 실라와 디모데를 돌려보내기 위해 마게도냐로 돌아갔습니다. 바울은 아덴으로부터 고린도로 갔으며, 여기에서 그들과 다시 합류했습니다. 오늘 본문에 따르면, 복음의 시초에 — 이것은 물론 빌립보에 복음이 전파된 시초를 말하는 것입니다 — 그들은 데살로니가에서 바울을 두 번 물질적으로 도왔습니다(15, 16절). 우리는 본문이 전하는 내용과 동일한 이야기를 고린도후서 11장 9절에서 다시 한 번 들을 수 있습니다. 여기에서 바울은 고린도에 있을 때 비용이 부족하였음을 이야기하면서, 그때 마게도냐로부터 온 형제들이 자신의 부족한 것을 보충하였노라고 언급합니다. "또 내가 너희와 함께 있을 때 비용이 부족하였으되 아무에게도 누를 끼치지 아니하였음은 마게도냐에서 온 형제들이 나의 부족한 것을 보충하였음이라"(고후 11:9). 이와 같이 멀리 떨어져 있는 별개의 두 언급이 서로 완전하게 일치하는 것은 두 서신의 역사적 진실성을 확증합니다. 그가 데살로니가에 있었을 때와 고린도에 처음 머물 때의 정황을 고려할 때, 그가 비용이 부족했던 것과 그로 인해 그들의 도움을 받은 것은 충분히 설명됩니다. 그리고 상당 기간이 흐른 후 그가 로마에서 매인 자가 되었을 때, 그리하여 자신의 생계를 위해 아무 일도 할 수 없었을 때, 그를 향한 그들의 돌봄은 다시 한 번 아름다운 꽃을 피우게 됩니다.

오늘날의 교회에서도 바울이 주장했던 목회자의 권리는 그대로 유지되어야 합니다. 그러나 목회자와 성도들 사이에 금전을 주고 받는 유일하고도 참된 방식은 그것이 보수(payment)로서가 아니라 선물(gift)로서 주고 받을 때입니다. 그것이 둘 사이의 사랑과 호의의 표현일 때, 금전관계는 아름답고 복된 것이 될 수 있습니다. 반면 그것이 직업적인 계약관계가 되고 그리하여 세상의 일반적인 계약관계에 적용되는 규칙에 따라 이루어질 때, 세상에서 가장 아름다운 유대관계는 결국 허물어지게 될 것이며, 설교자의 영향력은 큰 위험에 빠지게 될 것입니다.

2. 둘째로, 본문에 나타난 물질적 도움에 대한 높은 관점을 주목하십시오.

그것은 "그들에게 유익한 풍성한 열매"였습니다(17절). 그것은 이를테면 하늘에 있는 그들의 회계장부에 수익으로 기록될 열매였으며, 향기로운 제물이었으며, 하나님을 기쁘시게 하는 것이었습니다(18절).

여기에서 바울이 물질적 도움과 관련하여 제시하는 원리는 넓게 적용될 수 있습니다. 그것은 모든 기독교적 행동에 대하여 똑같이 사실입니다. 바울은 그러한 행동들이 하나님에 의해 열납될 만하며 또한 상급을 받을 만하다고 말하는데, 우리 역시도 그러한 사실을 강조하는데 조금도 주저할 필요가 없습니다. 그렇지만 우리는 그의 확신의 근거를 충분히 이해할 필요가 있습니다. 그에게 있어 우리에게 유익한 열매가 되며 또한 하나님을 기쁘시게 하는 향기로운 제물이 되는 모든 것의 뿌리는 '그리스도에 대한 사랑'과 '우리 안에 내주하시는 하나님의 영에 의해 우리 본성이 새로워지는 것'이었습니다. 우리 안에는 선한 것이 거하지 않습니다. 우리가 열매를 맺게 되는 것은 오직 우리가 그 안에 거하고 그의 말씀이 우리 안에 거할 때뿐입니다. 그를 떠나서는 우리는 아무것도 할 수 없습니다. 만일 우리가 행한 어떤 일이 하나님께 향기로운 것이 된다면, 그것은 필경 그리스도를 위해 행해진 것이거나, 혹은 매우 심원(深遠)하며 실제적인 의미에서 그리스도에 의해 행해진 일일 것입니다.

본질적으로 희생적인(sacrificial, 혹은 "희생제물적인") 특성을 가진 것만이 선(善)하며, 하나님께 열납될 만한 것입니다. 다른 모든 명령들의 기초가 되며 모든 동기들 가운데 최고의 동기가 되는 것은 이것입니다. "내가 하나님의 모든 자비하심으로 너희를 권하노니 너희 몸을 하나님이 기뻐하시는 거룩한 산 제물로 드리라"(롬 12:1). 어떤 일이 하나님께 향기로운 냄새가 되는 것은 그 일을 행하는 자의 의도가 하나님께 열납될 만할 때, 다시 말해서, 거기에 그의 의지와 기호와 성향과 열정과, 소유의 순복이 있을 때입니다. 다윗의 마음을 지배하고 있었던 다음과 같은 옛 조건은 오늘날 우리가 하나님을 기쁘시게 하고자 할 때에도 똑같이 반복되어야 합니다. "값없이는 내 하나님 여호와께 번제를 드리지 아니하리라"(삼하

24:24). 선한 자들(good men)의 모든 선행을 더러운 누더기에 불과한 것으로 간주하는 그릇된 관념이 있습니다. 그러나 그러한 그릇된 관념은 그리스도의 "잘 하였도다 착하고(good) 충성된 종이여"라는 말씀과 모순됩니다. 우리의 모든 행위가 흠이 있으며 불완전한 것은 분명한 사실입니다. 그러나 만일 그것이 하나님의 제단 위에 드려진다면, 드리는 자와 예물이 함께 성별(聖別)될 것입니다. 그는 큰 대제사장으로서 우리가 드린 예물 속에 있는 흠과 불완전한 것을 대속합니다. 물론 우리는 그의 은혜로운 열납하심과 놀라운 은총에 대한 감사로 입을 막고 잠잠할 수밖에 없습니다. 그럼에도 불구하고 우리는 그가 우리에게 "잘 하였도다"라고 말씀하실 것과, 우리가 헛되이 수고하지 아니하고 "살든지 죽든지 그를 기쁘시게 하는 자"가 될 수 있음을 겸손하게 바랄 수 있습니다.

3. 셋째로, 그들이 하나님의 풍성한 것으로 채워질 것이라는 약속을 주목하십시오.

바울은 그들에게 줄 아무것도 갖고 있지 못했습니다. 그러나 바울은, 자기 종들에게 도움을 베푸는 자에게 크게 보답하시는 하나님을 섬기고 있었습니다. 신하들을 거느린 어떤 왕을 생각해 보십시오. 만일 어떤 사람이 왕의 신하들을 먹이고 재웠다면, 그로 인해 그 사람이 궁핍해지도록 내버려 두지 않는 것이 왕의 명예입니다. 본문 말씀은 우리에게 우리의 필요가 풍성하게 채워질 수 있는 근원을 제시해 줍니다.

바울은 빌립보 형제들의 필요가 풍성하게 채워질 것을 확신했습니다. 왜냐하면 자신의 필요가 늘 채워졌던 것을 알고 있었기 때문입니다. 그는 자신의 경험을 일반화하고 있으며, 바로 이것이 그가 종종 "나의 하나님이 나에게 행하신 대로 너희에게 행하실 것이라"고 강조한 이유입니다. 굳이 "나의"라는 소유격을 사용하지 않더라도, "하나님"이라는 위대한 이름 자체가 그 안에 약속과 확증을 담고 있습니다. "하나님이 너희에게 풍성하게 채우실 것은 바로 그가 하나님이시기 때문이라." 그의 이름이 의미하는 바가 바로 이것입니다 — 주심에 있어서의 무한한 충만과 무한한 기쁨. 그러나 이러한 약속은 우리가 경험하는 실제적인 삶의 사실들과 상당한 차이를 나타냅니다. 우리는 여기의 약속을 신앙적인 필요에만 제한시킴으로써 그것이 우리의 실제적인 삶의 사실들과 불일치하는 것을 슬그머니 덮어버려서는 안 됩니다.

우리는 여기의 약속을 믿음의 눈으로 바라보아야 합니다. 그렇게 함으로써 우리가 경험하는 실제적인 삶의 사실들을 올바로 이해할 수 있게 될 것입니다. 그리고 만일 하나님이 우리의 어떤 필요를 채우시지 않은 채 그대로 남겨 두신다면, 우리는 그것이 필수불가결한 필요가 아니라는 사실을 이해하게 될 것입니다. 기독교 신앙의 원리는 우리가 얻지 못하는 것은 구하지 않기 때문이라는 것입니다. 매우 바랄 만한 것이라 할지라도 그러나 꼭 필요한 것은 아닌 경우도 있습니다. 하나님의 주심의 사실들로 여러분의 필요의 개념을 제한하십시오. 다시 말해서, 하나님이 어떤 것을 주셨다면 그것은 내게 꼭 필요한 것이며, 만일 하나님이 어떤 것을 주시지 않았다면 그것은 내게 꼭 필요한 것이 아니라는 사실을 받아들이라는 말입니다. 그러면 어떤 상태에 있든지 여러분은 바로 거기에서 자족하는 법을 배우게 될 것입니다. 하나님이 그 풍성한 대로 너희 모든 필요를 채우실 것이라고 말할 때, 바울은 단지 하나님이 외적인 선물을 통해 채울 수 있는 필요들만을 생각하고 있었던 것이었을까요? 분명 그렇지 않습니다. 사람의 마음을 충분하게 채우는 것은 오직 하나님 그 자신뿐입니다. 오직 하나님이 자신을 나누어 주실 때 비로소 우리의 필요는 충분하게 채워질 것입니다.

만일 우리가 이러한 가장 심원하지만 그러나 가장 단순한 삶의 비밀 속으로 들어가지 못한다면, 우리의 삶은 채워지지 않은 열망들과 쏘는 고통으로 가득할 것입니다. 만일 우리의 필요들이 마치 바짝 마른 논의 갈라진 틈과, 하늘로부터 내리는 비를 담는 그릇과, 하나님 자신이 우리에게 들어오시는 문과 같다는 사실을 배우지 못한다면, 우리는 영원히 바짝 마른 논에서 살게 될 것입니다. 우리의 영혼을 만족시키는 유일한 것은 하나님 자신입니다. "하늘에서는 주 외에 누가 내게 있으리요 땅에서는 주 밖에 내가 사모할 이 없나이다"(시 73:25).

또 바울이 여기에서 하나님이 우리의 필요를 채우시는 분량 혹은 한계를 제시하는 것을 주목하십시오. 그것은 "영광 가운데 그 풍성한 대로"입니다. 하나님의 모든 것이 나에게 속하며, 그의 완전하심의 모든 부요가 나의 마음의 틈을 메우며 빈 공간을 채우는데 사용될 수 있습니다. 마치 요(凹)와 철(凸)이 대응하듯이, 나의 빈 공간과 하나님의 충만이 대응합니다. 하나님의 모든 것이 나의 부족한 것을 채우기 위해 준비되어 있습니다. 사람이 하나님으로부터 받을 수 있는 것에는 실제적으로 한계가 없습니다. 무한하신 신적 본성의 무한한 한계 외에 말입니다. 그러나 다른 한편으로 본문의 위대한 약속은 단번에 채워지지 않습니다. 하나님의 무한하심에도 불구하고, 거기에는 실제적인 한계 즉 가변적이지만 그러나 매우 실제적인 한계가 있습니다. 하나님의 영광의 모든 부요가 우리 앞에 열려 있지만, 그러나 그것은 동시에 우리가 바라며 지금 우리가 가진 의지로 취할 수 있는 분량만큼 제한됩니다. 대륙의 절반을 소유하는 것이 무슨 소용이 있습니까? 만일 그것을 소유한 자가 그 대륙의 한 모퉁이에 살면서 현재 필요한 것만을 경작하는 가운데 그 거대한 땅을 보지조차 못했다면 말입니다. 사람으로 하여금 하나님의 무한하신 분량을 더 많이 소유하는 것을 가로막는 것은 아무것도 없습니다. 만일 가로막는 것이 있다면, 그것은 오직 그 자신의 협소한 열망일 뿐입니다. 그러므로 우리는 매일같이 스스로에게 다음과 같이 물을 필요가 있습니다. "나는 매일같이 하나님의 더 풍성한 것을 소유하며, 그것을 더 풍성하게 향유하기에 더 적합해져 가고 있는가?" 하나님 안에서 우리 각자는 "탐욕의 꿈을 뛰어넘는 부요의 가능성"을 가집니다. 여러분은 이러한 무한한 가능성을 계속해서 실현해 나갑니까?

이러한 무한한 채우심의 통로가 여기에서 분명하게 제시됩니다. 이 모든 부요가 "그리스도 예수 안에" 풍성하게 채워져 있습니다. 깊은 산 속에 거대한 호수가 숨겨져 있다고 생각해 보십시오. 만일 그 호수가 평원까지 도달할 수 있는 통로를 발견할 수만 있다면, 그 호수는 메마른 평원에 풍성한 물을 공급해 줄 수 있게 될 것입니다. 그러나 통로가 없다면, 그 호수는 아무 쓸모없을 것입니다. 바울이 "영광 가운데 그 풍성한 대로"라고 말할 때, 그것은 마치 깊은 산속에 있는 거대한 호수와 같습니다. 이어 "그리스도 예수 안에서"라고 덧붙일 때, 그것은 마치 그 물이 우리에게 전달되는 통로와 같습니다. 그리스도 안에 "무한한 부요"가 있습니다. 만일 우리가 그리스도 안에 있다면, 우리는 무한한 보화 옆에 있는 셈입니다. 거기에 있는 보화를 취하고자 할 때, 우리는 단지 손을 뻗기만 하면 됩니다. 우리가 필요로 하는 모든 것은 "그리스도 안에" 있는 것입니다. 만일 우리가 그리스도 안에 있다면, 우리 편에서의 모든 준비는 끝난 것입니다.

그러면 다음과 같은 질문이 제기될 것입니다. "내가 이렇게 쉽게 부요를 얻을 수 있단 말입니까? 그것을 내가 원할 때마다 그리고 원하는 만큼 가질 수 있단 말입니까?" 만일 우리가 뜻한다면, 우리는 그것을 얻을 수 있습니다. 그 길은 명확하게 우리 앞에 있습니다. 비록 우리의 게으름이 그 길을 밟는 것을 어렵게 만든다 하더라도 말입니다. 믿음으로 그리스도와 함께 거하는 사람은 그리스도 안에 있는 사람입니다. 그의 마음은 그리스도에 대한 사랑으로 인해 그리스도의 사랑의 바다 속으로 던져집니다. 그는 복잡한 삶의 상황들 속에서도 매일같이 그리스도와 더불어 지속적인 교제를 누리며 실제적인 순복으로 그의 뜻에 순종하기를 추구합니다. 만일 우리가 이처럼 그리스도를 사랑하며, 신뢰하며, 굳게 붙잡으며, 세상에서의 우리의 모든 활동을 그와 연결시킨다면, 우리는 하나님 자신으로 기뻐하며, 작은 것으로 만족하게 될 것입니다. 하나님 자신을 기뻐하십시오. 그러면 여러분이 마음으로 바라는 것을 그가 주실 것입니다. "여호와를 기뻐하라 그가 네 마음의 소원을 네게 이루어 주시리로다"(시 37:4).

바울은 "나의 하나님이 너희 모든 쓸 것을 채우시리라"라고 말합니다(19절). 그에 대해 "여호와는 나의 목자시니 내가 부족함이 없으리로다"라고 대답합시다(시 23:1).

31
작별 인사

"하나님 곧 우리 아버지께 세세 무궁하도록 영광을 돌릴지어다 아멘 그리스도 예수 안에 있는 성도에게 각각 문안하라 나와 함께 있는 형제들이 너희에게 문안하고 모든 성도들이 너희에게 문안하되 특히 가이사의 집 사람들 중 몇이니라 주 예수 그리스도의 은혜가 너희 심령에 있을지어다"

빌 4:20-23

본문의 끝맺는 말은 찬미와 문안과 축복의 세 부분으로 구분됩니다. 다른 서신들에서와 마찬가지로 바울은 본 서신의 마지막 끝맺는 말을 따뜻한 사랑의 말로 채웁니다. 심지어 따끔하게 책망의 말을 해야 했을 때조차도 그의 마지막 말은 항상 부드러운 말이었습니다. 그렇다면 그토록 사랑했던 빌립보 형제들에 대한 마지막 말이야 얼마나 더 부드럽고 달콤하겠습니까? 본문의 세 부분은 하나님의 영광을 위한 열정과 형제들에 대한 뜨거운 사랑으로 가득 찬 한 인물을 우리에게 보여줍니다.

1. 찬미(20절).

바울은 바로 앞에서 "나의 하나님이 영광 가운데 그 풍성한 대로 너희 모든 쓸 것을 채우시리라"라고 말했습니다(19절). 그런 하나님을 생각하며 그는 다음과 같은 장엄한 찬미의 말로 서신의 끝 부분을 장식합니다. "하나님 곧 우리 아버지께 세세 무궁하도록 영광을 돌릴지어다 아멘"(20절). 그렇지만 그리스도 안에 풍성하게 채워져 있는 영광은 여기에 하나님께 돌려지는 영광과 같지 않습니다. 전자(前者)는 그의 신적 완전함의 총합이며, 그 자신의 무한한 존재의 빛입니다. 반면 후자(後者)는 우리가 그분이 누구인지를 알고 감사와 경모(敬慕)로 그분을 존귀케 할 때 돌리는 찬미입니다. 이러한 찬미가 본 서신의 마지막 말임을 감안할 때, 우리는 그것이 그에 선행하는 모든 것들의 위대한 결말이라고 말할 수 있습니다. 예배의 끝 부분에 드리는 영광송을 생각해 보십시오. 그것은 하나님의 모든 자기 현시(self-manifestation)의 최고의 목적이며, 그분과 그분의 행동에 대한 우리의 모든 묵상의 마지막 결정체입니다. 하나님이 자신의 영광을 위해 모든 일을 행하신다는 믿음은 종종 하나님을 매우 엄격하고 차가운 존재로 생각하도록 이끌곤 했습니다. 그러나 실제로 그것은 하나님이 사랑이라는 말을 다른 방식으로 말한 것에 불과합니다. 하나님은 모든 사람이 자신을 앎으로써 기뻐하게 되기를 바랍니다. 그의 영광은 주는 것입니다. 신(神)을 만들 때, 사람들은 그것을 자신들의 형상을 따라 만듭니다. 반면 하나님이 자신을 계시할 때, 하나님은 자신의 존재의 전혀 다른 측면을 강조합니다. 사람의 마음을 하나님을 찬미하는 최고의 열망으로 불붙게 만드는 것은 아들의 마음에 계시된 아버지의 사랑입니다. 그리고 그러한 부성(父性)은 하나님이 우리를 만드셨다는 사실에서가 아니라 그가 우리를 구속하시고 우리 마음속에 그 아들의 영을 보내셨다는 더 높은 사실에서 발견됩니다. 20절의 찬미는 지극히 기독교적인 찬미로서, 오직 영원한 아들을 통해 아들로 받아들여지고 그럼으로써 하나님을 "아바 아버지"라 부르짖을 수 있는 입술만이 발할 수 있는 찬미입니다.

또 여기에서 하나님의 영광이 세세 무궁하도록 혹은 문자적으로 세대들과 세대들을 통해, 다시 말해서 세대들이 거듭되는 한 계속해서 돌려져야 한다고 언급되는 것을 주목하십시오. 그것은 신적 성품의 계시가 과거에 속하는 것으로 말하지 않습니다. 그 빛은 계속해서 돌처럼 굳은 입술을 하나님의 영광을 노래하는 입술로 바꿉니다. 그것은 모든 세대를 충만하게 채우며, 모든 세대에 사람들은 하나님의 충만을 받습니다. 그리고 모든 세대에 구속받은 심령들은 사랑과 찬미의 예물을 그분께 드립니다.

2. 문안(21-22절).

자신의 모든 서신을 따뜻한 사랑의 말로 마무리하는 바울의 습관은 물론 습관 그 이상입니다. 그것은 참된 믿음의 사람이 갖는 자연적인 본능이었습니다. 본 서신에 개인적인 문안인사가 없는 것은 매우 주목할 만합니다. 그러나 바울은 그렇게 하는 대신 그리스도 예수 안에 있는 성도 모두에게 한꺼번에 문안합니다. 그는 어떤 특정한 사람을 뽑아 특별히 문안하려고 하지 않았습니다. 왜냐하면 모든 사람이 그와 너무도 가까웠기 때문이었습니다. 그는 특정한 사람을 뽑음으로써 다른 사람들로부터 시기심을 유발시키지 않고자 했습니다. 또 본 서신에서 개인적인 메시지를 빠뜨린 것은 어쩌면 서로 파당을 짓고 다투었던 예전의 경험으로부터 말미암은 것일는지도 모릅니다. 우리는 그러한 흔적을 한마음으로 굳게 서라든지, 같은 마음을 품으라든지, 같은 사랑을 가지라는 등의 훈계 속에서 발견할 수 있습니다. 우리는 "모든"(all)이라는 단어가 서신의 끝 부분과 첫머리에 똑같이 나타남으로써 둘을 특이하게 연결시키는 것을 볼 수 있습니다. 서신 첫머리에서 "빌립보에 사는 **모든** 성도"(1:1)에게 은혜와 평강을 기원한 바울은 서신 끝 부분에서 "그리스도 예수 안에 있는 **모든** 성도"(4:21)에게 문안합니다. 그는 그들 모두를 자신의 마음에 품고 있었습니다. 그들 모두가 그와 함께 은혜에 참여한 자들이었으며, 그는 그들 모두를 그리워했습니다.

바울이 자신의 문안을 받는 자들을 부르는 호칭을 주목해 보십시오. 그들은 "그리스도 예수 안에 있는 성도(聖徒)"들이었습니다. "성도" 혹은 "거룩한 자들"이라는 이름은 종종 비꼬는 말로 사용되곤 합니다. 그러나 실제로 그것은 그리스도인의 정체성을 가장 잘 보여주는 표현입니다. 그 안에 담겨 있는 중심적인 개념은 하나님께 대한 성별(聖別)입니다. 도덕적 정결(淨潔)의 개념은 그러한 성별의 결과로서 단지 이차적인 의미에 불과합니다. 모든 실제적인 정결의 참된 기초는 마음과 생활을 하나님께 구별하여 드리는데 있습니다. 세상의 윤리학은 이러한 두 요소 사이의 관계를 인식하지 못함으로 인해 이론적으로든 실제적으로든 실패합니다. "성도"는 완전무결한 사람이 아닙니다. 계속되는 실수와 허물은 쓰라린 회개와 발버둥의 이유는 될지언정 스스로를 성도로 부르는 것으로부터 움츠리는 이유는 되지 않습니다. 하나님께 대한 성별(聖別)의 요소와 실제적이며 점진적인 성화(聖化)의 요소는 오직 그리스도 안에서 실현됩니다. 그의 삶 자체가 하나님과의 부단한 교제였으며 그의 뜻이 아버지의 뜻과 완전하게 일치했던 그리스도와의 교제 안에서, 우리는 하나님께 속하는 높이까지 올라갑니다. 세상을 향해 누가 나를 죄로 책잡겠느냐고 도전했던 그리스도 안에서, 우리는 개인적인 의를 이루는 길로 나아갈 수 있습니다. 만일 우리가 그리스도 안에 있다면, 지금 우리의 성결(聖潔)이 아무리 불완전하다 하더라도 우리는 성도이며, 장차 "하나님의 천사들"처럼 될 것입니다. 아니 그보다도 "티나 주름 잡힌 것이나 이런 것들이 없는" 천사장처럼 될 것입니다(엡 5:27).

신약은 신자(信者)들에 대해 또 다른 이름들을 가지고 있으며, 각각의 이름들은 그 이름들과 관련한 위대한 진리들을 표현합니다. 예를 들어, 그들이 스스로를 인식한 최초의 이름은 "형제"였습니다. 이러한 이름은 아버지에 대한 그들의 공통적인 관계를 표현하면서, 그들을 한 가족으로 묶습니다. 그런가 하면 안디옥 사람들은 비꼬는 투로 그들을 "그리스도인"이라 불렀습니다. 이러한 이름은 그들을 그들의 종파의 창시자와 연결시킨 호칭입니다. 또 그들은 스스로를 제자(弟子) 혹은 신자(信者)로 불렀는데, 이러한 호칭 속에 그들의 겸손한 태도와 그들의 주님의 권세가 나타납니다. 특별히 신자라는 호칭은 그들이 자신들과 주님을 하나로 묶은 핵심적인 띠가 무엇인지 분명하게 알고 있었음을 보여줍니다. 그러나 성도(聖徒)라는 호칭은 그것이 하나님께 대한 그들의 관계를 보여준다는 차원에서 — 다시 말해서 그들이 하나님께 성별된 자들이라는 사실을 보여준다는 차원에서 — 앞의 호칭들이 나타내는 것 이상의 사실을 나타냅니다. 또 그러한 호칭은 그 안에 개인적인 성품의 예언을 담고 있습니다.

여기에서 우리는 바울과 함께 문안하는 자들을 주목할 필요가 있습니다. 21절의 "나와 함께 있는 형제들"이 누구인지 우리는 알지 못합니다. 자기와 뜻을 같이하는 자가 없다는 그의 씁쓸한 말로부터, 우리는 다른 옥중서신들에 거명되었던 신실한 동료들이 모두 뿔뿔이 흩어진 것으로 추측할 수 있습니다. 그러나 "뜻을 같이하여 그들 즉 빌립보 성도들의 상태를 진실히 돌볼" 자가 없었다 할지라도(2:20), 형제로서 그와 긴밀하게 연합되었던 몇몇 사람들이 있었습니다. 빌립보 성도들의 형편에 대해 바울만큼 깊은 관심을 갖고 있지는 않았다 하더라도, 그들은 빌립보 교회의 형제들에 대해 실제적인 애정을 가지고 있었습니다. 그들 외에도 로마 교회가 있었습니다. 바울이 로마에서 매인 자가 되었음에도 불구하고 그들과 계속해서 교제할 수 있었던 사실로부터, 우리는 이러한 사실을 충분히 추측할 수 있습니다. 또 이들과는 별개로 — 물론 이들 중 일부이기는 하지만 — 가이사의 집에 속한 성도들이 있었습니다. 분명 바울은 이들과 접촉할 특별한 기회를 가지고 있었을 것입니다. 바울은 로마에서 매인 자의 신분이었는데, 이러한 매인 자의 신분은 그에게 시위대 병사들을 통해 이들과 교제할 수 있는 기회를 가져다주었을 것입니다. 가이사의 집은 네로의 모든 종들과 가신들을 포함하는 개념입니다.

이러한 가장 이질적인 집단에 속한 사람들 사이의 연합을 통해, 우리는 복음으로 인한 새로운 결속의 띠에 대한 놀라운 실례(實例)를 볼 수 있습니다. 마게도냐 헬라인들과 오만한 로마 시민들 사이에 한 사람의 유대인이 서 있었습니다. 일반적으로 가장 오만한 부류의 사람들이라고 말할 수 있는 황제의 가신들까지 포함하여 그들 모두가 참된 형제사랑으로 서로의 손을 잡았습니다. 인간 사회는 갈기갈기 찢어져 있습니다. 우리는 당시 로마제국이 나타냈던 비극적인 광경을 압니다. 사람들을 결속시켰던 모든 띠가 썩어 끊어져 가는 한가운데 여기에 새로운 연합의 원리가 있었습니다. 모든 곳에서 해체가 진행되고 있었지만, 여기에서 새롭게 하나로 연합되고 있었습니다. 꽃은, 비록 쓰레기더미에서 자라고 있었다 할지라도, 그 꽃잎을 펼치고 있었습니다. 노예들과 귀족들과 다소의 바리새인과 오만한 루가오니아인들과 멜리다의 미개인들과 아덴의 철학자들과 로마의 시민들을 한 가족으로 이끈 것은 무엇이었습니까? 루디아와 그녀의 여종, 오네시모와 그의 주인, 시위대 병사들과 그들이 지키는 수감자, 네로 황제의 신하들과 빌립보 감옥에 갇혀 있는 죄수 — 어떻게 이들 모두가 하나의 거대한 사랑의 공동체 안에 들어올 수 있었단 말입니까? 그들은 모두 그리스도 예수 안에서 하나였습니다.

또 우리는 "가이사 집 안에 있는 성도들"이라는 표현으로부터 무엇을 배울 수 있습니까? 거기에 있었던 육욕과 향락과 살인의 심연을 생각해 보십시오. 황제 자신이 번갈아가며 어릿광대가 되었다가, 호색한이 되었다가, 살인자가 되었습니다. 그곳은 성도를 찾기에 너무도 어울리지 않는 오물로 가득한 돼지우리 같은 곳이었습니다. 어떤 특별한 환경 속에서 살기 때문에 정결한 삶을 사는 것이 불가능하다고 말하지 마십시오. 특별한 환경을 빙자하여 자신의 양심을 마비시키지 마십시오. 우리를 둘러싸고 있는 환경이 불결하고 우리를 둘러싸고 있는 사람들이 우리와 맞지 않는다 하더라도, 우리는 마땅히 각자 자신의 자리에서 흔들리지 않고 굳게 서 있어야 합니다. 만일 우리가 하나님이 우리를 거기에 두셨음을 확신한다면, 우리는 그가 거기에서 우리와 함께 하실 것과 거기에서 우리가 그의 이름을 증거하는 증인의 삶을 살 수 있음을 확신할 수 있습니다.

3. 축복(23절).

축복의 형식은 "너희 모두에게"(with you all)라고 읽는 흠정역(KJV)에서보다 "너희 심령에"(with your spirit)라고 읽는 개정역(Revised Version)에서 좀 더 정확하게 표현되는 것 같습니다(한글개역개정판도 개정역처럼 읽음). 이러한 형식은 갈라디아서와 빌레몬서에서도 똑같이 나타납니다. 바울이 사랑하는 교회에 대해 특별히 바란 것은 그들이 "은혜"를 소유하는 것이었습니다. 은혜는 낮은 자들에게 그리고 호의를 기대할 자격이 없는 자들에게 역사하는 사랑입니다. 이러한 하나의 은혜로부터 전달되는 선물들은 다양합니다. 그러한 선물들은, 사람이 필요로 하며 받을 수 있는 모든 축복들을 포함합니다. 즉 은혜라고 하는 한 명의 천사는 그 손에 수많은 축복의 선물들을 가지고 찾아옵니다.

우리는 여기에서 이러한 선물들을 가져다주시는 분을 표현하기 위해 "주 예수 그리스도"라는 완전한 호칭이 사용되는 것을 주목할 수 있습니다. 첫째로, 그는 "주"십니다. 이 이름은 최소한 절대적인 권세를 함축하며, 좀 더 과감하게 밀고 나가면, 구약의 여호와란 이름에 대한 신약의 번역어라고까지 말할 수 있습니다. 그는 우리 위에 가장 높이 계신 "주"십니다. 그는 은혜의 곳간의 열쇠를 가지고 계시며, 그가 계신 곳으로부터 생수의 강이 흐릅니다. 둘째로, 그는 "예수"십니다. 이 이름은 그가 육체의 날 동안 가지고 계셨던 개인적인 이름이며, 그를 육체로만 알았던 사람들이 불렀던 이름입니다. 이 이름은 그가 우리의 형제라는 사실을 보여주는 증표이며, 또한 우리가 항상 "은혜 위에 은혜"를 받는 사랑의 확증입니다(요 1:16). 셋째로, 그는 "그리스도"십니다. "그리스도" 즉 메시야란 이름은 그의 직분을 나타냅니다. 그 이름은 선지자들의 모든 기대와 시편 기자들의 모든 열망을 실현하며, 사람들에게 자신을 주심으로써 그 모든 기대와 열망을 성취합니다.

예수 그리스도의 인성(人性)의 실재 안에서, 그리고 그의 직분의 위대함 안에서, 그리고 그의 신성(神性)의 높음 안에서, 바울은 그를 바라보는 모든 심령에 "주 예수 그리스도의 은혜"라는 위대한 선물이 있기를 기원합니다. 이러한 축복의 기원은 사람들 사이에서의 우정과 호의에 대한 가장 진실한 표현입니다. 그것은 우리 자신에 대해서든 다른 사람들에 대해서든 우리가 표현할 수 있는 최고의 열망이며 기원입니다. 여러분은 형제들과의 교제 속에서 정말로 이렇게 열망하며 이렇게 기원합니까?

우리의 사랑에는 한계가 있습니다. 우리는 다른 사람들을 위해 단지 그리스도께서 주실 수 있는 은혜만을 구할 수 있을 뿐입니다. 그렇지만 만일 우리가 하나님이 우리에게 값없이 주시는 그 큰 선물을 스스로 받지 않는다면, 우리의 기원으로든 그의 주심으로든 우리는 그 은혜를 우리의 것으로 만들 수 없습니다. 그의 모든 편지들이 이와 같은 축복으로 끝나는 것은 결코 우연이 아닙니다. 이러한 축복은 사람에게 대한 하나님의 계시의 마지막 말이며, 위대한 오라토리오의 마지막 노래입니다. 성경의 마지막 말 역시 "주 예수의 은혜가 모든 자들에게 있을지어다"입니다(계 22:21). 입술과 마음으로 장엄하게 "아멘" 합시다.

골로새서

1
성도, 신자, 형제

"골로새에 있는 성도들 곧 그리스도 안에서 신실한 형제들에게 편지하노니"
골 1:2

사도행전은 "제자들이 안디옥에서 비로소 그리스도인이라 일컬음을 받게 되었다"고 말합니다(11:26). 그리스도인이란 이름은 본래 외인(外人)들에 의해 주어진 이름이었습니다. 대부분의 종파나 학파 등의 무리에게 그 창시자의 이름과 연결된 이름이 붙여질 때 그런 것처럼, 그리스도인이란 이름 역시 조롱하는 투로 붙여진 이름이었습니다. 그리스도인이란 이름은 핵심을 정확하게 꿰뚫는 이름이지만 동시에 핵심에서 빗나간 이름이기도 합니다. 초대교회 신자(信者)들은 그리스도인 즉 그리스도의 사람들이었습니다. 그러나 그들은 당시 로마제국에 있었던 다른 많은 무리들처럼 단지 어떤 사람을 따르는 무리가 아니었습니다. 따라서 그들 스스로는 그러한 이름을 결코 사용하지 않았습니다. 그 이름은 성경에 딱 두 번 나타납니다. 한 번은 아그립바 왕이 바울을 향해 "네가 적은 말로 나를 권하여 그리스도인이 되게 하려 한다"고 말할 때이며(행 26:28), 또 한 번은 베드로가 "만일 그리스도인으로 고난을 받으면"이라고 말할 때입니다(벧전 4:16). 후자의 경우는 분명 이를테면 초대교회 신자들이 재판에 붙여지고 형벌을 당할 때 읽혀졌던 기소문(起訴文)에서 사용된 표현을 인용한 것입니다. 그러면 그들은 스스로를 어떻게 불렀을까요?

우리는 본문 속에서 초창기 신자들이 스스로를 인식했던 세 개의 주된 이름을 발견할 수 있습니다. 첫째로, "성도"(聖徒) — 이것은 그들의 성격뿐 아니라 하나님에 대한 그들의 관계를 표현합니다. 왜냐하면 이것은 "하나님을 위해 성별(聖別)하고 따로 떼어 놓음으로써 그렇기 때문에 정결한 자들"을 의미하기 때문입니다. 둘째로, "신실한 자들"(faithful) — 이것은 "믿음으로 충만한"(full of faith)을 의미하며, 따라서 본질적으로 "신자"와 동의어입니다. 이것은 하나님을 계시하는 자로서의 예수 그리스도에 대한 그들의 관계를 분명하게 규정합니다. 셋째로, "형제들" — 이것은 그들 상호간의 관계와 동료들에 대한 그들의 정서를 나타냅니다. 이러한 이름들은 안디옥 사람들이 조롱하는 투로 창안했던 그리스도인이란 별명보다 훨씬 더 깊은 의미를 담고 있습니다. 교회의 지체들은 "그리스도인"이란 모호한 이름으로 만족하지 않았습니다. 그리스도인이란 이름 대신 그들은 스스로를 "성도"와 "신자"와 "형제"로 불렀습니다. 본문에 이와 관련한 전체적인 이해를 위해 우리가 꼭 다루어야만 하는 한 이름이 빠져 있는데, 그것은 가장 최초의 이름인 "제자"입니다. 이제 우리는 여기에서 초창기 신자들이 스스로를 인식하며 스스로에 대해 불렀던 이러한 네 이름을 차례대로 살펴보고자 합니다. 이러한 이름들로부터 우리는 우리의 신분과 의무에 대한 교훈을 끌어낼 수 있을 것입니다. 세월이 흐름에 따라 교회는 세상이 조롱하는 투로 불렀던 이름을 받아들였고, 그리하여 그리스도인이란 이름이 그들을 부르는 가장 보편적인 이름이 되었는데, 이것은 내게 "긍정적인 방향으로의 진보"로는 생각되지 않습니다.

1. 첫째로, 그들은 무엇보다도 "제자"였습니다.

그들이 스스로를 제자라고 부른 사실은 너무도 명백하며 또 매우 교훈적입니다. 제자라는 호칭은 복음서에서 사용된 가장 일반적인 호칭입니다. 그들 스스로도 그렇게 불렀고, 외인들도 그렇게 불렀습니다. 또 드문 경우이기는 하지만, 그 호칭은 예수 그리스도 자신에 의해서도 사용되었습니다. 또 그 호칭은 사도행전 전반에 걸쳐 사용되다가, 그 후에 끊어져 더 이상 사용되지 않게 됩니다.

제자라는 호칭이 처음에 사용되다가 나중에 완전히 사라지게 된 것은 내가 생각하기에 매우 중요한 교훈을 담고 있는 것 같습니다. "제자" 혹은 "학생"은 물론 "선생"과 대응되는 개념입니다. 스스로를 "제자"라 부르며 예수 그리스도를 따랐던 자들로서, 그들은 그리스도를 "랍비"와 상응하는 "선생"으로 불렀습니다. 이러한 사실은 그들 자신들과 초창기 기독교 공동체의 탄생을 지켜보았던 다른 사람들에게 예수 그리스도와 그를 따르는 자들이, 마치 요한과 그의 제자들이나 바리새인들과 그들의 제자들이나 어떤 랍비와 그의 제자들과 같이 보였음을 암시합니다. 그러므로 "제자"란 호칭은 어떤 면에서는 매우 적절한 호칭이지만 그러나 다른 한편으로는 매우 부적절한 호칭이기도 했습니다. 따라서 시간이 흐르면서 그리고 자신들과 예수 그리스도를 하나로 묶는 특별한 유대의 끈을 더 깊이 의식하게 되면서, 교회는 "제자"라는 호칭을 좀 더 친근하고 적절한 다른 호칭으로 바꾸게 되었습니다.

그러나 그리스도를 따르는 자들은 그리스도의 제자이며, 그리스도는 그들의 선생이라는 사실은 영원히 바뀌지 않습니다. 선생으로서의 그리스도의 태도와 행동은 매우 독특하고 특별했는데, 그것은 다음과 같은 두 가지 사실로부터 분명하게 드러납니다. 하나는 그의 주된 주제가 그 자신이었다는 사실입니다. "내가 곧 길이요 진리"라고 말한 것처럼 말입니다. 따라서 제자들을 향한 그의 독특한 요구는 다른 선생들처럼 "내가 제시하는 이러저러한 교훈을 받아들여라"는 것이 아니라 "나를 믿으라"는 것이었습니다. 다른 하나는 그가 자신이 말하는 것을 다른 누구로부터 배웠다고 결코 말하지 않는다는 사실입니다. 그의 말 속에는 어떤 불확실한 것이라든지, 한계라든지, 생각의 발전 같은 것이 전혀 나타나지 않습니다. 그는 오로지 그 자신의 권위와 내적인 빛에 호소하면서 확실하게 선포할 뿐입니다. "진실로 진실로 내가 너희에게 이르노니." 많은 사람들이 그의 가르침에 놀라면서, 그로부터 다른 랍비들에게는 없는 특별한 권위를 느낀 것은 조금도 놀랄 일이 아닙니다.

예수 그리스도의 이와 같은 가르침이 하나님과 우리 자신과 미래에 대해 우리가 아는 모든 것의 근원입니다. 그것은 개인들에 대해서는 도덕성의 빛을, 그리고 사회에 대해서는 그것이 나아갈 바를 분명하게 보여줍니다. 많은 사람들이 기독교가 쇠락했다고 말할는지 모르지만, 그러나 세상이 예수 그리스도의 가르침을 배우고 그것에 완전히 흡수될 때까지 기독교는 결코 쇠락하지 않을 것입니다.

이와 같이 만일 예수 그리스도가 삶과 죽음과 세상과 관련한 모든 진리들에 대한 인류의 선생 즉 영원하며 유일한 선생이라면, 그의 제자인 우리는 반석 위에 집을 짓게 될 것입니다. 그가 명령하는 것을 우리가 듣고 행하는 분량만큼 말입니다. 왜냐하면 우리의 위대한 선생은 추상적인 명제들을 이론적으로 다루는 자가 아니라, 생명의 법을 권세 있게 제시하는 자이기 때문입니다. 그의 모든 말씀은 우리의 행동과 직접적인 관련성을 갖습니다. 그러므로 "주여 주여 주께서 우리에게 길거리에서 가르치지 않으셨으며, 우리가 주의 가르침을 받지 않았나이까?"라고 말하는 것은 아무 쓸모 없는 일입니다. 그는 마치 다락방에서 제자들을 바라보신 것처럼 보좌 위에서 우리를 내려다보시며 이렇게 말씀하십니다. "너희가 이것을 알고 행하면 복이 있으리라"(요 13:17).

그러나 시간이 지남에 따라 제자라는 호칭이 사라지게 된 사실은 우리에게 또 다른 교훈을 가져다줍니다. 그것은 예수 그리스도께서 베푸시는 은사들과 그의 행동과 태도의 독특성에 비추어, 선생과 제자의 호칭이 더 이상 양자의 관계의 핵심을 꿰뚫지 못하게 되었기 때문입니다. 우리에게 있어 정말로 필요한 것은 단지 배우는 것이 아닙니다. 세상에서 가장 악한 사람이라도 무엇이 선한 것인지 배울 수 있으며 또 알 수 있습니다. 어떤 사람들이 피상적으로 말하는 대로 만일 악을 행하는 것이 무지(無知)의 결과라면, 세상은 오늘날의 실제적인 모습보다 악이 훨씬 덜 행해졌어야 했을 것입니다. 우리가 잘못된 일을 행하는 것은 무엇이 옳은 일인지 알지 못하기 때문이 아닙니다. 우리의 양심이 분명하게 가르쳐주지 않습니까? 그것은 우리 안에 있는 악한 성향들을 정복할 수 있는 그 무엇이 없기 때문입니다. 땅 속에 있는 석탄층을 생각해 보십시오. 그것은 부드러운 식물이 딱딱한 광물질로 변화된 것입니다. 그와 같이 우리의 악한 성향들이 우리 영혼 위에 마치 석탄층처럼 딱딱하게 굳어 있습니다. 우리에게 필요한 것은 우리가 무엇을 해야 하는지를 듣는 것이 아니라 그 일을 행할 수 있게 되는 것입니다. 전기는 불을 밝히고 차를 달리게 합니다. 우리에게 필요한 것이 바로 이것입니다. 우리로 하여금 빛을 내고 또 달릴 수 있도록 동력을 전달하는 것 말입니다. 양심이 우리를 향해 말하는 것을 우리로 하여금 행할 수 있도록 만들어주는 그 무엇 말입니다.

예수 그리스도가 우리의 선생이라고요? 그렇습니다. 그는 우리의 선생입니다. 그러나 단지 선생일 뿐이라면, 그는 인류 역사 전체를 거쳐 죄인들에게 더 나은 길을 헛되이 제시했던 수많은 사람들 가운데 한 사람일 뿐일 것입니다. 만일 여러분이 예수 그리스도를 단지 랍비 정도의 수준으로 격하시킨다면, 우리는 그로부터 어떤 인간성의 개조도 기대할 수 없게 될 것입니다.

밤에 예수 그리스도를 찾아온 한 사람이 있었습니다. 그는 어둠 가운데 찾아와 이렇게 말합니다. "랍비여 우리가 당신은 하나님께로부터 오신 선생인 줄 아나이다"(요 3:2). 보통 랍비라면 권위 있는 산헤드린의 한 회원으로부터 이런 말을 들었을 때 얼마나 기뻐하며 의기양양하겠습니까? 그러나 예수 그리스도는 그러한 증거를 받지 않고 도리어 이렇게 대답합니다. "사람이 거듭나지 아니하면 하나님의 나라를 볼 수 없느니라"(3절). 만일 우리가 거듭난 연후에야 비로소 하나님의 나라를 볼 수 있다면, 우리를 그렇게 해 줄 수 있는 자는 선생들이 아니라 우리의 손을 붙잡고 우리를 어둠의 나라로부터 하나님의 아들의 나라로 옮기는 자일 것입니다.

2. 둘째로, 제자는 신자(信者)여야 합니다.

신자란 호칭은 거의 오순절 직후부터 나타나기 시작해서 이후 계속됩니다. 그것은 두 가지 형태로 나타납니다. 첫째는, 본문에서처럼 "신실한 자"(the faithful)입니다. 여기에서 "신실한 자"는 믿음직한 자를 의미하는 것이 아니라 "믿음이 충만한 자"(the people that are full of faith)를 의미합니다. 둘째는, 믿는 자를 의미하는 "신자"(the believers)입니다. 교회는 "제자"라는 호칭이 더 이상 충분하지 못하다는 사실을 발견했습니다. 교회는 더 깊이 내려가서 사람들을 그들의 구주와 연합시키는 특별한 결속의 끈을 붙잡았습니다. "신자"란 호칭은 예수 그리스도가 믿음을 가진 자들에게 새로운 존재로 나타남을 보여줍니다. 그는 더 이상 가르치는 선생이 아니라 믿음의 대상입니다. 이러한 사실은 교회가 첫째로 그의 신성(神性)을 인식했음과, 둘째로 단순히 그가 말씀하신 것이 아니라 그가 행하신 것을 인식했음을 함축합니다. 선생의 말씀은 받아들임의 대상이지만, 구주의 십자가는 믿음의 대상입니다. 위대한 랍비 예수의 사역의 핵심이 성육신하신 하나님의 아들의 죽음이었다는 사실을 인식하게 됨으로써, 그에 대한 사람들의 태도는 믿음으로 승화되게 되었습니다.

예수 그리스도와 우리를 하나로 묶는 실제적인 끈은 믿음입니다. 우리가 그와 연합되고 그가 주시는 선물들을 받게 되는 것은 성례와 같은 어떤 외적인 의식으로 인해서도 아니며, 그의 최고의 지혜와 완전한 성품에 대한 경건한 열망으로 인해서도 아니며, 제자의 태도를 취함으로 인해서도 아닙니다. 그것은 오직 그가 우리의 구주이기 때문에 우리의 자아 전체를 그에게 던짐으로써 이루어지는 것입니다. 믿음은 우리를 예수 그리스도와 연합시킵니다. 그렇게 할 수 있는 것은 믿음 외에 아무것도 없습니다. 믿음은 그의 모든 능력이 우리 안으로 흘러들어오도록 마음을 여는 것입니다. 믿음은 심지어 물 위에서조차 그와 함께 걸어갈 수 있도록 그의 손을 붙잡는 것입니다. 믿음은 그룹 사이에 거하는 모든 영광이 들어와 우리 마음의 은밀한 처소에 채워지도록 스스로를 여는 것입니다. 위대한 랍비의 제자가 되는 것은 대단한 일입니다. 그렇지만 믿음으로 구주를 따르는 자가 되는 것은 그것보다 훨씬 더 깊은 의미를 갖습니다.

나아가 그리스도와 그를 따르는 자들을 하나로 묶는 이러한 결속의 끈이 그러므로 모든 덕과 모든 고상한 도덕과 모든 아름다운 행동의 기초가 되는 사실을 기억하십시오. "무엇에든지 사랑받을 만하며 무엇에든지 칭찬받을 만한" 것들이 그것의 자연적인 열매가 될 것입니다(빌 4:8). 이렇게 하여 이제 우리는 세 번째 지점으로 나아가게 됩니다.

3. 셋째로, 신자인 제자는 "성도"입니다.

성도란 호칭은 복음서에서는 나타나지 않습니다. 그것은 사도행전에서 나타나기 시작하다가 바울서신에서 보편화됩니다. 바울은 고린도의 허물 많은 제자들조차도 "성도"라는 위대한 이름으로 부르는데 조금도 주저하지 않습니다. 그는 그들의 몇몇 심각한 악행들에 대해 단호히 꾸짖을 것이 었습니다. 그것들은 기독교의 기준으로 볼 때뿐 아니라 이방의 도덕기준으로 볼 때도 악한 것들이었습니다. 그럼에도 불구하고 그는 그들을 "성도"라 부릅니다.

성도(聖徒)가 무엇입니까? 무엇보다도 성도는 자신을 하나님께 드림으로써 성별(聖別)된 사람입니다. 자신을 그리스도께 던지고 그리스도를 자신의 구주로 받아들인 사람은 그 믿음의 분량만큼 스스로를 하나님께 순복시킨 사람입니다. 만일 여러분의 믿음이 여러분의 의지와 마음과 자아를 성별시키도록 이끌지 않았다면, 여러분은 여러분의 믿음이 과연 올바른 믿음인지 되돌아볼 필요가 있습니다. 믿음은 자신을 하나님께 성별(consecration)시키는 것을 포함하며, 성별은 필연적으로 정결(purity)을 함축합니다. 성별되지 않은 것은 하나님의 제단에 올려질 수 없기 때문에, "성도"라는 이름은 나아가 정결한 성품까지도 함축하기에 이릅니다. 거룩(sanctity)은 세상이 덕(virtue)이라고 부르는 것과 상응하는 기독교적 단어입니다.

그러나 거룩은 감정이 아닙니다. 사람은 경건한 감정에 도취하여 찬양하며 노래하며 기도하면서도, 그러나 거룩으로부터 매우 멀리 떨어져 있을 수 있습니다. 또 거룩은 홀로 동떨어져 있는 것이 아닙니다. "가이사의 집"에도 성도들이 있었습니다. 그곳은 성도들이 있을 것으로 기대하기 가장 어려운 장소입니다. 그들은 쓰레기더미 위에 핀 꽃들과 같습니다. 그 꽃은 쓰레기더미 위에서 피었기에 더 아름답습니다. 그들은 더러운 것을 아름다운 것으로 바꿀 수 있었습니다. 이와 같이 거룩이란 단어는 소수의 특별한 그리스도인에게만 붙여지는 파란 리본이 아닙니다. 그것은 우리 모두를 부르는 호칭입니다. 만일 우리가 제자 이상의 제자 즉 신자라면 말입니다. 사랑하는 성도 여러분, 믿음은 순복을 낳고, 순복은 정결한 삶을 낳습니다. 이와 같이 믿음은 — 만일 그것이 실제적인 것이라면 — 거룩을 가져오며, 거룩은 — 만일 그것이 실제적인 것이라면 — 점진적으로 자랍니다. 거룩은 설령 불완전하다 하더라도 그러나 실제적일 수 있습니다.

4. 넷째로, 신자인 성도는 "형제"입니다.

"형제"라는 호칭은 신약의 후반부에서 가장 일반적으로 사용되는 호칭입니다. 그렇게 된 것은 매우 자연스럽습니다. 왜냐하면 형제라는 호칭은 앞의 세 호칭의 기초 위에 세워지며, 또 그러한 세 호칭을 함축하기 때문입니다. 형제라는 호칭이 그토록 빨리 보편화된 사실은 초대교회가 자신들의 하나됨을 깊이 인식했음을 보여줍니다. 당시 세계는 이런저런 이유들로 갈기갈기 찢겨 있었습니다. 유대인과 헬라인과 파르티아인과 스구디아인이 인종 간의 갈등과 오해와 분쟁과 증오의 깊은 심연으로 나뉘어 있었습니다. 함께 손을 잡고 마음으로 연합해야 할 남자와 여자가 성적인 차이로 서로 나뉘어 있었습니다. 또 문화의 차이로 서로 나뉘어 유식한 사람들은 무식한 사람들을 깔보고, 무식한 사람들은 유식한 사람들을 증오했습니다. 또 종과 자유자로 사회적인 계급에 의해 나뉘어 있었습니다. 이와 같이 당시 세계에는 이 모든 분열과 불화의 힘이 강력하게 역사하고 있었습니다.

당시 사람들을 통합시키는 것으로서 기독교 외에 또 하나가 있었는데, 그것은 쇠사슬 같은 로마의 권력이었습니다. 그것은 그들 모두를 실제로 하나로 묶었습니다. 그러나 그렇게 하는 과정에 수많은 사람들의 삶을 짓눌렀습니다. 이러한 불화와 분열로 가득한 세상 속에 한 사람이 오셔서 사람들을 자신에게로 이끌면서 이렇게 말씀하셨습니다. "너희 선생은 하나요 너희는 다 형제니라"(마 23:8). 그리하여 남자와 여자, 헬라인과 유대인, 종과 자유자, 지혜자와 어리석은 자 — 이 모든 자들이 한 가족으로서 한 식탁에 앉게 되었습니다. 그들은 서로의 얼굴을 바라보며 말했습니다. "형제여!" 세상에 이와 유사한 것은 결코 없었습니다. 형제라는 호칭은 기독교 신앙의 하나되게 하는 힘을 나타내는 기념비입니다.

또 형제라는 호칭은 우리에게 우리 자신의 결점을 일깨워 줍니다. 물론 초대교회 당시에는 그리스도인들이 외부의 핍박으로 인해 한데 몰려 있을 수밖에 없었습니다. 마치 초원에 흩어져 있던 양 떼가 폭풍이 몰아친다든지 이리들이 나타날 때 허겁지겁 한 귀퉁이에 모이는 것처럼 말입니다. 오늘날 개별적인 그리스도인들과 기독교 공동체들이 서로 나뉘어 있는 것을 덜 비난받을 일로 만들어 주는 몇몇 이유들이 있습니다. 나는 오늘날 그리스도인들이 감사하게도 자신들이 예수 그리스도 안에서 하나라는 사실을 과거 어느 때보다도 더 많이 깨닫기 시작한 명백한 표적들에 대해서는 길게 논하지 않을 것입니다. 그러나 여러분에게 다음과 같은 사실만은 꼭 일깨워 주고 싶습니다. 두 명의 그리스도인을 생각해 보십시오. 그들 사이에는 교육정도와 외양과 사회적인 신분 등에 있어 많이 차이가 납니다. 그럼에도 불구하고 그들은, 이러한 외적인 부분에서는 가깝지만 그러나 예수 그리스도를 믿는 믿음에 있어서는 먼 사람들에 대해서보다 서로에 대해 훨씬 더 가깝다는 사실을 깊이 깨달을 필요가 있습니다.

형제라는 호칭은 또한 우리에게 기독교적 형제의식의 근원이 무엇인지를 알려줍니다. 우리가 서로 형제인 것은 우리가 한 아버지를 갖고 있기 때문입니다. 또 하나님이 우리의 아버지가 되시는 것은 그가 예수 그리스도를 통해 우리에게 아들의 새로운 생명을 나누어 주시기 때문입니다. 이와 같이 형제라는 호칭은 세상이 꿈꾸는 보편적인 형제의 꿈이 어떻게 이루어질 수 있는지를 보여줍니다. 온전한 형제의식이 있고자 하면 먼저 아버지에 대한 올바른 의식이 있어야 합니다. 모두를 한 가족으로 만드는 생명은, "많은 형제들 가운데 맏아들"이시며 또한 자신을 믿는 자들에게 "하나님의 자녀"가 되는 권세를 주시는 자가 주시는 생명입니다.

그러므로 사랑하는 성도 여러분, 이러한 호칭들을 취하여 그 각각의 의미와 그것들이 부과하는 의무를 깊이 묵상하십시오. 그리고 그것이 오늘날 우리에게도 똑같이 사실이라는 사실을 확신하십시오. 그리스도인이라는 모호한 그리고 종종 무의미한 호칭으로 만족하지 마십시오. 그 호칭에다가 예수 그리스도를 믿는 "신자"와, 하나님께 성별된 "성도"와, 같은 믿음으로 하나님의 자녀가 된 다른 모든 사람들의 "형제"라는 호칭의 의미를 더하십시오.

2
복음의 소망

"너희를 위하여 하늘에 쌓아 둔 소망으로 말미암음이니
곧 너희가 전에 복음 진리의 말씀을 들은 것이라"
골 1:5

소망이 단순한 바람으로 그치고 마는 것은 얼마나 흔한 일입니까? 어떤 사람들은 때로 소망이 우리를 고통보다 더 고통스럽게 하는 것이 아니냐고 되묻기도 합니다. 소망이 헛된 것이 되지 않고 실제로 이루어지는 경우는 얼마나 드뭅니까? 소망이라는 그림은 얼마나 자주 실제 이상의 지나치게 화려한 색으로 채색되곤 합니까? 소망은 미래에 환상을 불어넣습니다. 그리고 실제로는 황량한 돌과 차가운 눈으로 덮인 산임에도 불구하고, 소망은 그것을 실제와는 다른 아름다운 색으로 채색해 놓습니다. 또 소망은 종종 실제로는 결코 도달할 수 없는 목표물들을 우리 앞에 던져 놓기도 합니다. 그럼으로써 우리로 하여금 헛되이 수고하며, 분투하며, 열망하게 만듭니다. 그리고 우리로 하여금 그러한 것들의 열매가 아니라 빈 껍질을 먹게 합니다. 결국 우리는 소망하며 기대했던 장소에 도달하지 못하든지, 아니면 멀리서 볼 때는 그럴 듯한 것처럼 보였는데 정작 도달하고 나니 아무것도 아님을 발견하게 됩니다.

만일 소망이 우리에게 속삭이는 모든 거짓말들과 그것의 유혹으로 허비할 수밖에 없었던 모든 헛된 수고들을 생각해 본다면, 우리는 정말로 소망이 선한 것인지 의문을 제기할 수 있습니다.

그러면 신약이 소망에 대해 이야기하는 것에 귀를 기울여 봅시다. 신약은 소망에 대해 우리에게 많은 것을 가르쳐줍니다. 기독교는 소망을 옹호하면서, 우리로 하여금 더 온전하고 풍성한 삶을 위해 소망을 붙잡으라고 가르칩니다. 이제 복음의 소망, 즉 복음이 우리 영혼 속에서 만들어 내고 자라게 하는 소망을 살펴보도록 합시다.

1. 첫째로, 복음의 소망은 무엇입니까?

우리가 이 땅에서 가지는 세상적인 소망들의 미약함은 그것들이 우리를 참으로 복되게 만들지 못하는 것들 위에 세워졌다는 사실에 기인합니다. 심지어 무지개 색으로 아름답게 채색되어 있을 때조차도, 그러한 세상적인 소망들은 미약하며 초라합니다. 그렇다면 일상의 무미건조한 빛 가운데 보았을 때에야 얼마나 더 그렇겠습니까? 그러한 세상적인 소망들과는 대조적으로, 기독교적 소망의 대상들은 우리를 참으로 복되게 하기에 충분합니다. 가장 일반적인 용어로 그러한 소망은 "크신 하나님과 우리 구주 예수 그리스도의 나타남을 기다리는 복된 소망"으로 표현될 수 있습니다(딛 2:13). 그것은 미래를 확실한 빛으로 채우는 특별한 기독교적 소망이며, 분명하고 명확한 실제적인 역사적 사건입니다. 우리는 일상의 삶의 경험 속에서 그러한 위대하며 명확한 소망을 그 올바른 자리에 두지 못함으로써 많은 것을 잃습니다. 그러한 소망은 종종 천년왕국적인 몽상으로 평가절하되기도 하지만, 그러나 실제로 그것은 그 위에 세워지는 세상의 전체적인 무게를 충분히 감당할 만큼의 견고성을 갖습니다.

이러한 하나님의 나타남은 "그의 나타남으로 우리에게 오는 은혜" 안에서 우리의 최고의 소망들의 성취를 가져다줍니다. 우리의 모든 종류의 축복들은 하나님이 영광 가운데 나타나시는 결과입니다. 빛의 근원 주위에 거울들을 놓아 보십시오. 그러면 그 거울들은 지금까지 생각지도 못한 광채로 반짝일 것입니다. 우리가 하나님의 나타나심의 결과로서의 축복을 '구원의 소망' 이나 혹은 다른 표현으로 '영원한 생명의 소망' 으로 묘사할 때, 그것은 단지 같은 말을 달리 표현한 것에 불과합니다. 그가 나타나실 때 우리도 그와 같이 될 것이라는 사도 요한의 위대한 말은 가장 미천하고 미약한 그리스도인조차도 마땅히 품을 수 있고 또 품어야만 하는 위대한 소망을 보여줍니다. 그러한 위대한 미래는 성경에 좀 더 상세하게 설명됩니다. 예를 들어, 성경에서 우리는 부활의 소망에 대해 듣게 되는데, 육체의 구속이 최초의 기독교적 경험 속에서 주된 소망의 대상이 된 것과, 만물을 자기에게 굴복케 하는 자의 강력한 역사로 인해 우리의 낮은 몸이 그의 영광의 몸으로 변화될 것을 바라게 된 것은 매우 자연스러운 일이었습니다.

마찬가지로, 하나님을 봄으로써 자신들도 그와 같이 될 것이란 믿음을 갖게 되고, 그럼으로써 믿음으로 인해 의의 소망을 기다리는 그리스도인들이 단순히 물질적인 변화만으로 충분하다고 생각하지 않게 된 것 역시 똑같이 자연스러운 일이었습니다. 도덕적으로 하나님과 같이 되는 것, 다시 말해서 우리의 본성이 그의 형상으로 온전케 되는 것은 단지 우리 자신의 분투와 노력으로 되는 것이 아니었습니다. 최고의 형태에서 그것은 하나님을 봄(sight)으로 말미암는 것이었습니다. 다시 말해서, 그것은 노력에 의해서가 아니라 믿음과 기다림에 의해 얻어질 것이었습니다.

우리의 소망이 취하는 최고의 대상은 하나님의 영광입니다. 이것은 가장 높은 곳까지 올라간 것입니다. 이것을 넘어서는 것은 아무것도 없습니다. 우리의 눈은 이런저런 어렴풋한 빛들을 바라보느라고 피곤해져 있지만, 그러나 우리는 중심의 강렬한 광채를 직시할 수 있습니다. 그리고 마치 풀무불 속에 있었던 다니엘의 세 친구들처럼, 우리는 거기에서 그 빛에 살라지지 않고 걸어 다닐 수 있음을 확신할 수 있습니다. 그리고 그 광채로 우리의 시야(視野)가 밝아져 우리가 하나님의 형상으로 영광스럽게 변화될 것을 바라볼 수 있습니다. 바로 이것이 하나님이 자기를 사랑하는 자들에게 약속하신 영광의 면류관이며, 바로 이것이 우리의 소망입니다. 이러한 소망은 가능성으로서의 소망이 아니라 확실성으로서의 소망입니다. 기독교적 소망의 언어는 "아마도 그렇게 될 거야"가 아니라 "반드시 그렇게 될 것이라" 입니다. 이러한 확실한 소망을 불신앙으로 얼룩진 우물쭈물 하는 마음으로 붙잡는 것은 죄입니다.

2. 둘째로, 복음의 소망의 기초를 주목하십시오.

우리의 세상적인 소망들은 대부분의 경우 가능성(possibilities), 혹은 기껏해야 개연성(probabilities)의 기초 위에 세워집니다. 우리는 영구하지 않은 섬에다가 우리의 배를 맵니다. 마치 섬이 영구한 대륙의 일부인 것처럼 생각하면서 말입니다. 이와 같이 우리의 세상적인 소망들은 그 내용에 있어서든 그 견고함에 있어서든 계속해서 바뀌며 흔들리며 요동합니다. 그것들은 때로 "이러저러하게 되었으면 좋겠다" 하는 식의 바람(wishes) 외에 아무것도 아닌 것이 되기도 합니다. 어쨌든 기껏해야 그것들은 모래 위에 집을 짓는 것입니다. 거기에는 항상 언제 무너질지 모르는 위험이 있습니다. 어떤 가수가 "소망의 기쁨"을 노래할 때, 다른 가수는 "소망의 헛됨"을 노래합니다. 세상적인 소망은 자기 안에 닻을 가지고 있지 않으며, 그렇기 때문에 항상 잠재적인 두려움을 안고 있습니다.

그러나 우리는 미래와 관련하여 가능성의 영역을 넘어 확실성의 반석 위에 집을 지을 수 있습니다. 다시 말해서, 우리는 미래를 과거만큼 확실한 것이 되게 만들 수 있는데, 그것은 우리가 복음의 소망을 우리의 것으로 취하면서 바울이 "우리의 소망이신 그리스도" 혹은 "너희 안에 계신 영광의 소망이신 그리스도"를 선포하는 것을 들을 때입니다. 만일 우리의 믿음이, 죽음으로부터 부활하셔서 우리를 위해 하늘로 승천하신 예수 그리스도를 붙잡는다면, 우리의 소망은 그 안에서 우리가 장차 어떻게 될 것인지에 대한 분명한 약속과 모범을 보게 될 것이며, 또한 이 땅에서 그것이 비록 부분적이라 할지라도 그러나 실제적으로 그것을 경험하기 시작할 것입니다. 예수 그리스도는 인간성의 이상(理想)의 완전한 실현이며, 자기 안에 모든 사람을 그와 같이 만드는 권세를 가지고 계십니다. 그리고 그는 우리의 낮은 몸을 취하셨으며, 우리의 뼈 중의 뼈요 살 중의 살이 되셨습니다. 우리로 그의 생명 중의 생명(life of his Life)이요 영 중의 영(spirit of his Spirit)이 되게 하려고 말입니다. 우리에게 있어 땅의 형상을 취한 것이 확실한 것처럼 장차 하늘의 형상을 취할 것 역시 똑같이 확실합니다.

만일 우리가 참으로 우리를 복되게 하지 못하는 일시적이며 불확실한 것들을 계속해서 소망한다면, 그것은 우리 안에 있는 신적 기능을 얼마나 헛되이 허비하는 것입니까? 우리의 소망은 그러한 일시적이며 헛된 것들 대신 우리의 굶주린 영혼을 영원히 만족케 하실 수 있는 자에게로 향해져야 합니다.

복음의 소망은 우리의 모든 것을 세우기에 충분히 견고합니다. 왜냐하면 하나님이 "거짓말하실 수 없는 두 가지 변하지 못할 사실" 즉 그의 경륜(계획)과 맹세로써 그러한 소망을 붙잡는 자들을 강하게 격려하시기 때문입니다(히 6:18). 하나님 자신의 영원한 성품이 그 보증인 소망은 분명 "확실하며 견고한" 소망으로 불릴 수 있을 것입니다. 그러므로 복음의 소망은 결국 하나님의 존재와 마음 위에 기초합니다. 복음의 소망은 거짓말할 수 없는 하나님이 세상이 생기기 전에 약속하신 것이 지금까지 계속해서 역사하는 것이며, 세상이 끝날 때 마침내 완성될 것입니다. 하나님은 자신의 목적을 알리시면서, 자기 존재의 모든 에너지를 그것을 실현하는 데 사용할 것을 약속하셨습니다. 그러므로 우리는 이러한 반석의 기초 위에서 비로소 안전하게 쉴 수 있습니다. 다른 기초 위에서 자라는 소망들은 마치 덩굴처럼 땅을 향해 뻗어갑니다. 그러나 복음의 소망은 그 뿌리를 하나님의 마음속에 박고 하늘을 향해 뻗어 올라갑니다.

3. 셋째로, 복음의 소망은 우리에게 무엇이며, 또 우리를 위해 무엇을 합니까?

이와 관련하여 복음의 소망과 관련한 신약의 몇몇 표현들을 살피는 것이 가장 좋을 것입니다. 먼저 "은혜로 주신 좋은 소망"이라는 표현을 주목하십시오(살후 2:16). 이러한 소망은 환영(幻影)이 아닙니다. 그것은 환상이나 상상의 장난으로부터 오는 것이 아닙니다. 우리의 소망은 마치 기억처럼 견고하며 확실합니다. 은혜로 주신 소망은 충분하게 확증되는 소망이며, 다른 모든 소망들은 그러한 확증을 갖지 못합니다. 오직 이러한 영역에서, 우리는 "나는 소망한다" 혹은 "나는 안다"라고 말할 수 있습니다.

또 다른 표현은 "산 소망"(lively hope)입니다. 우리의 소망은 나타났다가 사라지고 또 사라졌다가 나타나는 핼쑥한 유령과 같은 것이 아닙니다. 도리어 그것은 우리의 실제적인 삶에 강력한 힘을 부여해 주며, 우리는 그것을 통해 별들이 반짝이는 것을 볼 수 있습니다.

또 "복된 소망"이라는 표현을 주목하십시오. 다른 모든 소망들은 속히 사라지고 슬픔만 남습니다. 그러나 우리의 소망은 지속적인 기쁨을 가져다주며, 풍성한 결실로 익을 때 더 큰 복이 될 것입니다. 세상적인 소망들 속에는 항상 불안의 요소가 있습니다. 그러나 복음의 소망은 확실하며, 참된 만족을 줍니다. 그러한 소망을 굳게 붙잡는 자들은 어떤 형편에서도 참음으로 기다립니다. 세상적인 소망들은 도덕적인 효과를 거의 갖지 않으며, 종종 영혼의 힘줄을 느슨하게 만들며, 우리로 하여금 열심히 노력하도록 이끌지 않습니다. 그러나 예수 그리스도 안에서 "복된 소망"을 가진 사람들은 그의 정결하심 같이 자신을 정결하게 합니다. 이와 관련하여 바울은 우리에게 복음의 소망 가운데 그리스도의 정결하심 같이 정결해지도록 힘써 노력하라고 당부합니다.

소망을 이루는 것과 관련하여 성경이 이중적으로 말하는 것을 주목하십시오. 한편에서 우리는 "소망의 하나님이 모든 기쁨과 평강을 믿음 안에서 너희에게 충만하게 하사 성령의 능력으로 소망이 넘치게 하시기를 원하노라"라는 말씀을 듣습니다(롬 15:13). 우리의 믿음이 소망을 자라게 합니다. 왜냐하면 그것이 소망의 원천인 예수 그리스도와 관련한 신적 사실들을 붙잡기 때문입니다. 또 믿음이 소망을 자라게 하는 것은 그것이 미래의 복의 보증인 기쁨과 평강의 불을 붙이기 때문입니다. 다른 한편에서 우리는 이와 정반대쪽의 경험이 같은 결과를 만들어 낸다는 말씀을 듣습니다. "우리가 환난 중에도 즐거워하나니 이는 환난은 인내를, 인내는 연단을, 연단은 소망을 이루는 줄 앎이로다"(롬 5:3, 4). 환난은 제대로 감당하기만 한다면 우리를 위해 복음의 능력과 우리 믿음의 실재를 시험하는 것이 됩니다. 따라서 그것은 우리로 하여금 예수 그리스도와 그에 대한 소망을 더욱 굳게 붙잡게 만듭니다. 이와 같이 부싯돌과 쇠의 충돌로부터 불꽃이 일어나며, 거대한 폭포 속에서 서로 뒤엉켜 거품을 일으키는 물로부터 아름다운 무지개가 만들어집니다.

그러나 환난 자체가 그러한 결과를 이루지는 못합니다. 따라서 우리 모두에게 다음과 같은 훈계가 주어집니다. "그러므로 너희 마음의 허리를 동이고 근신하여 … 온전히 소망할지어다"(벧전 1:13). 복음의 소망이야말로 우리가 필요로 하는 유일한 것입니다. 그것이 없이는 다른 모든 것은 무의미합니다. 오직 하나님 한 분만이 피조물의 모든 소망의 대상이 될 자격이 있습니다. 그리고 하나님이 없는 사람은 또한 아무런 소망도 갖지 못한다는 것은 영원한 진리입니다. 옛 성도들은 자신들이 지속적으로 하나님과 함께하는 것을 확신했습니다. 그랬기 때문에 그들은 또한 하나님이 그들의 삶 전체를 인도하시며, 나중에 그들을 영광 가운데 받으실 것을 확신할 수 있었습니다. 오늘날 세상은 점점 더 어두워져 가고 있습니다. 이런 세상 속에서 만일 우리가 헛된 세상의 모든 거짓과 환영(幻影)을 버리고 우리 앞에 있는 복음의 소망을 굳게 붙잡는다면, 우리는 정말로 지혜로운 자가 될 것입니다.

3
모든 능력

"그의 영광의 힘을 따라 모든 능력으로 능하게 하시며 기쁨으로 모든 견딤과 오래 참음에 이르게 하시고"

골 1:11

바울의 기도에는 놀라운 열정과 뜨거움이 있었습니다. 그에게 있어, 사람들에게 하나님에 대하여, 그리고 하나님에게 사람들에 대하여 말할 때보다 그 영혼이 더 뜨거워질 때는 없었습니다. 본문의 기도 속에서 우리는 골로새의 그리스도인들을 위한 바울의 뜨거운 열망을 보게 됩니다. 전체적으로 그것은 그들의 신앙적 · 도덕적 탁월성이 온전케 되기를 구하는 것이었습니다. 이제 우리는 여기에서 바울의 기도 속에 담긴 개념들을 살피고자 하는데, 그것은 우리에게 매우 유익한 교훈을 줄 것입니다.

골로새 성도들을 향한 바울의 주된 간구는, 그들이 지혜와 하나님의 뜻을 아는 영적 깨달음으로 풍성하게 채워지는 것이었습니다. 9절에서 바울은 그들을 위해 하나님의 뜻을 아는 지식을 구하는데, 이것은 단순히 신적 본성의 비밀에 대한 사변적(思辨的)인 지식이 아니라 그것을 알고 행하는 것이 곧 생명인 실제적인 지식을 의미합니다. 바울이 구하는 또 하나의 요소는 예수 그리스도께 합당하게 행하는 것, 즉 주께 합당한 실제적인 삶과 범사에 그를 기쁘시게 하는 것입니다(10절). 지식의 최고의 목적은 선한 삶이며, 선한 삶의 가장 확실한 기초는 하나님의 뜻에 대한 충분하면서도 분명한 지식입니다.

이어 주께 합당하게 행하는 개념을 확장시키면서 그렇게 행하는 영혼의 지속적인 상태를 표현하는 일련의 간구들이 따릅니다. 이제 본문 속에 나타난 하나님의 모든 능력과 관련한 몇 가지 사실들을 살펴보도록 합시다.

1. 첫째로, "모든 능력" 즉 다면적(多面的)인 힘이 우리의 것이 될 수 있음을 주목하십시오.

11절 상반절의 "그의 영광의 힘을 따라 모든 능력으로 능하게 하시며"라는 표현을 주목해 보십시오. 이것은 하나님의 능력이 계속적으로 주어지는 지속적인 과정을 암시합니다. 육체의 생명을 생각해 보십시오. 거기에는 계속적인 소모와 계속적인 새로워짐이 있습니다. 또 모든 육체 활동에는 세포조직의 파괴가 포함되며, 따라서 삶의 과정은 곧 지속적인 죽음의 과정이기도 합니다. 이것은 정신적인 생명에서도 마찬가지이며, 영적인 생명에서는 더더욱 그렇습니다. 폐에 계속적으로 산소가 공급되어야 하는 것과 마찬가지로, 최고의 삶을 위해서는 영적인 힘이 지속적으로 공급되어야 합니다.

바울은 이러한 능력의 지속적인 전달만을 강조하지 않습니다. 그와 함께 그것을 "모든 능력"으로 부르면서 그것의 다면성(多面性)을 강조합니다. 여기의 문맥 전체에서 "모든"이란 단어가 계속해서 반복되는 것을 주목하십시오. 우리는 여기에서 "**모든** 신령한 지혜," "주께 합당하게 행하여 **모든** 일에 기쁘시게 하고," "**모든** 선한 일에 열매를 맺게 하시며," "**모든** 능력," "**모든** 견딤과 오래 참음" 등의 표현을 보게 됩니다. 이것은 똑같은 단어를 아무 의미 없이 반복하는 것이 아닙니다. 각각의 단어들은 제각각의 의미와 효과를 가지고 있습니다. 이 모든 표현들을 통해 우리의 다면적인 미약성에 적용되는 하나님의 능력의 포괄적인 완전성이 놀랍게 드러납니다. 작은 방 안에 "무궁무진한 부요"가 있습니다. 모든 능력은 다양한 상황들을 위한 모든 종류의 능력을 의미합니다. 우리들 대부분은 어떤 부분에서는 강하지만 그러나 다른 부분에서는 약합니다. 모든 인간 경험 속에는 약한 부분이 있습니다. 금 머리를 가지고 있었던 가장 영광스러운 형상조차도 그 발의 일부는 철이고, 일부는 진흙이었습니다.

이와 같이 우리의 미약하며 부분적인 능력은 하나님의 다면적이며 포괄적이며 완전한 능력과 대조됩니다. 우리의 전체적인 본성을 채울 수 있는 그리고 모든 영광스러운 형상들로 개화(開花)할 수 있는, 그리고 우리를 예수 그리스도 안에서 완전한 사람으로 만드는 근원에 우리는 다가갈 수 있습니다. 여러분은 그러한 근원을 가지고 있습니까? 그렇다면, 여러분은 그것으로 무엇을 만들며, 또 그것으로 무엇을 나타냅니까? 하나님은 우리에게 이렇게 말씀하십니다. "너희가 궁핍한 것은 내 안에서가 아니라 너희 스스로 안에서니라. 내가 너희에게 구하노니 너희는 스스로를 크게 넓힐지로다."

우리 편에서 "모든 능력"을 소유하기 위한 조건은 명확합니다. 앞부분의 기도, 즉 9절과 10절이 그러한 조건들을 분명하게 보여줍니다. 하나님의 뜻을 아는 것과 주께 합당하게 행하는 것이 그 힘이 목적지까지 도달할 수 있는 통로입니다. 만일 우리가 이러한 통로를 막지 않는다면, "하나님과 어린 양의 보좌로부터 흘러나온 생명수의 강"은 틀림없이 우리 안으로 차고 넘치도록 흘러들어올 것입니다. 만일 우리가 스스로 하나님과의 교제를 단절시키지 않는다면, 하나님은 "모든 능력으로 우리를 능하게 하실" 것입니다. 만일 우리가 계속해서 하나님을 가까이 한다면, 우리는 그 능력이 우리의 것이 될 수 있다는 고요한 확신을 갖게 될 것입니다.

2. 둘째로, 그러한 능력의 분량을 주목하십시오.

11절의 "그의 영광의 힘을 따라"(according to the power of His glory)란 표현을 주목하십시오. 흠정역은 바울 사도의 풍성한 생각을 충분하게 나타내지 못합니다. 도리어 개정역(Revised Version)의 "according to the might of His glory"란 표현이 그것을 훨씬 더 적절하고 정확하게 나타냅니다. "그의 영광"은 신적 자기계시의 찬란한 광채이며, 그 빛 가운데 우리에게 선물의 표준 혹은 분량인 힘이 거합니다. 잠자는 자의 얼굴에 부드럽게 떨어지는 태양빛의 어마어마한 힘은 신적 영광을 특징짓는 힘에 비유됩니다. 우리는 그 힘을 무제한적으로 소유할 가능성을 가지고 있습니다. 그의 선물들은 그의 자원에 비례합니다. 그가 부요하시다면, 내가 가난할 수 있겠습니까? 그의 주심에 대한 유일한 실제적 한계는 그 자신의 충만입니다. 그리고 각 순간에 우리가 받는 용량이 그때 우리의 소유의 실제적인 한계입니다.

그렇지만 그러한 용량은 무한히 변합니다. 그리고 무한히 그리고 지속적으로 증가될 수 있고 또 증가되어야 합니다. 또 그 경계는 유동적입니다. 따라서 우리는 하나님의 능력을 우리가 원하는 만큼, 그리고 점점 더 많이 우리의 것으로 만들어 나갈 수 있습니다. 하나님은 그 모두를 우리에게 주십니다. 그러나 우리 손에 놓인 잔을 가득 채운 물과 우리 입 속으로 들어가는 몇 방울의 물 사이에는 비극적인 차이가 있습니다. 보물창고의 열쇠는 우리 안에 있습니다. 그리고 우리 각자에게 하나님은 미소를 띠며 다음과 같이 말씀하십니다. “네 소원대로 될지어다”(마 15:28).

만일 우리가 결함을 의식하며 유혹의 공격으로 깨어지며 탄식으로 짓눌린다면, 그 잘못은 우리 자신의 것입니다. 그렇게 하는 대신 그 힘, 즉 “모든 능력”을 우리의 것으로 선택하고, 그것을 우리의 것으로서 사용한다면, 우리는 모든 죄와 모든 고난에 대해 “넉넉히 이기는 자”가 될 것입니다.

그러나 ‘하나님의 선물에 의해 원리적으로 소유하는 것’과 ‘개인적인 경험과 일상적인 삶 속에서 실제적으로 소유하며 사용하는 것’ 사이에는 큰 차이가 있습니다. 양자를 비교할 때, 그것은 우리에게 큰 부끄러움을 가져다줍니다. 오늘날의 평균적인 그리스도인들은 마치 인도에서 흔히 볼 수 있는 인공저수지들과 같습니다. 여기저기 터져 있어 물이 저장되어 있지 못하고 다 빠져나감으로써 결국 아무 짝에도 쓸모 없게 된 저수지들 말입니다. 그러한 저수지들을 수리하고 강과 연결된 수문(水門)을 활짝 열어 놓으십시오. 그러면 모든 것이 제대로 기능하게 될 것입니다.

3. 셋째로, 이러한 힘의 위대한 목적을 주목하십시오.

11절 후반부의 "기쁨으로 모든 견딤과 오래 참음에 이르게 하시고"란 표현을 주목해 보십시오. 언뜻 볼 때 이것은 그러한 힘 즉 "모든 능력"의 초라한 결과 외에 아무것도 아닌 것처럼 보입니다. 그러나 그것은 인간 삶의 사실들과 관련하여 어떤 환상에도 빠져 있지 않은 마음으로부터 오는 것입니다. "견딤"과 "오래 참음"을 구별하는 것은 쉽지 않아 보입니다. 그러나 여기의 일반적인 개념은 우리에게 주어진 신적 능력을 최고로 사용하는 것 가운데 하나가 우리로 하여금 영혼의 떨림 없이 악과 맞설 수 있도록 만들어주는 것이라는 개념입니다. 낙망하지 않고 또 "악에 대하여 악으로 갚으려고" 하지 않고 오래 참음으로 견디는 자는 온전함(perfection)으로 가는 길 위에 서 있는 것입니다. 하나님은 항상 우리와 가까이 계십니다. 그러나 우리 마음이 무겁고 우리 길이 험하고 어두울 때보다 더 가까이 계시는 때는 없습니다. 우리의 고난과 탄식은 하나님의 능력이 흘러들어오는 통로를 만듭니다. 나뭇잎이 나무로부터 다 떨어져 버렸을 때, 우리는 하늘을 가장 잘 볼 수 있습니다. 하나님의 능력이 약함 가운데 온전하게 되는 것은 언제나 사실입니다. 하나님이 우리를 어두운 방으로 인도하는 것은 우리로 하여금 그의 기이한 일을 보도록 하시기 위함입니다.

하나님의 "모든 능력"은 우리가 "견딤과 오래 참음" 가운데 있을 때 나타납니다. 그러므로 우리는 견딤과 오래 참음의 한가운데서도 실제적인 그러면서도 명백히 역설적인 기쁨을 가질 수 있습니다. 그러한 견딤과 오래 참음으로부터 참되며 깊은 탄식이 나올 수는 있지만, 그러나 과도한 탄식 즉 신경질적이며 소망 없는 탄식은 결코 나올 수 없습니다. 우리는 모두 머리에 무엇인가를 이고 있는 그리스 신전의 형상들과 같습니다. 그곳에 부조(浮彫)된 남자들은 그 머리에 신전 건물을 이고 있습니다. 그러면서도 마치 깃털을 이고 있는 양 아무런 무게를 느끼지 않는 것 같습니다. 또 여자들은 머리 위에 물동이라든지 과일바구니 따위를 들고 있으면서도 조금도 흔들리지 않고 굳건하게 서 있습니다. 이와 같이 우리도 우리의 짐을 고요하게 감당할 수 있습니다. 왜냐하면 우리에게 하나님의 능력이 주어졌기 때문입니다.

이와 같은 하나님의 능력으로 말미암은 견딤과 오래 참음은 신경질적인 탄식이나 마지못한 굴복과 얼마나 다릅니까? 우리 중 많은 사람들은 형통한 때와 맑은 날은 하나님 없이도 얼마든지 잘 감당할 수 있을 것이라고 생각합니다. 그러나 맑은 날에는 폭풍이 몰아치는 날 어떻게 할 것인지를 스스로에게 묻는 것이 지혜입니다.

여기에 "견딤"으로 번역된 단어는 좀 더 적절하게 "인내"로 번역될 수 있습니다. 인내는 단순히 수동적인 덕이 아니라 능동적인 덕입니다. 우리는 고난이나 시련을 단순히 하나님의 능력으로 견디기만 하지 않습니다. 동시에 우리는 일합니다. 일은 그와 같은 고난이나 시련을 감당하는 가장 좋은 방법들 가운데 하나이며, 그렇게 할 수 있도록 도와주는 가장 좋은 도움들 가운데 하나입니다. 그러므로 고난과 시련 가운데 있을 때, 하나님의 능력을 단지 우리를 위로하기 위해 모두 사용되어야 하는 것으로 생각하지 마십시오. 동시에 그것은 우리가 마땅히 감당해야 할 의무들을 행하는 일에 사용되어야 합니다. 모든 일거리를 내팽개쳐 버린 채 팔짱을 끼고 가만히 있는 것보다 더 어리석은 것은 아무것도 없습니다. 그렇게 하는 것이야말로 고난과 시련에 가장 비겁하게 굴복하는 것입니다.

바울이 견딤과 오래 참음 속에 기쁨을 혼합시키라고 말할 때, 그것은 우리에게 더 어려운 책무를 부과하는 것입니다. 그렇지만 만일 우리가 "모든 능력으로 능하게" 되었음을 확신하지 못한다면, 이러한 명령은 불가능한 것이 될 것입니다. 우리에게 있어 우리 자신의 능력보다 더 필요한 것은 신적 능력이 주입(注入)되는 것입니다. 탄식과 기쁨이 동시에 우리 마음에 공존하기 위해서는 말입니다. 그러나 만일 하나님의 능력이 우리의 것이 된다면, 우리는 강하게 될 것입니다. 순종으로 묵묵히 따름에 있어 강하게 될 것이며, 하나님의 뜻을 발견할 수 있을 만큼 깊이 응시함에 있어 강하게 될 것이며, 소망함에 있어 강하게 될 것이며, 역사하는 사랑을 분별함에 있어 강하게 될 것이며, 심지어 징계할 때조차도 아버지를 의지함에 있어 강하게 될 것입니다. 이 모든 것이 우리 자신의 경험 속에서 "고난 속에서도 항상 기뻐하는" 역설이 실제적으로 이루어지는 것을 가능하게 만들 것입니다. 우리는 칼륨이 물 속에서 타는 것을 볼 수 있습니다. 이와 같이 우리의 기쁨은 고난과 시련의 물 속에서도 탈 수 있습니다. 여러분의 모든 약함을 예수 그리스도께 가져가십시오. 그리고 그를 붙잡으십시오. 물에 빠진 베드로가 그랬던 것처럼 말입니다. 그러면 그는 그 자신의 은혜를 우리의 미약한 심령 속에 불어넣으시면서 이렇게 말씀하실 것입니다. "내 은혜가 네게 족하도다 이는 내 능력이 약한 데서 온전하여짐이라"(고후 12:9).

4
기업으로 인한 감사

"우리로 하여금 빛 가운데서 성도의 기업의 부분을 얻기에 합당하게 하신 아버지께 감사하게 하시기를 원하노라"

골 1:12

바울 사도가 에베소서와 골로새서를 쓰고 있는 동안 기업(基業)의 개념이 그의 마음을 가득 채우고 있었음을 주목하는 것은 매우 흥미로운 일입니다. 바울은 그들에게 계속해서 기업의 개념을 상기시킵니다. 예를 들어, 에베소서에서 우리는 다음과 같은 구절들을 읽게 됩니다. "우리가 그 안에서 기업이 되었으니"(1:11). "우리 기업의 보증"(1:14). "성도 안에서 그 기업의 영광의 풍성함"(1:18). "그리스도와 하나님의 나라에서 기업을 얻지 못하리니"(5:5). 또 우리는 바울이 에베소 교회의 장로들에게 당부한 말 속에서 다음과 같은 표현을 발견할 수 있습니다. "거룩하게 하심을 입은 모든 자 가운데 기업이 있게 하시리라"(행 20:32).

본문은 바울의 기도의 절정으로서 아버지께 대한 감사가 벅찬 감격과 함께 표현됩니다. 우리에게 일어나는 모든 일 속에서 끊임없이 하나님의 손을 인식하면서, 또 우리에게 일어나는 모든 일이 선한 것임을 끊임없이 확신하면서, 그는 아버지께 사랑과 찬미를 폭발시킵니다. 최고의 성실과 풍성한 열매와 최고의 인내와 오래 참음조차도 감사의 마음이 없이는 불완전할 것입니다. 이러한 기독교적 완전함의 면류관, 즉 감사의 마음을 바울은 주로 하나님 아버지의 위대한 사랑의 역사를 묵상함을 통해 오는 것으로 간주합니다. 또 그는 그 위대한 사랑이 우리로 하여금 성도의 기업의 부분을 얻기에 합당한 자가 되도록 만들었다고 말합니다. 그 기업이 기독교적 감사의 위대한 원인인 것입니다. 그리고 좀 더 직접적인 감사의 원인은 하나님이 우리로 그 기업에 합당한 자가 되도록 준비시키신 것입니다. 이와 같이 우리가 여기서 살피게 될 요점은 다음과 같은 세 가지입니다. 첫째로, 성도의 기업. 둘째로, 하나님이 자기 자녀들을 그 기업에 합당한 자로 준비시키심. 셋째로, 그로 인해 계속해서 용솟음쳐오르는 감사의 마음.

1. 첫째로, 성도의 기업.

우리는 먼저 기업의 개념이 구약에 빈번하게 등장한다는 사실을 기억할 필요가 있습니다. 약속의 땅은 이스라엘에게 속했으며, 각 지파에 속한 사람들은 자기 지파의 영토 안에서 각자 자신의 작은 소유를 갖습니다. 한편 그리스도인들은 그리스도께서 가져다주시는 더 높은 영적 축복들을 공동으로 소유하며, 각 개인은 그것의 부분을 소유합니다.

우리는 먼저 우리 마음으로부터 "기업"(inheritance)이란 단어가 연상시키는 일반적인 개념, 즉 그것이 죽음에 의해 주어지는 것이라는 개념을 털어버리는 것으로부터 시작해야 합니다. 의심의 여지 없이 죽음이라는 큰 변화는 우리가 그리스도로부터 받는 선물들을 소유함에 있어 엄청난 변화를 불러일으킵니다. 바울이 말한 바와 같이, 이 땅에서 그러한 선물들을 최고로 소유하는 것조차 단지 "기업의 보증"(earnest, 혹은 "보증금")에 불과합니다. 그러나 우리는 이 땅에서의 그리스도인의 삶과 하늘에서의 그리스도인의 삶이 성경에서 그렇게 날카롭게 구별되는 것은 결코 아니라는 사실을 기억해야 합니다. 우리가 종종 그렇게 하는 것과는 아주 다르게 말입니다. 또 성경은 죽음이라는 실재에 대해 우리와는 달리 그렇게 큰 의미를 부여하지 않습니다. 이 땅에서의 삶과 하늘에서의 삶은 마치 다리가 놓인 강에 의해 나누어진 두 나라를 관통하는 길과 같습니다. 예수께서 그 강에 다리를 놓기 전까지, 사람들은 두려움 가운데 그 강을 건너야 했습니다. 미래를 구성하는 요소들과 현재를 구성하는 요소들은 동일합니다. "기업의 보증"이라는 바울의 은유가 우리에게 가르치는 것처럼 말입니다. "보증금"이 한 줌의 흙이라면, 장차 받게 될 온전한 기업은 거대한 땅입니다. 한 줌의 흙은 거대한 땅의 일부입니다.

만일 하나님 자신이 우리의 기업의 부분이라는 위대한 진리를 더욱 견고하게 붙잡고자 한다면, 우리는 미래의 생명과 관련한 여러 가지 그릇된 관념들을 벗어 버려야 합니다. 인간의 영은 하나님 외에 다른 것으로 만족하기에는 너무도 큽니다. 우리에게 있어 모든 복의 출발점은 하나님을 소유하는 것입니다. 만일 우리가 미래를 단지 죄와 고통이 영원히 끝난 상태로, 그리고 모든 기능들이 확장된 상태로 생각한다면, 우리는 미래를 크게 평가절하하는 셈입니다. 미래를 이해함에 있어 "거기에는 밤이 없으며" "애통하는 것이나 곡하는 것이 없으며" "아픈 것도 없으며" 등과 같은 부정적인 표현들이나, "흰 두루마기" "금 면류관" "보좌" 등과 같은 은유들만으로는 결코 충분하지 않습니다. 우리는 "하나님의 상속자"입니다. 오직 하나님을 소유할 때 비로소 우리는 우리가 그의 것이며 그가 우리의 것이라는 사실을 알게 됩니다. 본문의 "빛 가운데서 성도의 기업"이란 표현을 주목하십시오. 그 기업은 본문에 "빛 가운데" 있는 것으로, 그리고 성도들에게 속하는 것으로 제시됩니다. 빛은 하나님의 속성이며, 하나님을 둘러싸고 있는 환경입니다. 그는 빛 가운데 거하십니다. 그는 모든 빛의 근원이십니다. 그는 빛이십니다. 지혜에 있어 완전하시며, 성결에 있어 완전하십니다. 심지어 태양에도 흑점이 있지만, 그러나 그 안에는 어떤 어둠도 없습니다. 달은 찼다가 기울어지고 또다시 차기를 반복합니다. 별들은 떴다가 지고 또다시 뜨기를 반복합니다. 그러나 그는 "변함도 없으시고 회전하는 그림자도 없으신 빛들의 아버지"입니다(약 1:17). 그 모든 빛은 세상의 빛이신 예수 그리스도 안에 초점이 모아집니다. 그 빛은 땅을 가득 채우며, 세상의 어둠을 비칩니다. 그러나 하나님의 나타남이 하나님의 실재와 일치되는 때와 장소가 있어야 합니다. 하나님의 빛이 비칠 때, 그 빛으로부터 감춰지는 것은 아무것도 없으며 그 빛은 참된 축복과 즐거움을 가져다줍니다. 주 하나님이 빛이신 곳이 있으며, 그곳에 "성도들"의 기업이 있습니다. 그들은 하나님과 함께 그 빛 가운데 거합니다. 그곳에 무지와 탄식과 죄의 어둠은 사라질 것입니다. 왜냐하면 그곳에 더 이상 밤이 없을 것이기 때문입니다.

또 "기업의 부분"이란 표현을 주목하십시오. 그러한 표현은 이스라엘에게 약속의 땅이 나누어지고, 그럼으로써 각 개인이 공동의 기업 속에서 자신의 분깃을 가지는 개념을 암시합니다. 이와 같이 "기업"(inheritance)이라는 단어 속에는 복된 공동체를 공동으로 소유하는 개념이 함축되어 있습니다. 거기에서는 어떤 사람의 이익이 다른 사람의 손해가 되지 않습니다. 따라서 거기에서는 이 땅의 모든 시기와 경쟁과 투기가 그칠 것입니다. 또 "부분"(portion)이라는 단어는 각자가 자신의 비전과 경험에 의해 개별적으로 소유하는 것을 암시합니다. 각 개인의 "부분"은 커질 수 있습니다. 각자는 하나님의 풍성함만큼 그리고 자신이 가질 수 있는 만큼 가집니다. 그의 열망(desire)의 분량이 곧 그의 용량의 분량입니다. 이 땅에서도 성도들의 "부분들"(portions)에는 무한한 차이가 있습니다. 그리고 그것은 하늘에서도 마찬가지입니다. 만일 우리가 하늘나라에서 성도들 사이에 무한한 차이가 있을 것이라는 사실을 인식하지 못한다면, 우리는 하늘나라의 의미를 상당 부분 오해한 것입니다. 이 땅과 하늘에서 "부분"을 소유하는 원리는 "네 소원대로 되리라"입니다(마 15:28). 또 "무릇 있는 자는 받아 넉넉하게 될" 것이라는 법칙은 이 땅에서도 그리고 하늘에서도 계속해서 유지될 것입니다(마 13:12).

2. 둘째로, 하나님이 자기 자녀들을 그 기업에 합당한 자로 준비시키심.

지금까지 살핀 모든 것으로부터 거룩함이 없이는 어느 누구도 주를 볼 수 없다는 것은 분명한 사실입니다. 성도의 기업은 거룩하신 하나님과의 교제를 소유하며 향유하는 것인데, 거룩하지 못한 사람은 어느 누구를 막론하고 결코 그러한 자리에 들어갈 수 없습니다. 그것은 이 땅에서 기업의 보증을 부분적으로 소유할 때도 사실이며, 장차 기업을 완전하게 소유할 때도 마찬가지입니다. 이 땅에서 죄가 우리로 하여금 하나님을 향유하는 것을 가로막습니다. 그리고 장차 "무엇이든지 속된 것이나 가증한 일 또는 거짓말하는 자는 결코 그리로 들어가지 못할" 것입니다(계 21:27). 많은 사람들이 자신은 하늘나라에 들어가게 될 것이라고 생각하면서도 다음과 같은 질문들에 대답하기 어려워합니다. "당신은 하나님에 대해 생각하기를 좋아하는가? 당신은 거룩한 생각을 하는 것이 기쁜가? 당신은 기도에 대해 어떻게 생각하는가? 예수 그리스도 이름은 당신의 심장을 뛰게 만드는가? 당신은 의를 행하는데 열정을 가지고 있는가?"

만일 이러한 질문들에 분명하게 대답할 수 없다면, 여러분은 스스로의 믿음을 되돌아볼 필요가 있습니다. 나는 모라비안 선교사들이 그린란드 원주민들에게 복음을 전할 때 있었던 일화를 기억합니다. 그때 선교사들은 천국의 기쁨을 묘사하는 성화(聖畵)들을 보여주면서 그들을 감동시키려고 했습니다. 그러나 경건한 화가들이 그린 천국은 그들에게 아무런 감동도 가져다주지 못했습니다. 왜냐하면 거기에 그들이 가장 좋아하는 바다표범이 없었기 때문입니다. 그들에게 있어 바다표범이 없는 천국은 아무것도 아니었던 것입니다. 오늘날에도 모양은 다소 다르지만 이런 식으로 생각하는 사람들이 많이 있습니다. 어떤 사람들은 묻습니다. "거기에 방직공장이 있습니까?" 그러면서 그들은 "우리가 어떻게 방직공장이 없는 그곳을 좋아할 수 있단 말입니까?"라고 되묻습니다. 또 어떤 사람들은 거기에는 극장도 없고 잡지도 없고 오락물도 없다는 말을 듣고는 "그런 곳에서 사는 것은 너무도 따분하며 권태로운 일이 아닙니까?"라고 묻기도 합니다. 여러분은 "이 하찮은 음식"을 싫어하면서 강렬한 맛을 내는 부추와 마늘을 갈망했던 이스라엘 백성과 같습니다(민 21:5). 그러한 것을 맛보기 위해서는 다시금 노예로 되돌아가야 함에도 불구하고 말입니다.

만일 여러분이 천국에 들어가서 이런저런 종류의 거리낌과 싫어함을 갖는다면, 그러한 천국은 여러분에게 결코 천국이 되지 못할 것입니다. 그러나 여러분은 그렇게 할 수 없습니다. 왜냐하면 하나님이 여러분을 천국으로 데려가는 것이 아니라 다만 여러분을 그곳을 위해 적합하도록 만들 뿐이기 때문입니다. 천국은 장소라기보다 상태입니다. 죽음이라는 이름의 장막 저편에서 빛 가운데 성도들을 위한 기업을 준비하는 하나님의 강한 손은 장막 이편에서도 그들을 그 기업에 합당한 자로 만드는 일에 똑같이 분주합니다.

나는 본문을 문법적으로 세세하게 따지기를 원하지는 않지만 그러나 본문의 "합당하게 하신"이란 표현을 위해 바울이 채택한 단어의 형태가 '지금까지도 계속되는 과거의 행동'을 가리킨다는 사실만큼은 꼭 지적하고 싶습니다.

이 부분에서 "hath made us meet"로 번역한 흠정역(KJV)보다 "made us meet"로 번역한 개정역(Revised Version)이 훨씬 더 정확합니다. 왜냐하면 개정역에서는 "hath"가 빠짐으로써 합당하게 만드는 전체적인 과정이 좀 더 선명하게 부각되기 때문입니다. 이러한 두 표현 사이의 차이는 단순한 탁상공론에 불과한 것이 아닙니다. 왜냐하면 하나님의 합당하게 만드시는 일은 모든 그리스도인의 영혼 속에서 과거에 실제로 시작된 일이면서 동시에 그들의 삶 전체를 통해 계속되는 일이기 때문입니다. 최초의 가장 불완전한 믿음과 함께 죄 사함과 의롭다 하심의 위대한 행동이 있었습니다. 그때 거듭남이 있었으며, 그리스도 자신의 생명인 새 생명이 심겨졌습니다. 그러한 새 생명은 이제 막 시작된 유아기의 생명이지만 그러나 실제적인 생명으로서 자라며 정복할 것입니다. 과거의 모든 죄를 사함 받고 새로운 본성을 선물로 받은 사람을 상상해 보십시오. 설령 당장 죽는다 하더라도, 그는 이미 기업에 합당한 자가 된 것입니다. 예수 그리스도를 참으로 믿는 자는 사망에서 생명으로 옮겨집니다. 비록 죄의 습관이 여전히 그를 붙잡고 있다고 하더라도, 그리고 그의 새 생명이 아직 통제력을 행사하지 못하고 새로운 성품을 만들어나가기 시작하지 못했다고 하더라도 말입니다. 그러므로 그리스도인들은 자신들의 거룩하지 못함을 많이 의식하는 것으로 인해 자신들이 기업에 합당한 자가 되지 못했다고 생각해서는 안 됩니다. 십자가에 달린 한 강도를 생각해 보십시오. 그

강도는 가운데 십자가에 달려 고통하는 자를 믿음의 눈으로 응시함을 통해 그와 함께 낙원에 있기에 합당한 자로 선고되었습니다. 만일 그와 같은 자가 기업에 합당한 자가 될 수 있다면, 우리 가운데 누가 그렇게 될 수 없겠습니까? 또 기업에 합당한 자가 되는 것은 이 땅의 삶 전체를 통해 진척되고 확장되는 것입니다. 이 땅에서 우리에게 일어나는 모든 일을 바라보는 올바른 방식은, 그것을 우리로 하여금 더 풍성한 기업을 더 풍성하게 소유하도록 준비시키시는 아버지의 연단으로 간주하는 것입니다. 얻는 것과 잃는 것, 기쁨과 슬픔, 그리고 이 땅에서 지나가는 모든 다양한 경험들은 불가해한 신비가 될 것입니다. 만일 우리가 그것을 다음과 같은 공식에 적용시키지 않는다면 말입니다 — "하나님이 우리를 징계하시는 것은 오직 우리의 유익을 위해 그리고 우리로 하여금 그의 거룩하심에 참여하게 하려 하심이니라"(히 12:10). 때로 우리로 고난이나 시련에 부닥치게 만드는 것은 운명이나 우연이 아닙니다. 그것은 사랑의 아버지입니다. 가장 어두운 순간에조차 그 모든 것의 목적이 우리로 하여금 하나님을 더 많이 소유할 수 있도록 준비시키는 것임을 깨닫지 못한다면, 우리는 우리의 인생의 의미를 전혀 이해하지 못한 것입니다.

3. 셋째로, 이러한 생각이 불러일으키는 감사의 마음.

감사는 즐거운 의무여야 합니다. 감사의 마음을 품는 것은 기쁘고 즐거운 일입니다. 관대한 마음은 감사의 말을 듣는 것을 필요로 하지 않습니다. 오로지 명령에 의해 감사하는 사람들은 실제로 전혀 감사하지 않는 것입니다. 일반적인 그리스도인들에게 있어 감사를 잃어버린 채 뜨뜻미지근함 가운데 있는 것보다 더 조심해야 할 것은 아무것도 없습니다. 우리에게 주어진 축복들은 말할 수 없는 축복들입니다. 그럼에도 불구하고 우리는 감사를 드리는 일에 너무도 인색하며 불충분합니다. 하나님으로부터 흘러내려오는 강은 엄청난 수량으로 끊임없이 흘러내려옵니다. 반면 우리로부터 되돌려 흘러나가는 물은 마치 낙숫물처럼 똑똑 떨어지며, 중간중간 끊어지며, 아예 모래 속에 말라버리기도 합니다.

우리의 감사는 지속적인 감사여야 합니다. 제단 위에 타고 있는 불은 결코 꺼져서는 안 됩니다. 달콤한 향의 냄새는 끊어지지 말고 계속해서 올라가야 합니다. 바울이 모든 기독교적 은혜들을 하나로 묶는 보석으로서 그리고 기독교적 삶의 절정으로서 간주하는 "감사"에 대해, 어째서 우리는 그토록 적은 분량밖에는 가지고 있지 못한 것일까요? 그 주된 이유는 우리에게 일어나는 모든 일을 우리를 성도의 기업의 부분을 얻기에 합당하게 만들기 위한 하나님의 연단으로 받아들이는 습관이 우리에게 있어 너무도 미약하기 때문입니다. 우리는 성도의 기업에 대해 더 많이 묵상하면서, 우리가 경험하는 이런저런 일들을 하나님이 우리를 그 기업에 합당한 자로 만들기 위해 주시는 사랑의 선물로 받아들여야 합니다. 그리고 가장 어두운 시간들조차도 그렇게 준비시킴(기업에 합당한 자로)에 있어 꼭 필요한 부분으로 받아들여야 합니다. 만일 이것이 우리의 습관적인 마음의 태도라면, 우리는 항상 하나님의 자비하심에 대해 찬송을 드릴 것이며 우리의 삶 전체는 감사의 제물이 될 것입니다.

우리는 이 땅에 있는 동안 우리에게 일어나는 모든 일들을 충분히 이해하지 못할 것입니다. 골짜기 아래에서 우리는 하나님을 찬송했습니다. 그러나 그 가운데도 때로 눈물이 우리의 노래를 슬프게 만들었으며, 어떤 때는 그 모든 비밀을 다 알지 못한다는 사실로 인해 우리는 슬퍼하기도 했습니다. 그러나 이제 우리는 정상에 올라와 있습니다. 정상에서 우리는 모든 것을 내려다보며 모든 것을 압니다. 결국 그 모든 것이 우리의 기업을 썩지 않고, 더럽혀지지 않고, 없어지지 않게 만들었다는 사실을 말입니다. 그러므로 우리는 새 노래로 영원히 하나님을 찬미할 것입니다.

감사는 땅과 하늘에서, 그리고 우리와 천사들 모두에게 예배의 가장 중요한 요소입니다. "그에게 수종들며 그의 뜻을 행하는 모든 천군이여 여호와를 송축하라"(시 103:21). 구속받은 백성들은 다음과 같은 합창에 동참할 더 나은 이유를 가지고 있습니다. "내 영혼아 여호와를 송축하라."

5
기독교적 노력

"이를 위하여 나도 내 속에서 능력으로 역사하시는 이의 역사를 따라 힘을 다하여 수고하노라"

골 1:29

내가 특별히 이 본문을 택한 주된 이유는 이것이 때로 서로 상충되는 것처럼 느껴지는 두 주제를 온전히 하나로 통합시키기 때문입니다. 서방의 모든 기독교세계는 오늘날에도 여전히 오순절 성령강림의 역사를 기념합니다. 본문은 "우리 안에서 강력하게 역사하는" 능력에 대해 이야기하는데, 바로 이 능력이 오순절 성령의 선물과 관련한 능력입니다. 또 바울은 "힘을 다해 수고"한다고 말합니다. 그에게 있어 이러한 태도는 사도적 직무로서 그리스도를 전파할 때나 통상적인 일을 할 때나 마찬가지였습니다. 그는 두 가지 일 모두에 있어 힘을 다해 수고했습니다. 비록 본 서신과 같은 시기에 쓰여진 다른 서신에서 스스로에 대해 젊은이가 아니라 노인으로 그리고 그리스도 예수 안에서 매인 자로 말하고 있다 할지라도, 그는 여전히 젊은이의 정신을 가지고 있었으며 아직 도달하지 못한 자리까지 나아가기 위해 부단히 애쓰고 있었습니다. 이러한 정신은 교회의 일부, 즉 젊음과 열정적인 노력으로 특징지어지는 일부 젊은이들만의 정신이 아니라 교회 전체의 정신이어야 합니다. 만일 교회가 이런 정신으로 넘쳐나지 않는다면, 그것은 단지 죽은 조직체에 불과할 것입니다.

나는 특별히 여러분이 본문의 교훈에 마음을 열고 귀를 기울이기를 소망합니다. 만일 우리가 그리스도인이라면, 우리는 마땅히 열심히 노력하는 자가 되어야 합니다. 노력하지 않는 자는 참된 그리스도인이 아니라고 말한다면, 그것은 너무 지나친 표현일까요? 어쨌든 그들은 매우 불충분한 그리스도인일 것입니다.

우리는 여기에서 두 가지를 살펴볼 것인데, 하나는 보편적인 기독교적 의무이며, 또 하나는 충족한 기독교적 은사(gift)입니다. "힘을 다하여 수고하노라" — 여기에 모든 참된 그리스도인의 특징이 있습니다. "내 속에서 능력으로 역사하시는 이의 역사를 따라" — 여기에 수고와 노력을 가능하게 만드는 위대한 은사가 있습니다. 이제 이 두 가지를 좀 더 상세히 살펴보도록 합시다.

1. 보편적인 기독교적 의무.

바울은 여기에서 특별히 두 개의 단어를 매우 강한 의미로 사용하고 있습니다. 사람들은 루터의 말에 대해 "그의 말은 거의 전투적이야"라고 말하곤 했습니다. 이것은 바울에게 있어서도 마찬가지입니다. 바울이 본문에서 사용한 "역사"(work)란 단어는 한 손이나 혹은 집게손가락으로 할 수 있는 가벼운 일이 아니라 완전히 탈진할 때까지 하는 수고를 의미합니다. 사람들은 이마에 땀방울조차 맺히지 않을 정도의 가벼운 수고를 좋아합니다. 그러나 이것은 기독교적 노력이 아닙니다. 땀이 흐르지 않는 일은 할 만한 가치 있는 일이 아닙니다. 매우 강한 의미로 사용된 또 하나의 단어는 "힘을 다하여"(striving)인데, 이것은 우리에게 원형경기장의 모습을 상기시킵니다. 거기에서 우리는 팽팽하게 긴장된 근육을 가진 검투사들이 이빨을 꽉 물고 거친 숨을 몰아쉬며 목숨을 걸고 싸우는 모습을 상상할 수 있습니다. 바로 이것이 바울이 말하는 노력의 개념입니다. 다른 모든 위대한 단어들과 마찬가지로, "노력"이라는 단어 역시 저급한 측면과 고상한 측면 모두를 가지고 있습니다. 어떤 사람들이 "노력해 볼께"라고 말할 때, 그것은 절반 정도 마음을 기울여 꼭 성공한다는 생각 없이 한 번 시도해 보겠다는 것을 의미합니다. 그것은 기독교적 노력이 아닙니다. 본문의 "힘을 다하여"는 "노력하여"로 바꾸어 번역할 수 있는데, 이러한 노력은 모든 힘을 집중하여 그리고 성공의 확신을 가지고 최선을 다해 진력하는 것을 의미합니다. 우리가 그리스도인으로서 계발해야 할 노력은 바로 이러한 노력입니다. 어떤 일을 위해 노력함에 있어 그 일이 결코 헛되이 끝나지 않을 것이라는 절대적인 확신이 주제넘은 오만이 되지 않는 유일한 경우는, 오직 우리가 스스로를 하나님이 의도하시는 대로 그리고 그리스도께서 원하시는 대로 그리고 성령께서 우리에게 주어진 목적대로 만들고자 노력할 때뿐입니다. 자신의 성품과 인격 속에 하나님의 계획을 이루는 위대한 작업을 수행할 때, 우리는 "나는 결코 실패하지 않을 거야"라는 확신의 말을 담대히 할 수 있으며 또 그렇게 해야 합니다.

그러므로 사랑하는 성도 여러분, 만일 우리가 그리스도인이라면, 우리는 우리의 신앙을 주업(主業)으로 삼는 지점까지 나아가야 합니다. 성경이 가르치는 "소명"(calling)과 사람이 자신의 소명을 무기력하게 따르는 것 사이에는 얼마나 큰 간격이 있습니까? 한 걸음 더 나아가서, 우리 그리스도인들에게 있어 일상적인 일을 수행하는 것과 기독교적 삶을 수행하는 것 사이에는 얼마나 더 큰 간격이 있습니까? 어째서 사람들은 스스로 더 나은 그리스도인이 되는 것보다 이런저런 기술을 배우는 일을 위해 훨씬 더 많이 수고하는 것일까요? 후자 즉 이런저런 기술을 배운다든지 혹은 직장이나 일터에서 수고하는 것은 분명 "일하는"(work) 것입니다. 그러면 전자 즉 더 나은 그리스도인이 되기 위해 수고하는 것은 "일하는" 것이 아닙니까?

여러분은 어떤 작은 아이와 관련한 옛 이야기를 기억할 것입니다. 그것은 우스운 이야기이지만 그러나 그 뒤에 깊은 의미가 담겨 있습니다. 그 아이는 자기 아버지에게, 자신은 그리스도인이지만 최근까지 그것을 위해 많이 일하지는 않았노라고 말합니다. 이 이야기를 들을 때 우리는 웃습니다. 그렇지만 웃지 마십시오. 그것은 오늘날 많은 그리스도인들에게 너무도 사실입니다. 여러분의 신앙을 위해 "일하십시오"(work). 이것이 본문의 위대한 교훈입니다. 성공의 확신을 가지고 노력하십시오. 잠언은 말합니다. "자기의 일을 게을리 하는 자는 패가하는 자의 형제니라"(잠 18:9). 이것은 사실입니다. "주의 일을 게을리" 하는 자는 그 일을 통해 아무런 유익도 얻지 못할 것입니다. 사랑하는 성도 여러분, 만일 여러분이 그리스도의 이름을 부른다면, 여러분의 기독교적 성품을 위하여 진지하고 성실하게 "일하십시오"(work).

나는 여기에서 여러분이 꼭 기억해야 할 것 몇 가지를 제시하고 싶습니다. 첫째로, 만일 여러분이 여러분의 기독교적 삶을 힘을 다해 수고해야 할 일로 생각한다면, 여러분이 해야 하는 첫 번째 일은 그 목표와 방향을 분명하게 하는 것이라는 사실입니다. 기독교적 삶의 목표로 말할 수 있는 것들은 매우 많을 것입니다. 그러나 나는 그것을 포괄적으로 "예수 그리스도와 같아지는 것," 즉 그의 모범과 전적으로 일치되며 그의 삶을 온전히 본받는 것으로 말하고 싶습니다. 기독교적 삶의 목표를 나는 "천국"이라고 말하지 않습니다. 나는 그것을 "그리스도"라고 말합니다.

바로 이것이 우리의 목표입니다. 이것이 "발전"(development)과 관련하여 사람이 붙잡을 수 있는 최고의 개념입니다. 기독교적 이상(理想)은 우주에서 가장 큽니다. 사람의 "있는 그대로의 모습"을 기독교만큼 어둡게 묘사하는 사상체계는 어디에도 없습니다. 사람의 "될 수 있는 가능성"을 기독교만큼 찬란한 색채로 묘사하는 사상체계는 어디에도 없습니다. 기독교의 팔레트 위에 있는 검정색은 다른 어떤 화가가 만든 검정색보다 훨씬 더 검습니다. 기독교의 팔레트 위에 있는 흰색은 다른 어떤 화가가 만든 흰색보다 훨씬 더 하얗습니다. 기독교의 팔레트 위에 있는 황금색은 다른 어떤 화가가 만든 황금색보다 훨씬 더 찬란합니다. 이와 같이 우리 가운데 가장 불완전하며 미약한 자 앞에 놓인 목표조차도 너무도 높고 고상하기 때문에, 우리가 그것을 분명히 하는 것은 결코 쉬운 일이 아닙니다. 특별히 일상의 사소한 일들이 우리의 삶을 소란하게 할 때는 더욱 그렇습니다. 사람들은 다르질링에서 몇 주 동안 머물면서도 그 건너편에 우뚝 솟아 있는 히말라야를 보지 못할 수 있습니다(다르질링: 인도 웨스트벵갈 주의 고원

도시). 산 아래 쪽은 잘 보입니다. 그러나 정상 부분은 구름에 가려 있습니다. 작고 단기적인 목표들은 우리 눈에 잘 띄며 쉽게 지각됩니다. 그러나 저 건너편에 있는 장엄한 백보좌는 종종 가려지고 잘 보이지 않습니다. 그러므로 우리가 그것을 분명하게 붙잡기 위해서는 노력이 필요합니다. 오늘날의 평균적인 그리스도인들의 특징 가운데 하나는 기독교적 삶에 있어서 자신의 분명한 목표를 가지고 있지 못하다는 사실입니다. 그렇기 때문에 그들은 불확실하며, 모호하며, 흐리멍덩합니다.

바로 이것이 바울이 다음과 같이 말하면서 스스로를 모범으로 제시할 때 말하고자 한 바입니다. "그러므로 나는 달음질하기를 향방 없는 것 같이 아니하고"(고전 9:26 상반절). 자신이 어디로 달려가는지를 아는 사람은 목적지까지 최단코스로 달려갈 것입니다. 반면 목적지가 어디인지 확실히 알지 못한다면, 그는 이리저리 왔다 갔다 하며 달릴 것입니다. "싸우기를 허공을 치는 것 같이 아니하며"(고전 9:26 하반절). 만일 상대방을 분명하게 보고 있다면, 나는 그를 칠 수 있습니다. 그러나 상대방을 분명하게 보지 못한다면, 나는 마치 어둠 속에서 아무렇게나 칼을 휘두르는 것처럼 그렇게 칠 것입니다. 과연 그렇게 휘두르는 칼에 상대방이 쓰러지겠습니까? 만일 여러분이 입항(入港)하고자 한다면, 항구의 불빛을 똑바로 따라 가십시오. 그렇게 하지 않으면, 여러분은 물결에 이리저리 흔들리다가 결국 폭풍을 만나게 될 것입니다. 만일 여러분이 어디로 가고 있는지 알지 못한다면, 여러분은 게하시처럼 "당신의 종이 아무데도 가지 아니하였나이다"라고 말하게 될 것입니다(왕하 5:25). 만일 여러분이 노력하고자 한다면, 먼저 여러분 앞에 목표를 분명하게 하도록 노력하십시오.

다음으로 당부하고 싶은 것은 예수 그리스도와의 교제를 지속하도록 노력하라는 것입니다. 바로 이것이 모든 평강과 고상한 삶의 비밀입니다. 그리고 다음으로, 집중하도록 노력하십시오. 이것은 무엇을 의미합니까? 이것은 스스로를 모든 훼방하는 것들로부터 떼어놓는 것을 의미합니다. 이것은 여러분이 그리스도인의 삶의 모든 과정을 통해 기독교적 목표를 계속해서 실행해야 한다는 것을 의미합니다. 만일 세상의 이런저런 다양한 일들 속에서 예수 그리스도와 같아지는 위대한 목표를 추구하는 것이 가능하지 않다면, 그것이 우리의 목표가 되어야 한다고 말하는 것은 참으로 무의미한 말이 될 것입니다. 만일 우리가 책과 펜과 베틀과 쟁기와 주방기구 등을 다루는 것을 통해 스스로를 예수 그리스도를 더 많이 닮도록 만들어 가지 않는다면, 스스로를 그렇게 만들어 갈 수 있는 기회는 실제로 거의 없을 것입니다. 왜냐하면 우리의 인생을 구성하는 것은 이와 같은 사소한 것들이기 때문입니다. 그러므로 자신의 삶 속에서 기독교적 목표에 집중하는 것은 다른 말로 하면 일상적인 삶의 모든 사소한 일들 속에서 그러한 목표를 실행하는 것입니다.

이와 관련하여 베드로가 던지는 세 가지 훈계의 말을 살펴보도록 합시다. 그는 "그러므로 너희가 더욱 힘써 너희 믿음에 덕을 … 더하라"고 말하면서, "너희가 이것을 행한즉 언제든지 실족하지 아니하리라"라고 덧붙입니다(벧전 1:5-10). 그는 또한 "더욱 힘써 너희 부르심과 택하심을 굳게 하라"고 훈계합니다(10절). 또 그는 "그러므로 사랑하는 자들아 너희가 이것을 바라보나니 주 앞에서 점도 없고 흠도 없이 평강 가운데서 나타나기를 힘쓰라"고 말합니다(벧후 3:14). 여기에서 우리는 기독교적 목표의 세 측면을 보게 됩니다. 첫째는 믿음에 각종 은혜들과 덕들과 능력들을 더하는 것이며, 둘째는 우리의 부르심과 택하심을 굳게 하는 것이며, 셋째는 주 앞에서 점도 없고 흠도 없이 평강 가운데 나타나는 것입니다. 이러한 위대한 목표들은 모든 그리스도인들에게 의무로 부과됩니다. 그러므로 베드로전서 1장 5절이 말하는 것처럼, 그러한 목표들은 "힘쓰는 것" 즉 우리의 노력을 요구합니다.

그러므로 성도 여러분, 만일 우리가 그리스도인이라면, 우리는 모두 힘써 노력하는 자가 되어야 합니다. 우리 인생이 끝나는 그날까지 말입니다. 우리가 걸어가는 길을 생각해 보십시오. 그 목적지는 한편으로 결코 도달할 수 없는 너무도 먼 목적지이면서 동시에 다른 한편으로 언제든지 다가갈 수 있는 너무도 가까운 목적지입니다. 기독교적 노력의 이러한 무한한 목표는 젊은이들에게는 영감을, 그리고 나이든 자들에게는 새로움을 의미합니다. 인생의 끝자락에서조차 “나는 아직 내가 잡은 줄로 여기지 아니하고 앞에 있는 것을 잡으려고 달려가노라”라고 말할 수 있는 사람은 행복한 사람입니다(빌 3:13, 14). 인생의 다른 과정들은 지중해의 좁은 울타리 안에서 항해했던 옛 선원들의 항해와 같습니다. 그들은 고작 지중해의 이쪽 항구에서 저쪽 항구로 항해할 뿐입니다. 그러나 그리스도인은 해협을 지나 햇빛으로 반짝이는 광대무변의 대양(大洋)으로 나아갑니다. 그들은 대양 너머 아름다운 땅이 있음을 압니다. 비록 지금은 눈에 보이지 않는다 하더라도 말입니다. “이를 위하여 나도 힘을 다하여 수고하노라.”

2. 둘째로, 충족한 기독교적 은사.

“내 속에서 능력으로 역사하시는 이의 역사를 따라.” 나는 여기의 “역사하시는 이”가 하나님인지 혹은 그리스도인지 따질 필요를 느끼지 않습니다. 중요한 것은 본문의 의미를 정확하게 이해하는 것인데, 그것은 하나님의 성령이 그리스도인의 영 안에서 역사한다는 것입니다. 먼저 나는 여기에서 바울 사도가 자신만이 가지고 있는 어떤 특별한 은사를 말하고 있는 것이 아니라는 사실을 여러분에게 일깨워주고 싶습니다. 그러므로 “내 속에서” 즉 바울 안에서 강력하게 역사하는 능력은 또한 그의 모든 형제들 안에서도 그렇게 역사하는 것입니다. 그러한 신적 능력이 믿음의 행동에 의해 모든 신자들의 영혼 속에 주어지고 심겨진다는 것이 바울의 확신이며 가르침이었습니다. 그는 형제들에게 이렇게 말할 수 있었습니다. “하나님의 성령이 너희 안에 계시는 것을 알지 못하느냐 그렇지 않으면 너희는 버림받은 자니라”(고전 3:16; 고후 13:5). 나는 이러한 질문에 대해 오늘날의 모든 참된 그리스도인들이 바울 당시의 그리스도인들처럼 신속하게 “그렇습니다!”라고 대답할 수 있을지 의문입니다. 나는 세월이 지날수록 오늘날 우리 개개인들과 교회들에게 있어 가장 중요한 것이 그와 같은 위대한 진리를 그 본래의 자리로 되돌려 놓는 것이라고 점점 더 절실하게 느낍니다. 예수 그리스도를 믿는 자들은 새 생명을 받습니다. 그들에게 새 영이 초자연적으로 전달되는데, 이것이 그들의 삶을 통치하는 바로 그 능력입니다.

또 그것은 내적인 은사입니다. 그것은 사람들이 줄 수 있는 '외부로부터 주어지면서도 마음을 매개로 우리 자신과 통합된' 그런 도움과 같지 않습니다. 이스라엘 역사 가운데 선지자로부터 이스라엘의 원수를 향해 활을 당기라는 명령을 받은 한 젊은 왕의 이야기가 있습니다. 늙은 선지자는 자신의 마른 손을 젊은 왕의 손 위에 포개면서 명령합니다. "쏘소서!" 그러나 오늘날 성령은 그것보다 더 친밀하며 축복된 방식으로 우리를 강하게 하기 위해 옵니다. 왜냐하면 오늘날 성령은 우리 마음속으로 들어와 우리 영 안에 거하시기 때문입니다. 그러므로 우리의 역사(work)는 곧 그의 역사가 되는 것입니다. 원어(原語)로 볼 때, "내 속에서 강력하게 역사하시는"(working which worketh in me mightily)이란 표현은 매우 강세적인 표현입니다. 왜냐하면 그것을 문자적으로 번역하면, "the inworking which inworketh in me mightily"와 같이 되기 때문입니다.

그러므로 사랑하는 성도 여러분, 우리의 모든 노력의 첫 번째 직접적인 목표는 그러한 성령의 선물을 받고, 지키며, 증가시키는 것이어야 합니다. 그리고 본문이 말하는 노력과 수고는, 만일 성령의 그와 같은 도움이 없다면, 단지 노예적인 것에 불과할 것입니다.

"만일 우리에게 어떤 능력이 있다면,
그것은 악을 행하는 능력 외에 아무것도 아닐 것이나이다.
우리로 하여금 의지하게 하시고 행하게 하시는
모든 능력은 주의 것이나이다."

그러므로 우리의 노력은 일하는 것으로부터가 아니라 받는 것으로부터 시작되어야 합니다. 바로 이것이 우리가 항상 이야기하는 바, 사람이 구원받는 것은 행함(혹은 "일", works)에 의해서가 아니라 믿음에 의해서라는 교리의 의미가 아닙니까? 이와 같이 첫 번째 단계는 받는 것입니다. 그러고 나서 두 번째 단계로서 힘을 다하여 일하며 노력하는 것이 옵니다. 그러므로 먼저 우리 마음을 정결하게 하는 것이 본질적으로 필요합니다. 비둘기는 더러운 장소에 오지 않을 것입니다. 비둘기는 더러워진 장소는 버리고 떠납니다. 나아가서 우리는 우리 안에서 역사하는 능력을 사용해야 합니다. 은사를 증가시키는 방법은 그것을 사용하는 것입니다. 팔뚝의 근육으로부터 기독교적 삶에 이르기까지 마찬가지입니다. 그것을 사용하십시오. 그러면 그것은 커질 것입니다. 그것을 그냥 내버려 두십시오. 그러면 그것은 소멸될 것입니다. 구약의 옛 영웅들처럼, 사람은 하나님의 신이 자기로부터 떠난 줄도 모르고 예전처럼 힘을 쓰기 위해 나아갈 수 있습니다. 사랑하는 성도 여러분, 위로부터 받은 자유와 부요 속으로 들어가기 전까지는 결코 노력의 멍에로 스스로를 묶지 마십시오. 하나님은 먼저 주십니다. 그러고 나서 여러분에게 "이제 일하러 가라. 그리고 너에게 허락된 선한 일을 계속하라"라고 말씀하십니다.

이제 마지막으로 한 가지 더 생각해 볼 것이 있습니다. 그것은 이러한 충족한 은사가 앞에서 이야기한 보편적인 의무가 이행될 수 있는 수단일 뿐만 아니라 동시에 그것이 이루어지는 분량(measure)이기도 하다는 사실입니다. "나도 내 속에서 능력으로 역사하시는 이의 역사를 따라 힘을 다하여 수고하노라." 성령에 의해 바울 안으로 들어온 모든 능력은 그의 기독교적 행함으로 구체화됩니다. 그러므로 그가 받은 은사는 그의 기독교적 노력의 원천이면서 동시에 그 분량이었습니다. 이것은 우리에게도 마찬가지입니까? 증기기관은 매우 비효율적인 동력기관입니다. 왜냐하면 만들어진 에너지 가운데 엄청나게 많은 부분이 실제로 동력으로 사용되지 못한 채 사라지기 때문입니다. 또 전기를 경제적으로 활용함에 있어 가장 큰 난제 가운데 하나는 축전지를 사용하는 동안 발생하는 손실입니다. 이러한 사실은 오늘날 대부분의 그리스도인들에게 있어서도 동일합니다. 우리에게 너무도 많은 능력이 부어졌습니다. 그러나 우리로부터 나오는 능력은 너무도 적습니다. 실제적인 동력으로 전환되는 에너지가 너무도 적다는 말입니다.

우리에게 부어진 "급하고 강한 바람"과 우리를 실제로 둘러싸고 있는 정체되어 썩고 있는 공기는 얼마나 대조적입니까? 우리에게 강렬한 불꽃이 주어졌지만, 우리는 너무도 냉랭합니다. 우리에게 생수의 강이 흘러넘쳤지만, 우리의 입술은 바짝 메말랐으며 우리가 맺는 것은 시들어 빠진 열매들일 뿐입니다.

아! 사랑하는 성도들이여, 우리 자신과 우리가 속한 교회들을 바라볼 때, 미가 선지자의 다음과 같은 책망의 말이 또다시 우리 세대에 떨어지지 않습니까? "너희 야곱의 족속아 어찌 이르기를 여호와의 영이 궁핍하시다 하겠느냐"(미 2:7, 한글개역개정판에는 "성급하시다 하겠느냐"로 되어 있음). 우리는 충족한 능력을 가지고 있습니다. 그러면 그것에 이어 힘을 다해 일하며 노력하는 것이 따릅니까? 여러분은 "주 안에서와 그 힘의 능력으로 강건하게" 된 자들로서(엡 6:10), 이제 강력하게 일합니까?

6
기독교적 진보

"그러므로 너희가 그리스도 예수를 주로 받았으니 그 안에서 행하되 그 안에 뿌리를 박으며 세움을 받아 교훈을 받은 대로 믿음에 굳게 서서 감사함을 넘치게 하라"

골 2:6, 7

바울은 여기에서 '불완전한 것으로부터 완전한 것으로의 점진적인 발전'의 개념을 표현하기 위해 걷는 것(walking, 한글개역개정판에는 "행하되"로 되어 있음)과 뿌리를 박는 것과 세움을 받는 것 등 서로 잘 어울리지 않는 세 가지 표상을 사용합니다. 비록 이러한 세 가지 표상이 서로 잘 어울리지는 않는다 할지라도, 그러나 그것들은 공통적으로 우리를 그리스도와 연결시킨 최초의 행동과 그에 뒤따르는 계속적인 과정을 제시합니다. 그리스도를 주로 받음으로써 그 안에 뿌리를 박고 그 위에 세움을 받는 것이 첫 번째 단계입니다. 그러고 나서 그 안에서 행하면서 뿌리로부터 자라 그 위에 세워져 가는 것이 따릅니다. 우리는 본문을 다음과 같이 좀 더 충분하게 표현할 수 있을 것입니다. "너희가 그리스도를 주로 받았으니 그러므로 그 안에서 행하라. 너희가 그 안에 뿌리를 박았으니 그러므로 그 안에서 자라라. 너희가 그리스도 위에 세움을 받았으니 그러므로 그 위에 계속해서 세워져 가라." 이러한 세 구절은 그 형태는 조금씩 다르지만 그러나 모두 동일한 개념을 표현합니다. 첫째 구절은 기독교적 진보를 "세상 앞에서 자신의 내적 소유를 나타내는 것," 다시 말해서 자기 마음속에 감추어진 보화를 외적인 삶으로 표출하는 것으로 표현합니다. 둘째 구절은 기독교적 진보를 "그 자체의 생명의 에너지에 의해 영혼 속에서 그리스도의 생명이 자연적으로 자라는 것"으로 표현합니다. 그리고 셋째 구절은 그러한 진보를 "의식적인 노력으로 완전한 건물이 될 때까지 건축 자재를 계속해서 쌓아 올라가는 것"으로 표현합니다. 이와 같이 본문은 우리에게 기독교적 진보의 원리를 제시합니다.

1. 첫째로, 기독교적 진보는 어떻게 시작됩니까?

여기의 세 가지 표상, 즉 받아들이는 것과 뿌리를 박는 것과 세움을 입는 것 모두는 단순히 그리스도에 대한 어떤 사실들을 받아들이는 것 이상의 훨씬 더 많은 것을 표현합니다. 사실들을 받아들이는 것은 우리가 사실들을 믿는 것 이상의 어떤 것에 도달하는 수단입니다. 참된 믿음으로 그리스도를 믿을 때, 우리는 그리스도를 소유합니다. 우리는 그 안에 뿌리를 박으며, 그의 생명이 우리 안으로 흘러들어옵니다. 우리는 그 토양으로부터 양분을 빨아들입니다. 우리는 그 위에 세움을 받으며, 그와의 긴밀한 연합 안에서 생명에 이르는 참된 젖줄을 발견합니다. 이 모든 은유들이 전제하는 연합은 생명의 연합입니다. 그리고 기독교적 생명에 있어서의 첫 단계인 그리스도를 소유하는 것은 참된 소유입니다.

이러한 첫 단계가 없이는 진보도 없습니다. 우리에게 새 생명이 전달되는 것이 필요하다는 것을 우리 자신의 경험이 너무도 명확하게 말해줍니다. 온전하게 세워져 가기 위해서는, 먼저 우리는 새로운 기초 위에 세움을 입어야 합니다.

만일 첫 단계가 시작되었다면, 다음으로 반드시 진보가 따를 것입니다. 만일 여러분이 그리스도를 영접했다면, 여러분이 소유한 생명은 필경 스스로 드러나며 펼쳐질 것입니다. 그것은 완전(perfect)에 이를 때까지 계속해서 진보할 것입니다. 우리의 본성과 성품 전체를 통해 그리스도와의 연합이 역사(役事)할 것입니다. 그리스도와의 연합, 이것이 모든 것의 시작입니다. 그리고 그것은 단지 시작에 불과합니다.

2. 둘째로, 기독교적 진보는 어떤 방식으로 이루어집니까?

그것은 그리스도를 더 완전하게 소유하며, 그에게 계속해서 더 가까이 다가가며, 그를 더 온전히 전유(專有)하는 것으로 이루어집니다. 기독교적 진보는 그 출발점으로서 그리스도로부터(from Christ) 자라는 것이 아니라, 그 목적지로서 그리스도 안으로(into Christ) 자라는 것입니다. 처음 그를 영접하는 첫 행동 안에 모든 것이 포함되어 있습니다. 나머지는 단지 그것으로부터 자라는 것에 불과합니다. 지혜(wisdom)와 지식(knowledge)에 있어서의 우리의 모든 성장은 우리가 그리스도를 영접할 때 갖게 되는 앎(knowing)으로 이루어집니다. 우리는 그리스도 안에서 모든 진리의 핵심을 보는 것을 배우는 분량만큼 자랍니다. 하나님을 계시하는 자로서, 사람의 선생으로서, 본성을 해석하는 자로서, 역사의 의미와 목적으로서, 삶과 죽음의 주인으로서 말입니다. 도덕과 철학과 정치가 그로부터 흘러나옵니다. 그의 입술과 삶과 죽음이 사람과 하나님의 모든 진리를 선포합니다.

지혜에 있어서와 마찬가지로 성품에 있어서의 모든 진보도 예수 그리스도에게 더 가까이 나아가며 그의 다양한 은혜를 더 많이 받음을 통해 이루어집니다. 그는 모든 탁월함의 모범입니다. 그는 “무엇에든지 순전하며 무엇에든지 사랑할 만하며 무엇에든지 칭찬받을 만한” 것들의 살아 있는 이상(理想)입니다. 그는 성육신한 덕(德)이며, 육체로 오신 ‘찬송 받을 자’입니다. 그는 우리가 점진적으로 그의 모양으로 빚어져가는 능력입니다. 우리 본성의 모든 부분은 그리스도 안에서 그 최고의 동기부여를 발견합니다. 개인적으로도 그렇고, 사회적으로도 마찬가지입니다. 그의 모양으로 만들어져가는 것은 점진적인 과정입니다. 그리고 사람이 완전한 자로 나타날 수 있는 유일한 방법은 그리스도 안에서 완전하게 드려지는 것입니다. 이를 위해 모든 사람은 수고하며 노력해야 하며, 그럴 때 그들의 수고는 결코 헛되지 않을 것입니다. 이러한 진보는 본문에서 세 가지 방향으로 나타납니다. 첫째로, 우리의 행함 속에 이미 소유하고 있는 그리스도의 생명의 점진적인 나타남이 있어야 합니다 — "그러므로 너희가 그리스도 예수를 주로 받았으니 그 안에서 행하되"(6절). 그리고 둘째로, 이미 얻은 새 생명의 영혼 속에 더 온전한 성장이 있어야 합니다. 나뭇잎이 계속해서 커지며 푸르러가는 것처럼, 그리스도를 닮은 성품이 계속해서 자라야 합니다. 그리고 마지막으로, 그러한 기초 위에 각종 은혜의 자재(資材)들을 계속해서 쌓아감으로써 그 안에서 지속적인 세워짐이 있어야 합니다.

3 셋째로, 기독교적 진보가 이루어지는 수단은 무엇입니까?

본문은 "너희가 그리스도 예수를 주로 받았으니"라는 말씀으로 시작합니다. 이와 같이 모든 진보는 그리스도 예수를 받는 것이 지속적이며 점진적인 것이 될 수 있도록 그 통로를 계속해서 열어 놓는 것에 달려 있습니다. 우리는 계속해서 주께 더 가까이 나아가는 가운데 그와의 교제가 더 깊어지고 풍성해지도록 추구해야 합니다. 다른 한편, 우리의 기독교적 진보는 우리 안에 심겨진 생명의 자연적인 성장에 의해서 뿐만 아니라 또한 우리의 의식적이며 계속적인 노력에 의해 이루어집니다. 본문의 두 은유는 우리의 경험 속에서 하나로 통합되어야 합니다. 별다른 노력을 기울이지 않는 나무의 자연적인 자람과 땀 흘리며 애쓰는 건축자의 수고를 생각해 보십시오. 그러나 전자든 후자든 어느 하나만으로는 전체적인 진리를 충분하게 표현하지 못합니다. 예수 그리스도와의 깊고 고요한 연합과 그러한 연합에 기초한 의식적인 노력 — 그리스도를 주로 받고 이 땅에서의 불완전한 연합으로부터 완전한 연합으로 자라가는 모든 그리스도인들의 경험 속에 이러한 두 가지 측면이 모두 있어야 합니다.

스스로에 대해 절망할 준비가 되어 있는 모든 사람들에게, 여기에 가장 위대한 소망들을 실현시키는 길이 있습니다. 그리스도 예수를 주로 받고 그 안에서 행하며 그 안에 뿌리를 박고 세움을 받은 자들, 즉 주께 성전이 된 자들에게 있어, 너무도 커서 결코 받을 수 없는 그런 것은 아무것도 없습니다.

7
그리스도와 함께 다시 살리심 (1)

"[1]그러므로 너희가 그리스도와 함께 다시 살리심을 받았으면 위의 것을 찾으라
거기는 그리스도께서 하나님 우편에 앉아 계시느니라 [2]위의 것을 생각하고 땅의
것을 생각하지 말라 [3]이는 너희가 죽었고 너희 생명이 그리스도와 함께 하나님
안에 감추어졌음이라 [4]우리 생명이신 그리스도께서 나타나실 그 때에 너희도 그
와 함께 영광 중에 나타나리라 [5]그러므로 땅에 있는 지체를 죽이라 곧 음란과 부
정과 사욕과 악한 정욕과 탐심이니 탐심은 우상 숭배니라 [6]이것들로 말미암아
하나님의 진노가 임하느니라 [7]너희도 전에 그 가운데 살 때에는 그 가운데서 행
하였으나 [8]이제는 너희가 이 모든 것을 벗어 버리라 곧 분함과 노여움과 악의와
비방과 너희 입의 부끄러운 말이라 [9]너희가 서로 거짓말을 하지 말라 옛 사람과
그 행위를 벗어 버리고 [10]새 사람을 입었으니 이는 자기를 창조하신 이의 형상을
따라 지식에까지 새롭게 하심을 입은 자니라 [11]거기에는 헬라인이나 유대인이나
할례파나 무할례파나 야만인이나 스구디아인이나 종이나 자유인이 차별이 있을
수 없나니 오직 그리스도는 만유시요 만유 안에 계시니라 [12]그러므로 너희는 하
나님이 택하사 거룩하고 사랑 받는 자처럼 긍휼과 자비와 겸손과 온유와 오래
참음을 옷 입고 [13]누가 누구에게 불만이 있거든 서로 용납하여 피차 용서하되 주
께서 너희를 용서하신 것 같이 너희도 그리하고 [14]이 모든 것 위에 사랑을 더하
라 이는 온전하게 매는 띠니라 [15]그리스도의 평강이 너희 마음을 주장하게 하라
너희는 평강을 위하여 한 몸으로 부르심을 받았나니 너희는 또한 감사하는 자가
되라"

골 3:1-15

부활은 성경에서 다음과 같은 세 가지 측면으로 나타납니다 — 첫째로 우리 주님의 메시야 되심을 확증하는 사실로서, 둘째로 우리가 죽음으로부터 다시 살아날 것에 대한 예언으로서, 셋째로 현재의 기독교적 삶의 상징으로서. 부활과 관련하여 바울이 여기에서 다루는 것은 마지막 세 번째 측면입니다.

1. 1-4절은 부활하신 그리스도에 대한 신자(信者)의 놀라운 그러나 매우 실제적인 연합을 제시합니다.

위에서 우리는 그리스도의 부활이 하나의 상징으로 제시된다는 사실을 이야기했습니다. 그러나 그것은 여기에 나타난 진리를 불완전하게 표현하는 것입니다. 왜냐하면 바울은 신자와 그리스도가 상징으로 뿐만 아니라 사실로서 연합된다고 믿었기 때문입니다. 신자와 주님의 연합을 제시하는 다음과 같은 표현들을 주목하십시오. "너희가 그리스도와 함께 다시 살리심을 받았으면"(1절). "이는 너희가 죽었고 너희 생명이 그리스도와 함께 하나님 안에 감추어졌음이라"(3절). 이것은 얼마나 놀라운 언급들입니까? 그러나 이러한 언급들이 다가 아닙니다. 바울은 이러한 언급들보다 더 깊이 들어가 주저하지 않고 "그리스도가 우리의 생명이라"고 말합니다.

이러한 위대한 선언들의 근거는 믿음이 우리를 예수 그리스도와 가장 실제적으로 그리고 가장 밀접하게 연결시키고, 그럼으로써 그의 죽음 안에서 우리가 죄와 세상에 대하여 죽으며 심지어 육체로 살아 있는 동안에도 우리가 그리스도로부터 말미암은 또 다른 생명을 가지고 있다는 사실에서 발견됩니다. 만일 우리의 기독교가 이러한 위대한 진리를 붙잡지 않는다면, 그것은 그리스도인의 특권과 관련하여 신약이 가르치는 높이까지 올라가지 못한 것입니다. 우리는 "우리의 희생제물이신 그리스도"에 대해서는 크게 강조하면서도 "우리의 생명이신 그리스도"에 대해서는 별로 강조하지 않는 경향이 있습니다. 그리스도와 연합됨으로써 그의 생명을 소유하는 것과 그럼으로써 그 안에 우리의 삶을 뿌리박는 것은 이 시대의 복음주의 기독교가 좀 더 분명하게 인식할 필요가 있는 진리입니다.

신자의 생명은 그리스도와 연합되어 하나님 안에 감추어졌습니다(3절). 따라서 그 생명은 세상으로부터 옮겨졌으며, 그러므로 세상은 그것을 알지도 못하고 받지도 못합니다. 그리스도인은 그러한 생명의 능력을 세상에서 최대한 나타낼 책임이 있습니다. 그러나 그리스도의 생명처럼 신자의 생명 역시 감추어진 비밀이며 신비입니다.

이러한 그리스도와의 복된 연합의 실제적인 결론은 무엇일까요? 그것은 우리가 그리스도인으로서 우리의 모든 삶이 우리의 영적 생명의 실재들과 일치되어야 한다는 것과, 우리의 마음이 항상 세상이 아니라 위에 있는 것들에 초점이 맞추어져야 한다는 것입니다. 분명 그리스도의 죽음 안에서의 그와의 연합은 우리로 하여금 세상에 대하여 죽고 그와 함께 새로운 열망과 생각과 바람과 사랑과 순종으로 살도록 이끌 것입니다. 예수 그리스도는 신자들을 그들 자신의 믿음으로 말미암아 이 땅에서 하늘의 새로운 생명을 살도록 만드셨습니다. 그리고 그는 하늘에서 그들을 다스리시며 축복하십니다.

2. 부활생명의 첫 번째 결과는 옛 본성 즉 땅에 속한 생명이 죽는 것 혹은 그것을 벗어 버리는 것입니다.

5-8절은 그리스도인들에게 이러한 옛 본성을 죽일 책임을 엄숙하게 부여합니다. 5절의 “그러므로”는 우리에게 매우 중요한 사실을 일깨워 줍니다. 왜냐하면 그것은 믿음으로 예수 그리스도와 연합되는 것이 모든 자기부인에 선행(先行)되어야 한다는 사실을 함축하기 때문입니다. 그러므로 복음의 기초 위에 세워지지 않은 금욕주의는 결코 합당한 것으로 받아들여질 수 없습니다. 그것이 불교 승려에 의해 행해지든, 가톨릭 수사(修士)에 의해 행해지든, 혹은 개신교 신자에 의해 행해지든 말입니다. 먼저 새 생명에 참여하십시오. 그러고 나서 옛 사람을 벗어 버리십시오. 고사리 같은 양치류 식물의 잎을 생각해 보십시오. 지난해의 마른 잎들은 새롭게 돋아나는 새 잎들에 의해 밀려나면서 새 것으로 대체됩니다. “그리스도 안에

있는 새 생명"의 위대한 진리는 신비로운 것입니다. 그러나 그것은 건전한 신비주의입니다. 왜냐하면 그것은 우리의 삶과 유리된 어떤 허구적인 영역을 다루는 것이 아니라, 우리 삶의 매우 실제적인 영역을 다루기 때문입니다. 본문이 명령하는 덕(德)들이 얼마나 일상적인 덕들인지 주목하십시오. 또 본문이 금하는 것들이 결코 허구적인 부류의 악(惡)이 아니라 모든 세상이 추하고 나쁜 것이라고 공통적으로 인정하는 악이라는 사실을 주목하십시오.

우리는 여기에 나타난 악의 목록을 둘로 나눌 수 있습니다. 첫째 부류(5-6절)는 대체로 통제되지 않는 격정과 불결의 죄입니다. 그리고 여기에 탐심이 더해져 있습니다. 이런 것들 가운데 있는 욕정과 욕심이 대부분의 죄를 일으키는 원인이 됩니다. 이러한 근원들을 막아 버리십시오. 그러면 악의 큰 물결은 아주 작고 미약한 물결로 바뀔 것입니다. 이러한 악들은 뇌성벽력과 같은 하나님의 진노를 끌어당기는데, 그러한 진노는 마지막 심판의 때뿐 아니라 지금 여기에서도 임합니다. 만일 우리가 소경이 아니라면, 우리는 불결하며 탐욕에 사로잡힌 사람들에게 그러한 진노의 먹구름이 다가오는 것을 보게 될 것입니다.

바울은 부활생명을 소유한 자들에게 이러한 것들을 벗어 버리라고 훈계합니다. 단순히 다가오는 진노 때문만이 아니라 또한 그 가운데 계속해서 거하는 것이 그들의 지금의 신분과 맞지 않기 때문입니다(7절). 그들은 지금 그러한 것들 가운데 거하지 않고 부활하신 그리스도와 함께 하늘에 거합니다. 그러므로 그러한 것들 가운데 사는 것은 모순입니다. 우리의 행함은 우리의 실제적인 신분과, 그리고 우리의 생명의 표면은 그것의 깊은 뿌리와 서로 상응해야 합니다.

둘째 부류의 악은 분함과 노여움과 악의와 비방 등 이웃과의 관계를 훼손하는 악입니다.

3. 9-10절에서 바울은 앞의 모든 명령들의 위대한 이유를 덧붙입니다.

그것은 1-4절에서 다루어졌던 것처럼 그리스도인이 예수 그리스도와 연합되어 죽었다가 다시 살아났다고 하는 사실입니다. 그들은 이미 죽었다가 다시 살아났습니다. 그러면서 동시에 그는 그들을 향해 옛 사람을 벗어 버리고 새 사람을 입으라고 명령합니다. 이미 그렇게 된 사람들에게 또 그렇게 하라고 명령하는 것은 매우 비논리적이지만, 그러나 우리는 그것이 매우 사실에 부합한다는 것을 주목할 필요가 있습니다. 그는 옛 사람을 벗어 버리라는 명령을 그리스도인들이 그것을 이미 벗어 버린 사실 위에 기초시킵니다. 그들은 이미 되어진 대로 계속해서 그렇게 되어가야 합니다. 그들은 믿음으로 자신에 대해 죽고 그리스도 안에서 그리고 그리스도에 대해 다시 살았는데, 바로 그와 같은 이상(理想)을 그들은 매일의 삶 속에서 계속해서 이루어가야 합니다. 계속적으로 기독교적 삶을 이루어나가는 가장 강력한 동기는 최초의 기독교적 행동을 되돌아보는 것입니다.

예수 그리스도와의 연합이 가져다준 새로운 본성을 생각할 때, 바울의 마음은 뜨겁게 불타오릅니다. 그는 자신의 그러한 마음을 한 문장으로 압축합니다. 새 사람은 단지 새로운 것일 뿐만 아니라 또한 그리스도인의 본성 속에서 점점 더 깊고 넓게 이루어지는 회복과 함께 계속해서 새로워져 가는 것입니다. 그것은 지식에까지 지속적으로 새로워져 감으로써 마침내 그리스도에 대한 완전한 지식에까지 도달하는 것입니다. 그것은 아담의 창조보다 더 나은 창조에 의해, 하나님의 형상과 관련하여 우리의 첫 조상이 가졌던 것보다 더 완전한 형상으로 빚어져 가는 것입니다. 모든 그리스도인은 그것을 소유함으로써 민족적 종교적 편견과 문화적 사회적 조건을 초월하여 하나가 됩니다. 바리새인 바울과 골로새의 형제들, 그리고 노예인 오네시모와 그의 주인인 빌레몬이 예수 안에서 하나입니다. 모든 그리스도인은 동일한 새 생명을 받으며, 그것이 그들 모두를 하나로 만듭니다. 거대한 산호초 군락을 생각해 보십시오. 그것을 구성하는 수많은 산호 폴립들이 각각의 개별적인 개체라기보다 하나의 살아 있는 전체의 부분들인 것처럼, 그리스도도 마찬가지입니다. 한 몸으로서의 성도들의 연합은 우리의 개별성을 파괴하지 않고 이루어집니다.

4. 12-15절에 부활생명의 마지막 결과가 제시됩니다.

바울 사도는 그리스도인들에게 새 사람을 입는 것을 위한 위대한 동기로서 자신들이 누구인지를 다시 한 번 일깨워줍니다. 우리에게 있어 자신의 특권을 의식하는 것은 자칫 교만 가운데 자신의 책임은 간과하면서 스스로를 다른 사람들로부터 분리시키도록 이끌기 쉽습니다. 그러나 우리가 하나님의 택함받은 거룩한 백성임을 아는 것은 우리의 마음을 부드럽게 만들며, 우리로 하여금 하나님을 비추는 거울처럼 행동하도록 이끕니다. 그럴 때, 우리는 우리가 받은 죄 사함의 모범과 분량에 따라 다른 사람들의 잘못을 용서하며, 다른 사람들의 고난과 슬픔을 민감하게 체휼(동정)하며, 말로 위로할 뿐만 아니라 행동으로 도울 준비를 갖추며, 스스로를 낮추며, 악에 대해 악으로 보응하지 않게 될 것입니다. 우리의 삶을 고요하게 만들며 우리의 마음을 하나님의 성전으로, 그리고 세상을 에덴 동산으로 만드는 이러한 은혜들은 모두 사랑으로부터 나오는 것입니다. 바울은 이 모든 것들이 사랑 위에 근거한다는 사실을 표현하기 위해 매우 놀라운 이미지를 사용합니다. 그는 그러한 은혜들을 다양한 종류의 옷들로 비유하면서, 그 모든 것들을 입고 사랑의 띠로 묶으라고 말합니다(14절). 요컨대 사랑이 그러한 다양한 은혜들을 하나로 묶는 것입니다.

이와 같이 사랑 안에 거함으로써, 우리는 항상 우리 자신을 자기중심적인 삶으로 이끄는 마음의 온갖 요동하는 것들로부터 벗어나게 될 것입니다. 왜냐하면 마음의 평온을 깨뜨리며 평안한 잠을 자지 못하도록 훼방하는데 있어 미움과 의심 그리고 오로지 자기 자신만을 위해 사는 것보다 더 확실한 것은 아무것도 없기 때문입니다. 우리가 부활생명을 살며 새 사람을 입는 분량만큼 그리스도의 평강이 우리의 것이 될 것이며, 또 그것이 우리 마음을 다스리게 될 것입니다. 마치 심판장처럼 거기 앉아서 말입니다. 그리고 그러한 평강은 악이 접근할 때 마치 민감한 식물의 잎처럼 스스로 움츠릴 것입니다. 만일 우리가 그러한 경고에 주의를 기울이면서 우리의 평강을 깨뜨리는 것으로부터 스스로를 분리시킨다면, 우리는 수많은 죄 속으로 떨어지는 것으로부터 구원받게 될 것입니다. 그러한 평강은 새 생명을 소유한 자들을 모두 복된 조화 속으로 모읍니다. 그것은 하나님과의 평화이며, 우리 자신과의 평화이며, 모든 형제들과의 평화입니다. 그리고 모든 그리스도인들이 한 몸의 지체라는 사실이 그들 모두에게 그러한 하나됨을 굳게 지킬 책임을 부여합니다. 그리고 이러한 모든 위대한 축복으로 인해, 특별히 그와 같은 그리스도와의 연합으로 인해, 감사의 마음이 항상 우리 마음을 채울 것이며, 또 그것이 우리의 매일의 삶을 그분께 드리는 찬미의 제사가 되게 만들 것입니다.

8
그리스도와 함께 다시 살리심 (2)

"그러므로 너희가 그리스도와 함께 다시 살리심을 받았으면 위의 것을 찾으라 거기는 그리스도께서 하나님 우편에 앉아 계시느니라 위의 것을 생각하고 땅의 것을 생각하지 말라"

골 3:1, 2

신약은 부활을 세 가지 측면으로 다루는데, 그것들은 교회의 의식(意識) 속으로 연속적으로 들어온 것처럼 보입니다. 먼저, 부활은 매우 자연스럽게 우리 주님의 인격과 사역에 대한 관련성 속에서 고찰됩니다. 이것의 실례(實例)로서 우리는 부활이 사도들의 초창기 설교에서 다루어진 방식을 지적할 수 있습니다. 다음으로, 부활은 기독교적 경험과 사색(思索)이 깊어져감과 함께 사람의 불멸의 소망과 관련되어 고찰됩니다. 그리고 마지막으로, 부활은 기독교적 삶이 계속적으로 심화되어감과 그리스도의 제자들의 삶의 모범으로 고찰됩니다. 이와 같이 부활은 첫째로 증언(witness)으로, 둘째로 예언(prophecy)으로, 그리고 마지막으로 상징(symbol)으로 간주되었습니다. 예컨대 로마서 1장 4절의 "죽은 자들 가운데서 부활하사 능력으로 하나님의 아들로 선포되셨으니"라는 말씀은 부활의 첫 번째 측면을 이야기하며, 고린도전서 15장 20절의 "그러나 이제 그리스도께서 죽은 자 가운데서 다시 살아나사 잠자는 자들의 첫 열매가 되셨도다"라는 말씀은 부활의 두 번째 측면을, 그리고 에베소서 2장 6절의 "또 함께 일으키사 그리스도 예수 안에서 함께 하늘에 앉히시니"라는 말씀은 부활의 세 번째 측면을 이야기합니다. 우리는 이전의 설교들에서 부활과 관련한 앞의 두 가지 측면들에 대해 간략하게나마 다루었습니다. 그러므로 여기에서는 마지막 세 번째 측면을 다루고자 합니다.

여기에서 한 가지 더 주목할 것이 있습니다. 본문에서 "그리스도와 함께 다시 살리심을 받았다"는 표현으로부터 갑자기 "그리스도께서 하나님 우편에 앉아 계시느니라"는 표현으로 이행하는 사실을 주목하십시오. 이러한 사실로부터 우리는 예수 그리스도의 승천이 항상 성경에서 부활로부터 시작된 과정의 필연적인 결과 외에 아무것도 아닌 것으로 간주되었다는 사실을 주목할 수 있습니다. 부활과 승천은 별개의 사실들이 아닙니다. 그것은 하나의 과정의 양 끝입니다. 하나의 막대기가 있다고 할 때, 이쪽 끝이 부활이라면 저쪽 끝이 승천입니다. 이와 같이 부활은 승천으로 발전합니다. 그리고 둘 모두에서 예수 그리스도는 그를 따르는 자들의 모범입니다. 이제 본문 말씀을 살펴보도록 합시다.

1. 첫째로, 우리는 여기에서 그리스도인들이 그리스도와 함께 죽고 그와 함께 다시 살리심을 받은 자들이라는 사실을 배우게 됩니다.

오늘날 우리는 예수 그리스도의 죽음과 부활과 관련한 통상적인 복음적 관점에 매우 익숙해 있습니다. 우리 가운데 많은 사람들에게 있어 그리스도의 죽음은 세상이 하나님과 화해하는 방편 외에 아무것도 아니며, 그의 부활은 그러한 사역에 대한 하나님의 인치심 외에 아무것도 아닙니다. "예수는 우리가 범죄한 것 때문에 내줌이 되고 또한 우리를 의롭다 하시기 위하여 살아나셨느니라"(롬 4:25) — 바로 이것이 대부분의 복음적인 혹은 정통적인 그리스도인들이 예수 그리스도의 죽음과 부활을 바라보는 주된 관점입니다. 물론 이러한 진리는 아무리 강조해도 지나치지 않습니다. 그러나 예수 그리스도의 죽음과 부활을 오직 이러한 사실에만 지나치게 초점을 맞추는 것은 옳지 않습니다. 만일 여러분이 앞의 관점을 "복음"이라고 말한다면, 그것은 전적으로 옳습니다. 그러나 만일 여러분이 그것을 "복음 전체"(whole gospel)라고 말한다면, 그것은 옳지 않습니다. 왜냐하면 신약은 예수 그리스도의 죽음과 부활을 "세상을 하나님과 화해하게 만드는 방편"으로서 뿐만 아니라 또한 "고상하며 참된 기독교적 삶의 모형"으로서도 가르치기 때문입니다. 본문이 바로 그 가운데 하나입니다. 또 여러분은 우리 주님께서 자신의 죽음이 가져올 결과를 예상하시면서 "한 알의 밀이 땅에 떨어져 죽지 아니하면 한 알 그대로 있고 죽으면 많은 열매를 맺느니라"라고 말씀하신 후, 곧바로 뒤이어 "자기의 생명을 사랑하는 자는 잃어버릴 것이요 이 세상에서 자기의 생명을 미워하는 자는 영생하도록 보전하리라"라고 말씀하시고, 또 계속해서 자신의 십자가를 우리의 모범으로 제시하시면서 "사람이 나를 섬기려면 나를 따르라 나 있는 곳에 나를 섬기는 자도 거기 있으리라"라고 선포하신 사실을 기억할 것입니다 (요 12:24-26).

"우리는 그와 같은 형상으로 만들어졌으며,
그와 같은 모습으로 부활하노라.
십자가도 우리의 것이요, 무덤도 우리의 것이며,
하늘도 우리의 것이라."

이와 같이 다시 살리심을 받은 생명 즉 부활생명(risen life)이 모든 고상한 삶의 전형(典型)입니다. 또 부활생명이 있기 전에 먼저 죽음이 있어야 합니다. 이러한 사실로부터 우리는 사람의 경험 속에 있는 두 영적 실재 즉 죽음과 부활의 위대한 상징으로 표현되는 두 영적 실재가 사실은 하나의 원(圓)의 서로 다른 일부들일 뿐이라고 말할 수 있습니다. 이것이 의미하는 바를 충분히 이해하는 것이 매우 어렵다 하더라도, 그러나 우리는 다음과 같은 한 가지는 분명하게 말할 수 있습니다. 즉 만일 사람이 육체에 대해, 자기 의지에 대해, 세상에 대해 죽지 않는다면, 그는 생명이라고 불릴 만한 가치가 있는 그러한 삶을 결코 살지 못할 것이라는 사실 말입니다. 우리에게 있어 참된 고상함과 위를 향해 자라가는 진정한 성장의 조건은 매일 죽는 것입니다. 그리고 그러한 자아의 죽음으로부터 영광스럽게 솟아오르는 생명을 사는 것입니다. 참된 윤리학은 모두 그것을 가르칩니다. 그리고 기독교는 그것을 갑절로 강조하여 가르칩니다. 왜냐하면 기독교는 참된 고상한 삶에 있어 십자가와 부활이 단지 허구적인 상징이 아닌 그 이상의 훨씬 더 큰 어떤 것으로 가르치기 때문입니다.

그러므로 성도 여러분, 예수 그리스도를 믿는 믿음으로 우리가 그와 같은 그리스도와의 참되고 깊은 연합 속으로 들어간다는 사실을 잊지 마십시오. 그것은 단지 상징적이며 비유적인 의미로서가 아니라 가장 축복된 실재로서 그런 것입니다. 신자의 마음속으로 그리스도 자신의 생명의 불꽃이 들어옴으로써, 우리는 그와 동질적(同質的)인 생명을 살게 됩니다. 죽음으로부터 부활하심으로써 더 이상 사망의 권세 아래 있지 않은 그의 생명과 동질적인 생명 말입니다. 그러므로 우리가 그리스도와 함께 다시 살리심을 받았다고 말할 때, 그것은 단지 비유가 아니라 영적 사실입니다. 그리고 그에 대한 우리의 믿음이 우리의 죽을 몸에 사망 혹은 죄와 아무 상관없는 참된 생명이 들어오는 문이 됩니다. 이러한 예수 그리스도와의 연합으로 인해 우리의 기독교적 생명은 그리스도와 함께 하나님 안에 감취어집니다. 그리고 그와 함께 다시 살리심을 받은 우리는 하늘 보좌의 우편에 '바로 지금' 앉아 있는 것입니다. 비록 지금 우리의 두 발이 온갖 흙먼지로 가득 한 인생길을 여행하고 있다 하더라도 말입니다. 바로 이것이 본문의 위대한 가르침이면서 동시에 십자가를 거의 대부분 죄를 위한 희생제사로서 인식했던 현대 기독교가 크게 놓친 부분입니다. "너희가 그리스도와 함께 다시 살리심을 받았으면."

이러한 죽음과 부활이 기독교회의 입회의식(入會儀式) 속에 나타나는 사실을 주목하십시오. 어쩌면 여러분 가운데 어떤 사람들은 세례와 관련한 나의 관점에 동의하지 않을는지 모릅니다. 왜냐하면 세례와 관련해서는 그 형식이라든지 그 대상 등의 문제에 있어 많은 의견차이가 있기 때문입니다. 그렇지만 초대교회 때 행해진 세례가 침수의 형식으로 이루어진 침례(浸禮)였다는 데에는 모두가 동의할 것입니다. 물론 오늘날에도 그때와 똑같은 형식으로 행해야 하는지 여부에 대해서는 서로 의견이 다르다 하더라도 말입니다. 어쨌든 세례의 의미는 그와 같은 불가분의 두 순간, 즉 죄에 대하여 자아에 대하여 세상에 대하여 옛 과거에 대하여 죽고 새 생명으로 다시 살아나는 것을 상징하는 것입니다. 우리의 성례중시주의자 형제들은 여기의 골로새 형제들이 그리스도와 함께 다시 살리심을 받은 것은 그들이 세례 받았을 때라고 말할 것입니다. 그러나 나는 그렇게 믿지 않습니다. 다만 그러한 세례는 참된 기독교적 생명의 문 앞에 놓여 있는 살아 있는 표적이었습니다.

이와 같이 본문의 첫 번째 개념 즉 그리스도인은 그리스도와 함께 죽고 다시 산 자들이라는 개념은 단지 말씀으로만 가르쳐진 것이 아니라 또한 처음부터 교회의 의식(儀式)으로 분명하게 제시되었습니다. 우리는 믿음으로 말미암아, 그리고 믿음을 통한 연합에 의해, "죽으실 뿐 아니라 다시 살아나셔서 하나님 우편에 앉아 계신" 그리스도와 함께 죽고 다시 살아났습니다(롬 8:34).

2. 둘째로, 계속해서 우리는 여기에서 그로 말미암은 그리스도인의 삶의 목표를 보게 됩니다.

"그러므로 너희가 그리스도와 함께 다시 살리심을 받았으면 위의 것을 찾으라." "찾는다"는 것은 외적인 삶이 어떤 대상을 향하는 방향을 함축합니다. 그것은 마치 우리가 어쩌면 발견하지 못할지도 모른다고 생각하면서 찾는 것처럼 그렇게 찾는 것이 아닙니다. 또 그것은 수색한다는 의미에서 찾는 것도 아닙니다. 그것은 목표를 향해 겨눈다는 의미에서 찾는 것입니다. 만일 우리 마음속에 부활하신 예수 그리스도와의 연합의 의식이 불타고 있다면, 그러한 의식은 세상에서의 우리의 삶의 방향과 목표를 분명하게 형성시키지 않겠습니까? 로켓 연료봉의 크기가 발사체의 비행거리를 결정하는 것처럼, 우리 마음속에서 고동치는 부활생명에 대한 내적 의식이 우리의 모든 외적 행동을 형성합니다. 그러한 내적 의식은 우리에게 날개를 달아주고, 우리로 날아오르게 만듭니다. 그것은 우리로 하여금 많은 사람들의 삶의 목적을 형성하는 저급한 목표들을 뛰어넘어 하늘로 날아오르도록 만들어줍니다.

그러면 "위의 것"은 무엇을 의미하는 것일까요? 한 마디로 그것은 예수 그리스도를 의미합니다. 궁창의 모든 광채는 하나의 불타는 태양으로 모아집니다. 사람들에게 빈 하늘로 솟아오르라고 말하는 것은 모호한 방향을 가리키는 것입니다. 그러나 사람들에게 "위의 것"을 찾으라고 말하는 것은 결코 모호한 방향을 가리키는 것이 아닙니다. 왜냐하면 그 모든 것들은 한 인격 안으로 모아지기 때문입니다. "그리스도께서 하나님 우편에 앉아 계시는 곳" — 바로 이것이 "위의 것"의 의미이며, 부활생명을 의식하는 사람들이 지속적인 목표로 삼아야만 하는 것입니다. 여러분이 자기 안에 예수 그리스도의 생명의 불꽃을 담고 있음을 분명하게 인식하고 있다고 생각해 보십시오. 그러면 어떻게 될까요? 그러면 필경 불이 위로 솟구쳐 오를 것이며, 그럼으로써 우리의 내적 삶은 우리의 내적 생명의 생명이시며 그러므로 우리의 외적 행동의 목표이신 예수 그리스도께 온전히 향하게 될 것입니다.

예수 그리스도는 "위의 것"의 총합입니다. 이러한 사실로부터 한 가지 위대한 진리가 분명하게 서게 되는데, 그것은 그리스도인에게 있어 자신의 기독교적 생명의 실재와 부합하는 유일한 목표는 그리스도와 같아지는 것이며, 그리스도와 함께 하는 것이며, 그리스도를 기쁘시게 하는 것이라는 사실입니다.

"몸으로 있든지 떠나든지 주를 기쁘시게 하는 자가 되기를 힘쓰노라"라는 바울의 말을 주목하십시오(고후 5:9). 이러한 목표는 사람들이 추구하는 수많은 다양한 목표들을, 마치 거대한 산맥의 정상이 그와 연결된 일련의 연봉(連峰)들을 포괄하는 것처럼 그렇게 포괄합니다. 일련의 연봉들은 정상을 지탱하며, 떠받치며, 지향하며, 하늘과 맞닿은 그 고요한 정상 안에서 자신의 완전을 발견합니다. 하나님 우편에 앉아 계신 그리스도를 우리의 삶의 목표로 더 많이 바라볼수록 우리의 모든 실제적인 목표들은 더 고상해지고 악으로부터 더 멀어질 것입니다. 그러한 실제적인 목표들은 우리 삶의 첫째 자리에 있는 것보다 둘째 자리에 있을 때 더 나은 것이 됩니다. 여러분은 먼저 그의 나라와 그의 의를 구하십시오. 그러면 학생으로서, 사상가로서, 과학자로서, 사업가로서, 부모로서, 연인으로서 여러분의 다른 모든 목표들은 하나님을 기쁘시게 하는 최고의 목표에 종속됨으로써 위대한 것이 될 것입니다. 이러한 최고의 목표는 우리의 삶 전체를 통해 계속해서 유지되어야 합니다. 아름다운 향기는 주변으로 퍼지면서 주변 전체를 향긋하게 만듭니다. 우리는 일상적이며 구체적인 모든 목표들을 통해, 그리고 그것들을 수단으로 하여 최고의 목표를 추구할 수 있습니다. "위의 것을 찾으라."

3. 셋째로, 우리는 여기에서 삶의 올바른 방향을 확고하게 하기 위해 요구되는 힘을 보게 됩니다.

바울 사도는 우리가 마땅히 해야 할 일을 가리키는 것으로 만족하지 않습니다. 그는 그것이 우리의 개별적인 삶의 상황들 속에서 어떻게 이루어질 수 있는지에 대한 실제적인 훈계를 덧붙입니다 — "너희의 감정을 위에 있는 것들에 두라"(2절, Set your affections on things above. 한글 개역개정판에는 "위의 것을 생각하라"로 되어 있음). 여러분은 흠정역(KJV)에 채택된 "감정"(affections)이란 단어가 충분한 의미를 전달하지 못한다는 사실을 알 것입니다. 반면 개정역(Revised Version)은 "너희의 **마음**(minds)을 위에 있는 것들에 두라"라고 읽음으로써 우리에게 훨씬 더 나은 번역을 제공합니다. 사랑하는 것과 관련하여 사람은 의지적으로 행할 수 없습니다. 사람은 "나는 이러저러하게 사랑하기로 **결심**했노라"라고 말하면서 실제로 그렇게 행할 수 없습니다. 그러나 비록 여러분이 의지에 의해 어떤 감정 위에서 직접적으로 행동할 수는 없다 하더라도, 여러분은 여러분의 이해나 생각 위에서 직접적으로 행동할 수는 있습니다. 만일 어떤 사람이 예수 그리스도를 사랑하기를 원한다면, 그는 예수 그리스도에 대해 많이 생각하게 될 것입니다. 이것은 명약관화한 일입니다. 자신의 생각을 집중시키는 것에 의해서보다 다른 방법에 의해 자신의 감정(affections)을 통제하려고 애쓰는 것은 참으로 헛된 일입니다. 여러분의 마음(minds)을 위에 있는 것들에 두십시오. 그러면 그것이 감정(emotions)을 이끌 것입니다. 그러면 생각과 감정이 함께 외적인 노력을 형성할 것입니다. 위에 있는 것들을 찾는 것은 언제 오겠습니까? 그것은 오직 여러분의 마음과 생각과 내적 생명이 예수 그리스도를 향할 때입니다. 우리의 외적인 행동들은 언제 올바로 행해지게 될까요? 그것은 우리의 마음과 생각의 문 앞에 파수꾼을 세울 때입니다. 그것 외에 다른 방법은 없습니다. 그럴 때 이와 같은 내적인 힘이 작동되고, 그럼으로써 우리의 외적인 목표는 계속해서 견고하게 될 것입니다.

위에 있는 것들에 대해 우리는 그것을 단지 마음에 둘 뿐만 아니라 또한 그것을 우리의 삶의 목표로 삼아야 합니다. 그것들은 미래의 어느 단계에 도달되는 목표일 뿐만 아니라 또한 지금 향유할 수 있는 현재적인 소유이기도 합니다. 우리는 현재적인 그리스도와 현재적인 하늘나라를 소유할 수 있습니다. 기독교적 생명은 미래적으로 열망하는 것이면서 동시에 현재적으로 향유하는 것입니다. 우리는 찾아야 합니다. 그러나 찾는 동안에도 우리는 우리가 찾고 있는 것을 이미 소유하고 있다는 사실을 인식해야 합니다. 심지어 우리가 찾고 있는 동안에조차도 말입니다. 여러분은 이러한 이중적인 경험을 알고 있습니까? 위에 있는 것들을 지금 여기에서 가지고 있으면서 동시에 그것을 향해 계속해서 나아가는 것 말입니다.

오늘날의 그리스도인들은 위에 있는 것들을 깊이 묵상하는 것보다 일상의 삶이 부과하는 수많은 일들을 처리하느라 지나치게 분주한 것 같습니다. 우리가 마땅히 목표로 삼아야 할 것들에 대해 우리는 더 많이 생각하며 묵상해야 합니다. 오늘 소유하고 있는 것을 분명히 확신할 때, 우리는 내일 더 많은 것을 소유할 것을 소망하며 사모할 것입니다.

사랑하는 성도 여러분, 만일 우리가 겸손한 자기 순복과 의존으로서 스스로를 우리를 위해 죽으신 예수 그리스도와 결합시킨다면, 우리는 그로부터 말미암는 부활생명을 갖게 될 것입니다. 그리고 만일 우리가 깊고 실제적인 의미에서 그를 우리 생명의 생명으로 소유한다면, 우리는 우리 삶을 둘러싸고 있는 이런저런 목표들 가운데 그 모든 것들을 뛰어넘는, 그리고 그 모든 것들이 지향하는 하나의 목표를 추구하게 될 것입니다. 그럴 때 우리 모두는 하나님의 도우심으로 이렇게 말할 수 있게 될 것입니다. "내가 그리스도와 그 부활의 권능과 그 고난에 참여하는 것 외에 다른 모든 일은 배설물로 여기나니 이는 그의 죽으심을 본받아 어떻게 해서든지 죽은 자 가운데서 부활에 이르려 함이니라"(빌 3:8-11).

9
밖에 있는 자들과 안에 있는 자들

"외인에게 대해서는 지혜로 행하여 세월을 아끼라"

골 4:5

여기의 "외인"은 물론 비기독교 세계에 대한 표현으로서, 교회의 경계 넘어 있는 바깥 사람들을 지칭하는 표현입니다. 초창기 기독교 시대에 교회와 주변 세계 사이에는 매우 넓은 구분선이 있었으며, 이방 세계 속에 있는 소수의 그리스도인들은 자신들과 자신들이 살고 있는 사회 사이에 거대한 간격을 느꼈습니다. 이러한 구분은 기독교가 뿌리를 내림에 따라 그 형태나 크기가 달라지기는 하지만 그러나 오늘날에도 여전히 남아 있습니다. 그러한 구별을 간과하는 것은 지혜로운 일도 아닐 뿐더러 사랑도 아닙니다.

"외인"이란 표현은 다소 귀에 거슬리게 들릴 수 있습니다. 그리고 유대인들에 의해 사용될 때 그랬던 것처럼, 매우 편협하며 악의적인 의미로 사용될 수 있습니다. 친밀한 집단은 자신들 사이에서의 건전한 집단정신뿐만 아니라 외인들에 대한 적대적인 경멸의 정신을 산출하기 쉽습니다. 기독교 역시도 너무나 자주 그 옹호자들에 의해 그릇되게 표현되곤 했습니다. 왜냐하면 종종 교회의 울타리 밖에 있는 자들을 오만한 마음과 비기독교적인 자아도취로 경멸하곤 했기 때문입니다.

그렇지만 본문 속에는 그와 같은 바깥사람들에 대한 경멸의 정신이 조금도 들어 있지 않습니다. 도리어 정반대입니다. 나에게 있어 본문의 훈계는, 자신은 포근한 집에 안전하고 평안하게 앉아 있지만 그러나 그 가운데 만족하는 것으로 끝나지 않고, 집 밖에서 추위와 고통 속에 방황하는 주위 사람들을 안타까운 마음으로 바라보는 사람의 표현처럼 들립니다. 왜냐하면 그들은 지금 어둠 속에서 그리고 무자비한 폭풍이 몰아치는 한가운데서 살아가고 있기 때문입니다. 그러한 사람들에 대한 기독교의 정신과 태도는, 애틋한 마음으로 불쌍히 여기면서 속히 들어와 축복을 함께 나누자고 애원하는 것입니다. 이와 같이 우리는 본문 속에서 깊고 따뜻한 연민의 마음을 발견할 수 있습니다. 이제 이런 마음으로 본문을 살펴보도록 합시다.

1. 첫째로, 외인은 누구며, 밖에 있다는 것은 무엇을 의미하는 것입니까?

앞에서 살펴본 것처럼, "외인"이란 표현은 명백히 유대교로부터 빌려온 것입니다. 거기에서 그 단어는 "유대 회중 밖에 있는 자들"을 의미했는데, 기독교에 적용되면서 그것은 기독교회 밖에 있는 자들을 의미하게 되었습니다. 그러나 우리는 "외인"의 의미에 대해 좀 더 면밀하게 살펴볼 필요가 있습니다. "외인" 즉 "밖에 있다"고 할 때, 무엇으로부터 밖에 있다는 것일까요? 단순히 교회의 울타리 밖에 있다는 의미일까요? 그러나 이러한 설명만으로는 충분하지 않습니다. 이것은 단지 부분적인 설명일 뿐입니다. 진리가 실제적인 형태의 제도로 구체화되는데 따르는 문제점은 교회의 경우에도 똑같이 나타납니다. 그러한 과정에서 우리는 너무도 쉽게 '진리를 실제적으로 소유하는 것'을 '그러한 제도와 외적으로 관계 맺는 것'으로 대체시키곤 합니다. 그러한 제도는 진리를 실제적으로 소유하는 것의 결과물에 불과한 데도 말입니다. 그러므로 나는 어떤 신자들의 조직체와 연결되는 것이 곧 "안에 있는 것"이며 그러한 조직체로부터 떨어지는 것이 곧 "밖에 있는 것"이라는 개념이 결코 옳은 개념이 아니라는 사실을 강력하게 역설하고 싶습니다. 특별히 이것을 더욱 강조하고 싶은 것은 오늘날 외적인 조직체로서의 교회와 연결되는 것에 부과되는 미신적인 과대평가 때문입니다. 조직체 안에 있는 자들 가운데 많은 사람들은 "진리 안에" 있지 않습니다. 또 감사하게도 사람은 비록 교회 밖에 있다 할지라도 여전히 하나님의 숨겨진 자들 가운데 한 사람으로서 지성소의 가장 깊은 곳에 안전하게 거할 수 있습니다. 로마가톨릭이나 영국국교회의 사제들로부터 우리는 "교회 밖에는 어떤 안전도 없다"는 말을 종종 듣습니다. 올바로 이해될 때, 이 말은 옳습니다. 교회라는 단어로써 예수 그리스도를 믿는 전체 무리를 의미할 때, 물론 교회 밖에는 안전이 없습니다. 왜냐하면 예수 그리스도를 믿는 것이 안전의 유일한 조건이기 때문입니다. 또 만일 우리가 예수 그리스도를 믿는 무리에 속하지 않는다면, 우리는 그와 같은 안전의 축복을 소유하지 못할 것이기 때문입니다.

그러나 앞의 말, 즉 "교회 밖에는 어떤 안전도 없다"는 말은, 그 말을 매우 빈번하게 사용하는 자들의 입술로부터 나올 때, 그러한 의미가 아닙니다. 그들에게 교회는 가시적(可視的) 조직체입니다. 그들에게 교회는 주교와 사제와 성례 등과 같은 직분과 의식(儀式)에 의해 구별되는 특별한 조직체입니다. 그들은 그와 같은 직분이나 의식을 통해 은혜가 흘러가는 것으로 생각하면서, 다른 형태로 구성되고 움직여지는 공동체에는 은혜가 흘러들어가지 못한다고 생각합니다.

기독교를 '교회와 외적으로 연결되는 것' 으로 외면화하는 위험성은 비단 로마가톨릭이나 영국국교회에만 있는 것이 아닙니다. 그러한 경향은 인간 본성 속에 깊이 뿌리박혀 있으며, 최소한의 성직계급만을 가지고 있는 종파에서조차도 자주 나타납니다. 우리는 그리스도인이 되는 것이 '그리스도인들로 이루어진 어떤 조직체와 연결되는 것' 훨씬 이상이라는 사실을 분명히 인식해야 합니다. 그러는 가운데 오늘날의 통속적이며 육신적인 관념에 저항하면서 우리 안에 있는 진리를 분명하게 나타내야 합니다. 오늘날의 통속적인 관념 속에서 교회는, 마치 자신의 장신구에 깔려 숨조차 제대로 쉴 수 없었던 옛 우화 속의 처녀처럼, 여러 형식들 아래 질식되고 있습니다. 어떤 집단과 외적으로 연결되고 의식(儀式)에 동참하는 것이 영적 조건을 결정할 수 없습니다. 어떤 형식들을 통과하고 어떤 가시적인 단체에 연결되었다고 해서 여러분이 울타리 "안에" 안전하게 있는 것은 결코 아닙니다. 교회는 그리스도에 의해 규정됩니다. 믿고 사랑하는 사람들은 자연적으로 서로를 끌어당기며, 그들 가운데 그리스도의 생명이 있습니다. 사람은 그리스도의 백성들과 믿음으로 연합함으로써 많은 영적 축복을 받게 됩니다. 그들은 서로 격려하며, 빛을 비추며, 도우며, 한마음을 품습니다. 예수 그리스도를 만난 자들은 보이지 않는 주님과의 연합의 결과로서 보이는 외적 단체와의 연합이 가져다주는 축복을 결코 과소평가하지 않습니다. 그러나 사람들은 교회 안에 있으면서도 그리스도 안에는 있지 못할 수 있습니다. 우리를 참으로 "안에 있는" 자들이 되게 만드는 것은 교회와의 연결이 아니라 그리스도와의 연결입니다. "밖에 있는" 자들 즉 "외인"들은 교회의 울타리 안에 있을 수도 있고 밖에 있을 수도 있습니다.

또 우리는 "외인" 즉 "밖에 있는" 자들이 교회 밖에 있는 자들이 아니라 그리스도의 나라 밖에 있는 자들이라고 말할 수 있습니다. 그리스도의 나라는 가시적(可視的) 외적 단체가 아닙니다. 그리스도의 나라 혹은 하나님의 나라 혹은 하늘나라는 사람의 의지가, 하나님의 뜻이며 하늘의 법령인 그리스도의 법에 순복되는 곳에서 발견됩니다. 그리스도께서도 "나더러 주여 주여 하는 자마다 다 천국에 들어갈 것이 아니요 다만 하늘에 계신 내 아버지의 뜻대로 행하는 자라야 들어가리라"라고 말씀하심으로써 그러한 사실을 분명하게 제시하셨습니다(마 7:21). "외인" 즉 "밖에 있는" 자들은 그 의지가 자기 영혼의 주님께 기꺼이 사랑으로 순복하지 않는 자들입니다.

그러나 우리는 이것보다 더 깊이 들어가야 합니다. "밖에 있는" 자들이 누구인지에 대한 문제와 관련하여 가장 근본적인 대답은 그들이 "그리스도 밖에" 있는 자들이라는 것입니다. 만일 여러분이 신약을 최고의 지침으로 삼는다면, 여러분은 모든 것을 잠잠케 하는 유일한 질문이 "내가 예수 그리스도 안에 있는가?"라는 질문이라는 사실을 발견하게 될 것입니다. 내가 그리스도 안에 있는가, 그리스도 밖에 있는가? — 이것이 모든 것을 잠잠케 하는 최고의 질문입니다. 그리고 이러한 질문에 대한 대답이 바로 본문의 "외인" 즉 "밖에 있는" 자들이 누구인가에 대한 대답입니다.

"밖에 있는" 자들은 교회의 회원이 아닌 자들로서 "비기독교 세계"(non-Christian world)가 아닙니다. 마찬가지로 "안에 있는" 자들은 하늘나라에 속한다고 외적으로 고백하는 "기독교 세계"(Christian world)가 아닙니다. "밖에 있는" 자들을 교회 밖에 있는 자들로 말하는 것은 본질에서 벗어난 것입니다. 그러므로 "안에 있는" 자들은 예수 그리스도를 자기 영혼의 유일한 구주로 그리고 자기 생명의 생명으로 믿는 자들로서, 그의 위대한 사랑 속으로 들어가 이를테면 스스로를 그의 심장 속으로 던진 자들입니다. 그리고 그들은 그 안에서 의와 평강과 죄 사함과 사랑과 기쁨과 구원을 발견한 자들입니다. 여러분은 그리스도 안에 있습니까? 여러분은 그를 사랑하여 그에게 여러분의 영혼을 맡깁니까? 그렇지 않다면, 여러분은 "밖에 있는" 자들 가운데 있는 것입니다. 설령 여러분이 가시적(可視的) 교회에 오랫동안 가입되어 있었다고 하더라도 말입니다.

다음 단락으로 넘어가지 전에 한 가지 더 살펴볼 것이 있습니다. 그것은 가장 불완전하며 초보적인 신앙이라 할지라도 그것이 사람을 예수 그리스도와 연결시키는 반면, 한 발은 땅을 딛고 또 한 발은 바다를 딛고 서 있는 요한계시록의 천사처럼 그렇게 절반은 "안에" 있고 절반은 "밖에" 있는 사람들도 있다는 사실입니다. 그들은 둘 사이에서 우물쭈물하며 갈팡질팡합니다. 지금 저의 설교를 듣고 있는 사람들 가운데에도 그런 사람들이 있을 것이며, 오랫동안 교회에 출석하면서 저의 설교를 들어온 사람들 가운데에도 그런 사람들이 있을 것입니다. 그런 사람들은 절반만 "안에 있는" 것은 곧 "밖에 있는" 것과 별반 다를 바 없다는 사실을 기억할 필요가 있습니다. 바로 이것이 "외인은 누구며, 밖에 있다는 것을 무엇을 의미하는 것인가?"라는 첫 번째 질문에 대한 저의 대답입니다.

이 시간 여러분에게 당부하고 싶은 것이 있습니다. 그것은 여러분 자신의 내적 음성에 세심하게 귀를 기울이라는 것입니다. 만일 여러분이 "네가 바로 그 사람이라"는 여러분 자신의 내적 음성을 듣지 못한다면, 나는 지금까지 헛된 설교를 한 것입니다. 그러한 음성에 여러분의 귀를 막지 마십시오.

2. 둘째로, 본문이 외인들의 비참한 상태를 함축하고 있는 사실을 주목하십시오.

앞에서 나는 본문의 표현 속에 외인들을 향한 불쌍히 여기는 마음이 가득 차 있음을 지적했습니다. 본문의 언어는 자신은 안전한 곳에 있지만 그러나 밖의 어둠 가운데 방황하는 자들을 불쌍히 여기는 자의 언어입니다. 그는 그들의 비참한 상태를 생각하며 안타까워합니다.

"밖에 있는" 자들이라는 표현이 의미하는 바를 좀 더 생생하게 이해하기 위해 우리는 성경에 나오는 몇 가지 그림을 되돌아볼 필요가 있습니다.

본 주제와 관련하여 구약으로부터 끌어올 수 있는 첫 번째 그림은 노아의 방주입니다. 방주 밖은 죽음의 물이 출렁거리고 있는 반면, 방주 안은 얼마나 안전합니까? 밖에는 죽음과 절망이 있지만, 안에 있는 자들은 따뜻하고 안전하며 먹을 것이 있습니다. "안에 있는" 것은 생명이며, "밖에 있는" 것은 사망입니다.

이것이 첫 번째 그림입니다. 또 하나의 그림을 살펴보도록 합시다. 그것은 도피성의 그림입니다. 사람이 부지중에 형제의 죽음에 원인이 된 경우, 모세 율법은 그를 위해 도피성을 마련해 두었습니다. 도피성은 절반은 요단 이쪽 편에, 그리고 절반은 요단 저쪽 편에 두도록 함으로써, 다시 말해서 여러 지역에 분산시켜 둠으로써 사람이 어디에 있든 쉽게 갈 수 있도록 했습니다. 피의 복수자가 뜨거운 마음으로 그를 뒤쫓을 때, 만일 그가 도피성 안으로 들어갈 수만 있다면 그는 안전했습니다. "안에 있는" 자는 성문에 서서 복수심에 불타는 뜨거운 마음으로 뒤쫓아온 자를 바라보며 그의 헐떡거리는 숨결을 느끼면서도 그의 손이 결코 자신을 해할 수 없다는 사실을 확신할 수 있었습니다. "안에 있는" 것은 곧 안전을 의미하는 것이었습니다. 반면 밖에 있다면, 그는 피의 복수 아래 있게 될 것이었습니다.

이것이 두 번째 그림입니다. 세 번째 그림을 살펴볼까요? 그것은 우리 주님이 말씀하신 혼인잔치의 그림입니다. 풍성한 식탁이 놓였으며, 흥겨운 음악이 있습니다. 연회가 베풀어지고, 기쁨과 즐거움과 충만함과 음식과 교제가 있습니다. 손님들이 초대되었고 모두가 참여합니다. "안에 있는" 것은 음식과 편안함과 따뜻함과 즐거움을 의미합니다. 반면 "밖에 있는" 것은 광야의 리어 왕처럼 굶주림과 외로움과 슬픔과 어둠 가운데 방황함과 폭풍 가운데 서 있는 것을 의미합니다. "안에 있는" 것은 밝음과 즐거움이며, "밖에 있는" 것은 어둠과 굶주림과 죽음입니다.

이것이 세 번째 그림입니다. 네 번째 그림을 살펴볼까요? 이 역시 우리 주님께서 직접 말씀하신 것으로서, 돌로 쌓아 올린 작은 울타리의 그림입니다. 그 안에 순전한 양들이 있습니다. 밖에는 사자와 곰이 있지만, 그러나 목자가 항상 깨어 지키므로 울타리 안에 있는 양들은 안전합니다. 울타리 안에는 하루 종일 사망의 음침한 골짜기를 걸어다닌 지친 양들을 위한 안식이 있으며, 모든 위험 앞에 두려워 떨던 미약한 심령을 위한 평강이 있습니다. 울타리 안에는 지친 몸을 위한 평온과 휴식이 있으며, 안전이 있으며, 목자와의 교제가 있습니다. 반면 울타리 밖에는 노략질하는 원수들과 황량한 광야와 메마른 땅과 진흙구덩이가 있습니다. "안에 있는" 것은 생명이며, "밖에 있는" 것은 사망입니다. 이것이 네 번째 그림입니다.

방주 안에는 홍수가 들어올 수 없습니다. 도피성 안에서는 피의 보복을 피할 수 있습니다. 혼인잔치 자리에는 목마름과 굶주림이 없습니다. 그리고 울타리 안에는 어떤 원수도 들어올 수 없으며, 어떤 두려움도 거할 수 없습니다.

사랑하는 성도 여러분, 여러분은 "밖에 있는" 자들 가운데 있습니까, 아니면 "안에 있는" 자들 가운데 있습니까?

3. 셋째로, 어째서 어떤 사람은 밖에 있는 것일까요?

도대체 그 이유가 무엇입니까? 그것은 어느 누구가 아닌 바로 그들 자신의 잘못입니다. 그것은 하나님의 잘못이 아닙니다. 하나님은 자신의 포도원을 위해 자신이 할 수 있는 모든 일을 하셨습니다. 어느 누구도 하나님을 비난할 수 없습니다. 혼인잔치에 종들을 보내 손님들을 청한 주인의 이야기를 생각해 보십시오. 초대받은 사람들이 종들의 초청을 거절했을 때, 주인의 입으로부터 다음과 같은 놀라운 말이 나옵니다. "길과 산울타리 가로 나가서 사람을 강권하여 데려다가 내 집을 채우라 내가 너희에게 말하노니 전에 청하였던 그 사람들은 하나도 내 잔치를 맛보지 못하리라" (눅 14:23, 24). 옛 자연철학자들은 "자연은 진공을 싫어한다"라고 말하곤 했습니다. 은혜도 마찬가지이며, 하나님의 사랑도 마찬가지입니다. 하나님은 자기 집이 비어 있는 것을 싫어하십니다. 하나님은 자기 곳간의 양식이 소비되지 않고 그대로 있는 것을 싫어하십니다. 그리하여 하나님은 여러분과 나를 안으로 들어오도록 하기 위해 할 수 있는 모든 일을 하셨습니다. 하나님은 자기 아들을 보내셨으며, 우리를 부르시며, 매일같이 한량없는 긍휼로 우리를 이끄십니다. 하나님은 우리 마음에 호소하시며, 우리를 울타리 안으로 모으셨습니다. 그러므로 만일 우리가 밖에 있다면, 그것은 하나님이 우리를 안으로 들어오도록 하기 위해 할 수 있는 어떤 일을 하지 않았기 때문이 아닙니다.

그런데 어째서 어떤 사람들은 그러한 이끄심에 저항하는 것일까요? 어째서 안으로 들어와 안전을 찾는 대신 밖에서 멸망을 당하는 불행한 선택을 하는 것일까요? 가장 깊은 이유는 하나님과 단절된 마음, 곧 반역적인 의지입니다. 그러나 그와 같은 단절과 반역의 이유는 우리 존재의 불가사의한 신비 가운데 놓여 있습니다. 모든 죄가 우리를 불합리한 길로 인도합니다. 안으로 들어오지 않음에 있어 사람들은 많은 핑계를 대지만, 그러나 거기에는 참된 이유가 없습니다. 하나님의 은혜로운 부르심을 듣고도 안으로 들어오지 않는 참된 이유들을 들어보면 다음과 같습니다.

많은 사람들은 실제로 위험을 믿지 않기 때문에 안으로 들어오지 않습니다. 홍수가 임할 것에 대비하여 방주를 만드는 노아에게 틀림없이 많은 사람들이 비방하며 조롱했을 것입니다. 홍수가 임할 것이라는 노아의 말을 그들은 틀림없이 심각하게 받아들이지 않았을 것입니다. 도리어 그것은 웃음거리에 불과한 것처럼 보였을 것입니다. 그리하여 그들은 노아가

하는 우스꽝스러운 일을 바라보며 조롱하며 비웃었을 것입니다. 홍수가 임하여 그 웃음이 절망의 울부짖음으로 바뀐 순간까지 말입니다.

만일 살인자가 피살자의 친척이 자기에게 복수하기 위해 달려오고 있음을 믿지 않는다면, 그는 도피성으로 도망치지 않을 것입니다. 만일 이리들에 대해 아무런 두려움도 갖고 있지 않다면, 양은 굳이 울타리 안으로 들어가지 않고 그냥 바깥 풀밭에 남아 있는 것을 선택할 것입니다. 여러분은 웨일스의 채석장에 가 본 적이 있습니까? 폭발을 알리는 나팔이 울리면, 모든 광부들은 안전한 피신처로 달려가 폭발이 끝날 때까지 그곳에 머뭅니다. 나팔소리를 들었음에도 불구하고 "바보 같은 놈들, 왜 도망을 치지? 아무 일도 일어나지 않을 텐데, 나는 그냥 이 자리에 머물러 있을거야"라고 말하는 사람이 있다면, 여러분은 그에게 어떤 일이 일어날 것이라고 생각합니까? 조만간 돌덩어리가 날아와 그의 머리를 때리지 않겠습니까? 사랑하는 성도 여러분, "피난처이신 예수 그리스도께 달려가 그 안에 숨으라"는 경고를 가볍게 듣지 마십시오.

그런가 하면 어떤 사람들은 안으로 들어옴으로써 얻게 되는 유익을 대수롭지 않게 여김으로써 그대로 밖에 머물러 있기를 선택합니다. 그들에게 있어 울타리 안으로 들어옴으로써 얻게 되는 유익은 그렇게 바랄 만한 것이 되지 못하며, 따라서 그들은 안으로 들어오고 싶어하지 않습니다. 우리 설교자들은 여러 가지 동기로 청중을 설득하여 그들의 마음을 예수 그리스도께로 이끌기를 추구합니다. 그 가운데서도 특별히 그리스도께서 주시는 여러 축복들을 제시함으로써 그렇게 합니다. 그러나 만일 그들이 죄사함에 대해 무관심하며, 심판을 두려워하지 않으며, 선한 사람이 되기를 원하지 않으며, 의에 대해 열망하지 않으며, 그리스도께서 주시는 순전하며 고요한 기쁨을 대수롭지 않게 여긴다면, 우리의 모든 설교는 결국 그들의 귀 속으로 제대로 들어가지 못할 것입니다. 지혜가 사람들에게 소리를 지르며, 자신의 잔치에 들어오라고 초청합니다. 그녀(지혜)가 베푼 음식은 각종 향신료로 범벅을 한 조악(粗惡)한 음식이 아닙니다. 그런데 사람들은 그녀의 식탁을 외면하고 그녀의 원수가 차려 놓은 향신료로 범벅이 된 고기와 독한 술이 있는 곳으로 달려갑니다. 이 얼마나 어리석은 일입니까! 우리 가운데 많은 사람들은 이스라엘 백성들처럼 "우리 마음이 이 하찮은 음식을 싫어하노라"라고 말하면서, 독한 향기가 진동하는 애굽의 마늘과 부추와 양파를 갈망합니다(민 21:5). 하얗고 달콤하며, 하늘로부터 내려오며, 천사들의 양식인 만나인데도 불구하고 말입니다.

우리 가운데 어떤 사람들은 또 실제적인 위험을 인식하면서 기꺼이 안에 있기를 좋아하지만 그러나 그 통로(通路)는 좋아하지 않는 경우가 있습니다. 여러분은 영국의 외딴 오지에 남아 있는 반지하(半地下) 구조물들을 본 적이 있을 것입니다. 아마도 지금은 사라진 옛 종족들의 집이었던 것으로 보입니다. 그러한 구조물들은 낮고 좁으며 긴 통로를 가지고 있습니다. 그래서 그 통로를 통과하기 위해서는 얼굴을 거의 땅에 붙인 채 기어들어가야만 합니다. 그곳을 통과하기 위해서는 무릎을 꿇고 몸을 낮추어야 합니다. 그러나 통로를 통과하고 나면 넓은 공간이 나오는데, 거기에서 사람들은 밖의 사나운 짐승들과 사람들과 날씨로부터 안전하게 앉아 있을 수 있었습니다.

예수 그리스도 안에서 우리에게 주어지는 집으로 들어가는 길 역시 그와 비슷합니다. 그곳에 들어가기 위해 우리는 몸을 낮게 구부려야 합니다. 그런데 우리 가운데 어떤 사람들은 그렇게 하는 것을 좋아하지 않습니다. 그들은 무릎을 꿇고 "주여, 나는 죄인이로소이다"라고 말하기를 좋아하지 않습니다. 그들은 몸을 숙이고 회개하기를 좋아하지 않습니다. 또 그 길은 낮을 뿐만 아니라 또한 좁습니다. 그 길은 등에 많은 짐을 짊어지고 통과할 만큼 충분히 넓지 못합니다. 여러분이 짊어지고 있는 세상의 헛된 짐꾸러미와 죄악된 습관의 짐꾸러미는 그 좁은 통로를 지나가는 가운데 여러분의 등으로부터 떨어질 것입니다. 마치 마차에 가득 실은 건초더미가 높은 울타리로 경계가 쳐진 시골길을 지나가는 가운데 떨어지는 것처럼 말입니다.

우리 가운데 어떤 사람들은 그것을 좋아하지 않습니다. 그 길이 좁고 스스로를 낮게 구부려야만 하기 때문에, 그들은 스스로 죄인임을 고백해야 한다는 개념과 그들의 모든 소망과 구원을 하나님의 값없이 베푸시는 은혜에 돌려야 한다는 개념을 발로 차 버리면서 그대로 밖에 남아 있기를 선택합니다. 또 그 길이 좁고 따라서 자신의 보화 중 일부를 버려야만 한다는 사실 때문에, 그들은 세상의 욕심으로 인해 그러한 것들을 내려놓기를 머뭇거리면서 그대로 밖에 남아 있기를 선택합니다. 배 안에는 부둣가에서 있는 사람들을 위한 공간이 남아 있습니다. 마지막 한 사람까지도 들어올 수 있는 공간이 있습니다. 그러나 그들은 자신들이 들고 있는 보화꾸러미를 버려야만 합니다. 왜냐하면 배 안에는 자신들의 보화꾸러미를 위한 공간이 없기 때문입니다. 그러나 그들은 그것을 버릴지 여부를 결정하지 못한 채 계속해서 우물쭈물합니다. 그러다가 마침내 배 안으로 들어오지 않고 자신의 길로 가버리고 맙니다.

문은 활짝 열려 있습니다. 잔치가 배설되고, 주인이 부릅니다. 세상에는 많은 위험들이 있으며, 홍수가 다가옵니다. 피의 복수자가 칼을 들고 달려오고 있습니다. 그런데 어째서 여러분은 안으로 들어오지 않는 것입니까? 문이 닫히기 전에 안으로 들어오십시오. 만일 여러분이 "내가 어떻게 안으로 들어갈 수 있습니까?"라고 묻는다면, 그 대답은 명백합니다. "이로 보건대 그들이 믿지 아니하므로 능히 들어가지 못한 것이라 그러나 이미 믿는 우리들은 저 안식에 들어가는도다"(히 3:19; 4:3).

데살로니가전서

1 믿음과 사랑과 소망의 열매

"너희의 믿음의 역사와 사랑의 수고와 우리 주 예수 그리스도에 대한 소망의 인내를 우리 하나님 아버지 앞에서 끊임없이 기억함이니"
살전 1:3

본 서신은 바울의 첫 번째 편지입니다. 그는 폭도들에 의해 데살로니가로부터 쫓겨난 후, 아덴으로 가서 잠시 머물렀다가, 고린도로 갔습니다. 그리고 거기에서 어느 정도 기간 동안 머무는 가운데 본 서신을 기록했습니다. 그러므로 본 서신은 펜으로 복음을 전하고자 한 그의 첫 번째 시도입니다. 그의 후기 사상의 모든 본질적인 요소들이 여기의 최초의 서신에서 어떻게 빛나고 있는지를 주목하는 것은 매우 흥미로운 일입니다. 여러분은 여기의 세 가지 즉 "믿음과 사랑과 소망"이 고린도전서에서 똑같이 등장하는 것을 기억할 것입니다. 비록 그 순서에 있어서는 차이가 있다고 하더라도 말입니다.

본 서신은 다른 이유 때문에도 우리의 흥미를 끕니다. 여기의 데살로니가 사람들이 우상으로부터 돌이켜 살아 계신 하나님을 섬기게 된 것이 얼마 되지 않은 사실을 생각할 때, 바울이 입에 침이 마르도록 그들을 칭찬한 것은 매우 자연스러운 일이었습니다. 그들의 기독교적 성품은 마치 열대지방의 비옥한 땅에 떨어진 씨앗처럼 금방 싹을 내며 뻗어 올라왔습니다. 빨리 자라는 것은 빨리 쇠하기 쉬운 법인데, 그들의 믿음은 그렇지 않았습니다. 그들이 우상 앞에 머리를 숙인 것이 불과 몇 날 전이었습니다. 그럼에도 불구하고 지금 바울은 그들의 믿음의 역사와 사랑의 수고와 소망의 인내에 대해 언급하면서, 그들의 믿음의 소문이 각처에 퍼졌으므로 자신은 아무 말도 할 것이 없노라고 말합니다(3, 8절). 우리 모두에게 빠른 성장은 가능한 일입니다. 그리고 빠르게 성장한다고 해서 꼭 부실한 것은 아닙니다.

여기에서 우리는 세 기초석과 그 위에 세워진 아름다운 집에 대해 살펴보고자 합니다.

1. 첫째로, 세 기초석.

믿음과 사랑과 소망을 세 기초석으로 비유하는 것은 매우 자연스럽기는 하지만 그러나 정확한 비유는 아닙니다. 왜냐하면 그것들은 나란히 놓이는 것으로 상정(想定)되지 않기 때문입니다. 세 기초석이라기보다는 차라리 건축의 세 과정이라고 말하는 것이 좀 더 적절할 것입니다. 제일 아래에 믿음이 놓이고, 그 위에 사랑이 놓이며, 제일 위에 소망이 놓입니다. 고린도전서의 순서는 믿음과 소망과 사랑으로서 여기와는 다른데, 이러한 순서의 차이는 둘 사이의 목적의 차이로부터 기인하는 것입니다. 고린도전서에서 바울은 "사랑"에 대해 길게 이야기하고 있었습니다. 따라서 그는 "사랑"을 제일 마지막 자리에 놓으면서, 그것을 계속해서 이어지는 내용과 연결시키고자 했습니다. 반면 여기에서는 그러한 것들이 전개되는 자연적인 순서를 다루고 있습니다. 그것은 마치 봄에 나무로부터 새싹이 나오고 그것이 가지가 되었다가, 그 가지로부터 다음 해 봄에 또다시 새싹이 나오는 것과 같습니다. 지난해 자란 가지의 끝은 다음 해 새로 나올 싹의 기초가 됩니다. 이와 같이 제일 먼저 믿음이 나오고, 그것으로부터 사랑이 솟아오르며, 둘의 토대 위에 소망이 나옵니다. 이제 그것들을 순서대로 살펴보도록 합시다.

구원의 문제에 있어서든 실천적인 행함의 문제에 있어서든 그에 대한 기독교적 이론에서 모든 것의 기초가 믿음이라는 것은 명확한 사실입니다. 그것 즉 믿음이 구원과 의의 기초인 생명이 사람 안에 심겨지는 유일한 수단입니다. 예수 그리스도께서 우리 마음속으로 들어오심에 있어 신약이 "믿음"이라고 부르는 것 외에 다른 방법은 없습니다. 우리가 종종 그것을 딱딱한 신학적 개념으로 바꾸곤 하기는 하지만 말입니다. 나아가 믿음(trust)은 불신(distrust)과 합쳐져야 합니다. 다시 말해서, 자기를 불신함이 없이는 믿음도 없습니다. 막 싹을 틔우는 씨앗을 생각해 보십시오. 그 씨앗으로부터 아래쪽으로 유근(幼根)이 발아(發芽)하면서 뿌리가 되는 동시에 위쪽으로 싹이 올라오면서 줄기가 됩니다. 이와 같이 믿음이 위쪽으로 뻗어 올라가는 줄기라면 자기불신은 아래쪽으로 뻗어 내려가는 뿌리입니다. 자신의 마음이 예수 그리스도에 의해 채워지도록 열 수 있기 전에 먼저 여러분은 스스로를 비워야만 합니다. 그러므로 이와 같은 '자기불신적인 믿음' 이 모든 것의 출발점입니다. 그것이 알파(시작)입니다.

또 믿음은 모든 것을 붙잡는 손이며, 모든 것이 전달되는 수단이며, 은혜와 생명이 우리에게 임하는 통로입니다. 그것은 하나님의 천사가 선물을 가지고 들어오는 열린 문입니다. 그것은 마치 꽃잎과 같습니다. 햇살이 닿으면 꽃잎이 열립니다. 꽃잎이 열리면 꽃 내부의 깊은 곳이 드러나면서 그곳까지 햇살이 닿게 되고, 그럼으로써 전체가 자라게 됩니다. 이와 같이 믿음은 모든 것의 기초입니다. 그리고 믿음은 처음 나온 가지입니다. 그 가지로부터 새로운 싹이 나와 또 다른 가지가 되는 그러한 첫 번째 가지 말입니다. 성도 여러분, 여러분은 그러한 첫 번째 은혜를 가지고 있습니까? 만일 여러분이 그것을 가지고 있지 않다면, 여러분은 아무것도 가지고 있지 못한 것입니다.

계속해서 믿음으로부터 사랑이 나옵니다. 하나님이 자신을 사랑하시는 것을 믿지 않는 사람은 결코 하나님을 사랑할 수 없습니다. 나는 십자가 위에서 죽으신 예수 그리스도의 사랑과 무관한 하나님의 사랑은 없다고 믿습니다. 여러분도 그것을 믿어야 합니다. 아니, 믿는 것 이상이어야 합니다. 만일 여러분의 마음속에 하나님의 사랑이 샘솟아 오르고자 하면, 여러분은 그 사랑을 믿고 스스로를 그 위에 던져야 합니다. 온전한 자기불신과 함께 그리스도에 대한 온전한 신뢰를 가지고 말입니다. 처음에 믿음이 있고, 그것으로부터 사랑이 나옵니다. 나의 사랑은 하나님의 첫 번째 음성이 반사된 것이며, 그것의 메아리입니다. 빛이 거울에 떨어진 각도와 그 빛이 거울로부터 반사된 각도는 같습니다. 물론 나의 사랑은 미약하며 보잘것없습니다. 강렬하고 뜨겁게 불타오를 때조차 말입니다. 그럼에도 불구하고, 마치 메아리처럼 그것은 하나님의 원음(原音)과 동일한 음색(音色)과 음조(音調)를 갖습니다. 이와 같이 우리의 사랑은 하나님의 사랑에 대한 응답입니다. 그러나 만일 믿음이 우리를 "나의 자녀여, 내가 너를 사랑하노라"라는 하나님의 음성이 들리는 자리로 이끌지 않았다면, 우리는 결코 하나님의 사랑에 응답하지 않았을 것입니다.

여기에서 바울이 하나님에 대한 사랑을 말하고 있었는지, 아니면 사람에 대한 사랑을 말하고 있었는지 여부는 굳이 따질 필요가 없습니다. 그는 두 가지 모두를 말하고 있었습니다. 왜냐하면 신약은 후자 즉 사람에 대한 사랑을 전자 즉 하나님에 대한 사랑의 일부로서, 그리고 그것으로부터 나오는 것으로서 다루기 때문입니다. 어쨌든 우리는 여기에서 한 가지 교훈을 끌어낼 수 있는데, 그것은 이것입니다. 즉, 만일 우리 안에 있는 사랑이 이와 같이 하나님의 사랑에 대한 믿음의 결과인 것이 사실이라면, 우리는 사람이 어떻게 사랑 안에서 자랄 수 있는지 비로소 확실하게 알 수 있다는 사실입니다. 여러분은 "나는 사랑하도록 노력할거야"(Now I will make an effort to **love**)라고 말할 수 없습니다. 피가 순환하는 것과 심장이 뛰는 것은 우리의 의지의 권능 안에 있지 않습니다. 그러나 여러분은 "나는 믿도록 노력할거야"(Now I will make an effort to **trust**)라고 말할 수 있습니다. 왜냐하면 믿음은 의지의 권능 안에 있기 때문입니다. 우리 주님께서 "너희가 내게 나아오지 않는도다"라고 말씀하셨을 때, 그는 우리에게 불신앙이 단순히 지적 결핍이나 혹은 지적 결함에 불과한 것이 아니라 대부분의 경우 아니 모든 경우 '불화(不和)된 의지의 결과'라는 사실을 가르치셨습니다.

그러므로 만일 여러분이 사랑하기를 원한다면, 억지로 사랑의 감정을 만들어 내려고 애쓰지 말고 여러분의 마음과 생각을 기독교적 사실들 속으로 특별히 십자가의 사실 속으로 끌고 가십시오. 그러면 얼어붙은 여러분의 감정의 샘은 마치 봄눈 녹듯이 녹으면서 달콤한 물로 풍성하게 솟아오르게 될 것입니다. 먼저 믿음이 있고, 그것으로부터 사랑이 나옵니다. 믿음을 통해 사랑에 도달하십시오. 이것은 매우 실제적인 지혜로서, 우리가 그것을 마음에 새길 때 그것은 우리에게 큰 유익을 가져다줄 것입니다.

계속해서 세 번째 그리고 제일 꼭대기의 가지는 소망입니다. 소망은 미래를 향한 믿음입니다. 그러므로 믿음이 없다면, 그곳에 소망도 없을 것입니다. 왜냐하면 소망은 믿음으로부터 흘러나오는 것이기 때문입니다. 그렇지만 믿음이 소망에 대하여 갖는 관계에 못지않게 사랑이 소망에 대하여 갖는 관계 역시 매우 크고 밀접합니다. 비록 그 방식은 다르다 하더라도 말입니다. 왜냐하면 우리 마음속으로 그리스도와 그의 진리를 받아들이고 또 우리의 마음으로 하여금 그리스도를 향한 사랑 속으로 흘러들어가도록 하는 분량만큼 우리 앞에 하늘의 영광이 더욱 찬란하게 빛날 것이기 때문입니다. 그리스도인의 소망은 그가 지금 가지고 있는 믿음과 사랑의 달콤함이 연장된 것 외에 아무것도 아닙니다. 왜냐하면 우리가 하나님과 더불어 교제하는 최고의 높이까지 올라갈 때, 우리는 죽음을 넘어서는 어떤 것, 즉 너무도 강력하며 달콤하며 모든 외적인 것들로부터 독립적이며, 그 달콤함에 있어 완전히 충족한 어떤 것을 바라보게 될 것이기 때문입니다. 이와 같이 우리는 믿음과 사랑으로 "하나님이 우리의 영원한 능력"임을 느끼는 분량만큼 그가 우리의 영원한 분깃이라는 사실을 확신하게 될 것입니다. 믿음과 사랑과 소망 — 이것이 우리 앞에 있는 세 기초석입니다.

2. 둘째로, 세 기초석 위에 세워지는 아름다운 집.

나는 앞에서 세 기초석 위에 세워지는 집의 비유가 정확한 비유가 되지 못한다는 사실을 지적한 바 있습니다. 그러한 상징이 적절한 상징이 되지 못한다는 것을 나는 여기에서 다시 한 번 반복할 필요를 느낍니다. 왜냐하면 바울 사도에 의해 믿음과 사랑과 소망 각각에 대해 할당되는 역사와 수고와 인내가 이를테면 노력(effort)에 의해 얻어지는 것으로 상정되지 않기 때문입니다. 도리어 바울은 그것들(즉 역사와 수고와 인내)을 믿음과 사랑과 소망으로부터 그 내재적인 본성에 의해 자라는 것으로 생각합니다. 역사(work)는 "믿음의 역사"입니다. 그것은 믿음으로부터 나오며, 믿음을 특징짓습니다. 그것은 믿음의 겉으로 드러나는 옷이며, 믿음의 실재와 현존의 증표입니다. 믿음은 역사합니다. 믿음은 모든 참된 역사의 기초입니다. 그 단어의 가장 낮은 의미에서조차, 우리는 거의 그렇게 말할 수 있습니다. 그러나 기독교의 틀 안에서는 특별히 더 그렇습니다. 우리는 여기에서 모든 세대의 그리스도인들이 계속해서 되새길 필요가 있는 매우 중요한 개념을 보게 되는데, 그것은 내적인 경험과 감정과 마음과 생각의 상태가 외적으로 나타나는 행동의 필연적인 기초가 된다는 사실입니다.

기도하며, 내적 평안을 느끼며, 복된 확신을 가지며, 행복한 경험과 달콤한 교제를 갖는 것의 유익이 무엇이겠습니까? 만일 이러한 것들이 우리를 이 세상에서 의롭고 경건하며 온전하게 살도록 만들어주지 않는다면, 이 모든 것이 무슨 유익이겠습니까? 거대한 풍차의 날개를 생각해 보십시오. 만일 그것과 연결된 기계장치가 작동되지 않는다면, 바람에 의해 그것이 돌아가는 것이 무슨 유익이겠습니까? 증기선의 거대한 스크루를 생각해 보십시오. 단지 물 속에 그냥 가만히 있을 뿐이라면, 그것이 무슨 유익이겠습니까? 그것은 고작 기계장치를 손상시키기나 할 뿐, 배를 앞으로 나아가게 하는 데에는 아무런 도움도 주지 못할 것입니다. 이와 같이 외적인 행동을 이끌지 않는 기독교적 감정과 경험들은 아무 쓸모없는 것입니다. 도리어 종종 위험하고 해롭기까지 합니다. 만일 여러분의 믿음과 사랑과 소망이 건전하며 유익한 것이 되기를 원한다면, 그것들로 하여금 역사(役事)하게 하십시오. 만일 그것들이 역사하고자 열망하지 않는다면, 여러분은 정말로 그것들을 가지고 있는지 진지하게 되돌아볼 필요가 있습니다.

또 "믿음의 역사"(work of faith)라는 표현 속에서 우리는 믿음(faith)

과 행함(work) 사이의 관계와 관련한 까다로운 주제를 보게 됩니다. 여기의 표현이 의미하는 것은 야고보가 말한 것과 정확하게 같습니다. 유대인들이 그리스도께 나아와 "우리가 어떻게 하여야 하나님의 일을 하리이까?"라고 물었을 때, 예수께서는 이렇게 말씀하셨습니다. "무슨 일(works)을 할 것인지 괘념치 말라. 하나님의 일은 이것이니 곧 그의 보내신 자를 믿는 것이니라. 그리고 그것으로부터 다른 모든 일들이 따를 것이니라." 믿음이 모색(母色)입니다. 그리고 그것으로부터 다른 모든 다양한 색깔들이 흘러나옵니다.

여러분의 믿음은 역사합니까? 아니, 여러분에게보다 다른 사람들에게 묻는 것이 좋겠습니다. 여러분의 믿음이 역사하는 것을 다른 사람들이 봅니까? 여러분의 믿음은 믿음을 갖고 있지 않은 다른 사람들이 산출하는 것과 다른 결과물을 산출합니까? 스스로에게 물어 보십시오. 그리고 정직하게 답해 보십시오.

계속해서 "사랑은 수고"합니다(love labours). 수고(labour)는 역사(work) 이상입니다. 왜냐하면 수고는 피곤함과 어려움과 인내와 훼방의 개념을 모두 포함하기 때문입니다. 만일 믿음의 역사가 사랑의 수고가 되지 않는다면, 그것은 결코 온전한 것이 되지 못할 것입니다. 여러분은 밀턴(Milton)이 온갖 땀과 먼지로 얼룩진 화관(花冠)에 대해 말한 것을 기억할 것입니다. 기독교적 삶은 한가로이 산책하는 것이 아닙니다. 우리의 의무는 안일(安逸)한 것이 아닙니다. 거기에는 수고가 있어야 합니다. 우리로 하여금 온갖 종류의 피곤함과 어려움과 훼방을 통과하도록 이끄는 유일한 원리는 사랑입니다. 사랑은 사랑하는 자로 말미암은 힘든 일을 기꺼이 감당하게 만듭니다. 힘들면 힘들수록 기쁨은 더 커집니다. 만일 손실이 우리를 사랑하는 자에게 더 가까이 데려간다면, 손실조차도 유익한 것이 됩니다. 우리의 사랑이 하나님에 대한 사랑이든 혹은 그것의 결과인 사람에 대한 사랑이든, 그 사랑은 하나님을 위한 혹은 사람을 위한 수고가 영구히 세워지는 유일한 기초입니다. 믿음의 기초를 갖고 있지 않은 인간사랑(philanthropy)을 믿지 마십시오. 또 수고를 포함하지 않은 '그리스도를 위한 역사'를 믿지 마십시오. 만일 여러분이 이러한 두 가지 즉 믿음과 사랑을 갖고 있지 않다면, 여러분은 진정한 역사와 수고를 행하지 못할 것입니다.

그러고 나서 마침내 마지막 것이 옵니다. 믿음은 역사하며, 사랑은 수고하며, 소망은 인내합니다. 인내하는 것이 소망의 전부입니까? 만일 "인내"라는 단어를 현대 영어에서처럼 좁은 의미로 취한다면, 우리는 "그렇지 않다"고 대답해야 합니다. 그러나 바울이 "인내"로서 의미한 것은 단순히 수동적으로 참는 것이 아니었습니다. 그가 의미한 것은 수동적인 참음 훨씬 이상의 어떤 것이었습니다. 물론 수동적인 참음 자체도 매우 위대한 것이기는 하지만 말입니다. 그것은 이를테면 무자비한 폭풍이 쏟아질 때 "쏟아질테면 쏟아지라지, 나는 견딜 거야!"라고 말할 수 있는 어떤 것입니다. 또 그것은 마음이 미약해지거나 소망이 약화되지 않는 것 훨씬 이상의 어떤 것입니다. 그것은 "계속해서 인내하며 앞으로 똑바로 나아가는" 것입니다. 그 단어의 참된 의미 속에는 신약에서 "참음"이라고 부적절하게 번역된 것이 포함됩니다. 그것은 단순히 수동적인 덕이 아닙니다. 그것은 폭풍에 직면하여 그에 맞서는 덕입니다. 그것은 온유한 인내와 순복일 뿐만 아니라 또한 용맹하게 버티며 능동적으로 참고 견디는 것입니다.

"소망"은 우리로 하여금 감당하며 행할 수 있도록 도와줍니다. 오늘날 어떤 사람들은 그리스도인에게 있어 인내에 있어서든 혹은 어떤 행동을 함에 있어서든 하늘의 영광을 생각함으로써 동기부여 되는 것을 이기적인 것으로 생각합니다. 그러나 하나님은 우리가 훨씬 더 이기적이 되는 것을 허락하셨습니다. 아무도 하늘나라에 가기 위해, 다시 말해서 그것을 일차적인 목적으로 하여 기독교적 삶에 수고하거나 기독교적 어려움에 순복하지 않습니다. 만일 그렇게 하는 사람이 있다면, 그는 전적으로 그릇된 방향을 잡은 것입니다. 그러나 만일 그 동기가 믿음과 사랑이라면, 소망은 이차적인 동기로서 들어올 완전한 권리를 갖게 됩니다. 그럴 때 소망은 믿음에 강력한 힘을 부여해주며, 사랑에 큰 환희를 부여해줄 것입니다. 우리는, 우리 가운데 너무도 많은 사람들이 그렇게 하는 것처럼, 소망을 내던져버려서는 안 됩니다. 그러나 실제적으로 우리 모두는 상급과 보상을 망각하는 경향이 있습니다. 그렇게 되면 어떻게 되겠습니까? 그러면 믿음과 사랑까지도 손상될 것입니다. 믿음은 느슨해질 것이며, 사랑의 열기는 식을 것입니다. 그러므로 사랑하는 성도 여러분, 믿음으로부터 사랑이 나오고, 또 그 토대 위에 소망이 나오는 것을 기억하십시오. 그리고 믿음으로부터 역사(役事)가 자라며, 사랑으로부터 수고가 자라며, 소망으로부터 인내가 자라는 것을 기억하십시오.

2
하나님의 나팔

"주의 말씀이 너희에게로부터 마게도냐와 아가야에만 들릴 뿐 아니라
하나님을 향하는 너희 믿음의 소문이 각처에 퍼졌으므로
우리는 아무 말도 할 것이 없노라"
살전 1:8

데살로니가전서는 바울의 첫 번째 편지로서, 그가 큰 상업도시 데살로니가에서 처음 복음을 전파한 직후에 기록한 것입니다. 그러나 비록 데살로니가 교회가 세워진 것이 얼마 되지 않았다 하더라도, 그들의 회심은 이미 많은 사람들에게 널리 알려졌습니다. 그들에게 일어난 놀라운 변화로 인해 그들은 그들이 살고 있는 타락한 이방사회 속에서 눈에 띄는 존재가 되었습니다. 그리하여 바울은 그들이 믿음의 역사와 사랑의 수고와 소망의 인내로써 모든 믿는 자들의 본이 되었다고 말합니다.

바울은 그들의 이런 모습을 묘사하기 위해 다른 곳에서는 한 번도 사용하지 않은 단어를 사용합니다. 그는 "주의 말씀이 그들로부터 **울려 퍼졌다**"(sounded out)고 말합니다(한글개역개정판에는 **"들렸다"**로 되어 있음). 이러한 표현은 나팔을 부는 것과 관련된 표현입니다. 그들의 변화된 삶에 의해 그들을 그렇게 변화시킨 복음이 마치 나팔을 불 때처럼 크고 분명한 소리로 울려 퍼졌습니다. 그것은 신자들의 공동체의 위대한 이상(理想)이었습니다. 만일 오늘날 교회들이 그러한 이상에 좀 더 가까워진다면,

불신앙은 훨씬 적어질 것이며 방황하는 수많은 탕자들을 아버지의 집으로 훨씬 더 강력하게 이끌 수 있을 것입니다. 본문의 이러한 말씀이 신앙을 고백하는 모든 그리스도인들에게 사실이라면 얼마나 좋겠습니까! 그리스도를 닮은 그들의 정결한 삶을 통해 그리스도를 증거하는 일치된 나팔소리가 우렁차게 울려 퍼진다면 얼마나 좋겠습니까!

1. 첫째로, 본문의 은유가 교회의 위대한 목적을 암시하는 사실을 주목하십시오.

교회는 혼돈으로 가득 찬 세상에 하나님의 음성이 울려 퍼지게 만드는 하나님의 나팔입니다. 갑판 위에 있는 선장이 폭풍 속에서 확성기를 사용하는 것처럼, 하나님의 음성은 여러분의 음성을 필요로 합니다. 복음이 사람들의 귀에 도달하기 위해서는 먼저 사람들의 입술을 통과해야 합니다. 우리가 그리스도를 깨달은 목적은 단지 우리 자신의 개인적인 구원만을 위해서가 아닙니다. 모든 사람은 그 스스로 목적(end)이 아닙니다. 모든 사람은, 비록 부분적으로 그리고 일시적으로 목적이라 할지라도, 또한 수단입니다. 천국은 마치 누룩과 같다는 비유를 생각해 보십시오. 반죽의 각 입자가 부풀면서 그것이 또한 다른 입자를 변화시키는 매개체가 되는 것처럼, 우리가 은혜를 받은 것 역시 우리 자신을 위해서일 뿐만 아니라 또한 하나님의 음성인 그의 긍휼의 위대한 메시지가 우리를 통해 다른 사람들에게 전달되기 위해서입니다. 교회는 하나님의 나팔입니다. 하나님이 세상 속에 교회를 세우신 목적은 교회를 통해 모든 사람들이 복음의 비밀을 알도록 만드는 것입니다.

물론 이 모든 것은 공동체에 대하여 뿐만 아니라 개인들에 대하여도 또한 사실입니다. 만일 교회에 속한 지체들이 자신들을 자녀로 삼으신 하나님의 뜻을 깨닫지 못한다면, 그리고 그 뜻을 이루기 위해 최선을 다하지 않는다면, 교회는 소리나는 구리만도 못할 것이며, 벙어리 개와 울리지 않는 종과 마찬가지일 것입니다. 주님은 "너희는 나의 증인이 될 것이라"고 말씀하셨습니다. 여러분은 증인석에 앉아 있습니다. 거기에서 여러분이 무슨 말을 하는지 스스로 살펴보십시오.

2. 둘째로, 나팔로부터 울려 퍼지는 소리는 어떤 종류의 소리인지 생각해 보십시오.

무엇보다도 나팔은 분명한 소리를 냅니다. 우리의 증언에는 어떤 모호한 것이나 알쏭달쏭한 것이 없어야 합니다. 그럼에도 불구하고 소위 그리스도인이라 불리는 사람들 가운데 그 삶이 마치 서툰 연주자가 악기를 연주하는 것처럼 그렇게 불명확한 음정을 내는 사람들이 너무도 많이 있습니다. 그들이 내는 음정은 모호하며 불분명합니다. 그래서 사람들은 그들이 정확하게 무슨 음정을 내고 있는지 알지 못합니다. 그리스도인이라 불리는 사람들 가운데 너무도 많은 사람들이 그리스도를 이중적으로 증거합니다. 때때로 "그리스도를 위하여"(for Christ) 증거하지만, 그보다도 훨씬 더 자주 "그리스도를 거슬러"(against Christ) 증거합니다. 그리스도를 위한 여러분의 증언은 분명한 나팔소리처럼 그렇게 분명합니까? 혹시 불분명한 소리를 내는 풀피리 같지 않습니까? 우리가 내는 음정은 분명하며 명확해야 합니다.

또 우리가 내는 음정은 멀리까지 잘 들려야 합니다. 전쟁터에서 그 소리가 나팔보다 더 멀리까지 울려 퍼지는 악기는 아마도 없을 것입니다. 여기의 데살로니가 교회는 강력하게 체계화된 이교(異敎)의 한복판에서 이제 막 회심한 한 줌밖에 안 되는 작은 교회였습니다. 그럼에도 불구하고 그들의 변화한 삶의 소문이 각처에 퍼졌으며, 그리하여 바울은 그 교회가 세워진지 불과 몇 주 혹은 몇 달밖에 안되었음에도 불구하고 이렇게 말할 수 있었습니다. "주의 말씀이 너희에게로부터 마게도냐와 아가야에만 들릴 뿐 아니라 하나님을 향하는 너희 믿음의 소문이 각처에 퍼졌으므로." 사람들은 자신의 영향력이 얼마나 멀리 퍼지는지 알지 못합니다. 사람들은 자신의 모범이 얼마나 큰 영향력을 끼칠 수 있는지 알지 못합니다. 데살로니가는 오늘날의 맨체스터처럼 큰 상업도시였습니다. 마치 오늘날 많은 사람들이 맨체스터로 몰려들듯이 당시 수많은 사람들이 데살로니가로 몰려들었으며, 따라서 거기에는 기독교와 조화되지 않는 많은 종류의 삶들이 있었습니다. 그럼에도 불구하고 그들은 자신들이 우상으로부터 돌이켜 살아 계신 하나님을 섬기며, 하늘로부터 하나님의 아들을 기다리고 있다는 사실을 한순간도 잊지 않았습니다.

사랑하는 성도 여러분, 만일 우리의 증언이 가치 있는 것이라면, 그 영향력은 이와 같이 멀리까지 퍼져나가게 될 것입니다. 악기들은 제각각 다른 소리를 냅니다. 어떤 사람이 내는 소리는 다른 사람들이 내는 소리보다 더 멀리까지 울려 퍼집니다. 분명한 소리를 내는 사람은 모호한 소리를 내는 사람보다 훨씬 더 멀리까지 그 소리를 전달할 것입니다. 그리고 어떤 음정은 다른 음정보다 훨씬 더 멀리까지 전달될 것입니다. 여러분의 음정은 멀리까지 전파되는 힘을 가지고 있습니까?

또 우리가 내는 음정은 음악적인 것이어야 합니다. 귀에 거슬리는 시끄러운 소리는 하나님을 위한 소리가 될 수 없습니다. 불협화음은 하나님을 위한 소리가 될 수 없습니다. 비난하며 호통치는 소리는 하나님을 위한 소리가 될 수 없습니다. 조화로운 멜로디로 이루어진 아름다운 소리는 무미건조하며 단조로운 소리보다 훨씬 더 멀리까지 퍼져 나갈 것입니다. 여러분이 지금 멀리 떨어져 있다고 생각해 보십시오. 그곳에서 여러분은 비록 소리는 들을 수 없다 하더라도 그러나 노래는 들을 수 있습니다. 이것은 우리에게 중요한 교훈을 가르쳐 주는데, 그것은 조화로운 음악이 조화롭지 못한 소음보다 훨씬 더 멀리까지 퍼져 나간다는 사실입니다. 우리의 증언은 그것의 조화로움과 은혜로움과 부드러움과 아름다움에 정확하게 비례하여 퍼져 나갈 것입니다.

또 우리가 내는 음정은 사람들을 깨우는 것이 되어야 합니다. 사람들을 잠들게 하기 위해 나팔을 부는 사람은 아무도 없습니다. 비파나 수금처럼 부드러운 음을 내는 악기는 그런 목적으로 사용될 수 있겠지만, 그러나 나팔을 부는 목적은 강렬한 소리로써 사람들을 깨우며 각성하도록 유도하는 것입니다. 여러분의 증언으로 하여금 이렇게 외치는 소리가 되게 하십시오. “잠자는 자여 깨어서 죽은 자들 가운데서 일어나라 그리스도께서 너에게 비추이시리라” (엡 5:14).

3. 셋째로, 가장 큰 증거는 말이 아니라 행동이라는 사실을 주목하십시오.

만일 여러분이 문맥을 세심하게 살핀다면, 여러분은 주의 말씀이 데살로니가 교회로부터 울려 퍼진 방식이 그들의 말이 아니라 그들의 행동이었음을 알게 될 것입니다. 다음과 같은 표현들이 그러한 사실을 분명하게 보여줍니다. “너희의 믿음의 역사와 사랑의 수고와 소망의 인내”(3절). “이는 우리 복음이 너희에게 말로만 이른 것이 아니라 또한 능력과 성령과 큰 확신으로 된 것임이라”(5절). “너희가 많은 환난 가운데서 성령의 기쁨으로 말씀을 받아”(6절). “너희가 어떻게 우상을 버리고 하나님께로 돌아와서 살아 계시고 참되신 하나님을 섬기는지와”(9절).

이것은 우리에게 매우 중요한 교훈을 가르쳐 줍니다. 본문을 살필 때, 데살로니가 형제들 가운데 예수 그리스도를 위해 입을 열어 증언한 사람은 별달리 없었습니다. 물론 우리는 그들이 어느 정도로 침묵의 증언자들이었는지 정확하게 알지 못합니다. 그러나 한 가지 분명하게 아는 것은, 바울이 “주의 말씀이 너희에게로부터 온 세상에 울려 퍼졌다”고 말할 때 의미한 것은, 그들이 세상을 향해 기독교 진리를 외친 것이 아니라 예수 그리스도와 같은 그들의 고요한 삶이었다는 사실입니다. 바로 이것이 다른 어떤 소리보다도 더 큰 소리였습니다.

사랑하는 성도 여러분, 하나님의 하늘과 하나님의 교회는 동일한 원리로 움직입니다. 그리스도의 오른손 안에 있는 별들은 궁창에 있는 별들이 빛나는 것과 동일한 방법으로 빛납니다. 궁창의 별들과 관련하여 우리는 다음과 같은 말씀을 읽습니다. “언어도 없고 말씀도 없으며 들리는 소리도 없으나 그의 소리가 온 땅에 통하고 그의 말씀이 세상 끝까지 이르도다”(시 19:3, 4). 그것들은 조용히 빛을 발하는 가운데 하나님의 영광을 선포하며 그의 하신 일을 나타냅니다. 이와 같이 여러분도 하나님에 대해 말하지 않으면서 하나님을 나타낼 수 있습니다. 설령 말의 은사를 가지고 있지 못하다 하더라도, 여러분은 여러분의 삶으로써 그리스도를 웅변적으로 증언할 수 있습니다.

물론 나는 그리스도인들이 말로써 구주를 증언할 필요가 없다고 말하는 것이 결코 아닙니다. 다만 내가 말하고자 하는 것은, 만일 말의 증언은 조금 적게 하고 삶의 증언을 좀 더 많이 한다면, 하나님의 교회의 증언은 좀 더 강력해질 것이라는 것입니다. 사람들은 우리의 행실을 보고 우리가 그리스도의 제자라는 것을 알게 될 것입니다.

4. 넷째로, 본문의 은유로부터 아름다운 음악을 만드는 숨(breath)을 주목하십시오.

만일 교회가 나팔이라면, 그것을 부는 자는 누구입니까? 그것은 하나님입니다. 우리의 자연적인 생명의 불협화음을 하나님을 위한 증언의 음악과 찬미의 멜로디로 변화시키는 것은 우리 안에 내주하시며 우리를 통해 숨 쉬는 성령입니다. 그리스도를 가까이 하며, 하나님과의 교제 속에 거하십시오. 그리고 하나님으로 하여금 여러분을 통해 숨 쉬도록 하십시오. 하나님의 영이 여러분의 영을 통과할 때, 여러분의 영은 비록 침묵 중에라도 아름다운 증언이 될 것입니다. 그리고 바로 그때 여러분으로부터 "주의 말씀이 울려 퍼질" 것입니다.

열대지방에서 태양이 구름 뒤로 숨으면, 요란하게 울어대던 각종 벌레들은 조용해집니다. 그리스도인의 삶에서 의의 태양이 우리의 죄와 어리석음으로 인해 만들어진 구름 뒤로 숨으면, 우리 영의 모든 음악은 그치고 우리는 더 이상 그를 증언할 수 없게 됩니다. 장롱 속에 놓인 어떤 물건을 생각해 보십시오. 그것은 특별한 향기를 내지 않는 물건입니다. 그런데 그 장롱 속에 아름다운 향기가 나는 특별한 식물을 놓아 보십시오. 향기로운 식물과 함께 있을 때, 그것 역시도 아름다운 향기를 낼 것입니다. 비록 그 스스로는 향기를 내지 못한다 하더라도 말입니다. 하나님 곁에 거하십시오. 그리고 하나님으로 하여금 여러분에 대해 그리고 여러분 안에서 말씀하게 하십시오. 그러면 하나님은 여러분을 통해 말씀하실 것입니다. 만일 하나님이 여러분의 영적 삶의 숨(breath)이며 여러분의 영혼의 영혼이라면, 바로 그때 여러분의 삶은 음악이 될 것이며, 그 음악은 증언이 될 것이며, 그 증언은 확신이 될 것입니다. 그리고 바로 그때 "주의 말씀이 너희로부터 온 세상에 울려" 퍼진다는 본문의 위대한 말씀이 우리에게 온전히 이루어질 것이며, 그러므로 우리는 더 이상 우리의 보잘것없는 입술의 설교로 말할 필요가 없게 될 것입니다.

3
합당히 행함

"이는 너희를 부르사 자기 나라와 영광에 이르게 하시는 하나님께 합당히 행하게 하려 함이라"

살전 2:12

우리는 여기에서 전체적인 기독교적 행동법칙이 한 마디로 요약되어 있는 것을 보게 됩니다. 물론 세세한 명령들이 많이 있을는지 모르지만 그러나 그것들은 모두 여기의 원칙으로 환원될 수 있습니다. 이런저런 수많은 규례와 명령들 대신, 우리는 우리 자신의 판단으로부터 말미암는 자유로운 행동에 의해 실천되는 하나의 원리를 가집니다.

신약에는 여기와 비슷하게 기독교적 행동의 핵심을 "합당하게 행하는" 것으로 요약하는 구절들이 많이 있습니다. 그러한 구절들로부터 우리는 우리의 삶의 법칙을 구체화하는 큰 원리들이 우리 삶의 다양한 상황들 속에서 충족하게 적용될 수 있는 사실을 보게 됩니다.

그러한 구절들은 다음과 같습니다. 먼저 우리는 본문 속에서 "하나님께 합당히 행하게 하려 함이라"는 말씀을 듣습니다. 또 우리는 다른 곳에서 "주께 합당하게 행하라"는 말씀을 보게 됩니다. 그런가 하면 "그리스도의 복음에 합당하게 행하라"는 말씀도 있으며, "우리를 부르신 부름에 합당하게 행하라"는 말씀도 있으며, "성도의 이름에 합당하게 행하라"는 말씀도 있습니다. 만일 여러분이 이 모든 구절들을 한데 모은다면, 여러분은 하나의 개념의 여러 측면들을 얻게 될 것입니다.

1. 첫째로, "주께 합당하게 행하라"는 표현을 주목하십시오.

이러한 표현을 통해 우리는 기독교적 의무의 총체가 다름 아닌 '신적 인격'(Divine Person)과 일치되는 것이라는 사실을 알 수 있습니다. 구약은 "너희 하나님 나 여호와가 거룩하니 너희도 거룩하라"라고 말합니다. 반면 신약은 이렇게 말합니다. "너희는 하나님을 본받는 자가 되고 사랑 안에서 행하라." 물론 신적 본성의 무한한 빛과 심연은 우리의 이해의 범위를 훨씬 초월합니다. 그럼에도 불구하고 그러한 신적 본성 속에는 우리가 본받을 수 있는 요소들이 있습니다.

의와 사랑보다 더 하나님의 본성에 부합하는 것이 있습니까? 사람의 의와 하나님의 의 사이에, 그리고 사람의 사랑과 하나님의 사랑 사이에 본질적인 차이가 있습니까? 우리가 분광기를 통해 분명하게 알 수 있는 것처럼, 태양과 지구에서는 동일한 기체들이 연소되고 있습니다. 하나님의 사랑 속에서 불타오르며 하나님의 정결함 속에서 빛나는 동일한 빛이 사람 안에서도 똑같이 재생될 수 있습니다.

우주 전체를 통해 사랑은 하나입니다. 이것은 다른 요소들에 있어서도 마찬가지입니다. 우리 안에 있는 것과 우리가 하나님 안에서 발견하는 것은 서로 대응됩니다. 이를테면 우리의 요(凹)는 하나님의 철(凸)과 대응됩니다. 우리의 부족함은 그의 충만함과 대응되며, 우리의 비움(emptiness)은 그의 완전한 충족함(all-sufficiency)과 대응됩니다. 이와 같이 예컨대 우리의 믿음은 하나님의 신실함을 붙잡으며, 우리의 순종은 그의 명령적 의지를 붙잡습니다. 그렇지만 내가 하나님을 붙잡는 사랑은 하나님이 나를 붙잡는 사랑과 같습니다. 마찬가지로 의와 정결 역시도 그 본질에 있어서는 하나입니다. 물론 하나님의 무한한 본성 속에 있는 의와 정결과, 우리의 유한한 존재 안에 있는 그것들 사이에는 무한한 차이가 있기는 하지만 말입니다. 그러므로 "내가 거룩하니 너희도 거룩하라"는 법칙과 "그가 빛 가운데 계신 것처럼 너희는 빛 가운데 행하라"는 법칙은 모든 행동을 위해 유효한 법칙입니다. 하나님의 최고의 완전함조차도 우리가 본받을 수 있는 것에 포함됩니다. 왜냐하면 하나님은 우리의 모범과 본보기가 되셨기 때문입니다.

"주께 합당하게 행하라"는 명령이 모호하며 바랄 수 없는 것이라고 말하지 마십시오. 만일 여러분이 이상(理想)에 따라 살고자 한다면, 여러분은 완전한 이상을 가져야만 합니다. 여러분의 모범 속에는 어떤 결함도 없어야 합니다. 그 모범이 유용한 것이 되고자 한다면 말입니다. 여러분이 하늘의 별을 표적으로 삼는다고 생각해 보십시오. 설령 별을 맞추지는 못한다 할지라도, 여러분은 점진적으로 그것에 접근할 수 있습니다. 우리는 우리가 추구할 절대적인 완전을 필요로 합니다. 그리고 언젠가 우리는 거기에 도달하게 될 것입니다. 하나님께 합당하게 행하도록 노력하십시오. 그러면 여러분은 그것이 얼마나 적절하며 효과적인 명령인지를 발견하게 될 것입니다.

우리의 삶의 법칙이 되어야 하는 의와 사랑은 예수 그리스도 안에서 온전하게 나타났습니다. 하나님을 본받으라는 명령은 우리에게 불가능한 명령처럼 들립니다. 그러나 그것을 예수 그리스도를 따르라는 명령으로 바꿀 때, 그것은 좀 더 가능성 있는 모양을 취하게 됩니다. 이와 같이 '하나님을 본받으라는 명령'을 '예수 그리스도를 따르라는 명령'으로 바꿀 때, 그것은 덜 불가능한 것이 됨과 함께 덜 냉혹하며 더 호의적인 것이 됩니다. 의무적인 율법에 순종하려고 노력할 때와 사랑하는 자 안에서 그러한 율법을 가질 때 사이에는 즐거움과 자유에 있어 큰 차이가 있습니다. 전자의 경우, 우리는 하얀 대리석과 같은 차가운 완전함의 기초 위에 섭니다. 반면 후자의 경우, 우리는 생명의 율법이시며, 우리의 형제시며, 우리의 뼈 중의 뼈요 살 중의 살이시며, 그 손을 우리가 잡을 수 있으며, 그 마음을 우리가 신뢰할 수 있으며, 그의 도움을 우리가 확신할 수 있는 자 위에 섭니다. 우리에게 "완전한 의의 이상(理想)을 따르라"고 명령하는 것은 우리를 끝없이 황량한 투쟁으로 떨어뜨리는 것입니다. 반면 "너희의 맏형이신 예수 그리스도를 따르고 너희 아버지처럼 되라"는 명령은 우리의 모든 노력 속에 따뜻함과 소망과 자유를 가져다줍니다. 이와 같이 "하나님께 합당하게 행하라"는 말씀은 왕의 율법(royal law)이며, 완전한 자유의 완전한 율법입니다.

"하나님께 합당하게 행하라"고 말할 때, 그것은 다음과 같은 두 가지 의미를 갖습니다. 첫째는 "하나님의 모범을 따라 행하라"는 것이며, 둘째는 "하나님이 너희에게 행하신 것에 합당하게 그분께 보답하라"는 것입니다. 이와 같이 "하나님께 합당하게 행하라"는 말씀은 우리 모두를 위해 십자가 위에서 죽으신 그 위대한 사랑에 비해 우리의 감사와 섬김의 보답이 얼마나 불완전하며 보잘것없는지 우리로 하여금 헤아리도록 명령합니다. 하나님은 여러분에게 자신의 모든 보화를 아낌없이 주셨습니다. 그에 대해 여러분은 그분께 무엇을 돌려 드립니까? 하나님은 여러분에게 그의 긍휼과 자비와 무한한 선(善)의 모든 보화를 주셨습니다. 그러한 아낌없는 사랑에 여러분은 합당하게 보답합니까? 하나님은 우리 모두의 마음속에 "많이 뿌리고 적게 거두지" 않았습니까? 하나님의 충만한 사랑에 우리는 인색한 몇 방울의 마음으로 응답하지 않았습니까? 사랑하는 성도 여러분, 주께 합당하게 행하십시오. 하나님의 자녀로서 여러분의 행동으로 하나님을 욕되게 하지 마십시오. 또한 그의 풍성한 사랑에 대해 찌꺼기 같은 몇 방울의 헌신과 섬김을 돌려드림으로써 그를 욕되게 하지 마십시오.

2. 둘째로, "복음에 합당하게 행하라"는 표현을 주목하십시오(빌 1:27).

이러한 말씀 역시 우리가 지금까지 다룬 것과 본질적으로 동일한 개념을 갖습니다. 그렇지만 그것을 다른 빛으로 제시합니다. 여기의 두 번째 표현은 행동의 법칙으로서 복음을 제시합니다. 대부분의 사람들은 복음을 실제적인 행동법칙으로서보다 구원의 메시지로서 생각하는 경향이 있습니다. 그러나 우리는 복음이 죄 사함의 메시지일 뿐만 아니라 동시에 실제적인 행동법칙이라는 사실을 결코 잊어서는 안 됩니다.

복음은 죄 사함의 메시지이면서 동시에 행동의 법칙입니다. 왜냐하면 우리의 구속이 의존하는 사실들 속에 우리의 삶의 법칙이 놓여 있기 때문입니다.

바울의 복음이 무엇이었습니까? 복음에 대한 그 자신의 정의에 따를 때, 그것은 "성경대로 그리스도께서 우리 죄를 위하여 죽으셨다"는 것이었습니다(고전 15:3). 지금 내가 여러분에게 말하고 싶은 것은 "항상 그리스도의 십자가를 여러분의 구원의 방편으로서만 바라보지 말라. 항상 그리스도의 수난을 여러분을 위해 형벌의 문을 닫고 천국의 문을 연 것으로만 생각하지 말라"는 것입니다. 물론 그것은 매우 본질적이며 중요합니다. 그러나 만일 여러분이 거기에서 멈추고 만다면, 여러분은 단지 불완전한 절름발이 복음만을 붙잡고 있는 셈입니다. 십자가는 여러분의 소망의 닻이며 구원의 근거이면서 동시에 여러분의 모범입니다. 만일 십자가가 여러분의 모범이 아니라면, 그것은 여러분의 소망의 닻도 아니며 구원의 근거도 아닙니다. 십자가는 여러분의 소망의 닻과 구원의 근거가 되는 분량과 똑같은 분량으로 여러분의 모범이 됩니다.

자기를 기쁘게 하는 모든 것, 자기주장을 고집하는 모든 것, 주변 사람들의 고통과 슬픔과 죄에 대해 무관심한 모든 것 — 이 모든 것들은 복음에 합당하게 행하지 않는 것입니다. 또 개인적으로든 공동체적으로든 용서할 줄 모르는 모든 것 역시 십자가의 원리와 상반됩니다. 여러분은 죄 사함을 받고서도 형제에게 빌려준 동전 몇 푼으로 인해 그의 목을 조르며 "네 빚진 것을 갚으라"고 말하지 않습니까? 주께서 여러분의 산더미와 같은 빚을 탕감해 주셨음에도 불구하고 말입니다. 사랑하는 성도 여러분, 그리스도인들이 자신의 눈과 영혼으로부터 비늘을 벗겨 내는 법을 배울 수만 있다면 얼마나 좋겠습니까? 예수 그리스도의 십자가를 절반의 신뢰의 눈으로 바라보는 대신 그것을 그들의 삶이 맞추어져야 할 절대적인 모범으로 바라보는 법을 배울 수만 있다면 얼마나 좋겠습니까? 또 십자가가 불러일으키는 뜨거운 감격으로 인해 그 위대한 사랑을 본받고 복음에 합당하게 행하고자 노력한다면, 그들의 삶은 얼마나 크게 변화되겠습니까? 그리스도의 십자가를 여러분의 삶의 모범으로 거짓 없이 취하고, 그럼으로써 스스로를 그 십자가에 의해 만들어 나가는 것보다 바리새인들처럼

"이것을 행하고 저것을 행하지 말라"는 갖가지 명령들로 스스로의 삶을 속박하며 얽어매는 것이 훨씬 더 쉽습니다.

오늘날 많은 사람들이 사치와 자기만족과 세상에 취한 교회를 바라보며 묻습니다. "이들이 그 마음에 십자가가 찍혀 있는 사람들입니까?" 우리의 복음이 무엇입니까? 그것은 스스로를 희생제물로 드린 거룩한 자를 선포하는 복음 아닙니까? 그럼으로써 '인간의 삶의 완전한 법칙이 자신을 완전하게 잊어버리는 것' 임을 가르치는 복음이 아닙니까? 여러분은 이러한 복음에 합당하게 행합니까? 예수 그리스도의 복음에 합당하게 행하십시오.

3. 셋째로, "너희를 부르신 부름에 합당하게 행하라"는 표현을 주목하십시오(엡 4:1).

하나님은 우리를 부르시며 초청하십니다. 그러면 무엇을 위해 부르십니까? 이러한 질문에 본문은 이렇게 대답합니다. "너희를 부르사 자기 나라와 영광에 이르게 하시는." 모든 그리스도인들은 하나님으로부터 초청을 받았습니다. 만일 여러분이 그리스도인이라면, 여러분은 초청을 받은 것입니다. 또 우리 모두는 — 우리가 그리스도인이든 아니든 — 하나님의 뜻이 최고의 뜻이 되며, 우리의 뜻이 하나님의 뜻과 일치되도록 빚어지는 상태로 초청을 받았으며 또 받고 있습니다. 또 우리 모두는 하나님의 뜻에 순복함으로써 그의 영광과 그의 충만한 빛에 참여하는 상태로 초청을 받았습니다.

이것이 우리를 부르신 부름의 목적이며, 우리 모두 앞에 펼쳐진 운명입니다. 이와 같이 우리가 장차 어떻게 될 것인지에 대한 전망(展望)은 당연히 현재에다가 어떤 빛을 던져주지 않겠습니까?

이와 같이 하나님의 나라와 영광에 참여하도록 부름받은 사람들은 그에 따라 스스로를 준비할 것입니다. 만일 여러분이 6개월 안에 오스트레일리아로 가게 될 것을 안다면, 여러분은 그곳에 갈 준비를 시작하지 않겠습니까? 우리 그리스도인들은 우리가 하나님의 뜻에 절대적으로 순종하며, 하나님 나라의 신민(臣民)이 되며, 하나님의 영광에 참여하게 될 상태로 부름 받았음을 믿는다고 고백합니다. 좋습니다. 그렇다면 오늘 여기에서 하나님의 뜻에 순종하십시오. 또 장차 여러분의 영혼을 가득 채우게 될 빛의 작은 파편들로 하여금 오늘 여러분의 얼굴 위에 깃들게 하십시오. 여러분의 삶을 둘로 나누고, 그것들이 서로 모순되도록 만들지 마십시오. 모든 연약함과 허물 가운데 있는 현재와, 소망의 지평 위에 빛나는 미래의 큰 소망과 확실한 운명이 서로 조화되도록 하십시오. 여러분을 부르신 부름에 합당하게 행하십시오.

우리가 장차 어떻게 될 것인지에 대한 이러한 전망(展望)은 우리의 소망을 더욱 견고하게 하며, 우리로 하여금 그러한 소망 가운데 계속해서 살아가도록 이끌어줄 것입니다. 우리의 부르심과 우리를 부르신 자에게 합당하게 행할 때, 우리는 마치 무거운 발을 끌고 먼 길을 여행하는 나그네와 같은 곤고함과 낙망과 방황을 알지 못할 것입니다. 즐거움과 쾌활함, 쇠하지 않는 활기, 장애물에 대한 거룩한 경멸, 우리가 최종적으로 얻게 될 영광과 성결에 대한 확신 — 이 모든 것들이 자신을 부르신 부름에 합당하게 행하는 자들의 특징입니다.

또 우리를 부르신 부름에 합당하게 행할 때, 우리는 땅에 속한 것들로부터 본능적으로 움츠리게 될 것입니다. 만일 하나님이 여러분을 그의 나라와 영광으로 부르셨음을 믿는다면, 필경 그러한 믿음은 여러분의 마음으로부터 우리가 세상을 여행하는 동안 길가에서 보게 되는 이런저런 사소한 것들에 대한 사랑과 관심을 몰아낼 것입니다. 하늘의 위대한 음성이 여러분을 초청하고, 그의 자비로운 손이 여러분을 빛 속으로 부르면서 장차 여러분이 소유하게 될 것을 보여준다고 생각해 보십시오. 그럼에도 불구하고 만일 여러분의 눈이 여러분의 발 밑에 있는 사소한 것들에 고정되고 여러분의 마음 전체가 현재의 세상에 몰입되어 있다면, 여러분은 여러분을 부르신 부름에 합당하게 행하고 있는 것이 아닙니다. 오직 세속적이지 않은 삶의 태도(unworldliness)만이 우리를 부르신 부름에 합당하게 행하는 유일한 삶의 태도입니다.

만일 여러분이 나팔소리처럼 혹은 장군의 외치는 소리처럼 울려 퍼지는 소리를 듣는다면, 스스로의 냉랭함을 질책하면서 속히 깨어 일어나십시오. 만일 여러분이 여러분의 마음속에서 하나님의 나라와 영광으로 부르시는 부름을 의식한다면, 여러분은 그 부르심에 합당하게 행함으로써 여러분의 부르심을 더욱 확실히 하게 될 것입니다. 그럴 때 여러분은 "구주 예수 그리스도의 영원한 나라에 들어감을 넉넉히" 받게 될 것입니다(벧후 1:11).

4. 넷째로, "성도에 합당하게 행하라"는 표현을 주목하십시오.

우리는 로마서 16장 2절에서 "성도에 합당하게 행하라"는 말씀을 읽게 됩니다(한글개역개정판에는 "성도들의 합당한 예절로"로 되어 있음). 이 말씀은 고린도로부터 로마로 여행하고 있었던 뵈뵈라는 여인을 영접할 것과 관련하여 주어진 말씀입니다. 바울은 믿음을 고백하는 그리스도인에 합당한 태도로 그녀를 영접하고 환대할 것을 당부하고 있습니다. 이것은 물론 구체적인 상황 속에서 주어진 말씀입니다. 그러나 이와 같이 구체적인 상황 속에서 주어진 말씀으로부터 우리는 큰 원리를 끌어 낼 수 있습니다. 구체적이며 세세한 상황이라 하여 큰 원리와 상관 없는 것은 결코 아닙니다. 가장 큰 원리조차도 가장 세세한 상황에 적용될 수 있으며, 바로 이것이 규칙(regulations)과 구별되는 원리(principles)의 특징입니다. 규칙은 계속해서 세세해지는 경향이 있습니다. 그러나 여러분이 규칙을 아무리 세세하게 만든다 할지라도, 그에 정확하게 부합되지 않고 그럼으로써 그것이 쓸모없게 되는 경우가 항상 발생하게 됩니다. 그러나 원리는 세세하게 되고자 추구하지 않습니다. 그럼에도 불구하고 원리는 자신의 그물을 넓게 던지며, 수없이 다양한 상황들을 자신의 그물 안으로 끌어 모읍니다. 오직 한 사람만 들어갈 수 있을 만큼 축소될 수도 있고 또 군대 전체가 들어갈 수 있을 만큼 확장될 수도 있었던 옛 전설 속의 가공의 장막을 생각해 보십시오. 그러한 장막처럼 여기의 기독교적 행동을 위한 위대한 원리는 "겐그레아 교회의 일꾼으로 있는 우리 자매 뵈뵈"가 로마에 올 때 그녀에게 필요한 양식과 편안한 거처를 제공해 주는 것으로 축소될 수 있었습니다. 동시에 그 원리는 수없이 다양한 상황 속에서 우리를 끌어안고 이끌 수 있도록 넓게 확장될 수 있습니다.

"성도에 합당하게 행하라." 여기에서 "성도"(聖徒)란 이름을 주목해 보십시오. 이러한 이름 속에서 우리는 우리의 행동법칙에 대한 암시를 발견할 수 있습니다. "성도"의 일차적인 개념은 "하나님께 분리된 자"입니다. 그리고 그로부터 나오는 이차적인 개념은 "정결한 자"입니다.

모든 그리스도인은 "성도"입니다. 그들은 하나님을 섬기기 위해 성별되고 분리되었습니다. 그들은 자신들이 그와 같이 성별되었음을 의식하고 그에 따라 사는 분량만큼 정결합니다.

이와 같이 우리 그리스도인들에게 있어 "성도"란 이름은 항상 우리의 삶을 이끄는 법칙이 되어야 합니다. 우리는 우리가 하나님의 소유로 성별되고 분리된 자이며, 그러므로 필연적으로 정결해야 한다는 사실을 항상 기억해야 합니다. 이와 같이 우리가 하나님께 성별된 자라는 사실을 지속적으로 의식할 때, 우리는 온갖 부정한 것들로부터 본능적으로 움츠릴 것입니다. 마치 어떤 민감한 식물에게 있어 어떤 것이 자기 몸에 닿을 때 즉시로 스스로를 움츠리는 것처럼 말입니다. 또 흰 세마포 옷을 입은 사람이 더러운 오물이 그 옷에 묻지 않도록 스스로 조심하는 것처럼 말입니다. "성도에 합당하게 행하라"는 말을 다른 표현으로 하면 "너희 자신의 최고의 자아에게 진실하라"는 말이 될 것입니다. 여러분의 성품의 최고의 이상(理想)에 따라 행하십시오. 그렇게 하는 것이 항상 자신의 허물과 잘못을 바라보는 것보다 훨씬 더 낫습니다. 그렇게 하는 것이 자신을 속이는 것이 되지 않을까 혹은 스스로를 그릇되게 평가하는 것이 되지 않을까 염려하지 마십시오. 우리의 최고의 자아를 더 분명하게 지킬수록, 우리는 우리의 일상의 실제적인 삶이 그것과 괴리되는 것을 더 엄격하게 판단하는 법을 배우게 될 것입니다. 이와 같이 "성도에 합당하게 행하라"는 교훈, 다시 말해서 우리가 성도이며, 그러므로 그 이름이 의미하는 바에 따라 살아가야 한다는 교훈은 우리에게 매우 유익한 교훈입니다.

우리는 우리의 모든 의무를 "성도에 합당하게 행하라"는 모든 것을 포괄하는 법칙 속에 모아들일 수 있습니다. 성도라는 여러분의 이름에 진실하십시오. 여러분의 최고의 자아에 진실하십시오. 여러분의 가장 깊은 자아에 진실하십시오. 하나님을 섬기기 위해 분리된 사실에 진실하십시오. 그리고 그것으로부터 나오는 정결에 진실하십시오. 하나님이 여러분 안에 심으신 생명에 진실하십시오. 그 생명은 매우 미약할는지 모릅니다. 또 온갖 쓰레기들로 덮여 있을는지도 모릅니다. 그러나 그것은 신적 생명입니다. 그 생명으로 하여금 움직이게 하십시오. 그 생명으로 하여금 밖으로 펼쳐져 나가게 하십시오. "성도"라는 여러분의 이름을 욕되게 하지 마십시오.

지금까지 우리는 네 가지 형식으로 표현된 훈계를 살펴보았습니다. 그것은 첫째로, 주께 합당하게 행하라, 둘째로, 복음에 합당하게 행하라, 셋째로, 너희를 부르신 부름에 합당하게 행하라, 넷째로, 성도에 합당하게 행하라는 훈계입니다. 이것들은 모두 기독교적 행동법칙을 표현하는 훈계들입니다. 이러한 훈계들은 멀리까지 확장되며, 수많은 상황에 적절하게 적용됩니다. 그것들은 바늘 끝 같은 세세한 규칙들보다도 더 깊이 관통합니다. 만일 여러분이 그리스도 안에 나타난 하나님의 사랑에 합당하게 살아간다면, 그리고 그리스도의 십자가 위에서 분명하게 나타난 원리들에 부합되게 살아간다면, 그리고 여러분을 부르신 부름 안에서 펼쳐진 운명에 순종하여 살아간다면, 그리고 여러분에게 주어진 "성도"란 이름에 신실하게 살아간다면, 여러분의 의는 외적인 명령들을 꼼꼼하게 지킴으로 말미암는 바리새적 의를 훨씬 능가하게 될 것입니다. 그리고 여러분의 마음속에 "무슨 일에든지 사랑할 만하며 무슨 일에든지 자랑할 만한" 모든 것들이 솟아오를 것이며, 여러분의 삶 속에 풍성한 열매가 맺힐 것입니다.

마지막으로 한 가지만 더 말하고자 합니다. 그것은 이 모든 훈계들이 여러분이 그리스도인임을 인식하는 터 위에 세워진다는 사실입니다. 여러분은 그리스도를 여러분의 구주로 받아들였으며, 그 위에 안식하며, 그 안에서 하나님의 계시를 인식하며, 그의 십자가 안에서 여러분의 소망의 기초를 발견합니다. 여러분은 신적 부르심을 들었으며, 그에 순복했습니다. 그러므로 여러분은 성도로 불릴 권리를 갖고 있습니다. 성도 여러분, 이 모든 것이 여러분에게 사실입니까? 만일 그렇지 않다면, 여러분에게 기독교적 행동법칙에 대해 말하는 것은 단지 시간낭비에 불과할 것입니다.

여러분은 먼저 복음을 듣고 그것을 받아들여야 합니다. 그러고 난 연후에야 비로소 기독교적 삶의 법칙이 여러분에게 의미를 갖게 될 것입니다. 그리스도께서 나의 입술을 통해 여러분에게 전달하는 첫 번째 메시지는 "죄로 물든 여러분의 옛 자아를 여러분의 유일한 구주이신 그분께 맡기라"는 것입니다. 여러분이 그리스도를 영접할 때, 그리고 여러분의 모든 죄와 고통의 무게를 가지고 그에게 기댈 때, 그리고 구속받은 마음으로 그를 사랑할 때, 바로 그때 여러분은 그가 말씀하시는 삶의 법칙을 듣고 그것에 순종할 위치에 있게 될 것입니다. 그리고 그때, 여러분은 "주께 합당하게 행하라"는 위대한 명령의 신적 단순성과 거대한 넓이를 인식하게 될 것입니다. 그리고 그때, 여러분은 여러분을 자신의 나라로 부르시는 하늘의 음성이 어떻게 사람들의 마음을 움직이는지 알게 될 것입니다. 그리고 그때, 여러분은 여러분에게 주어진 "성도"라는 이름이 어떻게 여러분으로 하여금 영웅적인 섬김과 제사장적인 성결로 달려가도록 고취하는 박차가 되는지 알게 될 것입니다.

그때가 될 때까지 여러분이 먼저 듣고 받아들여야 할 말씀은 행동의 규칙에 대한 말씀이 아니라 영생의 선물에 대한 말씀입니다. 우리 주님도 "우리가 어떻게 하여야 하나님의 일을 하오리이까"라고 행동의 법칙을 물었던 유대인들에게 "하나님께서 보내신 이를 믿는 것이 하나님의 일이니라"라고 대답하시면서 먼저 영생의 선물에 대해 말씀하셨습니다(요 6:28, 29).

4
작은 의무와 큰 소망

“[9]형제 사랑에 관하여는 너희에게 쓸 것이 없음은 너희들 자신이 하나님의 가르
치심을 받아 서로 사랑함이라 [10]너희가 온 마게도냐 모든 형제에 대하여 과연 이
것을 행하도다 형제들아 권하노니 더욱 그렇게 행하고 [11]또 너희에게 명한 것 같
이 조용히 자기 일을 하고 너희 손으로 일하기를 힘쓰라 [12]이는 외인에 대하여
단정히 행하고 또한 아무 궁핍함이 없게 하려 함이라 [13]형제들아 자는 자들에 관
하여는 너희가 알지 못함을 우리가 원하지 아니하노니 이는 소망 없는 다른 이
와 같이 슬퍼하지 않게 하려 함이라 [14]우리가 예수께서 죽으셨다가 다시 살아나
심을 믿을진대 이와 같이 예수 안에서 자는 자들도 하나님이 그와 함께 데리고
오시리라 [15]우리가 주의 말씀으로 너희에게 이것을 말하노니 주께서 강림하실 때
까지 우리 살아 남아 있는 자도 자는 자보다 결코 앞서지 못하리라 [16]주께서 호
령과 천사장의 소리와 하나님의 나팔 소리로 친히 하늘로부터 강림하시리니 그
리스도 안에서 죽은 자들이 먼저 일어나고 [17]그 후에 우리 살아 남은 자들도 그
들과 함께 구름 속으로 끌어 올려 공중에서 주를 영접하게 하시리니 그리하여
우리가 항상 주와 함께 있으리라 [18]그러므로 이러한 말로 서로 위로하라”

살전 4:9-18

“형제들아 때와 시기에 관하여는 너희에게 쓸 것이 없음은 주의 날이 밤에 도둑
같이 이를 줄을 너희 자신이 자세히 알기 때문이라”

살전 5:1, 2

데살로니가전서는 실라와 디모데가 고린도에 도착한 직후에 기록되었습니다(3:6). 본 서신은 걱정거리가 해소된 기쁨으로 가득 차 있으며, 사랑으로 고동칩니다. 본 서신을 기록하는 동안 바울은 고린도의 유대인들과 한참 충돌하고 있었습니다. 따라서 그에게 있어 데살로니가의 형제들을 생각하는 것은 마치 여러 가지 골치 아픈 일로 뜨거워진 머리 위에 상쾌한 바람이 부는 것과 같은 것이었습니다.

본 서신의 마지막 두 장은 그 주제의 연결관계가 비교적 매끄럽지 않은데, 아마도 그것은 바울에게 있어 두 명의 사자로부터 들은 이야기가 그때그때 떠올랐기 때문이었던 것 같습니다. 어쨌든 우리는 7-12절에 언급된 평범한 의무들이 갑자기 주의 강림과 관련한 특별한 계시로 바뀌는 것을 주목할 수 있습니다. 그것은 바울에게 있어 가장 큰 진리들이 가장 작은 의무들과 서로 관련되며, 미래 영광의 이상(異像)이 일상의 구체적인 일들과 서로 연결되기 때문입니다.

1. 첫째로, 우리는 본 서신이 기록될 때는 매우 진기한 것이었던 "형제들에 대한 사랑"을 실현하도록 노력할 필요가 있습니다.

고대 세계는 불화와 단절로 신음하고 있었습니다. 그것이 정치적인 결합으로 살짝 가려져 있기는 했지만 말입니다. 이와 같이 불화와 단절로 신음하는 그리고 자기중심적인 세상의 한가운데 기독교의 새로운 신앙이 시작되었으며, 그것은 민족적 편견과 계층 간의 증오와 문화의 다양성을 초월하여 기이한 전체(strange whole)를 만들어 냈습니다. 이렇게 다양한 사람들이 서로 형제라는 개념은 매우 새롭고 낯선 것이었으며, 그리스도의 사랑 안에서 그러한 개념을 실현하는 것은 한층 더 놀라운 것이었습니다. 세상은 놀랐지만, 그러나 그리스도인들에게 그러한 새로운 감정은 본능적이었습니다. 그들의 마음은 매우 자연스럽게 그러한 감정으로 채워졌습니다.

데살로니가인들이 서로 사랑하고 있음을 인정하는 바울의 말은 단순한 의례적인 인사가 아니었습니다(9절). 데살로니가인들에게는 형제를 사랑하라고 명령할 필요가 없었습니다. 왜냐하면 그러한 사랑은 이미 그들의 새로운 삶의 일부였기 때문입니다. 하나님 자신에 의해 그들의 마음속에 이미 그러한 감정이 숨 쉬고 있었습니다. 그들은 '예수 그리스도에 대한 공동의 관계'와 '세상으로부터의 공동의 구별'로 인해 서로 이끌렸습니다. 그들을 나누는 것은 아무것도 없었으며, 그들을 하나로 묶는 새로운 유대의 띠는 매우 강력했습니다. 바울이 네압볼리(Neapolis)에 상륙한 것이 불과 얼마 전의 일이었음에도 불구하고, 사랑의 금 사슬이 모든 마게도냐 그리스도인들을 하나로 묶었습니다. 따라서 바울이 훈계해야 했던 모든 것은 그들을 연결한 고리를 더욱 탄탄하게 하라는 것일 뿐이었습니다.

이러한 아름다운 그림은 머지않아 흐릿해졌지만, 그러나 예수 그리스도께 대한 우리의 사랑이 더 깊어질수록 형제들에 대한 우리의 사랑 역시 더 뜨거워진다는 것은 여전히 사실입니다. 아침의 찬란한 여명(黎明)은 한낮에 똑같은 모습으로 재연될 수 없을는지 모르지만 그러나 형제들에 대한 사랑은 그리스도인의 삶의 필수불가결한 증표로 여전히 남아 있습니다. 우리도 형제들을 더 뜨겁게 사랑하도록 노력합시다.

2. 둘째로, 힘써 일하라는 교훈이 형제들을 사랑하라는 교훈과 무슨 상관이 있습니까?

분명 큰 상관은 없을 것입니다. 그러나 여러분의 기독교가 오로지 감정으로만 나타나야 한다고 생각하지 마십시오. 아무리 달콤하고 뜨거운 감정이라 하더라도 말입니다. 일꾼이 일상의 삶 속에서 행하는 평범하고 단조로운 일들이 형제 사랑 못지않은 거룩한 일이 될 수 있습니다. 사랑의 마음은 참으로 선한 것입니다. 그러나 부지런히 일하는 두 손 역시 그에 못지않게 선합니다. 두 가지를 함께 붙잡으십시오. 그것은 데살로니가인들에게 필요했던 만큼 오늘날 우리에게도 똑같이 필요합니다. 데살로니가후서에서 좀 더 분명하게 나타나는 것처럼, 그들을 구습으로부터 단절시킨 새로운 진리들은 그들 가운데 일부 사람들을 어떤 특별한 기대 속에 매우 요동하게 만들었습니다. 이것은 "부흥"의 현장에서 흔히 일어나는 일반적인 현상입니다. 특별히 이러한 현상은 그리스도의 강림에 대한 생각으로 인해 데살로니가에서 더욱 강렬했습니다.

11절의 "**조용히** 자기 일을 하라"는 훈계를 주목해 보십시오. 바울은 우리가 "조용히 일하는" 태도를 계발하기를 바라는데, 이러한 "조용함"은 단순히 외적인 조용함을 말하는 것이 아니라 고요한 영의 내적 평온을 말하는 것입니다. 우리의 영이 하나님께 고정되고 사랑으로 가득 찰 때 이루어지는 고요함 말입니다. 지성소의 은밀한 장소는 항상 고요합니다. 만일 우리가 그곳에 거한다면, 우리의 마음은 외부의 어떤 소란한 것들에 의해서도 결코 요동하지 않을 것입니다. 또 "우리의 일을 하는" 것은 이기적인 마음으로 우리 자신의 일만을 추구하는 것과는 근본적으로 다릅니다. 왜냐하면 우리의 일 가운데 상당한 부분이 다른 사람들을 돌보는 것이기 때문입니다. 동정심과 실제적인 도움을 마르게 함에 있어 시끄럽게 떠들며 잡담하는 것보다 더 확실한 것은 아무것도 없습니다. 그들은 다른 사람들의 문제에 대해 끊임없이 이러쿵저러쿵 합니다. 자신의 일보다 다른 사람들의 일에 대해 더 잘 압니다. 오늘날은 얼마나 소란한 세대입니까? 이 세대의 정신적인 양식은 대부분 신문입니다. 사람들은 정치인에 대해, 목회자에 대해, 살인자에 대해 끊임없이 떠들며 잡담을 합니다. 이러한 사람들에게 "조용히 자기 일을 하라"는 교훈은 얼마나 절실한 교훈입니까? 우리 모두는 너무도 분주해서 조용히 묵상할 시간조차 없습니다. 또 우리는 다른 사람들의 사소한 문제들에 지나치게 관심을 갖는 가운데 정작 우리 자신의 문제에 대해서는 외인(外人)이 되고 맙니다. 이런 사람들의 영적 수준은 얼마나 낮겠습니까?

또 11절 하반절의 "손으로 일하기를 힘쓰라"는 명령을 주목해 보십시오. 헬라인들에게 손으로 일하는 것 즉 육체노동의 존엄성은 매우 생소한 개념이었습니다. 그러나 바울은 데살로니가인들에게 보내는 두 개의 편지 속에서 육체노동의 존엄성을 반복적으로 강조합니다. 틀림없이 데살로니가의 회심자들 가운데 적지 않은 사람들이 손으로 일하는 사람들이었을 것입니다. 그들은 바울의 교훈뿐만 아니라 그의 모범을 필요로 했을 것입니다. 그리스도를 위해 삽과 괭이를 든 그리스도인 일꾼들은 외인들에게 깊은 인상을 심어줄 것이었습니다. 일의 존엄성은 그 일의 성격에 달려 있는 것이 아니라 그 일을 하는 동기에 달려 있습니다. 그러므로 높은 동기로 행해지는 일은 비록 일상의 단조로운 일이라 할지라도 거룩한 일이 됩니다. 그리스도인들이 자신에게 맡겨진 일을 존귀하게 여기면서 성심을 다해 감당하는 가운데 그리스도께서 얼마나 선한 일꾼들을 만들어 낼 수 있는지를 세상에 보여주고자 노력하는 것은 얼마나 아름다운 일입니까? 또 누구에게도 의존하지 않고자 하는 독립적인 정신을 추구하면서, 일하지 않고 얻는 큰 것보다 스스로 일해서 얻는 작은 것을 더 좋아하는 것은 얼마나 아름다운 일입니까? 어쩌면 데살로니가인들 가운데 어떤 사람들은 형제 사랑을 이용하여 개인적인 이득을 취하려고 했을는지도 모릅니다. 예컨대 부유한 형제들을 가까이 하면서 그들과의 교분을 통해 어떤 이득을 얻으려고 하는 따위 말입니다. 이런 사람들은 어느 시대든지 항상 있는 법입니다.

3. 셋째로, 편지는 새가 갑자기 하늘로 날아오르는 것처럼 돌연 주의 강림과 관련한 놀라운 계시로 이행합니다.

갑작스런 주제의 변화와 함께 본문의 음정은 더욱 음악적이 되고, 그 문체는 더욱 풍부하고 장엄해집니다. 조용히 자기의 일을 하라는 훈계로부터 주의 강림과 천사장의 나팔소리와 죽은 자들의 부활로의 이행은 얼마나 갑작스런 도약입니까? 그러면서도 그것은 얼마나 쉽게 이루어집니까? 이와 같이 만일 우리가 미래의 영광과 현재의 의무를 함께 붙잡는다면, 우리의 삶은 정말로 복된 삶이 될 것입니다.

우리는 여기의 바울의 논점을 올바로 이해할 필요가 있습니다. 데살로니가인들 가운데 어떤 사람들은 훗날의 고린도인들과 같은 부활에 대한 의문 때문이 아니라, 예컨대 그리스도께서 강림하실 때 살아 있는 자들보다 죽은 성도들이 더 손해가 아닌가 하는 따위의 난제로 인해 혼란에 빠져 요동했던 것으로 보입니다. 13절 이하의 본문은 그리스도께서 강림하실 때 일어날 사건의 순서라든지 혹은 영화롭게 변화된 성도들의 최종 상태에 대한 일반적인 계시가 아닙니다. 도리어 그것은 "그리스도께서 다시 오실 때 살아 있는 자와 주 안에서 죽은 자가 그의 영광에 참여하는 것과 관련하여 양자 사이의 관계가 무엇인가?"라는 질문에 대한 대답입니다. 이러한 질문에 대해 부정적으로 대답한 것이 15절이며, 긍정적으로 대답한 것이 16절과 17절입니다.

그러한 구절들을 살펴보기 전에 먼저 여기에 나타나는 중요한 교훈들을 주목해 보십시오. 14절은 죽은 자들을 "예수 안에서 자는 자들"이라고 부릅니다. 이러한 호칭은 사랑하는 이를 잃고 슬퍼하는 사람들에게 얼마나 큰 위로를 가져다주는 아름다운 호칭입니까? 물론 이러한 개념은 이방의 사상가들 가운데서도 발견됩니다. 그러나 거기에는 항상 "**영원한** 잠"이라는 슬픈 형용사가 덧붙여집니다. 사람들은 절망 속에서 죽음을 "잠자는 것"으로 불렀습니다. 그러나 그리스도인들이 죽음을 그렇게 부르는 것은 잠이 계속적인 존재와 휴식과 의식(意識)과 장차 깨어나는 것을 함축하기 때문입니다. 잠자는 자는 죽은 것이 아닙니다. 그들은 어느 날 기운찬 모습으로 깨어 일어날 것입니다.

우리는 14절로부터 예수께서 사망의 모든 쓴 것을 겪으시고 죽으심으로써 신자들에게 사망의 쓴 것이 부드러워져 그것이 자는 것이 되었다는 개념을 끌어 낼 수 있습니다. 그가 죽으심으로써 우리는 사망의 가장 크게 쏘는 것을 경험하지 않을 수 있게 되었습니다.

또 우리는 예수 그리스도께서 자신의 종들을 위해 육체의 죽음을 통과한 사실을 나타내기 위해 14절에서 "예수 안에서 자는 자들"이라는 놀라운 표현이 사용된 것을 주목할 수 있습니다. 그의 중보사역으로 인해 그의 종들의 죽음은 잠자는 것으로 변화되었습니다. 또 16절에서는 "죽은 자들"이라는 표현이 직접적으로 사용되는데, 이것은 강조와 명확함을 위해서입니다. 부활에 대해 생각하고 있을 때 비로소 우리는 죽음을 대면(對面)하여 바라볼 수 있게 됩니다.

15절에서 바울은 자신의 계시가 그리스도로부터 직접적으로 받은 것이라고 주장합니다. "**주의 말씀에 의해** 너희에게 이것을 말하노니"라는 표현을 주목해 보십시오(한글개역개정판에는 "**주의 말씀으로** 너희에게 이것을 말하노니"라고 되어 있음). 이러한 표현은 그것 외에 다른 것을 의미할 수 없습니다. 또 15절 하반절의 언급과 관련하여 바울이 자신이 살아 있는 동안 주의 강림이 있을 것이라고 기대했는가 하는 질문이 제기될 수 있습니다("주께서 강림하실 때까지 **우리 살아남아 있는 자도** 자는 자보다 결코 앞서지 못하리라"). 설령 그가 그와 같은 잘못된 기대를 품은 것으로 드러난다고 하여 지나치게 놀랄 필요는 없습니다. 왜냐하면 그리스도 자신조차도 자신의 재림의 때를 누구도 알지 못하는 것으로 말씀하셨기 때문입니다. 그러나 우리는 다음과 같은 두 가지를 주목할 필요가 있습니다. 첫째로, 본 서신 직후에 기록된 두 번째 편지 즉 데살로니가후서에서 주의 강림이 가까웠다는 그의 기대가 크게 약화된다는 사실입니다. 거기에서 바울은 주의 강림이 있기 전에 긴 역사적 과정이 있을 것을 지적합니다. 그리고 둘째로, 본문의 언어가 필연적으로 그가 주의 강림의 때에 자신이 살아 있을 것으로 기대했음을 의미하지는 않는다는 사실입니다. 다만 그는 사람들을 살아 있는 자와 죽은 자로 크게 둘로 나누면서 자연스럽게 자신과 자신의 편지를 읽는 사람들을 현재의 상태대로 그냥 살아 있는 자들의 부류 속으로 포함시켰을 뿐입니다. 단지 그런 것일 뿐이지, 이것이 실제로 주의 강림의 때에 그와 그들이 살아 있을 것인지 혹은 그렇지 않을 것인지의 문제와는 무관한 것입니다.

본문은 많은 것을 계시하지만 그러나 동시에 많은 것을 계시되지 않은 상태로 남겨 둡니다. 주된 요점에 있어서는 완전하게 분명합니다. 부정적으로, 본문은 잠자는 성도들이 아무것도 잃지 않으며 어떤 축복에 있어서도 살아 있는 자들에 비해 결코 뒤처지지 않을 것을 선언합니다. 그리고 적극적으로, 본문은 잠자는 자들이 살아 있는 자들보다 오히려 앞설 것을 선언합니다. 살아 있는 성도들이 변화되기 전에 "그리스도 안에서 죽은 자들이 **먼저** 일어날" 것입니다(16절). 그리하여 두 무리 즉 죽은 자들과 살아 있는 자들이 함께 일어나 강림하시는 주님을 맞이할 것입니다. 그리하여 그리스도 안에서의 그들의 연합과, 그리스도와 함께 이루어지는 그들의 교제는 영원할 것입니다.

이러한 위대한 소망은 서로 분리되고 나누어진 사람들의 마음을 하나로 이어줄 것입니다. 본문은 여전히 아직 해결되지 않은 많은 의문들을 남깁니다. 그럼에도 불구하고 본문은 우리에게 소망을 가져다주며, 우리의 탄식을 기대로 바꾸기에 충분합니다. 미래와 관련한 여러 가지 모호한 것들, 호령과 나팔소리, 죽은 성도들이 강림하시는 주님을 뒤따른다는 개념, 그들이 지금 누구와 함께 있나 하는 문제, 그들이 땅으로부터 일어나 강림하시는 주님을 맞이한다는 선언의 의미, 땅으로부터 끌어올려져 공중에서 주를 맞이하는 자들이 주와 함께 땅으로 돌아오는 문제 — 이러한 모호한 문제들은 여전히 남을는지 모릅니다. 그럼에도 불구하고 우리는 그리스도 안에서 잠자는 성도들과 살아 있는 성도들이 완전하게 다시 연합될 것을 확신할 수 있을 만큼, 그리고 하나님의 군대의 두 날개가 완전한 축복 가운데 거하게 될 것을 확신하면서 위로를 얻을 만큼 충분하게 알 수 있습니다. 우리는 분명하게 계시된 것으로 만족할 수 있습니다. 만일 계시되지 않은 어떤 것이 우리에게 도움이 될 것이라면, 하나님은 우리에게 그것을 말씀해 주셨을 것입니다. 계시는 위로와 격려를 위한 것입니다. "때와 시기"가 우리에게 알려지지 않은 것은 그것을 아는 것이 우리에게 아무런 유익이 되지 않기 때문입니다(5:1).

바울은 데살로니가 형제들이 "주의 날이 밤에 도둑 같이" 이를 것이라는 주의 말씀을 잊지 않고 있음을 분명하게 확신합니다(5:2). 의심의 여지없이 이것은 바울 자신이 그들에게 가르친 것이었을 것입니다. 그리하여 그는 무익한 호기심을 버리고 계속적으로 깨어 있을 것을 훈계합니다. 주님은 갑자기 오실 것입니다. 그날 믿음으로 깨어있는 자들과 그리스도 안에서 달콤하게 잠자던 자들이 일어나 그의 승리에 참여하게 될 것입니다.

5
예수를 통해 자는 자들

"이와 같이 예수 안에서 자는 자들도 하나님이 그와 함께 데리고 오시리라"

살전 4:14

바울의 글에서 "예수 안에서 잔다"(sleeping in Jesus)는 표현은 별로 특이할 것이 없는 표현입니다. 그것은 우리 주님과 죽은 성도 사이의 밀접한 연합의 개념을 제시합니다. 그들과 주님 사이의 관계가 마치 그들과 그들이 움직이며 숨 쉬는 공기 혹은 그들과 그들이 거주하는 집 사이의 관계처럼 밀접하게 말입니다. 그러나 바울이 여기에서 말하는 것은 이와 같은 "예수 **안에서** 잔다"는 개념이 아닙니다. 본문의 정확한 문자적 번역은 "예수를 **통해** 자는 자들"(them which sleep **through** Jesus)입니다.

이렇게 보면 본문의 표현은 매우 특이한 것이 됩니다. 우리의 번역자들이 "예수를 통해"(through Jesus)라는 표현을 "예수 안에서"(in Jesus)라는 좀 더 친숙한 표현으로 순화시킨 것도 이러한 특이함 때문입니다(한글개역개정판도 "예수 안에서"라고 번역함). 우리는 그리스도를 통해 거룩하여진 사람들이 그리스도를 통해 산다는 말을 충분히 이해할 수 있습니다. 그러나 그리스도를 통해 잔다는 개념은 쉽게 이해하기 어렵습니다. 따라서 우리는 바울 자신이 의미하는 바에 좀 더 세심한 주의를 기울일 필요가 있습니다. 성경의 특이하고 어려운 구절들은 마치 금이 포함되어 있는 딱딱한 석영(石英) 광맥과 같습니다. 그러므로 만일 우리가 그것을 대충

훑어보고 그냥 지나쳐 버린다면, 우리는 보물을 놓쳐버리기 쉽습니다. 본문 속에 담겨진 금을 찾아보도록 합시다.

본문의 표현으로부터 나는 두 가지 개념을 제시하고 싶습니다. 하나는 순화(純化)된 죽음의 개념이며, 또 하나는 그러한 순화의 근거입니다.

1. 첫째로, 순화된 죽음의 개념을 주목하십시오.

신약은 예수 그리스도 자신이 죽음을 잠자는 것으로 표현했음을 분명하게 보여줍니다. 여러분은 우리 주님이 그러한 표현을 두 번 사용한 것을 기억할 것입니다. 한 번은 회당장의 딸이 죽었을 때 "울지 말라 죽은 것이 아니라 잔다"라고 말씀하셨을 때이며(눅 8:52), 또 한 번은 나사로가 죽었을 때 "우리 친구 나사로가 잠들었도다 그러나 내가 깨우러 가노라"라고 말씀하셨을 때입니다(요 11:11). 그러나 예수 그리스도 자신이 그러한 표현을 창안한 것은 아니었습니다. 여러분은 구약에서도 그러한 표현을 발견할 수 있습니다. 마지막 때의 육체의 부활과 관련하여 말할 때, 선지자 다니엘은 그러한 부활에 참여할 자들을 "땅의 티끌 가운데에서 자는 자들 중 많은 사람들"이라고 말합니다(단 12:2). 나아가 구약 역시 그러한 표현의 유일한 기원은 아니었습니다. 죽음을 잠자는 것으로 표현하는 것은 너무도 자연스러운 것이었습니다. 왜냐하면 그것은 외적으로 볼 때 잠자는 것과 너무도 유사했기 때문입니다. 따라서 죽음을 잠자는 것으로 표현하는 것은 다양한 언어 속에서 매우 흔하게 발견됩니다. 그리스와 로마 시대의 많은 비문들은 죽음을 잠의 표상으로 표현합니다. 비록 영원한 잠으로서 다시 깨어날 것을 알지 못하는 깊은 절망 속에서 사용된 것이기는 하지만 말입니다.

그러나 죽음을 잠자는 것으로 표상하는 것과 관련한 기독교적 개념은 이교도들의 개념과 정반대입니다. 이교도들은 죽음이라는 끔찍한 실체를 입에 담기를 꺼려 했습니다. 왜냐하면 그것은 너무도 끔찍하며 두려운 것이었기 때문입니다. 이교도들이 볼 때 죽은 자는 사망의 검은 밧줄에 꽁꽁 묶여 있었습니다. 따라서 그들은 그토록 두렵고 끔찍한 것을 얇고 투명한 휘장으로 덮음으로써 그 두려움을 약화시키고자 했습니다. 반면 죽음을 잠자는 것으로 표현한 기독교적 동기는 그와 정확하게 반대입니다. 그리스도인들이 죽음에 대해 더 부드러운 표현을 사용한 것은 그것이 더 부드러운 것이 되었기 때문입니다.

신약 전반을 통해 "죽음"이란 단어가 우리가 통상적으로 그 이름으로 지칭하는 육체적 실재가 아니라 그러한 육체적 실재는 단지 상징과 비유에 불과한 끔찍한 사실, 즉 그 영혼이 하나님으로부터 분리되는 것인 참된 죽음에 일반적으로 적용되는 사실은 매우 중요합니다. 대체로 신약은 죽음이라는 육체적 실재를 좀 더 부드러운 형태의 다른 표현으로 부르는데, 그것은 그렇게 함으로써 그것을 좀 더 부드럽게 순화시킬 수 있기 때문입니다.

예를 들어, 여러분은 죽음을 "세상을 떠나 그리스도와 함께 있는 것"으로 표현하는 말씀들을 발견할 것입니다. 단순한 환경의 변화 혹은 장소의 변화를 지칭하는 "별세"(exodus, 혹은 "이동")라는 표현 역시 이와 유사한 표현입니다. 그런가 하면 죽음을 "여기의 장막을 벗는 것" 혹은 "이 땅의 장막집이 허물어지는 것"으로 표현하는 말씀들도 있는데, 여기에서 죽음은 단순한 거주지의 변화로 순화됩니다. 또 다른 표현은 "제물로 드리는 것"입니다. 이러한 표현의 주된 개념은 스스로의 생명을 희생제물로서 혹은 관제로서 자발적으로 하나님의 제단에 드리는 것입니다. 그러나 모든 것 가운데 가장 아름답고 심오한 상징은 본문에 나타난 "잠"의 상징입니다. 나의 계산이 맞다면 그러한 표현은 신약에서 14회 사용되었으며, 그것은 우리에게 여러 가지 교훈을 가져다줍니다. 그러면 잠의 상징은 우리에게 무엇을 말해줄까요?

먼저 그것은 휴식(rest)에 대해 말해 줍니다. 어떤 사람들에게 이러한 개념은 그리 매력적인 개념이 아닐 것입니다. 젊고 강하며 열정적이며 야심만만하며 승승장구하는 사람들은 그들의 활동이 잠자는 것으로 무뎌지는 개념을 싫어할 것입니다. 그러나 대부분의 사람들은 마치 하루 종일 밖에서 뛰어 놀은 지친 아이들처럼 피곤하며 곤비합니다. 그들의 몸은 수고로 지쳐 있으며, 그들의 마음은 이런저런 상실로 무겁습니다. 그들에게 세상의 무거운 책임과 의무와 일과 슬픔을 벗어 버리고 고요한 휴식으로 들어가는 것은 얼마나 호소력이 큰 것이겠습니까? 나는 사람들의 가장 깊은 열망이 휴식을 위한 열망이라고 믿습니다. 모든 사람은 휴식의 약속의 달콤함을 느낄 만큼 충분히 지쳐 있으며, 또 충분히 무거운 짐을 지고 있습니다.

"자라, 머리부터 발끝까지 휴식으로 가득하도록,
마른 티끌이여, 변화되는 그날까지 고요히 누워 있으라."

그렇습니다. 그러나 나는 여기의 상징이 말하는 휴식은 오직 육체에만 적용된다고 믿습니다. "잠"이라는 표현은 포갠 손과 고요한 얼굴과 감은 눈으로 움직이지 않고 고요하게 있는 모습을 믿음의 눈으로 바라본 결과입니다. 그러나 이러한 휴식은 결코 의식이 없는 휴식이 아니라는 사실을 기억하십시오. 나는 잠의 상징이 영적 생명에까지 적용된다고 믿지 않습니다.

왜 그렇습니까? 그것은 잠의 은유 자체가 잠자는 자가 의식이 없는 것이 아니라는 사실을 말해주기 때문입니다. 잠자는 자는 외부 세계로부터 떨어져 있으며, 외적인 것들을 인지하지 못합니다. 스데반이 무릎을 꿇은 상태로 군중들에게 둘러싸여 있었던 때를 생각해 보십시오. 한순간 그는 돌에 맞아 아픔을 느끼고 있었습니다. 그리고 다음 순간 그는 "잠들었습니다." 군중들은 계속해서 소리를 지르며 돌을 던졌을 것이지만, 그러나 스데반은 아무것도 알지 못했습니다. 배 밑바닥에서 잠자고 있던 요나에게 큰 풍랑이 아무것도 아니었던 것처럼 말입니다. 그러나 외적인 것들로부터 분리된 것이 곧 생명의 중단 혹은 의식의 중단을 의미하는 것은 아닙니다. 왜냐하면 잠자는 자는 때때로 꿈을 꾸며 스스로를 의식하기 때문입니다. 물론 어떤 기능들은 좀 더 활발한 활동을 위해 잠시 중단되기는 하지만 말입니다.

그러므로 죽음에 대해 우리는 이쪽 세계에서는 잠자는 것으로, 그리고 저쪽 세계에서는 깨는 것으로 표현할 수 있습니다. 따라서 그리스도인의 죽음의 전체적인 상태는 "그들이 예수 안에서 잠자는도다"라고도 표현될 수 있고, 또한 "내가 깰 때에 주의 형상으로 만족할 것이라"라고도 표현될 수 있습니다.

죽음을 잠자는 것으로 표현하는 것이 오직 육체에만 한정된다는 사실을 성경은 분명하게 보여줍니다. 바울 사도가 "세상을 떠나 그리스도와 함께 있는" 것이 훨씬 더 낫다고 말할 때, 그것은 무엇을 의미하는 것이었습니까? 그렇게 말하는 자는 분명 "세상을 떠나는" 것과 "그리스도와 함께 있는" 것을 동시적인 것으로 생각했습니다. 또 그렇게 말하는 자는 분명 자신의 죽음의 순간과 그리스도와 교제하는 순간 사이에 오랜 무의식의 기간이 가로놓여 있다고 생각할 수 없었습니다. 바울 같은 사람이 어떻게 그리스도와 함께 거하며 그를 위해 일하는 여기에서의 상태보다 잠자는 상태를 더 좋아할 수 있겠습니까? 그리스도와 함께 있는 것은 필연적으로 우리가 어디에 있으며, 또 누구와 함께 있는지 아는 것을 의미할 수밖에 없습니다.

히브리서 12장의 "너희가 온전하게 된 의인의 영들에 이르렀다"는 말씀을 주목해 보십시오(22, 23절). 만일 이것이 생명의 교제 속으로 들어온 것으로 간주되는 두 부류의 사람들이 서로를 의식하는 것을 의미하지 않는다면, 도대체 무엇을 의미하는 것이겠습니까? 영이 온전하게 되는 것이 영이 아무것도 의식하지 못하는 상태로 떨어지는 것을 의미하는 것이겠습니까? 결단코 그렇지 않습니다. 이와 같은 말씀을 숙고할 때, 우리는 그리스도 안에서 잠자는 자들이 스스로를 알며, 자신들이 지금 어디에 있으며 또 누구와 함께 있는지를 알며, 자신들의 복을 안다는 사실을 인정하지 않을 수 없습니다.

잠의 상징이 제시하는 또 하나의 개념은 앞에서 이야기한 대로 깨어난다는 개념입니다. 이교도 시인 가운데 한 사람은 이렇게 노래합니다. "해는 졌다가 다시 뜰 수 있지만 우리는 그렇지 않도다. 우리의 작은 빛이 질

때, 거기에는 영원한 잠의 밤 외에 아무것도 없도다." 반면 잠의 상징에 대한 기독교적 개념은 그것이 일시적이라는 것입니다. 아침이 오면 잠자는 것이 끝나는 것처럼 말입니다. 성 아우구스티누스는 어디에선가 이렇게 말했습니다. "주의 날에 다시 깨어 일어나지 않을 것이라면, 어째서 그들을 잠자는 자들이라고 부른단 말인가?"

2. 둘째로, 죽음에 대한 이러한 순화의 근거를 주목하십시오.

그들은 "예수를 통해 자고" 있습니다. 그것은 예수 그리스도와 그의 사역으로 말미암은 것입니다. 이와 같이 예수 그리스도와 그의 사역으로 말미암아 죽음은 아름다운 것이 되었으며, 죽음의 소름끼치는 형상은 잠의 형상으로 순화되었습니다. 죽음을 잠자는 것으로 상징하는 본문의 표현을 충분히 이해하기 위해, 우리는 육체의 생명이 종결되는 실제적인 사실과 그와 연관된 정신적 상태 사이를 분명하게 구분할 필요가 있습니다. 우리가 죽음이라고 부르는 것은 육체적 현상에다가 죄에 대한 자각과 징벌의 확실성이 합쳐진 복합적인 것입니다. 우리는 이러한 요소들을 별도로 다루어야 합니다. 전자 즉 육체적 현상으로서의 죽음이 있다 하더라도 후자의 요소가 제거된다면, 전체적인 죽음의 성격은 달라지며 매우 사소한 것이 됩니다.

단순한 육체적 사실은 하찮은 것입니다. 거의 대부분의 경우 죽음은 별다른 고통 없이 쉽게 이루어지며, 사람들은 잠 속으로 가라앉습니다. 그토록 작은 실재가 인간의 생명을 광대한 어둠 속으로 던져버리는 권세를 가졌다는 사실이 너무나 이상하지 않습니까? 왜 그렇습니까? 그것은 바울이 말한 것처럼 "사망의 쏘는 것이 죄"이기 때문입니다. 그러나 만일 여러분이 죽음으로부터 쏘는 것을 제거할 수 있다면, 죽음은 별로 두려워할 만한 것이 아닌 것이 될 것이며, 그것은 우리의 경험 속에 하찮은 것으로 격하(格下)될 것입니다.

이제 예수 그리스도의 죽음을 생각해 보십시오. 그것은 죄와 양심 그리고 징벌을 예상함으로부터 일어나는 두려움과 공포를 제거합니다. 죽음과 관련하여 우리가 직면하게 되는 것은 이제 육체적 사실 외에 아무것도 남아 있지 않습니다. 허름한 복장을 한 덥수룩한 병사를 생각해 보십시오. 그는 하루 18펜스의 아주 적은 보수로도 전쟁터에 나아가 죽음에 직면합니다. 그러면서도 그는 충분한 보수를 받았다고 생각합니다. 예수 그리스도는 죽음을 폐하셨습니다. 죽음으로부터 모든 알맹이를 제거하시고, 다만 껍데기만 남겨 놓으셨습니다. 따라서 사람들에게 죽음은 전혀 다른 것이 되었습니다. 왜냐하면 예수 그리스도께서 자신의 죽음으로 사망의 쏘는 것을 제거하셨기 때문입니다. 그러므로 이제 우리는 사망의 음침한 골짜기를 지나면서도 양심이나 죄나 심판을 두려워하지 않을 수 있게 되었습니다.

이와 관련하여 나는 바울이 본문에서 예수 그리스도에 대하여는 직설적인 언어를 사용하면서 우리에 대하여는 순화된 언어를 사용하고 있는 사실을 주목하지 않을 수 없습니다. "우리가 예수께서 죽으셨다가 다시 살아나심을 믿을진대 이와 같이 예수 안에서 자는 자들도." 그렇습니다. 진실로 예수 그리스도는 죽음의 모든 두려운 것들을 짊어지고 죽으셨습니다. 진실로 예수 그리스도는 세상의 모든 죄를 짊어지고 죽으셨습니다. 진실로 예수 그리스도는 이제부터 어느 누구도 그와 같은 모양으로 죽을 필요가 없도록 그렇게 죽으셨습니다. 그의 죽음은 우리의 죽음을 잠자는 것으로 만들었습니다. 그리고 그의 부활은 우리의 잠을 "때가 되면 반드시 깨어나게 될" 잠으로 만드셨습니다.

그러므로 사랑하는 성도 여러분, 자는 자들과 관련하여 여러분은 "소망 없는 다른 이와 같이 슬퍼할" 필요가 없습니다(13절). 여러분은 예수 그리스도의 사역으로 말미암아 죽음이 잠자는 것으로 순화되고 최소화되었다는 사실과, 죽음의 두려움이 사라지게 되었다는 사실을 항상 기억할 필요가 있습니다. 그러나 만일 여러분이 그와 연합되어 있지 않다면, 이 모든 것은 여러분과 아무 관련이 없는 것이 될 것입니다. 오직 그의 죽음과 부활의 권능을 믿음으로써만 여러분은 그가 통과한 것을 통과하게 될 것이며, 그가 계신 곳에 있게 될 것이며, 그의 어떠하심과 같이 그렇게 될 것입니다.

철길에 함께 앉아 있다가 갑작스런 충돌사고로 죽은 두 사람을 생각해 보십시오. 설령 둘 사이에 외적인 사실은 동일하다 할지라도, 그러나 그들의 죽음의 실재는 전혀 다를 수 있습니다. 한 사람은 예수 안에서 그리고 예수를 통해 잠자지만, 다른 한 사람은 실제로 죽습니다. 그리고 후자에게 있어 그의 육체의 죽음은 영혼의 죽음의 흐릿한 그림자에 불과합니다. 여러분은 생명이신 그리스도와 연합되었습니까? 그리하여 "나를 믿는 자는 영원히 죽지 아니하리라"는 말씀이 여러분에게 이루어졌습니까?

6
낮에 속한 자들의 갑옷과 일

"우리는 낮에 속하였으니 정신을 차리고 믿음과 사랑의 호심경을 붙이고 구원의 소망의 투구를 쓰자"

살전 5:8

데살로니가전서는 신약에서 제일 먼저 기록된 책입니다. 그것은 아마도 십자가 이후 20년이 채 지나지 않았을 때 기록된 것으로 보입니다. 그때는 복음서가 기록되기 오래 전이었습니다. 그럼에도 불구하고 여기의 전체적인 문맥 속에 오늘날 복음서들에 보존되어 있는 말씀들이 우리 주님의 가르침으로 돌려지고 있는 사실과 데살로니가의 그리스도인들이 그러한 말씀들을 매우 잘 알고 있었음을 바울이 당연하게 받아들였던 사실을 주목하는 것은 매우 흥미로운 일입니다.

예를 들어 볼까요? 2절에서 바울은 "주의 날이 밤에 도둑 같이 이를 줄을 너희 자신이 자세히 알기 때문이라"라고 말합니다. 데살로니가인들은 주의 날이 밤에 도둑 같이 이를 것이라는 것을 어떻게 알았을까요? 그들이 그리스도인이 된 것은 고작 일 년 안팎의 일입니다. 그들은 바울로부터 기껏 몇 주 잘해야 한두 달 배웠을 뿐입니다. 그런 그들이 어떻게 그것을 알았을까요? 그것은 그들이 그와 관련한 주님의 말씀을 들었기 때문입니다. "너희도 아는 바니 집 주인이 만일 도둑이 어느 때에 이를 줄 알았더라면 그 집을 뚫지 못하게 하였으리라"(눅 12:39).

또 우리는 5절에서 "빛의 아들"이라는 표현을 보게 됩니다. 이것은 본래 누가 말한 것입니까? 우리 주님입니다. "이 세대의 아들들이 자기 시대에 있어서는 빛의 아들들보다 더 지혜로움이니라"(눅 16:8). 또 우리는 7절에서 "자는 자들은 밤에 자고 취하는 자들은 밤에 취하되"라는 표현을 보게 됩니다. 이러한 표현은 어디로부터 온 것입니까? 그 역시 우리 주님 자신이 말씀하신 것으로부터 온 것입니다. "너희는 스스로 조심하라 그렇지 않으면 방탕함과 술취함과 생활의 염려로 마음이 둔하여지고 뜻밖에 그 날이 덫과 같이 너희에게 임하리라"(눅 21:34). "그가 홀연히 와서 너희가 자는 것을 보지 않도록 하라"(막 13:36).

이와 같이 여러분은 본문의 전체적인 문맥 속에서 오늘날 현존하는 복음서들에 보존되어 있는 말씀들이 우리 주님의 말씀으로 전제되고 있는 사실을 확인할 수 있습니다. 이러한 사실은 또한 초창기 교회 때부터 교회 안에 오늘날 사복음서에 보존되어 있는 전승적인 가르침들이 존재하고 있었음을 보여주는 또 하나의 증거가 됩니다.

이러한 사실을 생각하면서 이제 본문을 살펴보도록 합시다. 본문이 포함된 전체적인 문맥은 우리 주님의 재림과 관련하여 성도들이 어떻게 살아야 할지를 가르치는 작은 설교문이라고 할 수 있습니다. 그러한 모든 교훈들은 "정신을 차리고"라고 말하는 본문의 한가운데 있는 명령으로 요약될 수 있습니다. (본문이 "우리는 낮에 속하였으니"와 "정신을 차리고"와 "믿음과 사랑의 호심경을 붙이고 구원의 소망의 투구를 쓰자"의 세 구분으로 구성되어 있는 것을 주목하십시오.) 여기에서 중심적인 개념은 한가운데 있는 "정신을 차려라"라는 명령입니다. 그리고 이러한 중심적인 명령은 앞의 동기와 뒤의 수단에 의해 지탱됩니다. 앞의 "우리는 낮에 속하였으니"란 말씀을 주목하십시오. 우리가 낮에 속했다는 사실이 우리가 정신을 차려야 하는 동기입니다. 또 뒤의 "믿음과 사랑의 호심경을 붙이고 소망의 투구를 쓰라"는 말씀을 주목하십시오. 믿음과 사랑의 호심경을 붙이고 소망의 투구를 쓰는 것이 정신을 차리는 수단입니다. 이제 이러한 세 가지 논점을 차례대로 살펴보도록 합시다.

1. 첫째로, 여기의 중심적인 개념인 "정신을 차려라"라는 말씀을 주목하십시오.

여기에서 "정신을 차려라"(let us be sober)라는 말씀은 "술 취하지 않은 맑은 정신을 가져라"라는 뜻입니다. 술에 취하여 떠드는 것은 밤과 관련됩니다. 절제는 술에 대해서만 해당되는 것이 아닙니다. 그것은 또한 또 다른 형태의 육신적인 유혹인 탐식에 대해서도 해당됩니다. 기독교회는 이러한 유혹들에 대해 계속적으로 경고받을 필요가 있습니다. 만일 데살로니가 교회의 성도들이 이러한 경고를 받을 필요가 있었다면, 하물며 오늘날의 우리는 얼마나 더 그렇겠습니까? 아마도 지상에서 영국인보다 이에 대해 더 많이 경고받아야 할 사람들은 아무도 없을 것입니다. 나는 금욕주의자가 아닙니다. 나는 우리의 삶을 규제하는 외적 계율들을 찬미하고 싶지 않습니다. 그렇지만 평균적인 영국인들이 실제로 필요한 양보다 훨씬 더 많이 먹고 마신다는 것에 모든 의사들이 동의할 것입니다. 너무도 많은 그리스도인들이 먹고 마시는 것에 지나치게 탐닉함으로써 자신들의 영적 생활을 무디게 만드는 것은 얼마나 안타까운 일입니까? 나는 스스로를 그리스도인이라 부르는 많은 사람들에게 한 덩어리의 보리떡과 한 잔의 물이 그들의 영혼을 위해서나 육체를 위해서나 그들이 탐닉하는 화려한 식탁보다 훨씬 더 유익할 것이라고 분명히 믿습니다. 여기의 훈계의 말을 달게 받아들이십시오. 특별할 것이 없는 말이라고 소홀히 여기지 마십시오. 어쨌든 사람이 살기에 가장 좋은 장소는 예루살렘 다음에는 스파르타(절제의 상징: 역주)입니다.

이제 여기의 주된 주제를 살펴보도록 합시다. "정신을 차려라"라는 훈계의 의미는 무엇입니까? 그것이 의미하는 것이 무엇인지를 살피기에 앞서 먼저 그것이 의미하지 않는 것이 무엇인지를 생각해보도록 합시다. 그것은 여러분의 기독교적 성품에서 열정의 부재(不在)를 의미하지 않습니다.

열정은 되도록 억제하면서 항상 "건전한 감정의 표준"(sober standard of feeling)만을 이야기하는 설교자들이 있습니다. 십중팔구 그들이 의미하는 것은 열정 없는 미지근한 상태입니다. 우리 주님이 "네가 이같이 미지근하여 뜨겁지도 아니하고 차지도 아니하니 내 입에서 너를 토하여 버리리라"라고 말씀하신 것과 같은 상태 말입니다(계 3:16). 이것이 어떤 사람들이 항상 여러분이 계발하기를 바라는 "맑은 정신"(sobriety)의 실제적인 의미입니다. 그러나 나는 오늘날의 교회가 가장 필요로 하는 것이 뜨거운 열정을 회복하는 것이라고 굳게 믿습니다. 왜냐하면 우리가 믿노라고 고백하는 진리는 그 아름다움에 있어서나 혹은 그 장엄함에 있어서나 너무도 어마어마한 것이기 때문입니다. 그러한 진리들이 일단 사람의 머리와 가슴에 들어가면, 그것이 가진 아름다움과 장엄함에 부합하는 것은 오로지 뜨거운 열정의 찬란한 불꽃뿐입니다. 나는 열정적인 그리스도인이야말로 진정한 그리스도인의 모습이라고 감히 단언합니다. 세상에서 하나님과 사람을 위해 정말로 가치 있는 어떤 일을 행할 유일한 자는 "맑은 정신을 가진"(sober) 사람이 아니라 — 앞에서 이야기한 "뜨겁지도 않고 차지도 않은"이란 의미에서 말입니다 — 뜨거운 열정으로 불타는 사람입니다.

여기에서 맑은 정신을 가지라고 훈계하고 있는 바울 자신이 뜨거운 열정으로 불타는 사람이었습니다. 그랬기 때문에 베스도는 그가 미쳤다고 생각했으며, 심지어 고린도 교회에서조차도 그의 열정을 보며 그가 미쳤다고 생각한 사람들이 있었습니다(고후 5:13).

이렇게 미치는 것이야 얼마나 칭송할 만한 것입니까? 여러분은 이렇게 되고자 스스로 결심할 수 있습니다. 기독교든 혹은 다른 어떤 위대한 목적을 위해서든 이렇게 뜨거운 열정을 가진 사람들은 오순절에 제자들이 받았던 것과 같은 조롱을 감수할 각오를 해야 합니다 — "그들이 새 술에 취하였도다"(행 2:13). 그러나 이런 조롱을 받는 것은 좋은 일입니다. 왜냐하면 이것은 그들이 어떤 위대한 사실에 부합하는 합당한 마음태도를 가졌음을 의미하는 것이기 때문입니다.

이에 대해서는 그만 이야기하고 이제 여기의 훈계가 실제로 의미하는 것을 살펴보도록 합시다. 그것이 주로 의미하는 것은 세상의 모든 보화와 즐거움에 대한 그리스도인들의 절제의 의무입니다.

인간의 영혼이 어떻게 만들어졌는지 생각해 보십시오. 만일 인간의 영혼에 엄격한 자기통제가 행해지지 않는다면, 그것은 엉망진창이 되고 말 것입니다. 인간의 본성은 그것이 민주주의가 아니라 전제군주의 통제 아래 있어야 함을 보여줍니다.

우리 안에 있는 수많은 격정과 충동과 욕망들은 대부분 육체 안에 뿌리박혀 있으며, 배고픔이나 목마름만큼이나 맹목적입니다. 어떤 사람이 배가 고프다고 생각해 보십시오. 그의 배고픔을 해결해 주는 것은 오로지 빵입니다. 훔친 것이든 그렇지 않든 상관 없이 말입니다. 어쨌든 배고픔은 빵을 요구합니다. 그런 면에서 배고픔은 맹목적(blind)입니다. 우리의 본성 속에는 또 다른 맹목적인 충동들과 욕구들이 있습니다. 오로지 채워지는 것 외에는 어떤 것도 바라지 않는 그런 것들 말입니다.

그러므로 이러한 맹목적인 혹은 눈먼 짐승에게는 반드시 앞을 바라보게 해 주는 눈이나 혹은 이끌어주는 손 같은 것이 필요합니다. 인간 영(靈)의 참 성전은 단계별로 세워져야 합니다. 먼저 이러한 동물적인 본능의 기초 위에 그것을 통제하며 억제하며 이끄는 의지가 놓여야 합니다. 그리고 그 위에 그러한 것들을 밝혀주는 분별력이 놓여야 하며, 제일 꼭대기에 양심이 놓여야 합니다. 속사람에게 있어 이러한 순서가 올바로 세워지지 않을 때, 그 결과가 무엇이겠습니까? 방탕한 자가 말 위에 앉아 있을 때, 그 말이 어디로 가게 될 것인지 여러분은 잘 알 것입니다. 충동과 격정과 욕망에 의해 이끌리는 사람은 마치 증기기관에 불이 붙어 있고 엔진이 최고 속도로 움직이고 있는 가운데 아무도 키를 잡고 있지 않은 그런 증기선과 같습니다. 그 증기선은 뱃머리가 향하고 있는 쪽으로, 그곳이 암초든 어디든, 전속력으로 돌진할 것입니다. 만일 여러분이 엄격한 자기통제를 실천하며 살아가지 않는다면, 바로 이것이 여러분의 나아갈 길이 될 것입니다.

우리는 이 땅의 모든 삶 속에서 이러한 엄격한 자기통제를 실천해야 합니다. 특별히 즐거움과 관련된 경우에는 더욱 그러합니다. 이러한 엄격한 자기통제의 필요성은 인간의 본성 자체를 연구할 때뿐만 아니라 또한 인간이 놓인 조건과 상황을 관찰할 때 분명히 드러납니다. 인간을 둘러싼 모든 것은 마치 그를 향해 키르케의 잔을 든 채 뻗은 손들과 같습니다(Circe: 그리스 신화에 나오는, 남자들을 돼지로 만드는 마녀). 세상은 온갖 달콤한 것들을 가지고 사람들을 유혹하기 위해 다가옵니다. 키르케의 잔을 받아 마시는 자는 결국 돼지로 변하여 영원히 마법에 걸린 채 그곳에 있게 됩니다.

성도 여러분, 이러한 끔찍한 운명으로부터 여러분을 건져내는 것이 무엇입니까? 그것은 "정신을 차리는," 즉 "맑은 정신을 갖는" 것입니다. 세상에 대하여 그리고 세상이 제시하는 모든 것들에 대하여 말입니다. 세상이 제시하는 모든 즐거움과 소유와 만족에 대하여 여러분의 목에 칼을 두십시오(잠 23:2). 만일 여러분이 육체와 영혼의 욕망을 통제하며 억제하지 않는다면, 여러분에게 고상하며 고결한 삶은 결코 가능하지 않을 것입니다. 여러분은 위와 아래를 동시에 바라볼 수 없습니다. 여러분의 마음은 작은 방과 같습니다. 만일 여러분이 그 방을 세상으로 가득 채운다면, 여러분은 결국 여러분의 주인을 밖에 있는 마구간으로 쫓아내는 셈입니다. "너희가 하나님과 재물을 겸하여 섬기지 못하느니라"(마 6:24). 바울은 "정신을 차려라"라고 말하면서, 이 세대와 관련하여 엄격한 자기통제의 습관을 계발할 것을 훈계합니다. 오늘날 영국의 많은 그리스도인들은 마치 너무 많이 먹음으로써 몸이 무거워져 날지 못하는 콘도르(새)와 같습니다. 그들은 이 세상의 쓰레기 같은 것들을 너무 많이 먹음으로써 몸이 너무 무거워졌습니다. 그리하여 하늘을 향해 날지 못한 채 다만 땅 위에서 어기적거리며 걸어다니는 것으로 만족합니다. 사랑하는 성도 여러분, 여러분은 세상의 진미(珍味)와 즐거움을 절제하며 아껴 사용함으로써 여러분의 영적 건강을 올바로 유지하고 있습니까? 여러분 스스로에게 그리고 하늘의 재판장 앞에 대답해 보십시오.

2. 둘째로, "정신을 차려라"라는 훈계를 떠받치는 동기(動機)를 주목하십시오.

"우리는 낮에 속하였으니 … 정신을 차려라." 여기에서 "낮"(day)이라는 단어를 주목해 보십시오(day는 "낮"이라고도 번역할 수 있고 "날"이라고도 번역할 수 있는 단어임). 여기의 "day"는 무엇입니까? 2절에 언급된 "주의 날" 즉 그리스도께서 심판하기 위해 다시 오시는 특정한 날을 가리키는 것일까요? 물론 여기의 문맥 가운데 특정한 날에 대한 언급이 있는 것은 분명한 사실입니다. 그럼에도 불구하고 본문의 전체적인 흐름을 세심히 살필 때, 여러분은 바울이 "주의 날"이라는 개념으로부터 "일반적인 낮"의 개념으로 이행한 것을 발견하게 될 것입니다. 5절에서 바울이 낮과 밤 그리고 빛과 어둠을 대조시키고 있는 사실로부터 그러한 사실은 더욱 분명하게 나타납니다. 그러므로 "the children of the **day**"라는 표현으로 바울이 의미한 것은 우리가 심판의 **날**에 합당한 자들로서 그러므로 두려움 없이 그날을 기다릴 수 있다는 것이 아닙니다. 물론 이것이 우리에게 분명한 사실이기는 하지만 말입니다. 도리어 그가 의미하고자 한 것은 그리스도인들이 지식과 기쁨과 활동을 나타내는 "낮의 자녀"라는 것입니다. 모든 언어에서 낮은 이러한 것들을 나타내는 상징입니다. 낮은 사람들이 보고 듣는 시간이며, 기쁨과 즐거움의 상징입니다.

이와 같이 바울은 그리스도인인 여러분이 기쁨의 영역, 빛과 지식의 영역, 정결과 의의 영역에 속했다고 말합니다. 여러분은 빛의 자녀입니다. 빛의 자녀는 담대해야 합니다. 빛의 자녀는 빛을 두려워해서는 안 됩니다. 빛의 자녀는 기쁨이 넘쳐야 하며, 활기가 넘쳐야 합니다. 빛의 자녀는 투명해야 합니다. 빛의 자녀는 소망에 넘쳐야 합니다. 빛의 자녀는 정결해야 합니다. 빛의 자녀는 어두운 세상에서 밝게 비추어야 합니다. 그럼으로써 자신들도 밝음 가운데 행할 뿐만 아니라 다른 사람들에게도 보이지 않는 것을 보게 해주어야 합니다.

이와 같이 즐거움, 소망, 정결, 밝음 등의 상징들은 모두 "낮의 자녀"라는 위대한 이름 속으로 합쳐집니다. 그러면서 이렇게 합쳐진 물줄기는 하나의 분명한 방향을 향해 나아가는데, 그것은 자기 억제 즉 스스로 삼가는 방향입니다. **"노블레스 오블리주"** — 귀족은 저급하거나 불명예스러운 일을 해서는 안 되는 의무를 가집니다. 빛의 자녀는 불결한 것으로 자신들의 손을 더럽혀서는 안 됩니다. 음란을 행하는 것, 게으르게 자는 것, 술 취하는 것, 육체의 욕망에 탐닉하는 것 — 이 모든 일들은 밤에 행해지는 일들로서 낮과는 어울리지 않는 일들입니다.

이것을 다른 말로 표현하면 이렇게 될 것입니다 — 만일 여러분이 그리스도인이라면 여러분은 지금 여러분을 둘러싸고 있는 것과는 다른 종류의 질서(세계)에 속하며, 따라서 여러분은 지금 여러분을 둘러싸고 있는 것들로부터 엄격한 자기통제를 실천하며 살아야 합니다.

이것은 너무도 분명한 사실입니다. 바울은 우리가 다른 질서에 속한다고 말합니다. 우리는 "밤"의 한가운데서 "낮"을 품고 살아갑니다. 그러므로 한밤중의 도깨비불 같은 홀리는 빛을 좇지 마십시오. 그런 빛들은 여러분을 유혹하여 끝없는 수렁으로 떨어지게 만듭니다. 애굽 전역이 어둠 가운데 있는 동안 빛 가운데 있었던 이스라엘 백성들을 생각해 보십시오. 그것은 우리에게도 동일합니다. 그러므로 우리 역시도 그들처럼 허리에 띠를 띠고, 손에 지팡이를 든 채로 쓴 나물과 함께 음식을 먹는 법을 배워야 합니다. 그리고 광야를 향해 나아갈 준비를 갖춰야 합니다. 만일 여러분이 그리스도인이라면, 여러분은 지금 여러분이 살고 있는 세상에 속하지 않습니다. 여러분은 단지 이 땅에 장막을 치고 있을 뿐입니다. 여러분의 목적과 생각과 소망과 바라는 것과 보화와 열망과 기쁨은 더 위로 올라갑니다. 그러므로 만일 여러분이 낮의 자녀라면, 어두운 세상을 지나는 동안 계속해서 자기통제를 실천하십시오.

3. 셋째로, "정신을 차려라"라는 훈계가 실현될 수 있는 수단을 주목하십시오.

"믿음과 사랑의 호심경을 붙이고 구원의 소망의 투구를 쓰자." 이것은 기독교적 전신갑주와 관련한 가장 투박한 형태의 최초의 표현입니다. 이러한 투박한 형태는 바울의 다른 서신들에서 좀 더 발전되다가 마침내 에베소서에서 찬란한 형태로 완성됩니다.

기독교적 전신갑주와 관련하여 여기의 투박한 스케치와 에베소서의 완성된 그림 사이에 나타나는 차이를 살펴보도록 합시다. 여기에서는 공격무기는 나타나지 않은 채 오로지 수비무기만 나타납니다. 여기에서 기독교적 은혜들은 에베소서에서의 전신갑주와 다소 다르게 배치됩니다. 여기에서 우리는 믿음과 소망과 사랑이라는, 우리의 입술에 너무도 익숙한 세 가지 은혜만을 보게 됩니다. 여기에서 믿음과 사랑은 한 덩어리로, 그리고 소망은 따로 떨어져 언급됩니다. 마치 황금과 철로 만들어진 중세의 비늘 갑옷처럼, 여기의 호심경은 믿음과 사랑으로 만들어집니다. 실제로 믿음과 사랑은 믿음과 소망이나 혹은 사랑과 소망보다 그 의미에 있어 훨씬 더 가깝습니다. 왜냐하면 믿음과 사랑은 동일한 대상을 가지고 있으며, 또한 동시적이기 때문입니다. 어떤 사람이 믿음으로 예수 그리스도를 붙잡을 때, 그의 마음속에서 그에 대한 사랑이 솟아오르게 될 것입니다. 믿음이 없는 곳에는 사랑도 없습니다. 그러므로 우리는 믿음과 사랑이 베틀의 두 줄과 같다고 말할 수 있습니다. 한 줄은 이쪽 방향으로 당기고, 다른 한 줄은 저쪽 방향으로 당깁니다. 반면 소망은 믿음이 있은 후 어느 정도 뒤에 옵니다. 그리고 소망은 다른 둘 즉 믿음과 사랑과는 다소 다른 대상을 갖습니다. 따라서 여기에서 소망은 믿음과 사랑과는 따로 떨어져 나옵니다. 어쨌든 믿음과 소망과 사랑, 이 세 가지가 영혼을 보호하는 수비무기를 구성합니다. 그리고 이 세 가지가 스스로를 통제하는 것을 가능하게 만듭니다. 유혹의 거친 바다 혹은 세상의 거친 바다 속으로 떨어진 어떤 사람을 생각해 보십시오. 그러나 만일 그가 믿음과 사랑으로 허리띠를 띠고 소망의 투구를 썼다면, 그는 아무런 해도 입지 않고 마치 마른 땅을 걷듯이 걸으면서 물 밖의 공기로 숨을 쉴 수 있을 것입니다.

이와 같이 믿음과 사랑과 소망을 계발하는 것은 맑은 정신으로 스스로를 통제하는 가장 좋은 수단입니다.

어떤 사람에게 "네 자신을 다스려라"라고 말하는 것은 쉬운 일입니다. 그러나 그가 스스로 그렇게 할 수 있는 능력을 갖는 것은 매우 어려운 일입니다. 폭도를 진압할 책임을 가진 군대를 생각해 보십시오. 그런데 만일 그 군대가 폭도와 합류한다면 어떻게 되겠습니까? 불을 끄기 위한 소화기에 불이 붙는다면 어떻게 되겠습니까? 이것은 우리의 자기통제 능력과 관련해서도 마찬가지입니다. 우리에게 있어 스스로를 다스리는 힘은 대부분

원수에게 넘어갔으며, 우리를 배반한 배반자가 되었습니다.

"지키는 자들을 누가 지킬 것인가?"라는 옛 질문을 생각해 보십시오. 그에 대한 대답이 여기에 있습니다. 여러분은 "자신 위에 자신을 세우는" 묘기를 행할 수 없습니다. 하물며 사람이 어떻게 자신의 옷깃으로 자신을 취하고, 어떻게 자신의 팔로 자신을 땅바닥에 내동댕이칠 수 있겠습니까? 그렇지만 여러분은 믿음과 소망과 사랑을 계발할 수 있습니다. 그러면 이러한 것들이 잘 계발되어 여러분의 매일의 삶에 영향을 끼치며 여러분을 다스리게 될 것입니다. 믿음은 여러분을 하나님의 모든 능력과 교제하는 자리로 이끌 것입니다. 사랑은 여러분 주위에 있는 모든 유혹들이 '이두리엘의 창'에 닿도록 이끌 것입니다(이두리엘은 실낙원에 나오는 천사로서 그의 창에 닿는 것은 무엇이든지 그 정체가 온전히 드러나게 됨 : 역주). 그리고 소망은 여러분의 눈을 세상의 온갖 화려한 유혹들로부터 돌이켜 하늘의 영광에 고정되도록 만들 것입니다.

그러면 여러분은 완전히 새로운 방식으로 통치권을 쥐게 될 것이며, 예전에는 꿈조차 꾸지 못했던 방식으로 여러분 자신의 본성을 통치하는 왕이 될 수 있을 것입니다. 오직 여러분이 예수 그리스도를 믿고, 그를 사랑하며, 위에 있는 것을 소망한다면 말입니다.

그리스도로 하여금 여러분을 다스리도록 할 때, 여러분은 스스로를 다스릴 수 있게 될 것입니다. 그럴 때 세상의 헛된 영광의 희미한 빛은 하늘의 찬란한 영광의 강렬한 빛으로 인해 그 모든 광채를 잃을 것입니다.

믿음과 사랑과 소망으로 하늘의 새 포도주를 마실 때, 세상이 주는 독한 술잔은 그 매력을 잃을 것입니다. 그리고 그때, 그 잔을 땅바닥에 내동댕이치는 것은 그리 어렵지 않을 것입니다.

사랑하는 성도 여러분, 하나님이 여러분으로 하여금 "맑은 정신을 갖도록" 도우시기를 기원합니다. 그렇지 않으면, 여러분은 하나님의 나라를 보지 못할 것입니다.

7
깨어 있는 것과 자는 것

"예수께서 우리를 위하여 죽으사 우리로 하여금 깨어 있든지 자든지 자기와 함께 살게 하려 하셨느니라"
살전 5:10

우리는 여기에서 데살로니가전서 가운데 그리스도인의 죽음을 다루는 한 단락의 결론을 보게 됩니다. 또 본문이 포함된 문맥 속에 본문 말씀의 의미를 밝혀주는 매우 중요한 두 가지 언어 용례(用例)가 나타나는데, 본문의 의미를 살피기에 앞서 먼저 그것을 살펴보고자 합니다.

한 가지는 본 단락 전반을 통해 바울이 예수 그리스도에 대하여는 "죽었다"는 단어를 사용하는 반면 그의 제자들에 대하여는 "잔다"는 단어를 사용한다는 사실입니다. 그리스도의 죽음이 그를 믿는 자들의 죽음을 고요한 잠으로 만든 것입니다. 또 한 가지는 본 단락에서 깨어 있는 것과 자는 것이 두 가지 다른 방향으로 사용된다는 사실입니다. 첫째로, 육체적인 생명과 육체적인 죽음을 표현하는데 사용된 것이 그 하나이며, 둘째로, 기독교적 각성의 태도와 보이지 않는 것에 대해서는 무관심하면서 오로지 현재의 일에만 몰두하는 세속적인 태도를 표현하는데 사용된 것이 또 다른 하나입니다.

6절의 "그러므로 우리는 다른 이들과 같이 자지 말고 오직 깨어 정신을 차릴지라"라는 말씀을 주목하십시오. 본문의 "깨어 있든지 자든지"는 일차적으로 첫 번째 의미 즉 "육체적으로 살아 있든지 혹은 육체적으로 죽었든지"를 의미합니다. 그렇지만 우리는 특별히 본문의 "깨어 있는 것"의 개념 속에 6절과 같은 두 번째 의미, 즉 영적 각성의 태도 역시도 포함되어 있다고 생각할 수 있습니다. 그러므로 본문의 "깨어 있는 것"은 육체적으로 살아 있는 상태뿐만 아니라 영적으로 살아 있는 상태, 즉 현실에 대해 온전한 정신으로 각성되어 있는 상태를 의미합니다. 이제 본문을 좀 더 상세하게 살펴보도록 합시다.

1. 첫째로, 생명의 기초인 죽음을 주목하십시오.

나는 앞에서 바울이 단어들을 매우 주의 깊게 선택하여 사용하였음을 지적하였습니다. 그는 그리스도의 죽음에 대하여 말할 때에는 그 단어 그대로 사용한 반면, 제자들의 죽음에 대하여 말할 때에는 단순히 잠자는 것으로 표현합니다. 여기에서 우리는 그리스도의 죽음과 관련하여 암시되는 첫 번째 개념을 보게 되는데, 그것은 그의 죽음이 사망의 모든 쓴 것을 소멸시켰다는 개념입니다. 단지 육체적으로만 볼 때, 우리 주님의 고난이 다른 모든 사람의 고난보다 더 큰 것은 아니었습니다. 실제로 우리 주님의 고난보다 더 큰 고난을 겪은 사람들도 있었습니다. 단지 육체적으로만 볼 때 말입니다. 그러나 우리 주님의 고난은 그것을 기꺼이 그리고 자발적으로 받아들였다는 점에서 매우 독특했습니다. 바로 이 점에서 그리스도의 죽음은 다른 죽음과 근본적으로 다릅니다. 단순히 외적인 사실들만 생각한다면, 그의 죽음에 특별한 것은 없습니다.

그러나 만일 우리가 그의 죽음 안에서 일반적인 죽음을 훨씬 초월하는 어떤 것을 보지 못한다면, 우리는 그가 십자가로부터 움츠린 것을 설명할 수 없게 됩니다. 단지 죽음이 두려워 움츠린 겁쟁이와 무엇이 다르겠습니까? 저에게 겟세마네는 전적으로 이해할 수 없는 일이며, 감람나무 아래서의 장면은 그리스도의 완전성을 산산이 깨뜨리는 것이 될 것입니다. 만일 제가 그리스도께서 깊은 고민에 빠져 휘청거린 것이 세상 죄의 무거운 죄 때문임을 인식하지 못한다면 말입니다. 바로 이러한 사실을 배제하고 생각한다면, 그리스도 자신보다도 그를 위해 기꺼이 순교의 길을 간 그의 제자들이 더 큰 용기를 가진 것이 될 것입니다. 그러나 우리는 성경의 관점을 취하면서 "주께서 우리 모두의 죄를 짊어지셨도다"라고 말할 때 비로소 감람나무 아래서의 그의 고뇌와, 십자가에서의 "어찌하여 나를 버리셨나이까"라는 처절한 부르짖음을 이해할 수 있게 됩니다.

계속해서 우리는 이러한 죽음이 바울에 의해 구속의 주된 요소로서 제시되는 것을 보게 됩니다. 본 서신은 바울의 첫 번째 서신으로서 다른 서신들보다 시기적으로 훨씬 앞섭니다. 회심 이후 사도 바울에게 이런저런 부분에서 이런저런 종류의 영적 발전이 있었을 수 있습니다. 나는 그런 것이 충분히 있을 수 있다는 사실을 굳이 부인하지 않습니다. 그럼에도 불구하고 그의 기독론과 구원의 교리에 있어서의 근본적인 사실들은 처음부터 끝까지 완전히 동일했습니다. 자신의 첫 번째 서신인 본 서신에서 그는 후기 서신에서와 똑같이 하나님의 아들이신 예수 그리스도가 십자가 위에서 죽으심으로써 구속을 이루셨다고 역설합니다. 여기에서 바울은 그리스도의 모든 역사(歷史)로부터 죽음을 따로 구별하고 그의 생각의 모든 빛을 십자가 위에 초점을 맞추면서 이렇게 말합니다 — "보라! 바로 이것이 인간을 구속한 능력이로다." 기독교 진리의 이러한 표현들은 성경의 전체적인 관점과 얼마나 완벽하게 일치합니까? 성경 전체가 제시하는 것이 바로 우리 주 예수 그리스도의 대속의 죽음이 아닙니까?

나아가 생명의 원천인 이러한 죽음이 우리를 위한 죽음이라는 사실을 주목하십시오. 물론 저는 본문의 언어가 '다른 이를 대신한 혹은 다른 이를 위한 어떤 이의 죽음' 의 개념을 필연적으로 함축하지는 않는다는 사실을 압니다. 그러나 저는 이렇게 묻지 않을 수 없습니다 — 예수 그리스도의 죽음이 나에게 유익이 되는 것은 그가 세상 죄를 그리고 나의 죄를 짊어지고 죽으셨다는 의미에서가 아니라면 도대체 어떤 의미에서 그렇단 말입니까? 성경이 말하는 것에 귀를 기울여 보십시오. 그는 하나님을 모독한 자로서 유대 법정의 정죄에 의해 죽었습니다. 그는 모반을 꾀한 자로서 오만한 로마 법정의 정죄에 의해 죽었습니다. 비록 그렇게 판결한 자조차도 실제로 그렇게 믿지는 않았지만 말입니다. 그러면 그것이 나에게 무슨 유익이 있습니까? 어떤 사람들은 그가 다른 사람들보다 더 명쾌한 통찰력과 더 뜨거운 사랑을 가졌기 때문에 죽었다고 말합니다. 그러면 그것이 나에게 무슨 유익이 있습니까?

사랑하는 성도 여러분, "그가 우리를 위해 죽으셨다"는 말 속에는 아무런 의미도 없습니다. 만일 우리가 그의 죽음이 세상 전체의 죄를 위한 희생제사라는 사실을 인식하지 못한다면 말입니다.

또 "그가 우리를 위해 죽으셨다"는 표현 속에는 우리를 위한 그리스도의 죽음이라는 객관적인 사실뿐만 아니라 그렇게 죽으신 그리스도의 주관적인 감정과 의지와 관련해서도 많은 것이 담겨 있습니다. 바울은 지금 데살로니가의 형제들에게 편지를 쓰고 있습니다. 그런데 그들 가운데 거의 대부분의 사람들은 예수 그리스도를 육체로 보지 못하고 그에 대해 아무것도 알지 못했을 것입니다 — 어쩌면 그들 모두가 그랬을는지도 모릅니다. 그럼에도 불구하고 바울은 그들에게 이렇게 말합니다 — "저 멀리 바다 건너 유대 땅에서 예수 그리스도가 너희를 위해 죽으셨도다."

이러한 표현 속에 내포된 원리는 광범위하게 확장될 수 있습니다. 예수 그리스도께서 십자가를 지셨을 때, 그의 마음과 계획과 열망 속에 그가 껴안고자 하는 모든 영혼을 위한 특별한 장소가 있었습니다. 예수 그리스도가 세상 죄를 짊어지신 것은 그가 각 개인의 영혼의 죄를 짊어지셨기 때문입니다. 나의 죄와 여러분의 죄와 우리 형제들의 죄가 거기에 있었습니다. 사람들을 둘러싸고 있는 죄와 두려움과 단절과 기타 모든 악들이

"주의 옆구리로부터 흘러나온
물과 피에 떠내려갔습니다."

여기의 문맥이 가르치는 것처럼, 그가 우리의 주가 되신 것은 그가 우리를 위해 죽으셨기 때문입니다. 또 그는 모든 사람을 위해 죽으셨기 때문에 모든 사람의 주와 왕이 되셨습니다.

2. 둘째로, 그로 인해 우리의 삶과 죽음이 변화된 것을 주목하십시오.

앞에서 나는 "깨어 있는 것과 자는 것"을 이중적으로 적용할 수 있음을 지적했습니다. 다시 말해서, 그것은 한쪽 측면으로 육체적으로 살아 있는 것과 육체적으로 죽은 것을 가리키는 것으로, 그리고 다른 쪽 측면으로 영적으로 각성되어 있는 상태와 그렇지 않은 상태를 가리키는 것으로 적용할 수 있습니다. 여기에서 이에 대해 좀 더 이야기해 보도록 합시다.

예수 그리스도를 통해 생명은 소생되며 각성됩니다. 깨어 있는 것을 오로지 살아 있는 것만을 의미하는 것으로 받아들이는 것은 충분하지 않습니다. 바울은 6절에서 "다른 이들"에 대해 이야기하면서 그들이 타락의 깊은 잠을 자고 있는 것으로 표현합니다. 그들은 육체적으로 살아 있기는 하지만 그러나 자고 있습니다. 이와 같이 너무도 많은 사람들의 상태가 마치 몽유병자의 상태와 같습니다. 그들은 실제로 걸어다니지만 그러나 잠자는 가운데 걸어다닙니다. 잠에 빠진 사람이 자신의 꿈에 삼켜진 채 주위의 현실에 대해 아무것도 알지 못하는 것처럼, 수많은 사람들은 단지 외적으로 걸어다닐 뿐입니다. 그들의 최고의 재능들은 잠자고 있습니다. 그들은 참된 실재와 접촉하지 못했으며, 그들의 눈은 그러한 것들에 감겨 있습니다. 그들은 아침의 여명과 함께 사라져버릴 환영(幻影)의 영역 속에 살고 있습니다. 또 어떤 사람들은 이 땅에 살고 있는 동안 혼란스러운 잠을 잡니다. 그들은 이런저런 꿈에 의해 혼란과 괴롭힘을 당합니다. 즐거운 꿈이든 괴로운 꿈이든, 그것은 우리가 장차 깨어나게 될 영원한 실재에 뿌리박지 못한 것입니다. 그러나 만일 우리가 우리를 위해 죽으신 예수 그리스도와 그의 십자가 희생의 능력을 붙잡는다면, 그리고 그의 보혈의 피를 안약으로 삼아 눈에 바른다면, 우리는 깊은 잠으로부터 깨어나게 될 것입니다. 그러면 우리는 참된 실재를 의식하게 될 것이며, 잠자고 있던 우리의 기능들은 깨어날 것입니다. 그러면 우리는 소생되고 각성될 것이며, 영원한 소망을 바라보게 될 것입니다.

사랑하는 성도 여러분, 본문이 교훈하는 것에 귀를 기울이십시오. 잠자는 그리스도인은 '더 이상 그리스도인이 아닌 사람' 으로 가는 도상(途上)

에 있습니다. 우리에게 가장 포괄적인 명령이 있다면, 그것은 아마도 이것일 것입니다. 즉 만일 우리가 빛의 자녀라면, 우리는 마땅히 잠자거나 술 취하지 말고 항상 깨어 있어야 한다는 것 말입니다. 여러분은 스스로를 감추는 실재들 사이를 걸어다니고 있습니다. 만일 여러분이 그것들을 똑바로 응시하지 않는다면 말입니다. 그러므로 깨어 똑바로 응시하십시오. 여러분은 여러분을 교묘하게 속이는 원수들 사이를 걸어다니고 있습니다. 마치 풀 사이를 미끄러지듯이 지나가는 뱀이나, 풀숲에 숨어 몰래 공격하려고 숨죽이고 기다리는 얼굴에 붉은 칠을 한 야만인들처럼 말입니다. 그러므로 깨어 있으십시오. 여러분은 이와 같은 모든 위험한 상황으로부터 여러분을 구원하기 위해 천군천사들과 함께 하늘로부터 오시는 주님을 기다리고 있습니다. 그러므로 깨어 있으십시오. 자는 자들은 밤에 잡니다. 그러나 그리스도에게 속한 자들은 마치 요한계시록에 나오는 앞뒤에 가득한 눈을 가진 네 생물과 같습니다. 그들은 그 모든 눈으로 보이지 않는 것들을 바라보며 다시 오실 주님을 응시합니다.

나아가 예수 그리스도의 죽음은 우리의 죽음을 잠자는 것으로 약화시킵니다. 바울은 우리의 감각이 죽음이라고 부르는 것을 더 이상 그러한 이름으로 부르지 않는데, 그것은 예수 그리스도의 죽음으로 말미암은 것입니다. 물리적인 사실은 그대로 남아 있지만, 그러나 죽으셨다가 다시 사신 예수 그리스도를 굳게 붙잡는 사람에게 죽음이라고 불리는 복합적인 전체 안에 포함되는 모든 것은 사라집니다. 사망의 쏘는 것을 만드는 것은 무엇입니까? 그러한 것들로 우리는 몇 가지를 들 수 있습니다. 그것은 마치 어떤 독충의 쏘는 것과 같습니다. 그것은 복합적인 무기입니다. 한쪽 측면에서, 그것은 형벌의 두려움입니다. 그리고 다른 쪽 측면에서, 그것은 단절로부터의 움츠림입니다. 또 다른 측면에서, 그것은 알지 못하는 미래에 대한 희미한 어둠의 두려움입니다. 이제 이 모든 것들이 제거되었습니다. 형벌의 두려움이 있습니까? 이제 우리는 "주는 나의 편이라"라고 외칠 수 있습니다. 단절로부터의 움츠림이 있습니까? 이제 우리는 "내가 사망의 음침한 골짜기로 다닐지라도 해를 두려워하지 않을 것은 주께서 나와 함께 하심이라 주의 지팡이와 막대기가 나를 안위하시나이다"라고 고백할 수 있습니다. 알지 못하는 미래에 대한 희미한 어둠의 두려움이 있습니까? 예수 그리스도의 복음으로 말미암아 죽음을 이긴 불멸이 빛 가운데 온전히 드러났습니다. 우리는 어둠으로 향하는 일반적인 길로 나아가지 않습니다. 대신에 우리는 그리스도께서 만드신 영원한 빛으로 향하는 생명의 길로 나아갑니다. 그러므로 형벌과 단절과 어둠에 대한 두려움과 움츠림이 합해진 물리적인 사실과 그와 정반대의 것들로 옷 입혀진 물리적인 사실을 동일한 단어로 부르는 것은 온당치 못한 일입니다.

자는 것은 쉬는 것입니다. 자는 동안에도 아직 의식이 남아 있습니다. 또 자는 것은 깨어날 것에 대한 예언입니다. 우리는 예수 안에서 자는 자들의 상태가 어떤 것인지 알지 못합니다. 그러나 우리는 어머니의 품에 안겨 있는 아이의 상태는 압니다. 아이는 비록 잠자고 있는 동안에도 어머니의 따뜻한 품을 어느 정도 의식합니다. 예수 안에서 자는 자들도 그와 같을 것입니다. 그러므로 우리가 자든지 깨어 있든지 그것은 그리 큰 문제가 되지 않습니다.

3. 셋째로, 그리스도인들의 그리스도와 연합된 삶을 주목하십시오.

사람들에게 대한 예수 그리스도의 선물은 생명(혹은 **삶**, life)의 선물입니다. 가장 낮은 의미에서부터 가장 높은 의미까지 그 단어의 모든 의미에서 그러합니다. 본문이 말하고 있는 것처럼(한글판 본문에는 **"살게"**로 되어 있음), 그러한 생명은 사망에 의해 영향을 받지 않는 생명입니다. 사방이 막힌 호수를 생각해 보십시오. 흘러들어오는 물길은 있지만 흘러나가는 물길은 없습니다. 그런 호수의 물 색깔은 맑지 못하고 탁합니다. 이와 같이 우리 인생의 물길도 사해(死海)로 흘러들어갈 수 있습니다. 그러나 그리스도께서 주시는 생명은 사망에 의해 영향을 받지 않는 생명입니다. 우리의 신조(信條)는 부활하신 그리스도입니다. 그러므로 그러한 신조의 결과는 사망이 결코 우리를 삼킬 수 없다는 것입니다. 현상적으로 볼 때 매우 믿기 어렵기는 하지만, 그리스도인에게 있어 죽는 것은 잠자는 것이며,

잠잘 때조차 여전히 살아 있는 것이라는 것은 분명한 사실입니다.

나아가 본문은 이러한 생명(life)은 그리스도와 함께 하는 생명 혹은 그리스도와 함께 하는 삶이라고 말합니다. 우리는 세부적인 것까지는 알지 못합니다. 그리고 알 필요도 없습니다. 그러한 한 가지 분명한 것은 만일 우리가 예수 그리스도를 사랑한다면 우리는 이 땅에서 그와 함께 한다는 사실입니다. 예수 그리스도는 우리와 함께 계십니다. 바로 이 사실, 즉 그의 임재를 깨닫는 것이 우리 삶의 능력이며 특권이며 기쁨입니다. 그 주님은 이 땅에 계시는 동안 '사람의 아들'(人子)이셨습니다. 그는 지금 하늘에서 육체의 인성(人性)으로 우리와 함께 사시는 '하나님의 아들'이십니다. 그는 우리와 함께 사시는 것처럼 또한 "육체를 떠나 주와 함께 하는" 자들과 함께 사십니다.

나아가 이와 같이 연합된 삶은 사회적인 삶(social life)입니다. 영어권 독자들은 본문의 "together with"를 붙여서 읽음으로써 종종 본문의 의미를 크게 약화시키곤 합니다(KJV 본문은 다음과 같음. "Who died for us, that, whether we wake or sleep, we should live **together with** him"). 그러나 만일 여러분이 together 다음에 쉼표를 찍는다면, 여러분은 바울이 본래 의미하고자 한 바를 더 잘 이해하게 될 것입니다. 그는 두 가지 형태의 연합을 언급합니다. 우리는 깨어 있든지 자든지 모든 것이 함께 연합된 삶을 살 것이며, 또한 우리 모두는 "함께" 연합될 것입니다 — 왜냐하면 우리 각자가 "그리스도와 함께" 하기 때문에. 다시 말해서 예수 그리스도와의 연합은 그러한 연합에 참여하는 모든 사람을 하나의 강력한 전체로 만듭니다. 그들은 함께 연합합니다. 왜냐하면 그들 각자가 그리스도와 함께 하기 때문입니다.

강이 그 한가운데를 관통해 흘러가는 어떤 큰 도시를 생각해 보십시오. 왕궁을 비롯하여 왕궁과 관련한 모든 부속 건물들이 그 강가에 세워져 있습니다. 반면 가난하고 미천한 백성들은 그 강으로부터 멀찍이 떨어진 외곽에 거주합니다. 그럼에도 불구하고 그것은 하나의 도시입니다. "너희가 이른 곳은 시온 산과 살아 계신 하나님의 도성인 하늘의 예루살렘과 온전하게 된 의인의 영들이니라"(히 12:22, 23). 우리는 하나의 생명과 하나의 사랑과 하나의 사상으로 함께 연합되었습니다. 우리의 마음을 위에 있는 것들에 더 고정시킬수록 우리는 그러한 것들과 더 참되게 연합될 것입니다. 옛 영국 작가는 이렇게 말합니다. "그들은 떠날지라도 결국 같은 교회의 다른 좌석에 앉는 것일 뿐이라."

우리는 그리스도 안에서 하나이며 동시에 완전하게 연합될 것을 기다리고 있습니다. 그와 같은 완전한 사회(society)인 하늘의 사회는, 서로를 알며 교제함에 있어 어떤 부족함도 없을 것입니다. "그리하여 우리가 항상 주와 함께 있으리라"(살전 4:17).

사랑하는 성도 여러분, 간절히 청하노니 여러분은 죄악된 영혼을 주님께 맡기십시오. 그가 십자가를 지심으로써 구속사역을 완성하셨을 때, 그의 마음과 생각 속에 여러분이 있었습니다. 만일 여러분이 그를 여러분의 희생제물과 구주로 영접한다면, 여러분의 생명은 그와 연합하여 새로운 생명으로 소생하게 될 것이며, 죽음은 조용히 자는 것으로 약화될 것입니다. 만일 우리 마음이 우리를 위해 죽으신 예수 그리스도 위에 닻을 내린다면, 우리의 모든 인생길을 위협하는 사망의 음침한 골짜기는 변화될 것이며, 우리는 주님과 주님을 사랑하는 자들의 완전한 사회(society) 앞에 서게 될 것입니다. 그리고 우리 모두가 그리스도와 함께 살게 될 것입니다.

8
서로 덕을 세우라

"서로 덕을 세우기를"
살전 5:11

여기에서 내가 이러한 짤막한 구절을 본문으로 선택한 것은 단지 이것만을 설교하려고 하기 위함이 아니라 이것이 바울이 애호(愛好)하는 은유들 가운데 하나를 가장 단순한 형태로 담고 있기 때문입니다. 나는 대부분의 독자들이 이러한 짤막한 구절의 의미를 제대로 이해하고 있지 못하다고 생각합니다.

"서로 덕을 세우라"(Edify one another). 모든 은유적인 단어들이 대중화될 때, 그것들은 그 본래의 빛과 색깔을 잃어버리고 그 의미가 모호해지는 경향이 있습니다. 우리 모두는 "edifice"가 건물(building)을 의미한다는 사실을 압니다. 반면 "edify"가 세우는 것을 의미한다는 사실은 잘 알지 못합니다. 우리의 흠정역 역본은 같은 단어가 반복적으로 사용되는 것을 피하기 위해 동일한 헬라어 단어를 종종 다르게 번역하곤 하는데, 이것은 때로 참으로 불행한 결과를 가져오기도 합니다. "edify"의 기저(基底)에 있는 은유는 건물을 세우는 개념이며, 지어져 가는 건물과 관련한 기독교적 개념은 성전(聖殿)의 개념입니다. 나는 본 설교에서 이와 같은 위대한 상징 안에 담겨 있는 몇 가지 교훈을 제시하고자 합니다. 신약 전체를 통해 우리는 "세움"(building)의 상징이 다음과 같은 세 가지 측면으로 제시되는 것을 발견하게 됩니다 — 스스로를 세움(self-edification), 함께 세움(united edification), 하나님의 세우심(divine edification). 이제 이러한 것들을 순서대로 살펴보도록 합시다.

1. 첫째로, 스스로를 세움(self-edification).

신약을 관통하여 흐르는 기독교적 삶의 이상(理想)에 따를 때, 각 그리스도인은 하나님이 거하시는 처소이며 그들의 일은 스스로를 하나님이 거하시기에 합당한 성전으로 세워 나가는 것입니다. 나는 여기의 은유가 성경의 근거를 찾을 필요조차 없을 정도로 너무도 명확하다고 생각합니다. 그렇지만 굳이 성경의 근거를 찾는다면, 우리는 그것을 산상수훈의 마지막 결론으로 제시되는 두 집의 은유, 즉 반석 위에 세운 집과 모래 위에 세운 집의 은유 속에서 발견할 수 있습니다.

우리는 모두 "세우는 자들"(builders)입니다. 그러면 무엇을 세웁니까? 우리의 성품을 세우며, 우리 자신을 세웁니다. 우리 가운데 어떤 사람은 돼지우리입니다. 그 안에서 마치 돼지와 같은 저급한 욕망이 오물 가운데 뒹굴고 있습니다. 우리 가운데 어떤 사람은 연구소이며, 어떤 사람은 실험실이며, 어떤 사람은 박물관입니다. 그런가 하면 또 어떤 사람은 구체적으로 표현할 수 없는 무정형(無定型)의 건물입니다. 그러나 그리스도인은 스스로를 하나님의 성전으로 계속해서 세워 가야 합니다. 이와 같이 "스스로를 세우는" 것은 우리 앞에 항상 불타는 목표가 되어야 합니다.

세움에 있어 첫 번째로 중요한 것은 기초입니다. 바울은 사람의 영이 거룩한 성품으로 세워질 수 있는 유일한 기초가 예수 그리스도라고 분명하게 확언합니다. 그는 우리의 모든 견고함의 기초입니다. 그는 우리의 모든 소망을 위한 닻입니다. 우리는 우리의 모든 행동을 그에게 의탁해야 합니다. 우리는 그를 위해 그리고 그에 의해 살아야 합니다. 우리의 모든 성품의 기초가 그 위에 세워져야 합니다. 예수 그리스도는 나의 삶을 이끄는 동기(動機)이며 모범입니다. 그는 나로 하여금 성령 안에서 하나님의 거처가 될 수 있도록 만들어주는 능력입니다. 예수 그리스도가 아닌 다른 기초 위에서도 아름다운 건물들이 세워질 수 있음을 기쁘게 인정할 수 있음에도 불구하고, 나는 여러분에게 가장 고상하며 고요하며 아름다운 성품이 세워질 수 있는 유일한 기초는 다름 아닌 예수 그리스도라는 사실을 확신을 가지고 단언합니다. “이 닦아 둔 것 외에 능히 다른 터를 닦아 둘 자가 없으니 이 터는 곧 예수 그리스도라”(고전 3:11).

우리는 다른 곳에서도 여기와 동일한 은유를 보게 되는데, 거기에서 우리는 다음과 같은 말씀을 읽습니다. “사랑하는 자들아 너희는 너희의 지극히 거룩한 믿음 위에 자신을 세우며”(유 1:20). 여기에서 우리는 성품의 건물이 세워질 수 있는 부차적인 기초를 보게 됩니다. 그것은 다름 아닌 우리의 믿음입니다. 다시 말해서, 어떤 사람이 하나님이 거하시는 건물로 세워지는 첫 번째 필수조건은 그가 자신의 개인적인 믿음의 행동으로 스스로를 참된 기초이신 예수 그리스도와 연결시키고, 그럼으로써 그로부터 모든 능력을 끌어내는 위치에 스스로를 놓아야 한다는 것입니다.

이와 같이 첫 돌을 놓은 과정은 믿음입니다. 그러한 과정은 이를테면 산 돌이신 그리스도의 기초와 연결됩니다. 그리스도 위에 세우는 자는 믿음으로 말미암아 세울 수밖에 없습니다. 이와 같이 양자, 즉 예수 그리스도의 기초와 자신의 믿음의 기초는 상호보완적입니다. 전자 즉 예수 그리스도를 기초로 제시하는 것은 궁극적인 사실을 언급하는 것이며, 후자 즉 믿음을 기초로 제시하는 것은 우리가 그리스도 자신과 생명으로 연결되는 조건을 언급하는 것입니다.

나아가 이와 같이 그리스도인의 삶이 본질적으로 스스로를 예수 위에 세워가는 것이라는 위대한 개념 속에는 계속적인 수고와 노력의 필요성이 함축되어 있습니다. 여러분은 하루아침에 집을 세울 수 없습니다. 여러분은 옛 신화 속의 오르페우스처럼 음악으로 집을 세울 수 없습니다. 또 단지 마음으로 바란다고 하여 집이 저절로 세워지는 것도 아닙니다. 건물을 세우기 위해서는 평생 계속되는 힘든 수고와 노력이 있어야 합니다. 어느 누구도 갑자기 성자(聖者)가 될 수 없습니다. 어느 누구도 한순간에 온전한 성품을 만들 수 없습니다. 건물을 이루는 돌들은 우리가 행하는 행동들입니다. 그리고 돌들을 하나로 접착시키는 회반죽은 습관입니다. 이와 같이 습관에 의해 서로 접착된 행동들이 하나님이 거하시는 아름다운 건물로 세워집니다. 이처럼 우리의 성품이 그리스도의 형상으로 지어져 가는 것은 평생에 걸친 작업입니다.

이러한 은유 속에는 또한 질서정연한 진보의 개념이 함축되어 있습니다. 참된 기독교적 이상(理想)을 계속적인 성장으로 제시하는 상징은 신약에 많이 있습니다. 예컨대 "땅이 스스로 열매를 맺되 처음에는 싹이요 다음에는 이삭이요 그 다음에는 이삭에 충실한 곡식이라"는 말씀을 주목해 보십시오(막 4:28). 이것은 그리스도인의 지속적인 성장을 곡식이 자라는 것으로 비유하여 표현합니다. 그런가 하면 다른 곳에서는 인간의 몸이 자라는 것으로 비유하여 표현하기도 합니다. 두 가지 모두 참으로 아름다운 상징들입니다. 그것들은 점진적인 진보를 생명의 자연적인 결과로 제시합니다. 그것은 어떤 면에서 특별한 노력 없이 자연적으로 이루어지는 것입니다.

그러나 이러한 상징들만으로는 충분하지 않습니다. 여기에다가 그리스도인의 진보를 싸움(warfare)으로 표현하는 다른 상징들이 더해져야 합니다. 여기 즉 싸움의 상징에서는 저항의 요소가 강조됩니다. 여기에 나타나는 개념은 강력한 저항에 부딪히며 극복하는 가운데 진보하며 성장하는 개념입니다. 그러한 저항은 한편으로 외적인 상황들 속에서 발견되며, 다른 한편으로 우리 자신의 타락한 자아 속에서 발견됩니다. 곡식이나 몸이 자라는 것은 전체 사실을 다 망라하지 못합니다. 성장을 위해서는 싸움이 있어야 합니다.

기독교적 진보를 어떤 저항에도 불구하고 계속적으로 이루어나가는 것으로 제시하는 또 다른 은유는 경주의 은유입니다. 여기에서는 경주자가 푯대를 향해 마지막 남은 힘까지 다 쥐어짜는 개념과 함께 미래의 상급의 개념이 강조됩니다. 그러나 우리는 이러한 은유가 마치 그리스도인의 삶이 오로지 마지막 종착지만을 지향해야 하는 것으로 가르치는 것처럼 성급하게 결론을 내려서는 안 됩니다. 도리어 우리는 이것을 본문의 은유와 일치되게 계속적인 진보와 전진을 가르치는 것으로 이해해야 합니다. 마치 건물이 계속해서 지어져 가는 것처럼, 경주자는 푯대를 향해 계속해서 달려갑니다. 경주자는 천천히, 점진적으로, 그리고 확실하게 신적 이상을 실현해 갑니다. 이와 같이 하나님이 거하시는 거룩한 성전의 완전한 이상에 계속해서 가까워져 가는 진보의 개념이 본문의 은유 속에 담겨 있습니다.

사랑하는 성도 여러분, 여러분은 이와 같이 계속해서 진보합니까? 이러한 진보의 개념이 여러분의 믿음의 일부입니까? 여러분은 자라고 있습니까? 여러분은 싸우고 있습니까? 여러분은 달려가고 있습니까? 여러분은 거룩한 믿음 안에서 스스로를 세워 가고 있습니까? 불행하게도 나는 너무도 많은 그리스도인들이 이러한 진보의 개념을 망각하고 있다고 생각하지 않을 수 없습니다.

여기의 "스스로를 세움"의 은유 속에 또 하나의 개념이 함축되어 있는데, 그것은 우리의 성품이 우리 자신의 분명한 계획에 의해 그리고 하나의 균형 잡힌 전체로서 만들어져 가야 한다는 개념입니다. 나는 여러분 가운데 얼마나 많은 사람들이 오늘 새벽 스스로 어떻게 자라가야 할지를 생각하며 고요한 묵상의 시간을 보냈는지 궁금합니다. 우리 대부분은 그냥 되는 대로 살아갑니다. 외적인 일들에 있어서도 그렇지만, 특별히 내적인 성품을 만들어 가는 일에 있어서는 더욱 그러합니다. 우리 대부분은 우리가 계속해서 자라가야 할 우리 자신의 이상(理想)을 가지고 있지 않습니다. 여러분은 그러한 이상을 가지고 있습니까? 여러분은 그것을 말이나 글로써 분명하게 표현할 수 있습니까? 여러분은 그러한 이상에 도달하기 위해 어떤 종류의 의식적이며 계속적인 노력을 기울이고 있습니까? 이러한 질문에 나는 우리 가운데 너무나 많은 사람들이 "아니오"(No!)라고 대답할 수밖에 없을 것이라고 생각합니다. 만일 어떤 사람이 건물을 세우면서 어떤 건물을 세울 것인지에 대한 분명한 개념을 가지고 있지 못하다면, 그는 제대로 된 건물을 세울 수 없을 것입니다. 만일 스스로를 세우는 여러분의 방식이 아론이 금송아지를 만들 때처럼 "내가 이것을 던졌더니 우연히 그것이 만들어졌도다"라는 식이라면, 여러분은 고작해야 금송아지밖에는 만들지 못할 것입니다. 성도 여러분, 만일 여러분이 건물을 세우고자 한다면, 먼저 설계도를 만드십시오. 그리고 그 설계도가 예수 그리스도의 모양이 되게 하십시오. 그리고 계속적인 믿음으로 계속해서 일하십시오. 그렇게 하여 스스로를 하나님의 처소로 세워 가십시오.

2. 둘째로, 함께 세움(united-edification).

바울 서신에서는 "함께 세움"의 개념이 두 가지 흐름으로 나타나는데, 하나는 자주 나타나지 않는 형태로서 앞에서 다룬 것이고, 다른 하나는 흔히 나타나는 형태로서 기독교 공동체는 전체로서 성전이며 그것을 세우는 것은 공동으로 행해지는 작업이라는 것입니다. 후자의 형태는 특별히 에베소서에서 매우 상세하게 나타나는데, 어쩌면 거기에서 교회를 하나님의 성전(temple of God)으로 표현한 것은 어느 정도 당시 에베소에 세계 7대 불가사의 가운데 하나였던 아데미 신전(temple of Diana)이 있었던 사실에 기인하는 것인지도 모릅니다.

그렇지만 어쨌든 간에 여기에서 내가 지적하고 싶은 것은 이와 같이 함께 세우는 것은 앞에서 이야기한 바와 같은 각자가 개별적으로 스스로를 세우는 것과 불가분리의 관계에 있다는 사실입니다.

선한 양심을 가진 사람들에게 있어 그들 자신의 성품을 완성시킴에 있어 그리고 다른 사람들을 도움에 있어 어느 정도의 노력을 기울여야 하는지를 결정하는 것은 종종 매우 어려운 일입니다. 어쨌든 나는 여러분에게 여러분 자신을 세우는 가장 강력한 방법 가운데 하나는 다름 아닌 다른 사람들을 세우는데 최선을 다하는 것이란 사실을 강조하고 싶습니다. 예컨대 나와 같은 위치에 있는 사람들, 즉 그 직책이 다른 사람들을 돌보는데 많은 시간을 사용해야만 하는 사람들은 다른 사람들을 세우는데 지나치게 열중하는 나머지 자신을 세우는 데는 소홀하게 되는 유혹에 떨어지기 쉽습니다. 이것은 우리가 대적하여 싸워야만 하는 유혹이며, 또한 많은 묵상에 의해서만 극복될 수 있는 유혹입니다. 반면 어떤 사람들은 오로지 자신을 온전케 하는 일에만 지나치게 열중하는 나머지 다른 사람들을 돕는 일은 최소한으로 줄이는 유혹을 받을 수 있습니다. 그러나 둘은 결코 분리될 수 없다는 사실을 잊지 마십시오. 자신을 잊고 형제를 돕는 일에 헌신하는 것보다 사람을 더 그리스도와 비슷하게 만드는 것은 아무것도 없습니다.

베드로는 "주여 우리가 초막 셋을 짓되"라고 말합니다(눅 9:33). 그러나 산 밑에는 귀신들린 아이가 있었으며, 제자들은 귀신을 쫓아낼 수 없었습니다. 베드로는 자신이 말하는 것을 알지 못했습니다. 그는 하나님과 더불어 그리고 모세와 엘리야와 더불어 교제함으로써 스스로를 세우는 것을 더 좋아했습니다. 그러나 예수 그리스도는 내려가야 한다고 말씀하셨습니다. 왜냐하면 거기에는 싸워야 할 마귀들과 치료해야 할 상처받은 심령들이 있었기 때문입니다. 모든 방법을 사용하여 여러분 스스로를 세우십시오. 그러면 여러분은 여러분의 형제들을 세울 수 있게 될 것입니다. "그리스도의 몸을 세우는 것"은 어떤 그리스도인도 결코 소홀히 할 수 없는 모든 그리스도인들의 명백한 의무입니다.

함께 세우는 건물은 성경에서 수많은 개인들이 한 무더기를 이루는 모습으로서가 아니라 하나의 거대한 성전으로서 표현됩니다. 그러한 성전은 두 가지 방법으로 자라는데, 각각의 방법 속에는 우리 그리스도인들의 의무가 함축되어 있습니다. 성전은 새로운 돌들이 더해짐으로써 자랍니다. 그러므로 모든 그리스도인은 방황하는 인생들을 예수 그리스도의 확실한 기초 위에 세우도록 노력할 의무가 있습니다. 또 성전은 모든 지체들이 서로 더 가까워짐으로써, 그리고 각 개인이 그리스도의 성품을 더 많이 닮아감으로써 자랍니다. 그러므로 우리는 서로 도우며 형제의 진보와 하나님의 교회의 하나됨을 위해 진지하게 노력할 의무가 있습니다. 이러한 노력이 없다면 각자가 세우는 것은 서로 고립되고 분리될 것이며, 그 결과 한쪽으로 치우친 건물이 만들어질 것입니다. 그리고 우리는 우리 자신을 거룩한 성품으로 세워 나가는데 있어 본질적인 것들을 많이 잃어버리게 될 것입니다. "하나님이 하나되게 하신 것을 사람이 나누지 못할지니라." 공동체로부터 분리된 채 스스로를 세우려고도 하지 말고, 자기 자신과 분리된 채 공동체를 세우려고도 하지 마십시오.

3. 셋째로, 하나님의 세우심(divine edification).

에베소 교회의 장로들에게 말하는 가운데, 바울은 그리스도께서 그들을 "세우실"(build up) 것이라고 이야기합니다(행 20:32). 또 고린도인들에게 편지를 쓰는 가운데, 그는 "너희는 하나님의 집"이라고 말합니다(Ye are God's building). 또 에베소의 형제들에게 그는 "너희도 성령 안에서 하나님이 거하실 처소가 되기 위하여 그리스도 예수 안에서 함께 지어져 가느니라"라고 말합니다(엡 2:22). 바울은 우리의 생각을 각자가 개별적으로 세우는 것이나 성도들이 연합하여 함께 세우는 것을 훨씬 뛰어넘어 위대한 건축자이신 하나님의 세우심까지 끌고 갑니다. 이와 관련하여 그는 "나는 심었고 아볼로는 물을 주었으되 자라게 하신 분은 하나님"이라고 말합니다(고전 3:6).

그러므로 사랑하는 성도 여러분, 우리는 세움에 있어서의 우리의 모든 노력을 이와 같은 더 심오한 진리, 즉 우리를 하나님이 거하시기에 합당한 성전으로 세워 나가는 분은 다름 아닌 하나님 그 자신이라는 진리 위에 기초시켜야 합니다.

그러므로 우리의 마음과 생각은 항상 그와 같은 성령의 능력을 기대하며 그에 대해 열려 있어야 합니다. 우리는 항상 하나님이 주시는 모든 능력을 사용하고 있다는 사실을 확신하십시오. 하나님의 일하심은 우리의 일하는 것을 폐하지 않습니다. 둘은 서로 모순되지 않습니다. 도리어 조화를 이루며 서로를 채웁니다. 비록 편협한 시각을 가진 어떤 신학자들은 이 문제를 가지고 끝없이 싸우고 있기는 하지만 말입니다. "두렵고 떨림으로 너희 구원을 이루라 너희 안에서 행하시는 이는 하나님이시니"(빌 2:12, 13). 이것이 참된 조화입니다. "너희는 하나님이 세우시는 자들이니라 그러므로 가장 거룩한 믿음으로 너희 스스로를 세워 나갈지니라."

만일 세우는 자가 하나님이라면, 우리는 한량 없는 소망을 갖게 될 것입니다. 사람들은 아무리 애쓰고 노력을 해도 자신의 성품을 바라볼 때 절망하지 않을 수 없을 것입니다. 그들이 가진 자원이 오로지 그들 자신의 노력밖에 없다면 말입니다. 그럴 때, 우리의 경험은 마치 옛 이야기에 나오는 수도사들의 그것과 같을 것입니다. 그들은 매일같이 수고하며 집을 세우지만 그러나 밤만 되면 악마가 어둠 속에서 모든 것을 제자리로 돌려놓고 그럼으로써 그들은 매일 아침 어제 한 모든 일이 수포도 돌아간 것을 발견합니다. 그러면 그들이 세운 것은 토르소보다 나을 것이 없을 것입니다(torso: 머리와 손과 발은 없고 몸통만 있는 조각상). 그렇게 세운 것은 얼마나 불완전한 것입니까? 그것은 마치 절반 정도 세우다가 외적의 침입으로 폐허가 된 채 버려진 왕궁과 같습니다.

그러나 하나님이 세우시는 건물은 결코 그렇지 않습니다. 어느 누구도 하나님에 대해 "그가 시작하였으되 끝마치지 못하는도다"라고 말할 수 없습니다. 하나님은 자신이 시작한 것을 반드시 완성하십니다. 옛 선지자가 말한 것처럼, "그의 손이 이 전의 기초를 놓았은즉 그의 손이 또한 그 일을 마칠" 것입니다(슥 4:9). 그러므로 당연히 우리는 한량 없는 소망과 분명한 확신을 가질 수 있습니다. 성령으로 말미암아 우리가 하나님의 처소로 세워질 것이라고 말입니다.

여러분은 무엇을 세우고 있습니까? "보라 내가 한 돌을 시온에 두어 기초를 삼았노니"(사 28:16). 모든 사람은 이러한 기초 위에 **무엇을** 세울 것인지, 또 **어떻게** 세울 것인지 숙고해야 합니다.

9
계속적인 기도의 효과

"항상 기뻐하라 쉬지 말고 기도하라 범사에 감사하라 이것이 그리스도 예수 안에서 너희를 향하신 하나님의 뜻이니라"
살전 5:16-18

본문의 세 교훈은 서로 단절되지 않고 하나로 연결되는 특성을 갖고 있습니다. 기뻐하는 것과 기도하는 것과 감사하는 것은 편안한 상황에서는 그다지 어렵지 않습니다. 마치 바람이 없을 때 촛불이 별 어려움 없이 계속해서 타는 것처럼 말입니다. 그러나 항상 그렇게 하는 것은 바람이 휘몰아칠 때 촛불이 꺼지지 않고 똑바로 서 있는 것만큼이나 매우 어렵습니다. "항상" "쉬지 말고" "범사에" — 이러한 서술어들은 본문의 교훈들에다가 강력한 힘과 절박성을 부여합니다. 바울은 데살로니가 형제들이 이러한 교훈에 대해 불가능한 것이라고 항변할 것을 예상하면서 "이것이 그리스도 예수 안에서 너희를 향하신 하나님의 뜻이니라"라고 덧붙입니다. 이렇게 볼 때 기독교적 삶은 지속적으로 높은 수준에 있을 수 있습니다. 아니 그렇다기보다, 우리의 삶을 그와 같은 높은 수준으로 유지하고자 노력하는 것이 우리의 의무입니다.

우리는 이러한 교훈들에 절대적으로 순종하는 것이 과연 가능한 일인가 여부에 대해 다른 그리스도인들과 논쟁을 벌일 필요가 없습니다. 다만 이 땅에서 이러한 태도를 계속적으로 유지하고자 노력하는 것이 중요합니다.

내가 보기에 본문의 세 교훈은 매우 놀라운 방식으로 서로 연결되어 있습니다. 바울은 "쉬지 말고 기도하라"는 교훈을 마치 장막 한가운데 있는 중심 기둥처럼 정중앙의 위치에 놓는데, 이것은 결코 우연이 아닌 것으로 보입니다. 왜냐하면 그것은 가장 근본적인 교훈으로서, 그에 온전히 순종할 때 비로소 다른 두 교훈에 대해서도 그렇게 할 수 있기 때문입니다. 쉬지 않고 기도할 때 비로소 우리는 항상 기뻐하며 범사에 감사하게 될 것입니다. 이제 이러한 교훈들을 차례대로 살펴보도록 합시다.

1. 첫째로, 쉬지 말고 기도해야 할 의무.

로마 가톨릭은 영적인 것을 물질적인 것으로 바꾸는 치명적인 습관을 가지고 있는데, 그들은 사제들이나 수녀들을 제단 앞에 세우고 그들로 하여금 주야로 아베마리아를 반복하게 함으로써 여기의 명령을 지킨다고 생각합니다. 그러나 그러한 기도는 기계적이며 무가치한 기도입니다. 그러면 우리는 참된 기도가 무엇인지와 관련하여 여기의 명령이 가르치는 바대로 올바로 순종합니까? 여러분은 한순간도 단절됨이 없이 계속해서 기도합니까? 이것이 여러분의 기도의 개념입니까? 그렇지 않으면 여러분은 기도를 단순히 무릎을 꿇고 하나님께 간절히 원하는 것을 달라고 간청하는 것으로 생각합니까? 간청 혹은 간구는 기도의 한 요소로서, 때로 말로써 구체화시키는 것이 필요합니다.

그러나 말로써 발설(發說)되지 않는 기도도 있습니다. 나는 하나님과의 가장 심오하며 진실된 교제는 말도 없고 소리도 없이 이루어지는 것이라고 생각합니다. 바울이 신적 영광에 완전하게 몰입되었을 때, 그는 자신이 보고 느낀 것을 이렇게 표현합니다 — "사람이 가히 이르지 못할 말이로다"(고후 12:4). 우리가 기도에 대해 더 많이 깨달을수록, 우리는 그것을 말로 발설할 필요성을 덜 느끼게 될 것입니다. 왜냐하면 기도의 본질은 우리의 마음과 생각을 하나님 임재의 의식으로 채우면서, 우리의 모든 것을 그분께 맡기는 것이기 때문입니다. 바로 이것이 기도입니다. "하나님의 임재의 연습"에 대해 이야기할 때, 옛 신비가(神秘家)들은 어떤 의미에서 기묘하고 괴상하지만 그러나 매우 특이한 말투를 가지고 있었습니다. 여러분은 하나님이 항상 여기 계신다고 말할 것입니다. 그렇습니다. 하나님은 항상 여기 계십니다. 하나님은 닫힌 문을 여시고, 우리 마음의 모든 곳에, 그리고 우리 삶의 모든 부분에 빛이 들어오도록 하십니다. 바울이 "쉬지 말고 기도하라"는 교훈으로 의미한 것이 바로 이것입니다. 무엇인가를 달라고 간청하라는 것입니까? 그렇습니다. 그러나 기도는 간청 이상의 어떤 것입니다. 그것은 아버지와 접촉하는 존재의 의식이며, 그분이 내 곁 어디에나 계심을 느끼는 것입니다. "하나님으로 취한 자"라는 별명을 가진 옛 신비가가 있었습니다. 그다지 좋은 표현은 아니지만, 그러나 여기에는 매우 심오한 의미가 담겨 있습니다. 어쨌든 그런 표현보다는 "하나님으로 충만한 자"라는 표현이 훨씬 더 나을 것인데, "항상 기도하는" 자가 바로 그런 사람입니다.

그렇지만 어떻게 우리가 일상적인 삶 속에서 항상 그와 같은 상태를 유지할 수 있습니까? 앞에서 이야기한 것처럼, 그러한 이상(理想)에 완전하게 도달할 수 있는 가능성 여부를 가지고 지나치게 변론하려고 하지 마십시오. 우리는 우리 각자가 실제로 기도하는 것보다 훨씬 더 많이 기도할 수 있다는 사실을 압니다. 여러분의 삶 속에 하나님이 계시지 않는 것처럼 느껴지는 영역이 있습니까? 여러분과 하나님 사이에 어떤 장벽 같은 것이 있는 것처럼 느껴집니까? 그러한 상태는 빨리 벗어 버릴수록 좋습니다. 그러나 사랑하는 성도 여러분, 우리는 우리의 모든 일상적인 의무들 속으로 하나님을 데려갈 수 있습니다. 그렇게 할 때 일상의 사소한 일들은 거룩한 일로 바뀝니다. 방을 청소하는 하녀의 일을 생각해 보십시오. 그러나 만일 그녀가 하나님의 뜻대로 행한다면, 그 일은 거룩한 일이 될 것입니다.

그러나 정말로 우리가 "쉬지 말고 기도하라"는 명령에 의식적으로 순종하고자 한다면, 우리는 말로써 기도하는 것이 도움이 될 것이라는 사실을 알게 될 것입니다. 나는 침묵의 예배를 믿지 않습니다. 오로지 침묵만 있다면 말입니다. 어떤 사람이 자신은 하나님의 임재를 의식하며 살아가고 있다고 말할지라도, 만일 그가 하늘을 향해 "주여! 나와 함께 하소서" "주여! 나를 도우소서" "주여! 지금 내 곁에 계시옵소서" 등의 짤막한 기도조차 말하지 않는다면, 나는 그의 말을 믿지 않을 것입니다. 르우벤 자손과 갓 사람과 므낫세 반 지파의 용사들은 하나님의 도우심을 기대하며 싸움 가운데 하나님께 부르짖었습니다(대상 5:18-20). 사실 그때는 정신을 차려 기도할 수 있는 상황이 아니었습니다. 왜냐하면 적들이 쏜 화살들이 휙휙 소리를 내며 머리 위로 지나가고 있었기 때문입니다. 그러나 그러한 상황에서 그들은 하나님께 부르짖었으며, 마침내 응답을 받았습니다. "쉬지 말고 기도하라."

나아가 만일 우리가 "쉬지 말고 기도하라"는 명령에 순종하고자 정직하게 노력한다면, 우리는 그렇게 하기 위해서는 어느 정도의 기도 시간이 필수불가결하다는 사실을 깨닫게 될 것입니다. 앞에서 나는 아무런 말도 발설되지 않는 침묵의 예배를 믿지 않는다고 말했습니다. 마찬가지로 나는 시간과 무관하게 드려지는 예배 역시 믿지 않습니다. 강물을 모으고자 한다면 계곡을 가로지르는 댐이 있어야 합니다. 그럴 때 비로소 도시의 주민들은 그 물을 공급받을 수 있게 될 것입니다. 우드헤드에 거대한 저수지가 없었다면 맨체스터는 어떻게 되었겠습니까? 여러분의 집에 물이 제대로 공급될 수 있었겠습니까? 이것은 그리스도인들에게 있어 하나님의 임재를 계속해서 의식하는 것과 관련해서도 동일합니다. 만일 여러분이 경건의 시간을 갖는데 관심을 갖지 않는다면, 어떻게 은혜의 물이 여러분에게 계속해서 공급될 수 있겠습니까? 만일 여러분이 어느 정도 시간 동안 기도하지 않는다면, 아마도 여러분은 쉬지 않고 기도하는 것이 아닐 것입니다.

2. 둘째로, 항상 기뻐해야 할 의무.

본문의 중심 교훈인 "쉬지 말고 기도하라"라는 교훈으로부터 시작할 때, 우리는 그로부터 흘러나오는 다른 두 교훈 역시도 순종할 수 있게 될 것입니다. 바울은 먼저 "항상 기뻐하라"는 교훈을 제시합니다. 이러한 교훈이 주어져 있는 데살로니가전서는 바울의 첫 번째 서신이었습니다. 그 때 바울은 젊고 활력이 넘쳤으며 모든 일은 비교적 순조로웠습니다. 그런데 바울은 자신의 후기 서신 가운데 하나인 빌립보서에서 거의 같은 어조로 "주 안에서 항상 기뻐하라 내가 다시 말하노니 기뻐하라"라고 교훈합니다(빌 4:4). 이때 바울은 옥중에 갇혀 있었으며, 그를 둘러싼 제반 상황은 매우 힘든 시기였습니다. 그럼에도 불구하고 빌립보서는 기쁨의 서신이라 일컬어질 수 있으며, 기독교적 기쁨의 빛으로 가득 차 있습니다. 의심의 여지 없이, 기쁨은 대체로 기질의 문제입니다. 어떤 사람들은 기질적으로 다른 사람들보다 더 밝고 명랑합니다. 또 그것은 대부분의 경우 상황의 문제이기도 합니다.

나는 그 모든 사실을 기꺼이 인정합니다. 그럼에도 불구하고 나는 "항상 기뻐하라"는 바울의 명령을 되돌아보지 않을 수 없습니다. 만일 우리가 그리스도인이라면 그리고 우리의 삶 속에서 "하나님의 임재의 연습"을 실천한다면, 매사를 바라보는 우리의 시각은 변화될 것이며, 어떤 일도 우리의 기쁨에 적대적인 힘을 행사하지 못할 것입니다. 사람들에게 있어 기쁨이 나오는 근원은 두 가지입니다. 하나는 우리를 즐겁고 유쾌하게 만드는 상황이며, 또 하나는 하나님과의 교제입니다. 그것은 마치 각각의 근원으로부터 흘러나온 두 지류가 합쳐져서 이루어지는 어떤 강과 같습니다. 한 지류는 산정(山頂)의 만년설로부터 녹아내리는 물로 이루어지는 지류이며, 또 한 지류는 지하로부터 솟아오르는 물로 이루어지는 지류입니다. 그런데 후자의 근원은 지표의 물이 스며들어 이루어진 것에 불과합니다. 날씨가 더워지고 가뭄이 온 땅을 덮으면, 그 근원은 마르며 지류의 바닥은 흉물스럽게 변합니다. 그러면 어떻게 됩니까? 한 지류가 마른다고 하여 강 전체가 마를까요? 산정의 만년설로부터 흘러내리는 물은 여전히 거품을 일으키며 쏟아져 내려올 것이며, 뜨거운 날씨와 가뭄에도 불구하고 강은 풍성한 물로 채워질 것입니다. 그러므로 주 안에서 항상 기뻐하십시오. 설령 땅이 어둠으로 덮인다 할지라도, 눈을 들어 하늘을 보십시오. 바로 거기에 모든 빛의 근원이 있습니다. 황혼녘에 숲길을 걸어가는 사람을 생각해 보십시오. 그에게 모든 길은 희미하게 보일 것입니다. 그러나 머리 위의 하늘은 주위의 어둑어둑함 때문에 더욱 밝을 것입니다. 오르간 연주자를 생각해 보십시오. 그의 오른손은 건반 위에서 정신없이 움직일지라도 왼손은 하나의 중심 화음을 계속해서 누르고 있을 수 있습니다. 이와 같이 우리의 어떤 부분이 세상으로부터 오는 근심의 무거운 짐에 눌리고 있는 동안에도, 다른 부분은 주 안에서 계속해서 기뻐할 수 있습니다. 기독교적 삶의 역설은 우리 모두의 복된 경험으로서 실현될 수 있습니다. 비록 표면은 요동할지라도 중심은 고요합니다. 비록 바다가 폭풍으로 요동친다 할지라도, 그 모든 파도의 꼭대기는 햇빛으로 반짝입니다. "주 안에서 항상 기뻐하라 내가 다시 말하노니 기뻐하라."

3. 셋째로, 범사에 감사해야 할 의무.

여기의 마지막 교훈 역시 오직 하나님과의 지속적인 교제의 조건 위에서만 가능합니다. 앞에서 기쁨과 관련하여 이야기한 것이 여기의 감사와 관련해서도 동일합니다. 세상에서 벌어지는 모든 일들의 외관(外觀)은 거의 대부분 여러분의 안경 색깔에 의존합니다.

"좋은 것도 나쁜 것도 없도다.
다만 생각이 그렇게 만드는 것뿐이라."

항상 하나님과 교제하는 어떤 사람을 생각해 보십시오. 그는 자신의 삶 속에서 일어나는 모든 일들을 믿음으로 채색된 안경을 쓰고 바라볼 것입니다. 신약에서 감사의 의무는 반복적으로 강조됩니다. 나는 평균적인 그리스도인이 자신의 기독교적 경험의 한 요소로서 감사의 중요성을 인식하지 못할까 우려합니다. 감사를 과거에 적용한다면, 그것은 지나간 일들을 되돌아보면서 거기에서 축복의 의미와 특별한 목적을 보는 것입니다. 가까이 다가가면 황량한 바위와 차가운 눈이 있는 산이라 하더라도, 멀리서 보면 아름다운 붉은 색으로 반짝입니다. 그와 마찬가지로 만일 우리가 하나님 안에서 우리의 삶을 되돌아본다면, 잃은 것은 얻은 것으로, 슬픔은 기쁨의 선구자로, 다툼과 갈등은 화평의 수단으로 스스로를 나타낼 것입니다. 그리고 그때 굽은 것은 펴질 것이며, 험준한 산은 평지가 될 것입니다. 만일 우리가 "쉬지 않고 기도"한다면, 우리는 지나간 모든 일에 대하여 감사를 드릴 수 있게 될 것입니다. 또 감사를 현재에 적용한다면, 그것은 우리가 스스로의 의지를 순복시키는 가운데 모든 것이 합력하여 선을 이루는 것을 믿으면서 욥처럼 "주신 이도 여호와시요 거두신 이도 여호와시오니 여호와의 이름이 찬송을 받으실지니이다"라고 말하는 것입니다(욥 1:21). 이것은 어렵지만, 그러나 가능합니다. 그러나 오직 우리가 "쉬지 않고 기도"하는 가운데 매일같이 하나님과 함께 거할 때에만 가능합니다. 그럴 때 우리는 그가 우리의 광야와 같은 인생길을 낮에는 구름기둥으로, 밤에는 불기둥으로 인도하신 모든 것에 대해 감사할 수 있게 될 것입니다.

10
바울의 초기 가르침

"내가 주를 힘입어 너희를 명하노니 모든 형제에게 이 편지를 읽어 주라"

살전 5:27

만일 신약의 책들을 기록된 연대순으로 재배치한다면, 여기의 데살로니가전서가 제일 앞에 놓이게 될 것입니다. 본 서신은 십자가 이후 20년 정도 지났을 때 기록되었으며, 그때는 현존하는 복음서가 기록되기 훨씬 이전이었습니다. 그러므로 본 서신은 현존하는 복음서의 이야기들로부터 독립된 상태로 기독교 진리를 증거한 것으로서 매우 중요한 의미를 갖습니다.

데살로니가의 작은 공동체는 바울이 아주 짧은 기간 동안 사역한 결과로 세워졌습니다. 바울은 세 안식일에 걸쳐 회당에서 설교했으며, 그 결과로 데살로니가 교회가 이루어지게 되었습니다. 그들은 대부분 이방인들이었으며, 유대인은 소수였습니다. 그런 가운데 곧이어 데살로니가에서 폭동이 일어났으며, 그로 인해 바울은 그곳을 떠나 아덴으로 갈 수밖에 없었습니다. 물론 이때 바울은 많은 걱정을 하며 데살로니가를 떠났을 것입니다. 왜냐하면 그들은 그의 가르침을 불과 몇 주밖에 받지 못한 유아적인 공동체였기 때문입니다. 그리하여 바울은 동역자 가운데 한 사람인 디모데를 보내 어느 정도 기간 동안 그들을 돌보도록 했습니다. 마침내 디모데가 돌아와 그들이 굳건하게 섰다는 소식을 전했을 때, 그것은 바울에게 너무도 기쁜 소식이었습니다. 그리하여 그는 모든 걱정을 내려놓은 채 그 마음이 큰 기쁨과 감사로 고동치는 가운데 이 편지를 씁니다.

바울의 다른 긴 서신들에서와는 달리, 본 서신에는 교리적인 진술이 거의 나타나지 않습니다. 본 서신을 대부분 채우고 있는 것은 그들에 대한 바울의 뜨거운 사랑과 애정과 신뢰의 표현들과 실제적인 교훈들입니다. 이와 같이 데살로니가전서는 바울의 서신들 가운데 가장 비교리적인 서신으로 불립니다. 어떤 의미에서 그것은 완전한 사실입니다. 그러나 바로 그러한 사실은 본 서신의 단편적인 언급들을 더욱 의미 있는 것으로 만듭니다. 만일 데살로니가전서가 어떤 특별한 교리적인 사실을 역설하기 위한 목적은 없이 단순히 복음의 원리들에 푹 젖어 있는 것일 뿐이라면, 그러한 복음의 원리들과 관련한 본 서신의 중요성은 한층 더 커질 것입니다. 만일 우리가 현존하는 가장 오래된 기독교 문서일 뿐만 아니라 또한 현존하는 사복음서와 독립해서 서 있는 본 서신을 증인석에 세우고, 그것이 우리가 예수 그리스도의 복음이라고 부르는 위대한 진리에 관해 말하는 바를 세심히 살핀다면, 나는 본 서신을 통해 복음의 진리가 새로운 빛 가운데 있는 그대로의 모습으로 드러나게 될 것이라고 생각합니다. 이것을 밝히는 것이 본 설교의 목적인데, 그와 관련하여 네 가지 정도로 나누어 살펴보도록 합시다.

1. 첫째로, 그리스도의 신성(神性)에 대한 본 서신의 증언을 살펴봅시다.

데살로니가전서가 어떻게 시작하는지 보십시오. "바울과 실루아노와 디모데는 하나님 아버지와 주 예수 그리스도 안에 있는 데살로니가인의 교회에 편지하노니"(1:1). 여기에서 하나님 아버지와 주 예수 그리스도의 이름을 나란히 놓은 것을 주목해 보십시오. 만일 이것이 주 예수 그리스도가 아버지의 보좌에 앉으신 신적 존재를 의미하는 것이 아니라면 도대체 무엇을 의미하는 것이겠습니까?

또 여기에는 우리가 주목해야 할 또 하나의 사실이 있는데, 그것은 이 짧은 서신에 예수라는 이름에다가 "주"(the Lord)라는 위대한 호칭이 적용된 것이 무려 20회가 넘는다는 사실입니다. 여기의 "주"라는 호칭은 단순히 사람을 높여 부르는 일반적인 경칭(敬稱) 훨씬 이상이라는 사실을 기억하십시오. 사실상 그것은 구약의 여호와와 상응하는 신약적 용어입니다. 그것은 여호와라는 유일무이한 이름을 예수 그리스도에게 전이시킨 것입니다.

또 한 가지 우리가 결코 간과해서는 안 되는 것은 본 서신에 예수 그리스도 자신에게 직접적으로 기도가 드려지고 있다는 사실입니다. 우리는 3장 11절에서 "하나님 우리 아버지와 우리 주 예수는 우리 길을 너희에게로 갈 수 있게 하시오며"라는 기도를 보게 됩니다. 여기에서 기도는 하나님 아버지와 주 예수 그리스도에게 드려지는 것으로 나타나며, 양자 모두 그러한 기도에 응답하시는 분으로서 상정됩니다. 여기에서 동사(動詞) "direct"를 주목해 보십시오(KJV 본문은 다음과 같음. "Now God himself and our Father, and our Lord Jesus Christ, **direct** our way unto you"). 주어가 **복수**임에도 불구하고 그 동사는 **단수**형으로 되어 있습니다. 이러한 사실은 우리 주 예수 그리스도의 참된 신성(神性)을 완전하게 나타내는 또 하나의 증거입니다. 예수 그리스도의 신성이라고 하는 복음의 근본적인 진리를 제시함에 있어 여기의 가장 비교리적인 서신보다 더 강력한 곳은 성경 어디에도 없습니다.

이와 같이 '기도의 대상으로서의 예수 그리스도' 의 개념은 여기에서 그들에게 새로운 교훈을 제시하는 것으로서 나타나지 않습니다. 이처럼 바울은 데살로니가인들 가운데 거하는 몇 주 동안 소수의 이방인들에게 계시종교의 최고의 정점(頂點) — 즉 그리스도의 신성 — 을 가르치고 있었습니다. 우리는 사복음서 어디에서도, 심지어 그리스도의 신성에 대해 많이 이야기하는 골로새서에서조차도, 그 진리에 관해 여기의 단편적인 언급보다 더 강력한 언급을 발견하지 못합니다.

어쨌든 데살로니가전서라는 이름의 증인은 성경의 다른 곳과는 완전히 별개로 불과 얼마 전까지 우상 숭배자들이었던 그들이 믿은 그리스도가 하나님 아버지의 영원하신 아들이라고 분명하게 선언합니다. 또한 본 서신은 이러한 진리가 그들의 새로운 의식 속에 너무도 깊게 자리를 잡고 있으므로 단지 그에 대해 살짝 암시하는 것만으로도 그들이 충분히 이해할 수 있음을 당연한 것으로 전제합니다. 이것이 본 서신이 증언하는 첫 번째 부분입니다.

2. 둘째로, 그리스도의 죽으심에 대한 본 서신의 증언을 살펴봅시다.

앞에서 이야기한 것처럼 데살로니가전서에는 어떤 명확한 교리적인 진리들이 나타나지 않습니다. 그러나 그러한 교리적인 진리들은 본 서신의 거의 모든 곳에 함축되어 있으며, 여러 곳에서 우연히 그러나 분명하게 나타납니다. 이제 그리스도의 죽으심에 대한 증언을 들어보도록 합시다.

먼저 사실(fact)에 관한 증언입니다. 본 서신은 "유대인은 주 예수를 죽이고"라고 증언합니다(2:15). 여기에 역사적인 사실이 분명하게 제시됩니다. 나아가 사실뿐만 아니라 또한 그것의 의미까지도 명확하게 제시합니다. "하나님이 우리를 세우심은 노하심에 이르게 하심이 아니요 오직 우리 주 예수 그리스도로 말미암아 구원을 받게 하심이라"(5:9).

여기에서 우리는 최소한 두 가지 사실을 알 수 있습니다. 첫째는, 잘 알려진 사실과 관련한 언급으로서 예수 그리스도가 그들을 위해 죽었다는 사실이며, 둘째는, 예수 그리스도가 사람들이 구원을 받도록 하나님이 세우신 매개자 혹은 중보자라는 사실입니다. 이와 관련하여 우리는 또 다른 구절을 제시할 수 있는데, 그것은 예수 그리스도를 "장래의 노하심에서 우리를 건지시는 자"로 언급합니다(1:10). 불행하게도 우리의 흠정역(KJV)은 여기의 전체적인 의미를 충분히 제시하는데 실패합니다. 왜냐하면 개정역(Revised Version)이 "건지시는"(delivereth)이라고 올바로 번역한 것과는 달리, 흠정역은 "건지신"(delivered)라고 잘못 번역하고 있기 때문입니다(한글개역개정판은 개정역처럼 번역함: 역주). 여기의 구원은 단순히 마지막에 초월적인 영역에서 이루어지는 구원이 아니라, 그리스도인의 삶 전체를 통해 이루어지는 계속적인 구원입니다. 하나님의 강력한 섭리에 의해 그리고 모든 죄와 불순종의 자동적인 결과에 의해, 그와 같은 하나님의 노하심은 계속해서 사람들에게 다가오고 있습니다. 따라서 우리에게 필요한 것은 자신의 죽음으로 우리를 구원하시는 계속적인 구원자인 것입니다. 이와 관련하여 우리의 증인은 그리스도의 죽음이 희생제사이며, 노하심으로부터 구원하는 것이며, 죄의 결과로부터의 현재적인 구원이라는 사실을 분명하게 증언합니다.

그러면 그것은 바울만의 독특한 교리였습니까? 스스로 유대에 있는 교회들을 "형제"라 부르는 편지에서 그가 예수 그리스도의 생애의 사실들을 자기만의 방식으로 독자적으로 읽는 것이 과연 생각할 수 있는 일입니까? 나는 신약에서 교리들이 다양한 형태로 분기(分岐)되었다고 믿습니다. 어떤 명확한 한계 안에서 말입니다. 요한의 고요하며 신비적인 말과, 바울의 격렬하며 변증적인 말과, 베드로의 격정적이며 뜨거운 훈계를 혼동하는 사람은 아무도 없을 것입니다. 그러나 이와 같은 '이해의 방식에 있어서의 다양성' 에도 불구하고 '이해되어야 할 중심적인 진리' 를 선포함에 있어서는 아무런 차이도 없습니다. 결국 어떤 교리에 있어서의 신약의 다양한 형태들은 십자가의 죽음이 모든 인류를 위한 죽음이었다고 선포한다는 점에서 하나입니다.

바울은 변증적 추론으로 여기에 이르며, 요한은 하늘을 향한 깊은 묵상으로 여기에 이르며, 베드로는 구약의 말씀들을 생각하는 가운데 여기에 이릅니다. 바울은 "그리스도께서 우리를 위해 죽으셨다"라고 선포하며, 요한은 "그는 하나님의 어린 양"이라고 선포하며, 베드로는 "그리스도께서 나무 위에서 자기 몸으로 우리 죄를 짊어지셨다"라고 선포합니다. 그러나 그들 모두가 십자가가 희생과 화해와 화평과 소망의 십자가라고 선포한다는 점에서 하나의 완전한 증언을 이룹니다. 그들 모두가 "예수 그리스도는 성경대로 우리 죄를 위하여 죽으셨도다"라고 선포하는데, 바로 이것이 복음입니다. 그리고 바울은 한 걸음 더 나아가 "그러므로 나나 그들이나 이같이 전파하매 너희도 이같이 믿었느니라"라고 말할 수 있었습니다(고전 15:11). 바로 이것이 육욕과 우상 숭배의 늪에 빠져 있던 이방인들을 하나님의 자녀의 축복으로 옮긴 복음이었습니다.

만일 여러분이, 본 서신의 독자들이 복음을 접한 것이 불과 몇 주밖에 되지 않은 사실을 생각한다면, 여러분은 복음이 선포되는 곳에 하나님의 능력이 나타난다는 사실을 알게 될 것입니다. 그들은 불과 얼마 전까지 이교도들이었습니다. 그럼에도 불구하고 그들과 관련하여 바울은 "주의 말씀이 너희에게로부터 마게도냐와 아가야에만 들릴 뿐 아니라 하나님을 향하는 너희 믿음의 소문이 각처에 퍼졌으므로 우리는 아무 말도 할 것이 없노라"라고 말합니다(1:8). 또 그는 "형제 사랑에 관하여는 너희에게 쓸 것이 없음은 너희들 자신이 하나님의 가르치심을 받아 서로 사랑함이라"라고 말합니다(4:9). 그런가 하면 "우리가 너희 모두로 말미암아 항상 하나님께 감사하며 기도할 때에 너희를 기억함은 너희의 믿음의 역사와 사랑의 수고와 우리 주 예수 그리스도에 대한 소망의 인내를 우리 하나님 아버지 앞에서 끊임없이 기억함이니"라고 말하기까지 합니다(1:2, 3). 많은 사람들이 변화되었습니다. 그러면 무엇이 그들을 변화시켰습니까? 그것은 하나님의 아들이신 예수 그리스도의 죽음의 메시지였습니다. 그들을 위해 스스로를 드리신 죄 없는 그분이 그들의 화평이며, 그들의 의이며, 그들의 능력이었습니다.

3. 셋째로, 그리스도의 부활과 승천에 대한 본 서신의 증언을 살펴봅시다.

우리는 1장 9절과 10절에서 다음과 같은 말씀을 보게 됩니다. "너희가 어떻게 하나님께로 돌아와서 … 또 죽은 자들 가운데서 다시 살리신 그의 아들이 하늘로부터 강림하실 것을 너희가 어떻게 기다리는지를 말하니." 또 4장 16절은 이렇게 말합니다. "주께서 호령과 천사장의 소리와 하나님의 나팔 소리로 친히 하늘로부터 강림하시리니." 이와 같이 바울은 이제 막 우상 숭배로부터 돌이킨 데살로니가인들이 부활하신 그리스도가 하늘에 계시다는 진리를 마음으로 굳게 믿고 있음을 당연한 것으로 전제합니다.

바울이 데살로니가전서를 기록하고 있을 때 사복음서는 아직 존재하지 않았다는 사실을 기억하십시오. 사복음서의 단 한 줄도 기록되지 않았습니다. 또 지금 우리가 여기에서 다루고 있는 것은 전적으로 독립적인 증언이라는 사실을 기억하십시오. 그렇게 본다면 여기에 나타난 예수 그리스도의 부활의 증언은 얼마나 중요한 의미를 갖습니까? 지금은 예수 그리스도가 죽은 지 20년 정도 지났을 때였습니다. 그런데 바울은 부활을 자신이 믿고 전파하는 것으로 뿐만 아니라 모든 교회들이 공통적으로 믿고 받아들이는 공인된 사실로 말하고 있습니다.

여기에 나타난 모든 흔적으로 볼 때, 예수 그리스도의 부활의 증언은 새로운 것이 아니라 부활의 때로부터 지금까지 계속적으로 반복해서 증언되고 받아들여져 온 것이었습니다. 그것은 우리를 최소한 데살로니가전서가 기록되기 훨씬 이전으로 데려갑니다. 그것은 우리를 최소한 바울의 회심 이전으로 데려갑니다. 그리스도의 부활을 믿는 이 사람 바울이 교회의 일원이 되었다는 사실은 무엇을 의미하는 것이겠습니까? 만일 그가 거기에서 자신과 같은 믿음을 발견하지 못했다면, 그와 다른 형제들 사이의 교제는 끊어져 버리고 말았을 것입니다. 이와 같이 예수 그리스도의 부활과 데살로니가전서가 기록된 때 사이에 부활에 대한 믿음이 발생했다고 생각될 수 있는 순간을 우리는 어디에서도 발견할 수 없습니다. 교회가 존재하는 바로 그 사실 자체가 우리로 하여금 부활에 대한 믿음이 부활 그 자체의 사건과 동시에 발생했음을 받아들이지 않을 수 없게 만듭니다.

그러므로 우리는 예수 그리스도가 죽은 자 가운데 실제로 살아났음을 받아들이든지, 아니면 지금까지 인류가 쌓아올린 최고의 도덕체계가 허무맹랑한 거짓말 위에 세워졌다고 믿든지 양자택일을 해야 합니다. 오늘날 우리는 기적은 불가능하다는 입증되지 않은 교리를 믿도록 강요받고 있습니다. 그러나 나는 우스꽝스러운 결론을 믿느니 차라리 초자연적인 기적을 믿을 것입니다. 나에게 있어, 부활 그 자체의 사실은 어떻게든 배제하고 교회와 부활의 믿음이 존재하는 것을 설명해 보려고 시도하는 것보다 더 우스꽝스러운 일은 아무것도 없습니다.

그러므로 사랑하는 성도 여러분, 그리스도의 부활을 내던져 버리는 기독교는 결국 사람의 벌거벗은 것을 가려줄 수 없는 누더기 외에 아무것도 아닙니다. 또 그것은 그 안에 아무런 생명력도 가지고 있지 못한 환상에 불과합니다. 거기에는 사람을 소생시키며, 위로하며, 고상하게 만들며, 일으키며, 열망과 소망과 노력을 가르치는 어떤 것도 들어 있지 않습니다. 인간에게는 "죽으실 뿐 아니라 다시 살아나시고 하나님 우편에 계셔서 우리를 위하여 간구하시는 그리스도"가 필요합니다(롬 8:34). 그리고 여기의 독립적인 증언은 다음과 같은 복음의 이야기를 다시 한 번 분명하게 확증합니다. "그러나 이제 그리스도께서 죽은 자 가운데서 다시 살아나사 잠자는 자들의 첫 열매가 되셨도다"(고전 15:20).

4. 넷째로, 그리스도의 재림에 대한 본 서신의 증언을 살펴봅시다.

그리스도의 재림은 본 서신의 특징적인 주제입니다. 4장 16절과 17절에서 우리는 다음과 같은 말씀을 읽습니다. "주께서 호령과 천사장의 소리와 하나님의 나팔 소리로 친히 하늘로부터 강림하시리니 그리스도 안에서 죽은 자들이 먼저 일어나고 그 후에 우리 살아 남은 자들도 그들과 함께 구름 속으로 끌어 올려 공중에서 주를 영접하게 하시리니 그리하여 우리가 항상 주와 함께 있으리라." 이 말씀은 너무도 장엄하면서 동시에 상처받은 많은 심령들을 따뜻한 손으로 어루만집니다. 여기에서 주님의 재림은 심판의 측면으로 나타나지 않습니다. 도리어 애통하는 자들에게 소망을 가져다줄 목적으로, 그리고 죽음으로 인해 끊어진 유대의 끈이 장차 더 거룩한 방식으로 다시 연결될 것을 확증하기 위해 기록되었습니다. 그러나 심판의 측면이 전혀 없는 것은 아닙니다. 뒤이어 바울은 "주의 날이 밤에 도둑 같이 이를" 것이라고 말합니다(5:2). 이것은 복음서에 나타나는 주님 자신의 말씀을 인용한 것입니다. 그러므로 이러한 증언으로부터 우리는 복음서의 이야기가 다시 한 번 확증되는 것을 보게 됩니다. 계속해서 바울은 섬뜩한 언어로 갑작스런 멸망에 대해 이야기합니다. "그들이 평안하다, 안전하다 할 그 때에 임신한 여자에게 해산의 고통이 이름과 같이 멸망이 갑자기 그들에게 이르리니 결코 피하지 못하리라"(5:3).

바로 이것이 그리스도의 재림과 관련한 본 서신의 증언의 요점들입니다

— 인격적인 오심, 그 안에서 모든 신자들이 다시 만남, 신자들의 영원한 행복과 기쁨을 위해 오심, 그러나 그의 오심으로 인해 그를 떠난 자들에게는 멸망이 임함. 오랜 세월 이교(異敎)의 어둠 가운데 있다가 이제 막 새로운 빛 속으로 들어온 그들에게 이것은 얼마나 놀라운 계시였겠습니까?

나는 전에, 한쪽 벽에는 카타콤으로부터 온 그리스도인의 비문(碑文)들이 있고, 반대쪽 벽에는 이교도의 무덤으로부터 온 비문들이 있는 바티칸의 긴 복도를 걸었던 적이 있습니다. 한쪽 벽은 소망 없는 글로 가득 차 있습니다. 흰 대리석 복도를 따라 긴 탄식이 메아리칩니다. "Vale! vale! in aeternum vale!"(안녕! 안녕! 영원히 안녕!). 반면 반대쪽 벽은 소망으로 가득 차 있습니다. "In Christo, in pace, in spe"(그리스도 가운데, 평강 가운데, 소망 가운데). 바로 이것이 우리 마음에 두어야 할 증언입니다. 그럴 때 죽음은 "지나가는 것"(passage)이 됩니다. 그리고 그럴 때 우리는 사랑하는 이들의 손을 놓을 수 있습니다. 장차 다시 잡게 될 것을 믿으면서 말입니다.

사랑하는 성도 여러분, 이러한 증언은 데살로니가를 위한 복음일 뿐만 아니라 또한 맨체스터를 위한 복음이기도 합니다. 데살로니가의 옛 이교도들이 필요로 했던 것과 동일한 것을 오늘날 여러분과 내가 똑같이 필요로 합니다. 우리 역시도 신성(神性)을 가지신 그리스도와, 죽으신 그리스도와, 부활하신 그리스도와, 승천하신 그리스도와, 다시 오실 그리스도를 필요로 합니다. 여러분에게 간곡히 부탁합니다. 그를 여러분의 그리스도로 받아들이십시오. 그의 모든 충만한 직분과 그의 모든 다양한 능력과 그의 모든 달콤한 사랑 가운데 말입니다. 그럴 때 여기의 데살로니가인들이 들었던 말을 우리도 똑같이 듣게 될 것입니다. "너희가 우리에게 들은 바 하나님의 말씀을 받을 때에 사람의 말로 받지 아니하고 하나님의 말씀으로 받음이니 진실로 그러하도다"(2:13).

데살로니가후서

1
영화롭게 된 자들 가운데 영광을 받으실 그리스도

"그 날에 그가 강림하사 그의 성도들에게서 영광을 받으시고
모든 믿는 자들에게서 놀랍게 여김을 얻으시리니"
살후 1:10

바울의 초기 서신에 속하는 데살로니가전서와 후서에는 우리 주님이 심판자로서 두 번째로 오신다는 개념이 매우 두드러지게 나타납니다. 본문이 포함된 문맥 속에서도 우리는 그와 같은 개념이 장엄함과 두려움으로 묘사되는 것을 보게 됩니다. 7절을 주목해 보십시오. "주 예수께서 자기의 능력의 천사들과 함께 하늘로부터 불꽃 가운데에 나타나실 때에." 그는 "불꽃" 가운데 나타나실 것입니다. 보응이 그의 손에 있을 것이며, 형벌이 그의 판결을 따를 것입니다. 또 악이 주의 임재 앞에 서게 될 때, 그 결과는 영원한 멸망이 될 것입니다. 이와 관련하여 9절의 "주의 얼굴"이란 번역어는 그보다도 "주의 임재"라고 번역되는 것이 좀 더 정확합니다.

이 모든 사실들과 표상들이 이를테면 바울의 하늘의 절반을 채웁니다. 마치 우레를 몰고 오는 시커먼 구름덩어리처럼 말입니다. 그리고 나머지 절반의 하늘은 파란 하늘과 평화로운 햇빛으로 가득 차 있습니다. 이 모든 두려움과 멸망과 불꽃과 형벌이 "그가 강림하사 그의 성도들에게서 영광을 받으시고 모든 믿는 자들에게서 놀랍게 여김을 얻으실" 그날에 임할 것

입니다(10절).

이와 같이 여기에는 서로 대조되는 두 측면이 있습니다. 하나는 외인(外人)들에게 재앙으로 임하는 날의 측면이며, 또 하나는 그리스도께서 성도들로부터 영광을 받으시는 날의 측면입니다.

1. 첫째로, 그리스도께서 그리스도 안에서 영화로워진 자들 가운데 영광을 받으신다는 놀라운 개념을 주목하십시오.

만일 여러분이 본문이 포함된 문맥 전체를 세세히 살핀다면, 여러분은 "영광을 받는다"는 개념이 이중적으로 사용되는 것을 발견하게 될 것입니다. 특별히 12절에서 그는 "우리 주 예수의 이름이 너희 가운데서 영광을 받으시고 너희도 그 안에서 영광을 받게 하려 함이라"라고 말합니다.

또 "영광을 받는다"는 것은 이중적인 의미를 가집니다. 그것은 "영광스럽게 만들다"를 의미하든지, 아니면 "영광스러워진 것으로 나타나다"를 의미합니다. 사람들은 전자의 의미로 그리스도 안에서 영광을 받습니다. 반면 그들 안에 계신 그리스도는 후자의 의미로 영광을 받습니다. 그리스도는 자신의 완전한 성품의 찬란한 빛과 반짝이는 아름다움을 그들에게 나누어주심으로써 그들을 영광스럽게 만듭니다. 그리하여 그 빛은 그들의 본성 속으로 받아들여지고 마침내 그들의 구속받은 온전한 성품으로부터 다시 흘러나오게 됩니다. 그럼으로써 그는 온 세상 앞에 그들의 약함을 자신의 강함으로 옷 입히며, 그들의 썩을 것을 자신의 썩지 않을 것으로 바꾸신 자로서 영광과 존귀를 받게 됩니다. 이 땅에서 우리는 그리스도 안에서 부분적이며 단편적인 방식으로 영광을 받지만, 그러나 그날에 완전하게 영광을 받게 될 것입니다. 우리가 이와 같이 그리스도 안에서 영광을 받을 때, 우리는 사람들 앞에서 그를 영광스럽게 나타내게 될 것입니다. 하나님이 그리스도 예수 안에서 우리를 다루시는 최고의 목적은 우리를 우리 주님처럼 만드는 것입니다. 우리는 땅의 형상을 가진 것처럼 또한 하늘의 형상을 갖게 될 것입니다. "우리가 주의 영광을 보매 그와 같은 형상으로 변화하여"(고후 3:18).

이와 같이 그리스도의 십자가와 고난과 하나님의 모든 다루심의 최고의 목적인 '사람들을 그리스도 안에서 영광을 받게 하는' 것은 오직 그리스도께서 그들 안에 거하실 때에만 성취됩니다. 또 영광을 받는 것과 관련하여 아버지와 아들 사이에 적용되는 것이 똑같이 아들과 우리 사이에 적용됩니다. 아버지께서 그리스도 안에 거하시므로 그리스도께서 영광을 받으셨습니다. 그의 인성(人性)이 아버지의 영광에 참여하게 되었다는 의미에서 말입니다. 또 그럼으로써 그리스도는 자기 안에 거하시는 아버지를 영화롭게 하셨습니다. 세상 앞에 아버지를 영광과 사랑을 받으시기에 합당한 자로서 분명하게 나타내셨다는 의미에서 말입니다.

이와 같이 아들이 아버지와 함께 상호적인 영광에 참여하는 것처럼, 그리스도인들도 그리스도와 함께 그 안에서 영광을 받고 또 그를 영광스럽게 합니다.

'온전한 도덕적 성결'과 '확장된 재능과 능력'과 '온전한 영이 활동하기에 합당한 육체구조' 등은 어떻습니까? 이러한 것들 역시도 영화로워진 인성(人性)의 일부일까요? 어쨌든 우리가 장차 도달하게 될 그리스도의 온전한 형상이 무엇이든지 간에, 그 모든 것은 우리를 자신의 영으로 채우시는 내주하시는 그리스도로부터 오게 됩니다.

그러므로 여기의 위대한 가르침에 따를 때, 성도들의 영화로워진 온전한 인성(人性)은 그리스도께서 거룩한 천사들과 함께 영광 가운데 오셔서 영광의 보좌에 앉으시는 그날에 그의 최고의 영광이 될 것입니다. 사람들은, 만일 바울이 예수 그리스도가 영광을 받으시는 것에 대해 말하기를 원했다면, 그는 틀림없이 그리스도의 장엄한 신성(神性)과 큰 백보좌와 그의 심판주 되심을 이야기했을 것이라고 생각할 것입니다. 그러나 바울은 이 모든 것들을 그냥 지나치면서 이렇게 말합니다 — "그리스도의 최고의 영광이 여기 있나니 그가 자신의 본성을 나누어주기 위해 만드신 자들 가운데 있도다."

예술가는 그의 작품으로 알려지는 법입니다. 여러분은 위대한 그림을 보거나 혹은 위대한 교향곡을 듣거나 혹은 위대한 문학작품을 읽으면서 이렇게 말합니다 — "이것이 라파엘로와 베토벤과 셰익스피어의 영광이로다." 이와 마찬가지로 예수 그리스도는 자신의 성도들을 가리키면서 이렇게 말씀하십니다 — "보라 나의 작품이로다, 너희는 나의 증인이라 내가 모든 것을 행하였도다."

그러나 그리스도와 그의 성도들 사이의 관계는 예술가와 그의 작품 사이의 관계보다 훨씬 더 깊고 친밀합니다. 왜냐하면 그리스도인들이 장차 받을 것으로 바랄 수 있는 지적 완전함과 도덕적 아름다움의 찬란한 빛은 단지 그들 안에 내주하시는 그리스도의 빛에 불과하기 때문입니다. 동쪽 하늘을 드리우고 있는 수증기층을 생각해 보십시오. 그 자체는 보잘것없는 흰색의 뿌연 안개에 불과합니다. 그러나 태양이 떠오를 때, 그것은 장밋빛의 붉은 영광으로 타오릅니다. 그 이유가 무엇입니까? 그것은 수증기 입자들이 떠오르는 태양의 빛을 붙잡았기 때문입니다. 우리도 그와 마찬가지입니다. 우리 자체는 마치 눈이 다 녹아버린 산정(山頂)처럼 황량하며 보잘것없습니다. 그러나 우리 안에 그리스도께서 내주하실 때, 우리는 아름다운 장밋빛으로 빛날 것입니다. "그 때에 의인들은 자기 아버지 나라에서 해와 같이 빛나리라"(마 13:43). 그들은 해처럼 스스로 빛나지 않고, 달처럼 그리스도의 빛을 반사합니다.

직접 해를 바라볼 수는 없다 하더라도, 그러나 구름에 가려진 해는 눈부심 없이 바라볼 수 있습니다. 이와 같이 그리스도의 영광을 직접 바라볼 수 없는 사람들도 그의 종들의 얼굴에 반사된 빛은 얼마든지 바라보며 기뻐할 수 있습니다. 어쨌든 예수 그리스도는 자신이 영화롭게 만든 성도들 가운데 영광을 받으시기 위해 오실 것입니다.

2. 둘째로, 사람이 이렇게 변화되는 것은 그리스도의 능력으로 말미암은 위대한 기적이라는 사실을 주목하십시오.

"그는 모든 믿는 자들에게서 놀랍게 여김을 얻으시리니"(10절). 그가 필요로 하는 것이 단지 "놀랍게 여김을 얻는" 것일 뿐이라는 사실을 생각할 때, 그는 얼마나 사랑이 많으신 분입니까? 그의 구속의 사랑에 대한 보답으로 요구되는 것이 단지 **경이**(wonder)의 눈으로 바라보는 것일 뿐이라는 사실은 얼마나 놀라운 일입니까? "그의 이름은 **기묘자**(Wonderful)라 일컬음을 받을 것이라"(사 9:6). 그의 구속과 성결의 은혜의 에너지는 스스로 합당한 결과를 산출하도록 **놀랍게**(wonderfully) 작동할 것입니다. 그로 말미암아 여러분은 최고의 경이와 기적을 얻게 될 것입니다. 그는 세상에 계실 때 우리가 기적이라고 부르는 놀라운 일들(wonderful works)을 행하셨으며, 그것은 참으로 경이(wonder)의 눈으로 바라볼 만한 일들이었습니다. 그러나 모든 놀라운 일들 가운데 최고로 놀라운 일은 여러분과 나와 같은 보잘것없는 재료를 취하여 그것으로부터 아름다움과 완전함의 그토록 놀라운 형상들을 만들어 낸다는 사실입니다. "그는 모든 믿는 자들에게서 놀랍게 여김을 얻으시리니."

어떻게 그토록 보잘것없는 재료로부터 그토록 놀라운 결과물이 나올 수 있단 말입니까? 과학자들은 시커먼 석탄 덩어리와 여러분의 손가락 위에서 반짝이는 다이아몬드가 같은 원소로 이루어졌다고 말합니다. 세상의 시커먼 석탄 덩어리들을 취하여 그것을 반짝이는 다이아몬드로 변화시킨 자의 능력은 얼마나 놀랍고 큰 것입니까? 그러한 보잘것없는 재료를 가지고 그토록 아름다운 결과물을 만들어 낸 것에 대해 온 우주가 경이의 눈으로 놀랄 것입니다.

또 온 우주는 그 모든 일이 이루어진 과정을 보고 경이의 눈으로 놀랄 것입니다. 즉 하늘의 백보좌로부터 나타난 그리스도의 긍휼은 얼마나 깊고 놀라운 것입니까? 이제는 심판주로 선포되신 그가 스스로를 낮추사 죄로 물든 가련한 영혼들을 찾기 위해 세상에 오신 것은 얼마나 놀라운 일입니까? 그런 가련한 영혼들을 구속하시고 영화롭게 하신 것은 얼마나 놀라운 일입니까? 기적 중의 기적은 죄인을 구속하신 사랑입니다. 그리스도께서 행하시는 경이로운 일들 가운데 가장 경이로운 일은 그가 죄인들을 성도(聖徒)로 만들고, 그러한 성도들을 자신의 완전한 형상으로 만든다는 사실입니다.

3. 셋째로, 이러한 영광을 바라보는 자들을 주목하십시오.

이러한 개념은 본문 가운데 직접적으로 표현되어 있지는 않지만 그러나 필연적으로 함축되어 있습니다. 바울은 그리스도께서 이와 같이 영광을 받으시는 것을 바라보는 자들이 누구인지에 대해서는 말하지 않습니다. 그는 이와 같이 신적 심판과 신적 영광이 놀랍게 나타나는 것을 보라고 사람들을 부르지 않습니다. 그러나 우리는 그 큰 날에 그리스도께서 누구에게 나타나실 것인지, 또 영광을 받은 성도들 가운데 있는 그의 영광이 누구에게 계시될 것인지에 대해 잠시 생각해 볼 필요가 있습니다. “각 사람의 눈이 그를 보겠고”(계 1:7). 그들의 눈이 보좌에 앉으신 자를 바라볼 때, 그들은 그와 함께 있는 자들을 보게 될 것이며, 그들 안에서 그의 영광의 빛이 찬란하게 비춰는 것을 보게 될 것입니다.

또 우리는 에베소서에서 “이는 이제 교회로 말미암아 하늘에 있는 통치자들과 권세들에게 하나님의 각종 지혜를 알게 하려 하심이니”라는 말씀을 읽을 수 있습니다(3:10). 그런가 하면 요한계시록에는 구속받은 자들이 보좌 주위에 서서 찬미를 부른 후에, 하늘과 땅과 바다와 그 안에 있는 모든 피조물이 “보좌에 앉으신 이와 어린 양에게 찬송과 존귀와 영광과 권능을 세세토록 돌릴지어다”라고 외치는 장면이 나타납니다(5:13).

여기에서 최소한 다음과 같은 사실은 명백합니다. 즉 피와 눈물로 얼룩진 오랜 역사(歷史)의 굴곡은 결국 성도들에게 유익한 결과로 귀결되며, 마침내 하나님의 섭리를 계시하는 것이 된다는 사실 말입니다. 우리는 그날 마침내 우주의 중심은 그리스도께서 심판주로서 앉아 계시고 그 주위에 그의 영광을 반사하는 자들이 있는 심판의 골짜기가 될 것이라는 사실을 충분히 믿을 수 있습니다.

4. 넷째로, 이러한 영광으로 나아가는 길을 주목하십시오.

“그 날에 그가 강림하사 그의 성도들에게서 영광을 받으시고 모든 **믿은**(believed) 자들에게서 놀랍게 여김을 얻으시리니(한글개역개정판에는 **“믿는”**이라고 되어 있음).” 다시 말해서 세상에서 그의 소유였던 자들, 그에게 성별되고 드려졌던 자들, 부분적으로나마 그의 의와 아름다움을 분여(分與)받은 자들 — 바로 이들이 그리스도께서 그들 가운데 영광을 받으실 자들입니다. 바로 이들이 **"믿은"** 자들입니다. 세상에 있는 동안, 이들은 수많은 유혹과 불확실한 것들 가운데서도 그의 손을 굳게 붙잡았습니다. 이들은 참으로 그를 믿고 신뢰했습니다. 비록 떨며 두려워하는 가운데라도 말입니다. 바로 이들이 그리스도께서 그들 가운데 "놀랍게 여김을 얻으실" 자들입니다.

믿음이라는 단순한 행동이 우리를 주님과 하나로 연합시킵니다. 만일 우리가 그를 믿는다면, 그는 우리 마음속에 들어오셔서 우리를 정결케 하기 시작하시며, 우리를 자신과 같은 모양으로 만드십니다. 그리고 그럴 때, 우리는 최종적으로 그의 영광에 참여하게 될 것입니다.

"모든 믿는 자들에게서"라는 구절을 다시 한 번 주목해 보십시오. 그러한 말씀은 연약한 영혼들에게 얼마나 큰 위로와 격려와 소망이 됩니까? 아무리 불완전하다 하더라도 그들은 최종적인 구원에 이르기까지 하나님의 능력에 의해 지켜질 것입니다. 그리고 그리스도께서 영광 가운데 오실 때, 그를 믿은 자는 단 한 사람도 잃어지지 않을 것입니다.

각각의 그리스도인들은 각각의 합당한 방식으로 그리스도의 영광을 반사할 것입니다. 많은 다이아몬드들이 중심의 빛을 둘러싸고 있는 가운데 그것의 각 면(面)들이 다양한 색채를 발산하는 것처럼, 그리스도를 둘러싸고 있으면서 그의 영광에 참여하는 모든 자들은 그 영광을 받고, 그것을 전달하며, 그것을 다양한 형태로 나타낼 것입니다. 이와 같이 그리스도의 모든 충만을 나타내기 위해서는 헤아릴 수 없이 많은 구속받은 자들이 필요합니다.

그러므로 사랑하는 성도 여러분, 우리는 그를 믿는 단순한 믿음으로 시작하며, 부분적으로 그의 영의 아름다운 것들을 받으며, 세상에서 그를 닮아감으로써 그와 그의 진리를 영화롭게 합니다. 우리는 우리의 검은 것이 흰 것으로 변화되며, 우리의 한계가 없어지며, 우리의 약한 것이 강한 것으로 바뀌는 것을 소망할 수 있습니다. 또 우리는 그와 같아질 것이며, 그의 계신 그대로 볼 것이며, 그 안에서 영화롭게 되며, 온 우주 앞에서 그를 영화롭게 할 것을 소망할 수 있습니다.

여러분과 나는 거기에 있을 것입니다. 초두에 말한 대로 두 부분의 하늘 중에서 어느 것이 여러분의 하늘이 될 것인지 선택하십시오. 그가 오실 때 그의 얼굴의 빛이 여러분에게 멸망의 검(劍)처럼 되든지, 아니면 여러분의 마음 위에 마치 산정(山頂)을 비취는 따뜻한 햇빛처럼 비춰든지 둘 중 하나입니다. 그 빛이 비췰 때 여러분의 마음은 더 찬란한 흰색으로 빛날 것이며, 이 땅의 어떤 아름다움보다 더 뛰어난 아름다움으로 채색될 것입니다. 우리 안에 내주하시는 그리스도 외에 그 어떤 힘도 우리에게 그것을 가져다줄 수 없습니다. 어떤 사람들에게 그는 "영원한 멸망"으로 오실 것입니다. 반면 어떤 사람들에게는 "영광을 받으시고 놀랍게 여김을 얻으실" 것입니다. 그날에 둘 중 어느 것이 여러분의 분깃이 될 것인지 선택하셨습니까?

2
부르심에 합당한 자

"이러므로 우리도 항상 너희를 위하여 기도함은 우리 하나님이 너희를 그 부르심에 합당한 자로 여기시고 모든 선을 기뻐함과 믿음의 역사를 능력으로 이루게 하시고 우리 하나님과 주 예수 그리스도의 은혜대로 우리 주 예수의 이름이 너희 가운데서 영광을 받으시고 너희도 그 안에서 영광을 받게 하려 함이라"

살후 1:11, 12

데살로니가전서에서 바울은 예수 그리스도께서 마지막 날 세상을 심판하기 위해 오실 것이며 그때 자기 종들을 안식의 자리로 모을 것임을 생생한 언어로 이야기했습니다. 이러한 개념으로 인해 어떤 데살로니가인들은 지나치게 격동되어 그날이 당장 눈앞에 다가왔다는 식의 과도한 기대를 갖게 된 것으로 보입니다. 데살로니가후서는 전서를 보완하면서 그러한 과도한 기대를 어느 정도 억제하기 위한 목적으로 기록되었습니다. 그리하여 본 서신은 주의 날이 이르기 전에 미리 이루어져야 할 일들을 강조하면서 그들로 하여금 인내하며 평상적인 일에 더욱 착념할 것을 가르칩니다. 본 서신 전체를 지탱하고 있는 것이 바로 이런 목적입니다.

본 서신의 또 하나의 두드러진 특징은 저자가 이따금 자신의 논거(論據)를 벗어나 데살로니가인들을 위해 짤막한 기도를 드린다는 사실입니다. 짧은 서신임에도 불구하고 본 서신에 이러한 기도가 네 번 나타납니다. 그러한 기도들을 통해 우리는 기독교적 삶의 다양한 측면과 함께 우리가 무엇을 소망해야 하는지, 그리고 우리가 무엇을 위해 노력해야 하는지 등을 배울 수 있습니다. 본문의 기도는 그러한 기도들 가운데 첫 번째 기도입니다. 두 번째 기도는 2장 16절과 17절의 기도입니다 — "우리 주 예수 그리스도와 우리를 사랑하시고 영원한 위로와 좋은 소망을 은혜로 주신 하나님 우리 아버지께서 너희 마음을 위로하시고 모든 선한 일과 말에 굳건하게 하시기를 원하노라." 세 번째 기도는 3장 5절의 기도입니다 — "주께서 너희 마음을 인도하여 하나님의 사랑과 그리스도의 인내에 들어가게 하시기를 원하노라." 그리고 마지막 기도는 3장 16절의 기도입니다 — "평강의 주께서 친히 때마다 일마다 너희에게 평강을 주시고 주께서 너희 모든 사람과 함께 하시기를 원하노라."

사랑하는 자들에 대한 바울의 이러한 기도들은 얼마나 달콤하며 풍성합니까? 여기에서 바울이 구하는 것들은 그들을 위한 최고의 축복들입니다. 기도로 표현될 수 없다면, 그것은 초라한 사랑일 뿐입니다. 또 그 대상을 위해 이러한 최고의 축복들을 구하지 않는다면, 그것은 세상적인 사랑일 뿐입니다.

1. 첫째로, 그리스도인의 삶에 대한 하나님의 시험을 주목하십시오.

"우리도 항상 너희를 위하여 기도함은 우리 하나님이 너희를 그 부르심에 합당한 자로 여기시고." 여기의 "합당한 자로 여기시고"라는 표현을 주목해 보십시오. 그것은 주로 그리스도인들의 최종적인 성품에 대해 하나님이 장차 내리실 미래의 판단(judgment)을 언급하는 것입니다. 이것은 제가 앞에서 이야기한 본 서신의 전체적인 주제로 볼 때 명백합니다. 그것은 또한 똑같은 표현이 사용된 5절의 언급으로 볼 때도 역시 마찬가지입니다 — "너희로 하여금 하나님의 나라에 **합당한 자로 여김**을 받게 하려 함이니." 여기에서도 그러한 표현은 미래의 판단과 관련됩니다.

이와 같이 여기에서 우리는 '하나님이 장차 그리스도인들의 삶과 성품에 대해 적용하실 실제적이며 엄중한 판단'의 개념과 직면하게 됩니다.

오늘날 이러한 개념은 평균적인 기독교 신앙과 일반적인 설교에서 너무도 많이 잊혀져 있습니다. 예수 그리스도를 믿는 자는 "심판에 이르지 아니하고 사망에서 생명으로 옮겨졌다"는 것은 완전한 사실입니다(요 5:24). 그러나 심판은 하나님의 집으로부터 시작될 것이며 하나님은 자기 백성들을 심판하실 것이라는 사실 역시 똑같이 사실입니다. 그러므로 우리는 그리스도인으로서 하나님과 가장 가까이 있기 때문에 우리의 흠과 더러운 얼룩들은 하나님의 눈에 더 잘 띄게 된다는 사실을 항상 마음에 새길 필요가 있습니다. 어떤 그리스도인도 하나님의 의로운 심판을 피할 것이라고 생각해서는 안 됩니다. 죄 사함의 위대한 교리가 하나님이 우리의 죄에 대해 어떤 형벌이나 심판조차도 행하지 않은 채 그대로 내버려 둔다는 것을 의미하는 것은 결코 아닙니다. 세상에서 매일의 우리의 실제적인 모습에 대한 하나님의 실제적인 판단이 있는 것처럼, 마지막 날 하나님의 종들은 그의 보좌 앞에 모일 것입니다. 시편에 기록된 것처럼, 그들이 거기에 모이는 것은 하나님의 심판(judgment)을 받기 위함입니다. "나의 성도들을 내 앞에 모으라 그들은 제사로 나와 언약한 이들이니라 … 하늘이 그의 공의를 선포하리니 하나님 그는 심판장이심이로다"(시 50:5, 6).

만일 매일의 우리의 실제적인 모습에 대한 일상적인 판단과, 미래 우리가 세상을 떠나고 난 후 그리고 우리의 성품이 완성되고 난 후의 엄중한 심판이 그리스도인들에게 행하여진다면, 그들의 합당함 여부를 판단할 기준은 무엇이겠습니까?

이와 관련하여 "너희의 부르심"(Your calling)이란 표현을 주목하십시오. 흠정역 본문의 "this"는 단지 보충어에 불과합니다(흠정역 본문은 다음과 같음, "that our God would count you worthy of **this** calling"). 그러나 굳이 보충어를 사용한다면 개정역(Revised Version)처럼 "your"를 사용하는 것이 훨씬 더 나을 것입니다(한글개역개정판에는 단순히 "그 부르심"이라고 되어 있음). 여기의 "부르심"(calling)은 "직업"이나 "일"을 의미하지 않습니다. 이에 대해서는 굳이 설명이 필요치 않을 것입니다. 하나님이 우리를 부르신 것은 우리를 당신의 소유로 삼기 위함입니다. 하나님이 어떻게 부르시는지 생각해 보십시오. 복음으로 부르시며, 예수 그리스도로 부르시며, 세상에 나타난 "자신의 영광과 덕으로"(벧후 1:3) 부르십니다. 예수 그리스도 안에 있는 위대한 음성은 너무도 부드럽고 달콤하게 또 마음을 녹이는 뜨거운 사랑의 초청과 사모함으로 우리를 부르십니다. 또 이러한 부르심은 우리를 어디로 부르시는 것인지 생각해 보십시오. "하나님이 우리를 부르심은 부정하게 하심이 아니요 거룩하게 하심이니"(살전 4:7). 하나님의 부르심은 부정함으로의 부르심이 아니라 거룩함으로의 부르심입니다. 또 하나님의 부르심은 구원으로의 부르심입니다. "하나님이 처음부터 너희를 택하사 성령의 거룩하게 하심과 진리를 믿음으로 구원을 받게 하심이니"(살후 2:13).

예수 그리스도의 생애 속에 있는 모든 자기희생과 자기부인의 사실들을 통해, 우리는 스스로 십자가를 지며, 육체를 복종시키며, 하나님을 바라며, 그의 모범을 따라 거룩한 삶을 살도록 부름받습니다. 우리는 지금 여기에서 자기희생과 성결과 의의 삶을 살도록 부름받습니다. 뿐만 아니라 우리는 하나님의 영원한 나라와 영광으로 부름받습니다 — "이는 너희를 부르사 자기 나라와 영광에 이르게 하시는 하나님께 합당히 행하게 하려 함이라"(살전 2:12). 그러한 음성은 지금 위로부터 울려 퍼집니다. 또 십자가로부터 "내가 죽음은 너희를 살리기 위함이라"는 음성이 울려 퍼집니다. 또 보좌로부터 "내가 살았으니 너희도 살 것이라 내가 살아 있는 곳에 너희도 살지니라"라는 음성이 울려 퍼집니다. 의와 자기억제와 성결의 삶으로 부르시는 동일한 음성이 또한 우리를 영원한 나라의 완전한 행복으로 부르십니다.

그러므로 누가 부르시는지, 어떻게 부르시는지, 어디로 부르시는지 등을 생각할 때, 하나님의 부르심의 사실 속에 삶을 위한 가장 엄숙한 동기와 가장 높은 기준과 가장 엄중한 책임이 있지 않습니까? 이러한 부르심에 합당한 삶은 어떤 종류의 삶입니까? 여러분의 삶은 그러한 부르심에 합당한 삶입니까? 스스로를 그리스도인이라 부르는 어떤 사람을 생각해 보십시오. 그런데 만일 그의 삶이 그가 고백하는 부르심의 엄숙한 동기와 높은 기준과 엄중한 책임과 도무지 부합하지 않는다면, 그것은 얼마나 불행한 일입니까? "주 안에서 갇힌 내가 너희를 권하노니 너희가 부르심을 받은 일에 합당하게 행하여"(엡 4:1). 여러분은 소유하도록 부름받은 것을 여러분의 소유로 만드셨습니까? 여러분은 그러한 부르심에 포함되어 있는 책임을 이행하고 있습니까? 여러분의 삶은 여러분을 자신의 것으로 삼으시기 위해 부르시는 하나님의 목적에 합치됩니까? 여러분은 이렇게 말할 수 있습니까? "주여 주는 나의 것이요 나는 주의 것이나이다. 이 땅에서의 나의 삶이 증거하노니 나의 자아는 사라지고 나의 삶은 오로지 하나님으로 충만하나이다. 이제 내가 육체 가운데 사는 것은 나에 대하여 사는 것이 아니요 오직 나를 위해 죽으신 자에 대하여 사는 것이나이다."

물론 부르심에 절대적으로 일치되게 사는 것이나, 완전히 합당하게 행하는 것은 우리 모두에게 불가능한 일일 것입니다. 그러나 하나님의 자비로운 판단이 받아들일 수 있는 합당함은 우리의 초라한 삶 가운데조차도 가능합니다. 만일 우리가 부르심에 합당한 자가 되고, 또 우리를 부르신 부르심에 합당하게 행하는 것이 바울의 최고의 기도였다면, 그것은 또한 우리의 최고의 목표가 되어야 하지 않겠습니까?

2. 둘째로, 이러한 시험에 합치되도록 도우시는 하나님의 손길을 주목하십시오.

만일 이것이 단지 우리 자신의 노력의 문제일 뿐이라면, 우리 가운데 과연 어느 누가 우리를 부르신 하나님의 위대한 계획과 온전히 합치될 수 있겠습니까? 그러나 여기에 복음의 위대한 특징이 있으니, 그것은 복음이 우리를 단지 거룩함과 하늘나라로 부를 뿐만 아니라 또한 우리로 하여금 거기에 도달하도록 도움의 손을 뻗는다는 사실입니다. 바로 이 점에서 하나님의 복음은 인간을 고상한 삶으로 부르는 다른 모든 음성들과 대조됩니다. 그것이 양심의 음성이든 혹은 인간 윤리의 음성이든 혹은 위대한 현자들의 음성이든, 그 모든 음성들은 마치 "너희는 주의 길을 예비하라"고 외치는 광야의 소리와 같습니다. 그 모든 음성들은 우리를 부르지만, 그러나 우리를 위해 도움의 손을 내밀지는 않습니다. 그것들은 모두 높은 곳으로부터 내려오는 음성이지만, 그러나 단지 음성일 뿐입니다. 그것들은 우리를 고상한 삶으로 부르지만, 그러나 우리가 늪에서 허우적대도록 그냥 내버려 둡니다.

그러나 우리 하나님은 단지 우리에게 선하라고 말씀하시면서 우리가 그렇게 하는지 지켜보시기만 하는 하나님이 아닙니다. 우리 하나님은 우리를 선한 삶으로 부르시면서 동시에 우리로 하여금 그렇게 할 수 있도록 도우시는 하나님입니다. 우리 하나님은 명령하는 음성 이상의 것을 가지고 계십니다. 우리 하나님에게는 또한 우리를 끌어 올리시는 손이 있습니다. 아우구스티누스는 "하나님은 당신이 뜻하는 것을 명령하며, 당신이 명령하는 것을 주신다"라고 말했습니다. 바로 여기 즉 복음의 부르심 가운데 사람으로 하여금 그렇게 될 수 있도록 이끄는 능력이 담겨 있다는 사실 안에 복음의 영광과 축복이 있습니다.

이와 관련하여 본문의 "우리 하나님이 너희를 그 부르심에 합당한 자로 여기시고"라는 기도를 다시 한 번 주목해 보십시오. 이러한 기도는 하나님을 우리가 부르심에 합당한 자인지 판단하시는 분으로서 뿐만 아니라 또한 그렇게 되도록 도우시는 분으로서 상정합니다. 본문의 하나님의 역사(役事)는 두 방향으로 나타납니다. 개정역(Revised Version)에 잘 나타나는 것처럼, 바울은 하나님이 "선에 대한 모든 열망과 믿음의 모든 역사"를 이루어 주실 것을 간청합니다. 우리는 하나님이 우리를 위해 그러한 두 가지를 행하실 것을 바랄 수 있습니다. 하나님은 우리 마음속에 있는 의와 정결에 대한 모든 열망을 이루실 것이며, 또한 믿음이 우리 삶 속에서 역사하는 모든 것을 온전히 이루실 것입니다.

먼저 바울은 하나님이 '선(善)에 대한 우리의 모든 열망' 을 이루실 것이라고 말합니다(한글개역개정판에는 "모든 선을 기뻐하는 것을 이루게 하시고"로 되어 있음, 11절). 더 선해지기를 바라지 않는 자는 선한 자라고 불릴 가치가 없습니다. 성장(成長)에 있어, 그것이 실제로 이루어지기 전에 항상 그에 대한 열망이 있는 법입니다. 기독교적 삶에 있어서의 모든 성장도 마찬가지입니다. 우리가 선을 열망할 때, 우리는 우리가 열망하는 선을 소유하게 됩니다. 비록 불완전한 분량으로라도 말입니다. 아직 이루어지지 않은 완전함에 대한 열망 — 이것이 기독교적 생명의 특징입니다. 만일 여러분이 스스로를 앞으로 나아가도록 계속해서 몰아붙이는 이러한 열망에 대해 아무것도 알지 못한다면, 만일 여러분이 "오호라 나는 곤고한 자로다 이 사망의 몸에서 누가 나를 건져내랴"라는 처절한 외침의 의미를 알지 못한다면, 만일 여러분이 예수 그리스도 안에서 실현되는 아름다운 이상(理想)을 무한한 열망으로 추구하는 것이 무엇인지 알지 못한다면, 여러분은 무슨 권리로 스스로를 그리스도인이라 부른단 말입니까? 그리스도인의 삶의 요체는 완전함에 대한 열망입니다. 죄가 어떤 형태로든 우리 위에 권능을 행사하고 있는 한, 완전함을 향한 우리의 열망은 결코 쉴 수 없습니다. 우리는 단지 찬미와 믿음과 사랑으로만 살지 않습니다. 우리는 또한 소망 즉 바람과 열망으로 삽니다. 의에 주리고 목마르지 않은 사람은 그리스도의 복음의 가장 기본적인 원리가 무엇인지 아직 배우지 못한 사람입니다.

만일 우리에게 선을 추구하는 열망이 없다면, 다시 말해서 현재의 선에 대한 불만족으로 "뒤에 있는 것은 잊어버리고 앞에 있는 것을 잡으려고 달려가는" 것이 없다면, 우리는 아직 하나님의 은혜를 알지 못하는 사람입니다(빌 3:13). 하나님은 여러분을 더 선하게 만드실 수 없습니다. 만일 여러분이 스스로 더 선해지기를 열망하지 않는다면 말입니다. 그러한 열망이 없는 마음속에는 하나님의 거룩하게 하시는 은혜가 머물 자리가 없습니다. "네 입을 넓게 열라 내가 채우리라"(시 81:10). 만일 여러분이 입을 닫고 이를 꽉 문다면, 어떻게 하나님이 여러분의 입술 사이에다가 양식을 놓을 수 있겠습니까? 먼저 간절히 바라는 열망이 있어야 합니다. 그러면 그것을 만족케 하는 것이 따를 것입니다.

사랑하는 성도 여러분, 만일 우리가 우리를 부르신 부르심에 합당하지 않다면, 그것은 우리가 그것을 간청하지 않기 때문입니다. 만일 우리 마음속에 선에 대한 간절한 바람이 없다면, 하나님은 우리를 선하게 만드실 수 없습니다. 하나님의 사랑의 거대한 용광로로부터 흘러나오는 쇳물이 부어지는 주형틀은 다름 아닌 우리의 바람입니다. 만일 우리가 작은 용기(容器)를 가져온다면, 어떻게 거기에 많은 쉿물이 담길 수 있겠습니까? 우리의 장막 주위에 만나가 놓여 있습니다. 얼마 만큼 거둘 것인가를 결정하는 것은 우리 자신의 몫입니다.

같은 방식으로 바울은 하나님이 모든 믿음의 역사를 이루실 것이라고 말합니다(11절). 예수 그리스도에 대한 우리의 믿음은 자연스럽게 우리의 삶에 영향을 끼칠 것입니다. 그리고 그러한 믿음은 우리의 행동의 모든 수레바퀴를 움직이는 동력이 될 것입니다. 바울은, 만일 우리가 하나님을 믿는다면 그러한 믿음으로부터 흘러나오는 모든 거룩한 역사(役事)가 하나님에 의해 완전하게 이루어질 것이라고 확언합니다.

또 하나님의 이루심은 **능력으로** 이루어질 것입니다(11절). 다시 말해서, 하나님이 우리를 우리의 부르심에 합당하도록 구비(具備)시키실 것입니다. 하나님은 우리의 열망에 응답하실 것이며, 우리의 믿음에 동력을 공급해 주실 것입니다. 그리고 우리의 삶 속에서 그 합당한 분량대로 믿음의 역사를 이루실 것입니다. 사랑과 능력의 영으로 우리 안에 내주하심으로써 말입니다.

3. 셋째로, 그로 인한 신적 영광을 주목하십시오.

이와 같이 하나님이 선에 대한 열망과 믿음의 역사를 이루시는 궁극적인 목적은 무엇입니까? 그것은 "우리 주 예수의 이름이 너희 가운데서 영광을 받으시고 너희도 그 안에서 영광을 받게" 하기 위함입니다(12절).

여기에서 우리가 앞 설교에서 다룬 개념, 즉 "완전하게 된 성도들 안에서 그리스도의 이름이 영광을 받으시고, 그리스도 안에서 완전하게 된 성도들이 영광을 받는" 개념을 다시 한 번 생각해 보십시오. 우리는 먼저 그리스도인들의 선에 대한 열망과 그들의 믿음의 역사가 이루어진 결과로서 완전하게 된 성도들로 말미암아 그리스도께서 영광을 받으시는 사실을 제시했습니다. 그들은 그리스도께서 만드신 자들입니다. 여러분은 동료 화가의 화실에 들어가 단 한 번의 붓놀림으로 완전한 원(圓)을 그리고 유유히 걸어 나온 어떤 화가의 옛 이야기를 기억하십니까? 예수 그리스도는 만유 앞에 완전하게 된 인간들을 자신의 능력의 증거로 제시하시며, 그럼으로써 놀랍게 여김을 받으십니다. 그의 최고의 작품은 여러분과 나와 같은 보잘것없는 피조물을 구속하셔서 선(善)에 있어 완전한 자로, 그리고 부르심에 합당한 자로 만드시는 것입니다. 우리는 위대한 예술가이신 예수 그리스도의 최고의 걸작품입니다.

이와 같이 세상에서 예수 그리스도의 명성이 우리 손에 달려 있다는 사실을 잊지 마십시오. 사람들은 우리를 통해 예수 그리스도를 판단합니다. 만일 여러분이 "여러분을 부르신 부름에 합당하게" 산다면, 예수 그리스도의 이름이 여러분 안에서 영광을 받으실 것입니다. 만일 그리스도의 제자들이 신실하다면, 사람들은 그들의 주인을 더 낫게 평가할 것입니다. 만일 우리 그리스도인들이 이 땅에서 복음의 능력을 나타내며 부르심에 합당하게 살아간다면, 많은 사람들이 이렇게 말할 것입니다. "그들은 진실로 예수 그리스도와 함께 하는 자들이며, 그들을 그렇게 만든 예수 그리스도는 크고 능력이 많으신 분임에 틀림없도다." 복음의 능력에 대한 최고의 증거는 그와 합치되는 여러분의 삶입니다.

또 장차 그리스도인들로 말미암아 "하늘에 있는 통치자들과 권세들"이 하나님의 지혜와 사랑과 구속의 능력을 알게 될 것이라는 말씀을 생각해 보십시오(엡 3:10). 여기에서 우리의 빛이 얼마나 멀리까지 퍼져나가는지 보십시오. 우리는 실제적인 빛이 우주의 어디까지 뻗어 나가는지 알지 못합니다. 그러나 한 가지는 분명히 압니다. 즉 생명과 부활을 얻기에 합당한 자들로서 인정된 자들은 하늘의 형상과 하나님의 영광의 빛의 광채를 입게 될 것이라는 사실 말입니다.

다른 한편 그리스도 안에서 완전하여진 성도들에게 돌려지는 영광도 있습니다. "너희도 그 안에서 영광을 받게 하려 함이라"(12절). 그리스도와 그를 믿고 사랑하며 섬기는 하늘의 성도들 사이에는 이 세상의 그 어떤 연합보다도 더 가깝고 친밀한 연합이 있을 것입니다. 그리고 그러한 연합은 그들로 하여금 그리스도의 영광에 참여하도록 이끌 것입니다. 그럼으로써 그들의 제한적이며 단편적이며 불완전한 인성(人性)은 "그리스도의 충만의 장성한 분량"에까지 승귀(昇貴)될 것입니다. 천문학자들은 생명이 없는 싸늘한 물체들이 태양의 인력에 의해 천지사방으로부터 태양으로 끌려 들어와 거대한 불바다 속으로 떨어짐으로써 뜨거운 열과 찬란한 빛으로 다시 타오르게 된다고 말합니다. 그와 같이 싸늘하게 죽은 조각들인 여러분과 나는 우리 영혼의 태양이신 예수 그리스도와의 신비한 연합 속으로 떨어짐으로써 그의 형상으로, 그리고 새로운 빛과 열로 변화될 것입니다.

성도 여러분, 여러분의 부르심을 깊이 생각하십시오. 부르심의 사실과 부르심의 방법과 부르심의 목적과 부르심의 의무와 부르심의 권능을 깊이 생각하십시오. 그리고 선을 추구하는 소망과 열망을 품으십시오. 그것이야말로 확실하게 이루어질 유일한 소망이며 열망입니다. 또 사랑에 의해 역사하는 믿음의 삶을 계발하십시오. 그리고 주께서 자기 백성을 심판하실 것이라는 엄숙한 기대의 빛 가운데 사십시오. 그럴 때 우리는, 우리를 부르신 자가 반갑게 맞이하면서 아무 자격 없는 우리에게 다음과 같이 선언하는 것을 듣게 될 것입니다. "그들은 그 옷을 더럽히지 아니한지라 그러므로 흰옷을 입고 나와 함께 다니리니 그들은 합당한 자인 연고라"(계 3:4).

3
영원한 위로와 좋은 소망

"우리 주 예수 그리스도와 우리를 사랑하시고 영원한 위로와 좋은 소망을 은혜로 주신 하나님 우리 아버지께서 너희 마음을 위로하시고 모든 선한 일과 말에 굳건하게 하시기를 원하노라"

살후 2:16, 17

본문은 앞 설교 초두에 이야기한 데살로니가후서의 네 개의 짤막한 기도 가운데 두 번째 기도입니다. 여기에서 바울은 이야기를 잠시 멈추면서 데살로니가의 회심자들에 대한 자신의 뜨거운 마음을 폭발시킵니다. 우리는 당시 그들이 처해 있었던 특별한 상황을 잘 알지 못합니다. 그러나 데살로니가전서와 후서 모두에서, 우리는 그들에게 특별히 많은 위로가 필요했음을 나타내는 것처럼 보이는 여러 암시들을 발견할 수 있습니다.

그들은 이제 막 이교(異敎)로부터 구원받은 어린 교회였습니다. 그들은 마치 이리 가운데 있는 어린 양들처럼 이교도들 가운데 서 있었으며, 이런 와중에 바울은 그들을 남겨 둔 채 그 도시를 떠날 수밖에 없었습니다. 이런 상황에서 그들의 어린 믿음은 시련 가운데 허물어지지 않도록 견고하게 될 필요가 있었습니다. 따라서 그들에게 보내는 두 편지에 환난과 핍박에 대한 언급과 함께 위로의 말씀이 많이 나오는 것은 조금도 이상한 일이 아닙니다.

그러나 그들의 특별한 상황이 무엇이었든 간에, 그들에게 가장 필요한 것은 위로가 많이 담긴 기도였습니다. 그리고 그것은 오늘날의 우리에게도 마찬가지입니다. 왜냐하면 모든 사람이 이런저런 이유로 탄식하며, 울며, 피눈물을 흘리고 있기 때문입니다. 이와 같이 데살로니가의 옛 형제들을 위한 여기의 기도는 오늘날의 우리 모두에게도 똑같이 필요합니다. "영원한 위로와 좋은 소망을 은혜로 주신 하나님 우리 아버지께서 너희 마음을 위로하시고 모든 선한 일과 말에 굳건하게 하시기를 원하노라."

본문의 기도는 세 부분으로 나누어집니다. 첫째는 기도를 들으시는 자에 대한 언급이며, 둘째는 여기의 기도가 기초하는 위대한 사실에 대한 언급이며, 셋째는 그에 기초하여 바라는 것들을 기원하는 것입니다. 이러한 세 가지 개념을 차례대로 살펴보도록 합시다.

1. 첫째로, 여기에서 기도를 들으시는 자가 누구인지 주목하십시오.

여기의 기도와 관련하여 첫 번째로 두드러지는 점은 예수 그리스도의 신성(神性)이 데살로니가의 회심자들에게 매우 친숙한 사실로서 나타난다는 사실입니다. 여기의 "우리 주 예수 그리스도"라는 장엄한 호칭을 주목하십시오. 나아가 그 이름이 아버지의 이름과 나란히 나타나는 것을 주목하십시오. 또 나아가 이러한 두 이름이 제시되는 순서를 특별히 주목하십시오. 먼저 예수 그리스도가 제시되고, 다음에 하나님이 제시됩니다. 바울의 축복기도에 이러한 순서가 종종 나타나는 사실을 감안할 때, 이와 같이 예수 그리스도가 먼저 언급되고 그 다음에 하나님이 언급되는 것은 그리 놀랄 일이 아닙니다. 두 이름의 이 같은 특이한 순서와 두 이름이 나란히 제시되는 사실은 예수 그리스도의 신성을 전제하지 않는다면 참으로 불가해하며 신성모독적인 것이 될 것입니다. 이러한 특이한 순서의 이유의 일부는 아마도 문맥 속에서 예수 그리스도가 바로 앞에 언급되고 있는 사실에 있는 것으로 생각됩니다. 그러나 좀 더 큰 이유는 편지를 쓰고 있는 동안 바울이 그리스도의 중보에 대해 생각하고 있었다는 사실일 것입니다. 다시 말해서, 여기에 제시된 순서는 곧 우리가 다가가는 순서인 것입니다. 아버지는 아들 안에서 우리에게 오십니다. 우리는 아들을 통해 아버지께 나아갑니다. 그러므로 "우리 주 예수 그리스도와 하나님 우리 아버지"라는 순서는 아들의 영광을 과도하게 높이는 것도 아니고 아버지에 대한 불경도 아닙니다.

한 걸음 더 나아가, 여기에서 예수 그리스도가 우리의 기도를 들으시는 자로서 제시되는 사실을 주목하십시오. 그리고 마지막으로 17절의 "comfort"와 "stablish"가 그 주어가 복수임에도 불구하고 단수형으로 나타나는 독특한 문법적 불규칙성을 주목하십시오(KJV 17절은 다음과 같음. "**Comfort** your hearts, and **stablish** you in every good word and work"). 이러한 문법적 불규칙성은 단순한 실수가 아니라 매우 의도적인 것으로 보입니다. 우리는 이와 똑같은 예를 데살로니가전서 3장 11절에서도 발견할 수 있습니다. "하나님 우리 아버지와 우리 주 예수는 우리 길을 너희에게로 갈 수 있게 하시오며"(Now God himself and our Father, and our Lord Jesus Christ, **direct** our way unto you). 여기에서도 주어가 복수임에도 불구하고 "direct"가 단수형으로 되어 있습니다. 이러한 어법은 "아버지께서 행하시는 그것을 아들도 그와 같이 행하느니라"는 위대한 진리를 문법적 형태로 표현한 것입니다(요 5:19). 또 이로부터 우리는 아버지와 아들 사이의 '인격의 구별성' (distinction of person)과 '행동의 통일성' (unity of action)이 어렴풋하게 나타나는 것을 발견할 수 있습니다. 그 무한하며 신비한 신성(神性)의 깊음 속에서 말입니다.

나에게 이 모든 것은 반박될 수 없는 확실한 사실처럼 보입니다. 또 그것이 여기에서 단 한 마디의 설명이나 변론 없이 매우 자연스럽게 제시되고 있는 사실은 — 마치 그가 데살로니가 교회에서 이러한 사실들에 관해 미리 가르쳤었던 것처럼 말입니다 — 그러한 확실성을 더욱 공고하게 만듭니다.

이와 같이 데살로니가전서와 후서는 우리 주 예수 그리스도의 신성을 당연한 것으로 받아들이는 분위기로 가득 차 있습니다. 여기에서 두 서신이 신약의 최초의 문서들 가운데 포함되며, 또 매우 비교리적인 서신으로 일컬어지는 사실을 기억하십시오. 그렇다면 바울이 처음부터 회심자들에게 예수 그리스도의 신성에 대해 분명하게 가르쳤다는 것은 거의 의심의 여지가 없는 사실이 될 것입니다.

그러면 예수 그리스도에 대해 여러분은 어떻게 생각합니까? 여러분은 그를 하늘 보좌에 앉아 계시면서 신적 속성에 참여하는 자로서 받아들입니까? 바울이 본 서신을 기록하는 가운데 고린도에서 기도하는 자신의 기도를 들으시고 데살로니가에 있는 가련한 형제들에게 도움의 손길을 뻗으실 수 있는 자로서 생각하고 있었던 분은 살아 계신 예수 그리스도였습니다. 바울이 감히 "우리 주 예수 그리스도와 하나님 우리 아버지"라고 부를 때 생각하고 있었던 자는 신성을 가지신 그리스도(divine Christ)였습니다. 그가 "사람이신 예수" 훨씬 이상이라는 위대한 진리를 정말로 여러분이 받아들이고 있는지 스스로에게 물어 보십시오. 그는 사람이시지만 그러나 동시에 하나님의 아들이십니다.

성도 여러분, 예수가 단지 사람에 불과한 자로서 이미 죽어 무덤에 묻혀 아무것도 알지 못하는 자라는 개념과, 그가 신성을 가진 그리스도로서 영원히 살아 계시다는 개념 중에서 여러분은 무엇을 선택하겠습니까? 만일 전자가 맞는다면, 그가 우리를 도우실 수 있다는 개념은 거짓된 미몽에 불과할 것입니다. 반면 후자가 맞는다면, 우리는 그가 우리의 기도를 들으시며 신성의 능력을 사용하시며, 아버지와 동일한 일을 하신다는 확신과 함께 그에게 나아가 기도할 수 있을 것입니다.

2. 둘째로, 여기의 기도가 기초하는 위대한 사실을 주목하십시오.

16절의 "사랑하시고"와 "주신"에 대한 원어(原語)의 어법은 우리로 하여금 사랑이 분명하게 나타난 어떤 명확한 역사적 행동을 생각하도록 요구합니다. 사랑은 주고자 하는 무한한 열망이며, 그 언어는 항상 주는 것입니다. 그러므로 바울의 생각에 따를 때, 신적 사랑의 모든 충만이 스스로를 나타내는 어떤 하나의 행동이 있습니다. 그것은 하나님이 사람들에게 주시는 모든 보화가 세상에 전달되는 통로가 되는 행동입니다.

그러면 그러한 행동은 구체적으로 무엇일까요? 이것은 거의 불필요한 질문으로 보입니다. 왜냐하면 모든 위대한 신적 행동들 가운데 우리의 믿음의 근거와 우리의 기도의 보증이 되는 정도의 사랑에 부합되는 것은 오직 하나밖에 없기 때문입니다. 예수 그리스도를 주심 안에서 영원한 위로와 좋은 소망이 사람들에게 주어집니다. 우리의 열망이 가장 넓게 확장되기 위해서는, 그것은 필히 예수 그리스도의 위대한 희생 위에 기초해야만 합니다. 또 우리가 우리 자신을 위해서나 혹은 형제들을 위해서 가장 강렬하게 열망하며 확신하기 위해서는, 우리는 필히 십자가로 향해야만 합니다. 우리의 기도는 그것이 과거의 하나님의 행동에 기초하여 예수 그리스도의 생애와 죽음을 바라볼 때 비로소 받으심직하며 유효한 것이 됩니다. 그럴 때 우리의 기도는 간절히 열망하며 구하는 것으로 확장되며, 그러한 열망과 구함 안에서 우리는 그가 주시는 충만한 선물들을 소유하기 시작합니다.

"**영원한** 위로와 **좋은** 소망"이라는 표현을 주목하십시오. 나는 바울이 명사들 못지않게 그것을 꾸미는 형용사들에도 상당한 강조점을 두고 있다고 생각합니다. 왜냐하면 세상 속에도 비록 영원하지는 않다 하더라도 많은 위로가 있고, 또 사람을 끌어당기는 이런저런 소망들이 있기 때문입니다. 그렇지만 모든 소망들 가운데 정말로 "좋은"이라는 형용사를 붙일 만한 소망은 오직 하나뿐입니다. 그리스도께서 주시는 위로는 모든 근심과 변화무쌍한 것들 가운데 결코 소멸되지 않는 위로이며, 그리스도께서 주시는 소망은 고상하며 좋은 소망입니다.

이제 이러한 두 개념을 간략히 살펴보도록 합시다. 바울은 예수 그리스도 안에서 여러분과 내가 그리고 온 세상이 영원한 위로의 선물을 받았다고 생각합니다. 그러나 위로보다 더 지속적인 것이 슬픔입니다. 붕대로 싸맨 상처는 다시 도지며, 물을 끼얹은 불은 잠시 연기를 내며 꺼지는 듯하다가 다시 되살아납니다. 그러나 "영원한 위로"라고 일컬어질 수 있는 유일한 위로의 근원이 있습니다. 그것은 예수 그리스도입니다. 그리스도로부터 오는 위로가 "영원한 위로"로 일컬어질 수 있는 것은 그가 변할 수 없는 분이기 때문이며, 그것이 다함이 없는 인내를 가져다주기 때문이며, 그것이 영원한 축복과 상급으로 이끌기 때문입니다. 물론 슬픔이 없다면 위로도 필요치 않을 것입니다. 또 모든 사람들의 눈물이 닦여지고 슬픔이 영원한 불 속에 던져져 소멸될 때에는 더 이상 위로가 필요치 않을 것입니다. 그러나 슬픔이 있는 동안 위로를 만들었던 것이, 슬픔이 끝나면 큰 승리의 환호를 만들 것입니다. 따라서 비록 세상에서 그 역할이 끝난다 하더라도, 그것은 영원한 위로입니다.

또 "좋은 소망을 은혜로 주신"이란 표현을 주목해 보십시오. 세상의 모든 소망들은 그 기초가 견고하지 못하며, 그 범위가 충분하지 못합니다. 그렇기 때문에 그러한 소망들은 마치 홀리는 도깨비불처럼 어둠 속에서 사람들을 깊은 수렁으로 유혹하곤 합니다. 소망이 이와 같이 사람을 그릇 인도하는 것은 우리의 연약하며 타락한 인간성의 가장 슬픈 특징들 가운데 하나입니다. 왜냐하면 우리의 소망의 대부분은 확실하지 못하며, 두려움을 수반하기 때문입니다. 그러한 소망은 낮고, 저급하며, 뜬구름 같습니다. 그러나 우리에게 슬픔의 의미를 가르쳐주는 십자가와, 어둠 가운데 빛으로 오신 예수 그리스도 안에서, 즉시로 소망의 대상은 분명해지며 소망의 기초는 확고해집니다. 그것은 "좋은" 소망입니다. 그것이 좋은 것은 그것이 좋은 기초 위에 세워졌기 때문입니다. 그것이 좋은 것은 그것이 합당한 대상을 붙잡았기 때문입니다.

이와 같은 "영원한 위로"와 "좋은 소망"이 온 세상에 단번에 주어졌습니다. 예수 그리스도께서 오시고, 사시고, 죽으셨을 때 말입니다. '영원히 끊어지지 않을 위로'를 위한 재료, 그리고 '헛되이 끝나지 않을 소망'을 위한 재료는 우리 주 예수 그리스도 안에서 공급됩니다. 그리고 이러한 선물들이 우리의 기도와 열망의 확실한 토대가 됩니다. 만일 그가 그러한 재료들을 주셨다면, 그는 자신이 주신 것을 또한 사용하실 것입니다. 만일 그가 이처럼 세상에 위로와 소망의 가능성들을 주셨다면, 그는 또한 자신의 손을 뻗기를 주저하지 않을 것입니다. 만일 우리가 그러한 가능성들이 우리 마음속에서 현실화되는 것을 간절히 바라며 열망한다면 말입니다.

하나님은 주셨으며, 그러므로 주실 것입니다. 이것이 하늘의 논리입니다. 그러나 인간들에게 있어서는 그렇지 않습니다. 그것은 '무진장한 자원'과 '사랑과 인내에 있어서의 변함 없는 목적'을 전제합니다. 우리의 죄로 인해서도 결코 돌이켜질 수 없는 그런 사랑과 인내 말입니다. 이러한 것들이 전제될 때 비로소 그것은 사실입니다. 하나님의 위로를 구하는 본문의 기도의 최고의 기초는 다름 아닌 하나님이 "은혜를 통해 영원한 위로와 좋은 소망"을 주셨다는 확신인 것입니다. "주는 나의 도움이 되셨나이다 그러므로 나의 구원의 하나님이시여 나를 버리지 마시고 떠나지 마소서"(시 27:9).

3. 셋째로, 이에 기초하여 무엇을 간구하는지 주목하십시오.

"너희 마음을 위로하시고 모든 선한 일과 말에 굳건하게 하시기를 원하노라"(17절). 앞에서 나는 '과거의 영원한 위로의 선물'과 '삶 속에서 열망하며 간구하는 현재적인 위로' 사이의 관계에 대해 이야기했습니다. 아마도 지금 바울은 자신의 마음속에 '그리스도의 과거의 위대한 일'과 '성령의 현재적이며 계속적인 일'을 서로 대비시키고 있는 것으로 보입니다. 전자 즉 그리스도의 과거의 위대한 일은 우리에게 있어 위로와 소망을 위한 재료를 제공해주며, 후자 즉 성령의 현재적이며 계속적인 일은 우리에게 있어 위로와 소망의 보편적인 선물을 현실화시킵니다. 하나님은 위로를 위한 재료를 주셨습니다. 또한 하나님은 자신이 그 재료를 주신 자들을 위해 위로를 주실 것입니다. 세상에 영원한 위로를 주신 하나님은 또한 위로자이신 성령으로 말미암아 우리 각자의 마음속에 영원한 위로를 만드실 것입니다. 하나님의 경작하시는 방법은 단순히 씨를 넓게 뿌리는 것만이 아닙니다. 동시에 하나님은 각자의 마음속에 개별적으로 모종을 심으십니다. 온 세상에 영원한 위로를 주신 하나님은 또한 여러분 한 사람 한 사람의 마음을 위로하실 것입니다.

나아가 위로를 받은 마음은 견고한 마음이 될 것입니다. 우리의 견고함은 자연적인 고정성(固定性)이 아닙니다. 그것은 전달된 부동성(不動性)입니다. 견고하며 고요한 마음이 있기 전에 먼저 그리스도의 위로가 있어야 합니다. 우리 모두는 세상 풍조의 광풍이나 우리 자신의 감정의 돌풍 따위에 의해 우리의 생각이나 결심이 얼마나 쉽게 요동하며 흔들리는지 잘 압니다. 그러나 가벼운 깃털도 딱딱한 표면에 풀로 붙여놓으면 견고해집니다. 이와 같이 바람에 흔들리는 갈대도 흔들리지 않는 놋기둥처럼 바뀔 수 있습니다. 우리 마음속에 그리스도께서 계실 때, 그는 먼저 우리의 위로가 되실 것이며, 그 다음에는 우리의 견고함이 되실 것입니다.

왜 우리가 기후변화가 극심한 지역의 온도계 눈금처럼 오르락내리락하며 요동해야만 한단 말입니까? 왜 오늘은 맑은 날이었다가 내일은 폭풍이 몰아치는 날이 되어야 합니까? 결코 그럴 필요 없습니다. 여러분의 마음속에 그리스도께서 계시게 하십시오. 그러면 여러분의 눈금은 항상 일정한 높이에 멈추어 있을 것입니다. 왜 지금은 맑은 물이 해변을 가득 채우고 있다가 여섯 시간이 지나면 더러운 오물과 쓰레기로 가득 차야 한단 말입니까? 결코 그럴 필요 없습니다. 우리 마음은 조류(潮流)를 알지 못하는 내륙의 호수와 같을 수 있습니다. "그는 여호와를 의뢰하고 그의 마음을 굳게 정하였도다"(시 112:7).

또 위로를 받고 견고해진 마음은 열매를 맺는 마음이 될 것입니다. 17절의 "**모든** 선한 일과 말에"란 표현을 주목해 보십시오. 우리의 선은 얼마나 단편적이고 부분적입니까? 마치 파손된 토르소 조상(彫像)처럼 말입니다(torso: 머리와 손과 발은 없이 몸통만 있는 인물상). 우리가 우리 주 예수 그리스도의 모범을 따라 전체적이며 충분하게 발전된 선(善)을 계발하며, 소유하지 못할 이유는 결코 없습니다. "모든 선한 일과 말"에 있어서의 실제적인 의는 예수 그리스도께서 주시는 모든 거룩하며 은밀한 위로와 축복의 결과입니다. 사해(死海)와 같은 그리스도인들이 많이 있습니다. 물이 흘러들어가기는 하지만 그러나 흘러나오지는 못합니다. 사랑하는 성도 여러분, 여러분은 위로와 축복을 받음에 있어 결코 사해와 같아서는 안 됩니다. 여러분이 지성소의 은밀한 장소에서 발견하는 모든 기쁨과 평안과 고요함과 교제는 시장과 거리에서 선과 의로 승화되어야 합니다. 우리가 위로를 받는 곳에서, 우리는 선을 얻습니다. 예수 그리스도와 그의 십자가로부터 말입니다.

그러므로 사랑하는 성도 여러분, 만일 여러분이 예수 그리스도를 여러분의 소유로 삼지 않는다면, 여러분의 슬픔은 계속해서 남는 반면 여러분의 위로는 소멸될 것입니다. 그러한 위로는 마치 독사에 물린 상처에다가 진통제를 바르는 것과 같을 것입니다. 잠시 동안은 통증을 완화시켜 줄 것입니다. 그러나 시간이 지남과 함께 독이 피를 타고 온 몸으로 퍼지게 될 것이며, 진통제는 아무 쓸모 없는 것이 되고 말 것입니다. 또 만일 여러분의 소망이 예수 그리스도 위에 기초하지 않는다면, 그 모든 소망은 마치 해변의 모래성과 같을 것입니다. 밀물이 들어오면 모래성은 물에 씻겨 흔적도 없이 사라질 것입니다.

여러분은 영원한 위로를 소유할 수 있습니다. 여러분은 여러분으로 하여금 인생에서 부딪히는 각종 악들과 심지어 사망의 음침한 골짜기까지도 고요한 마음으로 바라볼 수 있게 해주는 소망을 소유할 수 있습니다. 여러분은 고요하며 견고한 마음을 소유할 수 있습니다. 여러분은 전체적이며 포괄적이며 흔들리지 않는 선을 소유할 수 있습니다. 그러나 이러한 축복들을 얻는 길은 오직 하나뿐입니다. 그것은 단순한 믿음으로 예수 그리스도 안에서 단번에 주어진 위대한 선물을 붙잡고, 그것을 우리의 것으로 삼는 것입니다. '소멸되지 않는 위로의 선물' 과 '헛되이 끝나지 않는 소망의 선물' 을 매일같이 삶 속에서 부딪히는 각종 시련과 슬픔들 가운데 적용하십시오.

4
마음의 집으로 인도하심

"주께서 너희 마음을 인도하여 하나님의 사랑과 그리스도의 인내에 들어가게 하시기를 원하노라"

살후 3:5

본문은 데살로니가인들을 위한 바울의 네 개의 기도 가운데 세 번째 것인데, 먼저 여기에서 주목해야 할 요점 몇 가지를 살펴보도록 합시다. 첫 번째 요점은 여기에 언급되는 "주"가 신약에서 일반적으로 사용되는 것처럼 예수 그리스도를 지칭하는 것이라는 사실입니다. 따라서 우리는 여기에서 그리스도의 신성(神性)이 분명하게 나타남과 함께 그리스도가 기도가 드려지는 직접적인 대상으로 제시되는 것을 보게 됩니다.

여기에서 주목해야 할 또 하나의 요점은 "하나님의 사랑"이 우리에 대한 하나님의 사랑을 의미하는 것이 아니라 하나님에 대한 우리의 사랑을 의미하는 것이라는 사실입니다. 그러므로 본문의 기도는 하늘 아버지를 향한 데살로니가인들의 감정 및 정서와 관련된 것입니다.

여기의 기도와 관련하여 우리가 주목해야 할 마지막 요점은 흠정역(Authorized Version)의 "그리스도를 참음으로 기다림"이란 번역어를 개정역(Revised Version)처럼 "그리스도의 인내"로 바꾸는 것이 훨씬 더 낫다는 사실입니다(한글개역개정판은 개정역처럼 되어 있음). 그렇게 하면 그리스도께서 세상에 계실 때 나타내셨던 것과 같은 인내를 의미하는 것이 될 것입니다.

신약에서 예수 그리스도가 인내의 위대한 모범으로 제시되는 것은 그다지 흔한 경우는 아니지만, 그러나 그와 같은 표현이 그에게 적용되는 경우가 몇 번 있습니다. 예컨대 히브리서에서 우리는 "죄인들이 이같이 자기에게 거역한 일을 참으신 이"(12:3)라는 말씀과 "십자가를 참으사 부끄러움을 개의치 아니하시더니"(12:2)라는 말씀을 보게 됩니다. 두 경우 모두에서 우리는 본문에서 사용된 명사(즉 "인내")와 같은 어근을 가진 동사(즉 "참으신" 혹은 "참으사")가 사용된 것을 보게 됩니다. 또 요한계시록에서 우리는 "예수의 인내"라는 표현을 보게 되는데(1:9), 여기에서 요한은 자신과 자신의 형제들이 그러한 인내에 "동참하는 자"가 되었다고 말합니다. 또 같은 책 3장 10절에는 "네가 나의 인내의 말씀을 지켰은즉"이란 말씀이 나타납니다.

이와 같이 본문에 나타난 '인내의 위대한 모범으로서의 그리스도' 개념은 설령 흔하게 나타나는 것은 아니라 하더라도 그렇다고 해서 아주 없는 것도 아닙니다. 이러한 사실들을 전제하면서 이제 본문의 기도를 전체적으로 살펴보도록 합시다.

1. 본문의 기도가 제시하는 첫 번째 개념은 '마음의 집'(the home of the heart)이라는 개념입니다.

"주께서 너희 마음을 인도하여 하나님의 사랑과 그리스도의 인내에 들어가게 하시기를 원하노라." 본 서신에 나타난 바울의 기도들은 우리에게 다양한 측면에서의 기독교적 온전함을 제시합니다. 그 가운데서도 우리는 여기의 기도가 가장 포괄적이고 응축된 의미를 담고 있다고 말할 수 있습니다. 바울은 형제들을 위한 자신의 모든 바람과 열망을 다음과 같은 두 가지로 제시합니다 — 하나님에 대한 변치 않는 사랑과 고난 가운데서의 고요한 인내. 만일 우리가 이러한 두 가지를 가지고 있다면, 우리는 하나님이 원하시는 것으로부터 멀리 있지 않을 것입니다.

하나님이 우리 마음을 "인도"하여 그러한 두 가지로 들어가게 한다는 개념은 우리에게 두 개의 방을 가진 큰 집의 은유를 제시하는 것처럼 보입니다. 첫째 방은 "하나님의 사랑"이며, 둘째 방은 "그리스도의 인내"입니다. 두 방은 외실(外室)을 거쳐 내실(內室)로 들어가는 구조로 되어 있는데, "하나님의 사랑"이 외실이며 "그리스도의 인내"가 내실입니다. 우리가 '사랑 안에 거하는 것으로서의 마음' 에 대해 말하든 혹은 '마음 안에 거하는 것으로서의 사랑' 에 대해 말하든, 그것은 모두 같습니다. 은유는 달라도 본질적인 개념은 같습니다. 그 개념은 우리의 마음이 변함 없는 사랑의 영역이 되어야 하며, 그로부터 어떤 고난과 시련 앞에서도 참고 인내하는 것이 따라야 한다는 것입니다.

이러한 두 가지 요점을 잠시 살펴보도록 합시다. 나는 하나님에 대한 사랑이란 개념이 그분에 대한 그리스도인의 가장 특징적인 태도라는 사실에 대해 길게 설명할 필요를 느끼지 않습니다. 그러나 바울이 여기에서 특별히 강조하고자 하는 것은 그것의 깊이와 계속성과 좌절되지 않음이 하나님에 대한 그리스도인의 사랑의 특성이 되어야 한다는 것입니다. 물론 우리는 종종 하나님에 대해 사랑의 감정을 품습니다. 그러나 우리에게 있어 그러한 고요한 집 안에 계속해서 거하는 것은 얼마나 드문 일입니까? 우리는 이따금씩 그러한 고요한 성소(聖所)를 방문합니다. 그리고 나머지 시간에는 다른 분주한 일에 마음을 빼앗긴 채 이리 뛰고 저리 뛰고 합니다. 그러나 여기에서 바울이 간구하는 것, 그러므로 그리스도인의 삶의 의식적인 목표가 되어야 하는 것은 우리가 "평생에 여호와의 집에 살면서 여호와의 아름다움을 바라보며 그의 성전에서 사모하는" 것이어야 한다는 것입니다(시 27:4).

우리 자신의 경험을 생각할 때, 우리 마음이 계속해서 "하나님의 사랑" 안에 거하는 것은 얼마나 드문 일입니까? 이 얼마나 안타까운 일입니까?

또 그와 같은 '하나님에 대한 변함없는 사랑' 이 삶과 행동에 있어서의 모든 완전함의 기초가 된다는 사실을 기억하십시오. "네 의지대로 사랑하고 행하라"는 말은 언뜻 보면 잘못된 말 같지만, 가만히 생각해보면 그렇게 잘못된 말도 아닙니다. 왜냐하면 사랑의 본질은 사랑하는 자의 의지가 사랑받는 자의 의지 안으로 용해되어 들어가는 것이기 때문입니다. 인간과의 관계에 있어서든 하나님과의 관계에 있어서든, 우리의 마음이 순전한 사랑에 붙잡힐 때 우리의 삶 전체는 상대의 의지에 즐겁게 순종하게 될 것입니다. 왜냐하면 사랑하는 상대의 의지에 따라 행하는 것보다 더 달콤한 것은 아무것도 없기 때문입니다. 모든 의의 씨앗은 하나님에 대한 사랑 안에 놓여 있습니다. 하나님의 제단에 부어지는 관제물을 생각해 보십시오. 그것은 여러 가지 아름다운 색깔들로 섞여 있는데, 그 모든 색깔들의 모색(母色)은 바로 이것, 즉 하나님에 대한 사랑입니다. 하나님에 대한 모든 행동은, 그것이 그분에 대한 사랑의 표현일 때, 합당한 제물이 됩니다. 사랑하는 자는 의로우며, 의를 행합니다. 그러므로 "사랑은 율법의 완성"입니다.

우리의 마음이 하나님에 대한 사랑의 처소 안에 항상 거하는 것이 모든 의의 근원일 뿐만 아니라 또한 모든 축복의 비밀입니다. 사랑은 항상 스스로 기뻐합니다. 사랑은 사람을 자기 멍에(self-bondage)로부터 구원합니다. 염려와 근심과 탄식으로부터의 해방은 이와 같이 자기 자신으로부터 벗어나는데 놓여 있습니다. 세상에는 가장무도회와 같은 것이 많이 있습니다. 사람들은 사랑을 스스로 취함으로써 그 신성한 이름을 더럽힙니다. 그러나 그것은 가면으로 가려진 이기성(利己性) 외에 아무것도 아닙니다. 반면 참된 사랑은 자기 영광 혹은 자기를 신격화시키는 것을 버리는 것입니다. 바로 여기에 사람을 참된 축복으로 이끄는 비밀의 문이 있습니다.

그러나 사랑이 그 자체로 큰 기쁨이며 행복이라 하더라도, 그 대상이 불완전하기 때문에 그것은 때때로 슬픔으로 귀결되곤 합니다. 모든 종류의 한계와 실망과 결함이 세상에서의 우리의 사랑 주위를 맴돕니다. 우리는 그런 사랑들이 흐려지고 쇠하는 것을 봅니다. 여러분이 사랑하는 것은 변할 수 있습니다. 또 언젠가는 필연적으로 사라질 것입니다. 그러므로 사랑은 그 자체로는 축복이지만 종종 단 맛이 지나가고 난 후 쓴 맛을 남깁니다. 마치 사도 요한이 환상 가운데 삼킨 두루마리처럼 말입니다. 그러나 만일 우리가 우리 마음을 하나님 위에 둔다면, 우리는 우리 마음을 "변함도 없고 회전하는 그림자도 없는" 자 위에 두는 것입니다(약 1:17). 거기에는 어떤 부적당한 응답도 없고, 우리가 두려워해야 할 어떤 변화도 없습니다. 그러한 사랑 위에서는 우리 마음의 모든 소출을 베어버리는 사망의 낫조차도 아무런 능력을 갖지 못합니다. 하나님을 사랑하십시오. 그러면 여러분은 영원을 사랑하는 것입니다. 그러면 여러분의 기쁨은 여러분이 사랑하는 대상처럼 영원할 것입니다. 그러므로 하나님을 사랑하는 자는 반석 위에 집을 짓는 것입니다. 이런 보화를 가진 자는 얼마나 복됩니까? 이런 보화는 결코 그를 떠나지 않습니다. 그가 어디로 가든 그 보화도 그와 함께 가며, 그가 어디에 있든 그 보화도 그와 함께 있습니다. 이와 같이 바울은 형제들을 위한 모든 소망을 하나의 강력한 단어, 그리고 하나의 강력한 소망으로 모읍니다. 만일 우리가 이것 즉 우리 마음이 "하나님에 대한 사랑" 안에 자신의 집을 갖는 것을 최고의 목표로 삼는다면, 우리는 지혜로운 자가 될 것입니다.

우려 영혼의 집에는 또 하나의 방이 있습니다. "하나님의 사랑"이란 외실(外室)을 통과하면, 우리는 또 하나의 방 즉 "그리스도의 인내"라는 내실(內室)에 다다르게 됩니다.

우리는 먼저 "인내"라는 신약의 위대한 단어가 통상적으로 받아들여지는 것보다 실제로는 훨씬 더 넓은 영역의 의미를 갖는다는 사실을 기억할 필요가 있습니다. 예를 들어, 통상적으로 우리는 "인내"를 수동적인 덕을 의미하는 것으로 사용합니다. 그러나 신약은 그 단어를 수동적인 측면에서 뿐만 아니라 능동적인 측면으로도 사용합니다. 수동적인 측면에서, 그것은 우리에게 어떤 시련이나 고난이 다가올 때 — 하나님으로부터 직접적으로 오는 것이든 혹은 사람들을 통해 오는 것이든 — 그에 대해 불평하지 않고 고요히 받아들이는 것입니다. 반면 능동적인 측면에서, 그것은 가혹한 시련과 고난 속에서도 우리가 마땅히 나아가야 할 길을 계속해서 견지하는 것입니다. 이와 같이 "인내"의 덕에는 두 가지 측면이 있습니다. 우리 앞에 어떤 폭풍이 몰아친다 할지라도 불평하지 않고 받아들이면서 계속해서 올바른 길을 견지하는 것입니다.

이러한 두 가지 측면 모두에서, 예수 그리스도의 생애는 인내의 위대한 모범입니다. 수동적인 측면에서, 우리는 그가 "털 깎는 자 앞에서 잠잠한 양 같이 그의 입을 열지 아니하였도다"라는 말씀을 기억할 필요가 있습니다(사 53:7). 또 베드로전서 2장 23절의 말씀을 보십시오. "욕을 당하시되 맞대어 욕하지 아니하시고 고난을 당하시되 위협하지 아니하시고 오직 공의로 심판하시는 이에게 부탁하시며." 그는 분노로 얼굴이 붉어지고 미간이 찌푸려지지 않았습니다. 그는 멸시에 대해 멸시로 갚지 않았으며, 미움에 대해 미움으로 갚지 않았습니다. 모든 사람의 악의(惡意)가 그 위에 떨어졌지만, 그러나 그것은 마치 젖은 나무에 떨어지는 불똥과 같았습니다. 무수히 많은 불똥이 떨어졌어도 거기에 아무런 불도 붙지 않았습니다.

또 능동적인 측면에서, 우리는 그가 계속해서 예루살렘을 향해 나아간 사실을 기억할 필요가 있습니다. "예수께서 승천하실 기약이 차가매 예루살렘을 향하여 올라가기로 굳게 결심하시고"(눅 9:51). 그는 수많은 장애물에도 불구하고 조금도 곁길로 이탈함이 없이 계속해서 예루살렘을 향해 흔들림 없이 나아갔습니다. 예수 그리스도의 온유하고 겸손한 힘보다 더 강력하고 영웅적인 힘은 어디에도 없습니다. 그 힘은 스스로를 드러내고 자랑하느라 자신의 능력을 허비하지 않습니다. 그는 마치 하늘의 별이 고요하고 조용하게 그리고 조금의 흔들림도 없이 움직이는 것처럼 모든 장애물을 극복하면서 아무런 주저나 망설임 없이 자신의 길로 나아갔습니다. 그의 생애는 겉으로 볼 때는 나약하게 보일는지 모르지만 그러나 그 속은 강철 같은 굳은 의지로 불타고 있었습니다. 바로 이것이 우리를 위한 위대한 모범입니다. 산정(山頂)으로부터 흘러내려온 거대한 빙하(氷河)를 생각해 보십시오. 그것은 계속해서 그리고 조용히 그리고 천천히 계곡을 따라 내려갑니다. 눈으로 볼 때, 빙하는 움직이지 않는 것처럼 보입니다. 그러나 그것은 비록 조용하고 부드러운 가운데에서라 할지라도 어마어마한 힘으로 계곡의 모든 장애물들을 밀쳐내면서 자신의 길을 계속해서 갑니다. 그리스도의 인내는 자신의 길을 계속해서 견지하는 것에 대한 최고의 극치입니다. 바로 이것이 우리의 모범이며, 모범 그 이상입니다. 그것은 그가 우리에게 주시는 선물입니다.

이러한 수동적이며 능동적인 인내는 하나님에 대한 사랑의 직접적인 열매입니다. 첫째 방을 지나 우리는 둘째 방으로 들어갑니다. 하나님의 사랑의 달콤한 성소 안에 거하는 자들은 가장 쓴 잔 앞에서도 고요한 미소를 띠며 이렇게 말할 것입니다(요 18:11). "아버지께서 주신 잔을 내가 마시지 아니하겠느냐?"

사랑하십시오. 그러면 괴로움은 줄어들 것입니다. 사랑하십시오. 그러면 기꺼이 의무를 감당하게 될 것입니다. 불굴의 인내와 오래 참음은 사랑의 참된 결과로서 우리의 의지를 기꺼이 순복시키는 것의 기초 위에 세워집니다.

또 어떤 반대와 장애물에도 불구하고 하나님의 뜻을 행하고자 결심하는 것이 도덕적인 온전함과 축복의 직접적인 조건이라는 사실을 기억하십시오. 사랑하는 성도 여러분, 여러분은 여러분의 마음을 위한 집을 가지고 있습니까? 그렇다면 여러분의 마음으로 하여금 하나님의 사랑과 그리스도의 인내의 두 방으로 이루어진 그 집 안으로 들어가 그곳에 항상 거하게 하십시오.

2. 둘째로, 주께서 우리 마음을 그 집으로 인도하시는 것을 주목하십시오.

"주께서 너희 마음을 인도하여." 앞에서 나는 여기에서 예수 그리스도가 신적 존재로서, 그리고 기도를 들으시는 자로서 제시되는 사실을 이야기했습니다. 바울은 예수 그리스도가 사람들의 마음속에서 그의 능력을 현재적으로 사용하실 수 있음을 당연한 것으로 받아들입니다. 여기에서 제가 다루려고 하는 요지가 바로 이것입니다. 우리는 예수 그리스도가 자신의 영으로 그를 믿는 자들의 마음속에서 현재적인 영향력을 행사할 수 있다는 사실을 너무나 자주 잊는 경향이 있습니다. 만일 우리가 매일의 삶 속에서 예수 그리스도의 내적 인도하심을 기대하지 않는다면, 우리는 그리스도인으로서의 우리의 특권을 아주 조금밖에는 인식하지 못한 것입니다. 나는 오늘날의 그리스도인들의 나약함이 많은 부분 예수 그리스도에 대한 그들의 생각이 거의 대부분 이천 년 전에 그가 행하셨던 일에 고정되어 있는 가운데 지금 여기에서 그가 그의 능력을 실제적으로 나타내실 것이라는 사실을 충분히 인식하지 못하는데 기인한다고 믿습니다.

여기의 바울의 기도는 그리스도의 약속의 메아리에 불과합니다. 우리 주님은 "그가 너희를 모든 진리 가운데 인도하시리라"라고 말씀하셨습니다(요 16:13). 그의 종인 바울은 이렇게 기도합니다. "주께서 너희 마음을 인도하여 하나님의 사랑에 들어가게 하시기를 원하노라." 만일 우리가 예수 그리스도 안에서 우리의 소유가 된 전체적인 축복을 올바로 깨닫는다면, 우리는 우리 삶의 실재로서 그의 현재적인 인도하심을 인식하게 될 것입니다.

이러한 인도하심은 주로 성령께서 우리 마음에 하나님에 대한 사랑을 불러일으키는 위대한 사실들을 나타내심을 통해 이루어집니다. "우리가 그를 사랑함은 그가 먼저 우리를 사랑하셨음이라"(요일 4:19). 예수께서 우리의 마음을 하나님에 대한 사랑으로 인도하는 방법은 주로 성령에 의해 우리 영에 우리에 대한 하나님의 사랑을 나타내는 것입니다.

나아가 우리가 더 거룩한 삶과 더 깊은 사랑과 더 충만한 성별을 추구하는 것도 결국은 그리스도의 인도하심으로 말미암는 것입니다. 예수 그리스도는 우리를 인도하십니다. 설령 그 인도하시는 손길을 우리가 종종 인식하지 못한다 하더라도 말입니다. 모든 그리스도인은 성경에 기록된 옛 약속들이 오늘날 자신의 삶 속에서 온전히 이루어질 수 있다는 사실을 확신해야 합니다. 모든 그리스도인은 현재적인 그리스도, 그리고 내주하시는 그리스도를 갖고 있습니다. 그는 그들의 목자가 되실 것이며, 그들을 푸른 초장과 쉴 만한 물가로 인도하실 것입니다. 때로 사망의 음침한 골짜기를 지난다 할지라도, 그의 목적은 그들을 하나님의 사랑과 그리스도의 은혜를 충분히 소유하는 곳으로 더 가까이 이끄는 것입니다.

세례 요한의 아버지 사가랴는 성령의 충만함 가운데 이렇게 예언합니다. "돋는 해가 위로부터 우리에게 임하여 우리 발을 평강의 길로 인도하시리로다"(눅 1:78, 79). 이러한 예언은 우리의 마음을 평강의 길인 사랑과 인내로 인도하시는 예수 그리스도 안에서 이루어졌습니다.

우리는 우리 자신의 속사람의 작용과 구별되는 어떤 감정이나 충동을 추구해서는 안 됩니다. 우리는 의무를 자각하거나 진리를 인식하는 것이 우리 자신의 속사람의 작용과는 별개로 특별한 신적인 기원으로부터 오는 것이라고 생각해서는 안 됩니다. 어떤 것이 하나님으로부터 오는 것인지 여부에 대한 진정한 시금석은 그것이 진리와 삶의 표준인 기록된 말씀과 일치하는가 하는 것입니다. 예수 그리스도는 우리로 하여금 십자가에서 나타난 하나님의 무한한 사랑의 위대한 사실을 좀 더 충분하게 인식하도록 인도합니다. 구주의 사랑이 우리 마음에 뿌려질 때, 우리의 사랑이 불붙습니다.

3. 셋째로, 우리 마음이 그러한 인도하심에 기꺼이 순복해야 함을 주목하십시오.

만일 이것이 바울이 자신의 회심자들을 위해 기도한 것이었다면, 그것은 또한 우리 자신을 위한 목적이 되어야 합니다. 그리스도는 기꺼이 우리 마음을 인도하실 준비가 되어 있습니다. 만일 우리가 그렇게 허락하기만 한다면 말입니다. 모든 것은 그러한 달콤한 인도하심에 대한 우리의 순복에 달려 있습니다.

이러한 관점에서 그러면 우리의 의무는 무엇입니까? 이에 대한 몇 가지 간단한 조언을 주고자 합니다.

첫째로, 주의 인도하심은 열망하십시오. 여러분은 하나님을 더 많이 사랑하는 그리스도인으로 인도되기를 원합니까? 여러분은 하나님을 더 많이 사랑함으로써 세상을 더 적게 사랑하는 그리스도인으로 인도되기를 원합니까? 여러분은 예수 그리스도의 손이 여러분 위에 올려지기를 원합니까? 그럼으로써 일상의 많은 일들로부터 끌어냄을 받아 그의 거룩함과 아름다움으로 이끌려지기를 원합니까? 슬프게도 나는 많은 그리스도인들이 이러한 인도하심을 그다지 열망하지 않는다고 생각합니다.

두 번째로, 그것을 기대하십시오. 사람들을 여러 가지 마음의 충동들로 인도하시는 현재적인 그리스도와 관련하여 내가 앞에서 이야기한 것을 되새겨 보십시오. 어린 사무엘은 하나님의 음성을 듣고 그것을 엘리 제사장이 부르는 음성으로 착각했습니다. 그와 같이 많은 사람들이 그리스도께서 말씀하실 때 그것을 단순한 사람의 음성으로 생각합니다. 사람의 미약한 목소리를 통해 그리스도의 음성이 울립니다. 지금 이 순간에도 그는 사람들을 통해 여러분에게 이렇게 말씀하십니다. "내게 가까이 오라." 그의 인도하심을 기대하십시오.

그리스도의 음성을 듣기 위해서는, 여러분은 자신의 의지를 잠잠케 해야 합니다. 만일 여러분이 인도자를 바라보지 않는다면, 어떻게 그로부터 인도를 받을 수 있겠습니까? 어떻게 여러분은 방직공장의 요란한 소음 속에서 세미한 음성을 들을 수 있겠습니까? 어떻게 여러분은 수많은 자동차들이 내는 소음 속에서 세미한 음성을 들을 수 있겠습니까? 어떻게 여러분은 여러분 자신의 마음의 갖가지 소음 속에서 세미한 음성을 들을 수 있겠습니까? 먼저 모든 것을 잠잠케 하십시오. 그러면 그리스도께서 말씀하실 것입니다.

그리고 마지막으로, 그러한 인도하심을 따르십시오. 즉시로 말입니다. 우물쭈물하며 지체하는 것은 치명적입니다. 인도자의 뒤를 따라 늪지대를 지나는 어떤 사람을 생각해 보십시오. 그는 앞서 가는 인도자의 발자국을 그대로 밟고 바짝 뒤따라 갈 것입니다. 그와 마찬가지로 여러분도 주님의 발자국을 그대로 밟고 그를 바짝 뒤따르십시오. 그러면 여러분은 안전할 것입니다. 그러므로 사랑하는 성도 여러분, 만일 여러분이 여러분의 사랑을 어디엔가 정박시키고자 한다면, 여러분의 사랑을 하나님 위에 정박시키십시오. 오직 하나님만이 그렇게 하기에 합당합니다. 하나님은 결코 변치도 않으시며, 우리를 실망시키지도 않으실 것입니다. 밤하늘의 달을 생각해 보십시오. 여기저기 구름들이 가로막고 있음에도 불구하고, 달은 똑같은 속도로 그리고 고요하게 자신의 길을 갑니다. 그와 같이 만일 우리가 세상의 모든 고난과 시련의 구름을 지나가면서도 그런 것에 상관 없이 우리의 길을 꾸준히 나아가고자 한다면, 우리는 사랑으로 말미암는 순복과 함께 즐거운 인내와 불굴의 의지를 가져야만 합니다. 이런 것들은 그리스도가 그 모범이면서 동시에 그로부터 나오는 것입니다. 왜냐하면 그는 온유하면서 동시에 강한 자이기 때문입니다. 만일 우리가 우리의 마음을 고요하게 유지하고자 한다면, 우리는 그리스도로 하여금 우리 마음을 인도하도록 맡겨야 합니다. 그러면 그는 우리 마음을 지배할 것이며, 그 변덕스러움에 재갈을 물릴 것이며, 우리 마음이 마땅히 바라야 할 것들을 충동(자극)시킬 것이며, 그렇게 충동시킨 열망들을 만족시킬 것입니다.

그러므로 우리는 자아를 포기하면서 이렇게 말해야 합니다. “주여 종은 스스로를 인도할 수 없나이다 주께서 종의 방황하는 발걸음을 인도하소서.” 이러한 기도는 결코 헛되지 않을 것입니다. 그는 자신의 눈으로 우리를 인도하실 것이며, 그러한 인도하심은 사랑과 인내의 경험들을 그 열매로 맺을 것입니다. 이러한 길은 그 목적지로 가는 전조(前兆)가 될 것입니다. 이러한 길의 마지막 종착지는 완전한 사랑의 하늘나라입니다. 이러한 현재적 인도하심의 경험은 미래의 완전함에 대한 소망을 더욱 굳게 합니다. 그러므로 우리는 다음과 같은 시편 기자의 승리의 확신을 우리의 것으로 삼으면서, 그와 똑같이 고백할 수 있습니다. “주의 교훈으로 나를 인도하시고 후에는 영광으로 나를 영접하시리니”(시 73:24).

5
평강의 주와 주의 평강

"평강의 주께서 친히 때마다 일마다 너희에게 평강을 주시고 주께서 너희 모든 사람과 함께 하시기를 원하노라"
살후 3:16

마침내 우리는 본 서신을 특징짓는 바울의 네 개의 짤막한 기도 가운데 마지막 기도에 도달했습니다. 그것은 유대인들에게 있어서의 만남과 헤어짐의 통상적인 형식을 한층 더 심화시킵니다. 바울의 대부분의 서신들에서 우리는 그가 "은혜와 평강"을 구하는 것으로 시작했다가 같은 기원을 반복하는 것으로 끝마치는 것을 발견합니다. "너희에게 평강이 있을지어다"는 대부분의 경우 특별한 의미가 없는 단지 형식적인 인사말에 불과했습니다. 그러나 참된 종교는 의례적인 인사말까지도 마음이 담긴 실제적인 바람으로 바꿉니다. 그러한 인사말은 종종 '이루어지지 않을 운명을 가진' 바람이었습니다. 그러나 그러한 바람은 간구로 바뀔 때 강력한 것이 됩니다.

본문은 두 부분으로 나누어져 있는데, 하반절의 "주께서 너희 모든 사람과 함께 하시기를 원하노라"는 별도의 추가적인 기도가 아니라, 상반절의 기도가 이루어지는 방법을 기도의 형식으로 표현한 것으로 보입니다. "평강의 주"는 그의 임재 즉 그의 함께 하심을 통해 평강을 주십니다. 이와 같이 그리스도께서 그들 모두와 함께 하시고, 그럼으로써 그의 함께 하심

안에서 그들이 평강의 비밀을 발견하는 것이 바울의 최고의 바람이었습니다.

1. 첫째로, 모든 영혼의 최고의 바람은 평강입니다.

사람에게 있어 가장 바랄 만한 것은 여러 가지 방식으로 표현될 수 있지만, 그러나 안식의 형태로 표현되는 것보다 더 강력하게 우리의 마음을 잡아끄는 것은 달리 없을 것입니다. 평강의 약속이 모든 사람의 마음을 강력하게 잡아끄는 사실은 모든 사람이 불안 가운데 고통받고 있다는 사실을 가장 웅변적으로 증거합니다. 평강의 약속은 매우 이기적이며 저급한 방식으로 표현될 수 있습니다. 또 그것은 비겁하게 의무로부터 움츠림을 통해 추구될 수 있습니다. 남이야 어떻든 혹은 세상이야 어떻게 되든 자기 몸 하나 편하자는 식으로 말입니다. 또 그것은 단순한 쾌락의 저급한 방식으로 추구될 수 있습니다. 어쨌든 모든 사람은 자신의 일 속에서 영의 안식을 추구합니다. 복잡하고 요동하는 세상 속에서 고요함과 평온함을 추구합니다. 고요함은 요동함보다 나으며, 승리의 환호보다도 낫습니다. 진정한 안식은 무위(無爲)나 무관심과는 본질적으로 다른 것으로서 우리의 본성이 올바른 방향으로 활동하는 것과 함께 그리고 그 결과로서 오는 것인데, 그것은 참으로 바랄 만한 것이요 좋은 것입니다. 바다는 고요함에도 불구하고, 그러나 무위 즉 아무 일도 없는 가운데 있지 않습니다. 바다는 고요한 물결이 끊임없이 출렁거리며, 잔잔한 물결은 햇빛에 반사되어 반짝입니다. 그러면서도 그 깊은 곳은 고요함으로 가득 차 있습니다. 이와 같이 우리 마음의 깊은 곳은 안식과 평강을 추구합니다. 우리는 거의 대부분 우리의 가장 깊은 곳에서 평강을 원합니다.

2. 둘째로, 우리에게 평강을 주시는 분은 오직 평강의 주 자신뿐입니다.

앞 설교에서 다룬 세 번째 기도를 생각해 보십시오. 거기에서 바울은 그리스도의 신성(神性)과 함께 우리의 기도를 들으시는 자로서의 그리스도 개념을 제시했었습니다. 그러한 개념은 여기의 네 번째 기도에 있어서도 똑같이 해당됩니다.

여기에서 "평강의 주 **자신께서**"라는 표현을 주목해 보십시오(The lord of peace **Himself**). 여기에서 우리는 "Himself"라는 장엄한 단어를 보게 됩니다(KJV에는 "Now the Lord of peace **himself** give you peace"이라고 되어 있으나 한글개역개정판에는 그냥 "평강의 주께서"라고만 되어 있음). 여기에서 또다시 우리는 "주"라는 칭호가 예수 그리스도에게 붙여지는 것과 함께 그가 기도를 받으시는 자로서 나타나는 사실을 보게 됩니다.

그러나 여기에서 그에게 붙여지는 칭호는 한층 더 깊이 들어갑니다 — "평강의 주." 우리는 바울의 다른 서신들에서 "평강의 하나님"이라는 호칭을 볼 수 있는데, 특별히 하나님의 평강을 얻는 가장 확실한 방법이 우리의 모든 염려를 그분께 맡기는 것임을 말하는 문맥에서 그러한 호칭이 많이 나타납니다. 또 우리는 로마서에서도 그와 동일한 표현을 보게 되는데, 거기에서 바울은 "평강의 하나님이 모든 기쁨과 평강을 믿음 안에서 너희에게 충만하게 하사"라고 기도합니다.

이와 같이 "평강의 주"라는 호칭은 매우 신적인 호칭입니다. "평강의 주"와 "평강의 하나님"은 동등합니다. 그러므로 만일 여기에 그리스도의 신성이 전제되지 않는다면, 이와 같은 표현은 매우 신성모독적인 것이 될 것입니다.

그는 "평강의 주"이십니다. 왜냐하면 우리 모두가 소유하기를 원하는 마음과 영의 평온과 고요함이 진실로 그의 것이며, 그 안에 있기 때문입니다. 그는 세상에 계시는 동안 모든 복잡한 사건들과 변화들과 행동들 속에서도 항상 평온을 유지하셨습니다. 앞에서 나는 "평강"이 무위(無爲)도 아니며 무관심도 아니라고 말했습니다. 또 그것은 자기 안으로 몰입되는 것과도 다릅니다. "평강의 주"의 생애를 보십시오. 그 안에 온전한 인간의 감정들이 있었습니다. 그는 슬퍼하셨으며, 우셨으며, 놀라셨으며, 분노하셨으며, 불쌍히 여기셨으며, 사랑하셨습니다. 그럼에도 불구하고 이 모든 것은 그의 삶 전체를 특징짓는 그의 흔들림 없는 고요함과 완전하게 조화됩니다. 그러므로 평강은 무관심이 아닙니다. 그것은 일상의 복잡한 의무들을 회피하는 것으로부터 오는 것도 아니며, 희생과 고통과 투쟁으로부터 비겁하게 움츠림으로 말미암는 것도 아닙니다. 도리어 그것은 "끊임없이 요동하는 한가운데에서 존속하는 평강"입니다. 그러한 평강에 대한 가장 위대한 모범을 우리는 "간고를 많이 겪었으며 질고를 아는 자"였음에도 불구하고 그 모든 것 가운데 "평강의 주"이셨던 자 안에서 보게 됩니다(사 53:3).

어째서 그리스도의 인성(人性)은 그토록 완전한 평온을 누릴 수 있었을까요? 그 비밀이 여기에 있습니다. 그 인성은 '아버지와 단절됨이 없는 교제' 안에 있었던 인성이었기 때문입니다. 그러면 아버지와의 단절됨이 없는 교제의 비밀은 무엇이었습니까? 그것은 아버지의 뜻에 대한 완전한 순복이었습니다. 아버지께 모든 것을 양도하는 것이 평강입니다. 자기 의지를 포기하는 것이 평강입니다. 순종이 평강입니다. 믿음이 평강입니다. 아버지와의 교제가 평강입니다. 그러므로 그리스도께서는 이 땅에 계시는 동안 우리에게 이렇게 가르치셨습니다. "나는 항상 그가 기뻐하시는 일을 행하므로 나를 혼자 두지 아니하셨느니라"(요 8:29). 바로 여기에 우리에게 영원한 평강의 길이 되는 의와 교제의 길이 있습니다. "주께서 심지가 견고한 자를 평강하고 평강하도록 지키시리니 이는 그가 주를 신뢰함이니이다"(사 26:3). 바로 이것이 그리스도의 평강의 비밀입니다.

이와 같이 평강은 평강의 주 자신의 소유입니다. 그러므로 오직 그만이 그것을 다른 사람들에게 주실 수 있습니다.

사랑하는 성도 여러분, 예수 그리스도 외에 다른 것으로부터 오는 평강은 우리를 온전히 평온하게 하지 못합니다. 우리의 마음은 또 다른 것을 갈망하며 요구합니다. 우리는 무엇을 필요로 할까요? 우리는 우리 본성의 모든 부분에 합당한 것을 필요로 합니다. 안식의 달콤함을 충분히 누리기 위해서는 말입니다. 만일 우리가 우리 본성의 어떤 부분을 달콤하게 만족시키는 어떤 것을 발견한다면, 다른 부분의 욕구는 만족되지 못한 채 그대로 남아 있게 되기 쉽습니다. 우리는 이쪽 욕구와 저쪽 욕구 사이를 왔다

갔다하면서, 이쪽 것을 만족시켰다가 저쪽 것을 만족시켰다가 합니다. 결국 만족되는 것은 우리의 존재 전체가 아니라 존재의 일부입니다. 한쪽 욕구가 만족되는 동안, 다른 쪽 욕구는 여전히 만족되지 못한 채 남아 있습니다. 우리에게는 스스로의 의지를 굴복시키는 것이 필요합니다. 그것은 우리의 양심과 지성을 만족시킬 것이며, 통찰력과 지식에 있어서의 계속적인 진보를 약속할 것이며, 우리 본성의 모든 욕구를 만족시킬 것이며, 우리의 공허한 마음의 모든 빈 공간을 채울 것입니다.

그러면 우리가 이 모든 것을 어디에서 발견할 것입니까? 우리가 '그 한 가지' 를 어디에서 찾을 수 있습니까? 그것을 소유할 때 우리는 모든 것을 소유하는 것인 반면 그것을 소유하지 못할 때 우리는 항상 만족하지 못할 것입니다. 그것은 오직 우리의 사랑하는 주님 안에서입니다. 오직 그 자신만이 우리의 모든 필요를 채울 것이며, 우리를 평강으로 인도할 것입니다. 왜냐하면 오직 그만이 우리의 양심과 의지와 지성과 욕구와 감정이 요구하는 것을 온전히 만족시켜 주실 수 있기 때문입니다.

만일 우리가 평강 가운데 있고자 한다면, 우리에게는 우리를 항상 요동케 하는 감정과 열정과 욕구를 절대적으로 통제하는 것이 있어야만 합니다. 우리 본성의 야수(野獸)들을 붙잡아 그의 사랑의 끈으로 묶고 얌전하게 길들이는 것은 오직 주님의 손밖에 없습니다.

평강을 위해서는, 우리에게는 우리를 둘러싼 사람 및 상황들과의 관계가 바로잡혀질 필요가 있습니다. 누가 우리와 우리를 둘러싼 환경 사이의 조화를 가져올 수 있겠습니까? 어떤 환난도 우리를 누르지 못하고, 어떤 환경도 우리를 실족케 할 수 없을 뿐만 아니라 도리어 우리로 하여금 인내 가운데 계속해서 감사하며 우리의 달려갈 길을 달려가게 만드는 그런 조화 말입니다. 우리를 둘러싼 사람들과 환경들에 대한 우리의 관계를 통제할 수 있는 분은 예수 그리스도뿐입니다. 또 이 모든 것을 합력하여 선을 이루실 수 있는 분 역시 예수 그리스도뿐입니다.

나아가 만일 우리가 평강 가운데 참된 평온을 소유하고자 한다면, 우리에게는 하나님과의 관계가 새롭게 바로잡혀질 필요가 있습니다. 나는 어떤 사람이 하나님과의 풍성하고도 달콤한 관계 속으로 들어오는 것을 믿지 않습니다. 만일 그가 구주를 믿는 믿음의 길을 통해 그 안으로 들어오지 않는다면 말입니다. 하나님과 화평케 되는 것이 모든 참 평온의 시작이며, 그것은 오직 예수 그리스도를 믿는 믿음으로 이루어지는 것입니다.

그리스도께서 하나님과 사람 사이에 화해를 가져오셨기 때문에, 그리스도께서 사람과 상황들에 대한 우리의 관계를 새롭게 바꾸셨기 때문에, 그리스도께서 우리의 욕망과 열정과 기질을 통제하시기 때문에, 그리스도께서 우리 본성의 모든 부분을 만족시키기 때문에, 그리스도 안에서 그리고 오직 그리스도 안에서만 우리에게 평강이 있는 것입니다.

3. 셋째로, 평강의 주께서 주시는 평강은 완전한 평강입니다.

"평강의 주께서 친히 때마다 일마다 너희에게 평강을 주시고." 주께서 주시는 평강은 모든 가변적인 상황들 속에서 주어지는, 그리고 시간적으로 영원하며 단절됨이 없는 평강입니다. 흠정역의 "by all means"는 개정역의 번역어처럼 "in all ways"로 바꾸어 읽는 것이 훨씬 더 나을 것입니다(KJV는 다음과 같음: "Now the Lord of peace himself give you peace always **by all means.**" 한편 한글개역개정판에는 "때마다 일마다"로 되어 있음). 그러한 표현은 주의 평강이 주어지는 다양한 수단들을 의미하는 것이라기보다는 그러한 평강이 취할 수 있는 다양한 측면들을 의미하는 것입니다. 이와 같이 그리스도의 평강은 영원하며, 단절됨이 없으며, 다양한 형태를 갖고 있으며, 영혼의 모든 측면에서 스스로를 나타냅니다.

바울은 우리 마음속에서, 어떤 환난이나 재난이나 슬픔이나 상실도 가로막을 수 없는 깊은 평온이 상주하는 것이 가능하다고 생각합니다. 설령 우리의 외적 삶에 어떤 요동이 있다 하더라도 필연적으로 내적 삶까지 같이 요동해야만 할 필요는 없는 것입니다. 흑암이 애굽 땅 전역을 뒤덮고 있던 동안에도 이스라엘 백성들이 있었던 고센 땅에는 빛이 있었습니다. 그리스도께서 주시는 평강이 우리를 모든 전쟁으로부터 면제시켜 주는 것은 아니지만, 그러나 우리는 전쟁의 한복판에서도 평강을 누릴 수 있습니다. 그리스도의 평강은 우리를 슬픔으로부터의 면제시켜 주지는 않지만, 그러나 슬픔의 폭풍 속에서도 우리는 참된 평온과 안식을 누릴 수 있습니다. 폭풍이 몰아칠 때 수면(水面)은 요동치지만, 그러나 바다 속 깊은 곳은 고요하며 평온합니다. 우리의 평강을 깨뜨리는 것은 환난이 아니라 그에 대한 우리의 의지의 저항입니다.

만일 우리가 우리의 의지를 순복시키면서 "주의 뜻대로 되기를 원하나이다"라고 말하든지 혹은 "주께서 기뻐하시는 대로 행하소서"라고 말한다면, 아무것도 우리 마음속에서 하나님의 평강을 깨뜨릴 수 없습니다. 모든 외적인 상황을 우리의 의지의 통제 아래 두고자 할 때, 우리는 그릇된 길로 가고 있는 것입니다. 반면 모든 상황 속에서 우리의 의지를 아버지의 의지에 순복시킬 때, 우리는 올바른 길로 가고 있는 것입니다. 우리 삶 속에 모진 환난의 비바람이 몰아칠 때에도 우리는 단절됨이 없는 평강을 누릴 수 있습니다. 우리의 삶 전체를 통해 그러한 평강은 단절됨이 없이 지속적으로 주어지는 가운데 더 높은 수준으로 확장될 수 있습니다. 물론 우리 자신은 그렇지 못합니다. 우리는 하늘 꼭대기까지 올라가기도 하고 땅 끝까지 떨어지기도 합니다. 그것이 우리의 허물이요 연약함입니다. 그렇지만 하나님의 평강은 영원할 수 있습니다. 그러나 그렇게 되기 위해서는, 영원한 교제와 영원한 순종이 있어야 합니다.

나아가 바울은 그리스도의 평강이 오직 한 가지 형태로가 아니라 모든 형태로 스스로를 나타낼 것이라고 말합니다. 세상에는 영의 고요함을 훼방하는 많은 적들이 있습니다. 하나님의 평강 속에는 그러한 다양한 적들에 적합한 갑옷과 무기들이 있습니다. 나는 앞에서 영혼의 참되고 영원한 평온을 위해 요구되는 것들을 몇 가지 열거했습니다. 우리는 그리스도의 평강 안에서 그 모든 것들을 만나게 됩니다. 사람을 요동케 하는 것이 무엇이든 간에, 그리스도는 그것을 가라앉혀 줄 진정제를 갖고 계십니다. 여러 상황들이 우리를 위협할 때, 적들이 우리를 대적하여 진을 칠 때, 우리 안에서 악한 마음이 솟아오를 때, 우리 자신의 격정으로 인해 요동할 때,

우리 양심이 우리를 참소할 때 — 그 모든 것들에 대하여 그리스도는 평온과 고요함을 가져다줍니다. 우리를 요동케 하는 것들이 다양한 측면으로부터 오는 것처럼, 그리스도의 평강 역시도 다양한 측면으로 나타납니다. "수고하고 무거운 짐 진 자들아 다 내게로 오라 내가 너희를 쉬게 하리라" (마 11:28).

4. 넷째로, 주님은 우리와 함께 하심을 통해 평강을 주십니다.

바울의 앞부분의 기도를 들었을 때, 데살로니가인들은 "때마다 일마다"라는 표현에 대해 생각했을 것입니다. "평강의 주께서 친히 **때마다 일마다** 너희에게 평강을 주시고." 이것은 실로 광범위한 간구가 아닐 수 없습니다. 도대체 이러한 광범위한 기도가 어떻게 이루어질 수 있단 말입니까? 그리하여 바울은 이렇게 덧붙여 간구합니다. "주께서 너희 모든 사람과 함께 하시기를 원하노라." 여러분은 그리스도의 선물을 그리스도로부터 분리할 수 없습니다. 그가 주시는 어떤 것을 얻는 유일한 방법은 그 자신을 얻는 것입니다. 모든 것을 얻는 유일한 방법은 그의 함께 하심을 얻는 것입니다. 만일 그가 우리와 함께 계신다면, 우리를 요동케 하는 모든 것들은 매우 작고 대수롭지 않은 것으로 보일 것입니다. 만일 우리가 그의 손을 붙잡는다면, 우리는 요동하지 않을 것입니다. 만일 우리가 그의 품 안에 깃들인다면, 그는 밖의 모든 차가운 비바람으로부터 우리를 보호하실 것입니다. 만일 우리 마음이 항상 그 곁에 머문다면, 우리 마음은 그의 고요하고 흔들림 없는 마음에 참여하게 될 것입니다.

이와 같이 평온의 비밀은 그리스도의 함께 하심입니다. 그리스도께서 배 안에 계실 때, 파도는 잠잠해집니다. 그러므로 사랑하는 성도 여러분, 만일 우리가 우리 자신의 격정과 뜨거운 욕망으로 인해, 혹은 외적 상황의 압박으로 인해, 혹은 우리 자신의 양심의 참소로 인해 평온이 깨어지는 것을 의식한다면, 우리는 그 이유가 그리스도 때문이 아니라 우리가 그의 손길을 떠나게 한 것 때문이라는 사실을 기억해야 합니다. 만일 우리가 계속해서 요동한다면, 그것은 우리 자신의 잘못입니다. 왜냐하면 우리가 계속해서 그 옆에 있었다면 결코 그렇게 되지 않았을 것이기 때문입니다. 만일 세상이 과도하게 우리를 요동케 한다면, 그 역시 우리 자신의 잘못입니다. 세상의 어떤 고난도 우리 삶의 가장 깊은 요새를 건드릴 능력이 없습니다. 세상의 어떤 수고도 우리를 그리스도 안에서 누리는 평강으로부터 끌어내는 능력을 가지고 있지 않습니다. 만일 우리가 스스로 그리스도의 손을 놓지 않는다면, 그리고 그와의 교제를 스스로 깨뜨리지 않는다면, 아무것도 우리를 그렇게 할 수 없습니다.

그러므로 사랑하는 성도 여러분, 세상에서는 여러분에게 환난이 있을 것이지만 그러나 여러분은 그리스도 안에서 평강을 누릴 것입니다(요 16:33). 요새 안에 계속 머무십시오. 그러면 어떤 것도 여러분을 요동케 하지 못할 것입니다. 지존자의 은밀한 곳에 거하는 자는 전능자의 그늘 아래 살 것입니다(시 91:1). 격정과 욕망에 지배되기 쉬운 우리 마음이 어디에서 안식할 수 있겠습니까? 그것은 오직 예수 그리스도를 가까이 하며 그 곁에 머무는 것입니다. "주께서 너희 모든 사람과 함께 하시기를 원하노라." 그러면 주의 평강이 그리스도 예수 안에서 우리의 마음을 채울 것입니다.

디모데전서

1
교훈의 목적

"이 교훈의 목적은 청결한 마음과 선한 양심과 거짓이 없는 믿음에서 나오는 사랑이거늘"

딤전 1:5

본문 바로 앞에서 바울은 디모데를 에베소에 머물게 한 것이 자신을 근심시키는 어떤 특별한 문제 때문이었다고 말합니다. 에베소에 어떤 선생들이 나타났는데, 그들은 파당을 만들며 쓸데없는 변론을 일으키며, 에베소의 그리스도인들의 마음을 실제적이며 도덕적인 기독교로부터 돌이켰습니다. 이에 바울은 여기에서 그러한 것들과 대칭을 이루는 하나의 광범위한 원리를 제시합니다. 그것은 하나님이 말씀하신 것은 예리한 신학자를 만들거나 혹은 변론거리를 제공하고자 함이 아니라 우리를 사랑의 사람으로 만들기 위한 것이라는 것입니다. 바울의 후기 서신들 속에는 노년(老年)의 원숙한 지혜가 풍깁니다. 그는 과도한 지성주의라든지 혹은 변론을 일삼는 태도를 경계하도록 가르치면서, "교훈의 목적은 사랑"이라고 말합니다.

여기에서 바울은 하나님의 계시의 목적에 대해 말하는 가운데 하나님이 그러한 목적을 향해 일하시는 방법을 암시합니다. 교훈이 그 시작이며, 사랑이 그 마지막 종착지입니다. 그리고 둘 사이에 세 가지가 끼어 있는데, 그것은 "청결한 마음"과 "선한 양심"과 "거짓 없는 믿음"입니다. 이러한 세 가지 가운데 앞의 두 가지 즉 "청결한 마음"과 "선한 양심"은 서로 밀접하게 연결되어 있으며, 세 번째 것 즉 "거짓 없는 믿음"은 그것들의 원인 혹은 조건입니다. 따라서 "거짓 없는 믿음"이 마지막에 위치한 것은 매우 자연스러운 일입니다. 여러분이 강을 추적한다고 생각해 보십시오. 여러분은 하구(河口)로부터 출발해서 상류를 따라 올라갈 것이며, 마지막에 물 근원에 도달하게 될 것입니다. 또 우리는 여기에서 마치 중앙아프리카의 거대한 호수들처럼 강물이 모이는 두 곳의 중간 단계들을 보게 됩니다. 여기에 두 개의 호수가 있는데, 하나는 "선한 양심"이며 또 하나는 "청결한 마음"입니다. 이러한 호수들은 더 높은 곳에 있는 "거짓 없는 믿음"으로부터 흘러 내려옵니다. 그리고 그러한 믿음은 하나님의 교훈으로부터 옵니다. 이렇게 하여 강 전체의 흐름이 완전하게 드러납니다. 여러분은 사랑이란 이름의 하구로부터 출발하여 강을 거슬러 올라가다가 "선한 양심"과 "청결한 마음"이라는 두 호수에 이르고, 계속해서 더 높은 곳에 있는 "거짓 없는 믿음"에 이르렀다가, 마침내 전체 강의 근원인 하나님의 교훈 혹은 말씀에 도달하게 됩니다. 여러분이 아래로부터 위로 올라가지 않고 대신에 위로부터 아래로 내려온다 하더라도, 전체 과정은 같습니다. 하나님이 말씀을 주십니다. 믿음이 그 말씀을 붙잡습니다. 그럼으로써 "청결한 마음"과 "선한 양심"이 자랍니다. 그리고 마침내 사랑의 열매를 맺습니다. 이제 다음과 같은 세 가지를 살펴보도록 합시다.

1. 첫째로, 하나님의 말씀의 목적이 무엇인지 주목하십시오.

"교훈의 목적은 사랑이거늘." 여기에서 나는 "교훈"이란 단어가 이런 혹은 저런 특정한 훈계가 아니라 삶을 위한 법칙들을 포함하는 전체적인 기독교 계시를 의미하는 것으로 받아들입니다. 하나님이 말씀하시는 모든 것은, 그것이 약속이든 혹은 자기계시든 혹은 책망의 말씀이든 혹은 다른 어떤 것이든, 교훈적인 의미를 가지며 삶과 행동에 영향을 끼치기 위해 의도된 것입니다. 복음의 한 가지 이름이 "교훈"이라는 사실은 매우 주목할 만합니다. 우리는 복음의 진리와 기독교적 계시의 이와 같은 측면을 깊이 새길 필요가 있습니다.

또 여기의 "사랑"은 구체적으로 무엇에 대한 사랑을 의미하는 것일까요? 그것은 말할 것도 없이 신약이 통상적으로 제시하는 두 명령, 즉 하나님에 대한 사랑과 사람에 대한 사랑을 의미합니다. 우리 주님은 후자 즉 사람에 대한 사랑은 전자 즉 하나님에 대한 사랑과 "**같은**" 것이라고 말씀하셨습니다(마 22:39, "이것이 크고 첫째 되는 계명이요 둘째도 **그와 같으니** 네 이웃을 네 자신 같이 사랑하라 하셨으니"). 기독교적 개념에서 둘은 하나입니다. 둘은 하나의 뿌리에서 나온 두 개의 싹입니다. 유일한 차이점은 전자는 하늘을 향해 뻗어 올라가는 반면, 후자는 지면을 따라 뻗어 나간다는 사실뿐입니다. 신약의 교훈에 있어 하나님에 대한 사랑과 사람에 대한 사랑 사이에 어떤 간격도 존재하지 않습니다. 마찬가지로 그리스도인의 삶과 행동에 있어 양자 사이에 어떤 불일치도 있어서는 안 됩니다. 둘은 하나의 실체의 두 면입니다.

나아가 여기의 바울의 교훈에 따를 때, 이러한 양면적인 사랑의 개념 속에 인간 영혼의 전체적인 온전함이 놓여 있다는 사실을 주목하십시오. 만일 여러분이 사랑 안에 뿌리박히고 터가 놓였다면, 더 이상 여러분에게 필요한 것은 아무것도 없습니다. 그것이 여러분을 모든 선함과 모든 도덕성과 모든 거룩함으로 이끌 것입니다. 또 그것이 여러분을 아름다운 모든 것과 고결한 모든 것으로 이끌 것입니다. 하나님이 우리에게 말씀하시는 목적이 바로 이것입니다.

이러한 개념으로부터 다음과 같은 매우 명백하고 실제적인 원리가 도출됩니다. 그것은 모든 계시의 목적 그리고 어떤 종교가 참된 것인지 여부를 시험하는 시금석은 성품과 행동이라는 사실입니다.

하나님에 대해 아는 것은 매우 좋은 일입니다. 또 우리의 생각을 하나님과 그의 본성에 대한 참된 개념들로 채우는 것 역시 매우 좋은 일입니다. 정통은 좋은 것입니다. 그러나 정통은 목적에 대한 수단입니다. 사람의 삶 위에서 작동하지 않는 신조(信條) —그것은 아무것도 아닙니다. 다시 말해서, 사람의 신조는 그가 실천해야 할 덕목의 목록이 되어야 합니다. 그가 믿는 것은 그것이 무엇이든 그의 삶 속으로 직접 들어가 그것에 영향을 끼쳐야 합니다. 그리고 그의 성품을 형성해야 합니다. 이러한 사실은 단순한 관념적 정통주의와, 사변적인 신학과 기독교 진리를 일차적으로 지성(知性)을 밝히는 것으로 간주하는 태도에 대한 엄중한 경고가 됩니다.

"사람을 고치는 것,
신앙에 그것 외에 다른 목적은 없습니다."

오늘날 기독교 진리를 변론과 논쟁을 위한 재료를 공급해 주는 것으로 이해하는 사람들이 너무나 많은 것 같습니다. 또 계시의 참된 의미를 깨닫고자 노력하면서 그릇된 해석을 주장하는 자들과 논쟁하는 것으로 자신의 할 도리를 다 했다고 생각하는 사람들이 너무나 많은 것 같습니다. 종교적 논쟁이 가져다주는 끔찍한 불행은 그것이 사람들로 하여금 자신들이 옹호하는 진리의 실제적인 중요성을 망각하도록 만든다는 사실입니다. 그것은 마치 비옥한 밀밭에다가 마사토(磨砂土)를 뿌리고 롤러로 다진 매끈한 운동장과 같습니다. 거기에 더 이상 아무것도 자라지 못합니다. 이와 같이 기독교 진리 속에서 변론의 주제만을 찾으려고 하는 사람들은 그것의 본래적인 목적과 함께 그것이 가진 모든 능력과 자양분을 잃어버리고 맙니다.

우리가 유념해야 할 또 하나의 그릇된 관념은 하나님이 예수 그리스도의 계시 안에서 사람들에게 말씀하시는 위대한 목적이 우리가 "죄 사함"을 받고 죄의 결과로부터 벗어나는 것이라는 생각입니다. 의심의 여지 없이 이것은 하나의 목적입니다. 만일 우리가 복음의 구속적 측면과 함께 시작하지 않는다면, 우리는 복음의 최고의 목적들에 도달하지도 못할 뿐만 아니라 또한 그것의 가장 깊은 달콤함도 느끼지 못할 것입니다. 그러나 오늘날 교회에 하나님이 사람들을 사망의 두려움과 미래의 형벌로부터 건져내는 것 외에 또 다른 목적을 위해 말씀하셨다는 사실을 거의 인식하지 못하는 그리스도인들이 너무나 많습니다. 하나님은 그러한 목적으로 말씀하셨습니다. 그러나 궁극적인 목적은 우리로 하여금 하나님을 사랑하고 그럼으로써 그의 형상과 같아지도록 만드는 것입니다. 교훈의 목적은 사랑입니다. 만일 여러분이 하나님의 말씀에 대해 단지 지적인 이해에 머물거나, 혹은 하나님의 진리를 여러분의 변론의 기술과 지적인 능력을 나타내는 전시장으로 변질시키거나, 혹은 죄 사함의 메시지를 전파하는 것으로 자신의 할 일을 다 한 것이라고 생각하는 유혹을 받는다면, 교훈의 최종적인 목적이 하나님과 사람을 사랑하는 것이라는 본문의 분명한 말씀을 기억하십시오.

다른 한편 이러한 사랑의 유일한 기초가 하나님의 말씀 위에 놓이는 사실을 주목하십시오. 교리보다도 성품과 행동을 더 중요하게 여기는 본문은 오늘날의 보편적인 경향과 잘 부합됩니다. 그러나 본문은 오늘날의 경향이 간과하고 있는 안전장치들을 제공합니다. 오늘날 입만 열면 사랑과 비교할 때 교리 따위는 중요하지 않다고 말하는 사람들이 그토록 애호하는 여기의 말씀이 전혀 감정주의자가 아닌 사람에 의해 말하여지고 있는 사실을 주목하십시오. 도리어 이것을 말한 자(즉 바울)에게 있어, 기독교 체계는 가장 명확하고 분명한 것이었습니다. 어떤 사람들에 의해 중요하지 않다고 치부되는 특정한 교리들을 옹호하는 일에 그는 목숨을 걸면서까지 그렇게 합니다. 여기의 본문은 사람들 안에서 생성되는 감정들을 견강부회(牽强附會)하는 오늘날의 시도에 대해 저항합니다. 그러한 감정들이 생성되는 유일한 기초를 분명하게 제시함으로써 말입니다. 본문은 "교훈"이 먼저 와야 한다고 선언합니다. 그러고 나서야 비로소 사랑이 그 뒤를 따를 수 있게 될 것입니다. 본 서신 전체는 사람이 도덕적으로 영적으로 온전하게 되기 위해서는 예수 그리스도 안에 계시된 진리의 기초가 분명하게 세워져야 한다고 가르칩니다.

건전하고 균형 잡힌 신앙을 위해서는, 위의 두 개념이 모두 필요합니다. 만일 우리가 이러한 두 개념을 굳게 붙잡는다면, 우리는 크게 그릇되지 않은 길로 나아가게 될 것입니다. 그렇지만 "나에게는 살 집이 필요할 뿐이지 기초 따위는 필요없어요"라고 말하는 사람에 대해 여러분은 어떻게 생각합니까? 기초가 없이 어떻게 집이 있을 수 있겠습니까? 포도를 나무통에 넣고 발효시킴이 없이 포도주를 얻고자 하는 사람이 과연 지혜로운 사람입니까? 여러분은 먼저 포도를 발효시켜야만 합니다. 물론 과정이 곧 결과는 아닙니다. 그러나 과정 없이는 결과가 있을 수 없습니다. 신약의 가르침에 따를 때, 예수 그리스도 안에 있는 진리를 받아들임이 없이는 하나님에 대한 깊고 온전한 사랑도 없습니다. 이러한 사실은 우리의 경험을 통해서도 분명하게 확증되지 않습니까?

2. 둘째로, 사랑 이전에 먼저 마음을 청결하게 하는 것이 필요하다는 사실을 주목하십시오.

앞에서 이야기한 것처럼, 본문은 전체 과정을 몇 단계로 나눕니다. 제일 마지막에 강의 하구(河口)와 같은 사랑이 있고, 그 위에 두 개의 호수 즉 청결한 마음과 선한 양심이 있습니다. 이러한 두 호수는 모든 실제적인 사랑을 위한 필수 요소입니다. 두 호수는 어느 것이 앞이고 어느 것이 뒤인지 알 수 없을 정도로 매우 가깝게 인접하여 있습니다. 사실상 둘은 거의 동일시될 정도의 거의 쌍둥이와 같은 개념입니다.

청결한 마음은 사람의 감정에 자연스럽게 붙어 있는 불결한 것들로부터 깨끗하여진 마음입니다. 선한 양심은 하나님과 사람에 대해 거리끼는 것이 없는 양심으로서, 청결한 마음의 감정들을 나타냅니다. 그것은 마치 얼마동안 그곳에 빛이 비추었는지를 보여주는 점선(點線)이 찍힌 감광지(感光紙)와 같습니다. 우리는 이러한 두 호수 가운데 어느 것이 먼저 오는지와 관련하여 변론을 벌일 필요가 없습니다. 나는 처음 단계의 그리스도인의 삶 속에서는 청결한 마음보다 선한 양심이 선행한다고 생각합니다. 왜냐하면 양심을 고요하게 하며 타락으로부터 말미암은 위험한 요소들을 씻어내는 죄 사함이 청결하게 되는 것에 앞서 오기 때문입니다. 마음이 청결해지기 전에 먼저 양심이 고요해집니다. 그러나 나중 단계의 그리스도인의 삶 속에서는 그 선후(先後)가 바뀌는 것처럼 보입니다. 왜냐하면 그들에게 있어 청결한 마음이 없는 한 선한 양심도 있을 수 없기 때문입니다.

나아가 여기에서 그 마음이 불결하고 양심이 마비된 자들로부터 하나님과 사람에 대한 어떤 실제적인 사랑도 찾을 수 없을 것이라는 원리를 바울이 얼마나 분명하게 제시하는지 주목하십시오. 나는 이러한 사실을 장황하게 설명할 필요를 느끼지 않습니다. 왜냐하면 잠깐만 생각해 보더라도 죄가 사람과 하나님 사이를 분리시키는 것은 너무도 명백한 사실이기 때문입니다. 고약한 냄새를 풍기며 화산의 분화구처럼 끓어오르는 마음으로부터 하나님과 사람에 대한 고결한 사랑이 올라올 수 있겠습니까? 죄가 있는 곳에, 인간의 마음과 하나님의 애타는 마음 사이에는 검은 장벽이 가로놓입니다. 그 죄를 인정하고, 자백하고, 용서받지 않는 한 말입니다. 그러한 장벽이 제거될 때까지, 본성 전체가 새로워질 때까지, 악을 사랑하는 것과 자아를 향한 몰입으로부터 건짐받을 때까지, 그리고 양심이 하나님의 가장 큰 선물인 죄 사함의 확신을 받을 때까지, 나는 하나님에 대한 깊고 생생하며 인생을 변화시키는 사랑은 결코 가능하지 않다고 믿습니다. 나는 이러한 개념이 시대에 뒤떨어진 개념이라는 사실을 압니다. 나는 이러한 개념이 매우 편협한 개념이라는 사실을 압니다. 그러나 나는 이것이야말로 성경이 가르치는 교훈이라고 생각합니다. 만일 우리가 이러한 개념을 포기하고 사람 안에 하나님의 사랑에 대한 일종의 본능적인 인식이 있다고 인정한다면, 그리고 사람 안에 그에 대한 좀 더 충분한 지식과 분명한 빛에 대한 열망이 있다고 인정한다면, 우리는 성경이 가르치는 교훈으로부터 멀리 떨어져 있는 것이 될 것입니다.

사랑하는 성도 여러분, 오늘날 우리는 인간의 선행과 경건이 서로 분리되는 이상한 현상을 많이 봅니다. 오늘날 세상에 기독교에 동조하지 않으면서 스스로를 선행과 자기희생과 박애의 표본으로 나타내는 사람들이 많은 것은 참으로 우리를 부끄럽게 만듭니다. 그럼에도 불구하고 나는 인간에 대한 선행이 견고하게 세워질 수 있는 유일한 기초는 하나님께 대한 헌신이라고 믿습니다. 또 나는 이와 같이 선행과 경건이 분리되는 오늘날의 현상으로 인해 우리는 마땅히 인간에 대한 우리의 의무를 더 강력하게 되돌아볼 필요가 있다고 생각합니다. 교훈의 목적은 청결한 마음과 선한 양심을 경유하며 마침내 사랑에 이르는 것입니다.

3. 셋째로, 마음이 청결하게 되는 조건을 주목하십시오.

앞의 예화를 다시 생각해 보십시오. 두 개의 호수에 모인 물은 사랑이라는 이름의 하구(河口)로 내려갑니다. 그러면 두 호수를 채우는 물은 어디로부터 흘러 내려올까요? 이제 우리는 더 높은 지대로 올라가야만 합니다. 무엇이 마음을 청결하게 만들며, 양심을 선하게 만듭니까? 바울은 그것이 "거짓 없는 믿음"이라고 말합니다. 단순한 지적 이해나 피상적인 믿음이 아니라, 깊고 참되며 온전한 믿음 말입니다. 그것은 그 안에 신념(belief)의 요소뿐만 아니라 신뢰(trust)의 요소까지 포함한 믿음(faith)입니다. 신념은 믿음을 만드는 전부가 아닙니다. 신뢰 역시 믿음을 만드는 전부가 아닙니다. 신념과 신뢰는 믿음의 개념 속에서 나눌 수 없는 하나가 됩니다. 이와 같이 그러한 것들을 모두 붙잡는 믿음이 마음을 청결하게 만들고, 양심을 선하게 만듭니다.

그러면 믿음이 어떻게 마음을 청결하게 만들고 양심을 선하게 만들까요? 믿음 자체 안에 있는 어떤 것에 의해서가 아닙니다. 우리의 믿음 속에는 우리를 조금이라도 더 선하게 만들 수 있는 능력이 없습니다. 우리의 믿음 속에는 양심의 참소를 잠잠케 할 수 있는 능력이 없습니다. 우리의 믿음은 단지 마음을 청결하게 만들고 양심을 선하게 만드는 능력이 우리 안에 들어와 역사하도록 만드는 조건일 뿐입니다. 믿음의 능력은 믿음이 우리 삶 속에 들어와 작동하도록 허락하는 것의 능력입니다. 만일 우리가 우리 마음을 연다면, 불이 들어올 것입니다. 그러면 그 불은 얼음을 녹이고, 우리 마음으로부터 더러운 것들을 태울 것입니다. 우리는 믿음에 대해 성경이 말하는 바를 분명하게 이해해야 합니다. 믿음은 예수 그리스도 자신인 능력이 우리 안에서 활동하는 통로 혹은 매개체 혹은 조건입니다. 바로 이것이 성경이 우리에게 가르치는 바입니다. 집안을 밝음으로 가득 채우는 것은 창문이 아니라 그것을 통해 들어오는 햇빛입니다. 걸인을 넉넉하게 만드는 것은 그의 내민 손이 아니라 그 손 위에 놓인 돈입니다. 수조

(水曹)를 가득 채우는 것은 파이프가 아니라 그것을 통해 들어오는 물입니다. 여러분의 마음을 청결하게 만들고 양심을 하나님과 사람에 대해 거리끼는 것이 없게 만드는 것은 여러분의 믿음이 아니라 그 믿음의 통로를 통해 여러분의 마음과 양심 속으로 들어오시는 예수 그리스도입니다.

그러므로 성도 여러분, 성품과 행동을 고상하고 의롭게 만드는 모든 능력의 비밀을 배우십시오. 여러분의 발을 사다리의 제일 낮은 계단에 올려놓으십시오. 그러고 나서 올라가기를 열망하십시오. 그러면 여러분은 제일 꼭대기에 도달하게 될 것입니다. 첫 번째 단계를 취하십시오. 그리고 그것에 진실하십시오. 그러면 여러분은 필연적으로 마지막 단계에 도달하게 될 것입니다. "하나님이 우리를 사랑하시는 사랑을 우리가 알고 믿었노니"라고 말할 수 있는 사람은 또한 "우리가 그를 사랑함은 그가 먼저 우리를 사랑하셨음이라"라고 말할 수 있을 것입니다(요일 4:16-19). "우리가 이 계명을 주께 받았나니 하나님을 사랑하는 자는 또한 그 형제를 사랑할지니라"(요일 4:21).

2
복되신 하나님의 영광의 복음

"복되신 하나님의 영광의 복음"

딤전 1:11

본문을 살피기에 앞서 우리는 먼저 다음과 같은 두 가지 사실을 주목할 필요가 있습니다. 첫째는 흠정역(KJV)의 "영광스러운 복음"(glorious gospel)이 아니라 개정역(RV)의 "영광의 복음"(the gospel of the glory)이 올바른 번역어라는 사실입니다(한글개역개정판은 개정역처럼 되어 있음). 바울은 지금 복음이 어떤 종류의 것인가에 대해 말하고 있는 것이 아니라 그것이 무엇에 관한 복음인가에 대해 말하고 있는 것입니다. 그는 복음의 성격이 아니라 복음의 내용을 다루고 있습니다. 그것은 하나님의 영광을 계시하며, 그것과 관련되며, 그것을 나타내는 복음입니다.

또 하나 주목해야 하는 것은 "복되신"이란 단어의 의미와 관련한 것입니다. 신약에서 "복된"이라고 번역되는 헬라어 단어는 두 개가 있습니다. 하나는 좀 더 일반적인 것으로서 문자적으로 "좋게 말하여지는"(well spoken of)을 의미합니다. 이것은 칭송이나 축복의 행동을 가리키며, 사람들이 어떤 사람에 대해 좋게 말할 때 그가 어떤 사람인지를 묘사하거나, 혹은 사람들이 하나님의 이름을 찬미하며 높일 때 하나님이 어떤 분인지를 묘사하는데 사용되는 것입니다. 다른 하나는 여기에서 사용된 것으로서, 성경에서 오직 하나님께만 적용되는 단어입니다. 이 단어는 사람들이 하나님께 찬미와 송축을 돌릴 때는 사용되지 않고, 다만 하나님을 사람들과는 분리된 존재로서 묘사하면서 하나님을 그 자체로 "Blessed God" 혹은 "happy God"이라고 부를 때 사용됩니다. 어떤 사람들의 눈에는 여기의 "복된"(happy)이란 단어가 지나치게 가볍게 보일는지 모릅니다. 그러나 나는 이와 같은 문맥에서 그것보다 더 좋은 단어를 결코 발견하지 못합니다. 만일 우리가 그것이 하나님의 마음을 채우고 있는 장엄하며, 고요하며, 평온하며, 영원한 기쁨을 의미한다는 사실을 기억하기만 한다면 말입니다.

이제 본문을 살펴보도록 합시다. 우리는 본문으로부터 다음과 같은 세 가지 요점을 찾을 수 있습니다. 첫째로, 그리스도 안에서의 하나님의 계시가 — 이것을 기록한 것이 복음입니다 — 하나님의 영광이라는 사실입니다. 둘째로, 그러한 계시는 매우 깊은 의미에서 하나님의 축복(blessedness) 안에 있는 한 요소라는 사실입니다. 그리고 셋째로, 그러한 계시는 사람들을 위한 복음이라는 사실입니다. 이러한 세 가지 요점을 순서대로 살펴보도록 합시다.

1. 첫째로, 예수 그리스도 안에서의 하나님의 계시가 바로 하나님의 영광이라는 사실을 주목하십시오.

전체적인 복음의 이러한 주제 혹은 내용 혹은 목적은 사람들에게 하나님의 영광을 분명하게 제시합니다.

"영광"이란 단어로서 우리가 의미하는 것은 무엇일까요? 이러한 질문에 대한 대답은 그 단어가 구약에서 어떤 의미를 가지고 있었는지를 생각할 때 가장 분명하게 드러납니다. 구약에서 "영광"은 통상적으로 하나님의 임재와 자기현현의 상징으로서 그룹 사이에 거하는 초자연적인 찬란한 빛을 가리킵니다. 그러므로 우리는 하나님의 영광을 '그의 자기계시로부터 흘러나오는 빛의 총체' 라고 간단하게 말할 수 있습니다.

만일 이것이 하나님의 영광의 개념이라면, 복음서를 채우고 있는 구체적인 내용들과 그것의 실제적인 본질은 너무도 놀랍게 대조되지 않습니까? 예를 들어, 기독교에 대해 아무런 사전 지식이 없는 어떤 사람을 생각해 보십시오. 그는 복음서 안에서 하나님의 영광의 최고의 계시를 발견할 것이라는 말을 듣습니다. 그는 복음서를 잡고 읽으면서, 그것의 핵심이 하나님에 대한 것이 아니라 한 사람에 대한 것임을 발견합니다. 그리고 이러한 하나님의 영광의 계시가 한 사람의 전기(傳記)임을 발견합니다. 그리고 그러한 전기의 더 많은 부분이 그 사람의 겸손과 고난과 죽음의 이야기임을 발견합니다. 한 사람의 생애의 역사(歷史)가 하나님의 영광의 모든 계시의 최고의 절정이라는 사실이 그에게 얼마나 이상한 역설처럼 보이겠습니까? 그럼에도 불구하고, 이것은 사실입니다. 바울은, 고난과 멸시와 배척을 당하고 마침내 십자가에 못 박힌 한 사람의 생애의 이야기 속에 다른 모든 신적 빛들을 다 더한 것보다 더 밝은 빛이 비취고 있다고 선언합니다. 그에게 있어 복음은 이 땅에 오셔서 사시고 죽으신 예수 그리스도의 이야기 외에 아무것도 아니었기 때문입니다. 예수 그리스도의 역사(歷史)가 곧 하나님의 영광입니다. 이와 관련하여 짤막하게나마 몇 가지 살펴볼 것들이 있습니다.

그 가운데 하나는 "그러므로 그리스도는 하나님의 자기계시"라는 사실입니다. 만일 우리가 그리스도의 생애와 죽음의 이야기를 다룰 때 단순히 한 사람의 전기(傳記)를 다루고 있는 것일 뿐이라면, 나는 사 복음서가 우리에게 제시하는 그의 전기와 본문이 말하는 복음의 본질 사이에 도대체 무슨 상관이 있는지 묻고 싶습니다. "우리가 아직 죄인 되었을 때에 그리스도께서 우리를 위하여 죽으심으로 하나님께서 우리에 대한 자기의 사랑을 확증하셨느니라"라는 바울의 말은, 만일 자신의 사랑을 확증하신 하나님과 그것을 확증하기 위해 죽으신 그리스도 사이의 관계가 단순히 하나님과 사람 사이의 관계와는 전혀 다른 것이 아니라면, 도대체 무슨 의미를 갖는 것이겠습니까? 성도 여러분, 만일 여러분이 앞의 말씀과 또 다른 수백 가지 말씀들을 이치에 닿지 않는 비논리적인 말이라는 비난으로부터 건져내기를 원한다면, 여러분은 그 사람 안에서 우리가 "아버지의 독생자의 영광"을 본다는 사실을 믿어야만 합니다. 그의 온유함을 바라볼 때, 우리는 "오래 참으시는 하나님"을 말해야만 합니다. 그의 눈물을 바라볼 때, 우리는 "긍휼히 여기시는 하나님"을 말해야만 합니다. 그의 십자가를 바라볼 때, 우리는 "구속하시는 하나님"을 말해야만 합니다. 그 사람을 바라보면서, 우리는 그 안에서 명백한 신성(神性)을 보아야만 합니다. "나를 본 자는 아버지를 보았느니라"라는 말씀을 들어 보십시오. 그리고 그 안에 계셨던 하나님의 계시인 그의 생애의 이야기 앞에 머리를 숙이십시오.

나아가 본문은 이러한 예수 그리스도 안에서의 하나님의 자기계시가 인간들에 대한 하나님의 모든 계시의 최고의 정점(頂點)이라고 암시합니다. 나는 신적 속성의 최고의 현현(顯現)이 사람의 형상으로 이루어져야만 한다고 믿습니다. 나는 땅에서와 마찬가지로 하늘에서의 인성(人性)의 법칙은 아들이 하나님을 나타내는 자라는 것임을 믿습니다. 예수 그리스도 안에서 이루어진 신적 본성의 전달보다 더 높고 고상한 전달은 결코 없습니다.

그러나 나는 여기에 더하여 다음과 같은 한 가지 사실을 더 이야기하고 싶습니다. 그것은 우리 주 예수 그리스도의 삶과 죽음의 놀라운 이야기 안에 신적 자기전달이 최고 수위에 도달했다는 사실입니다. 신적 본성의 모든 에너지가 거기에서 구체화됩니다. "하나님의 지혜와 지식의 부요함"이 우리 구주의 십자가 고난 속에 있습니다. "이 때에 자기의 의로우심을 나타내기 위해" 예수 그리스도는 오셨고 죽으셨습니다(롬 3:26). 십자가는 "하나님의 구원의 능력"입니다. 우리는, 비천한 한 남자를 사랑하여 자신의 진주 목걸이를 녹여 그로 하여금 그것을 마시도록 준 어떤 왕비의 옛 이야기를 잘 압니다. 그와 마찬가지로 하나님은 비천하고 자격 없는 우리를 사랑하사 우리에게 오셨습니다. 그리고 그 사랑을 인하여 자신의 본성의 모든 보화를 녹여 우리에게 주시며 말씀하십니다. "너희는 이 모든 것을 마시라." 이를테면 전체적인 신성(神性)이 녹아 그리스도의 십자가로부터 사람들의 마음속으로 사랑의 강물이 마치 거센 급류처럼 흘러 내려옵니다. 바로 여기에 하나님의 자기계시의 정점이 있습니다.

한 걸음 더 나아가 본문은 하나님의 영광의 참된 중심이 다름 아닌 하나님의 사랑임을 함축합니다. 기독교 국가란 개념은 상당 부분 이교적입니다. 하나님의 본성과 영광에 대한 그것의 세속적인 개념 속에 그러한 이교적 특징이 적지 않게 나타납니다. 사람들은 종종 하나님을 사람으로부터 분리시키는 장엄한 속성들은 그의 신적 특성의 영광스러운 측면에 속하는 속성들이라고 생각합니다. 그들은 "은혜"와 "영광"을 구별하면서, 후자는 주로 도덕적인 속성보다는 물질적이며 형이상학적인 속성들에 적용되는 것으로 생각합니다. 우리는 힘을 숭배합니다. 그리고 그 힘이 무한까지 확장될 때, 우리는 그것을 하나님의 영광이라고 생각합니다. 그러나 본문은 그와 같은 모든 그릇된 관념으로부터 우리를 건져 냅니다. 본문을 올바로 이해할 때, 우리는 영광의 진정한 핵심이 온유와 사랑이라는 사실을 배우게 됩니다. 십자가 위에 달린 나약한 자의 형상과 사람들이 생각하는 힘의 개념은 얼마나 다릅니까? 그러나 만일 우리가 하나님 안에서 힘과는 다른 어떤 것을 배운다면, 우리는 예수 그리스도를 바라보며 이렇게 말할 수 있게 될 것입니다. "보라! 이 사람이 우리 하나님이라. 우리가 지금까지 그를 기다렸고, 그는 우리를 구원할 것이라." 그의 완전무결한 지식과 지혜, 그의 팔의 지칠 줄 모르는 힘, 그의 존재의 무궁무진한 에너지, 졸지도 주무시지도 아니하시며 모든 것을 바라보는 그의 눈, 피조물 가운데 나타나는 그의 두려운 임재 — 하나님의 영광은 이런 것들 안에 있지 않습니다. 그것은 그의 사랑 안에 있습니다. 앞에 열거한 것들은 주변적인 것들에 불과합니다. 중심의 광채는 그의 사랑입니다. 복음은 하나님의 영광의 복음입니다. 왜냐하면 그 모든 것이 "하나님이 세상을 이처럼 사랑하사 독생자를 주셨으니"라는 한 말씀으로 요약되기 때문입니다(요 3:16).

2. 둘째로, 그리스도 안에서의 하나님의 계시는 하나님의 축복의 한 요소라는 사실을 주목하십시오.

이제 우리는 단지 희미하게 밖에는 보지 못하는, 그러므로 매우 조심스럽게 밖에는 말할 수 없는 장소로 들어왔습니다. 오직 신적인 교훈의 뒷받침을 받을 때야만 비로소 우리는 확실하게 말할 수 있을 것입니다. 또 성경이 말하는 것들을 단순히 문자적으로 받아들이는 것에 대해 우리는 지혜롭지 못한 일이라고 말할 수 없습니다. 나는 이렇게 말하고 싶습니다 — 철학자의 신(神)은 완전히 충족하며 비감정적(非感情的)인 신이지만, 성경의 하나님은 긍휼을 베푸시기를 기뻐하며 선물을 주시기를 좋아하며 사람들이 선물을 받을 때 즐거워하는 하나님이라고 말입니다. 세상의 모든 고통과 슬픔의 한가운데서 이러한 심오한 영역으로 도약하여 우주의 심장에 살아 있는 인격적인 기쁨이 있음을 느끼는 것은 분명 쉬운 일이 아닙니다. 그렇지만 어쨌든 나에게 있어 "복되신 하나님"이란 개념 속에는 무한한 아름다움과 강력한 위로와 힘이 있습니다. 그는 옛 천문학자들이 태양에 대해 생각했던 것과 같은 그런 하나님이 아닙니다. 태양을 그 중심이 싸늘하게 냉각되어 있는 차가운 거대한 구체(球體)로 생각했던 옛 천문학자들 말입니다. 도리어 하나님은 그 자신이 기쁨이십니다. 또 다른 표현으로 하면, 그는 "복되신 하나님"(blessed God)이십니다. 시편 기자는 신적 본성의 깊은 곳을 보면서 큰 환희 가운데 이렇게 노래합니다. "주께서 주의 복락의 강물을 마시게 하시리이다"(시 36:8).

그러나 본문 속에는, 직접적인 말로는 아니라 하더라도 최소한 암시적으로, 이것보다 훨씬 더 큰 것이 있습니다. 그것은 아무리 신적 본성이 그 자체의 절대적이며 무한한 완전성 안에서 복된 것으로 상정되어야 한다 하더라도, 하나님 자신의 축복의 요소는 복음을 통한 세상에 대한 그의 자기전달로부터 솟아오른다는 사실입니다. 모든 사랑은 나누어주는 것을 기뻐합니다. 하물며 하나님에게서야 얼마나 더 그렇겠습니까? 인간 사랑의 낮은 단계에서도 우리는 그렇다는 사실을 압니다. 그러므로 하나님 사랑의 최고의 단계에서, 우리는 모든 경외함으로 이렇게 말할 수 있습니다. "하나님의 자비는 갑절로 복되나이다. 신적 사랑은 그것을 주시는 자와 그것을 받는 자를 함께 복되게 하나이다." 하나님이 우주를 창조하신 것은 자신의 만드신 것을 기뻐하시고 자신을 아낌없이 주실 수 있는 대상을 갖기 위함이셨습니다. 하나님은 우리를 "잠잠히 사랑하시며 우리로 말미암아 즐거이 부르며 기뻐하실" 것입니다(습 3:17). 우리가 그의 빛을 받아들이기 위해 마음을 열고, 그가 자신의 그리스도 안에서 스스로를 나타내셨음을 알 때 말입니다. 복되신 하나님은 복됩니다. 왜냐하면 그는 하나님이기 때문입니다. 그러나 그가 복된 것은 또한 그가 사랑하시는, 그렇기 때문에 주시는 하나님이시기 때문입니다.

이러한 개념은 그가 우리에게 부어주시는 사랑과 긍휼에 얼마나 강력한 견고함을 부여해줍니까? 그러한 사랑과 긍휼이, 만일 우리의 어떤 합당한 자격에 의해 주어지는 것이라면, 우리는 두려워 떨 수밖에 없을 것입니다. 그러나 그 모든 것이 그의 본성과 고유한 특성으로부터 말미암으며 특별히 그는 주심으로써 더 기뻐하신다는 사실을 알 때, 우리는 그의 인자하심이 영원하심을 확신할 수 있게 됩니다. 그것은 그의 존재의 필연입니다. 그는 사랑하시며, 긍휼히 여기시며, 구원하시며, 축복하시는 그 자신의 속성과 모순될 수 없습니다.

3. 셋째로, 그리스도 안에서의 하나님의 계시는 우리 모두를 위한 복음입니다.

"복되신 하나님의 영광의 복음." "복음"이란 단어는 우리의 무분별한 사용에 의해 얼마나 변색되고 무능력한 것이 되었습니까? 그 단어는 우리 마음에 아무런 울림도 갖지 못한 채 우리 입술 위에서 무의미하게 지절거려집니다. 우리는 새롭게 그것의 의미를 깊이 되새길 필요가 있습니다. 그것이 의미하는 것은 이것입니다. 포위당한 도시에 갇혀 있는 사람들을 생각해 보십시오. 그들은 아무런 소망도 없으며, 아무런 도움도 받을 수 없습니다. 그들은 포위를 풀거나 돌파할 수 있는 아무런 힘도 가지고 있지 못합니다. 양식도 떨어져 가고 있으며, 기다리고 있는 것은 확실한 죽음뿐입니다. 여러분은 보불전쟁에서 파리가 처해 있었던 끔찍한 상황을 기억할 것입니다. 이런 절망적인 상황에 처한 우리들에게 놀라운 소식을 담은 편지가 비둘기 발에 묶인 채 전달되었습니다. 그 메시지는 이것입니다. "하나님은 사랑이라. 너희는 그의 어떠하심을 알게 될 것이라. 그는 자기 아들을 보내시고 그 아들은 세상 죄를 위한 희생제물로 십자가 위에서 죽으셨느니라. 그것을 믿고 의지하라. 그러면 너희의 모든 죄가 소멸될 것이라."

사랑하는 성도 여러분, 이것이 복음이 아닙니까? 이것이 여러분이 필요로 하는 복음이 아닙니까? 아버지의 소식이요, 죄 사함의 소식이요, 소망의 소식이요, 사랑의 소식이요, 능력의 소식이요, 정결의 소식이요, 하늘의 소식이 아닙니까? 우리가 처한 끔찍한 상황에 필요한 것이 바로 이것이 아닙니까? 그 복음이 여러분에게 옵니다. 여러분은 그 복음을 어떻게 받아들입니까? 여러분은 그 복음을 열렬히 환영합니까? 여러분은 그 복음을 마음으로 굳게 붙잡으며, "이것은 나의 복음이로다"라고 말합니까? 여러분에게 간절히 호소합니다. 그 메시지를 기꺼이 받아들이십시오. 하늘로부터 온 메시지, 여러분의 마음에 생명과 축복을 가져다줄 메시지를 외면하지 마십시오. 나는 이 시간 여러분에게 다시금 옛 복음을 제시하고 싶습니다. 하나님의 아들 예수 그리스도께서 여러분을 위해 죽으셨으며, 여러분을 축복하고 돕기 위해 살아 계시다는 복음 말입니다. 그 복음을 받아들이십시오. 그리고 생명을 얻으십시오. 그러면 여러분은 이 소식이야말로 마치 목마른 자를 위한 냉수 한 그릇처럼 모든 소식 가운데 최고의 소식이란 사실을 발견하게 될 것입니다.

3
복음의 요약

"미쁘다 모든 사람이 받을 만한 이 말이여 그리스도 예수께서 죄인을 구원하시려고 세상에 임하셨다 하였도다"
딤전 1:15

무엇인가를 요약하는 것은 어려운 기술입니다. 거대한 주제를 가지고 작은 책을 쓰는 것보다 더 무미건조하고 불만족스러운 일도 없습니다. 또 요약에는 항상 오류가 잠복해 있을 가능성이 있습니다. 그럼에도 불구하고 여기에 사람들에 대한 하나님의 전달의 모든 충만이 한 문장으로 요약되어 있습니다. 마치 다이아몬드처럼 반짝이면서 말입니다. 본문은 마치 향기로운 꽃들로 가득한 정원으로부터 증류하여 얻은 한 방울의 향료 진액과 같습니다. 마술 텐트와 관련한 옛 우화를 기억합니까? 군대 전체가 들어갈 수 있도록 확장되기도 하고, 단 한 사람밖에 들어갈 수 없도록 축소되기도 하는 텐트 말입니다. 본문은 마치 그와 같습니다. 성경과 수많은 도서관의 서가(書架)를 가득 채우는 복음이 여기에서 조금의 손상도 없이 단 한 문장으로 요약되어 있습니다. 가장 단순한 사람조차도 그것이 제시하는 구원의 진리를 충분히 이해할 수 있도록 말입니다.

"미쁘신 말씀"(faithful saying)이란 표현은 바울서신에 다섯 번 나타나는데, 모두 목회서신에서 나타납니다. 당시 바울에게 있어 스스로 매우 중요하게 느끼는 어떤 것을 강조하기 위해 이러한 표현을 사용하는 것은 통상적인 습관이었던 것으로 보입니다. 오직 한 경우만을 제외하고 그러한 표현은 모두 복음의 가장 포괄적인 진리를 언급합니다. 이제 본문을 통해 — 본문은 다섯 번의 경우 가운데 첫 번째 경우입니다 — 그와 관련한 몇 가지 교훈을 살펴보도록 합시다.

1. 첫째로, 여기에 제시된 복음의 핵심을 주목하십시오.

"그리스도 예수께서 죄인을 구원하시려고 세상에 임하셨도다." 여기의 단어 하나하나에 큰 무게가 실려 있습니다. 여기에 "그리스도 예수"라는 우리 주님의 장엄한 호칭을 주목해 보십시오. "그리스도"는 그의 신적 직책을 말하는 것입니다. 그는 주 하나님의 영이 임하신 자입니다. 그가 기름부음을 받은 것은 가난한 자들을 위해 복음을 전파하고, 포로된 자들을 위해 옥문을 열기 위함입니다. 또 "그리스도"란 호칭은 선지자들과 각종 의식(儀式)들이 증거했던 자가 바로 그분임을 나타냅니다. 그는 선지자들과 왕들이 그의 오심을 그토록 오랜 세월 간절히 바라보면서 그의 날을 멀리서 희미하게 바라보며 기뻐했던 바로 그분입니다. 한편 "예수"라는 이름은 베들레헴에서 태어난 아이에 대해 이야기합니다. 그는 우리와 같이 사심으로써 우리 삶의 모든 경험을 아십니다. 그는 하나님의 전지(全知)와 긍휼로 우리의 고난을 내려다보실 뿐만 아니라 또한 사람의 경험과 동정(同情)으로 우리의 고난을 아십니다.

"그리스도 예수께서 임하셨도다." 그는 세상에 임하시기 전에도 계셨습니다. 그 자신의 의지가 그의 발을 이끌어 그를 세상에 오시게 했습니다.

"그리스도 예수께서 구원하시려고 임하셨도다." 그러므로 병이 있습니다. 왜냐하면 구원은 치료하는 것이기 때문입니다. 그러므로 위험이 있습니다. 왜냐하면 구원은 안전하게 만들어주는 것이기 때문입니다.

"그리스도 예수께서 죄인들을 구원하시려고 임하셨도다." 그러므로 복음의 핵심은 신적 인격(divine person)이 영광의 삶을 버리고, 놀라운 방식으로 사람들을 우주적인 위험과 병으로부터 구원하기 위해 스스로 인성(manhood)을 취하셨다는 사실입니다. 바로 이것이 바울이 믿었던 복음입니다. 그리고 바로 이것이 그가 "미쁘신 말씀"으로서 우리에게 제시하는 복음입니다.

그렇다면 우리는 먼저 여기에서 몇 가지 매우 중요한 사실을 주목해야 합니다. 첫째는 죄의 보편성입니다. 이것은 우리 모두에게 공통적인 사실입니다. 물론 우리는 모두 다릅니다. 우리는 문화적으로 서로 다를 수 있으며, 서로 다른 조건을 가지고 있을 수 있으며, 삶의 상황과 형태가 서로 다를 수 있습니다. 그러나 그 모든 다양성의 기저(基底)에 모두에게 공통적인 것이 한 가지 있습니다. 그것은 우리 마음속에 검은 물방울(black drop)이 있다는 사실입니다. "모든 사람이 죄를 범하였으매 하나님의 영광에 이르지 못하더니"(롬 3:23). 우리가 믿는 복음의 능력과 의미와 축복을 이해하기 위한 첫 번째 조건으로서 내가 여러분에게 제시하기를 원하는 것이 바로 이 진리입니다.

바울은 이러한 보편적인 선언으로서 무엇을 의미합니까? 만일 여러분이 이어지는 그의 생생한 자서전적 표현을 주목한다면, 여러분은 그것을 충분히 이해하게 될 것입니다. 그는 계속해서 말합니다. "죄인 중에 내가 괴수니라." 이러한 말은 스스로에 대해 "율법의 의로는 흠이 없는 자"라고 말했던 동일한 사람에 의해 말하여진 것입니다. 예로부터 참된 기독교 신앙을 고백하는 모든 그리스도인들은 여기의 바울의 말을 똑같이 반복해왔습니다. 아우구스티누스의 「고백록」(*Confession*)으로부터 존 번연의 「죄인 중의 괴수에게 임한 넘치는 은혜」(*Grace Abounding to the Chief of Sinners*)에 이르기까지 말입니다. 그러면 어떤 사람들은 "그들은 필경 악한 죄를 많이 지었음에 틀림없어"라고 말하든지 혹은 "그들은 과장이 너무 심해"라고 말할 것입니다. 결코 그렇지 않습니다. 가장 지독한 악취는 도리어 냄새가 나지 않습니다. 가장 독성이 강한 가스는 단지 그 결과에 의해서만 지각될 뿐입니다. 바울로 하여금 스스로를 "죄인 중의 괴수"라고 생각하게 만든 것은 그가 계명들을 깨뜨렸기 때문이 아니었습니다. 왜냐하면 그는 "이 모든 것을 내가 어려서부터 지켰노라"라고 당당하게 말할 수 있었기 때문입니다. 그럼에도 불구하고 그 모든 도덕성 가운데서도 그의 마음속에는 하나님으로부터의 소외와 그 자신의 죄성(罪性)에 대한 무지가 흐르고 있었습니다.

사랑하는 성도 여러분, 이것은 과장하는 것도 아니며, 화려한 수사법에 불과한 것도 아닙니다. 여기에서 내가 여러분에게 역설하고 싶은 것은 그러한 보편적이며 심오한 죄가 열정의 탐닉이나 도덕성의 파괴 위에 놓여 있는 것이 아니라 하나님을 버린 것 위에 놓여 있다는 사실입니다. "너희가 생수의 근원인 나를 버렸도다"(렘 2:13). 이것은 나와 여러분 모두에게 해당되는 사실입니다. 나는 여러분이 여러분의 삶의 수면(水面) 아래 잠재해 있는 죄성의 존재를 인식하기를 바랍니다. 여러분의 삶은 그런대로 아름다울는지 모릅니다. 하나님은 내가 그것을 부인하는 것을 막으십니다. 여러분은 여러 측면에서 매력적이며, 선을 향해 열심히 노력하기도 할 것입니다. 그러나 그 모든 것은 "너희가 하나님을 영화롭게 하지 아니하였느니라"는 한 말씀에 의해 여지없이 무너지고 맙니다. 그것이 사람들의 모든 우아함과 교양과 훌륭함을 단번에 날려버리기에 충분합니다. 그러므로 수면 아래 내재해 있는 검은 실재를 바라보면서, "나는 죄인 중의 괴수니라"라고 말하며 애통해하십시오.

나아가 본문에 나타난 '복음에 대한 바울의 요약'은 이러한 보편적인 죄의 치명적인 특성을 암시합니다. 그는 "예수 그리스도께서 구원하러 임하셨도다"라고 말합니다. "구원"과 대응하는 것은 병 혹은 위험입니다. 원어에서 그 단어는 두 상태, 즉 병든 상태와 위험한 상태에 반대되는 상황에서 사용됩니다. 구원받는 것은 고치는 것이며, 안전하게 만들어주는 것입니다. 이와 관련하여 하나님으로부터의 소외, 그리고 하나님을 자신이나 혹은 다른 피조물로 대체하는 것이 전인(全人, whole man)의 병이라는 사실을 기억하십시오. 치료되지 않은 병의 마지막은 죽음입니다. 그 상처는 세상의 어떤 치료법으로도 치료되지 않으며, 우리는 아무런 치료약도 가지고 있지 못합니다. 그러므로 병의 개념은 곧바로 위험의 개념으로 이행됩니다. 왜냐하면 치료되지 않은 병은 오직 죽음으로만 끝날 수 있기 때문입니다. 여러분이 지금 저의 설교를 들으면서 자신의 생명과 성품이 실제로 얼마나 초라한 것인지를 인식하게 된다면 얼마나 좋겠습니까? 또 여러분 자신의 모든 실재가 어둠으로 미끄러져 내려가는 내리막길 위에 있음을 깨닫게 된다면 얼마나 좋겠습니까?

여러분은 오늘날의 강단으로부터 죄의 위험에 대한 설교를 많이 듣지 못합니다. 그러나 하나님은 죄의 위험이 소수의 특정한 사람들에게만 해당되는 것으로 말씀하지 않습니다. 하나님은 그것이 모든 사람에게 해당되는 것이라고 분명히 확언하십니다. 사랑하는 성도 여러분, 모든 죄의 위험은 첫째로 그것이 빠르게 자란다는 것이며, 둘째로 그것이 하나님으로부터 분리시키는 힘을 가지고 있다는 것이며, 셋째로 그것이 현재와 미래의 형벌을 확실하게 가져다준다는 사실입니다.

나에게 있어 죄의 치명적인 결과의 증거는 그것을 막기 위해 하나님이 하셔야만 했던 일입니다. 여러분은 죄의 상처가 작고 대수롭지 않은 것이라고 생각합니까? 예수 그리스도의 피 흘린 손 외의 다른 것으로도 얼마든지 봉합할 수 있을 정도로 말입니다. 구원을 위해 치른 값을 통해 그 위험이 얼마나 크고 절박한 것이었는지 측량해 보십시오. 그 상처를 치료하기 위해 그리스도께서 채찍에 맞으셔야 했던 것을 통해 그 상처가 얼마나 심각했었는지를 측량해 보십시오. 만일 여러분과 내가 사망의 위험 속에 있지 않았다면, 예수 그리스도는 죽으시지 않았을 것입니다. 또 만일 하나님의 아들이 자신의 영광을 내려놓으시고 세상에 오셔서 사람들을 위해 십자가에서 죽으신 것이 사실이라면, 우리는 그와 같은 엄청난 선물과 놀라운 긍휼로부터 본래 우리가 마땅히 받아야 할 죄의 징벌이 얼마나 비참하고 두려운 것이었는지를 분명하게 배울 수 있습니다. 죄가 가져다주는 병과 위험은 결코 작은 것이 아닙니다.

나아가 우리는 본문이 제시하는 복음의 요약으로부터 기독교 계시의 참된 핵심과 본질이 어디에 있는지를 추론할 수 있습니다. 여러분은 결코 복음을 이해하지 못할 것입니다. 신약이 취하는 관점을 기꺼이 받아들이면서, 인간의 죄와 그 결과가 얼마나 무겁고 위중한 것인지를 충분히 인식할 때까지 말입니다. 여러분은 예수 그리스도 안에서의 하나님의 계시의 영광과 능력을 결코 알 수 없을 것입니다. 그것이 무엇보다도 인간의 파멸이 회복되며, 추락이 멈추어지며, 죄가 용서되고 깨끗하여지는 강력한 방편이라는 사실을 인식할 때까지 말입니다. 예수 그리스도의 복음을 일차적으로 성육신과 희생제사의 위대한 행동에 의해 세상을 구속하는 것으로 생각할 때 비로소 우리는 그것의 최고의 가치를 어느 정도 헤아릴 수 있게 될 것입니다.

나는 기독교를 아무런 생명력도 갖지 못하는 것으로 변질시키는 거의 대부분의 오류가 바로 이것, 즉 사람들이 죄의 상처가 얼마나 깊으며 치명적인지를 보지 못하고 그럼으로써 복음이 일차적으로 구속의 체계라는 사실을 인식하지 못하는 사실로부터 온다고 믿습니다. 복음에는 다른 복된 측면들이 많이 있습니다. 사랑할 만하며, 칭찬할 만하며, 사람들의 마음과 생각을 잡아끌 만한 측면들 말입니다. 그러나 그 모든 것은 구속의 복음 위에 세워집니다. 우리는 예수 그리스도의 십자가와 부활로 말미암아 죄 사함을 받고, 그 안에서 치료를 받습니다. 만일 여러분이 이것을 빼버린다면, 여러분에게 남는 것은 알맹이 없는 죽은 복음뿐입니다.

나는 오늘날 우리 모두가 다음과 같은 사실을 새롭게 되새길 필요가 있다고 믿습니다. 즉 복음의 본질적인 특성은 성육신하시고 죽으시고 부활하신 예수 그리스도를 통한 하나님의 구원의 능력이며, 오직 이차적으로 그것은 도덕도 되고 철학도 되며 사회적인 지렛대로 된다는 사실 말입니다. "미쁘다 모든 사람이 받을 만한 이 말이여 그리스도 예수께서 죄인을 구원하시려고 세상에 임하셨다 하였도다."

2. 둘째로, 이러한 복음의 요약의 신뢰성을 주목하십시오.

여러 명의 사람들이 개울 앞에 서 있습니다. 스스로의 힘으로는 개울을 건널 수 없어 어쩔 줄 모르고 있는데, 그 중 한 사람이 옆에 있던 한 널빤지에 의지하여 개울을 건넜습니다. 그러고는 그 널빤지를 개울 건너 동료들에게 던져주면서 말합니다. "널빤지는 튼튼하고 안전하니 너희도 그 널빤지로 개울을 건너도록 하게." 그렇다면 그들은 충분히 모험을 감행할 근거를 갖게 될 것입니다. 여기에서 바울이 말하고 있는 것도 정확하게 그와 같습니다. 바울은 그것이 "미쁘신 말씀"인 것을 어떻게 압니까? 그것은 그가 자신의 경험을 통해 예수 그리스도의 구원이 실제로 효력이 있는 것임을 발견했기 때문입니다. 바울뿐이겠습니까? 그 외에도 복음의 확실성을 증언할 사람들은 얼마나 많습니까? 여기의 바울과 함께 "한 가지 아는 것은 내가 전에는 보지 못하더니 지금은 보나이다"(요 9:25)라고 기꺼이 고백할 사람들이 얼마나 많습니까? 나의 경험은 여러분의 확실성이 될 수 없습니다. 그러나 만일 여러분과 내가 똑같은 병으로 고통 받고 있는 가운데 내가 어떤 치료법을 통해 그 병을 깨끗하게 치료받았다면, 나의 경험은 여러분에게 상당한 중요성을 갖게 될 것입니다.

이와 같이, 성도 여러분, "이 가련한 자가 부르짖으매 주께서 들으시고 구원하셨도다"라고 말할 준비가 되어 있는 수많은 사람들을 생각해 보십시오. 이와 반대되는 증거를 제시하면서 다음과 같이 말할 사람이 있습니까? "우리가 그것을 시험해 보았으나 모두가 거짓이요 환상일 뿐이었도다. 우리는 당신들이 말하는 그리스도에게 죄 사함을 간청했으나 그는 듣지도 않고 용서해 주지도 않았도다. 우리는 그에게 정결케 해달라고 간청했으나 그는 그렇게 해주지 않았도다. 우리는 그를 시험해 보았으나 그는 사기꾼일 따름이었도다. 그러므로 우리는 더 이상 그와 아무런 관계도 갖지 않을 것이라." 물론 다시금 죄의 수렁으로 되돌아가는 사람들도 있습니다. 그러나 그것은 그리스도께서 약속을 지키지 않았기 때문이 아니라, 그러한 약속이 이루어지는데 그들이 무관심했기 때문입니다. 예수 그리스도는 자신의 구원이 사람의 의지에 반하여 이루어질 것이라고 약속하지 않습니다.

그러나 그것이 "미쁘신 말씀"인 것은 단지 수많은 사람들의 일치된 합창 때문만은 아닙니다. 나는 다른 모든 것을 뛰어넘는 하나의 확실한 증거를 제시하고 싶습니다. 세상 역사 속에 예수 그리스도의 부활보다 더 확실하게 입증된 사건은 아무것도 없습니다. 만일 예수 그리스도가 죽은 자 가운데 다시 살아나지 않았다면, 여러분은 세상 역사도 또 교회의 존재도 이해할 수 없을 것입니다. 반면 예수 그리스도가 죽은 자 가운데 다시 살아나셨다면, 그의 초자연성, 시작과 끝(즉 그리스도의 탄생과 부활)의 완전한 대응, 하나님의 아들이요 세상의 구주라는 그의 주장에 대한 신적 확증과 같은 사실들은 모두 필연적인 것이 될 것입니다. 내가 볼 때 이 모든 것들은 부활의 사실로부터 필연적으로 따릅니다. 지난 열아홉 세기 동안의 일치된 증거로 볼 때, 교회가 존재하는 분명한 사실로 볼 때, 기독교가 세상에 끼친 엄청난 결과를 볼 때, 이 모든 것이 예수 그리스도의 부활의 사실 위에 기초하는 것을 볼 때, "그리스도 예수께서 죄인을 구원하시려고 세상에 임하셨다"는 것은 정말로 "미쁘신 말씀"입니다.

오늘날 어떤 사람들은 마치 과학의 발전과 생명체와 인류의 진화와 관련한 새로운 관점이 복음의 확실성을 입증한 것처럼 말하곤 합니다. 그러나 내가 보기에 이러한 것들은 가장 적은 정도의 기여도 하지 않았습니다. 하나님의 기초는 견고하게 서 있습니다. 사람들이 그 위에 어떤 상부 구조물들을 세운다 하더라도 말입니다. 사람들이 세운 상부 구조물들은 바람에 날아가 버릴 수 있습니다. 그러나 하나님의 기초는 견고히 서 있습니다. 많은 것들이 사라질지라도, 그러나 복음은 굳게 서 있습니다. 복음이 허물어지지 않을까 염려하지 마십시오. 새로운 사상에 대해 마치 그것이 기독교를 끝장낼 것처럼 두려워하지 마십시오. 도리어 인간의 죄의 실재와 구속의 실재는 그런 것들에 의해 조금도 흔들리지 않는다는 사실을 인식하십시오. 과거와 마찬가지로 오늘날에도 예수 그리스도는 세상의 구주이십니다. 폭풍에 의해 다른 피난처들은 날아갈지라도, 하나님의 기초는 결코 날아가지 않습니다. "보라 내가 한 돌을 시온에 두어 기초를 삼았노니 곧 시험한 돌이요 귀하고 견고한 기촛돌이라 그것을 믿는 이는 다급하게 되지 아니하리로다"(사 28:16).

3. 셋째로, 그와 같은 미쁘신 말씀을 받아들여야 할 의무를 주목하십시오.

바울은 "모든 사람이 받을 만한 이 말이여"라고 말합니다. 만일 그것이 신뢰할 만한 말이라면, 그것은 모든 사람이 받을 만한 말일 것입니다. 확실한 주의 말씀은 받아들일 만한 자격을 가지고 있습니다. "모든 사람이 받을 만한"이라는 표현은 모든 사람들에 의해 환영받을 만하다는 의미이든지 아니면 각각의 전인(全人)에 의해 환영받을 만하다는 의미일 것입니다.

복음은 모든 사람에 의해 환영받을 만한 것입니다. 왜냐하면 그것은 인간의 본질적인 죄의 문제를 다룸으로써 모든 사람에게 적합하기 때문입니다. 성도 여러분, 우리는 교육과 문화의 측면에서 서로 다른 종류의 지적 자양분을 필요로 합니다. 우리는 환경과 상황의 측면에서 서로 다른 종류의 치료법을 필요로 합니다. 한 세대의 도덕은 다른 세대의 도덕과 다릅니다. 많은 도덕들은 지역적이며 임시적입니다. 옳든 그르든 말입니다. 그러나 백인이든 흑인이든, 문명인이든 야만인이든, 지혜자든 어리석은 자든, 왕이든 농사꾼이든, 모든 사람은 숨쉬기 위한 동일한 공기와 마시기 위한 동일한 물과 빛과 온기를 위한 동일한 태양을 필요로 합니다. 마찬가지로 모든 사람은 동일한 죄로부터 구속을 위한, 동일한 위험으로부터 안전을 위한, 동일한 죽음으로부터 건짐을 받기 위한 동일한 그리스도를 필요로 합니다. 이 복음이 세상과 그 안에 있는 모든 사람을 위한 복음입니다. 여러분은 그 복음을 여러분의 복음으로 받아들였습니까? 만일 그것이 "모든 사람이 받을 만한" 것이라면, 그것은 또한 여러분이 받을 만한 것입니다. 만일 여러분이 그렇게 하지 않았다면, 여러분은 그리스도와 그의 복음을 존귀하게 대하지 않고 있는 것입니다. 마치 배달되지 않은 채 그냥 우체국 창고에 쌓여 있는 쓸모 없는 편지처럼 말입니다. 여러분은 그것이 거기 있는 것을 알지만 그러나 가지러 갈 만큼의 수고를 치를 가치가 있는 것으로는 생각하지 않습니다. 하늘의 선물이 여러분 옆에 놓여 있습니다. 그것은 "모든 사람이 받을 만한" 것입니다.

그것은 또한 사람의 본성 전체 속으로 받아들일 만한 것이라는 의미에서 "모든 사람이 받을 만한" 것입니다(여기의 "모든 사람"은 全人 즉 "whole man"을 의미하는 것임). 왜냐하면 그것은 사람의 본성 전체에 적합하며 그것을 복되게 하는 것이기 때문입니다. 어떤 사람들은 그것을 절반만큼만 환영합니다. 우리는 머리와 마음을 나누고는, 그것을 우리의 머리로만 받아들입니다. 우리는 우리의 신앙을 전인(全人)의 한쪽 부분에만 고정시킵니다. 그럼으로써 그것은 우리 전체에 영향을 끼치지 못합니다. 그러나 그것은 우리의 지성(知性)에 받아들여질 만하며, 우리의 의지(意志)에 받아들여질 만하며, 우리의 양심(良心)에 받아들여질 만하며, 우리의 감정(感情)에 받아들여질 만합니다. 소망에 대하여, 그것은 확실성을 가져다 줍니다. 격정(激情)에 대하여, 그것은 고삐를 가져다줍니다. 노력에 대하여, 그것은 힘과 박차를 가져다줍니다. 열망에 대하여, 그것은 만족을 가져다줍니다. 그리고 전인(全人)에 대하여, 그것은 치료와 빛을 가져다줍니다.

사랑하는 성도 여러분, 미쁘신 말씀을 취하십시오. 만일 그렇게 했다면, 여러분의 죄에 대하여 그것이 시작하는 곳에서 시작하십시오. 그리고 위험과 병 가운데 있으면서도 스스로를 보호할 수도 고칠 수도 없는 죄인으로서 구원받은 것을 기뻐하십시오. 여러분 앞에 있는 줄을 당겨 보십시오. 그러면 여러분은 그 줄이 튼튼하다는 사실을 발견하게 될 것입니다. 여러분에게 주어진 약을 사용해 보십시오. 그러면 여러분은 그 약이 병을 고치는 것을 알게 될 것입니다. 그러면 여러분은 자신의 경험을 통해 이렇게 말할 수 있게 될 것입니다. "미쁘다 모든 사람이 받을 만한 이 말이여 그리스도 예수께서 죄인을 구원하시려고 세상에 임하셨다 하였도다."

4
죄인 중의 괴수

"죄인 중에 내가 괴수니라"

딤전 1:15

일반적으로 훌륭한 선생일수록 스스로를 낮게 말하는 반면 시시한 선생일수록 스스로를 높게 말하는 경향이 있습니다. 우리는 여기에 나타난 바울의 말보다 스스로를 더 낮게 말하는 말을 어디에서도 들을 수 없을 것입니다. 또 그는 "우리는 우리를 전파하는 것이 아니라 오직 그리스도 예수를 전파함이라"라고 말하면서, 이와 같은 스스로의 행동원칙을 매우 철저하게 따랐습니다(고후 4:5). 이와 같이 바울은 스스로에 대해서는 매우 낮게 말하면서, 자신을 예수 그리스도께로 이끌었던 놀라운 긍휼에 대해서는 매우 높게 말합니다. 바울은 자신의 회심에 대해 말할 때마다 뜨거운 감정에 북받쳐 이야기합니다. 예컨대 여기에서도 그는 스스로를 하나님의 오래 참으심의 전형적인 실례(實例)로서 제시합니다. 만일 그가 구원을 받았다면, 아무도 절망할 필요가 없습니다.

어떤 사람들은 여기의 "죄인 중에 내가 괴수니라"는 바울의 말을 매우 역설적이며 과장된 표현으로 생각합니다. 그러나 나는 스스로를 올바로 아는 사람들은 그와 함께 동일한 고백에 동참할 것이라고 생각합니다. 그러한 고백이 없는 곳에 기독교적 능력도 없습니다.

1. 첫째로, 바울이 스스로를 어떻게 생각했는지 주목하십시오.

"죄인 중에 내가 괴수니라." 만일 우리가 일반적인 시각으로 다소의 사울이 그리스도인이 되기 전에 어떤 사람이었는지를 생각한다면, 위와 같은 표현은 전적으로 과장되고 불합리한 것처럼 보일 것입니다. 그러나 우리는 바울의 그러한 고백의 기저(基底)에 있는 원리를 그의 믿음 속에서 찾아야 합니다. 부도덕의 특정한 행동들로 나타나는 악의 외적 표현이나, 혹은 계명을 악의적으로 위반하는 것이 아니라 그러한 행동들이 흘러나오는 내적 원리가 인간의 죄성(罪性)의 척도라는 믿음 말입니다. 성경의 한결같은 교훈에 따를 때, 죄의 근본적인 뿌리는 하나님 대신에 자아(self)가 중심과 목적과 법칙이 되었다는 사실에 있습니다. 바울의 주님은 "정죄는 이것이니 — 사람들이 이러저러한 행동을 하였다는 것이 아니라 — 빛이 세상에 왔으되 사람들이 어둠을 더 사랑한 것이니라"라고 말씀하셨습니다(요 3:19). 바로 이것이 악의 뿌리입니다. 바울의 주님은 또 "내가 보혜사를 너희에게로 보내리니 그가 와서 죄에 대하여 세상을 책망하시리라"라고 말씀하셨습니다(요 16:7, 8). 보혜사가 세상을 책망하는 것은 무엇 때문입니까? 사람들이 계명을 어겼기 때문입니까? 사람들이 정욕과 욕심과 격정을 따라 행하며 살인과 음행을 행했기 때문입니까? 아닙니다. 그들이 예수 그리스도를 믿지 않았기 때문입니다. "죄에 대하여라 함은 그들이 나를 믿지 아니함이요"(요 16:9).

모든 죄의 공통적인 뿌리는 마음과 의지가 하나님으로부터 단절된 것입니다. 사람이 심판을 받게 되는 것은 그러한 뿌리로 말미암는 것이지, 그것으로부터 나오는 실제적인 열매들로 말미암는 것이 아닙니다. 바로 이것이 근본적인 독(毒)입니다. 여러분은 거기에다가 여러 가지 색깔로 채색할 수 있습니다. 또 이런저런 물질을 섞어 달콤하게 만들 수도 있습니다. 그러나 그렇게 해서 얻게 되는 것은 결국 독약일 뿐입니다. 이와 같이 근본적인 독은 사람들이 빛이신 하나님으로부터 돌이켰다는 사실입니다.

바울은 복음에 대해 과거에는 적대적이었지만 지금은 누구보다 헌신적입니다. 그러한 관점에서 바라볼 때, 그는 정말로 위안을 받을 만합니다.

"내가 전에는 비방자요 박해자요 폭행자였으나 도리어 긍휼을 입은 것은 내가 **믿지 아니할 때에 알지 못하고** 행하였음이라"(딤전 1:13). 실제로 그는 스스로에 대해 "율법의 의로는 흠이 없는 자"라는 의식을 갖고 있기도 했습니다. 그럼에도 불구하고 여기에서 그는 스스로를 가장 악한 자로 규정합니다.

사랑하는 성도 여러분, 우리가 스스로를 시험해야만 하는 잣대가 있습니다. 만일 우리가 겉으로 나타나는 행동의 이면(裏面)까지 뚫고 들어가 우리가 근본적으로 어떤 자인지를 생각한다면, 우리는 스스로를 제대로 평가할 수 있는 잣대를 갖게 될 것입니다.

그러나 "괴수"라는 단어와 관련하여 우리는 무슨 말을 해야만 합니까? 그것은 과장이 아닙니까? 그렇기도 하고, 그렇지 않기도 합니다. 모든 사람은 자기 마음 안에 있는 악하고 연약한 곳들을 알아야만 합니다. 다른 곳보다도 바로 그런 곳을 더 잘 알 필요가 있습니다. 만일 정말로 그러한 곳들을 안다면, 사람들은 실제로 나타나는 행동들과 관련한 통상적인 죄의 목록이 매우 피상적인 것이라는 사실을 깨닫게 될 것입니다. 가장 악한 행동이라고 해서 가장 악한 자에 의해 행해질 필요는 없습니다. 더 악한 죄를 범한 자라고 해서 반드시 더 악한 자인 것은 아닙니다.

구체적인 예를 들어볼까요? 맨체스터의 빈민가로 들어가 보십시오. 거기에서 여러분은 모든 인간성을 상실한 채 고약한 냄새를 풍기는 온갖 악을 행하는 사람들을 만날 수 있을 것입니다. 여러분은 그런 일을 행하는 것을 상상조차 할 수 없을 것입니다. 그러나 뒷골목의 매춘부와 도둑과 술주정뱅이와 난봉꾼들이 여러분보다 더 순전할 수 있다는 사실을 여러분은 생각해 본 적이 있습니까? 일반적으로 악한 행동일수록 그것을 행하는 자의 죄책은 더 작아진다는 역설도 가능할 수 있습니다. 사실 겉으로 보기에는 역설 같지만 실제로는 대단한 역설도 아닙니다. 왜냐하면 이 모든 차이를 만들어 낸 것은 한편으로 유혹의 존재(存在)와 다른 한편으로 빛의 부재(不在)이기 때문입니다. 따라서 교육과 문화의 혜택을 많이 받고 그리스도와 그의 사랑을 앎으로써 곧은 길로 갈 기회를 충분히 갖고 있는 여러분보다 그러한 기회를 거의 갖지 못한 채 다른 길을 찾기 어려웠던 그들의 죄가 훨씬 더 작을 수 있는 것입니다. 여러분이 행하는 작은 범죄가 그들이 행하는 큰 죄보다 더 클 수 있습니다. 교수대를 향해 나아가는 사람을 바라보며 위대한 목회자 존 브래드포드(John Bradford)는 이렇게 말했습니다. "하나님의 은혜가 아니었다면 나 역시 저기에 있게 될 것이었도다." 만일 여러분과 내가 스스로에 대해 제대로 안다면, 우리는 "죄인 중에 내가 괴수니라"라는 바울의 고백을 들으면서 그것을 지나친 과장이라고는 결코 생각하지 않을 것입니다.

불꽃과 같은 눈으로 자신의 죄를 찾으십시오. 등불을 들고 지하실로 내려가십시오. 만일 거기에서 아무것도 발견하지 못한다면, 그것은 필경 여러분이 지독한 근시(近視)이기 때문이든지, 아니면 강렬한 자기만족에 도취해 있기 때문일 것입니다.

폼페이를 뒤덮었던 베수비우스 화산을 생각해 보십시오. 그 중턱에 탐스러운 포도원들이 있고 기슭에는 아름다운 집들이 있습니다. 겉으로 보기에는 모든 것이 평온하고 아무 문제도 없는 것처럼 보입니다. 그러나 만일 여러분이 목을 빼고 그 분화구를 들여다본다면, 여러분은 그 속에서 불과 유황이 끓고 있는 것을 보게 될 것입니다. 우리 자신의 마음의 분화구 속을 들여다봅시다. 그럴 때 우리는 바울처럼 "죄인 중에 내가 괴수니라"라고 말할 수 있게 될 것입니다.

자신에 대한 이러한 평가는 자기 안에 있는 어떤 선한 것들을 인식하는 것과 결코 모순되지 않습니다. "죄인 중에 내가 괴수니라"라고 말한 동일한 바울은 거의 비슷한 시기에 기록한 편지에서 동일한 수신자(受信者)들에게 "나는 선한 싸움을 싸우고 나의 달려갈 길을 마치고 믿음을 지켰으니"라고 말합니다(딤후 4:7). 뿐만 아니라 그는 심지어 "내가 아무 것도 아니나 지극히 크다는 사도들보다 조금도 부족하지 아니하니라"라고 말하기까지 합니다(고후 12:11). 자신의 악에 대한 정직한 평가는 하나님의 은혜로 자신의 의와 거룩함이 진보되었음을 인식하는 것을 추호도 방해하지 않습니다. 두 가지는 모든 그리스도인들 가운데 완전하게 조화될 수 있으며 또한 그렇게 되어야 합니다.

여기에서 한 가지 더 주목할 것이 있습니다. 바울은 "죄인 중에 내가 괴수**였느니라**"라고 말하지 않고, "죄인 중에 내가 괴수**니라**"라고 말합니다. 무엇이라고요? 그는 지금 도대체 무슨 말을 하고 있는 것입니까? 다른 곳에서 "누구든지 그리스도 안에 있으면 새로운 피조물이라 이전 것은 지나갔으니 보라 새 것이 되었도다," 또 "그런즉 이제는 내가 사는 것이 아니요 오직 내 안에 그리스도께서 사시는 것이라 이제 내가 육체 가운데 사는 것은 하나님의 아들을 믿는 믿음 안에서 사는 것이라"라고 말할 수 있었던 자와, 여기에서 "죄인 중에 내가 괴수니라"라고 말하는 자는 도대체 어떻게 동일한 사람일 수 있단 말입니까?

지금 바울은 자신의 현재 상태를 말하고 있는 것입니까? 옛 죄의 굴레가 아직까지도 그의 목을 얽어매고 있단 말입니까? 만일 그렇다면, 예수 그리스도가 우리를 모든 죄에서 구속하셨다는 복음은 도대체 무엇을 의미하는 것입니까?

그가 여기에서 의미하는 것은 이것입니다. 즉 어떤 시간의 경과도, 어떤 죄 사함의 은사도, 의와 거룩에 있어서의 어떤 진보도, 지금 하나님의 구원을 즐거워하고 있는 내가 이 모든 것들을 행했던 바로 그 사람이며, 가장 깊은 의미에서 그것들은 영원히 나의 것으로 남아 있다는 사실을 바꿀 수 없다는 것입니다. 나는 죄 사함을 받은 죄인일 수 있으며, 깨끗하여진 죄인일 수 있으며, 거룩하여진 죄인일 수 있습니다. 그러나 여전히 나는 죄인**입니다**. 단순히 죄인**이었던** 것이 아닙니다. 우리는 본문 속에서 어떤 사람과 그의 과거 사이의 '결코 지워지지 않는 영속적인 관계'가 분명하게 암시되는 것을 발견할 수 있습니다. 우리는 과거의 범죄의 사실을 영원히 짊어지고 갑니다. 심지어 죄 사함조차도 또 장차 거룩이 완전하게 이루어질 것조차도 그러한 사실을 바꿀 수 없습니다. 그러므로 비록 충분한 의미에서 지워졌다 하더라도, 여러분의 영혼이 또다시 죄로 얼룩지지 않도록 경계를 게을리 하지 마십시오.

2. 둘째로, 바울이 어떻게 스스로에 대한 이러한 평가에 이르게 되었는지 주목하십시오.

바울은 지금 자신의 과거의 행적을 쓰라린 마음으로 되돌아보고 있습니다. 예수 그리스도의 사랑 속으로 더 깊이 들어갈수록 그의 과거의 적의(敵意)는 그에게 있어 너무도 끔찍한 것으로 느껴졌습니다. 더 높이 올라갈수록 그는 예전에 자신이 빠져 있었던 구덩이의 깊이를 더 생생하게 바라볼 수 있었습니다. 거룩함이 진보할수록 예전의 불완전함에 대한 회오(悔悟)는 더 깊어지는 법입니다.

하나님으로부터 죄 사함을 받은 분량이 클수록 그에 대한 회오의 마음 역시 그에 비례하여 커질 것입니다. 여러분이 행한 모든 죄를 하나님이 용서하시고 진노를 푸실 때, 여러분은 부끄럽고 죄송스러워 더 이상 입을 열지 못하게 될 것입니다. 만일 여러분이 하나님의 긍휼히 여기시는 자비를 실제로 경험한다면, 여러분은 스스로의 죄를 깊이 인식하는 가운데 완전하게 무릎을 꿇게 될 것입니다. 죄의 무거운 짐이 벗겨졌다고 생각하면서 예전의 악을 완전히 잊어버린 채 희희낙락하며 자신의 길을 달려가는 사람은 정말로 자신이 사망에서 생명으로 옮겨졌는지 스스로에게 물어볼 필요가 있습니다. 옛 죄를 기억하지 않는 것은 마치 소경이 되는 것과 같습니다. 죄 사함을 받았음을 나타내는 가장 확실한 표적은 항상 깊은 참회의 마음을 지니는 것입니다. 여러분은 죄 사함을 받았다는 확신을 가지고 있습니까? 그렇다면 그것을 위에서 내가 이야기한 잣대로써 스스로 시험해 보십시오. 만일 여러분이 예전의 악을 조금밖에 생각하고 있지 않다면, 여러분은 자신이 정말로 하나님의 죄 사함의 긍휼을 소유하고 있는지 의심할 필요가 있습니다.

나아가 이러한 회오(悔悟)의 마음은 여러분의 기독교적 특성이 진보한 직접적인 결과입니다. 우리가 더 온전해져 갈수록 온전치 못함의 의식은 더 강렬해지는 법입니다. 우리의 온전함이 진보하고 있음을 보여주는 표적이 무엇일까요? 그것은 온전치 못함의 의식이 더 커지는 것입니다. 깨끗한 옷에 묻은 티는 더러운 곳에 묻은 티보다 눈에 더 잘 띄는 법입니다.

새하얀 드레스 위에 묻은 한 점의 얼룩은 그 옷 전체를 망쳐버리게 됩니다. 평범한 일상복에서라면 눈에 띄지도 않았을 텐데 말입니다. 이와 같이 우리가 하나님을 향해 더 많이 자랄수록, 그리고 그의 의를 더 많이 소유할수록, 우리는 우리의 결함을 더 많이 의식하며 우리 자신의 덕(德)을 덜 주장하게 될 것입니다.

이와 같이 양심은 가장 많이 필요로 할 때 가장 적게 민감하며, 가장 적게 필요로 할 때 가장 많이 민감합니다. 정말로 죄 사함의 긍휼을 받은 사람은 자신이 그럴 만한 충분한 자격이 있다고 결코 생각하지 않습니다. 스스로에 대해 "나는 아무런 죄도 의식하지 못하며 따라서 정결하고 깨끗한 자"라고 생각하는 사람은 실로 어리석은 자입니다. "내가 자책할 아무 것도 깨닫지 못하나 이로 말미암아 의롭다 함을 얻지 못하노라 다만 나를 심판하실 이는 주시니라"(고전 4:4). 여러분이 그리스도와 더 많이 같아져 갈수록, 여러분은 그와 같지 않은 부분을 더 많이 발견할 것입니다.

3. 셋째로, 스스로에 대한 이러한 평가가 그에게 어떤 결과를 가져다주었는지 주목하십시오.

앞에서 나는 만일 우리에게 스스로에 대한 이러한 평가가 없다면 우리의 신앙은 매우 의심스러운 것일 수밖에 없음을 지적했습니다. 한 걸음 더 나아가 나는 여기에서 바울이 가지고 있었던 것과 같은 낮은 자기평가와 그러한 상태에서 꺼내준 그리스도의 놀라운 사랑을 계속해서 의식하는 것이야말로 참으로 기독교적이며 고상한 모든 것의 원천임을 강조하고 싶습니다. 이러한 낮은 자기평가가 없을 때, 우리는 무엇을 갖지 못하게 될까요?

첫째로, 만일 그러한 낮은 자기평가가 없다면, 우리는 예수 그리스도를 굳게 붙잡지 않을 것입니다. 만일 여러분이 병들었음을 알지 못한다면, 여러분은 약을 먹지 않을 것입니다. 만일 여러분의 집에 불이 났음을 믿지 않는다면, 여러분은 피신하려고 하지 않을 것입니다. 바다가 잠잠하고 모든 것이 평온한 동안에는 침대 위 선반에 올려져 있는 구명조끼는 아무런 주목을 받지 못한 채 그냥 버려져 있을 것입니다. 만일 여러분이 여러분 자신의 마음 깊은 곳으로 내려가 그곳에 웅크리고 있는 악을 보지 않는다면, 여러분은 구속자 예수 그리스도에게 관심을 기울이지 않을 것이며 그를 붙잡지도 않을 것입니다.

둘째로, 만일 그러한 낮은 자기평가가 없다면, 그리스도의 사랑에 대한 뜨거운 감사도 없을 것입니다. 오늘날 정통적 신앙이든 비정통적 신앙이든 대부분 미지근한 신앙이 된 이유가 바로 여기에 있습니다. 그것은 사람들이 구속자가 필요함을 거의 느끼지 못하기 때문입니다. 나는 인간 마음의 바위를 깨뜨리고 그것으로부터 감사와 헌신의 생수가 흘러나오게 만드는 것은 오직 하나의 힘밖에 없다고 믿습니다. 그것은 예수 그리스도를 인류의 구속자로서 그리고 나의 구주로서 믿는 믿음입니다. 만일 이것이 여러분의 믿음이 되지 않는다면, 그리고 본문과 같은 확신을 갖지 않는다면, 여러분의 마음속에 모든 것을 변화시키는 능력을 가진 사랑은 존재하지 않을 것입니다.

세상에 미지근한 신앙보다 더 무의미하며 맥 빠지게 하는 것이 무엇이겠습니까? 존 밀턴의 거친 표현대로 하면, 그것은 하나님으로부터 토해냄을 당하기에 합당합니다. "네가 이같이 미지근하여 뜨겁지도 아니하고 차지도 아니하니 내 입에서 너를 토하여 버리리라"(계 3:16).

셋째로, 만일 그러한 낮은 평가가 없다면, 형제들에 대한 긍휼과 사랑도 거의 없게 될 것입니다. 만일 우리가 우리와 다른 사람들 안에 있는 공통적인 악을 인식하지 못한다면, 그리고 그것이 역사하는 강력한 힘을 알지 못한다면, 이웃에 대한 우리의 사랑은 마치 하나님에 대한 우리의 사랑처럼 미지근한 것이 될 것입니다. 역사적으로 볼 때 사람들에 대한 "넓은" 박애정신(博愛精神)은 어떤 사람들이 말하는 소위 "편협한" 신학과 함께 나아갔던 것을 여러분은 압니까? 통상적으로 복음주의라고 불리는 신학과 넓은 박애정신은 언뜻 보기에 서로 대조되는 것처럼 보이지만 그러나 실제로는 하나로 일치됩니다. "넓은" 박애주의는 "좁은" 신학으로부터 직접적으로 나옵니다. 자기 마음속에 있는 악과, 그리스도께서 자신을 어떻게 구속하셨는지를 아는 자들은 그 마음에 그리스도의 긍휼을 가지고 다른 사람들에게 가서 그들을 구속하는 일에 협력할 것입니다.

그러므로 사랑하는 성도 여러분, 만일 우리가 죄 없다 하면, 우리는 스스로를 속이는 자가 될 것입니다. 그러나 우리 죄를 자백하면, 그는 "미쁘시고 의로우사 우리 죄를 사하시며 우리를 모든 불의에서 깨끗하게 하실" 것입니다(요일 1:8, 9).

5
본이 되게 하심

"그러나 내가 긍휼을 입은 까닭은 예수 그리스도께서 내게 먼저 일체 오래 참으심을 보이사 후에 주를 믿어 영생 얻는 자들에게 본이 되게 하려 하심이라"

딤전 1:16

하루살이와 같은 가장 작은 피조물조차도 하나님의 다루심의 한 대상으로 간주될 권리를 갖습니다. 반면 어떤 피조물도 하나님의 다루심의 유일한 대상으로 간주될 권리를 가질 만큼 크지 않습니다. 이것은 하나님의 모든 축복이나 선물과 관련해서도 똑같이 사실입니다. 특별히 하나님의 구원의 선물과 관련해서는 더욱 그렇습니다. 하나님이 사람들을 구원하시는 것은 그가 그들을 개별적으로 사랑하시고 복되게 하시기를 바라시기 때문입니다. 동시에 그것은 또한 그들을 통해 다른 사람들로 하여금 그의 사랑을 온전히 알도록 하시기 위함입니다. 이것은 특별히 위대한 영적 지도자들과 관련하여 그러합니다.

여기에서 바울은 이렇게 말합니다. "내가 구원을 받은 목적은 바로 이것이라. 나 자신의 축복뿐만 아니라 나를 통해 신적 사랑의 충만과 구원의 능력이 온전히 나타나게 하려 하심이라." 우리는 이러한 말 속에서 그의 자기의식과 함께 특별히 겸손이 온전히 드러나는 것을 보게 됩니다. 그는 자신의 경험을 제시하면서, 스스로에게 영광과 존귀를 부여하지 않습니다. 다만 예수 그리스도의 무한한 사랑과 은혜를 나타낼 뿐입니다. 바울은 자신은 단지 수동적으로 받은 것에 불과하다는 사실을 분명하게 밝힙니다. 그는 그의 회심이나 사도가 된 일에 주도적인 행위자로서 예수 그리스도를 전면에 내세웁니다.

우리는 여기에서 첫째로 그리스도의 살아 계심이 실증되는 것과, 둘째로 살아 계신 그리스도의 사랑이 나타나는 것과, 셋째로 그러한 살아 계신 사랑의 주님의 능력이 놀랍게 증거되는 것을 보게 됩니다.

1. 첫째로, 바울의 경험 속에서 예수 그리스도의 살아 계심이 실증되는 것을 주목하십시오.

가말리엘의 촉망받는 젊은 제자요 바리새인이요 이단의 무리를 척결하는데 앞장섰던 사람을 이단의 무리 가운데 한 사람으로 변화시킨 것은 도대체 무엇이었습니까? 그것은 예수 그리스도의 나타남이었습니다. 바울은, 예수가 죽었으며 그의 부활은 거짓이라는 확신을 가지고 예루살렘을 떠났습니다. 그러다가 그는 예수 그리스도가 살아 계셔서 통치하고 계심을 체험하고는 소경이 되어 다메섹으로 들어갔습니다. 만일 여러분이 바울로 하여금 그가 본 것을 말하도록 허락한다면, 여러분은 그것이 '육체로 나타나신 그리스도의 볼 수 있고 들을 수 있는 나타남' 이었다는 결론에 도달하게 될 것입니다. 바울이 고린도전서 15장에서 그리스도가 다메섹 도상에서 자신에게 나타난 것을 부활 후 다른 사도들에게 나타난 것들과 동급으로 제시하는 것은 매우 주목할 만합니다. 증거력(證據力)에 관한 한, 그는 베드로에게 나타난 것이나 오백여 형제들에게 나타난 것과 자신에게 나타난 것 사이에 어떠한 구별도 두지 않습니다. 그와 함께 있었던 다른 사람들도 빛을 보았습니다. 그는 광채 가운데 계신 그리스도를 보았으며, 다른 사람들은 소리를 들었습니다. 그는 직접 입으로부터 나오는 '들을 수 있으며 이해할 수 있는 말' 을 들었습니다. 이것이 다메섹 도상에서 나타난 현상에 대한 **그의** 설명입니다. **여러분은** 그의 설명에 대해 어떻게 생각합니까?

여기에는 세 가지 가능한 대답이 있습니다. 그것은 사기(詐欺)든지, 환각(幻覺)이든지, 사실이든지 셋 중 하나입니다. 사기설(詐欺說)은 전적으로 불합리합니다. "가시나무에서 포도를, 또는 엉겅퀴에서 무화과를 따겠느냐"(마 7:16). 다메섹 이후의 바울의 삶을 보십시오. 그것은 사기꾼의 삶과 전혀 부합하지 않습니다. 그는 광적인 종교인으로서 스스로 속은 것이었을 수도 있습니다. 그러나 그의 진지함을 도대체 누가 부인할 수 있단 말입니까? 사기꾼은 세상을 움직이는 힘을 갖지 못합니다.

그것이 환각(幻覺)이었다고요? 물론 그것이 특이한 종류의 환상이었던 것은 사실입니다. "왕이여 정오가 되어 길에서 보니 하늘로부터 해보다 더 밝은 빛이 나와 내 동행들을 둘러 비추는지라"(행 26:13). 그것은 밤에 이루어진 일도 아니었으며, 닫힌 실내에서 이루어진 일도 아니었습니다. 또 바울 혼자서만 경험한 것도 아니었습니다. 그와 동행한 자들도 그와 함께 — 비록 부분적이라 하더라도 — 그 일에 참여했습니다. 거기에 대화가 있었습니다. 최소한 두 가지 감각, 즉 시각과 청각이 사용되었습니다. 어떤 사람은 보고 들었으며, 어떤 사람들은 보지는 못하고 듣기만 했습니다. 또 그 환상의 육체적인 결과가 3일 동안 지속되었습니다. "사흘 동안 보지 못하고 먹지도 마시지도 아니하니라"(행 9:9). 어떤 종류의 환각(幻覺)을 위해서는 그것이 가능한 토양이 먼저 필요하게 마련입니다. 그러나 사도행전의 이야기를 진지하게 살필 때, 우리는 거기에서 오늘날 유행하는 관념, 즉 그 젊은 바리새인의 마음속에 스데반의 순교로 말미암은 어떤 종류의 불안이나 두려움이 있었다는 관념을 위한 최소한의 토양조차도 발견하지 못합니다. 사실 이러한 관념은 전적으로 사람들이 초자연적인 것을 싫어하는 사실에 기인합니다. 명백한 사실은 한순간 바울은 예수 그리스도를 악인으로 간주하였으며 부활의 이야기는 총체적으로 거짓이라고 믿었다가, 다음 순간 그를 살아 계시고 통치하시는 주님으로 알게 되었다는 것입니다. 환각(幻覺)은 마른 하늘에 날벼락처럼 준비되지 않은 마음에 오지 않습니다. 뿐만 아니라 그의 이후의 삶을 볼 때에도, 환각으로부터 왔다고 볼 만한 어떤 것도 존재하지 않습니다. 도리어 모든 것은 정반대입니다.

그의 정신세계 전체를 뒤집어엎고, 그의 삶 전체를 바꾸며, 심지어 사회적인 출세와 명성의 삶을 기꺼이 포기하게까지 만든 혁명적인 변화가 도대체 어떻게 망상적인 환각으로부터 올 수 있단 말입니까?

내가 보기에 환각설 역시도 사기설 못지않게 불합리합니다. 이제 남은 것은 한 가지뿐입니다. 그것은 그가 본 것은 환각이 아니었으며, 그가 들은 것은 환청이 아니었다는 것입니다. 그가 본 것은 영화로워지신 그리스도의 실제적인 모습이었으며, 그가 들은 것은 그의 실제적인 음성이었습니다. 만일 이것이 사실이라면, 그 결과로 무엇이 따릅니까? 그것은 우리의 옛 신앙입니다. 즉 십자가 위에서 죽으셨던 예수가 살아 계시며, 십자가 위에서 죽으셨던 예수가 영화로워지셨으며, 십자가 위에서 죽으셨던 예수가 하나님의 보좌 위에 앉으셨다는 옛 신앙 말입니다. 바울의 기독론은 그의 회심을 이끌었던 이상(異像)의 필연적인 결과에 불과합니다. 그가 “하나님이 그를 지극히 높여 모든 이름 위에 뛰어난 이름을 주사 모든 무릎을 예수의 이름에 꿇게”(빌 2:8) 하셨다고 선언하는 것은 부분적으로 그가 “그 의인을 보고 그 입에서 나오는 음성을 들었기”(행 22:14) 때문이었습니다. 나는 다메섹의 이상(異像)이 부활의 사실을 실증하는 것이라고까지는 말하지 않습니다. 그러나 그것이 부활을 믿지 않는 자들이 쉽게 제쳐놓기 어려운 매우 강력한 증거인 것은 분명합니다.

2. 둘째로, 바울의 경험이 어떻게 살아 계신 주님의 사랑을 나타내는 것이 되는지 주목하십시오.

바로 이것이 본문에서 바울이 “예수 그리스도께서 내게 먼저 일체 오래 참으심을 보이사”라고 말할 때 의도했던 주된 요점이었습니다. 그리스도의 오래 참으시며 긍휼히 여기시는 은혜의 충만이 그에게 풍성하게 주어졌습니다. 그가 이렇게 말하는 것은 자신의 적의(敵意)에도 불구하고 그리스도의 사랑이 자신에게 임했기 때문입니다. 예수 그리스도는 그를 참으셨으며, 모든 것을 통해 그를 사랑하셨으며, 그를 자신에게로 이끄시고, 그를 받으셨습니다. 그리하여 바울은 자신의 경험을 통해 예수 그리스도의 사랑은 한 가지 진노할 만한 일로 인해 결코 흐려지지 않는다는 위대한 진리를 세웠습니다. 그는 오래 참으시며 긍휼히 여기십니다. 그는 적의(敵意)에 대해 오래 참으시는 사랑으로 대응합니다. 그는 미움에 대해 더 큰 사랑을 쏟아부음으로 대응합니다. 인간들이 마음과 감정으로 그를 떠나는 것에 대한 그의 유일한 대응은 더 강력한 힘으로 그들을 자신에게로 이끄시는 것입니다. "오래 참음"은 합당치 못한 처사에 대해 분개하지 않고 끈기 있게 수용(受容)하는 것을 의미합니다. 그리스도는 세상에 계실 때 채찍으로 때리는 자에게 자신의 등을 내맡기셨습니다. 그는 머리카락을 잡아당기는 자들에게 자신의 얼굴을 내미셨습니다. 그는 유다로 하여금 입을 맞추도록 허락하셨습니다. 그는 "수욕과 침 뱉음"으로부터 얼굴을 돌리지 않으셨습니다. 그는 어떤 적대행위에 대해서도 분노의 말을 내뱉지 않으셨습니다. 그와 마찬가지로 예수 그리스도는 오늘날 우리들에 대하여서도 동일한 오래 참으심으로 대하십니다. 그는 사람들이 자신을 미워하도록 그냥 내버려 두십니다. 그는 사람들이 자신을 욕하도록 그냥 내버려 두십니다. 그는 사람들이 자신을 잊도록 그냥 내버려 두십니다. 그는 사람들이 자신에게 등을 돌리도록 그냥 내버려 두십니다. 그리고 그 모든 사람들에 대한 그의 한결같은 대답은 "수고하고 무거운 짐 진 자들아 다 내게로 오라 내가 너희를 쉬게 하리라"입니다.

사랑하는 성도 여러분, 우리가 모든 사랑에 대해 싫증을 낼 수 있다 하더라도 그러나 오직 하나의 사랑에 대해서는 그렇게 할 수 없습니다. 무관심과 반항과 소홀히 여김에 의해 우리는 사랑하는 사람들의 감정을 싸늘하게 식게 만들 수 있습니다. 어머니가 아이를 잊을 수 있을까요? 혹 그럴 수 있을는지 모릅니다. 그러나 여러분은 예수 그리스도를 격발하여 그의 사랑을 그치게 할 수는 없습니다. 여러분 가운데 어떤 사람들은 평생 동안 그렇게 시도해 왔을 것입니다. 그러나 아직까지 그 일을 이루지 못했습니다. "어린 양의 진노"가 — 이것은 매우 두려운 역설입니다 — 지금 저의 설교를 듣고 있는 어떤 사람들에게 임할 날이 올 것입니다. 그러나 아직은 아닙니다. 여러분은 그리스도를 진노하게 만들 수 없습니다. "내가 긍휼을 입은 까닭은 예수 그리스도께서 내게 먼저 일체 오래 참으심을 보이사 후에 주를 믿어 영생 얻는 자들에게 본이 되게 하려 하심이라." 이러한 오래 참으심은 우리 모두에게까지 확장됩니다.

나아가 그리스도의 다루심의 영원한 모범인 바울의 경험으로부터, 그러한 오래 참으심은 항상 우리로 하여금 그와 같은 오래 참음 가운데 악을 멀리하도록 노력하게 만든다는 개념이 나옵니다. 바울의 경우에는 기적이 있었습니다. 그러나 그러한 차이는 아무런 문제도 되지 않습니다. 그리스도께서 하늘로부터 바울에게 실제로 말씀하셨던 것처럼, 그는 또한 우리 모두에게 그와 같이 말씀하십니다. 그는 우리 모두를 이끄십니다. 그러한 이끄심에 여러분이 순복하든지 순복하지 않든지 말입니다. 그의 사랑의 가장 풍성한 선물들을 통해, 그의 은혜의 계시를 통해, 그의 성령의 활동을 통해, 우리 세대의 섭리들을 통해, 심지어 지금 여러분에게 설교하고 있는 저의 입술을 통해서조차 말입니다. 왜냐하면 만일 지금 제가 그의 진리를 말하고 있다면, 말하고 있는 것은 제가 아니라 제 안에서 말씀하시는 그분이기 때문입니다.

사랑하는 성도 여러분, 간절히 바라노니 박해자가 사도로 변화된 옛 이야기가 결코 예외적인 것이 아니라는 사실을 인식하십시오. 비록 거기에 기적의 요소가 있었다 하더라도 말입니다. 그는 자기에게 오는 모든 사람을 사랑하시며, 인도하시며, 기쁨으로 맞이하십니다. 아나니아는 소경이 된 바울을 "형제 사울아"라고 불렀는데(행 9:17), 이러한 말 속에 우리의 맏형이신 예수 그리스도께서 자기에게 돌아오는 모든 사람을 따뜻하게 맞이하는 음성이 희미하게 메아리칩니다. 왜냐하면 바울을 이끈 것은 다름 아닌 예수 그리스도 그 자신이었기 때문입니다.

만일 우리가 바울의 개별적인 경험 아래 놓여 있는 우리 모두를 위한 영원한 진리를 분명히 인식한다면, 우리 역시도 그의 사랑의 이끄심에 참여할 수 있을 것입니다. 만일 바울이 그렇게 다루어졌다면, 아무도 절망할 필요가 없습니다.

3. 셋째로, 이러한 경험이 어떻게 살아계신 사랑의 주님의 능력이 증거되는 것이 되는지 주목하십시오.

그리스도의 능력과 관련하여 이러한 경험이 우리에게 가르치는 가장 명백한 사실은 예수 그리스도가 한순간에 우리의 삶에 혁명적인 변화를 일으킬 수 있다는 것입니다. 그와 같은 변화보다 더 돌연하고 완전한 변화는 아무것도 없습니다. 주께는 하루가 천 년 같습니다(벧후 3:8). 우리의 삶 속에 모든 경험세계가 응축된 순간이 들어올 수 있습니다. 옛 자아와 완전히 분리되는 새로운 자아로 갑자기 변화되는 그러한 순간 말입니다.

오늘날 회심(回心)에 관해 말하는 것은 매우 시대에 뒤떨어진 주제처럼 느껴집니다. 특별히 갑작스런 회심에 대해 말하는 것은 더욱 그렇습니다. 그러나 갑작스럽게 돌이켜지지 않는 한 결코 선한 것으로 변화될 수 없는 그러한 부류의 성품이나 경험들이 있다고 나는 분명하게 믿습니다. 물론 점진적으로 개선되는 부류의 것들도 분명 있을 것입니다. 그러나 이미 성장한 사람들에게 있어, 육적인 죄에 있어서든, 혹은 이기적인 세속주의에 물들어 있는 경우에든, 혹은 하나님이나 종교에 대해 무관심한 경우에든, 이런 종류의 사람들은 한순간 갑작스럽게 돌이켜지지 않는 한 실제로 변화될 수 있는 기회는 거의 없습니다.

나는 지금 그리스도의 진리가 그 마음에 들어와 갑작스럽게 붙잡지 않는 한, 그리고 한순간 변화되지 않는 한 결코 변화되지 않을 사람들에 대해 말하고 있습니다.

사랑하는 성도 여러분, 갑작스런 회심은 불가능하다고 말하는 자들의 말에 귀를 기울이지 마십시오. 만일 어떤 사람에게 회심이 가능하다면, 그것은 오직 갑작스런 회심뿐입니다. 나는 정말로 훌륭한 그리스도인 한 사람을 알고 있습니다. 그는 40년 동안 술에 찌들어 살았습니다. 그러던 어느 날 그는 거리를 걷고 있던 중 그의 이름을 부르는 음성과 함께 "만일 네가 오늘 서약서에 서명하지 않는다면 너는 저주를 받을 것이라"는 음성을 들었습니다. 그는 즉시로 발걸음을 돌이켜 금주협회(禁酒協會) 회관으로 들어가 "서약서에 서명하러 왔습니다"라고 말했습니다. 그는 서약서에 서

명하였으며, 그날부터 죽는 날까지 그의 구주 예수 그리스도를 정말로 신실하게 섬기며 살았습니다. 만일 그가 갑작스럽게 회심하지 않았다면, 그는 결코 회심하지 못했을 것입니다. 이와 같이 본문의 이야기는 그리스도의 능력이 어떤 사람에게 임하여 그를 한순간 변화시키고 새로운 삶으로 이끄는 것에 대한 결정적인 실례(實例)입니다. 우리 주님은 여러분 모두에게 대하여서도 그렇게 하기를 원하십니다. 간절히 당부하노니, 부디 반항하고 저항하지 마십시오. 그가 여러분의 어깨 위에 그의 손을 올려놓을 때, 그의 원하는 것을 하지 못하도록 여러분의 목을 뻣뻣하게 하지 마십시오.

여기에서 우리는 또한 사람을 새롭게 변화시켜 그를 지혜와 거룩의 아름다운 열매로 단장하는 그리스도의 능력이 나타나는 것을 볼 수 있지 않습니까? 다메섹 도상의 사건으로부터 로마 성벽 밖의 처형장에 이르기까지 바울의 한결같은 고백을 들어보십시오. "그런즉 누구든지 그리스도 안에 있으면 새로운 피조물이라"(고후 5:17). "내가 그리스도와 함께 십자가에 못 박혔나니 그런즉 이제는 내가 사는 것이 아니요 오직 내 안에 그리스도께서 사시는 것이라"(갈 2:20). 예수 그리스도는 우리 모두에게도 이와 같이 행하실 것입니다. 왜냐하면 바울에게 오래 참으심을 나타내신 것은 후에 주를 믿을 모든 자들에게 본이 되게 하기 위함이기 때문입니다.

사랑하는 성도 여러분, 삶으로써 복음의 진리를 나타내는 것은 바울의 일이었던 것과 마찬가지로 그것은 또한 여러분의 일이기도 합니다. 사람들은 우리를 보면서 "그들의 신앙이 그들을 변화시킨 것을 보니 그들의 신앙에는 정말로 무엇인가 있는 게 틀림없어"라고 말해야 합니다. 우리는 사람들로 하여금 "그들을 보니 그들의 주인인 예수 그리스도는 결코 허구일 수 없어"라고 말하도록 만들어야 합니다. 여러분은 풍성한 열매를 맺음으로써 자신이 참 포도나무에 접붙여졌다는 사실을 나타내고 있습니까? 여러분은 바울처럼 "만일 당신들이 예수 그리스도의 사랑과 능력을 알기를 원한다면, 나를 보시오"라고 담대히 말할 수 있습니까? 여러분은 결코 스스로를 그리스도의 능력의 표본으로 제시해서는 안 됩니다. 만일 여러분이 바울이 가지고 있었던 것과 같은 생명을 가지고 있지 않다면 말입니다.

바울이 의지했던 샘은 우리 모두에게도 활짝 열려 있습니다. 그런데 어째서 우리는 그 샘으로부터 생수를 아주 조금밖에는 길어 올리지 않는 것입니까? 바울 안에서 타고 있었던 불은 우리 모두의 마음속에서도 똑같이 타오를 수 있습니다. 그런데 어째서 우리는 그토록 냉랭한 것입니까? 그의 확신이 복음의 사실들에 대한 부수적인 증거로서 작은 가치를 갖는 것이라면, 그의 경험은 복음의 축복을 실제로 증명하는 실례로서 한층 더 큰 가치를 가질 것입니다. 바울처럼 믿으십시오. 그러면 바울처럼 구원받을 것입니다. 예수 그리스도는 여러분 모두에게 오래 참으심을 나타내실 것입니다. 왜냐하면 그러한 오래 참으심은 결코 바울에게만 독점적으로 주어진 것이 아니기 때문입니다. 그에게 풍성하게 주어졌던 것과 동일한 오래 참으심이 여러분 각자에게도 똑같이 주어질 수 있습니다. 오직 그럴 때 여러분도 바울처럼 "하늘에서 보이신 것을 내가 거스르지 아니하였노라" 라고 말할 수 있을 것입니다(행 26:19).

6
왕의 영광

"영원하신 왕 곧 썩지 아니하고 보이지 아니하고 홀로 하나이신 하나님께 존귀와 영광이 영원무궁하도록 있을지어다 아멘"

딤전 1:17

바울은 이러한 억누를 수 없는 찬미의 폭발과 함께 하나님의 무한한 사랑과 능력의 생생한 실례(實例)로서의 자신의 회심에 대한 이야기를 끝마칩니다. 그와 같은 종류의 이야기를 할 때마다 그는 항상 비슷한 찬미를 터뜨립니다. 본문의 찬미는 이미 나이가 많이 들어 노인이 된 사도가 다메섹 도상에서의 사건으로부터 인생의 거의 마지막 시점인 지금 이 순간까지의 모든 삶을 되돌아보며 터뜨리는 것입니다. 지금 그의 마음은 감사로 가득 차 있습니다. 사실 육신적으로 판단할 때, 그에게는 감사할 것이 거의 없었습니다. 그러나 다메섹 도상에서의 이상(異像)은 그로 하여금 세상의 모든 것들을 대수롭지 않은 것으로 여기도록 만들었습니다. 그리하여 그는 지금 이와 같은 감사의 노래를 터뜨리고 있는 것입니다. 바울처럼 자신의 인생을 되돌아보며 감사할 수 있는 사람은 얼마나 복됩니까? 여러분의 인생도 그러합니까?

본 설교에서 우리는 이러한 감사의 찬미 속에 나타나는 두드러진 특징 몇 가지를 살펴보고자 합니다. 첫째로, 바울의 구원으로 말미암아 영광을 받으시는 하나님의 특성과, 둘째로, 그러한 하나님을 영광스럽게 하는 사실들과, 셋째로 그러한 사실들을 아는 자들의 삶을 채우는 찬미를 살펴보도록 합시다.

1. 첫째로, 바울의 구원으로 말미암아 영광을 받으시는 하나님을 주목하십시오.

여기의 위대한 찬미와 관련하여 특별히 저에게 두드러지는 사실은 바울이 선택하는 신적 본성의 특성들 혹은 전문적인 용어로 속성들입니다. 그것은 하나님을 사람과 분리시키는 모든 속성들이며, 인간의 약함과 구별되는 장엄한 속성들이며, 인간의 감각으로는 접근할 수 없는 속성들이며, 그의 거룩한 보좌를 채우는 속성들입니다. 이러한 신적 속성들은 바울이 다메섹으로 가던 중 구원받은 것과 같은 사소한 사실에 의해 그 "존귀와 영광"이 더해지는 특성을 갖습니다.

신적 본성의 이러한 특성들을 단순한 말이나 글로써 무미건조하게 서술하는 것은 쉬운 일입니다. 그러나 그렇게 하는 것은 쉬운 만큼 또한 열매도 없습니다. 여기에서 우리는 하나님을 수식하는 표현들을 좀 더 생생하게 살펴보고자 합니다. 그렇게 할 때, 우리는 본문을 좀 더 깊이 있게 이해하게 될 것입니다.

하나님을 수식하는 첫 번째 표현인 "영원하신 왕"을 주목해 보십시오. 사실 "왕"이라는 호칭이 신약에서는 다소 낯설게 느껴지는 호칭입니다. 물론 왕이라는 호칭에는 매우 고상한 개념이 담겨 있기는 하지만, 그러나 그것은 사랑의 학교에서 배운, 그리고 아들로부터 아버지에 대한 지식을 배운 신약의 저자들이 즐겨 사용하는 호칭이 아니었습니다. "왕"은 "아버지" 속으로 녹아 들어갔습니다. 그러나 바울은 여기에서 특별한 목적을 위해 그와 같이 덜 친숙한 이름을 선택합니다. 하나님은 "세대들의 왕"(the King of the Ages)입니다. 흠정역의 "eternal King"은 정확한 번역어가 아니며, "the King of the Ages"라고 번역하는 것이 좀 더 정확한 번역이 될 것입니다(한글개역개정판에는 "영원하신 하나님"으로 되어 있음). 여기에 함축된 개념은 종결됨이 없는 존재라는 개념이라기보다, 그가 세상 역사의 세대들을 만들어 간다는, 다시 말해서 하나님이 세상 역사의 진보와 발전을 이끈다는 개념입니다. 그것은 세상을 다스리며 통치하는 섭리의 개념입니다. 모든 순간들은 사슬처럼 이어져 있으며, 그러한 순간들을 통해 하나님은 당신의 뜻을 이루어 가십니다. 그는 "세대들의 왕"이십니다.

이어지는 다른 수식어들은 하나님과 관련하여 "왕"이라는 단어보다 훨씬 더 잘 어울립니다. 바울이 의미하는 것은 이것입니다. "세대들의 왕이신 하나님 즉 썩지 아니하고 보이지 아니하고 홀로 하나이신 하나님께." 여기에 선택된 수식어들은 모두 같은 방향을 향합니다. "썩지 아니하고." 이러한 수식어는 그 장엄하며 신비한 존재를 썩음의 법칙에 종속되어 있는 모든 것들로부터 분리시킵니다. 여기에 도덕적 정결함의 개념도 일부 들어있을 수 있지만, 어쨌든 그것은 하나님의 불멸의 본성을 제시하는 것입니다. 썩음은 그의 불멸의 존재 안에서 아무런 분깃도 갖지 못합니다.

계속해서 "보이지 아니하고"란 표현을 주목해 보십시오. 이것은 설명할 필요조차 없는 너무도 분명한 사실입니다. 이것 역시 하나님을 인간의 감각으로 접근할 수 있는 모든 것으로부터 분리시킵니다.

좀 더 정확하게 번역할 때, 마지막 수식어는 흠정역(KJV)처럼 "홀로 하나이신 하나님"(the only God)이 아니라 "홀로 지혜로우신 하나님"(the only wise God)이 됩니다(한글개역개정판에는 "홀로 하나이신 하나님"으로 되어 있음). 이러한 표현은 하나님을 다른 모든 존재들로부터 한층 더 분명하게 분리시킵니다.

이러한 모든 수식어들은 하나님과 우리 사이를 무한히 분리시키는 속성들을 제시합니다. 그러므로 우리는 "하나님과 우리 사이의 심연은 너무나 크고 넓어서 심지어 우리의 생각조차도 그 사이를 가로지를 수 없나이다"라고 고백할 수밖에 없습니다. 바울이 사랑의 하나님, 긍휼의 하나님, 죄를 용서하시는 하나님에 대해 말하지 않고 "세대들의 하나님, 즉 썩지 아니하고 보이지 아니하고 홀로 지혜로우신 하나님"에 대해 말할 때, 그는 자신이 무엇을 말하는지 분명하게 알고 있었습니다. 그는 예수 그리스도 안에서 스스로를 계시하심으로 그의 존귀와 영광이 증대(增大)되는 하나님입니다.

2. 둘째로, 그러한 하나님을 영광스럽게 하는 사실들을 주목하십시오.

바울은 여기에서 자신의 개인적인 체험을 생각하고 있었습니다. 그는 "어찌하여 네가 나를 핍박하느냐?"란 음성과 함께 벌어졌던 일과, 성도들의 피로 물든 이리와 같은 자신을 어린 양으로 변화시킨 능력에 대해 생각하고 있었습니다. 그러면서 그는 그 모든 것이 "후에 주를 믿어 영생 얻는" 모든 자들에게 격려와 축복을 위한 본이 되게 하기 위함이었다고 말합니다(16절). 그러므로 우리는 다음과 같은 결론에 이르게 됩니다. 즉 예수 그리스도의 사역은, 마치 백합을 더 아름답게 색칠하며 신적 고상함과 장엄함의 정금에다가 더 아름다운 금박을 입히는 것처럼, 하나님의 존귀와 영광을 더욱 증대시킨다는 것입니다.

예수 그리스도 안에서의 하나님의 계시 속에서 능력(Power)과 사랑(Love)이라는 두 위대한 개념이 서로 온전히 융합됩니다. 그리고 양자는 서로 나란히 병치(竝置)될 때, 그것의 최고의 아름다움이 나타납니다. 능력은, 그것이 사랑과 연결되지 않을 때, 매우 투박하며 신적(divine)이라고 불릴 만한 가치를 거의 갖지 못합니다. 반면 사랑은, 그것이 능력과 결합되지 않을 때, 영광스러운 것이 되지 못합니다. 바울은 양자가 예수 그리스도 안에서 하나로 결합되며, 그러므로 하나는 다른 하나에 의해 강화(强化)되며 심화(深化)된다고 말합니다. 하나님의 능력을 최고의 높이로 끌어올리는 것은 그의 사랑입니다. 우리에게 하나님의 높음을 가르치는 것은 스스로를 낮추사 우리와 같이 되신 사실입니다. 우리가 최고의 찬미로 "보이지 아니하는 영원한 왕"에게 영광을 돌릴 수 있는 것은 그가 예수 그리스도 안에서 우리의 인성(人性)을 취하셨기 때문입니다.

만년설에 덮인 거대한 산봉우리에 햇빛이 비취는 것을 생각해 보십시오. 그럴 때 설봉(雪峰)은 찬란한 붉은 빛으로 불타오르며, 구름에 덮였을 때와는 비교할 수 없는 아름다움으로 빛나게 됩니다. 이와 같이 하나님의 모든 장엄함도 우리가 신적 낮추심을 믿을 때 훨씬 더 높이 솟아오릅니다.

죄인들을 위해 스스로를 낮추시고 사람의 육체로 나타나신 하나님보다 더 위대하고 더 영광스러운 신이 어디에 있겠습니까?

본문에 나타난 신적 본성의 특성들을 주목해 보십시오. 그리고 예수 그리스도 안에서의 나타남과 그것이 죄인들에게 끼치는 권능이 어떻게 그러한 특성들에 대한 우리의 관념을 고양(高揚)시키는지 생각해 보십시오. "세대들의 왕" — 우리는 항상 하나님의 손을 이끈 목적 속으로 깊이 들어갑니다. 하나님의 손은 세대들을 형성하며 움직여갑니다. 따라서 우리도 바울과 함께 "그의 기뻐하심을 따라 그리스도 안에서 때가 찬 경륜을 위하여 예정하신 것이니 하늘에 있는 것이나 땅에 있는 것이 다 그리스도 안에서 통일되게 하려 하심이라"라고 고백할 수 있습니다(엡 1:9, 10). 복잡하고 다양한 움직임들로 얽히고설킨 세대들의 목적은, 그리스도 안에서 하나님이 사람들에게 나타나심으로써 사람들이, 마치 양들이 목자 주위에 모이는 것처럼 한 주님의 울타리 안에 모이는 것입니다. 세상이 존재하는 것은 바로 이것 때문입니다. 이것 때문에 세대들이 움직이며 바뀝니다. 세대들의 왕이신 하나님은 죽임당한 어린 양의 손 위에 그 모든 사건들을 기록한 책을 놓으셨습니다. 오직 골고다에서 십자가에 못 박힌 그의 손만이 그 책을 읽기 위해 인을 뗄 수 있습니다. 세대들의 왕은 그리스도의 아버지입니다.

마찬가지로 "썩지 아니하는 하나님"은 사망의 비밀을 아시며, 그럼으로써 우리를 썩지 아니하는 기업에 참여하는 자가 되게 만드시는 그리스도 안에서 우리 모두에게 오십니다. 썩지 아니하는 하나님은 썩음 아래 있는 우리로부터 얼마나 멀리 떨어져 있습니까? 그러한 하나님에게 우리는 절망적이며 종종 불평 섞인 어조로 "어째서 주는 우리를 이와 같이 썩음 아래 있도록 만드셨나이까?"라고 묻습니다. 사랑하는 성도 여러분, 우리는 결코 썩지도 않고 변하지도 않는 하나님을 믿는 축복을 즐거워하지도 심지어 이해하지도 못할 것입니다. 슬픔과 탄식과 무덤의 한가운데로부터 우리의 마음을 십자가 위에서 죽으신 그리스도의 얼굴 속에서 나타난 그분께 돌리지 않는다면 말입니다. 비록 죽으셨음에도 불구하고 그리스도는 썩음을 보지 않으셨습니다. 그를 통해 우리 역시도 그럴 것입니다.

"영원하신 왕 곧 보이지 않는 하나님." 어느 때든지 누구도 하나님을 보지 못했고 볼 수도 없습니다. 이와 같이 우리의 감각으로부터 완전히 분리되어 있는 그의 속성을 누가 존귀케 하며 영광스럽게 할 것입니까? "본래 하나님을 본 사람이 없으되 아버지 품 속에 있는 독생하신 하나님이 나타내셨느니라"(요 1:18). 이와 같이 우리는 예수 그리스도 안에서 하나님을 보고 알 수 있으며, 예수 그리스도는 "나를 본 자는 아버지도 보았느니라"라고 말씀하셨습니다(요 14:9). 우리는 보이지 않는 왕에게 감사와 찬미를 올려드릴 수 있습니다. 만일 우리가 예수께서 "네가 그를 보았거니와 지금 너와 말하는 자가 그이니라"라고 말씀하시는 것을 듣는다면 말입니다(요 9:37).

"홀로 하나이신 하나님." 이러한 사실은 사람들을 하나님의 보좌로부터 분리시킵니다. 그럼에도 불구하고 만일 우리가 그리스도의 십자가와 그의 사역의 의미를 이해한다면, 우리는 홀로 하나이신 하나님이 우리의 연약한 영혼을 그와의 달콤하며 거룩한 교제의 신비 속으로 기쁘게 맞아주심을 깨닫게 될 것입니다. 그럴 때 우리는 우리의 인성(人性)이 그대로 남아 있는 상태로 그와 하나가 되어 신적 본성에 참여하는 자가 됩니다. 만일 우리가 예수 그리스도를 통해 하나님께 오지 않는다면, 본문에 제시된 두려운 속성들은 사람들을 하나님의 보좌로부터 끊어놓을 것이며 그와의 모든 참된 교제를 불가능하게 만들 것입니다.

높으심과 낮추심, 능력과 사랑, 다가갈 수 없는 하나님과 예수 그리스도 안에서 우리 가운데 장막을 치신 하나님 — 이러한 두 가지를 온전히 연합시키지 않는 신앙은 아무런 능력도 없는 죽은 신앙이란 사실을 기억하십시오. 하나님은 인정하지만 그러나 계시는 부인하는 모든 형태의 이신론(理神論), 계시는 받아들이면서도 성육신은 부인하는 종교, 성육신은 인정하면서도 희생제사는 부인하는 종교 — 이 모든 것들은 죄인으로서 그리고 죄 가운데 애통하는 자로서의 사람들에게 말할 것을 거의 갖지 못합니다. 그리고 그 모든 것들은 사람의 마음을 움직일 능력을 거의 갖지 못하며, 사람의 약함 속으로 강함을 주입할 능력 역시 거의 갖지 못합니다. 만일 여러분이 구속하시는 그리스도의 개념을 배격해 버린다면, 여러분에게 남는 것은 싸늘한 얼음 외에 아무것도 없을 것입니다.

사랑하는 성도 여러분, 우리는 세대들의 왕의 존귀함을 실제로 찬미하지 못할 것이며, 썩지 않고 보이지 않는 영원한 하나님의 위엄을 결코 깨닫지 못할 것입니다. 우리가 예수 그리스도의 십자가 안에서 그를 얼굴로 보기 전까지는 말입니다. 구원의 복음의 진리들은 하나님의 영광과 충돌되지 않으며, 그것을 약화시키지도 않습니다. 도리어 강화시킵니다. 최고의 영광은 십자가로부터 흘러나옵니다. 예수 그리스도께서 "지금 인자가 영광을 받았고 하나님도 인자로 말미암아 영광을 받으셨도다"라는 이상한 승리의 노래를 부른 것은 그가 십자가 위에 달려 있을 때였습니다(요 13:31). "세대들의 왕 곧 썩지 아니하고 보이지 아니하고 홀로 하나이신 하나님"은 예수 그리스도를 통해 오는 죄 사함과 변화시키는 능력 안에서 한층 더 큰 존귀와 영광을 받으십니다. 다른 어떤 것을 통해서보다도 말입니다.

3. 셋째로, 이러한 사실들을 아는 자들의 삶을 채우는 찬미를 주목하십시오.

바울은 자신의 개인적인 회심을 이야기할 때마다 항상 감사의 찬미를 폭발시킵니다. 이것은 스스로를 그리스도인이라 부르는 우리 모두의 삶이 되어야만 합니다. 항상 뜨거운 감사가 우리 마음속에서 계속해서 솟구쳐 올라야 합니다.

사람들에게 있어 자신에 대해 특별히 자신의 종교적 경험에 대해 이야기하는 것은 종종 매우 조심스러운 일입니다. 특별히 이런 문제에 있어 영국인들은 말을 조심하는 사회적 습관을 가지고 있으며, 대부분의 영국인들은 자신의 종교적 체험에 대해 항상 말하는 사람들을 꺼리는 경향이 있습니다. 그러나 그리스도 안에서 발견한 것을 솔직히 고백하기를 꺼리는 것은 주님께 충성되지 못한 태도입니다. 만일 더 많은 그리스도인들이 사람들을 향해 "와서 하나님이 나의 영혼을 위해 행하신 일에 대해 들으라"

라고 말할 준비가 더 많이 되어 있다면, 나는 말씀을 전함에 있어 능력의 부족을 핑계대는 일은 훨씬 줄어들게 될 것이라고 생각합니다. 주님은 "너희는 나의 증인이라"고 말씀하셨습니다. 이 세대의 많은 그리스도인들이 회심 초기부터 무덤에 들어갈 때까지 주님을 위해 결코 입술을 열지 않으면서 그리스도인의 삶을 사는 것은 참으로 이상한 일입니다.

과감하게 입을 열어 말할 때 비로소 여러분은 올바른 기독교적 삶을 살게 될 것입니다. "언어도 없고 말씀도 없으며 들리는 소리도 없으나 그의 소리가 온 땅에 통하고 그의 말씀이 세상 끝까지 이르도다"(시 19:3, 4). 실제적인 삶의 증거는 항상 입술의 증거와 함께 가는 법이며, 그럴 때 훨씬 더 강력한 힘을 갖게 될 것입니다. 여러분이 매일의 삶 속에서 이루어 나가는 지속적인 순종과 감사의 생활과 여러분의 변화된 성품은 예수 그리스도의 복음의 능력을 나타냄에 있어 수천 편의 설교보다 훨씬 더 강력한 힘을 갖습니다.

마지막으로 한 가지만 더 이야기하고자 합니다. 그것은 이러한 나타남은 우리 모두에게 이루어진다는 사실입니다. 여러분에게 하나님은 무엇입니까? 친구입니까? 그는 멀리 계시며 우리의 사정을 헤아리지 않는 두려운 신입니까? 그는 희미하며 흐릿한 존재입니까? 그렇지 않으면 그의 사랑이 그의 능력을 부드럽게 만들며, 그의 능력이 그의 사랑을 더욱 증대하게 만드는 그런 하나님입니까? 간절히 당부하노니, 여러분의 눈과 마음을 열고 그렇게 멀리 있는 신은 여러분에게 아무런 소용이 없으며, 여러분을 위해 아무것도 행하지 않으며, 여러분을 도울 수 없으며, 여러분을 심판할 수 있을지는 모르나 결코 고치지는 않는 그런 존재라는 사실을 보십시오. 또 마음을 열고 사람들이 사랑할 수 있는 유일한 하나님은 그리스도 안에 계신 하나님이라는 사실을 보십시오. 만일 이 땅에서 우리가 우리를 사랑하사 자기 피로 우리의 모든 죄를 구속하신 자에게 감사와 찬미를 올려드린다면, 우리는 또한 어느 날 다음과 같은 위대한 합창에 참여하게 될 것입니다 — "보좌에 앉으신 이와 어린 양에게 찬송과 존귀와 영광과 권능을 세세토록 돌릴지어다"(계 5:13).

7
어디에서 어떻게 기도할 것인가?

"그러므로 각처에서 남자들이 분노와 다툼이 없이
거룩한 손을 들어 기도하기를 원하노라"
딤전 2:8

문맥은 본문이 대중 예배를 위한 바울의 지침 가운데 일부임을 보여줍니다. 따라서 본문의 앞부분의 용어들은 어느 정도 제한적으로 받아들여질 필요가 있습니다.

특별히 "각처"(everywhere)는 "모든 장소의 기독교 공동체"라는 제한된 의미로 받아들여져야 합니다. 본문으로부터 우리는 초대교회의 예배 모임이 어떤 모습이었는지에 대한 그림을 어느 정도 볼 수 있는데, 그것은 오늘날의 모습과 매우 달랐습니다. "너희가 모일 때에 각각 찬송시도 있으며 가르치는 말씀도 있으며 계시도 있으며"(고전 14:26). 나는 오늘날의 많은 그리스도인들이 만일 열아홉 세기 전의 예배 모습을 본다면 분명 크게 경악할 것이며, "질서 있는" 혹은 "품위 있는"이라는 단어와 관련하여 완전히 새로운 개념을 갖게 될 것이라고 생각합니다.

일단 그와 같은 사실을 전제하면서, 나는 여기의 용어들의 범위를 좀 더 확장시키면서 그것들을 바울의 바람과 훈계를 표현하는 것으로 받아들일 수 있다고 생각합니다. 왜냐하면 바울이 본문 초두에서 사용한 "I will"이라는 표현은 모든 그리스도인들에게 — 남자든 여자든 상관 없이 말입니다 — 매우 강한 표현이기 때문입니다(KJV본문은 다음과 같음. "**I will** therefore that men pray every where, lifting up holy hands, without wrath and doubting"). 그렇게 볼 때, 우리는 바울이 그들이 가장 넓은 의미로 "각처"(everywhere) 곧 모든 장소에서 "분노와 다툼이 없이 거룩한 손을 들어" 기도하기를 간절히 바란 것으로 이해할 수 있습니다.

나는 여기에서 바울이 사용하는 표현들을 차례대로 살피면서 그것이 요구하는 바를 여러분 앞에 제시하고자 합니다.

"나는 남자들이 각처에서 기도하기를 원하노라"(I will that men pray everywhere). 이것은 바울이 다른 곳에서 말한 "쉬지 말고 기도하라 범사에 감사하라"라는 명령과 동일한 정신을 가지고 있습니다(살전 5:17, 18). 이것은 매우 높은 그러나 매우 합리적인 이상(理想)입니다. 왜냐하면 만일 우리가 하나님이 계시지 않는 장소를 발견할 수 없다면, 그리고 하늘과 땅 사이의 교통(交通)이 우리가 다가갈 수 있는 범주를 넘어서는 것이 아니라면, 우리가 기도해서는 안 되는 장소는 결코 존재하지 않기 때문입니다. 또 만일 우리가 하나님을 원하지도 않고 필요로 하지도 않는 장소를 발견할 수 없다면, 우리가 기도해서는 안 되는 장소는 결코 존재하지 않기 때문입니다. "각처"는 "하나님 곁에서"와 동의어이며, 하나님의 보좌로 직행하는 길의 거리는 세상의 모든 장소로부터 그의 보좌까지의 거리와 같습니다. 그러므로 사람들은 어디에 있든 하나님의 옷자락을 붙잡아야 하며, 열린 손을 뻗어 그의 은택(恩澤)을 구해야 합니다. 사람들은 어디에 있든 거기에서 온전히 하나님을 의지해야 합니다. 그들은 모든 일에 있어 — 심지어 육체의 생명에 있어서까지 — 하나님의 사랑과 능력의 실제적인 개입을 필요로 합니다. 그들은 하나님의 도우심이 없이는 눈꺼풀조차 깜빡일 수 없습니다. 그리하여 바울은 "나는 남자들이 각처에서 기도하기를 원하노라"라고 말합니다.

그러면 우리는 어떻게 그렇게 할 수 있을까요? 무엇보다도 우리는 기도

하기가 불가능한 모든 장소를 멀리해야 합니다. 물론 하나님은 모든 장소에 계시며, 우리는 모든 장소에서 그를 필요로 합니다. 그러나 기도하기에 너무도 적절치 않은 장소들이 있음을 우리는 압니다. 사람들은 술집의 계산대 앞에서는 기도하지 않을 것입니다. 사람들은 요란한 흥정을 하면서는 기도하지 않을 것입니다. 사람들은 분노를 터뜨리면서 하나님께 축복해 달라고 기도하지 않을 것입니다. 사람들은 하나님께 자신의 정욕과 육욕을 축복해 달라고 기도하지 않을 것입니다. 사람들은 고의적으로 하나님을 멀리하면서 그러한 구덩이에서 건져 달라고 기도하지 않을 것입니다. 하나님을 곁에 둘 수 없는 장소에는 가지 맙시다. 만일 어떤 장소에서 하나님을 부르는 것이 어쩐지 그를 모독하는 것처럼 느껴진다면, 그곳에 가지 맙시다. 요나는 물고기 뱃속으로부터 기도할 수 있었으며, 그곳은 기도하기에 부적합하지 않았습니다. 그러나 많은 그리스도인들은 물고기와 같은 거대한 괴물에 삼킴을 당하고서도 수치 때문에 기도하려고 하지 않습니다. 그러한 그릇된 모든 장소로부터 나오십시오.

그러나 만일 바울 사도가 "사람들이 **항상** 기도하기를" 원했다면, 우리가 일상의 일을 하면서 기도하는 것은 가능한 일이어야만 합니다. 우리는 집에서 가사 일을 하면서, 공장에서 일하면서, 회계사무소에서 장부를 정리하면서, 사전을 찾으며 공부하면서, 동시에 기도할 수 있습니다. 그렇게 할 수 있을 뿐만 아니라 그것보다 더 좋은 방법이 있는데, 그것은 우리의 일을 기도로 만드는 것입니다. "일은 곧 예배"(work is worship)라는 옛말은 오직 절반만 진리일 뿐입니다. 일에는 그보다 더 큰 의미가 있습니다. 만일 내가 행하는 모든 일에 있어 능력을 위해 하나님을 의지하며 인도하심을 위해 그를 바라보며 결과에 있어 그를 신뢰한다면, 먹든지 마시든지 기도하든지 공부하든지 사든지 팔든지 시집가든지 장가가든지 모든 것은 하나님을 예배하는 것이 될 수 있습니다. "나는 각처에서 남자들이 기도하기를 원하노라." 이 얼마나 고상한 이상(理想)입니까? 이것은 결코 불가능한 이상도 아니며, 터무니없는 이상도 아닙니다. 또 이것은 우리로 하여금 일상의 일을 게을리 하도록 가르치지 않습니다. 도리어 그것은 역사 이래 가장 열심히 수고했던 자 가운데 한 사람의 이상이었습니다. 바울은 “내가 힘에 겹도록 심한 고난을 당하여 살 소망까지 끊어”졌으며, “내 안에 모든 교회를 위하여 염려하는 눌림”이 있노라고 말했습니다(고후 1:8; 11:28). 그러나 그 모든 고난과 눌림에도 불구하고, 그는 자신이 여기에서 우리에게 명하는 것을 스스로 이행했습니다. 그에게 사는 것은 기도였으며, 그러므로 그에게 사는 것은 그리스도였습니다. 그러므로 그는 모든 요구들에 대해 공정했습니다. 우리 가운데 어느 누구도 바울처럼 많은 일과 염려로 눌리지 않습니다. 그러므로 우리에게 있어 본문의 명령에 순종하며 모든 장소에서 기도하는 것은 충분히 가능합니다. 무릎을 꿇고 계단을 청소하는 하녀는 자신의 일을 하나님께 대한 기도로 만들 수 있습니다. 우리는 일상의 모든 사소한 일들을 지극히 높은 영역으로 끌어올릴 수 있습니다. 기도로써 그러한 일들을 하나님의 보좌와 연결시키기만 한다면 말입니다.

이러한 이상(理想)에 도달할 수 있는 매우 좋은 방법이 있는데, 그것은 일상의 삶 속에서 짤막한 기도의 화살을 날리는 습관을 계발하는 것입니다. “그들이 싸울 때에 하나님께 의뢰하고 부르짖으므로 하나님이 그들에게 응답하셨음이라”(대상 5:20). 만일 블레셋 사람의 칼이 어떤 이스라엘 병사의 머리 위에서 휘둘러지고 있었다면, 어떻게 그가 모든 격식을 갖추고 기도할 수 있겠습니까? 그는 오직 “주여 나를 구하소서”라고 밖에는 말할 수 없을 것입니다. “그들이 싸울 때에 하나님께 의뢰하고 부르짖으므로 — 짤막한 기도의 화살을 날렸더니 — 하나님이 그들에게 응답하셨음이라.” 만일 여러분이 그와 같은 기도의 화살을 하늘을 향해 더 자주 날린다면, 여러분은 격식을 갖춘 기도보다 더 잦은 응답의 축복을 받게 될 것입니다. “주여 구원하소서 우리가 죽겠나이다”(마 8:25). 이렇게 말했을 때, 그들은 즉시로 구원을 받았습니다.

나아가 여기에서 요구되는 참된 기도의 조건들을 주목하십시오. “나는 각처에서 남자들이 거룩한 **손을 들어** 기도하기를 원하노라.” 물론 이것은 하나의 상징입니다. 유대인들의 기도하는 자세는 우리와 분명 달랐습니다. 그들은 일어서서 손바닥을 하늘로 향한 채 손을 들고 기도한 것으로 보입니다. 반면 우리는 자아를 포기하며 순복하는 것에 대한 상징으로 두 손을 모으거나 혹은 서로 붙잡습니다. 유대인들의 기도하는 자세는 내가 볼 때 두 가지 개념을 함축하는 것 같습니다. 즉 스스로를 하나님께 봉헌하면서 동시에 자신들의 빈손에 무엇인가를 주시기를 간청하는 것입니다. 마치 걸인이 아무 말도 하지 않고 찌그러진 모자를 내미는 것처럼 말입니다. 시편 기자는 자신의 손을 드는 것이 "저녁 제사"처럼 되기를 열망했습니다. "나의 기도가 주의 앞에 분향함과 같이 되며 나의 손 드는 것이 저녁 제사 같이 되게 하소서"(시 141:2).

만일 어떤 사람이 하나님 앞에 빈손을 내민다면, 그것은 "나는 필요하며, 갈망하며, 기대하나이다"라고 말하는 것과 같습니다. 바로 이러한 요소들이 우리의 기도 속에 반드시 있어야만 하는 요소들입니다. 결핍을 인식하며, 채워주실 것을 갈망하며, 응답을 기대하는 것 말입니다. 여러분은 왜 손을 내밉니까? 무엇인가를 얻기를 바라기 때문이 아닙니까? 여러분은 어떻게 내밉니까? 빈손으로 내밀지 않습니까? 그런데 만일 우리가 우리의 손으로 세상 것들을 굳게 쥐고 있다면, 하나님께 손을 내미는 것이 무슨 소용이 있겠습니까? 우리의 손 안에 아무것도 주어지지 못할 것입니다. 우리의 손이 세상 것들을 꽉 붙잡고 있는데, 거기에 어떻게 또 다른 것들이 주어질 수 있겠습니까? 하나님으로부터 진짜 보석들을 받기 위해서는 먼저 우리 손으로부터 가짜 보석들을 내려놓아야 합니다. 세상 것들을 굳게 붙잡고 있는 자들은 주님으로부터 무엇인가를 받기를 기대해서는 안 됩니다. 하나님 앞에 손을 내밀기 전에 먼저 그 손을 비우십시오.

나아가 바울은 "**거룩한** 손을 들어"라고 말합니다. 이것의 의미는 설명이 필요 없을 정도로 분명합니다. 시편 기자는 "내가 무죄하므로 손을 씻고 주의 제단에 두루 다닐" 것이라고 말합니다(시 26:6). 그는 먼저 깨끗하게 씻지 않는다면 제단에 두루 다니는 것이 아무 소용 없다고 느꼈습니다. 또 여러분은 이사야 선지자가 예루살렘에서 외식적으로 예배하는 자들에 대해 얼마나 신랄하게 꾸짖었는지 기억할 것입니다. "너희가 손을 펼 때에 내가 내 눈을 너희에게서 가리고 너희가 많이 기도할지라도 내가 듣지 아니하리니 이는 너희의 손에 피가 가득함이라 너희는 스스로 씻으며 스스로 깨끗하게 하고" 나서 내게 와 기도하라(사 1:15, 16). 더러운 손으로는 하나님으로부터 아무것도 얻지 못합니다. 그것은 너무도 당연합니다. 하나님의 선한 선물들은 더러운 손에 놓일 수 없습니다. 죄는 하나님의 은혜 전체를 가로막습니다. 너무나 많은 사람들이 열심히 기도하고서도 아무것도 얻지 못하는데, 그것은 무엇인가가 응답의 통로를 막고 있기 때문입니다. 교통(交通)의 통로가 막혀 있을 때, 축복이 임하는 것은 불가능합니다. 생물학자들은 미세한 식물들이 나일 강 상류에서 급속도로 번식하여 물의 흐름을 가로막음으로써 곳곳에 호수를 만들고 그러는 가운데 어느 순간 허물어짐으로써 물이 범람하여 이집트를 비옥하게 만든다고 말합니다. 이와 같이 우리 마음 깊은 곳에서도 작은 죄들이 부지불식간에 자라고 있을 수 있습니다. 하나님의 은혜의 통로가 완전히 막힐 때까지 말입니다. "나는 남자들이 거룩한 손을 들어 기도하기를 원하노라." 우리가 이렇게 기도하지 않는다면, 우리 안에서도 그와 같은 일이 일어나게 될 것입니다.

기도에 있어 이러한 것들이 필연적으로 요구된다면, 여러분은 "그러면 우리가 어떻게 기도할 수 있단 말인가?"라고 말할 것입니다. 여러분은 시편 기자가 "내가 나의 마음에 죄악을 품었더라면 주께서 듣지 아니하시리라"라고 말한 것을 기억할 것입니다(시 66:18). 그러나 그는 거기에서 멈추지 않습니다. 그는 계속해서 이렇게 말합니다. "하나님을 찬송하리로다 그가 내 기도를 물리치지 아니하시고 그의 인자하심을 내게서 거두지도 아니하셨도다"(20절). 만일 우리가 우리 마음속에 죄악을 품으면, 다시 말해서 우리의 내적 본성으로 죄를 사랑하면, 그것이 기도가 응답되는 것을 가로막는다는 것은 항상 사실입니다. 그러나 우리가 죄를 범했다고 하여 기도조차 할 수 없는 것은 아닙니다. 왜냐하면 마음속에 품지 않은 죄는 응답을 가로막는 힘을 갖지 않기 때문입니다. 만일 우리가 죄로 더러워진 손을 들고 하나님 앞에 "주여 종의 손이 더러워졌나이다 그러나 주께서 원하시면 종의 손을 깨끗게 하실 수 있나이다"라고 기도하면, 하나님은 우리의 더러워진 손을 깨끗하게 씻어주실 것입니다.

이제 마지막 조건을 보도록 합시다. 그것은 "분노와 의심이 없이"(without wrath or doubting, 한글개역개정판에는 "분노와 다툼이 없이"라고 되어 있음)입니다. 그리스도인들은 일반적으로 하나님 앞에 기도가 열납되는 것이 형제와의 올바른 관계와 불가분리적으로 연결되어 있다는 사실을 분명하게 인식하지 못하는 경향이 있습니다. 여기에서 바울이 하나님과의 관계에 적용되는 조건들과 나란히 형제와의 관계와 관련한 조건을 제시하는 사실은 매우 주목할 만합니다. 분노한 상태는 기도하기에 매우 부적합한 상태입니다. 그 마음에 어떤 사람에 대한 분노의 감정을 품은 사람은 필연적으로 그렇지 않았더라면 자신의 것이 되었을 축복으로부터 스스로를 차단하게 됩니다. 사람들과의 올바른 관계가 가로막힌다면 하나님과의 올바른 관계 역시 그렇게 될 것입니다. "먼저 가서 형제와 사화하라"는 교훈은 예나 지금이나 똑같이 진리입니다.

"의심이 없이." 우리는 우리의 기도가 응답될 것이라고 완전하게 확신할 수 있는 권리를 가집니까? 그렇기도 하고, 그렇지 않기도 합니다. 만일 우리의 기도가 우리의 의지를 하나님의 의지에 순복시키는 것이라면, 우리는 그의 응답을 완전하게 확신할 수 있는 권리를 가집니다. 그러나 만일 우리가 단지 자신의 의지 속에서 자신이 원하는 것을 요청하고 있는 것일 뿐이라면, 그것은 기도가 아니라 명령일 뿐입니다. 그것은 하늘을 향해 이래라 저래라 지시하는 것이며, 하나님께 마땅히 이러저러해야 한다고 강요하는 것입니다. 그것은 "의심이 없이" 드려질 수 있는 종류의 기도가 아닙니다. 그것은 결코 응답을 기대할 수 있는 기도가 아닙니다. "그를 향하여 우리가 가진 바 담대함이 이것이니 그의 뜻대로 무엇을 구하면 들으심이라"(요일 5:14). 우리가 원하는 것을 얻을 때, 도리어 그것은 종종 우리의 멸망이 되기도 합니다. 하나님은 자기 자녀들을 너무도 사랑하셔서 그들이 생선이라고 생각하며 뱀을 구한다든지 떡이라고 생각하며 돌을 구할 때 그러한 기도에 응답하지 않습니다. 여러분이 전갈을 구한다고 해서 하나님이 여러분에게 전갈을 주시겠습니까? 독침으로 여러분을 쏘도록 말입니다.

우리는 잘못 구할 수 있습니다. 따라서 우리가 "의심이 없이" 기도할 수 있는 것은 오직 "나의 뜻대로 마옵시고 주의 뜻대로 하옵소서"라고 기도하는 법을 배웠을 때뿐입니다. 만일 우리가 그렇게 기도하면, 우리는 응답받을 것을 확신할 수 있습니다. 그러나 두려워하는 믿음은 아주 적은 축복과 응답만을 가져다 줄 뿐입니다. 두려움 가운데 부들부들 떠는 손으로 어떻게 하나님의 은혜의 포도주를 받을 잔을 굳게 붙잡고 있을 수 있겠습니까? 손이 떠는 만큼 잔이 흔들릴 것이며, 값진 선물은 쏟아지고 말 것입니다. 고요하며 순복하는 영혼 속에 하나님의 은혜의 포도주가 가득 채워질 것입니다. "그러므로 내가 너희에게 말하노니 무엇이든지 기도하고 구하는 것은 받은 줄로 믿으라 그리하면 너희에게 그대로 되리라"(막 11:24).

8
영적 연단

"경건에 이르도록 네 자신을 연단하라"

딤전 4:7

디모데는 강한 성격을 가지고 있지 않았던 것으로 보입니다. 그는 감수성이 예민하며, 쉽게 낙망하며, 기질적으로 비활동적인 성격을 가지고 있었던 것 같습니다. 지금 바울은 감옥에 갇혀 있었으며, 머지않아 순교를 당할 상황에 있었습니다. 그런 노(老) 사도가 자신의 사정은 제쳐 두고 디모데를 위해 두 편의 편지를 쓰는 등 그를 격려하는 일에 힘을 쏟고 있는 것은 참으로 감동적인 일이 아닐 수 없습니다. 어쨌든 바울은 본문에서 디모데에게 "경건에 이르도록 네 자신을 연단하라"고 훈계합니다.

만일 지금 제가 목회자들에게 설교하고 있는 것이라면, 저는 먼저 그들에게 여기의 명령이 일차적으로 평신도들에게 주는 것이 아니라 교회에서 지도자의 위치에 있는 사람들에게 주는 것이라는 사실을 일깨워줄 것입니다. 다른 사람들에게 하나님의 말씀을 전하는 일을 계속해서 수행하다 보면 자칫 자신의 경건과 기독교적 삶이 피폐하게 될 수 있습니다. 우리는 다른 사람들에게 하나님의 말씀을 가르치면서 정작 그것을 스스로에게 적용하는 일은 종종 잊곤 합니다. 따라서 다른 사람들에게 하나님의 말씀을 가르치기 전에 먼저 네 자신을 연단하라는 훈계는 디모데와 같은 부류의 사람들에게는 특별한 의미를 갖는 것입니다.

그렇지만 이런 부분은 지금 나의 설교를 듣고 있는 여러분에게는 직접적으로 해당되지 않습니다. 따라서 나는 여기에서 본문의 명령을 좀 더 일반적으로 적용하고자 합니다.

1. 첫째로, 여기에 표현된 기독교적 삶의 보편적인 목표를 주목하십시오.

바울은 "경건하라"라고 말하지 않고, "경건에 이르도록 네 자신을 연단하라"라고 말합니다. 다시 말해서, 바울에게 있어 경건은 모든 그리스도인이 자신의 삶의 최고의 목적으로 삼아야 할 위대한 목표였던 것입니다.

먼저 우리는 바울이 사용한 "경건"(godliness)이라는 다소 특이한 단어를 주목할 필요가 있습니다. 그 단어는 특별히 바울의 후기 서신에서 거의 대부분 사용됩니다. 다시 말해서, "경건"이란 단어는 분명 그의 종교적 경험의 마지막 단계에서 그에게 그 깊고 충만하며 포괄적인 의미가 펼쳐진 그러한 단어였던 것입니다. 왜냐하면 그 단어는 사도행전에서 오직 한 번, 그리고 베드로후서에서 두세 번 사용되었을 뿐이기 때문입니다. 그리고 나머지 모든 용례(用例)는 바울의 후기서신인 디도서와 디모데전후서에 나타납니다. 특별히 디도서에서는 그 단어가 무려 여덟 번이나 나타납니다. 노(老) 사도는 "경건"의 개념을 계속해서 떠올리고 있었던 것입니다. 그러면 "경건"으로써 그는 무엇을 의미할까요? 그 단어의 어원적 의미는 "올바로 향해진 경의"(well-directed reverence)입니다. 그러나 우리는 문맥이 "올바로 향해진 경의"와 관련하여 특별히 행동으로 나타나는 경의를 가리키는 것을 주목할 필요가 있습니다. 요컨대 "실천적인 경건"(active godliness)이 그 단어의 의미입니다. 종교는 신조(信條)와 감정뿐 아니라 실제적인 행동으로 구체화됩니다.

이러한 고상하며 풍부한 단어는 무엇보다도 먼저, 모든 참된 종교는 매일의 삶의 행동 속에서 자신의 궁극적인 영역과 최고의 표현을 발견한다는 사실을 우리에게 가르쳐줍니다. 이것은 진부한 이야기처럼 들리지만, 그러나 분명한 사실입니다. 만일 우리가 정말로 그렇게 믿고 그렇게 실천한다면, 우리는 지금의 모습과는 아주 다른 사람들이 될 것입니다. 그리고 우리의 예배당은 아주 다른 장소가 될 것이며, 우리의 교회들은 새로운 생명의 숨결을 갖게 될 것입니다. 종교는 하나님이 계시하신 진리들 위에 그 기초를 굳게 세워야 합니다. 그러면 하나님이 우리에게 어떤 것을 말씀하신 것은 단순히 우리가 그것을 믿도록 하기 위해서입니까? 단지 그것이 목적입니까? 기독교적 계시의 몸체를 이루는 모든 원리들과 사실들의 목적은 무엇입니까? 우리를 가르치고 교화하기 위함입니까? 그렇습니다. 그러면 단지 우리를 가르치고 교화하기 위한 것일 뿐입니까? 절대로 그렇지 않습니다. 어떤 원리와 진리의 목적지는 그것을 이해하는 것을 경유하여 마침내 사람의 전체적인 본성을 변화시키는 것입니다. 다시 말해서, 진정한 목적지는 사람의 전체적인 본성인 것입니다.

만일 종교의 기초가 분명한 진리와 원리와 사실 위에 세워지는 것이라면, 그 집의 둘째 층은 그러한 사실과 원리를 받아들임으로부터 말미암는 확실한 감정과 정서와 느낌과 열망과 경험입니다. 그러면 그것이 전부입니까? 결코 그렇지 않습니다. 우리는 무엇을 위해 그러한 감정들을 얻습니까? 하나님은 무엇을 위해 여러분에게 자신을 계시하십니까? 여러분이 그것을 믿을 때 여러분의 사랑에 불을 붙이는 그런 계시 말입니다. 여러분으로 하여금 사랑하도록 하기 위함입니까? 그렇습니다. 그러면 단지 여러분으로 하여금 사랑하도록 하기 위한 것뿐입니까? 결코 그렇지 않습니다. 그 집의 마지막 층이 있습니다. 그것은 믿음에 기초한 그리고 감정들에 의해 고무된 "행동"입니다.

지난 몇 세기 동안, 다시 말해서 종교개혁으로부터 우리 부모 세대 사이의 기간 동안 프로테스탄트 교회의 주된 흐름은 대체로 신앙을 분명한 진리들의 몸체로서 바라보는 것이었습니다. 그러는 가운데 다른 부분들은 거의 대부분 이것에 가려졌습니다. 반면 오늘날의 대체적인 유혹은 앞에서 언급한 둘째 층을 주된 것으로 받아들이는 것입니다. 그러는 가운데 사람들은, 만일 어떤 사람이 하나님의 사랑을 받았음을 인식하면서 기독교적 열망과 소망과 바람을 가지고 하나님과의 달콤한 교제 속으로 들어간다면, 바로 그것이 경건이라고 생각합니다. 우리는 정확한 교리의 기초를 세우는 것에서 멈추어서는 안 됩니다. 또 감정적인 종교의 둘째 층에서 멈추어서도 역시 안 됩니다. 첫째 층도 필요하고, 둘째 층도 필요합니다. 첫째 층과 둘째 층은 무한한 가치를 갖습니다. 그러나 첫째 층과 둘째 층은 셋째 층을 위해 존재합니다. 참된 신앙은 반드시 행동의 영역을 가져야만 합니다. "경건에 이르도록 네 자신을 연단하라." 오로지 경건한 감정을 계발한다든지 혹은 복음의 사실들과 원리들을 분명히 하는 것만으로는 충분하지 않습니다. 매일의 삶 속에서 그러한 것들을 실천해야 합니다. 복음의 모든 사실들과 진리들을 취하십시오. 거룩하며 달콤한 모든 감정들을 취하십시오. 그리고 그 모든 것들을 여러분의 일상의 삶으로 끌어오십시오. 나무가 자라는 흙과 그 뿌리와 줄기와 잎 — 이 모든 것은 마지막 목적인 열매를 맺는 수단들입니다. 명쾌한 교리들과 뜨겁고 거룩한 감정들이 도대체 무슨 소용이 있단 말입니까? 만일 그것들이 행동의 수레바퀴를 굴리지 않는다면 말입니다. 하나님이 우리에게 복음을 주신 것은 우리를 지혜롭게 만들기 위함도 아니고, 심지어 우리로 하여금 축복을 받도록 만들기 위함도 아닙니다. 그것은 우리가 선한 사람이 되어, 매일의 삶 속에서 그의 일을 행하도록 하기 위한 것입니다. 모든 참된 신앙은 반드시 행동의 영역을 가져야만 합니다.

그러나 여기에는 또 다른 측면이 있습니다. 그것은 모든 참된 행동은 반드시 그 뿌리를 참된 신앙 위에 세워야만 한다는 것입니다. 구식의 편협한 사고방식일는지는 모르지만, 어쨌든 나는 여러분이 기독교 진리가 가져다주는 감정과 정서를 떠나 고상한 삶을 얻을 것이라고는 믿지 않습니다. 오늘날 계시된 진리의 중요성은 평가절하되면서 오로지 행동만이 중요하게 여겨지는 경향이 있는데, 나는 여기에 매우 심각한 오류가 내재해 있다고 생각합니다. 모든 고상한 삶의 뿌리는 다름 아닌 경건, 즉 "올바로 향해진 경의"(well-directed reverence)입니다. 그리고 고상한 삶을 만드는 분명한 길은 그리스도를 믿는 믿음과, 그 믿음으로부터 흘러나오는 사랑입니다.

만일 이 모든 것이 정말로 그러하다면, 다시 말해서 경건이 시편을 노래하는 것도 아니고, 기도하는 것도 아니고, "하나님의 사랑은 얼마나 달콤한가?"라고 말하는 것도 아니고, "나는 성경에 제시된 기독교의 원리들을 받아들이노라"라고 말하는 것도 아니고, 오로지 우리의 믿음과 감정들을 행동으로 실천하는 것이라면, 그리스도인으로서 우리가 항상 가져야 할 참된 목표는 너무도 분명합니다. 우리가 거기에 완전하게 도달하지 못할는지 모르지만, 그러나 우리는 거기에 무한히 접근할 수 있습니다. 목표 혹은 목적지가 성취, 즉 이미 이룬 것보다 더 중요합니다. 삶의 성격을 결정함에 있어 실제로 이루어진 진보(進步)보다 훨씬 더 중요한 것이 그 방향입니다. 본문의 훈계를 다시 한 번 주목해 보십시오. "경건에 이르도록 네 자신을 연단하라." 이것은 바울이 다른 곳에서 말한 것과 동일한 개념을 포함합니다. "형제들아 나는 아직 내가 잡은 줄로 여기지 아니하고 오직 한 일 즉 뒤에 있는 것은 잊어버리고 앞에 있는 것을 잡으려고 푯대를 향하여 달려가노라"(빌 3:13, 14). 복음의 원리들과 감정들이 우리의 행동 속으로 완전하게 흡수될 때, 우리는 그렇게 달려갈 수 있게 될 것입니다.

바로 이것이 우리의 유일한 목표입니다. 우리가 누구이든, 어디에 있든, 무엇을 필요로 하든 말입니다. 우리는 주일학교 때 배웠던 옛 요리문답을 다시금 되돌아볼 필요가 있습니다. "사람의 제일가는 목적은 하나님을 영화롭게 하며 그를 영원토록 즐거워하는 것이니라." "경건에 이르는 것" — 바로 이것이 우리의 모든 참된 삶의 목표가 되어야 합니다.

2. 둘째로, 이러한 목표가 요구하는 연단을 주목하십시오.

"네 자신을 연단하라." 여러분은 여기에 "연단"(exercise)으로 번역된 단어가 운동선수들이 훈련하는 운동장으로부터 나왔으며 영어의 "gymnasium"(체육관)으로 번역된 단어와 거의 유사한 단어라는 사실을 잘 알 것입니다. 바울이 의미하는 바는 이것입니다. 즉 운동선수나 경주자가 훈련과정을 통과하는 것처럼, 경건을 위해서도 혹독한 훈련이 필요하다는 것입니다.

그리스도인인 여러분은 운동선수들이 자신의 근육을 연단하는 것처럼 여러분의 영혼을 연단해야 합니다. 스스로를 그리스도인이라 부르면서도 기독교적 삶의 이상(理想)을 실현하기 위해서는 조금의 노력도 기울이려고 하지 않는 사람들이 얼마나 많습니까? 하다못해 자전거를 능숙하게 타기 위해서도 그것을 배우기 위해 노력해야 하는데도 말입니다. 운동선수들의 자기부인과 인내와 집중력을 생각해 보십시오. 그것은 경건에 이르기 위해 별다른 노력을 기울이지 않는 많은 그리스도인들을 얼마나 부끄럽게 만듭니까?

나는 영국 역사 가운데 오늘날만큼 우리 젊은이들이 운동을 위해 시간과 에너지를 많이 사용한 적은 결코 없었다고 생각합니다. 나는 거기에다가 찬물을 끼얹고 싶지는 않습니다. 그러나 한 가지는 꼭 지적하고 싶습니다. 많은 그리스도인들이 테니스를 배우는 데는 많은 수고와 고통을 기꺼이 감수하면서도 좋은 그리스도인이 되는 법을 배우는 데는 그렇게 하려고 하지 않는 것은 얼마나 슬픈 일입니까?

"경건에 이르도록 네 자신을 연단하라." 여러분의 기독교를 "생활하는"(living) 것을 여러분의 일로 삼으십시오. 부지런히 그렇게 하십시오. 스스로를 고치는 일과 관련해서는 너무나 부지런하지 못한 그리스도인들이 얼마나 많습니까? 바로 이것이 그들이 스스로를 연단하는 것으로부터 너무나 먼 이유입니다. 그러면 여러분은 "우리가 어떻게 우리 자신을 연단할 수 있습니까?"라고 물을 것입니다.

그러면 나는 "이 한 가지를 행하십시오"라고 대답할 것입니다. 이것은 실재를 지나치게 축소시키는 것이 아닙니다. 왜냐하면 "이 한 가지"는 우리가 세상에서 행해야 하는 모든 합법적인 것들을 방편으로 하여 행해질 수 있기 때문입니다. 다음 금요일 증권거래소에 갈 때, 여러분은 거기에서 스스로를 경건에 이르도록 연단할 수 있습니다. 우리의 삶의 터전이 무엇이든, 그곳은 하나님이 우리로 하여금 강한 힘을 갖는 근육을 키우기 위해 연단하며 훈련하도록 두신 운동장(gymnasium)입니다. "너희가 주 안에서와 그 힘의 능력으로 강건하여지라"(엡 6:10). 우리는 마귀의 운동장 외에는 어떤 장소로부터도 차단되지 않습니다. 합법적인 모든 것, 죄가 아닌 모든 것이 우리의 경건을 증진시키기 위한 방편이 될 수 있습니다. 여러분은 하나님을 여러분의 삶 속으로 모셔들이고, 계속해서 그분을 여러분이 행하는 모든 일의 동력(動力)으로 삼아야 합니다. 그럴 때 여러분에게 있어 "일은 곧 예배"가 될 것입니다.

나아가 절제를 통해 스스로를 연단하십시오. 고린도의 운동선수들은 훈련 기간 동안 얼마나 많은 절제를 실천해야만 했습니까? 오늘날에도 운동선수들은 상을 받기 위해 훈련 기간 동안 얼마나 많은 절제를 실천해야만 합니까? 그들에게 얼마나 엄격한 절제가 요구됩니까? 나중에 상으로 보상을 받든 그렇지 못하든 말입니다. 육신적인 사람들이 육신의 상을 받기 위해 먹고 마시는 것과 같은 육신적인 즐거움들을 기꺼이 포기하고, 스파르타식의 가혹한 훈련을 기쁘게 받아들이는 것을 생각해 보십시오. 육신의 상을 받기 위해서도 그렇게 할진대 하물며 그리스도인들이 경건을 위해 세상이 주는 독이 들어 있는 잔과 소화되지 않는 진찬(珍饌)을 절제하는 일을 그토록 꺼리는 것은 얼마나 부끄러운 일입니까? 경건을 계발하기 위해 어떤 일을 절제해야 하는 것에 대해 불평을 늘어놓는 그리스도인은 운동선수들의 훈련 현장에 꼭 가볼 필요가 있습니다. 여러분 자신을 연단하십시오. 왜냐하면 그것이 경건에 이르는 길이기 때문입니다.

신앙을 세 개의 층으로 이루어진 집으로 비유한 앞의 이야기는 기독교적 삶에 적합한 훈련방법에 대한 또 다른 관점을 제시해 줍니다. 우리에게는 모든 힘을 다 쏟아붓는 훈련이 요구됩니다. 그러나 만일 본문의 경건이 확실한 진리를 받아들임으로부터 말미암는 뜨거운 감정의 마지막 산물인 것이 사실이라면, 우리는 경건을 산출하는 최고의 방법이 무엇인지 분명하게 알게 됩니다. 즉 경건을 증진시키고자 진지하게 열망하는 사람들이 경주해야 할 주된 노력은 스스로를 복음의 진리들과 끊임없이 접촉시키면서 그로부터 흘러나오는 뜨거운 감정과 정서를 계속적으로 유지시키는 것입니다. 다시 말해서, 그들이 주로 훈련해야 할 주된 운동장은 마음과 뜻을 다해 그리스도와 그의 진리들을 붙잡고 주님에 대한 믿음과 사랑의 습관을 계속적으로 계발하는 것입니다. 만일 우리가 첫째 층(교리)과 둘째

층(감정)을 바라본다면, 그것들은 셋째 층(행동)을 바라볼 것입니다. 여러분의 마음속에 항상 복음의 진리들을 담으십시오. 그리고 예수 그리스도와의 접촉을 계속해서 유지하십시오. 그러면 기독교적 삶을 위한 능력이 여러분 안으로 들어올 것입니다. 그러나 만일 물의 근원이 막히면, 강바닥은 마를 것입니다. 나일강의 상류지역인 아비시니아에는 거대한 갈대밭이 형성되어 있습니다. 갈대들이 왕성하게 자라는 동안에는 하류의 수량(水量)은 계속해서 쪼그라듭니다. 그러나 더 높은 상류에서 물이 쏟아져 내려올 때, 나일강은 범람하고 이집트는 비옥해집니다. 수많은 갈대들로 인해 그 마음 밭이 바짝 마른 그리스도인들이 얼마나 많습니까? 그러한 갈대들을 제거하십시오. 그러면 여러분의 마음 밭에 물이 가득 채워질 것입니다.

또 여러분에게 약속된 상과 면류관을 계속해서 바라봄으로써 "경건에 이르도록 여러분 자신을 연단"하십시오. 바울은 디모데후서에서 분명한 어조로 이렇게 말합니다. "나는 선한 싸움을 싸우고 나의 달려갈 길을 마치고 믿음을 지켰으니 이제 후로는 나를 위하여 의의 면류관이 예비되었으므로 주 곧 의로우신 재판장이 그 날에 내게 주실 것이며 내게만 아니라 주의 나타나심을 사모하는 모든 자에게도니라"(4:7, 8). 한편 그는 격렬하게 투쟁하던 동안에는 이렇게 말했습니다. "형제들아 나는 아직 내가 잡은 줄로 여기지 아니하고 오직 한 일 즉 뒤에 있는 것은 잊어버리고 앞에 있는 것을 잡으려고 푯대를 향하여 그리스도 예수 안에서 하나님이 위에서 부르신 부름의 상을 위하여 달려가노라"(빌 3:13, 14). 그에게 있어 격렬한 운동장에서는 먼지 가운데 희미하게 밖에는 보이지 않았던 면류관이 이제 손에 거의 닿을 때쯤 되어서는 더욱 찬란하게 빛났던 것입니다. 만일 우리가 "인내로써 우리 앞에 당한 경주를" 힘써 달려가기를 바란다면(히 12:1), 우리는 우리의 눈을 상을 주시는 자일 뿐만 아니라 상 그 자체이신 예수 그리스도에게 고정시키고, 계속해서 그를 바라보아야 합니다. 경건에 이르도록 여러분 자신을 계속해서 연단하십시오.

9
하나의 증언, 많은 증인

"믿음의 선한 싸움을 싸우라 영생을 취하라 이를 위하여 네가 부르심을 받았고 많은 증인 앞에서 선한 증언을 하였도다 만물을 살게 하신 하나님 앞과 본디오 빌라도를 향하여 선한 증언을 하신 그리스도 예수 앞에서 내가 너를 명하노니 우리 주 예수 그리스도께서 나타나실 때까지 흠도 없고 책망 받을 것도 없이 이 명령을 지키라"

딤전 6:12-14

여기에서 여러분은 "선한 증언"이 디모데와 예수 그리스도에 의해 행해졌다는 말씀을 발견하게 될 것입니다. 그러나 또한 여러분은 비록 그 주제는 같다 하더라도 디모데의 증언과 예수 그리스도의 증언이 각각 다름을 발견하게 될 것입니다. 디모데는 선한 증언을 고백(profess)하며, 예수 그리스도는 그것을 증언(witness)합니다(KJV 12절은 "professed a good profession"으로, 그리고 13절은 "witnessed a good confession"으로 되어 있음). 이러한 용어의 차이는 선한 증언에 대한 디모데와 예수 그리스도의 관계가 어떤 방식으로든 서로 달랐음을 나타냅니다. 그들이 말한 주제는 같은 것이었다 하더라도, 그들의 증언의 행동은 서로 다른 것이었습니다.

우리는 여기에서 세 가지 주제를 발견할 수 있는데, 그것은 첫째로 예수 그리스도의 위대한 증언과, 둘째로 그의 증언을 메아리처럼 반향(反響)하는 다수의 증인들과, 셋째로 이러한 두 개념으로부터 나오는 실제적인 결과입니다. 이러한 세 가지 주제를 차례대로 살펴보도록 합시다.

1. 첫째로, 예수 그리스도의 위대한 증언을 주목하십시오.

만일 여러분이 복음서를 살펴본다면, 여러분은 예수 그리스도가 빌라도 앞에서 자신이 유대인의 왕이라고 증언한 사실을 발견하게 될 것입니다. 모든 복음서들이 이 주제를 담고 있지만, 특별히 요한복음은 그리스도와 빌라도의 대화를 좀 더 상세히 기록하는 가운데 여기의 바울의 말과 문자적으로 일치하는 세세한 내용을 우리에게 제공해줍니다. 본 서신 즉 디모데전서가 기록될 때 요한복음은 아직 존재하지 않았습니다. 이러한 사실을 감안할 때, 우리는 요한복음에 담긴 내용을 바울 역시도 독립적으로 알고 있었음을 추론할 수 있습니다.

여기에서 요한복음에 나타난 '빌라도가 예수 그리스도를 심문한 이야기'를 잠시 살펴보도록 합시다. 빌라도는 예수 그리스도에게 "네가 유대인의 왕이냐?"라고 묻습니다(요 18:33). 이러한 질문에 대답하기 전에 먼저 예수님은 "이는 네가 스스로 하는 말이냐 다른 사람들이 나에 대하여 네게 한 말이냐?"라고 물으심으로써 빌라도가 이야기하는 왕권의 의미를 분명히 하고자 합니다(34절). 만일 로마적 개념으로라면, 그 대답은 "아니다"(No)가 될 것입니다. 반면 유대인의 메시야적 개념으로라면, 그 대답은 "그렇다"(Yes)가 될 것입니다. "그러므로 나는 네 질문에 대답하기 전에 먼저 네가 어떤 의미로 그렇게 묻는지 알고자 하노라." 그러나 빌라도는 예수 그리스도의 질문을 무시하고 다시 심문으로 돌아옵니다. "네가 무엇을 하였느냐?"(35절). 이에 우리 주님은 "내 나라는 이 세상에 속한 것이 아니니라"라고 말하심으로써 자신의 왕권을 분명히 하심과 동시에 자신의 나라는 무력에 기초한 것이 아니며 그러므로 로마가 두려워할 것이 아무것도 없음을 나타냅니다(36절). 빌라도는 이러한 대답의 의미를 이해하지 못한 채 잠시 어리둥절해 있다가 다시 묻습니다. "그러면 네가 왕이 아니냐?"(37절). 이에 우리 주님은 즉시로 "네 말과 같이 내가 왕이니라"

라고 대답하면서, 갑자기 천상의 영역으로 비상(飛翔)합니다. "내가 이를 위하여 태어났으며 이를 위하여 세상에 왔나니 곧 진리에 대하여 증언하려 함이로라"(37절). 이제 다시 본문을 보십시오. "본디오 빌라도를 향하여 선한 증언을 하신 그리스도 예수 앞에서." 예수 그리스도의 증언은 그의 왕권과, 진리에 대한 그의 관계와, 그의 선재(先在, pre-existence)에 대한 것이었습니다. "내가 이를 위하여 태어났으며 이를 위하여 세상에 왔나니." 이것은 단순한 동어반복도 아니며, 별 의미 없는 대구법도 아닙니다. 그는 세상에 오기 전에도 이미 계셨습니다. 그의 탄생은 그의 존재의 시작이 아니었습니다. 다만 새로운 관계의 시작이었을 뿐입니다.

본문으로부터 우리는 그리스도의 증언과 관련한 두 가지, 즉 그것의 "주제"와 "방식"에 대한 매우 중요하며 의미 있는 사실들을 도출할 수 있습니다. 요한은 묵시 가운데 주님의 이상(異像, vision)을 보면서 그를 "충성된 증인으로 죽은 자들 가운데에서 먼저 나시고 땅의 임금들의 머리가 되신 자"로 부릅니다(계 1:5). 또 여러분은 우리 주님이 니고데모와의 대화 후 이렇게 말씀하신 것을 기억할 것입니다. "우리는 아는 것을 말하고 본 것을 증언하노라"(요 3:11). 또 주님은 유대인들의 조롱에 대해 대답하면서 그러한 조롱의 말을 자신의 인격과 사역의 독특성을 나타내는 특별한 표현으로 삼습니다. "나는 스스로를 증언하는 자니라"(요 8:18, 한글개역개정판에는 "내가 나를 위하여 증언하는 자가 되고"라고 되어 있음). 그러므로 우리는 빌라도 앞에서의 증언을 이 모든 말씀의 빛 속에서 해석해야 합니다. 진리를 증언하기 위해 왔다고 말씀하신 자는 또한 "내가 곧 진리"라고 말씀하셨습니다. 그러므로 "나는 진리를 증언하는 자"라는 그의 위대한 선언은 "나는 스스로를 증언하는 자"라는 그의 다른 선언과 절대적으로 동의어인 것입니다.

여기에서 우리는 영적 선생으로서의 그리스도의 위대한 특성 가운데 하나에 도달하게 됩니다. 예수 그리스도와 다른 모든 선생들 사이의 근본적인 차이점이 바로 여기에 있습니다. 즉 그가 가르친 주제는 어떤 도덕이나 종교적인 원리들이라기보다 그 자신의 본성과 인격이었다는 사실입니다.

그는 이 세상에서 살았던 사람들 가운데 가장 자기본위적인(egotistical) 사람이었습니다. 그의 인격 안에 그가 선포하는 모든 진리가 있었으며, 그가 스스로를 증언할 때 그것은 곧 하나님을 계시하는 것이었습니다. 바로 이 부분에서 예수 그리스도는 다른 모든 선생들과 근본적으로 다릅니다. 그가 그 자신의 주제였으며, 그 자신이 그가 증언하는 대상이었습니다.

"그리스도의 선한 증언"과 관련하여 하나 더 살펴볼 것은 대제사장 앞에서의 증언입니다. 세상 권력의 대표자인 빌라도에게 예수 그리스도는 "내가 왕이니라"라고 말씀하셨습니다. 그러고 나서 주님은 종교 권력의 대표자인 대제사장에게 "인자가 권능자의 우편에 앉은 것과 하늘 구름을 타고 오는 것을 네가 보리라"라고 말씀하셨습니다(막 14:62). 이러한 두 가지 사실이 — 다시 말해서 그가 로마제국의 독수리 날개보다 더 넓게 펼쳐지는 왕국의 기초를 세우는 하나님의 아들이며, 동시에 심판하실 자로서 하늘 보좌 우편에 오르신 사람의 아들(人子)이 되신다는 사실이 — 주님께서 증거하신 선한 증언입니다.

이제 그가 증언하는 방식을 살펴보도록 합시다. 이것은 우리를 그리스도의 가르침의 또 다른 특성으로 데려갑니다. 앞에서 나는 예수 그리스도가 모든 사람 가운데 가장 자기본위적인 사람이었다고 말했습니다. 인류 역사 전체를 통틀어 사람들 앞에서 그와 같이 무시무시한 선언을 한 사람은 아무도 없습니다. "진실로 진실로 내가 너희에게 이르노니" — 이것보다 더 무시무시한 선언은 아무것도 없습니다.

증언은 논증을 필요로 하지 않습니다. 증인은 자신이 보고 들은 것을 말하는 자입니다. 문제는 그의 자격과 신뢰성입니다. 예수 그리스도는 자신의 사역의 특성을 이렇게 언급합니다. "우리는 아는 것을 말하고 본 것을 증언하노라"(요 3:11). '그가 우리에게 가져다주는 진리에 대한 그의 관계'는 '우리가 경험이나 느낌이나 오랜 탐구를 통해 얻는 것에 대한 우리의 관계'와 근본적으로 다릅니다. 뿐만 아니라 그것은 '어떤 사람이 다른 사람으로부터 배운 사실에 대한 그의 관계'와도 근본적으로 다릅니다. 그것은 생각하고 배우고 추론해서 얻은 것이 아닙니다. 그는 단지 자신이 보고 아는 것을 증언하는 자일 뿐입니다. 그는 또한 "내가 너희에게 이른 말은 영이요 생명이라"라고 말하면서 "그러므로 나를 믿고 내 말을 믿으라 내가 너희에게 말하였음이라"라고 말합니다(요 6:63). 이와 같이 그의 증언과 관련한 두 가지 즉 그것의 주제와 방식에서, 그는 근본적으로 독특합니다. 그러므로 우리는 그 앞에 무릎을 꿇고 "주여 말씀하옵소서 종이 듣겠나이다"라고 말해야 합니다. "본디오 빌라도를 향하여 선한 증언을 하신 그리스도 예수 앞에서."

2. 둘째로, 주님의 증언을 메아리처럼 반향(反響)하는 수많은 증인들을 주목하십시오.

여기에서 디모데가 언제 그리고 누구 앞에서 선한 증언을 하였는지는 중요한 문제가 아닙니다. 어쩌면 그것은 세례 받을 때였는지도 모릅니다. 혹은 목회자로서 임직할 때였을 수도 있습니다. 혹은 우리가 알지 못하는 어떤 법정에서였는지도 모릅니다. 어쨌든 그것은 중요한 문제가 아닙니다. 요점은 그리스도인은 주님의 선한 증언을 메아리처럼 반향(反響)하며, 항상 그 울타리 안에 거하며, 그 모든 것이 그의 삶 속에서 실제적으로 메아리치도록 해야 한다는 사실입니다. 그리스도는 우리에게 무슨 말을 해야 할지를 가르쳐주셨습니다. 그러므로 우리는 세상에서 그것을 계속해서 말해야 합니다. 그리스도께서 증언하셨습니다. 그러므로 우리는 고백해야 합니다. 그 진리에 대한 우리의 관계는 그것(진리)에 대한 그의 관계와 다릅니다. 우리는 진리를 들으므로, 진리를 말합니다. 우리는 진리를 받으므로, 진리를 나타냅니다. 우리는 진리에 의해 영향을 받는데, 그가 바로 진리입니다. 그는 진리를 자신의 권세로 세상에 가져옵니다. 우리는 진리를 그의 권세에 의지하여 세상에 전달합니다.

여러분은 자신이 주님의 메아리라는 사실을 확신해야 합니다. 그가 친 음계(音階)를 여러분이 메아리처럼 되받아 친다는 사실을 확신하십시오. 그 모든 음악이 여러분에 의해 반복되어진다는 사실을 확신하십시오. 여러분의 믿음에서든 혹은 증언에서든, 그것이 넘치거나 혹은 모자라지 않도록 주의하십시오. 그리스도의 메아리 — 이것이 기독교적 삶의 최고의 이상(理想)입니다.

물론 그리스도의 증언과 우리의 증언 사이에는 본질적인 차이가 있습니다. 그러나 만일 우리가 참된 그리스도인이라면, 우리 역시도 매우 심오하며 축복된 의미에서 우리가 보고 들은 것을 증언할 수 있다는 사실을 잊지 마십시오. 어떤 그리스도인이 최고의 증언을 하였다고 한들 그것이 도대체 무슨 소용이 있겠습니까? 만일 그것이 자기가 아는 것을 말하는 자의 말처럼 들리지 않는다면 말입니다. "우리의 눈이 본 것을 너희로 알게 하려 하노라"라고 말할 수 없다면 말입니다. 예수 그리스도에 대한 증언은 오직 개인적인 체험을 통해 이루어질 때 비로소 참되며 효과적인 증언이 됩니다. 하나님은 이스라엘에게 "너희는 나의 증인"이라고 말씀하십니다(사 43:10). 이 말씀은 오늘의 우리에게도 똑같이 사실입니다. 아니 더욱 엄숙하게 사실입니다.

이 말씀은 우리를 놀라운 축복의 자리로 끌어올릴 뿐만 아니라 또한 우리에게 엄숙한 책임을 부과합니다. 이것이 여러분과 내가 이 땅에 있는 이유입니다. 우리 주님의 증언과 다르면서도 동시에 같은 증언을 하기 위해서 말입니다. 우리 모두는 말로써 증언해야 합니다 — 물론 **말로써만** 증언하는 것은 아니라 하더라도 말입니다. 이러한 책임을 너무도 많은 그리스도인들이 간과해 버리고 맙니다. 예수 그리스도의 이러한 멍에를 너무도 많은 사람들이 그 목으로부터 벗겨내 버립니다. 만일 예수 그리스도께서 증언하셨다면, 여러분은 고백해야 합니다. 그러나 많은 그리스도인들이 자신의 신앙을 비밀에 부칩니다. 그리고 자신이 누구의 병사(兵士)인지 드러내지 않습니다. 그러면서 혹시 조롱을 당하지 않을까 지나치게 두려워하며 과민하게 행동합니다. 마음으로 믿어 의에 이르고, 입으로 시인하여 구원에 이른다는 말씀을 기억하십시오(롬 10:10). 입으로 시인(confess)하지 못하는 자가 어떻게 참된 그리스도인일 수 있겠습니까?

3. 셋째로, 이 모든 것의 실제적인 결과를 주목하십시오.

"만물을 살게 하신 하나님 앞과 그리스도 예수 앞에서 내가 너를 명하노니 흠도 없고 책망 받을 것도 없이 이 명령을 지키라." 물론 "이 명령"은 바로 앞에서 명한 것을 언급하는 특별한 의미로 사용된 것일 수도 있습니다. 그러나 그리스도의 증언과 동일한 것으로 간주하는 것이 좀 더 합당할 것으로 여겨집니다. 왜냐하면 그리스도께서 세상에 스스로를 드러낸 모든 계시의 복음은 단지 믿음과 감정뿐만 아니라 행동과 성품에까지 영향을 끼치도록 의도되기 때문입니다. 모든 신약은, 그것이 그리스도에 대한 기록이며 그렇기 때문에 하나님에 대한 선언인 한, 또한 우리가 마땅히 어떠해야 하는 것과 관련한 명령이기도 합니다. 모든 복음은 율법이며, 증언은 계명입니다. 따라서 우리는 그것을 고백할 뿐만 아니라 또한 지켜야만 합니다. 여기에서 나는 그 모든 것의 실제적인 결과를 다음과 같은 세 가지 훈계로 제시하고자 합니다.

첫째로, 여러분의 삶으로 하여금 증언이 되게 하십시오. 디모데가 여러 증인 앞에서 자신이 그리스도인임을 증언하는 것이 도대체 무슨 소용이 있겠습니까? 만일 그가 그의 신조와 상반되게 행하며, 그리스도인이 아닌 사람처럼 산다면 말입니다. 여러분의 행동으로 여러분의 증언을 뒷받침하십시오. 여러분이 "나는 예수 그리스도를 믿습니다"라고 말할 때, 여러분의 삶으로 하여금 그리스도의 삶을 반영(反影)하는 것이 되게 하십시오. 그렇게 하지 않으면 우리는 열매 맺지 못하는 "잎만 무성한 나무"라는 책망을 받게 될 것입니다. 세상의 모든 설교자들의 모든 말보다 복음의 진리에 합당한 삶이 훨씬 더 강력한 힘을 갖습니다. 나의 설교가 끼치는 영향력보다 여러분의 허물이 끼치는 영향력이 훨씬 더 멀리까지 퍼집니다. 또 달변의 설교자들의 모든 말보다 여러분의 기독교적 성품이 훨씬 더 강력한 힘을 갖습니다. "언어도 없고 말씀도 없으며 들리는 소리도 없으나 그의 소리가 온 땅에 통하고 그의 말씀이 세상 끝까지 이르도다"(시 19:3, 4).

둘째로, 그리스도의 위대한 증언을 생각하며 그것으로 스스로를 고취하십시오. 그리스도 역시도 우리 옆에 자신의 자리를 취하셨습니다. 그 역시도 어깨를 으쓱하는 자들 가운데 서는 것이 무엇을 의미하는 것인지 아셨습니다. 그가 말할 때 그들은 이마를 찌푸렸으며, 그로부터 고개를 돌렸으며, 그를 때로는 몽상가로, 때로는 폭도로, 때로는 하나님을 모독하는 자로 불렀습니다. 좋은 소식을 전하는 자요, 평안의 복음을 전파하는 자였는데도 말입니다. 그는 우리의 모든 머뭇거림을 아시며, 우리의 모든 약함을 아시며, 우리의 모든 유혹을 아십니다. 그는 좁은 의미에서 최초의 순교자입니다. 그는 하나님의 증인들의 거대한 무리의 지도자입니다. 그 옆에 서서, 그처럼 세상에 증언하십시오.

셋째로, 하나님의 심판대를 생각하며 그것으로 스스로를 고취하십시오. “만물을 살게 하신 — 그러므로 또한 너희를 살게 하실 — 하나님 앞과 그리스도 예수 앞에서 내가 너를 명하노니 이 명령을 지키라.” 진리를 증언하신 예수 그리스도는 또한 우리를 바라보고 계신다는 의미에서 우리를 증언하시며, 우리의 약함을 아시며, 우리를 도와주실 준비를 갖추고 계십니다. “충성된 증인으로 죽은 자들 가운데에서 먼저 나시고 땅의 임금들의 머리가 되신” 자는 우리가 그를 증언할 때 우리 곁에 계십니다(계 1:5). 설령 우리가 구름같이 허다한 증인들, 곧 하나님을 증언했고 또 하나님에 의해 증언을 받은 과거의 성도들에 의해 둘러싸여 있다 할지라도, 우리는 그들로부터 눈을 돌려 오로지 “예수”를 바라보아야 합니다. 그러면 우리는, 스데반이 그랬던 것처럼, 열린 하늘과 하나님의 오른편에 서 계신 예수를 보게 될 것입니다.

사랑하는 성도 여러분, 그리스도의 증언을 듣고 그것을 받아들이십시오. 그리고 하나님은 참되시다고 인을 치십시오. 그러고 나서 그것을 말로써 메아리처럼 반향(反響)하고, 행동으로 그 증언을 입증하십시오. 그러면 다음과 같은 주님의 말씀이 바로 여러분을 위한 말씀이 될 것입니다. “누구든지 사람 앞에서 나를 시인하면 나도 하늘에 계신 내 아버지 앞에서 그를 시인할 것이요”(마 10:32).

10
참된 생명을 확고히 하는 행함

"이것이 장래에 자기를 위하여 좋은 터를 쌓아 참된 생명을 취하는 것이니라"

딤전 6:19

뜨거운 형제사랑의 불꽃 가운데 예루살렘 교회는 모든 것을 공동으로 소유하는 실험을 시도했습니다. 그러나 이후의 교회역사 속에서 특별히 바울의 후기서신 속에서 우리는 신자들 가운데 부한 자와 가난한 자가 분명하게 구별되는 것을 보게 됩니다. 디모데가 맡아 봉사했던 교회들에도 "부한 자들"이 있었습니다(딤전 6:17). 분명 그들은 대단한 부자들은 아니었습니다. 약간의 여유를 가진 수수한 정도의 부자였음이 분명합니다. 왜냐하면 부유함에 대한 바울의 기준은 그리 높지 않았기 때문입니다. 그는 자기 손으로 일해서 필요한 것을 충당했으며, 겨울의 추위를 피하는데 한 벌의 옷이면 충분하다고 생각했습니다. 그러나 어쨌든 큰 부자이든 작은 부자이든 간에, 그들은 형제들과 비교하여 부유했습니다. 본문은 바울이 디모데에게 그들에게 교훈하라고 명하는 내용의 마지막 부분입니다. 바울은 만일 그들이 선한 일을 많이 하고 나누어주기를 좋아한다면, 그들은 "장래에 스스로를 위해 좋은 터를" 쌓는 것이 될 것이라고 말합니다.

물론 이러한 교훈은 광범위하게 적용될 수 있습니다. 특별히 이 말이 바울의 입으로부터 나왔다는 사실은 매우 주목할 만합니다. "좋은 터를 쌓아 참된 생명을 취하는 것이니라." 그는 다른 곳에서 "이 닦아 둔 것 외에 능히 다른 터를 닦아 둘 자가 없으니 이 터는 곧 예수 그리스도라"라고 말하지 않았습니까?(고전 3:11). 그런가 하면 그는 또한 "하나님의 은사(선물, gift)는 영생"이라고 말하기도 했습니다(롬 6:23). 본문의 교훈은 그가 다른 곳에서 말한 "우리를 구원하시되 우리가 행한 바 의로운 행위로 말미암지 아니하고 오직 그의 긍휼하심을 따라 중생의 씻음과 성령의 새롭게 하심으로 하셨나니"라는 말씀과 모순되지 않습니까?(딛 3:5). 나는 그렇게 생각하지 않습니다. 그가 본문을 통해 이야기하는 것을 좀 더 세밀하게 살펴보도록 합시다.

1. 첫째로, 그는 참된 생명은 곧 미래의 생명이라고 말합니다.

개정역(Revised Version)을 사용하는 사람들은 본문이 흠정역(KJV)처럼 "영원한 생명"(eternal life)이 아닌 "참된 생명"(true life)으로 번역되어 있는 것을 볼 것입니다(한글개역개정판에도 "참된 생명"으로 되어 있음). 이것은 그 생명이 영원할 뿐만 아니라 특별히 "생명"이라는 고귀한 이름으로 불릴 가치가 있는 유일한 생명이라는 의미를 나타냅니다.

바울은 여기에서 요한의 언어와 상당히 가까이 근접합니다. 그가 여기에서 사용하는 "생명"이라는 위대한 단어는 그가 일반적으로 사용하는 "구원"이라는 단어와 본질적으로 동일한 의미를 갖습니다. 바울의 "생명" 개념은 요한의 그것처럼 그것이 모든 사람이 필요로 하며 추구하는 '하나의 전포괄적인 선'(one all-comprehensive good)이라는 것입니다.

여기에서 바울은 "참된 생명"을 미래의 생명으로 간주하고 있는 것으로 보입니다. 왜냐하면 그는 그것을 "장래에" 실현되는 것으로, 그리고 이 땅에서 명령받은 것을 실천한 결과로서 생각하고 있기 때문입니다. 그러나 여러분은 본문과 본질적으로 동일한 훈계가 12절에서 주어지고 있는 것을 발견할 것입니다. "믿음의 선한 싸움을 싸우라 영생을 취하라." 여기에서 "생명"을 취하는 과정과 그것을 소유하는 것이 가능할 뿐만 아니라 또한 세상에서의 모든 그리스도인의 의무로서 분명하게 간주됩니다. 다시 말해서, 본문의 "참된 생명"의 개념 속에는 이중적인 측면이 있습니다. 한쪽 측면에서 그것은 현재적으로 우리의 것이 될 수 있고 또 되어야 합니다. 지금 여기에서 말입니다. 반면 또 다른 측면에서 그것은 미래에 속한 것이며, 하늘에 예비된 기업입니다. 이러한 이중적 측면은 신약이 구원과 관련하여 다루는 방식과도 일치합니다. 왜냐하면 구원과 관련하여 신약은 어떤 때는 그것을 과거적인 것으로, 어떤 때는 현재적인 것으로, 어떤 때는 미래적인 것으로 간주하기 때문입니다.

요점은 이것입니다. 즉 여기에서의 그리스도인의 영혼과, 장차 완전한 절정 때의 그리스도인의 영혼은 그 본질에 있어 하나라는 것입니다. 비록 여기에서의 부분적인 소유와 장차 하늘에서의 완전한 향유 사이에 그 정도에 있어 큰 차이가 있다 하더라도 말입니다. 또 미래의 완전한 영광과 비교할 때 이 땅에서 누리는 동종(同種)의 생명이 아무것도 아니라고 하더라도 말입니다. 내가 볼 때 진리의 이러한 두 측면, 즉 이 땅에서의 생명과 장차 완성될 생명이 본질적으로 하나라는 사실과, 그러면서 동시에 양자 사이에는 무한한 차이가 있다는 사실은 모두 필요합니다. 우리는 그러한 두 측면을 모두 보아야 합니다.

우리는 이 땅에서 우리의 모든 불완전함과 약함과 죄 가운데 예수 그리스도를 믿는 마음속에 새로운 생명의 뿌리를 가집니다. 그리고 그러한 뿌리는 완전한 아름다움과 풍성함의 꽃과 열매로 완성되기 위해서는 동종(同種)의 흙으로 옮겨 심겨져야 합니다. 숲에 널려 있는 난쟁이 풀들은 히말라야 산록을 채운 거대한 식물들이 가지고 있는 본성과 같은 본성을 그 안에 가지고 있습니다. 우리의 생명은 하늘로부터 온 것입니다. 그 생명을 본래의 자리에 옮겨 심으십시오. 그러면 여러분은 그것이 완전하게 완성되는 것을 보게 될 것입니다. 이 땅에서의 생명을 생각해 보십시오. 비록 최고의 모습이라 할지라도, 그것은 너무도 미약합니다. 그 노력은 좌절되고, 목표는 어그러지며, 소망은 꺾입니다. 그것의 떠남과 그것의 상실과 그것의 모든 다툼들을 생각해 보십시오. 그것의 혼돈과 그것의 죄와 그로 인한 고통들을 생각해 보십시오. 그리고 그 끝에 오는 어두운 그림자를 생각해 보십시오. 그것의 신속한 사라짐을 생각해 보십시오. 정말 그토록 보잘것없는 것에다가 "생명"이라는 고귀한 이름을 붙일 수 있습니까?

그러나 그것이 전부가 아닙니다. 어떤 그림자도 가릴 수 없으며, 어떤 슬픔도 그 복된 얼굴을 어둡게 하지 못하고 그것을 소유한 자들의 행복한 마음을 괴롭게 만들 수 없는 "참된 생명"이 있습니다. 그들은 "모든 것을 풍성하게 가진" 자들입니다. 그들은 모든 것을 알고 평안히 쉽니다. 그들은 아무것도 두려워하지 않으며, 아무것도 후회하지 않습니다. 그들은 계속해서 앞으로 전진하면서도 뒤에 아무것도 남기지 않습니다. 그들의 고요함과 자람에는 끝이 없습니다. 이것이야말로 생명이라는 고귀한 이름으로 불리기에 합당합니다. 그것은 이 땅의 희미함을 넘어 펼쳐지며, 그것은 "그리스도와 함께 하나님 안에 감춰어" 있습니다.

2. 둘째로, 행함이 참된 생명을 소유하는 것을 결정한다는 사실을 주목하십시오.

바울은 은유들을 뒤섞는 수사학적 오류에 대해서는 신경 쓰지 않습니다. 현학적인 수사학자들에게는 문제가 될는지 모르지만 그에게는 아무런 문제도 아니었습니다. 그는 여기에서 세 개의 은유를 섞습니다. 세 은유는 모두 본질적으로 같은 주제, 즉 앞에서 이야기한 대로 행함이 장래의 생명을 소유하는 것을 결정한다는 주제를 다루지만, 그러나 제각각 그러한 주제를 서로 다른 상징으로 제시합니다. 그것을 하나씩 살펴보도록 합시다.

첫째 은유는 우리가 세상에서의 행동들로써 장래의 보화를 쌓는다는 것입니다. "장래에 자기를 위하여 **쌓아**." 여기에서 "자기를 위하여 쌓아"는 원어(原語)에서 한 단어입니다. 그리고 그 단어는 우리의 역본에 표현된 것보다 훨씬 더 많은 의미를 포함합니다. 왜냐하면 그것은 실제적으로 "하늘까지 쌓아 올라가는"(treasuring off)의 의미를 담고 있기 때문입니다. 어쨌든 여기의 개념은, 부한 자들이 자신들의 세상 재물을 가지고 선한 사업을 많이 함으로써 그것으로 무덤을 넘어서는 보화를 쌓아야 한다는 것입니다. 이와 같이 올바른 동기로 사용된 재물은 결코 헛되이 낭비하는 것이 아니라 쌓는 것입니다. 여러분은 다음과 같은 경구를 기억할 것입니다.

"내가 쓴 것은 잃은 것이요,
내가 준 것은 가진 것이라."

이것은 우리 주님의 가르침과 정확하게 일치합니다. "가서 네 소유를 팔아 가난한 자들에게 주라 그리하면 하늘에서 보화가 네게 있으리라"(마 19:21). 또 주님은 "너희를 위하여 보물을 땅에 쌓아 두지 말라 … 하늘에 쌓아 두라"라고 말씀하시지 않았습니까?(마 6:19, 20). 만일 어떤 사람의 신앙이 우리 주님의 이러한 엄정한 교훈을 다른 교훈들과 조화시키는데 어려움을 느낀다면, 그의 신앙은 그릇된 것입니다.

나는 기독교가 교회와 세상을 향해 돈을 버는 방법과 돈을 쓰는 방법에 대해 많은 것을 가르친다는 사실을 조금도 의심하지 않습니다. 여기에서 이 문제를 길게 논하기를 원치는 않지만, 그러나 나는 여러분에게 우리 대부분에게 있어 우리 성품을 형성하는 가장 중요한 요인이 다름 아닌 우리가 세상 재물을 얻는 것과 쓰는 것과 관련하여 취하는 태도라는 사실을 분명하게 일깨워주고 싶습니다. 왜냐하면 대부분의 그리스도인의 신앙을 시험함에 있어, 이러한 두 가지 즉 돈을 버는 것과 쓰는 것과 관련한 그들의 태도보다 더 중요한 것은 거의 없기 때문입니다.

그러나 본문은 여기에서 한 걸음 더 나아갑니다. 본문은 우리로 하여금 그것을 모든 영역의 행동에 적용하도록 초청합니다. 여러분이 세상에서 행하는 것은 스스로를 위해 다음 세상에 쌓는 것입니다. 그것이 선한 것이든 악한 것이든 동일하게 말입니다. 오스트레일리아를 여행하는 어떤 여행자를 생각해 보십시오. 그는 영국의 은행에서 돈을 예입(預入)합니다. 그리고 멜버른에 도착했을 때, 그는 그곳에서 똑같은 액수의 돈을 인출합니다. 이것은 우리의 경우에도 동일합니다. 이 땅에서 예입한 돈을 우리는 하늘에서 인출할 것입니다. 이 땅에서의 우리의 모든 행동이 미래의 소유를 쌓는 것이라는 사실은 "현재"에다가 엄청난 의미와 중요성을 부여합니다. 여러분은 "진노의 날에 진노를 쌓고" 있습니까 아니면 "영광과 불멸과 존귀와 영생"을 쌓고 있습니까?(롬 2:5). 우리는 울타리 옆에 구덩이를 파면서 그 파낸 흙을 울타리 너머로 던지는 사람들과 같습니다. 던져진 흙들은 울타리 건너편에 쌓입니다. 마침내 일을 마치고 울타리를 건너갈 때, 우리는 우리가 던진 흙들이 우리를 기다리고 있는 것을 발견하게 될 것입니다.

계속해서 바울은 또 하나의 은유를 제시합니다. "자기를 위하여 **좋은 터**(혹은 "좋은 기초", good foundation)를 쌓아." 나는 이것을 소망을 위한 기초나 혹은 그와 같은 종류의 어떤 것을 의미하는 것으로 생각하지 않습니다. 다만 내가 볼 때 그것이 전달하는 개념은 이것입니다. 즉 이 땅에서의 우리의 행동들이 우리의 미래의 삶의 영원한 집이 세워질 터 위에 쌓여지는 것들이 된다는 것입니다. 우리는 세상에서 이와 같은 심오한 의미에서 기초들을 세우고 있습니다. 우리는 세상에서 계속해서 쌓으며, 그것은 하늘까지 이어집니다. 나는 그렇게 쌓이는 것들이 미래에 단절될 것으로 생각하지 않습니다. 이 땅에서 쌓는 것들은 장차 하늘에서 계속 이어집니다. 나는 이것을 교리화하고자 하지 않습니다. 그러나 생명에 대해 그리고 사람과 관련한 하나님의 다루심에 대해 우리가 아는 모든 것은 우리로 하여금 다음 세상은 새로 시작되는 세상이 아니라 연속된 세상이라고 추론하도록 이끄는 것으로 보입니다. 그것은 책의 제2권이며, 논리적으로 그리고 필연적으로 사람이 죽을 때 끝나는 제1권과 연결되며 이어집니다. 이 땅에서의 삶과 미래의 삶은 내가 보기에 그 완전한 모양을 위해서는 두 장의 종이가 필요한 어떤 기하학적 도형 같습니다. 첫 번째 종이 위에서 각종 선들은 종이의 가장자리까지 이어지고 끝납니다. 그리고 두 번째 종이 위에서 그러한 선들은 앞 종이에서 끝난 바로 그 자리에서 계속해서 이어집니다.

사랑하는 성도 여러분, 바로 이것이 우리가 이 땅에서 아무리 사소한 행동이라 할지라도 매우 조심스럽게 행동해야 하는 이유입니다. 이 땅에서의 우리의 행동들에 의해 우리의 성품이 형성되며, 바로 그 성품이 이 땅과 하늘에서의 우리의 운명인 것입니다. 여러분은 여러분이 살 집의 기초들을 놓고 있습니다. 그것들이 하늘에서 여러분의 집을 영원히 떠받칠 수 있을 정도로 강력한 기초들인지 면밀히 살펴보십시오.

마지막 은유는 이 땅에서의 우리의 행동이 하늘에서의 상(償)을 붙잡는 우리의 용량(capacity)을 결정한다는 것입니다. 바울은 12절에서 디모데에게 "영생을 취하라"고 훈계하는데, 그러한 생명은 믿음의 선한 싸움으로 말미암은 상(償)으로 간주됩니다. 이 같은 세 번째 은유는 바울의 글에서 매우 친숙한 것입니다. 왜냐하면 바울은 여러 곳에서 영생을 경주에서 승리한 자에게 주어지는 상 혹은 화관(花冠)으로 간주하기 때문입니다. 이것은 그가 만일 자신이 무엇인가를 붙잡을 수 있다면 그것은 자신이 예수 그리스도에 의해 붙잡힘을 당했기 때문이라고 말했을 때 의미한 것과 정확하게 동일한 개념입니다. 이와 같이 하늘의 생명을 받는 용량이 이 땅에서의 그리스도인의 행동에 달려 있다는 것이 여기의 개념입니다.

그러한 상은 임의적으로 주어지지 않습니다. 각 사람은 하늘에 갔을 때 그가 가질 수 있는 분량만큼 받습니다. 가장 작은 그릇도 채워지며, 가장 큰 그릇도 채워집니다. 그러나 작은 그릇은 커질 수 있으며 또 커질 것입니다. 그 안에 담긴 것이 올바로 사용된다면 말입니다. 이러한 사실을 마음에 새기십시오.

그리스도인들은 자신들이 신앙고백과 일치된 삶을 살면서 주님의 뜻을 행하느냐 여부를 대수롭지 않은 문제로 취급해서는 결코 안 됩니다. 신앙고백과 일치된 삶을 살든지 그렇지 않든지 마찬가지가 결코 아닙니다. 이 땅에서도 그렇고 하늘에서도 그렇습니다. 우리는 "구원을 얻되 불 가운데서 얻은 것 같은" 그런 구원이 있다는 사실을 너무 쉽게 잊는 경향이 있습니다(고전 3:15). 그런가 하면 "영원한 나라에 들어감을 넉넉히 주시는" 그런 구원도 있습니다(벧후 1:11). 이러한 사실을 분명히 확신하십시오. 만일 여러분의 영혼의 손이 언제든지 넉넉히 상을 붙잡을 수 있다면, 그것은 이 땅에서의 선한 행동의 결과입니다. 그리고 그것은 하늘에 보화를 쌓은 것이며, 그 위에 세워지는 집이 허물어지지 않을 든든한 기초를 놓은 것입니다.

3. 셋째로, 이러한 원리들은 '믿음으로 말미암는 구원'의 위대한 진리와 완전하게 조화됩니다.

먼저 여러분은 본문이 이미 믿음을 고백한 자들에게 말하고 있는 것이란 사실을 기억할 필요가 있습니다. 바울은 디모데에게 그의 교회에 있는 부한 자들에게 선을 행하도록 훈계하라고 말하는데, 그것은 그들의 믿음의 기초 위에서 그렇게 하라는 것입니다. 영생이 하나님의 선물이라는 교리와, 그러한 선물을 받은 자들에게 선을 행하는 엄격한 의무를 부여하는 것은 전혀 모순되지 않습니다.

이것은 신약 전체의 가르침과 온전히 조화됩니다. "스스로 속이지 말라 하나님은 업신여김을 받지 아니하시나니 사람이 무엇으로 심든지 그대로 거두리라"라는 말씀은 이미 믿음을 고백한 그리스도인들에게 주어진 것이었습니다(갈 6:7). 그것은 예수 그리스도 자신의 가르침인 것입니다.

우리에게는 항상 한편만 보고 다른 편은 보지 못하는 잘못을 범할 가능성이 있습니다. 어떤 사람은 "사람은 오직 믿음으로 구원" 받는다고 말하면서, "행함 없는 믿음은 죽은" 것이라는 사실은 잊어버립니다. 한편 다른 사람은 "네 믿음에 대해 신경 쓰지 말고 오로지 네 의무를 행하라"라고 말하면서, 믿음(곧 진리)이 행동의 확실한 유일의 기초라는 사실을 잊어버립니다.

"오직 믿음으로 말미암은 구원"의 교리는 자칫 매우 위험한 교리가 될 수 있습니다. 왜냐하면 사람이 행함으로 구원을 얻는다는 말에도 매우 실제적인 의미가 있기 때문입니다. 만일 이 말이 여러분의 귀에 거슬린다면, 집에 가서 야고보서를 읽어 보십시오. 거기에서 여러분은 "이로 보건대 사람이 행함으로 의롭다 하심을 받고 믿음으로만은 아니니라"라든지, 혹은 "네가 보거니와 믿음이 그의 행함과 함께 일하고 행함으로 믿음이 온전하게 되었느니라"라는 말씀을 발견하게 될 것입니다(2:22, 24).

우리는 행위의 모든 공로로부터 완전하게 결별하고 스스로를 예수 그리스도께 온전히 던지는 것으로부터 시작해야 합니다. 만일 여러분이 그렇게 하지 않았다면, "자기를 위해 좋은 터를 쌓으라"는 교훈은 여러분에게 해당되지 않습니다. 왜냐하면 예수 그리스도 외에 다른 터는 없기 때문입니다. "이 닦아 둔 것 외에 능히 다른 터를 닦아 둘 자가 없으니 이 터는 곧 예수 그리스도라"(고전 3:11). 또 이사야 선지자는 이렇게 말합니다. "그러므로 주 여호와께서 이같이 이르시되 보라 내가 한 돌을 시온에 두어 기초를 삼았노니 곧 시험한 돌이요 귀하고 견고한 기촛돌이라 그것을 믿는 이는 다급하게 되지 아니하리로다"(사 28:16). 만일 여러분이 여러분의 영혼과 자아와 생명과 소망을 예수 그리스도께 맡기지 않았다면, "영생을 취하라"는 교훈은 여러분에게 매우 제한적으로 밖에는 적용되지 않을 것입니다. 왜냐하면 영생을 취하는 유일한 손은 십자가 위에서 피 흘린 예수 그리스도의 손으로부터 그것을 받는 것을 기뻐하는 믿음의 손뿐이기 때문입니다.

그러나 만일 여러분이 스스로를 구주께 드리고 그로부터 영생의 첫 선물을 받았다면, 간곡히 당부하노니 부디 본문을 여러분을 위한 절대적인 명령으로 받아들이십시오. 본문은 그리스도 안에서 안식하며 영생을 쌓고 있는 여러분을 위한 것입니다. 왜냐하면 여러분은 그러한 견고한 기초 위에서 금이나 은이나 보석처럼 불의 시험을 견디는 재료들을 쌓고 있기 때문입니다. 여러분이 이런 일을 신실하게 준행해 나감으로써 영생을 붙잡는 것은 여러분이 예수 그리스도에 의해 붙잡혔기 때문입니다. 행함으로 믿음이 온전케 되는 우리 모두가 되기를 바랍니다.

"그대의 선행과 구제와 모든 노력은
헛되이 사라지지 않으며, 무덤 안에서 밟히지도 않을 것이라.
믿음의 황금지팡이가 가리키는 대로,
그대에게 영원한 기쁨과 행복이 따를 것이라."

맥클라렌 강해설교

에베소서 II - 디모데전서

초판 인쇄 2010년 10월 1일
초판 발행 2010년 10월 10일

발행처 크리스챤다이제스트
발행인 박명곤
주소 경기도 고양시 일산동구 정발산동 1193-2
전화 031-911-9864, 070-7538-9864
팩스 031-911-9824
등록 제 98-75호

총판 (주) 기독교출판유통
전화 031-906-9191~4
팩스 080-456-2580

· 값은 표지에 씌어 있습니다.